LES
GRANDS ÉCRIVAINS
DE LA FRANCE

NOUVELLES ÉDITIONS

PUBLIÉES SOUS LA DIRECTION

DE M. AD. REGNIER

Membre de l'Institut

PARIS. — TYPOGRAPHIE LAHURE
Rue de Fleurus, 9

OEUVRES

DE

LA BRUYÈRE

TOME III

SECONDE PARTIE

LEXIQUE DE LA LANGUE DE LA BRUYÈRE

PARIS. — TYPOGRAPHIE LAHURE
Rue de Fleurus, 9

ŒUVRES

DE

LA BRUYÈRE

NOUVELLE ÉDITION

REVUE SUR LES PLUS ANCIENNES IMPRESSIONS
ET LES AUTOGRAPHES

ET AUGMENTÉE

de morceaux inédits, des variantes, de notices, de notes, d'un lexique des mots
et locutions remarquables, d'un portrait, d'un fac-simile, etc.

PAR M. G. SERVOIS

TOME TROISIÈME

SECONDE PARTIE

LEXIQUE DE LA LANGUE DE LA BRUYÈRE

PARIS

LIBRAIRIE HACHETTE ET Cie

BOULEVARD SAINT-GERMAIN, 79

1878

LEXIQUE

DE LA LANGUE

DE

LA BRUYÈRE

AVEC

UNE INTRODUCTION GRAMMATICALE

PAR

M. AD. REGNIER FILS

PARIS

LIBRAIRIE HACHETTE ET Cie

BOULEVARD SAINT-GERMAIN, 79

1878

PRÉFACE.

DE
LA LANGUE DE LA BRUYÈRE.

La première édition des *Caractères* a paru il y a près de deux cents ans, en 1688; la dixième, onze ans plus tard, en 1699, trois ans après la mort de la Bruyère. Deux siècles, c'est beaucoup pour une langue, surtout quand les événements qui ont rempli ce temps, ont, comme chez nous le dix-huitième et les trois premiers quarts du dix-neuvième (que nous garde le dernier?), exercé sur une nation, sur les institutions, les idées, les mœurs, une influence si puissante, si profonde, et successivement si diverse.

Mais, quand on parle de la langue, il faut, si l'on veut être compris, commencer par dire ce qu'on entend par ce mot, quelle étendue de sens on lui donne. Nous lisons dans notre auteur (tome I, p. 361) : « Qui dit le peuple dit plus d'une chose. » Cela est vrai aussi, et au moins autant, de la langue, qui est encore loin, si jamais elle le doit atteindre, de ce but où tend, nous dit-on, le monde *démocratisé*, de cette égalité qui doit niveler un jour, non-seulement les conditions, mais aussi la culture des esprits, et, qui sait? à la longue (des rêveurs ne l'ont-ils pas dit aussi?) les esprits mêmes. D'abord il y a et il y aura toujours, sans aucun doute, le langage familier et le langage noble et soutenu, car, avec les petits et légers sujets d'entretien, nous garderons toujours, je l'espère, les grands et graves intérêts de l'âme et les hautes régions de la pensée. Dans ces deux domaines, le noble et le familier, nous aurons toujours aussi, avec leurs genres divers, la langue parlée et la langue écrite. C'est de la seconde seulement que nous devons ici nous occuper, en nous bornant à ce genre qui a droit à l'épithète de littéraire.

La Bruyère dit quelque part (I, 130) qu'il n'y a guère entre la langue de Marot et celle de la fin du dix-septième siècle que la différence de quelques mots. Cela est bien plus vrai de la langue de la Bruyère lui-même, comparée à la nôtre, à ne prendre que le dictionnaire du bon usage, et non ceux, bien entendu, qui ont enregistré tous les néologismes dont s'est dirai-je enrichi ou appauvri? le français littéraire ou se croyant tel.

Dans un passage bien connu (II, 205-219), commençant par cette question : « Qui pourroit rendre raison de la fortune de certains mots et de la proscription de quelques autres? », la Bruyère regrette quantité de mots vieux ou vieillissants[1]. Malgré ses regrets, bien légitimes, de ces termes qu'il n'eût point fallu, dit-il, abandonner, son style, sauf dans deux passages[2] qui sont des pastiches, des jeux, n'a rien d'archaïque : il suit l'usage de son temps et le respecte à un tel point que, s'il lui arrive de s'en écarter tant soit peu, de se permettre une expression insolite, il a soin de la souligner; on reconnaîtra ces petites licences au caractère italique dont il a marqué, et nous d'après lui, outre beaucoup de noms propres, certains autres mots.

En somme, nous ne trouvons chez lui presque aucun terme vraiment tombé en désuétude. De ce nombre pourrait être, aux yeux de quelques lecteurs, l'adjectif *recru*, harassé, que la Bruyère emploie une fois absolument : « Il revient de nuit, mouillé et *recru* » (I, 282); une autre fois avec un synonyme et un complément explicatif : « lasse et *recrue* de fatigue[3] » (II, 23); remarquons toutefois que ni l'Acadé-

---

1. Parmi les exemples qu'il donne, on peut s'étonner d'en trouver un bon nombre qui aujourd'hui ne choquent personne, comme vieux ou vieillissants, tels que l'adverbe *certes*, les adjectifs *valeureux*, *haineux*, *fructueux*, *piteux*, *jovial*, *courtois*, *vantard*, *mensonger*. Ce sont de ces termes auxquels s'applique le mot d'Horace (*Art poétique*, vers 70 et 71) : *Multa renascentur quæ.... cecidere.... vocabula*. Au reste, on peut voir, dans les notes, que la Bruyère n'est point, pour tous, absolument d'accord avec les lexiques et les grammairiens contemporains. Pour *certes*, en particulier, si cet adverbe a eu quelque temps des rides, elles ne dataient pas de loin et ont peu duré : Corneille, Molière l'employaient volontiers, Vaugelas comme eux, Racine même encore en 1669; à lui-même il était échappé dans une première rédaction, qu'il a corrigée au moyen d'un carton (voyez la *Notice bibliographique*, p. 136). Quant à *fructueux*, la Bruyère veut dire, sans doute, qu'il a vieilli au sens propre (voyez la note 5 de la page 208 du tome II); lui-même s'en sert au figuré : « Maxime utile, fructueuse » (I, 381). — A propos du carton où il a effacé *certes*, nous pouvons citer, comme preuves aussi de son respect de la grammaire ou de la coutume de son temps, d'autres cartons, dont l'objet, et pour plusieurs l'objet unique, a été de remplacer *à qui* par *auquel*, *à laquelle*, *à quoi*.

2. *De la Société et de la Conversation*, n° 30, tome I, p. 227 et 228; *de la Cour*, n° 54, tome I, p. 319.

3. Je remarque que, sur les trois exemples que M. Littré cite outre les deux nôtres, il en est deux où le mot est aussi accompagné d'un synonyme (*épuisé*, *harassé*), qui semble être là pour l'éclaircir.

PRÉFACE.

mie (1835) ni M. Littré ne marquent le mot de l'épithète de vieilli ou d'inusité. Plus d'un lecteur aussi ne connaît guère l'onomatopée, claire comme telle, *flaquer* (II, 12), jeter avec force un liquide, que l'Académie dit peu usitée. Mais, dans l'expression : « hauteur *immensurable* d'une étoile » (II, 262 et 263), aucun, je pense, n'hésitera sur le sens du second mot et ne voudra le condamner comme un néologisme d'autrefois, devenu archaïsme, bien que l'Académie, à tort, je crois, l'ait toujours omis, et qu'elle ne donne, comme terme technique de géométrie, qu'*incommensurable*.

Sont encore devenus plus ou moins rares, mais restent faciles à comprendre les mots : *désoccupé* (I, 57, note 4; I, 289); *décréditement* (II, 112); *indévot* (II, 173). Y joindrai-je *promenoir*, pour *lieu de promenade* (I, 22), que je retrouvais, il y a peu de jours, au bas d'un journal, dans un feuilleton; *pécunieux*, ayant beaucoup d'argent comptant (I, 291; II, 448), *crierie*, « crieries des avocats » (I, 85), deux mots que l'Académie, depuis sa quatrième édition (1762), range, non dans les inusités, mais dans les familiers; quelques substantifs en *eur* : *escrimeur* (I, 45), *épouseur* (I, 290), *énumérateur* (II, 222), tous admis encore par l'Académie : elle dit le dernier seul peu usité; *hypocondre*, « un goût hypocondre » (I, 178) : l'Académie ne reconnaît le mot que comme terme anatomique, puis comme adjectif pris substantivement, au sens d'(homme) *hypocondriaque*. Elle continue d'admettre (1835), et sans restriction, bien qu'on ne s'en serve plus guère, l'expression *de delà*, pour « de l'autre côté de » : « Les gens de delà l'eau », les Anglais (II, 132); « de delà les monts » (II, 87); et les deux verbes, de sens très-différent, *meugler* (II, 66), *improuver* (II, 38 et 197), qui pourtant, si je ne me trompe, ont à peu près cédé la place, dans le langage ordinaire, à *beugler* et *désapprouver* : de *meugler*, M. Littré ne donne qu'un exemple, de Mathurin Regnier; d'*improuver*, il n'en a pas de postérieur au dix-septième siècle : les trois qu'il cite sont de Pascal, de Mme de Sévigné, de Bossuet.

Quant aux mots dont la vétusté ne consiste que dans une différence d'orthographe modifiant la prononciation, la liste n'en est pas longue. De ce genre sont : *naviger*, pour *naviguer* (I, 81, et 82, note 1); *succer*, pour *sucer* (I, 117); *bienfacteur* (I, 256); *bienfactrice* (I, 180; II, 181); *apprentif* (II, 221) : l'Académie, dans sa première édition, donne les deux formes, *apprentif, ive*, et *apprenti, isse*; *capriole*, pour *cabriole* (I, 179; voyez Molière, *Dépit amoureux*, vers 1109); *échet, échet.... mat*, pour *échec* (I, 325); *pratic*, pour *pratique* (I, 114, éd. 1-8); *luiteur*, pour *lutteur* (I, 86, éd. 1-3); *feloux* (II, 137), pour *flou*, terme de numismatique; *querelleux*, revenant jusqu'à cinq fois (voyez au *Lexique*), pour *querelleur*; « Sa Majesté *Maroquine* », pour *Marocaine*[1]; les formes verbales : *assit*, employé par notre auteur

---

1. Dans la *Lettre à Pontchartrain :* voyez à la fin du tome III, 1re partie.

concurremment avec *assied*, mais plus fréquemment; *vale*, pour *vaille*; *aie*, pour *ait :* ces deux derniers, une seule fois ; le dernier, dans une seule édition (voyez ces trois verbes au *Lexique*).

Aux mots et formes simples qui ont vieilli nous pouvons joindre, comme tombés aussi en désuétude, quelques composés, quelques locutions et périphrases : *prié-Dieu* (II, 9), pour « prie-Dieu »; *à droit* (I, 85; I, 258; I, 356), d'un si commun emploi au dix-septième siècle pour notre féminin « à droite »; *voie de lait* (II, 264), pour « voie lactée »; *plancher de rapport* (II, 140), pour « plancher de marqueterie »; *feu grégeois* (I, 125), pour « feu d'artifice »; *feindre de*, employé trois fois au sens d' « hésiter à, craindre de »; *se passer à moins* (II, 270), « se contenter de moins »; *penser à* (II, 173), où nous disons plutôt *penser* sans *à* devant l'infinitif; *mettre en partie* (I, 255), « mettre une taxe sur »; *souffler* ou *jeter en sable un verre d'eau-de-vie* (II, 144), c'est-à-dire l'avaler, l'absorber d'un trait, aussi vite que le sable absorbe l'eau, ou, comme l'explique l'Académie, aussi vite qu'opère le fondeur lorsqu'il jette en sable : elle n'admet pas encore en 1694, mais seulement en 1718, *sabler*, qui résume la figure en un mot; du premier verbe, *souffler*, on peut rapprocher l'expression populaire de sens identique : *siffler :* voyez le Dictionnaire de M. Littré.

Notons, en outre, ici quelques termes qui s'emploient absolument, dans des significations où nous y joignons un déterminatif : *l'œuvre* (II, 174), pour « le banc de l'œuvre »; *l'enfilade* (II, 140), pour « l'enfilade des salles, la longue suite de chambres sur une même ligne »; *la malle*, pour la « malle de mercier, le panier de marchand ambulant »; ainsi : « Son père a pu déroger.... par la malle » (II, 164); *l'appartement*, dans les deux sens que nous indiquons un peu plus bas.

Une autre classe est celle des mots qui s'appliquent à des choses aujourd'hui passées d'usage, des mots qui, par suite, ont un petit air d'archaïsme, parce que l'occasion de les employer ne se présente plus guère, mais qui demeurent historiquement français. La plupart ne reviennent pas souvent dans notre auteur ni chez aucun de ceux qui ont traité des sujets marqués sans doute de l'empreinte de leur temps, mais se rapportant surtout, comme, par exemple, les traités et observations de morale, à l'humanité de tous les temps ou au moins de toutes les époques civilisées. De ces mots devenus rares soit absolument, soit dans leur acception d'autrefois, nous en pouvons citer qui rappellent ou des coutumes de l'ancienne monarchie, ou des lieux propres aux châteaux de nos rois : *l'appartement*, dans ses deux sens, soit les salles où la cour s'assemblait le soir (I, 310), soit le cercle qui s'y tenait (II, 7); *le balustre*, désignant les petits piliers qui formaient la clôture du lit du Roi, et, par extension, signifiant son cabinet de travail (II, 471); *le flanc*, en parlant de la chapelle de Versailles, de la partie que *flanque* et *voit*, comme on dit en terme d'architecture militaire, la tribune royale (II, 151). Je ne parle pas du courtisan qui *gratte* à la porte royale (I, 301), comme dans le *Remercîment au Roi*, de Molière (vers 40) : l'usage a passé, mais le mot n'a rien de vieux ni dans sa forme ni dans son acception.

D'autres termes établissent, dans les rangs, les conditions, les emplois, des distinctions que nous ne connaissons plus, comme celles que nous avons dans cette phrase : « Veut-on.... qu'il fasse de son père un *Noble homme*, et peut-être un *Honorable homme*, lui qui est *Messire ?* » (I, 252.) Ailleurs il est question de la *grande* et de la *petite robe* (I, 277); du simple *officier*, membre d'une cour inférieure, qui se fait *magistrat*, c'est-à-dire arrive à une haute charge de judicature (I, 265); du *président de l'Élection, du prévôt de la maréchaussée* (II, 450); de *chefs de fruiterie* dans le service du château (I, 300); du laquais, du laquais de grande taille, sous le nom d'*estafier* (I, 348); nous trouvons appliqué à un duc et pair le titre de *Votre Grandeur* (II, 10), que nous ne donnons aujourd'hui qu'aux évêques. Le masculin *bailli* est resté historiquement d'un fréquent usage, mais non le féminin *baillive* (II, 450), désignant la femme du bailli.

Frappent aussi comme mots rares les termes de blason : *pièce honorable*, *suppôts*, *cimier* (II, 165), *fasce* (II, 134), *métal*, *armes pleines*, *litres*, *porter deux et une*, etc. (I, 281); les dignités des chapitres de chanoines : *le cheffecier*, *le maître du chœur*, *l'écolâtre* (II, 175 et 176), *le prévôt de la collégiale* (II, 450); des pièces du vêtement ou de l'armure : *fraise* (II, 204), *collet* (*ibidem* et I, 161), *petit collet* (II, 49), *canon* (II, 150), *genouillère* (II, 130), *hoqueton des archers* (II, 71), *pourpoint à ailerons* et *chausses à aiguillettes* (II, 146); dans le nombre il en est qui sont antiques tout autant pour notre auteur que pour nous, comme *le* ou *la saye* (II, 150), le *bas de saye* (I, 378). Je ne relève pas « le bourgeois en *baudrier* » (I, 178) : là encore c'est la mode qui a passé, et non l'acception qui a vieilli. Le mot *ruelle* ne s'applique plus à rien d'actuel, mais il est très-familier aux lettrés par sa fréquente rencontre chez les écrivains. Celui de *questionnaire* (I, 180), ou bourreau donnant la question, n'a non plus d'emploi, grâce à Dieu, que pour le passé. C'est un progrès aussi, il me semble, que le maître n'ait plus à nommer *mutinerie* son insistance à « réduire » un élève paresseux, fût-il prince (II, 504). Ont encore disparu, avec les périphrases qui les désignent, les faiseurs d'horoscope « qui tirent la figure » (II, 201), et les gens « qui connoissent le passé par le mouvement du sas » (*ibidem*). Enfin il faut une certaine érudition pour n'être pas arrêté par le vieux mot de *coteaux* (I, 346), employé aussi par Mme de Sévigné (tome II, p. 519), au sens de gourmets raffinés, formant comme un ordre, une secte de gastronomes.

Les termes de droit et de procédure ne manquent pas dans les *Caractères*, mais je n'en remarque guère qui ne soient toujours usités dans la langue commune, c'est-à-dire connus même de qui ne plaide pas : je ne vois à citer que *confidentiaire* (II, 194), *testamentaire* (II, 191), pour « héritier testamentaire », les *nourritures* (I, 232), *sur-arbitre* (I, 181), *exhérédé* (II, 191), le vieux verbe *il appert* (II, 190 et 191), l'autre forme *apparoir* (I, 270), prise, sans valeur technique, au sens d' « apparaître » ; enfin le terme à la fois de logique et de palais : *la contradictoire de*.... (II, 188), substantivement, avec l'ellipse du nom *proposition*. Un officier du génie me dit que dans la phrase toute technique : « Ils vous étourdissent de flancs, de redans, de ravelins, de fausse-braie, de courtines et de chemin couvert » (II, 119), il n'y a guère que *ravelin*, synonyme de *demi-lune*, et *fausse-braie*, sorte de fausse muraille, qui aient vieilli. Parmi les vieux noms de tulipes : « l'Orientale, la Veuve, le Drap d'or, l'Agathe, la Solitaire » (II, 136), un horticulteur de Paris me montre le second, « la Veuve », dans un catalogue d'à présent; on m'a en vain cherché les autres dans de riches catalogues de France et de Hollande. Les fleuristes usent-ils encore des épithètes *huilée*, *à pièces emportées*? elles sont restées claires. Je vois, dans d'assez récents dictionnaires d'histoire naturelle, que les dénominations *léopard*, *plume*, *musique* (II, 142), sont toujours, je ne dis pas des termes de conchyliologie savante, mais, comme la Bruyère a soin de nous l'apprendre en note, de vulgaires « noms de coquillage. » Dans un tout autre genre, on me dit que les *soupentes* (I, 292), ou assemblages de larges courroies servant à soutenir le corps d'un carrosse, ne sont plus guère en usage, chose et nom, que pour les voitures à huit ressorts. Nous nous expliquons aisément, par le composé *décatir*, le terme simple *catis* (I, 260), ou plutôt *cati*; mais il paraît que cet apprêt qui donne du corps et du lustre à une étoffe, se désigne maintenant d'ordinaire par le mot même d'*apprêt*, employé absolument.

Dans l'étude des modifications du langage, une catégorie curieuse est celle des idées qui, sans changer de nature, changent de nom, et en prennent un autre qui existait déjà dans la langue et qui, de son côté, sans changer de forme, change de valeur.

Libertin, *libertinage* ont perdu leur sens, autrefois le plus ordinaire, d'irréligieux, incrédule, irréligion, incrédulité, pour ne garder que celui, jadis bien plus rare, de débauché, débauche. *Esprit fort*, au contraire, une des expressions auxquelles nous donnons, comme la Bruyère lui-même paraît le faire dans son dernier chapitre, ce sens restreint qu'a perdu *libertin*, en avait autrefois un plus général et désignait, dit l'Académie (1694), l'homme qui se met « au-dessus des opinions et des maximes communes. » C'est ainsi qu'il est employé dans ce passage, où il ne s'agit pas le moins du monde de religion : « Les personnes graves ou les *esprits forts* qui trouvent du foible dans un ris excessif comme dans les pleurs.... » (I, 137.)

On sait que le terme d'*honnête homme*, qui avait déjà dans ses acceptions celle d'homme probe, comprenait, en outre, et plus souvent, « toutes les qualités agréables, pour parler encore comme l'Académie (1694), qu'un homme peut avoir dans la vie civile, » et ne voulait dire autre chose, en ce sens-là, que « galant homme, homme de bonne conversation, de bonne compagnie. » On voit par un des exemples cités au *Lexique* qu'il arrive à l'auteur des *Caractères* d'attacher à cette expression un sens qui est loin d'être identique avec le sens premier d'*homme probe*, le seul que l'usage lui laisse aujourd'hui : « L'honnête homme, dit-il (II, 99), tient le milieu entre l'habile homme et l'homme de bien. »

Dès la première édition de son *Dictionnaire* (1694), l'Académie n'applique le nom d'*artisan*, à moins qu'il n'ait un complément, comme dans cet endroit de notre auteur : « Ces grands artisans de la parole » (II, 460), qu'à celui « qui exerce un art mécanique, un métier. » La Bruyère en élève fort le sens et l'étend aussi loin que celui d'*art*, quand il nous dit (I, 147) : « Il y a des artisans ou des habiles dont l'esprit est aussi vaste que l'art et la science qu'ils professent; ils lui rendent avec avantage, par le génie et par l'invention, ce qu'ils tiennent d'elle et de ses principes. »

Il restreint de même moins que nous l'acception d'*ouvrier*, et emploie ce nom dans le large sens qu'ont ceux de même radical *œuvre* et *ouvrage*. Il ne l'applique pas seulement au grand architecte de jardins le Nostre (II, 258), mais au sculpteur Bernin (II, 445), à Phidias, à Zeuxis (I, 271). Dans un exemple bien connu, il dit en parlant d'une lecture qui élève l'esprit : « L'ouvrage est bon, et fait de main d'*ouvrier*. » L'usage, à la fin du dix-septième siècle, justifiait cette étendue de signification. Du moins la définition académique d'*ouvrier*, en 1694, est simplement : « Qui travaille et fait quelque ouvrage ; » et à cette définition le *Dictionnaire* ajoute d'une manière générale : « Il se dit aussi de ceux qui font des ouvrages d'esprit. » L'édition de 1835 rétrécit le sens et définit ce nom ainsi : « Qui travaille habituellement de la main et fait quelque ouvrage pour gagner sa vie. » L'application aux ouvrages d'esprit est, dit-elle ainsi que la cinquième (1798), figurée et familière. Les éditions intermédiaires de 1718, 1740, 1762, ne diffèrent de la première, de 1694, que par l'addition des mots : « de la main, » après « qui travaille. »

Comme termes toujours fréquents et usités, mais autrement que jadis, nous pouvons citer encore *les troupes*, pour l'état militaire : « Le mettra-t-on dans les finances, ou dans *les troupes* ? » (I, 153), « Jetez-moi dans *les troupes* comme un simple soldat » (I, 353); *attache* (I, 193), pour agrafe, broche; *pancartes* (I, 252), pour « billets d'enterrement, » comme la Bruyère lui-même l'explique par une note; *le fruit*, pour le dessert : « Il se lève avant *le fruit* » (II, 13); *les assiettes*, pour les entremets (II, 56).

Une modification plus légère, mais néanmoins bien sensible, est celle du nombre (le pluriel où nous mettons le singulier) dans l'emploi du mot *peuple* : « La curiosité *des peuples* empressés de voir le Prince » (I, 388). Le *Lexique* indique cinq autres exemples de cet usage, qui est analogue à celui de l'anglais *people* avec le verbe au pluriel, au sens de *gens, monde, on*. Voyez à l'*Introduction grammaticale*, p. xxxiv, 2°, un bon nombre de singuliers et de pluriels s'écartant de notre usage ; et à la même page, 1°, les rares divergences de genre.

Les mots qui ont le plus d'influence sur la physionomie du discours, qui par la différence de leurs emplois, d'une époque à l'autre, diversifient la langue de la façon la plus marquée, ce sont naturellement les mots les plus fréquents, ceux qui reviennent le plus souvent, et d'abord et surtout ces exposants de rapports qui servent à lier entre eux les exposants d'idées, et auxquels on pourrait appliquer, comme nom générique, la dénomination restreinte à une seule de leurs espèces, d'*articles* ou jointures. Tels sont, outre les articles proprement dits, d'une part les pronoms, surtout les relatifs et les personnels de la troisième personne, et de l'autre les particules, à savoir : les prépositions, les conjonctions, quelques adverbes. On trouvera réunis dans le *Lexique* et particulièrement dans l'*Introduction grammaticale*, de nombreux exemples où la façon dont la Bruyère use de ces sortes de mots tranche sur la nôtre d'une manière frappante : la rencontre, à chaque pas, des diversités de ce genre est assurément, par sa fréquence même, une des marques les plus distinctives de ces deux époques de la langue séparées par environ deux siècles.

Une autre classe de mots dont la comparaison est très-propre aussi à dater la langue, c'est celle de certains noms, figurés pour la plupart, mais sans qu'on sente, pour ainsi dire, tant on y est fait, qu'ils le sont, à qui l'élasticité de leur signification permet d'entrer dans un grand nombre de locutions. Voyez, entre autres, dans le *Lexique*, Part, Partie, Point, Fond et Fonds, Endroit, Tour, Jour, Jeu, Démarche, etc.

Nous en dirons autant des verbes à multiple usage qui se prêtent à mille tours, prennent les compléments et déterminatifs les plus divers, comme *être, avoir, faire, tenir, mettre, jeter, remplir,* etc. On trouvera, aux articles de ces noms et de ces verbes, quantité d'emplois qui distinguent la langue de la Bruyère de la nôtre.

Outre ces mots de rencontre habituelle dont le discours est parsemé et qui en affectent tout l'ensemble par leur fréquent retour, il en est beaucoup d'autres qui nous frappent, les uns comme étant dès lors ou comme devenus depuis des termes de style rare et choisi, les autres parce que leur signification, sans se modifier autant que dans la catégorie citée plus haut (p. vi et vii), s'est nuancée plus ou moins sensiblement, du temps de notre auteur au nôtre, ou qu'il y a mis lui-même des nuances qui lui sont propres. Il y a dans sa manière une finesse, un sentiment des nuances qu'on peut être tenté parfois de nommer excessifs. Bien souvent il détourne les expressions de ce qu'on peut appeler la grosse et simple acception : par sa façon de les construire, de les entourer et accompagner, elles prennent chez lui, au moyen du reflet des expressions voisines, des valeurs réduites ou étendues qui veulent, pour être bien comprises, une subtile attention. Il s'ensuit que, parmi les passages que nous allons citer à ce propos, il en est un bon nombre qui ne témoignent pas du commun usage de l'époque, et qui ont plutôt un caractère original, personnel. Mais que la signification particulière et l'application des mots soient, dans ces passages, propres à l'écrivain, ou qu'elles appartiennent à la langue de son temps, toujours est-il qu'employés comme ils le sont, ces mots, tout en gardant, pour de bons yeux, une suffisante clarté, étonnent à des degrés divers, et sont à relever, dans une étude comparative, pour ce qu'ils offrent d'insolite, d'inattendu. Les exemples que je choisis, montreront quel genre de différence de son langage au nôtre et probablement, dans plus d'un, à celui de ses contemporains mêmes, j'ai ici en vue. Je ne suis pas seul, je crois, à me sentir, je ne dis pas choqué, mais arrêté un moment, comme on l'est par l'inaccoutumé, et surpris plus ou moins, par les emplois de mots que voici. Je les range dans l'ordre alphabétique, afin que le lecteur, voulant en retrouver tel ou tel qui l'aurait frappé, le puisse aisément.

« Un sot riche et *accrédité* » (I, 258); « Seguier a été grand et *accrédité* sans ministère » (II, 467) : ayant du crédit, de l'autorité, grande considération. L'Académie, dans les premières éditions de son *Dictionnaire*, n'applique aussi le mot qu'à des noms de personnes; ce n'est qu'à partir de 1740 qu'elle le construit avec certains noms de choses.

« La lune n'*achève* par jour que cinq cent quarante mille lieues » (II, 259). L'Académie ne donne, dans ses diverses éditions, nul exemple de cet emploi d'*achever*.

Action, désignant d'une manière générale toute pièce d'éloquence : « L'*action* de Monsieur de Meaux » (II, 491); « Cette *action* de Monsieur de Meaux » (*ibidem*) : c'est l'oraison funèbre de la princesse Palatine.

« Je ne sais point si le chien.... *affectionne*, s'il craint..., s'il pense » (II, 255); « *Affectionner* une affaire » (I, 60). Nous avons là deux acceptions remarquables du verbe *affectionner*; dans le premier exemple, il est pris absolument; dans le second, il signifie : « prendre une affaire à cœur, désirer qu'elle réussisse. »

Ajuster : voyez ci-après, p. xi, *Concilier*.

« Vos voix.... toujours libres et *arbitraires* » (II, 472) : *arbitraires*, qui dépendent de votre seule volonté, et dont vous disposez à votre gré, que vous donnez à qui il vous plaît; il s'agit des votes pour une élection à l'Académie.

« Il cueille *artistement* cette prune exquise » (II, 137) : avec art et industrie. L'adverbe appliqué à un acte de ce genre ne tranche pas sur notre usage par vétusté, mais plutôt, il me semble, sur celui du dix-septième siècle, par je ne sais quoi de moderne. Dans les trois autres exemples anciens que cite M. Littré, il n'est question que de choses travaillées ou rangées avec art.

« La ville est partagée en diverses sociétés, qui sont comme autant de petites républiques.... Tant que cet *assemblage* est dans sa force..., l'on ne trouve rien de bien dit ou de bien fait que ce qui part des siens » (I, 276) : *cet assemblage*, cette union, cette association, cette coterie.

« Il ne manque souvent à un ancien galant, auprès d'une femme qui *l'attache*, que le nom de mari » (I, 175) : *qui l'attache*, qui le tient, le retient dans ses liens, tour actif, pour nous moins usuel peut-être, mais bien plus expressif que ne serait le tour passif : « à qui il est attaché. » Le substantif *attache*, où le même radical arrive à une tout autre acception, celle d'*agrément*, *consentement*, n'est pas resté non plus du commun usage : « Ils ne comprennent point que sans leur *attache* [1] on ait l'impudence de les espérer (les pensions, les honneurs) » (II, 247).

« Il cultive les jeunes (femmes)..., c'est son *attrait* » (II, 157) : c'est-à-dire c'est son goût, ce qui l'attire.

« Ces mots *aventuriers* qui paroissent subitement, durent un temps, et que bientôt on ne revoit plus » (I, 219) : c'est-à-dire ces mots dont le passage dans la langue, où ils ne restent pas, sont comme une fortuite aventure ; cet endroit rappelle celui d'Horace, dont nous avons déjà cité quelques mots (ci-dessus, p. II, note 1) : *Cadentque quæ nunc sunt in honore vocabula*.

« L'éloquence de la chaire, en ce qui y entre d'humain et du talent de l'orateur, est *cachée*, connue de peu de personnes, et d'une difficile *exécution* » (II, 230) : *cachée*, pour être compris, a bien besoin de la suite : « connue de peu de personnes ; » c'est un secret, que peu connaissent et possèdent ; nous n'appliquerions pas ainsi non plus le dernier mot : *exécution* ; ni le participe *exécuté*, comme il l'est dans ce passage où il est dit d'un « endroit d'une comédie, » qu'il « est très-plaisant et très-naïvement *exécuté* » (I, 137).

« Le *capital* pour une femme n'est pas d'avoir un directeur, mais de vivre si uniment qu'elle s'en puisse passer » (I, 181) : *le capital*, c'est-à-dire le principal, ce qui surtout importe. Relevons encore ici *uniment*, pour *simplement*, au sens d'égale et régulière simplicité. — Voyez plus bas, p. XXI, *faire son capital de*.

« Ils envoient leurs offrandes dans les temples aux jours d'une grande *célébrité* » (I, 64) : *célébrité*, solennité ; c'est le seul sens que l'Académie donne au mot dans ses deux premières éditions ; mais dès 1740, elle ajoute l'acception ordinaire d'à présent : « grande réputation » ; plus tard (1798), elle fait de celle-ci le premier sens du mot, et dit l'autre vieilli.

« (Demander aux négociateurs) une certaine facilité, qui ne *choque* point leur commission ni les intentions de leurs maîtres » (I, 376) : métaphore toujours juste et légitime, mais devenue rare dans cette acception, quelque fréquentes que soient les occasions de s'en servir ainsi.

« Songez à pénétrer le sens du texte dans toute son étendue, et dans ses *circonstances* » (II, 203) : je crois que cet emploi du mot serait toujours aussi fort légitime, mais cela n'empêche point qu'il soit assez rare aujourd'hui. Cet autre emploi ne l'est pas moins : « Préférer.... les sacrements donnés de sa main (de la main de son directeur) à ceux qui ont moins de cette *circonstance* » (II, 152) : c'est-à-dire qui ont cette circonstance de moins, que celui qui les donne soit votre directeur ; je n'ai pas besoin de relever comme archaïsme le tour *moins de* pour *de moins*.

Cogner, avec le complément *ouvrage* : « Où fend-il, où *cogne*-t-il son ouvrage ? » (II, 85.)

---

1. Ces mots : « sans leur attache », ont été expliqués à tort dans le *Lexique*, à l'article ATTACHE, par : « sans être attaché à eux ». Il faut remplacer cette explication par celle-ci : « sans leur agrément, leur assentiment ».

Comédie, étendu à toute pièce de théâtre ; il dit en parlant de Corneille : « Ses premières *comédies* (qui sont comédies en effet)...; ses dernières (qui sont des tragédies) » (I, 139 et 140).

Concilier, non pas plusieurs entre eux, mais un seul avec lui-même : « *Conciliez* un auteur original, *ajustez* ses principes » (II, 203) ; le second verbe, *ajuster*, ne laisse pas d'être remarquable aussi dans cette phrase, et, avec un sens différent, dans la suivante : « Il n'est pas hors de sa maison, qu'il a déjà *ajusté* ses yeux et son visage » (I, 356).

« Comment résister à une si forte et si générale *conjuration*? » (I, 369) : au sens de *coalition* ; il s'agit de la ligue d'Augsbourg.

Content de, se contentant de : « Il ne donne point de servantes à sa femme, *content de* lui en louer quelques-unes pour l'accompagner à la ville » (I, 77).

Déchiffrer, figurément, révéler, découvrir ce qui est secret ou resté obscur : « Ces.... pancartes (billets d'enterrement) qui *déchiffrent* les conditions, et qui souvent font rougir la veuve et les héritiers » (I, 252). Voyez, dans le *Dictionnaire de l'Académie*, les deux locutions : « déchiffrer une affaire, » et « déchiffrer quelqu'un. »

Le dedans, (le) *dehors*, les affaires intérieures, les affaires extérieures : « Des citoyens s'instruisent *du dedans* et *du dehors* d'un royaume » (I, 346) ; « Une vaste capacité, qui s'étende non-seulement aux affaires de *dehors*..., mais qui sache aussi se renfermer *au dedans* » (I, 390).

« La raison.... refroidie et ralentie par les années..., *déconcertée* ensuite par le désordre de la machine, qui est dans son déclin » (II, 26) : *déconcertée*, troublée dans ses vues, dans l'harmonie de ses opérations.

« Le rebut de la cour est reçu à la ville dans une ruelle, où il *défait* le magistrat » (I, 177) : triomphe de lui, a l'avantage sur lui ; le mot est aussi à remarquer dans l'exemple suivant : « Il n'y a rien qui enlaidisse certains courtisans comme la présence du Prince.... Les gens fiers et superbes sont les plus *défaits*, car ils perdent plus du leur » (I, 300).

« Il porte des chemises très-*déliées* » (II, 154) : des chemises très-fines ; et au figuré : « Le panneau le plus *délié* » (I, 381) : le piége le plus fin, le plus subtil ; il nous semble bien que cet adjectif, dans le premier sens surtout, n'est plus aussi usité qu'autrefois, quoique l'Académie ait persisté jusqu'en 1835 à donner, comme en 1694, les exemples : « étoffe déliée, toile déliée. »

« Il dit qu'ils (ces vins de Rhodes et de Lesbos) ne *démentoient* point leur terroir » (I, 17) ; « Si le plus petit (de ces astres) venoit à *se démentir* et à rencontrer la terre, que deviendroit la terre? » (II, 265) : double emploi de *démentir*, qui se déduit bien de ses acceptions ordinaires, car le premier est très-voisin de *démentir son origine*, et dans le second le sens est « cesser d'être ce qu'on est, de faire ce qu'on fait ; » mais l'un et l'autre offrent pourtant une nuance de style assez particulière.

Dernier, marquant le superlatif, le plus haut point, parfois devant des noms auxquels nous ne sommes pas habitués à le joindre : « Le *dernier* mépris » (I, 310) ; « Le *dernier* dégoût » (I, 332) ; « C'est le *dernier* secret, c'est un mystère » (I, 218).

« Poussé par le jeu jusques à une *déroute* universelle » (I, 270). Ailleurs (I, 272, n° 81), il joint *déroute*, comme faisant gradation, au mot *ruine* ; l'Académie, qui traduit ce terme par « renversement total des affaires de quelqu'un, » ne l'accompagne, quant à l'usage, d'aucune restriction ; mais on peut dire cependant, je crois, qu'il est devenu rare, même dans la langue des lettres.

« La ville dégoûte de la province ; la cour *détrompe de* la ville » (I, 337). L'Académie, dans ses cinq premières éditions, donne, sans observation, cet exemple, semblable au nôtre : « Je veux vous *détromper de* cet homme-là. » A partir de la sixième (1835), elle ajoute : « ou mieux sur le compte de cet homme-là. » N'est-ce pas critiquer une bien légitime hardiesse, et appauvrir la langue pour vouloir, sans besoin, l'éclaircir?

Échapper à, en parlant d'une chose désirable, d'un plaisir : « J'ai mené un vrai deuil d'avoir *échappé au* plaisir d'entendre une si belle pièce (d'éloquence) » (II, 491). Le mot ne se dit, et l'on peut ajouter ne se disait guère qu'en parlant d'une chose qui est à craindre et à fuir. Je n'ai pas besoin de faire remarquer la figure, également digne ici d'attention, et que nous relèverons ailleurs, de « mener un deuil ».

Voyez au *Lexique*, à l'article ENGAGEMENT, des sens divers de ce mot, presque tous passés d'usage.

Entêtement, pour engouement, sens que l'Académie dit rare, et dont elle ne donne pas d'exemple où le mot désigne la personne même pour laquelle on s'engoue : « Vous étiez la coqueluche ou l'*entêtement* de certaines femmes » (I, 237).

« Une physionomie.... embarrassée dans une *épaisseur* de cheveux étrangers » (I, 328) : emploi remarquable de l'abstrait.

« Giton a.... l'*estomac* haut, la démarche ferme » (I, 272) : c'est-à-dire, il a, porté la poitrine haute.

Établissement, avec ou sans épithète, pour poste, fonction, état (avantageux) dans le monde : « Le mérite qui est seul et dénué de grands *établissements* » (I, 309); « Toute association qui ne roule pas sur les *établissements* et sur l'intérêt » (II, 459). Dans la phrase figurée qui suit, le mot marque un programme d'études, un plan arrêté par le maître : « Quelque nouvel *établissement* que je fasse au sujet des études de Monsieur le duc de Bourbon, je déménage sans peine pour aller où il plaît à Votre Altesse » (II, 478). Du sens qu'a le substantif dans nos premiers exemples, on peut rapprocher celui du participe dans cette phrase : « Quelle est la roture un peu heureuse et *établie* à qui il manque des armes ? » (II, 165.) *Établie*, ayant ses affaires en bonne situation.

« Je me fais un devoir *étroit....* de les avancer tous deux » (II, 500) : un devoir rigoureux, même sens que celui de l'adverbe dans l'exemple suivant : « Les choses que nous sommes *étroitement* obligés de faire » (II, 48).

Nous ne joignons plus l'adjectif *excellent*, bien que son sens paraisse devoir le permettre, à un nom quelconque de qualité, mais seulement à quelques-uns ; nous ne dirions pas : « Émire avoit deux frères.... d'une *excellente* beauté » (I, 196); nous ne mettrions pas non plus au superlatif ce même mot, dont le positif marque déjà ce degré : « Le *plus excellent* mérite » (I, 151).

Exclure quelqu'un *de*, avec l'infinitif, l'empêcher, lui interdire de, lui ôter le droit de : « Il exige d'abord de petites choses.... qui ne l'*excluent* pas *d*'en demander une plus grande » (I, 374).

Exécuter, exécution : voyez plus haut, p. x, *Caché*.

Exempt de, avec l'infinitif, dispensé de : « L'on s'est trouvé *exempt de* le charger (cet ouvrage) de doctes commentaires » (I, 32).

Expression, absolument : « [Ceci] demande du bon sens et de l'*expression* » (I, 224) : c'est-à-dire, des mots appropriés, disant bien ce qu'ils doivent dire.

« *Exterminer* les voleurs » (II, 189) : au sens ancien et étymologique, en purger le pays, en bannir et faire disparaître l'engeance.

« Il y a des gens.... qui ont une *fade* attention à ce qu'ils disent » (I, 222) : *fade*, insipide, sans goût, sans agrément; « rien d'heureux ne leur échappe, » ajoute la Bruyère : on voit qu'il applique à la cause l'épithète qui convient à l'effet.

Farceur, employé de façon à pouvoir signifier, soit auteur, soit acteur comique : « Le paysan ou l'ivrogne fournit quelques scènes à un *farceur* » (I, 138).

Féroce, férocité, au sens qu'ont d'ordinaire en latin les mots correspondants, c'est-à-dire, de « farouche, âpre, humeur farouche » : « Les jeunes gens (sont) durs, *féroces*, sans mœurs ni politesse » (I, 327); « Il lui faut (à l'homme) une disgrâce ou une mortification pour le rendre plus humain, plus traitable, moins *féroce*, plus honnête homme » (I, 335); « Il y auroit une espèce de *férocité* à rejeter indifféremment toute sorte de louanges » (I, 229); « La brutalité est une certaine dureté, et j'ose dire une *férocité* qui se rencontre dans nos manières d'agir » (I, 64).

« Un jeune adolescent qui passe de la *férule* à la *pourpre* (qui devient d'écolier juge) » (II, 187) : le signe pour la chose signifiée; double métonymie, ingénieusement élégante.

« Ils (un musicien, un maître de danse, etc.) ont un mérite *fixe* et des talents sûrs et connus qui amusent les grands » (II, 160) : *fixe*, bien déterminé, bien établi, au sujet duquel il n'y a point de doute : les deux épithètes, *sûrs* et *connus*, du substantif *talents*, qui suit, expliquent le mot.

Foible, neutralement, au sens de *faiblesse* : « Les personnes graves.... qui trouvent *du foible* dans un ris excessif comme dans les pleurs » (I, 137); « La galanterie est un *foible* du cœur » (I, 176); « Les vices, les *foibles* et le ridicule (I, 30); « La dévotion vient.... aux femmes..., comme le *foible* d'un certain âge » (I, 183).

Forcer, violenter. Le mot n'a rien que d'ordinaire dans la locution « *forcer* la nature » (II, 18); l'Académie la cite. Il est plus remarquable dans ce passage, où l'auteur parle des hommes qui ont « tenté au delà de leur fortune, et *forcé*, pour ainsi dire, leur destinée » (I, 266).

« Il se tourne à droit, où il y a *un grand monde*, et à gauche, où il n'y a personne » (I, 356) : *un grand monde*, pour *beaucoup de monde*.

« [Il y a peu de] courtisans qui, par *grandeur*, ou par une confiance qu'ils ont d'eux-mêmes, osent honorer devant le monde le mérite qui est seul » (I, 309) : *grandeur*, élévation de sentiments.

« Les sept voix qui ont été pour moi, je ne les ai pas mendiées, elles sont *gratuites* » (II, 513) : elles n'ont point été achetées par des sollicitations; nous dirions : « elles sont spontanées; » le sens est éclairci par *pas mendiées*, qui précède.

« Sentir son argent *grossir* dans ses coffres » (I, 258) : nous emploierions bien ainsi *grossir* avec *trésor*, mais non, je pense, avec *argent*.

« Un extérieur simple est l'*habit* des hommes vulgaires » (I, 156) : *habit*, appliqué à *extérieur*.

Humeur, caprice, et particulièrement caprice chagrin : « Les meilleurs conseils.... [sont] rejetés d'abord par présomption et par *humeur*, et suivis seulement par nécessité ou par réflexion » (II, 111). — *Humeur*, heureuse disposition pour composer, pour travailler, comme dit l'Académie, d'imagination et de génie : « Ceux qui écrivent par *humeur*, que le cœur fait parler » (I, 149). — *Humeur*, penchant à la plaisanterie : « L'on dit, par belle *humeur*..., de ces choses froides, etc. » (I, 239).

Idéal, n'existant que dans l'idée, abstrait : « Cette philosophie est subtile et *idéale* » (II, 246).

« En restituant à un si beau nom (au nom de philosophe) son *idée* propre et convenable » (II, 109) : *son idée*, son sens, sa valeur.

Impatient, désirant impatiemment; *impatience*, désir impatient : « L'homme.... *impatient* de la nouveauté.... » (II, 249); « Se chercher incessamment les unes les autres avec l'*impatience* de ne se point rencontrer » (I, 294); « L'*impatience* de donner à mon livre plus de rondeur » (I, 108). L'Académie n'admet l'adjectif, non plus que le nom, en ce sens, qu'avec des infinitifs pour compléments, et le nom seulement après *dans* :

« être dans l'*impatience* de... ; » quant à l'adjectif suivi d'un nom, elle ne lui donne que la signification de : « ne pouvant supporter, » et en nomme l'emploi poétique.

« *Impertinent* ou diseur de *rien* » (I, 39) : outre la synonymie qui fait d'*impertinent* l'équivalent de *diseur de rien*, il y a encore à remarquer dans cet exemple ce singulier, qui ne s'emploierait plus ainsi, du mot *rien*.

« Examiner l'homme *indifféremment*, sans beaucoup de méthode » (I, 29) : sous les aspects divers, sans l'ordre qui peut naître de la distinction et différence des points de vue ; l'auteur parle de lui-même ; c'est ainsi, dit-il, que dans son livre il examine l'homme. « Il y a quelques livres répandus dans sa chambre *indifféremment* » (II, 155) : comme sans intention, avec indifférence.

Double exemple du tour *informé que*, assez généralement condamné par les grammairiens : « Ils prennent soin que toute la ville soit *informée qu*'ils font ces emplettes » (I, 44) ; « Je crois que Votre Altesse Sérénissime est *informée que* les études de Monsieur le duc de Bourbon sont fort régulières à Fontainebleau » (II, 496).

Innocent, dans le sens, toujours usité, d'*irréprochable* et *sans méchanceté*, mais avec des applications dont quelques-unes maintenant étonnent un peu : « On y remarque (dans les vers de Boileau) une critique sûre, judicieuse et *innocente*, s'il est permis du moins de dire de ce qui est mauvais qu'il est mauvais » (II, 461) ; « Un Bourdaloue.... ne fait point de peintures du crime ni plus vives ni plus *innocentes* » (II, 444) ; « Il a.... une raillerie *innocente* » (I, 323 et 324).

« *Instance* des libertins » (II, 253, note 3) : objection des incrédules.

« (Le Prince), *instruit* jusques où le courtisan veut lui plaire » (II, 160) : tour à noter, d'interrogation indirecte après *instruit*.

« Ils parlent *jargon* et mystère sur de certaines femmes » (I, 282) ; « Il n'a manqué à Molière que d'éviter le *jargon* » (I, 128). Dans le premier de ces exemples, *jargon* a un de ses sens ordinaires et veut dire, comme parle l'Académie (1694), « langage concerté que l'on fait pour n'être entendu que de ceux avec qui l'on a intelligence ; » dans le second exemple, si souvent cité, l'auteur paraît bien lui avoir donné cette autre acception, ordinaire aussi, de « langage du peuple, de paysans, » comme dit Furetière, qui, dans sa définition, ajoute à *langage* les épithètes, pas très-justes ici, ou qui du moins voudraient explication, de *vicieux* et *corrompu* ; il mentionne ensuite ce « *jargon* (ou patois), différent de la langue des honnêtes gens, que le peuple parle par toutes les provinces. » Sachons gré à Molière d'avoir été moins délicat que la Bruyère, de n'avoir pas fait fi de ce genre de vérité, mais mieux aimé copier la nature que d'y substituer le langage de ceux qu'on nommait « les honnêtes gens ».

« Ils ne lui souriaient plus, ils commençoient à ne le plus *joindre* » (I, 319) : à ne plus venir à lui.

« *L'une et l'autre* fortune (la bonne et la mauvaise) » (I, 336) ; « *L'une et l'autre* oraison (le français et le latin) » (II, 465) : deux emplois tout différents de *l'un et l'autre* ; au sujet du second, voyez ci-dessous, p. xv, au mot *Oraison*.

« Pensant *mal* de tout le monde, il n'en dit de personne » (I, 323) : *mal* passant d'une catégorie grammaticale à une autre, employé dans le premier membre comme adverbe, dans le second comme nom.

Deux emplois remarquables de *manier* : « Ce qu'il y a de plus beau, de plus noble et de plus impérieux dans la raison, *est manié* par le premier (Corneille) ; et par l'autre (Racine), ce qu'il y a de plus flatteur et de plus délicat dans la passion » (I, 142) ; « *Manier* à fond une vérité (en chaire) et l'épuiser » (II, 235).

« Sans retarder le cours de notre histoire ordinaire et qui *fait la mar-*

che de nos études » (II, 494) : qui fait l'objet suivi, constitue le cours régulier de nos études, des études dont je m'occupe avec mon élève ; je ne sais si la Bruyère se serait exprimé ainsi ailleurs que dans le style rapide d'une lettre.

Masquer, au sens neutre : « Jouez-vous ? *masquez*-vous ? Il faut répondre » (II, 120) ; « Ménophile.... *masque* toute l'année, quoique à visage découvert » (I, 316).

« Une âme vile et *mécanique* » (II, 85). L'Académie, dans ses deux premières éditions (1694, 1718), donne au mot, comme opposé à *libéral*, le sens de « sordide et mesquin » ; dans les deux suivantes (1740, 1762), celui d' « ignoble et bas » ; dans la 5e (1798), celui d'*ignoble* seulement ; et elle ne conserve aucun de ces sens dans sa dernière (1835). La suite de la phrase de la Bruyère explique la double épithète : *vile et mécanique*, par « à qui ni ce qui est beau ni ce qui est esprit ne sauroient s'appliquer sérieusement ».

« La vie de la cour est un jeu sérieux, *mélancolique*, qui applique » (I, 325) : l'épithète *mélancolique* rend ici l'idée de tristesse, avec une nuance amoindrissante, qui s'applique bien à ce mélange dont parle Bossuet lorsqu'il dit[1] qu'on trouve à la cour, quand on enfonce, « un sérieux aussi triste qu'il est vain. »

Montre, fréquent encore dans la locution « faire montre de », mais ne se prêtant plus guère, au même sens, à être employé seul, comme ici : « Le nom de ce panégyriste semble gémir sous le poids des titres dont il est accablé.... Quand, sur une si belle *montre*, l'on a seulement essayé du personnage, etc. » (II, 228). — Comparez I, 260 : « Le marchand fait des montres ».

Monument, dans son sens primitif, latin, de marque, marque publique, que l'Académie lui reconnaissait dans sa première édition (1694), mais ne lui reconnaît plus maintenant : « Il les dépose (les cheveux de son fils) dans le temple comme un *monument* d'un vœu solennel qu'il a accompli » (I, 73).

Moral, au sens où nous dirions *de morale, traitant des mœurs* : « Un ouvrage *moral* » (I, 114) ; « Un auteur *moral* » (II, 450) ; dans une acception analogue : « Corneille est plus *moral*, Racine plus naturel » (I, 142) : il appelle Corneille *moral*, parce qu'on trouve, dit-il, dans ses pièces « des maximes, des règles, des préceptes ».

Nu, c'est-à-dire n'ayant pas fait toilette : « L'homme de lettres est trivial... ; il est vu de tous, et à toute heure, et en tous états, à table, au lit, *nu*, habillé » (I, 249) ; comparez la phrase de Saint-Simon citée au *Lexique* : « tout nu en robe de chambre ».

Obligeamment, avec ménagement, avec indulgence : « Le faux dévot ou ne croit pas en Dieu, ou se moque de Dieu ; parlons de lui *obligeamment* : il ne croit pas en Dieu » (II, 247 et 248).

Opiniâtré, où nous disons plutôt *opiniâtre* : « Des haines longues et *opiniâtrées* » (II, 50).

Oraison, discours oratoire : « Les caractères.... sont inévitables dans l'*oraison* » (II, 437) ; par extension, la langue où le discours est écrit : « Vous avez des écrivains habiles en l'une et en l'autre *oraison* » (II, 465) : c'est-à-dire en français et en latin. On lit dans le premier chapitre du *de Officiis* de Cicéron : *utriusque orationis*, par quoi plus d'un interprète a entendu : « du latin et du grec ».

Ordre, rang assigné par la naissance, la condition : « Il semble que le mariage met tout le monde dans son *ordre* » (I, 159). — Rang dans l'affection et droits limités que donne la nature des relations : « Glycère.... res-

---

1. Voyez, à la page citée du tome I, la note 1.

serre (ses amis) dans leur *ordre*, sans leur permettre rien de ce qui passe l'amitié » (I, 191).

Applications diverses du verbe, de sens très-général, *ôter*. Dans le premier des deux exemples qui suivent, il signifie *supprimer* (*entre*) ; dans le second, *faire sortir* (*de*, pour donner une autre place) : « Une puissance très-absolue.... qui *ôte* cette distance infinie qui est quelquefois entre les grands et les petits » (I, 391) ; « Il ne lui coûte rien d'être modeste..., de prendre dans une assemblée une dernière place, afin que tous l'y voient et s'empressent de l'en *ôter* » (I, 354).

Paradoxe appliqué non à une opinion, à une proposition s'écartant de l'opinion commune, mais à un fait extraordinaire, non croyable : « C'est un *paradoxe* qu'un violent amour sans délicatesse (de jalousie) » (I, 203).

Particulier, ère, « fuyant, dit Furetière, le commerce des autres hommes » : « Étant assez *particulière* sans pourtant être farouche » (II, 92).

« [Je n'ai] point à cette heure de *passion* en la tête plus violente que celle de vous contenter » (II, 490) : *passion*, pour « désir », hyperbole de politesse qui a été, pour un temps, d'un très-commun usage.

Emploi remarquable, dans une gradation, de *persécuté de*, suivi de l'infinitif : « Prié, sollicité, *persécuté de* consentir à l'impression de sa harangue, (il) leur résista » (II, 455).

Pièce, en parlant d'une personne : « Un bon plaisant est une *pièce* rare » (I, 215). L'Académie ne cite le mot, en ce sens familier, qu'accompagné des épithètes *bonne, fine, méchante*.

« On voit au travers de leur *poitrine* » (I, 244) : on lit dans leur cœur.

« Faire servir Dieu et la religion à la *politique*, c'est-à-dire à l'ordre et à la décoration de ce monde » (II, 238) ; « Palliant d'une *politique* zélée le chagrin de ne se sentir pas à leur gré si bien loués.... » (II, 448) ; « Une compagnie (le sénat romain) qui avoit bien d'autres délicatesses de *politique* sur la vertu des grands hommes que n'en sauroit avoir l'Académie françoise » (II, 440). Dans le premier de ces exemples, la Bruyère détermine lui-même le sens qu'il donne à *politique* ; dans tous, le mot marque des fins intéressées, des vues spécieuses, d'adroits calculs en vue du but à atteindre ; c'est dans le dernier qu'il se rapproche le plus de l'acception ordinaire : « les délicatesses de politique, » ce sont les délicatesses des sentiments, des dispositions où la diversité des partis mettait les sénateurs.

« A parler *populairement*, on peut dire d'une seule nation qu'elle.... n'a qu'une seule religion ; mais à parler exactement, il est vrai.... que chacun presque y a la sienne » (II, 246 et 247) : *populairement*, sans rigueur ni précision, comme on parle vulgairement, comme parle le vulgaire.

Praticable, qu'on peut réaliser, se procurer : « Hermippe est l'esclave de ce qu'il appelle ses petites commodités... ; il ne néglige aucune de celles qui sont *praticables* » (II, 196).

« Cette confiance le rend moins *précautionné* » (I, 165) : prenant moins ses précautions ; les dictionnaires, même ceux du temps, ne confirment pas cet emploi ; Furetière dit que *précautionner* ne se prend qu'avec le pronom réfléchi.

« Un concert, un beau salut, un *prestige* de la foire » (I, 289). La Bruyère définit lui-même ainsi le mot *prestiges* : « Choses fort extraordinaires, telles qu'on en voit dans nos foires » (I, 46, note 3).

Prononcer, avec régime indirect, au sens de *déclarer* : « Je leur *prononce* (aux femmes) que le blanc et le rouge les rend affreuses » (I, 172).

Propre et *propreté*, marquant, non pas seulement, comme d'ordinaire aujourd'hui, le contraire de *sale* et *saleté*, mais le soin, le bon arrangement, et au second exemple le goût, même avec recherche, dans les habits, les meubles, etc. : « Ce morceau de terre, plus *propre* et plus orné que les autres terres qui lui sont contiguës » (II, 257); « La délicatesse, la *propreté* et la somptuosité des généraux » (II, 195 et 196).

« [Sa fortune] lui donne *du rang*, du crédit, de l'autorité » (I, 251) : emploi partitif, peu ordinaire, du mot *rang*.

« Il ne veut ni chanter à son tour, ni *réciter* dans un repas » (I, 65) : *réciter* pour *déclamer*. On lit dans les anciens livrets de théâtre, par exemple dans celui du *Grand divertissement royal*, où figure le *George Dandin* de Molière : « acte (en prose) qui *se récite*, » par opposition à scène qui se chante, « scène en musique. »

Se reconnoître, revenir à soi après avoir été troublé, intimidé, stupéfait : « Il lui est arrivé.... de se trouver..., à la rencontre d'un prince..., *se reconnoître* à peine » (II, 7); « Ils sont.... surpris et consternés (de la faveur qui leur arrive comme un accident); ils *se reconnoissent* enfin, et se trouvent dignes de leur étoile » (I, 332).

« L'approbation la plus sûre (des discours et des écrits).... est le changement de mœurs et la *réformation* de ceux qui les lisent ou qui les écoutent » (I, 106). Le mot *réformation* a d'ordinaire pour complément plutôt un nom de chose qu'un nom de personne.

Rendu, subjugué (par l'éloquence), n'y pouvant résister : « Quel grand effet n'a-t-il pas dû faire sur l'esprit et dans l'âme de tous les auditeurs! Les voilà *rendus* : ils en sont émus et touchés au point de, etc. » (II, 226).

« Il est étonnant.... que notre langue, à peine corrompue, se soit vue *réparée* » (I, 130); « La mort de ces hommes uniques, et qui ne *se réparent* point » (I, 341) : double application de ce verbe à présent peu commune; la seconde a beaucoup d'analogie avec celle qu'en fait Molière dans le *Dépit amoureux* (acte IV, scène III) :

> Éraste, Éraste, un cœur fait comme est fait le vôtre
> Se peut facilement *réparer* par un autre.

« Livres froids et ennuyeux, d'un mauvais style et de nulle *ressource*, sans règles et sans la moindre justesse » (I, 109) : *de nulle ressource*, où l'on ne trouve rien de bon, rien qui instruise ou intéresse.

Ressouvenir, équivalant à *souvenir :* « Il lui fait *ressouvenir* qu'il lui a autrefois rendu service » (I, 53). Je n'ai pas besoin de faire remarquer que dans ce passage est aussi à noter le pronom indirect *lui*.

Retour, réciprocité : « Il y a un commerce ou un *retour* de devoirs du souverain à ses sujets, et de ceux-ci au souverain » (I, 384).

« Un prédicateur devroit.... abandonner toutes ces divisions si recherchées, si *retournées*, si remaniées et si différenciées » (II, 235) : *retournées*, tournées en tout sens, ne diffère, il semble, de *recherchées* et *remaniées* que par une bien légère nuance.

« Telle.... femme, à qui le désordre manque pour mortifier son mari, *y revient* par sa noblesse » (I, 194 et 195) : *revient* à le mortifier, supplée à ce qui lui manque pour cela de cet autre côté.

Rien : voyez ci-dessus, p. XIV, *Impertinent*.

Se sauver, absolument, avec le sens très-restreint d'échapper au danger d'une malveillante appréciation : « On veut à la cour que bien des gens manquent d'esprit, qui en ont beaucoup; et entre les personnes de ce dernier genre une belle femme ne *se sauve* qu'à peine avec d'autres femmes » (I, 189).

« Un air de capacité ou de hauteur.... qui vous rend *sec* sur les louanges, et empêche qu'on ne puisse arracher de vous la moindre approbation » (I, 343 et 344) : *sec sur*, avare de; la locution est bien éclaircie par ce qui la précède et la suit.

Emplois remarquables de *selon* : « Les hommes n'ont point changé *se-*

lon le cœur et *selon* les passions; ils sont encore tels qu'ils étoient alors » (I, 26); « Ils (ces êtres) périssent parce qu'ils ne laissent pas d'avoir des parties *selon* lesquelles ils peuvent être divisés » (II, 256). Voyez encore II, 254, *l.* 13 et 14, et II, 256, *l.* 8.

Soins, hommages, marques de respect : « Il agrée ses *soins*; il reçoit ses visites » (I, 193). L'emploi du mot est plus frappant comme régime d'*exposé à* : « Celles qui sont.... exposées aux *soins* et à la flatterie » (II, 92).

« Il (le philosophe) demande des hommes (qui lisent son livre) un plus grand et un plus rare *succès* que les louanges, et même que les récompenses, qui est de les rendre meilleurs » (I, 127) : *succès*, fruit de son œuvre ; le mot est clair, mais étonne un peu avec ce tour de phrase.

Suivre de, avec l'infinitif, être la conséquence d'une action : « Le péril et la honte qui *suivoient de* s'en désister (de se désister de cette conquête) » (II, 118 et 119).

Nuances d'acception de *sujet à,* devant soit des noms, soit des infinitifs : « Il seroit bien dur qu'un grand chanoine fût *sujet au* chœur, pendant que le trésorier, l'archidiacre.... s'en croient exempts » (II, 176); « Certains poëtes sont *sujets....* à de longues suites de vers pompeux » (I, 115); « Certains hommes, *sujets à* se récrier sur le médiocre » (II, 234); « Ceux qui écrivent par humeur sont *sujets à* retoucher à leurs ouvrages » (I, 118); « Les belles filles sont *sujettes à* venger ceux de leurs amants qu'elles ont maltraités » (I, 190).

« Je l'ai vue, cette réception (de Jacques II par Louis XIV), spectacle *tendre* s'il en fut jamais » (II, 469) : spectacle touchant.

Traiter, remarquable, à l'actif, par son complément; au passif, par son sujet : « (Le sculpteur) Bernin n'a pas.... *traité* toutes ses figures d'une égale force » (II, 445); « L'un (de ces ouvrages) *traite* les grands.... motifs pour conduire à la vertu » (I, 29); « Cette figure qu'on appelle description.... pourroit avoir (moins de succès) si elle étoit *traitée* par un génie fort inférieur à celui de Théophraste » (I, 28).

« Antagoras a un visage *trivial* et populaire » (II, 59) : *trivial*, connu de tous; l'auteur lui-même explique le mot par un développement et une comparaison dans le passage suivant : « L'homme de lettres.... est *trivial* comme une borne au coin des places; il est vu de tous, et à toute heure » (I, 249).

Uniment : voyez ci-dessus, p. x, *capital.*

Dans les exemples qui précèdent, il y a beaucoup d'emplois de mots qui très-probablement, nous l'avons dit, étaient, au temps de la Bruyère, aussi bien qu'au nôtre, tout personnels à l'auteur, et, à tort ou à raison, non consacrés par l'usage. Pour les suivants, surtout les deux premiers, nous croyons pouvoir être plus affirmatif et dire que l'usage ne les admettait pas et avait raison de ne pas les admettre :

Répandu, appliqué à un seul objet, au sens où il se dit et ne peut se dire que de plusieurs : « Une chaumière *répandue* dans la campagne » (II, 166). C'est du pluriel, très-correct : « chaumières *répandues* dans la campagne », qu'est déduite cette locution incorrecte.

Inviolablement, immanquablement, par suite d'une loi inviolable, constante : « N'essayer des richesses, de la grandeur..., que pour les voir changer *inviolablement* et par la révolution des temps en leurs contraires » (II, 250).

Situé, en parlant d'une personne : « Si un homme étoit *situé* dans une étoile, notre soleil, notre terre, et les trente millions de lieues qui les séparent, lui paroîtroient un même point » (II, 263 et 264).

Je mets ensemble quelques passages où des termes d'acception générale prennent, sans être accompagnés d'aucun autre mot qui les explique et les restreigne, une signification particulière :

« Un homme *libre*, et qui n'a point de femme, s'il a quelque esprit, peut s'élever au-dessus de sa fortune.... Cela est moins facile à celui qui est *engagé* » (I, 159); « L'on doute que ce soit pécher que d'avoir un commerce avec une personne *libre* » (II, 239). Dans la première de ces deux phrases, l'addition : « et qui n'a point de femme », détermine le sens de *libre*, et, par opposition, celui d'*engagé*; mais, dans la seconde, *libre* est seul et clair pourtant, aujourd'hui comme au temps de la Bruyère.

Ces emplois absolus de *marqué* étonnent peut-être un peu maintenant : « Je voudrois pouvoir [les] louer par des endroits encore plus *marqués* » (II, 463); « Un grand.... meurt; un autre grand périt insensiblement.... Des circonstances si *marquées*.... ne se relèvent point et ne touchent personne » (II, 243).

Plus insolites encore peuvent nous paraître, je crois, les quatre exemples suivants : « Tant de grands hommes si éclairés, si élevés, et néanmoins si *fidèles* (croyants), que les Léons, les Basiles, les Jérômes, les Augustins » (II, 244);

« Un homme *placé* et qui est en faveur » (I, 324);

« Une haute capacité, qu'ils doivent à la *chambre* (à la vie retirée) » (II, 46);

« Seroit-on reçu à dire qu'on ne peut se passer de voler, d'assassiner, de *se précipiter*? » (I, 269) : sans doute, comme il est dit dans le *Lexique*, « de se précipiter dans les excès de la débauche ». Voyez dans l'index du *Salluste* de Burnouf plusieurs exemples expressifs de *præceps*, et en particulier celui, avec renvoi aux fragments (p. 348), de *præcipitati mores*.

Voici quelques exemples d'adjectifs qui me paraissent à noter pour leur liaison avec des mots auxquels on n'a pas coutume de les joindre :

« L'on a mis dans le discours tout l'ordre et toute la netteté dont il est *capable* » (I, 247) : *discours capable de* est très-logique, très-conforme à l'étymologie; un peu moins, ce me semble, à l'usage.

« Un air *réformé*, une modestie outrée, la singularité de l'habit.... n'ajoutent rien à la probité » (II, 93) : *air réformé*, c'est-à-dire effet et signe de réforme. — « Le fonds perdu, autrefois si sûr, si *religieux* et si inviolable, est devenu avec le temps.... un bien perdu » (II, 182) : *si religieux*, si religieusement gardé et assuré aux ayants droit. — Ce sont deux figures, deux métonymies, comme dit la rhétorique, fort légitimes, qui n'ont d'autre hardiesse que d'être, je crois, un peu rares.

Une autre petite rareté qui plaît plutôt qu'elle ne choque : « Plût aux Dieux que je ne fusse ni votre client ni *votre fâcheux*! » (I, 248.)

Parmi les faits de syntaxe qui ressortent et datent, on peut compter les rencontres plus fréquentes qu'à présent d'adjectifs employés substantivement :

« L'un vous dit : « J'y donne les mains, pourvu qu'*un tel* y condes-
« cende; » et *ce tel* y condescend. » (I, 333.)

Surtout au sens neutre, comme :

« Combien de gens vous étouffent de caresses dans *le particulier*..., qui sont embarrassés de vous dans *le public* ! » (I, 309.)

« Il en bannit (de ses romans) *le prolixe* et *l'incroyable*, pour y substituer *le vraisemblable* et *le naturel* » (II, 461).

« Il (Richelieu) a connu *le beau* et *le sublime* du ministère » (II, 458).

« Certains poëtes sont sujets, dans *le dramatique*, à de longues suites de vers pompeux » (I, 115).

« Les plus petits détails *du domestique* » (I, 42); « Les détails d'*un domestique* » (I, 187); « [Il les admet] jusque dans *son domestique* » (II, 68).

« Il n'y a point de patrie dans *le despotique* » (I, 364); « Quelles grandes démarches ne fait-on pas *au despotique* par cette indulgence ! » (*Ib.*)

« Sa demeure est superbe : *un dorique* règne dans tous ses dehors » (I, 252).

Voyez l'*Introduction grammaticale*, p. xxxvii; et ci-dessus, p. x, *le capital* : ci-après, p. xxi, *faire son capital de*, *faire son propre de*.

Après les mots simples propres à caractériser la manière et la langue de la Bruyère, je relève quelques locutions et alliances de mots qui, pour nous, tranchent sur le tissu du discours, soit comme devenues rares et surannées, soit comme originales et personnelles par leur emploi, et qui ressortent plus encore que les mots simples, par cela même qu'elles occupent plus de place. Plusieurs de ces alliances de mots sont des locutions jouant le rôle de compléments et formées de prépositions qui, avec leurs régimes, ont valeur d'adverbes, ou circonstancient, déterminent de diverses façons l'idée du verbe qu'elles accompagnent; quelques autres sont des périphrases verbales, consistant en verbes qui, avec leurs régimes, font des sortes de composés, comme *mettre en œuvre*, pour *employer*; *faire son propre de*, pour *s'approprier*, etc.

« [Dans leurs voyages] ils voient *de jour à autre* un nouveau culte » (II, 238); « La distance.... s'affoiblit *de jour à autre* » (II, 99).

« Auguste autrefois *alloit de son pied* au Capitole » (I, 296 et 297).

« Ces palais, ces meubles, ces jardins.... vous enchantent et vous font récrier *d'une première vue* sur une maison si délicieuse » (I, 271).

« Je voudrois *de toute mon inclination* avoir six grandes heures par jour à bien employer auprès de Son Altesse » (II, 479).

« Je ne raconte rien que je ne sache *d'original* » (I, 218 et 219).

« Le grand jeu.... va *du pair* avec la crapule » (II, 144); « L'homme coquet et la femme galante vont assez *de pair* » (I, 175). L'Académie (1694), de même que la Bruyère, emploie concurremment *du pair* et *de pair*; Furetière (1690) et Richelet (1679), seulement *du pair*.

Trois façons de construire *manière* : « Son attention est toujours *de manière à* devoir vous écrire.... que j'en suis content » (II, 490); « Entrer dans une querelle.... *d'une manière à* l'échauffer davantage » (I, 61); « Les hommes parlent *de manière*, sur ce qui les regarde, *qu*'ils n'avouent d'eux-mêmes que de petits défauts » (II, 32).

« C'est un homme qui est *de mise* un quart d'heure de suite, qui le moment d'après baisse » (I, 167); *est de mise*, c'est-à-dire, comme l'explique l'Académie (1835), est fait pour la bonne compagnie; on peut le présenter partout.

« Vous voyez des gens qui entrent sans saluer que légèrement, qui *marchent des épaules*, et qui se rengorgent comme une femme » (I, 302) : accompagnant le mouvement des pieds d'un mouvement des épaules, haussant l'épaule en même temps qu'ils lèvent le pied.

« Il entend déjà sonner le beffroi..., et crier *à l'alarme* » (I, 370).

Construction remarquable de la locution *à mesure* : « *A mesure* que l'on acquiert *d'ouverture* dans une nouvelle métaphysique.... » (II, 246).

« Une science vaine, aride..., qui ne tombe point dans la conversation, qui est *hors de commerce* » (I, 148); « Ce prélat se montre peu à la cour, il n'est *de nul commerce* » (II, 90).

« Par les traitements que l'on reçoit de ceux avec qui l'on vit ou de qui l'on dépend, l'on est bientôt jeté *hors de ses mesures*, et même de son naturel » (II, 17).

« C'est un débordement de louanges en sa faveur.... On en a *au-dessus des yeux*, on n'y tient pas » (I, 310) : *par-dessus les yeux*, dit l'Académie.

« Il est *au-dessus de vouloir* se soutenir ou continuer de plaire » (I, 222).

« Être continuellement *aux prises avec* soi-même pour ne la pas craindre (la mort) » (II, 25).

« Se trouver *tête pour tête* à la rencontre d'un prince » (II, 7).

« J'aurois l'impudence de me promener au Cours, et d'y *passer en revue* avec une personne qui seroit ma femme » (II, 181); « L'on y *passe en revue* (dans une promenade publique) l'un devant l'autre » (I, 275) : *passer*, au sens neutre, être exposé aux regards, être passé en revue.

« Il se rend maître du plat, et *fait son propre de* chaque service » (II, 55).

« *Faire son capital de* l'étudier (d'étudier cette espèce de talent) et se le rendre propre » (I, 300).

« Les scoliastes.... si fertiles.... dans les endroits clairs et qui *ne font de peine* ni à eux ni aux autres » (II, 203) : qui n'embarrassent ni eux ni les autres.

« Je fais choix des choses dont il (mon élève) a plus besoin d'être instruit, sur lesquelles j'insiste fort et *ne lui fais point de quartier* » (II, 505) : c'est-à-dire, et ne le ménage point, et ne lui en fais point grâce; il faut absolument qu'il les apprenne.

« Pourquoi *me faire froid*? » (II, 123) : me montrer de la froideur.

« L'éloge (de Richelieu) et celui du prince qui *l'a mis en œuvre* » (II, 457); « Il faut des fripons à la cour...; mais l'usage en est délicat, et il faut savoir *les mettre en œuvre* » (I, 318).

« Un ancien galant.... cède à un nouveau mari...; un nouveau galant.... *lui rend le change* » (I, 175).

« Il *tient le fauteuil* (au jeu) quatre heures de suite chez Aricie, où il risque chaque soir cinq pistoles d'or » (I, 284).

« J'ai *mené un vrai deuil* d'avoir échappé au plaisir d'entendre une si belle pièce (l'oraison funèbre de la princesse Palatine par Bossuet) » (II, 491).

« Comment le fixer, cet homme inquiet..., qui *change de mille et mille figures*? » (II, 151.) On dit bien *changer de figure*; mais étendre ainsi l'expression et dire *changer de mille et mille figures* pour signifier : « prendre successivement mille et mille figures », était tout aussi singulier, je pense, au temps de notre auteur qu'au nôtre.

Les locutions suivantes ont ceci de commun, qu'elles nous offrent de remarquables exemples de verbes réfléchis :

« Il ne *se plaint* non plus toute sorte de parure qu'un jeune homme qui a épousé une riche vieille » (I, 160).

« S'il *se trouve bien* d'un homme opulent, à qui il a su imposer, dont il est le parasite..., il ne cajole point sa femme » (II, 156).

« L'on *ne se rend point sur* le desir de posséder et de s'agrandir » (I, 262); « Une femme coquette *ne se rend point sur* la passion de plaire, et sur l'opinion qu'elle a de sa beauté » (I, 173); « La distraction (de mon élève) diminue de jour à autre... : c'est *sur* quoi je m'opiniâtre et *ne me rends point* » (II, 483).

« Une affaire de rien, et qui ne mérite pas qu'on *s'en remue* » (I, 322).

« Où la religion a échoué..., l'intérêt *s'en joue*, et le fait sans peine » (I, 327); « Celui qui a fait les cieux..., et qui *se joue de* les faire mouvoir » (II, 269).

« Il entre dans le secret des familles...; il s'offre, il *se fait de fête*, il faut l'admettre » (I, 342) : *se faire de fête*, dit l'Académie (1694-1835), c'est « s'entremettre de quelque affaire, et vouloir s'y rendre nécessaire sans y avoir été appelé. »

Voyez plus haut, p. iv, *se passer à moins*.

Le trope le plus ordinaire, la figure par excellence, c'est la métaphore, la comparaison faite sans dire qu'on la fait. Tout le monde sait que l'on découvre, en remontant à l'origine des mots, un nombre infini de métaphores devenues, en grande partie, latentes par l'obscurcissement du sens primitif et par l'effet du fréquent usage, et que l'on reconnaît même que cette translation du sens est, dans les langues, le mode le plus ordinaire, et, pour bien des objets et des idées, le mode presque unique d'expression. Mais, parmi les métaphores encore senties, il en faut distinguer de deux, on peut dire de trois sortes : d'abord celles qui sont toutes faites et à la disposition de tous dans le dictionnaire, qui sont le bien commun, un bien durable et une des principales richesses de l'idiome; puis celles qu'une époque adopte, que la suivante laisse tomber en désuétude; et enfin celles que chacun peut créer, risquer à son gré, avec une liberté qui n'a d'autres limites que la justesse, la bienséance, le bon goût.

C'est, il va sans dire, à ces deux derniers genres seulement qu'on doit être attentif dans une étude où l'on se propose de caractériser la langue d'un temps ou d'un auteur, disons mieux, ces deux langues.

La Bruyère, dans son style tempéré, n'a point de ces métaphores éclatantes, audacieuses, qu'on rencontre chez le poëte inspiré, chez l'orateur passionné, sublime : en ce genre, comme en tout, il est modéré et discret, il se contente d'être fin, délicat, spirituel; il ne vise qu'à être expressif.

Celles qui, chez lui, m'ont paru dignes de remarque et que je réunis ici, sont, la plupart, ingénieuses, et ont bien, si je ne me trompe, les qualités que je viens de dire; quelques-unes sont toutes simples et n'attirent un peu l'attention que parce qu'elles ne s'emploient guère, quelque fréquente que soit l'occasion d'en user. Comme la métaphore se glisse partout de façon plus ou moins sensible, je n'ai pas besoin d'avertir que dans les précédentes listes d'exemples il s'en trouve plus d'un qui aurait droit de figurer aussi dans celle-ci. Je suis, comme j'ai déjà fait pour d'autres citations, l'ordre alphabétique.

PRÉFACE.   XXIII

« Il y a des âmes.... enfoncées et comme *abîmées* dans les contrats, les titres et les parchemins » (I, 264) : la métaphore n'a rien que d'ordinaire ; elle ne me paraît quelque peu remarquable que par ses compléments.

« L'histoire de Louis XII.... *s'achemine*.... vers sa fin » (II, 492) : il s'agit des leçons qu'il donne au prince son élève.

« Ne faire sa cour à personne, ni attendre de quelqu'un qu'il vous fasse la sienne, douce situation, *âge d'or* » (II, 122 et 123).

« Toute campagne n'est pas *agreste*, et toute ville n'est pas polie » (II, 89) : pour qu'on ne se trompe pas sur son intention, sur le passage du sens physique au sens moral, notre auteur a soin de dire en note : « Ce terme s'entend ici métaphoriquement. »

« Les esprits vifs.... ne peuvent *s'assouvir de* l'hyperbole » (I, 145).

« On annonce, au moment qu'il parle, un cavalier, qui de sa seule présence démonte la *batterie* de l'homme de ville » (I, 245) ; « La vie de la cour est un jeu sérieux... : il faut arranger ses *pièces* et ses *batteries*, avoir un dessein, le suivre » (I, 325).

« C'est un homme qui est de mise un quart d'heure de suite, qui le moment d'après baisse..., perd le peu de lustre qu'un peu de mémoire lui donnoit, et montre la *corde* » (I, 167 ; voyez ci-dessus, p. xx).

Corrompre, au sens d'*altérer* : « On affecte de les *corrompre* (ces noms) en les prononçant » (I, 239) ; « Ces traits (ces extraits d'un ouvrage), ainsi *corrompus* et défigurés..., ils les exposent à la censure » (I, 121) ; « Une nouvelle qui *se corrompt* la nuit » (I, 127) ; « Ces efforts de mémoire (du prédicateur) qui *corrompent* le geste et défigurent le visage » (II, 235).

« La foule innombrable de clients ou de courtisans dont la maison d'un ministre *se dégorge* plusieurs fois le jour » (I, 359).

« Pressez-les, tordez-les, ils *dégouttent* l'orgueil » (I, 322).

« Quelque idée qui me vienne et quelque nouvel établissement que je fasse au sujet des études de Monsieur le duc de Bourbon, je *déménage* sans peine pour aller où il plaît à Votre Altesse » (II, 478).

« Tous.... lisent ces sortes d'ouvrages...; ils en *dépeuplent* les boutiques » (II, 445).

« [Les gens d'esprit] ne savent-ils pas.... *détourner* les petits défauts, ne montrer que les vertus ? » (I, 350.)

« Quel moyen de vous définir, Téléphon ? on n'approche de vous que comme du feu, et dans une certaine distance, et il faudroit vous *développer*, vous manier..., pour porter de vous un jugement sain et raisonnable » (I, 344).

« Il lui *dresse* une épitaphe » (I, 74) ; « *Dresser* des comptes » (I, 153).

« L'Opéra est l'*ébauche* d'un grand spectacle » (I, 133).

« Les mêmes hommes qui ont un flegme tout prêt pour recevoir indifféremment les plus grands désastres, *s'échappent* et ont une bile intarissable sur les plus petits inconvénients » (II, 69) ; « Il est.... cérémonieux : il ne *s'échappe* pas, il ne s'apprivoise pas avec les hommes » (II, 71).

« Les *éclats* et les applaudissements aux théâtres de Molière et d'Arlequin » (I, 324).

« S'attendrir sur le pitoyable..., *éclater* sur le ridicule » (I, 137).

« L'*embellissement* (l'accroissement) de sa fortune » (I, 367).

« Ceux qui doivent tout leur relief et toute leur *enflure* à l'autorité où ils sont établis de faire valoir ces.... lois » (II, 77) : c'est-à-dire, les jurisconsultes, les magistrats.

« Un certain nombre de gens.... n'ont pas.... deux pouces de profondeur ; si vous les *enfoncez*, vous rencontrez le *tuf* » (I, 331).

« Les hommes.... sont.... charmés, *enlevés* par la réussite » (II, 123 ; voyez ci-après, p. xxiv, *estropié*).

« Sur ce qui concerne les mœurs, le plus beau et le meilleur *est enlevé*; l'on ne fait que glaner après les anciens » (I, 113).

« Des gens enivrés, *ensorcelés* de la faveur » (I, 322).

« Un sujet où *j'entre* si fort (auquel je prends tant d'intérêt) et par devoir et par inclination » (II, 491) : il s'agit de l'oraison funèbre de la princesse Palatine par Bossuet.

« *Envelopper* une dupe (comme dans un filet) » (I, 347); « Un désir secret et *enveloppé* de la mort d'autrui » (I, 267).

« Un *essaim* de gens de livrées » (I, 280).

« Un tissu d'énigmes leur seroit une lecture divertissante; et c'est une perte pour eux que ce style *estropié* qui les enlève soit rare » (I, 124).

« Il *étincelle des* yeux » (II, 4).

« Télèphe.... a comme une barrière qui le *ferme*, et qui devroit l'avertir de s'arrêter en deçà; mais il passe outre, il se jette hors de sa sphère » (II, 65).

« Un ferme génie.... ne perd rien à retracer et à *feuilleter*, pour ainsi dire, sa vie et ses actions » (II, 33 et 34).

« Pendant que vous lui répondez, il perd le *fil* de sa curiosité » (I, 324).

« Un jeune homme *fleuri*, vif, enjoué, spirituel » (I, 290); « Trop jeune et trop *fleurie* pour ne pas plaire » (II, 91).

« Un *grain* d'esprit et une *once* d'affaires plus qu'il n'en entre dans la composition du suffisant, font l'important » (II, 99).

« Quelle facilité est la nôtre pour perdre.... la mémoire des choses dont nous nous sommes vus le plus fortement *imprimés* ! » (II, 468) : on peut regretter que cette métaphore n'ait pas été adoptée à la place du néologisme aujourd'hui vulgaire d'*impressionner*.

« L'on marche sur les mauvais plaisants, et il pleut par tout pays de cette sorte d'*insectes* » (I, 215).

« Ils ont une bile *intarissable* sur les plus petits inconvénients » (II, 69) : figure aussi commune aujourd'hui qu'autrefois; mais en voici une extension inconséquente, qui étonne à bon droit : « Cela.... a semé dans le monde cette pépinière *intarissable* de directeurs » (I, 183).

Lustre : voyez ci-dessus, p. xxiii, *corde*.

« Il *s'est noyé* de dettes » (I, 271) : l'exemple n'est à relever que pour le tour réfléchi.

« Il a du bon et du louable, qu'il *offusque* par l'affectation » (II, 65-66).

Once : voyez plus haut *grain*.

« Le magistrat coquet ou galant.... est *ouvert* par mille foibles..., et l'on y arrive par toutes les femmes à qui il veut plaire » (II, 186); « Il *s'ouvre* et parle le premier » (I, 374).

« Il *part de la main*, il rassemble le peuple » (I, 320 et 321) : il *part de la main*, c'est-à-dire, il se met au galop, court soudain, s'empresse.

« Une grande *parure* pour le favori disgracié, c'est la retraite » (I, 379). Telle est la leçon des trois premières éditions; les suivantes portent : « Une belle ressource pour celui qui est tombé dans la disgrâce du Prince, c'est, etc. »

« Elle (cette ville) me paroît *peinte* sur le penchant de la colline » (I, 233) : c'est-à-dire, elle fait tableau.

« Lisez dans ses yeux.... combien il est content et *pénétré* de soi-même » (I, 317).

« Une femme de ville entend-elle le bruissement d'un carrosse..., elle *pétille* de goût et de complaisance pour quiconque est dedans » (I, 291).

« Ils (certaines gens) sont comme *pétris* de phrases et de petits tours d'expression » (I, 223) : dans toutes les éditions anciennes, *paistris* ou *paîtris*.

PRÉFACE.

« Vous le voyez *planté*, et qui a pris racine au milieu de ses tulipes » (II, 135).

« Ils *portent au vent*, attelés tous deux au char de la Fortune » (I, 304). La métaphore *porter au vent* ne cadrerait-elle pas mieux encore avec un navire qu'avec un char ?

Racine : voyez plus haut *planté*.

« Elles (les femmes de la cour) *regorgent* de train, de splendeur et de dignités » (I, 291).

Relief : voyez ci-dessus, p. XXIII, *enflure*.

« Le visage du Prince fait toute la félicité du courtisan ;... il s'occupe et *se remplit* pendant toute sa vie *de* le voir et *d'*en être vu » (I, 329).

« *Riches* talents » (I, 343) ; « Belles paroles..., *riches* figures » (II, 457).

« Des âmes *sales*, pétries de boue et d'ordure » (I, 264). Rapprochez les emplois suivants du substantif *saleté* : « On lui voit aux mains des poireaux et d'autres *saletés* » (I, 70) ; « Les *saletés* des Dieux, la Vénus, le Ganymède et les autres nudités du Carrache » (II, 170).

« Ils (jusqu'à des princes) viennent trouver cet homme dès qu'il *a sifflé* » (II, 133). Cet homme, c'est le roi Guillaume III ; il eût été difficile de mieux faire sentir par un seul mot que leur conduite sentait le valet.

« Les naseaux *soufflent* le feu et la vie » (II, 445) : il s'agit d'un cheval sculpté par Bernin ; le second complément est d'une heureuse hardiesse.

« Il n'y a rien qui mette plus subitement un homme à la mode et qui le *soulève* davantage que le grand jeu » (II, 144).

« Sa *tannerie*, qu'il appelle *bibliothèque* » (II, 139) : la raillerie est à l'adresse d'un amateur de reliures, toutes en maroquin noir.

Tuf : voyez ci-dessus, p. XXIII, *enfoncer*.

Dans presque tous ces passages, la métaphore se réduit à un seul mot ; elle n'est un peu continuée que dans trois ou quatre des phrases citées. Rarement la Bruyère la prolonge d'une manière frappante, comme dans cet endroit bien connu : « La gloire aime le *remue-ménage*, et elle est *personne d'un grand fracas* » (II, 130).

Assez rarement même il emploie à la rendre toute une locution, comme dans ce peu d'exemples : « *Lever l'étendard* d'aumônier, et.... avoir tous les pauvres d'une ville assemblés à sa porte, qui y reçoivent leurs portions » (II, 248 et 249). — « (C'est) folie.... de *mettre l'enseigne* d'auteur ou de philosophe » (II, 88). — « Vous me peignez un fat, qui *met l'esprit en roture* » (II, 85). — « J'ai *mené un vrai deuil* d'avoir échappé au plaisir d'entendre une si belle pièce (l'oraison funèbre de la princesse Palatine par Bossuet) » (II, 491) : plus haut déjà (p. XII et p. XXI), nous avons eu à citer ce dernier passage dans deux autres catégories d'exemples.

Jusqu'ici nous n'avons guère considéré les mots qu'un à un ou par petits groupes formant des locutions, et quant à leur sens. La manière de les placer a aussi son importance pour la physionomie du discours, et peut donner lieu, dans la comparaison des auteurs, des époques, à diverses observations. Pour la construction de tel ou tel mot en particulier, les différences qui vraiment marquent, dans la langue de la Bruyère rapprochée de la nôtre, sont assez rares.

Dans cette phrase : « Je consens que vous disiez d'un homme qui court le sanglier..., qui le perce : Voilà *un brave homme* » (II, 129), nous dirions plutôt : « Voilà un homme brave. »

Dans cette autre : « Une *excessive opinion* de soi-même » (I, 342), nous déplacerions aussi l'adjectif.

Dans cet exemple : « Vouloir tirer de la vertu tout autre avantage que *la même vertu* » (II, 31), il est curieux de voir la Bruyère construire à notre manière, dans les éditions 4 à 7, les premières où ce passage ait paru : « la vertu même, » puis, dans les suivantes, préférer l'archaïsme bien connu : « la même vertu. »

La place de l'adverbe *souvent* peut étonner d'abord un peu dans cet endroit : « Leur extrême pente à rire aux dépens d'autrui, et à jeter un ridicule *souvent* où il n'y en peut avoir » (I, 347); mais une petite addition : « souvent là, souvent là même où.... », suffit pour que le tour n'ait plus rien qui arrête.

Voyez dans le *Lexique*, à Seul et Seulement, des emplois de ces deux mots où leur place est pour nous quelque peu remarquable.

Ce petit nombre d'exemples ne se rapporte qu'à la construction de mots uniques. Pour la structure des phrases, des membres de phrases, voyez ce qui est dit de la *Construction* à l'article XVI de l'*Introduction grammaticale*, p. LXIII-LXVII; de la *Variété de régimes et de dépendances d'un même mot*, à l'article XII, p. LV-LVII; et de la place des relatifs à l'article Qui, que, p. 300-302 du *Lexique*.

Au sujet de quelques longues périodes que la Bruyère a librement développées dans des écrits dont le genre les comportait, et auxquelles renvoie la fin de l'article XVII, qu'on veuille bien me permettre une remarque. On peut dire qu'elles suffisent à montrer que si, en général, son style n'est pas périodique, cela tient à la nature de son sujet, et qu'on ne peut pas conclure de là qu'il soit de l'avis, aujourd'hui si commun, qu'il faut, partout et en tout genre d'écrits, hacher le discours, juxtaposer sans lier, éviter les mots conjonctifs, ni qu'il partage cette sorte d'horreur (c'est le mot) que maintenant tant de critiques, de maîtres même éprouvent et professent pour les *qui* et les *que*. J'ai vu tel professeur de rhétorique qui, annotant une copie d'élève, se bornait en quelque sorte, pour toute correction, à souligner ces petites jointures. Faire la guerre aux enchevêtrements, aux obscurités, apprendre à l'écolier à ne pas prodiguer les incises, les dépendances, et surtout à les bien placer, à tenir toujours grand compte et de la clarté et de l'harmonie, rien de mieux assurément; mais aller jusqu'à défendre de marquer par les mots le développement logique des idées, la relation des membres de phrase entre eux, de faire un tout par l'expression de ce qui est un tout par la pensée : n'autoriser que le moule à la Sénèque, et, chez nous, si l'on veut, à la Voltaire, et interdire l'ample développement à la Cicéron, à la Bossuet : c'est appauvrir la langue, réduire ses moyens d'expression, et, dans l'enseignement, se priver d'une excellente gymnastique. Que l'écolier, quand le moment est venu, quand il a la force voulue pour cet exercice si propre à donner de la vigueur et de la souplesse à l'esprit, apprenne à enchaîner ses idées; à rendre, là où le sujet et le genre le permettent et souvent le demandent, cet enchaînement par les mots; à dévider, sans l'embrouiller, l'écheveau du raisonnement. Pour reprendre haleine, marquer les repos, faire de petites haltes, pas n'est besoin d'entières solutions de continuité : il faut pour nier à notre idiome cette aptitude à la période, qui y est moindre que dans les langues à flexion nominale, mais qui ne lui manque assurément pas, il faut pour la lui nier ou la lui vouloir ôter, n'avoir pas pratiqué nos grands orateurs. Ils savent unir les propositions de manière à en faire un ensemble net et dégagé, allonger leur course sans s'essouffler, varier les allures; ils savent, si l'on veut me passer cette autre figure, couvrir la pensée, je ne dis pas d'une robe sans couture, mais d'un habit bien cousu, et ne la condamnent pas à n'être vêtue, quelle qu'elle soit, que de pièces et de morceaux. Qu'on me pardonne cette digression; mais je crois qu'il importe vraiment de réagir contre cette tendance à supprimer la difficulté pour ne pas enseigner l'art de la vaincre, à méconnaître ce que peut notre langue, et, je le répète, à l'appauvrir, à diminuer ses moyens, ses ressources.

Je reviens à la Bruyère. Il me reste à dire que, dans l'étude de sa langue, il faut, non-seulement pour la structure des phrases, mais à tous égards, distinguer entre ses divers genres d'écrits. Les différences sont grandes, d'abord entre la partie traduite du grec, *les Caractères de Théophraste*, et les œuvres originales; puis, à ne prendre que celles-ci, entre l'ouvrage capital, *les Caractères ou les mœurs de ce siècle*, et le reste des œuvres : d'une part le *Discours à l'Académie*; d'autre part les annexes et préliminaires, tels que la préface de ce discours, puis le *Discours sur Théophraste*, la préface des *Caractères*; et d'autre part encore les *Lettres*. Je ne parle pas des *Dialogues sur le Quiétisme* : bien que leur attribution à la Bruyère ait beaucoup de vraisemblance, l'authenticité n'est point assez incontestable pour qu'on ait cru devoir grossir le *Lexique* de leurs mots et tours remarquables. D'ailleurs ce serait surtout pour un vocabulaire spécial et technique de théologie et de mysticisme qu'il y aurait de l'intérêt à les dépouiller. Au point de vue littéraire, quoique restant à une infinie distance des *Provinciales*, ils ne sont certes pas sans mérite et ne manquent ni de force logique, ni de mordant, ni de finesse; mais ils ne marquent point dans l'histoire de la langue de manière à fournir d'importantes et vraiment intéressantes additions à nos relevés de termes et de tournures. Comme toute traduction, celle de Théophraste, dont il sera facile de distinguer les extraits, pour peu qu'on veuille bien y prendre garde, par les chiffres des renvois (I, 33 à 88), ne rend pas un sûr et pur témoignage de la manière de notre auteur. Quoique sa version ne soit pas un simple calque, loin de là, elle participe trop du style de l'original qu'elle a à reproduire, pour pouvoir nous montrer vraiment quel usage le grand moraliste fait de la langue quand il l'emploie à sa guise et pour rendre sa propre pensée. Ses préfaces et dissertations préliminaires sont plus propres à le caractériser ; on les pourrait vouloir plus coulantes, mais par cela même que l'art les a moins achevées et dégagées, elles font mieux voir peut-être, non ce que peut l'écrivain, mais ce qu'il fait de naturel et premier mouvement. C'est ce que nous montre aussi, et moins à l'avantage de son esprit que de son caractère, une partie de ses *Lettres :* celles qu'il adresse au grand Condé au sujet des études de son petit-fils ; ce sont de courts et rapides bulletins, négligés, plus que simples. Y semer les traits, y faire de l'esprit, n'eût pas été de fort bon goût, ni, en ce temps-là, suffisamment respectueux avec son Très-haut et Sérénissime correspondant ; mais avoir tant d'esprit et s'en pouvoir défendre et abstenir à ce point ne laisse pas d'étonner. Dans une autre lettre, celle à Phélypeaux, comte de Pontchartrain, trouvée récemment à la Bibliothèque nationale, et que nous donnons en appendice à la fin de la 1re partie du tome III, ce qui étonne, ce n'est pas l'absence de toute prétention à l'esprit, c'est plutôt le contraire, et surtout le genre d'esprit auquel cette prétention aboutit : je ne sais si l'on trouverait ailleurs, dans une littérature quelconque, un tel homme, un penseur aussi profond, aussi délicat, prenant plaisir à un tel jeu, à des riens aussi fades, à écrire et lire des plaisanteries faites sur le ton de cette lettre et des deux que nous avons de Phélypeaux à lui[1]. Dans le *Discours à l'Académie*[2], évidemment très-soigné à tous égards, on peut relever peut-être quelques traits d'un goût risqué, et, çà et là, un certain embarras dans les constructions ; mais, du reste, il est assez conforme, en général, pour le style et la langue, à ce qu'on peut appeler la vraie manière de la Bruyère, à celle qu'a immortalisée sa grande œuvre des *Caractères*.

Ce livre, qui lui a donné et lui conserve un haut rang parmi nos grands écrivains, est un ouvrage, non de prompt et premier jet, mais de patient labeur, le fruit d'un art consommé. Nulle part on n'est tenté de se dire qu'il lâche la bride à sa plume, et s'abandonne de prime saut à sa verve : il compte et assure tous ses pas ; c'est même d'où lui vient parfois je ne sais quel air (oserai-je le dire?) un peu trotte-menu. Il suit de là, à savoir de cette habitude de minutieuse attention, que sa langue, tout en témoignant, dans son ensemble, du bon usage de son temps, nous marque principalement, en ce qui frappe, ressort, se distingue, le tour personnel de son esprit, et que, parmi les exemples réunis dans ce *Lexique*, les plus remarquables caractérisent plus le style de la Bruyère que la langue du temps où il écrivait, de la fin du dix-septième siècle.

1. Voyez au tome II, p. 517 et 521.
2. Voyez sur ce discours, l'avis de Bayle, cité au tome III, 1re partie, p. 151.

Au reste, nos lexiques ont bien ce double objet, de relever à la fois ce qui est de l'époque et ce qui est de l'homme. Ce qui appartient à l'époque ne nous frappe que si l'usage s'en est ensuite perdu ou modifié ; ce qui appartient à l'homme, que si la langue n'en a pas enrichi son commun trésor, n'en a pas fait le bien de tous. Tout esprit original et puissant laisse sa trace dans l'idiome qui a la bonne fortune d'être manié par lui, et cette trace, à la longue, est d'autant moins visible, qu'on a plus généralement pris goût à la suivre. Plus le nouveau est adopté, moins on garde souvenir et reconnaissance à qui l'a fait ou trouvé.

Les grands auteurs de style tempéré, comme la Bruyère, ceux qui, en fait de langage, n'aiment point, pour employer ses expressions, « le remue-ménage, » et ne sont point « personnes de grand fracas, » ne laissent point pour cela d'avoir sur la langue une influence efficace et durable, influence qui s'exerce, d'une manière générale et latente, sur ses habitudes mêmes et ses aptitudes, plutôt qu'elle ne consiste dans la création ou l'emploi original de tel ou tel mot, de telle ou telle façon de dire. Toutefois, en ce dernier genre aussi, la Bruyère n'est pas pauvre : les expressions dont l'honneur lui reste sont assez nombreuses. Mais je crois qu'il a surtout bien mérité du français en cultivant, et, par son exemple, enseignant à cultiver plusieurs des plus précieuses qualités de notre idiome, la précision, la finesse, la délicatesse des nuances, la force expressive, en montrant combien il se prête soit à aiguiser, soit à serrer et arrondir la pensée. Dois-je dire : bien mérité, sans restriction? Plusieurs de ces qualités en viennent aisément à être de ces *doux vices* dont parle Quintilien[1] ; l'abus est facile ; et convenons que la Bruyère lui-même ne s'en est pas toujours gardé.

Ad. Regnier.

Il y a neuf ans, après avoir suppléé mon fils pour écrire la préface de son *Lexique de Malherbe*, j'ai dit en post-scriptum, à la suite de ma signature, les inquiétudes que m'avait causées sa santé ; mais j'ai pu, en même temps, me réjouir de sa guérison. Aujourd'hui que je viens de le remplacer de même en tête de son *Lexique de la Bruyère*, il n'est plus auprès de moi pour me remercier comme il l'a fait la première fois : il m'attend où bientôt je le suivrai, mais où j'aurais dû le précéder.

---

1. *De l'Institution oratoire*, livre X, chapitre 1, 129.

INTRODUCTION GRAMMATICALE.

I. — Article et mots partitifs.

Voyez ci-après, dans le *Lexique*, Le, la, les (p. 208), et Un, une (p. 368 et 369).

1° Emploi de l'article défini là où d'ordinaire nous mettons plutôt l'indéfini :

On l'ôte d'une place destinée à un ministre, il s'assied à celle *du* duc et pair. (I, 165.)

Le Parlement intervint dans cette affaire, et fit *le* procès à cet officier. (II, 189.)

Un homme.... qui a un long manteau..., une ceinture large..., *le* soulier de maroquin, *la* calotte de même..., un collet bien fait. (I, 160 et 161.)

Un homme qui n'a point d'autre ministère que de siffler des serins *au* flageolet (avec un flageolet). (II, 141.)

Sont-ce là ces mêmes princes si pointilleux, si formalistes sur leurs rangs et sur leurs préséances, et qui consument pour les régler *les* mois entiers dans une diète? (II, 133.)

2° Emploi de l'article indéfini devant un nom suivi du superlatif relatif :

Ils tirent de leur irrégularité et de leur folie tous les fruits d'*une* sagesse la plus consommée. (II, 44.)

Il voudra.... tourner.... ses soins aux grandes et laborieuses affaires, à celles surtout d'*une* suite la plus étendue pour les peuples et pour tout l'Etat. (II, 153.)

3° Emploi de l'article défini ou indéfini dans des tours où d'ordinaire aujourd'hui nous les omettons ou employons un article partitif :

Les mères.... se retirent, pour laisser à leurs filles toute *la* liberté d'être aimables. (I, 290.)

Ne pas faire *la* différence de l'odeur forte du thym ou de la marjolaine d'avec les parfums les plus délicieux. (I, 41.)

D'autres livres sont sous *la* clef. (II, 155.)

[Il] s'abstient *du* vin. (I, 168.)

Cet ouvrage.... est.... un monument de la vivacité de *l'*esprit et du jugement ferme et solide de *ce* philosophe. (I, 14.)

Les fausses et malignes applications pouvoient me nuire auprès *des* personnes moins équitables et moins éclairées que vous. (II, 472.)

Les ouvrages *des* mœurs qui réussissent. (II, 444.) — 8ᵉ édit., « de mœurs ».

Il n'y a rien qui mette plus subitement un homme à la mode.... que le grand jeu : cela va *du* pair avec la crapule. (II, 144.)

L'utile et *la* louable pratique!... Le bel et *le* judicieux usage! (I, 292 et 293.)

Les huit ou *les* dix mille hommes sont au souverain comme une monnoie dont il achète une place ou une victoire. (I, 384.)

L'ostentation.... est dans l'homme une passion de faire montre d'*un* bien ou *des* avantages qu'il n'a pas. (I, 77.)

Supposons.... qu'elle parcoure.... neuf cents toises en une minute; passons-lui mille toises en une minute, pour *une* plus grande facilité. (II, 261.)

Ne vouloir être.... corrigé sur son ouvrage est *un* pédantisme. (I, 118.)

Entrer dans une querelle.... d'*une* manière à l'échauffer davantage. (I, 61.)

4° Emploi de l'article défini là où nous mettrions plutôt un adjectif possessif :

La fable avance assez, et il la retient avec *la* facilité ordinaire. (II, 498.)

Il a l'humeur noire, chagrine, et dont toute *la* famille souffre. (II, 142.)

Confondre les personnes, et les traiter.... sans distinction *des* conditions et *des* titres. (I, 354.)

Mille honnêtes gens de qui il détourne ses yeux, de peur de tomber dans l'inconvénient de leur rendre *le* salut ou de leur sourire. (I, 351.)

Ne nous emportons point contre les hommes en voyant leur dureté,... leur fierté, *l'*amour d'eux-mêmes, et *l'*oubli des autres. (II, 3.)

5° Omission de l'article défini ou indéfini ; noms employés sans article ni mot déterminant :

Les personnes de même art, de mêmes talents et de même condition. (II, 40.)

Un homme de la ville est pour une femme de province ce qu'est pour une femme de ville un homme de la cour. (I, 178.) — Édit. 4 et 5 : « de la ville ».

Vous devenez d'année à autre plus raisonnables. (II, 130; voyez I, 381, l. 11.)

Il n'y a personne au monde si bien liée avec nous de société et de bienveillance.... (I, 265.)

Il étoit de race de Malte. (I, 74.)

Il est.... de tous métiers. (I, 46.)

Celui qui a pénétré la cour connoît ce que c'est que vertu et ce que c'est que dévotion. (II, 151.)

Ils (les prédicateurs) avoient des chutes ou des transitions.... si vives et si aiguës qu'elles pouvoient passer pour épigrammes. (II, 222.)

Un auteur moderne prouve ordinairement que les anciens nous sont inférieurs en deux manières, par raison et par exemple. (I, 117.)

Ces petits animaux.... se multiplient par voie de génération. (II, 269.)

On mesure le poisson entre queue et tête. (I, 172.)

Qui mettra des vaisseaux en mer? (II, 275.)

Tomber de Saturne en terre. (II, 262.)

Ne dites-vous pas en commun proverbe : « des loups ravissants ? » (II, 128.)

Il s'égare, et il est hors de route. (II, 108.)

Les petits courtisans.... vivent comme gens qui n'ont d'exemples à donner à personne. (I, 329.)

Petits hommes..., qui vous enfermez aux foires comme géants.... dès que vous allez jusques à huit pieds. (II, 128.)

Sans avoir obligation à personne. (I, 54.)

Il y en a une autre (une autre règle) et que j'ai intérêt que l'on veuille suivre. (I, 106.)

Il a relation avec des savants. (I, 166.)

INTRODUCTION GRAMMATICALE.

Il n'aura point regret de mourir. (I, 288.)
Capys est froid écrivain. (I, 126.)
Le sot est automate, il est machine, il est ressort. (II, 66.)
Le choix des pensées est invention. (I, 148.)
La moquerie est souvent indigence d'esprit. (I, 235.)
Liberté, c'est choix. (II, 274; voyez *ibidem*, *l.* 6 et *l.* 9.)
C'est rusticité que de donner de mauvaise grâce. (I, 315.)
C'est médisance, c'est calomnie. (II, 444.)
La faire attendre (la justice), c'est injustice. (II, 112.)
Si la noblesse est vertu, elle se perd par tout ce qui n'est pas vertueux. (II, 169.)
Il y a une fausse modestie qui est vanité, une fausse gloire qui est légèreté, une fausse grandeur qui est petitesse, une fausse vertu qui est hypocrisie, une fausse sagesse qui est pruderie. (I, 186.)
La liberté n'est pas oisiveté. (II, 121.)
La terre entière n'est pas espace par rapport à cet éloignement. (II, 263.)
La gloire.... aime le remue-ménage, et elle est personne d'un grand fracas. (II, 130.)
Ils sont gens à belles aventures. (I, 282.)
Les coureurs n'ont pu discerner si ce qu'ils ont découvert à la campagne sont amis ou ennemis. (I, 82.)
Il n'y a sorte de volupté qu'ils n'essayent, et dont ils ne puissent rendre compte. (I, 303.)
Amas d'épithètes, mauvaises louanges : ce sont les faits qui louent, et la manière de les raconter. (I, 116.)
Il donne pension à un homme. (II, 141.)
Un grand qui tient table deux fois le jour, et qui passe sa vie à faire digestion. (II, 113.)
C'est lui.... qui fait querelle à ceux qui étant entrés par billets, croient ne devoir rien payer. (I, 46.)
Nous nous sommes réglés sur l'abrégé de M. de Mezeray pour la vie du roi Henri second...; je m'attache présentement à en faire récapitulation à Son Altesse. (II, 507.)
Il met du rouge, mais rarement; il n'en fait pas habitude. (II, 149.)
Petits hommes..., qui ne faites pas même comparaison avec l'éléphant et la baleine. (II, 128.)
Il y a un temps où les filles les plus riches doivent prendre parti. (I, 189.)
Ces arguments qui emportent conviction. (II, 241.)
« Mercure est commun, » proverbe grec, qui revient à notre « je retiens part. » (I, 58, note 2.)
Il faut laisser Aronce parler proverbe. (I, 216.)
Ils parlent jargon et mystère sur de certaines femmes. (I, 282.)
Des parenthèses, qui peuvent passer pour épisodes. (I, 220.)
Un homme.... qui étoit si touché de religion, etc. (II, 466.)

Dans les cinq exemples qui suivent, les substantifs sans article sont mis en rapport, comme s'ils étaient déterminés, avec les pronoms *la, aux siens*, et les relatifs *que, dont, où* :

Tout est *tentation* à qui *la* craint. (I, 180.)
Il ne parle que de paix, que d'alliances, que de tranquillité publique, que d'*intérêt* public; et en effet il ne songe qu'*aux siens*. (I, 375.)
La vie de Louis XI nous a menés au delà de ce que je pensois,... faute *de temps*, *que* je partage avec bien des maîtres. (II, 477.)
Dès l'escalier je tombe en foiblesse d'une odeur *de maroquin* noir *dont* ses livres sont tous couverts. (II, 139.)
Vieil meuble *de ruelle*, *où* il parle procès et dit des nouvelles. (II, 60.)

Une pente secrète de l'âme à penser mal de tous les hommes. (I, 87.)

La fin du passage suivant montre que la locution *penser mal* y équivaut, pour la Bruyère, à *penser du mal*, et que *mal* n'y est pas pour lui un adverbe :

Pensant mal de tout le monde, il n'en dit de personne. (I, 323.)

6° Quelques emplois remarquables des partitifs :

Le prédicateur n'est point soutenu.... par *des* faits toujours nouveaux, par *de* différents événements, par *des* aventures inouïes. (II, 231.)

Ne l'entretenez pas.... de vos pruniers : il n'a *de l'*amour que pour une certaine espèce. (II, 137.)

[La justice] est.... de celles que l'on appelle *des* éternelles vérités.(II,274.)
Tant qu'il y aura un Dieu et *des* éternelles vérités. (II, 257, *variante*.)

L'air de cour est contagieux : ... on l'entrevoit en des fourriers, en *des* petits contrôleurs, et en des chefs de fruiterie. (I, 300, *variante*.)

7° Articles avec les noms propres :
Voyez ci-après, p. xxxvi, B.

II. — Nom ou substantif.

A. Noms communs.

1° *Genre :*

Il croît dans son jardin de *bonnes légumes*. (I, 72, dans toutes les édit.)

La garde de son épée est *une onyx* (I, 159, dans la 5ᵉ édition, la première qui donne ces mots ; à partir de la 6ᵉ, *un onyx*.)

Un épitaphe. (I, 74, édit. 1-4.)

Un antichambre. (I, 247, dans les éditions 4 et 5, les premières qui aient ces mots.)

Cet étude. (II, 202, dans les éditions 1-5.)

Voyez ci-après, XV, Syllepse, 1°, p. LXII; et, au *Lexique*, p. 269, l'article Personne, et, p. 315, les deux derniers exemples de l'article Rencontre.

2° *Nombre :*

a) Emplois remarquables du singulier :

Il est hérissé de *poil* sous les aisselles et par tout le corps. (I, 71.)

Un château de *carte*. (I, 321 ; voyez *ibidem*, note 4.)

Une maison de *pierre* de taille. (II, 59.)

De magnifiques présents de noces.... qui doivent être rendus en *espèce*. (I, 292.)

(Léopard, plume, musique,) noms de *coquillage*. (II, 142 et note 1.)

Une étendue de *connoissance* qui fait que le Prince voit tout par ses yeux. (I, 391.)

L'usage a préféré.... « pensées » à « pensers », un si beau mot, et dont *le vers* se trouvoit si bien ! (II, 213.)

Un visage qui remplisse la curiosité des peuples empressés de voir le Prince, et qui conserve le respect dans *le courtisan*. (I, 388.)

Il (Straton) a exercé dans l'une et l'autre fortune le génie *du courtisan*. (I, 336.)

Tous les chats.... se sont jetés avec fureur les uns sur les autres, et ont joué ensemble de *la dent* et de *la griffe*. (II, 129.)

[Des] magistrats alloient à pied à la chambre ou aux enquêtes, d'aussi bonne grâce qu'Auguste autrefois alloit de *son pied* au Capitole. (I, 297.)

b) Emplois remarquables du pluriel :

Présents de *noces*. — Frais de *noces*. (I, 292.)

Un essaim de gens de *livrées*. (I, 280.) — Ses laquais en *livrées*. (II, 15.)
D'excellents joueurs de *flûtes*. (I, 71.)
Billets d'*enterrements*. (I, 252, note 3.)
Les hommes n'ont point de *caractères*, ou s'ils en ont, c'est celui de n'en avoir aucun qui soit suivi. (II, 69.)
Décider souverainement *des vies* et *des fortunes* des hommes. (II, 187.)
La brutalité est une certaine dureté.... qui se rencontre dans *nos manières* d'agir. (I, 64.)
Ils ont toujours.... trois sujets admirables de *vos attentions*. (II, 222.)
Je.... tâche de réparer *ses inapplications* par mon opiniâtreté. (II, 507.)
Il y a vingt années.... que je suis en possession de dormir *les nuits*. (II, 176.)
Avec un esprit sublime, une doctrine universelle, une probité à *toutes épreuves*..., n'appréhendez pas.... de tomber à la cour. (I, 335.)
J'ajoutois à *toutes ces exactitudes* une promesse sincère de.... (I, 110.)
L'on blâme les gens qui font une grande fortune pendant qu'ils en ont *les occasions*. (I, 307.)
Si les grands ont *les occasions* de nous faire du bien, ils en ont rarement la volonté. (I, 360.)
Partout.... des ruptures, et de mauvais raccommodements ; partout *des humeurs, des colères, des partialités*. (I, 360.)
Un ouvrage.... qui est donné en feuilles sous le manteau *aux conditions* d'être rendu de même. (I, 114.)

Molière a dit de même (L'AVARE, acte III, scène IV) : « Vous ne l'épousez qu'*aux conditions* de vous laisser veuve bientôt. »

Ils allèrent de *maisons* en *maisons*. (II, 441.)
Les grands.... paroissent debout, le dos tourné directement au prêtre, et *les faces* élevées vers leur roi. (I, 328.)
Des pièces d'éloquence.... faites de main de *maîtres*. (II, 452.)

3° *Substantifs employés adjectivement* :

Voyez ci-après au LEXIQUE, p. 159, *Feuille-morte*.

Mots employés substantivement :

Voyez ci-après aux articles ADJECTIF (p. XXXVI, 3°), VERBE (*Infinitif*, p. XLIX), CONJONCTION (p. LIII), et, au *Lexique*, de nombreux exemples à beaucoup d'articles d'adjectifs.

4° *Substantifs en apposition* :

Il y a de certaines choses dont la médiocrité est insupportable : la poésie, la musique, la peinture, le discours public. (I, 114.)
Sa nourriture étoit saine et naturelle, les fruits de la terre, le lait de ses animaux et de ses brebis ; ses vêtements simples et uniformes, leurs laines, leurs toisons ; ses plaisirs innocents, une grande récolte, le mariage de ses enfants, etc. (I, 25.)
Les grands se gouvernent par sentiment, âmes oisives sur lesquelles tout fait d'abord une vive impression. (I, 361.)
Les premiers dévots, ceux mêmes qui ont été dirigés par les Apôtres, ignoroient ces termes, simples gens qui n'avoient que la foi et les œuvres, et qui se réduisoient à croire et à bien vivre. (II, 160.)
Dieu condamne et punit ceux qui l'offensent, seul juge en sa propre cause. (II, 241 et 242.)
Le troupeau est-il fait pour le berger, ou le berger pour le troupeau ? image naïve des peuples et du prince qui les gouverne. (I, 385.)
Un homme qui seroit en peine de connoître.... s'il commence à vieillir, peut consulter les yeux d'une jeune femme qu'il aborde, et le ton dont elle lui parle ; il apprendra ce qu'il craint de savoir : rude école. (I, 190.)
Il n'a besoin que d'une noble simplicité, mais il faut l'atteindre : talent rare, et qui passe les forces du commun des hommes. (II, 232.)

Se faire valoir par des choses qui ne dépendent point des autres, mais de soi seul, ou renoncer à se faire valoir : maxime inestimable. (I, 153.)

Ne faire sa cour à personne, ni attendre de quelqu'un qu'il vous fasse la sienne : douce situation, âge d'or, état de l'homme le plus naturel ! (II, 122 et 123.)

B. Noms propres :

Noms propres de personnes, avec articles; noms propres au pluriel, avec la désinence du nombre :

C'est quelque chose du comte de Serin, le siége de Candie, celui de Vienne, un mot *du* Tekehli et du siége de Bude. (II, 482.)

Un Pamphile est plein de lui-même. (I, 357.)

Ces gens chez qui *un* Nautre (le Nostre) va tracer et prendre des alignements. (II, 258.)

Ils sont à la vérité des esprits forts, et plus forts.... que les *Léons*, les *Basiles*, les *Jérômes*, les *Augustins*. (II, 244.)

L'on voit des clercs.... se comparer.... aux *Vincents* et aux *Xaviers*. (II, 229.)

Des *Floridors*, des *Mondoris*. (I, 358.)

Les *Pamphiles* sont.... toujours comme sur un théâtre. (I, 358; voyez II, 448, *l*. 1 et *l*. 17; II, 455, *l*. 20 ; II, 456, *l*. avant-dernière.)

Des auteurs d'hymnes sacrés ou des traducteurs de psaumes, des *Godeaux* ou des *Corneilles*. (II, 446.)

Il doit tenir aux princes lorrains, aux *Rohans*, aux *Chastillons*, aux *Montmorencis*, et, s'il se peut, aux princes du sang. (I, 305.)

La famille des *Sforces*. (II, 499.)

Les généalogies des maisons de haute Bavière, Palatine et les deux *Autriches* (les deux maisons d'Autriche). (II, 496.)

III. — Adjectif.

1° Accord. Voyez ci-après, XI, p. LIII.

2° Régime. Voyez le *Lexique*, à divers articles d'adjectifs et de prépositions, et particulièrement aux articles À, p. 2, et De, p. 81.

3° Adjectifs et participes employés avec ellipse d'un substantif ou pris substantivement :

Les sages et *les vertueux*. (I, 15.)

L'amour pour la vertu et pour *les vertueux*. (I, 341.)

Maxime.... utile *aux foibles, aux vertueux*. (I, 153.)

Il y a le peuple qui est opposé *aux grands* : c'est la populace et la multitude ; il y a le peuple qui est opposé *aux sages*, *aux habiles* et *aux vertueux* : ce sont *les grands* comme *les petits*. (I, 361.)

Le présent est pour *les riches*, et l'avenir pour *les vertueux* et *les habiles*. (I, 263.)

L'on ne fait que glaner après *les anciens* et *les habiles* d'entre *les modernes*. (I, 113; voyez I, 118, *l*. 3 et 4.)

Comment nommerai-je cette sorte de gens qui ne sont fins que pour *les sots*? Je sais du moins que les *habiles* les confondent avec ceux qu'ils savent tromper. (I, 332 ; voyez I, 120, *l*. 1; I, 147, *l*. 13.)

Le petit nombre d'*habiles*, ou le grand nombre de gens superficiels, vient de l'oubli de cette pratique. (II, 203.)

Il a avec de l'esprit l'air d'*un stupide*. (I, 273.)

INTRODUCTION GRAMMATICALE. XXXVII

Des stupides, et.... *des imbéciles,* qui se placent en de beaux postes. (I, 259.)
Il est savant, dit *un politique,* il est donc incapable d'affaires. (II, 84.)
Certains hommes.... osent être modestes, contrefont *les simples* et *les naturels.* (I, 156.)
Le docile et *le foible* sont susceptibles d'impressions. (II, 267.)
Ce qui est dans les grands splendeur, somptuosité, magnificence, est dissipation, folie, ineptie dans *le particulier.* (I, 297.)
Si *une laide* se fait aimer, ce ne peut être qu'éperdument. (I, 204.)
[C']est *un dissolu, un prodigue, un libertin, un ingrat, un emporté.* (II, 50.)
L'un vous dit : « J'y donne les mains, pourvu qu'*un tel* y condescende ; » et *ce tel* y condescend. (I, 333.)
Ce satirique parle juste, et se fait écouter. (II, 139.)
Un testament où il réduit son fils à *la légitime.* (I, 211.)

Dans les exemples suivants, l'adjectif est employé substantivement au sens neutre :

Ils sont plus tôt des hommes parfaits que *le commun* des hommes ne sort de l'enfance. (I, 164.)
Ronsard et Balzac ont eu.... assez de *bon* et de *mauvais* pour former après eux de très-grands hommes. (I, 130.)
Qu'est-ce que *le sublime?*... Tout genre d'écrire reçoit-il *le sublime,* ou s'il n'y a que les grands sujets qui en soient capables? Peut-il briller autre chose dans l'églogue qu'*un beau naturel,* et dans les lettres familières comme dans les conversations qu'une grande délicatesse? ou plutôt *le naturel* (*le naïf,* dans les éditions 4-6) et *le délicat* ne sont-ils pas *le sublime* des ouvrages dont ils font la perfection? Qu'est-ce que *le sublime?* Où entre *le sublime?* (I, 143 et 144.)
Le grand et *le sublime* de la religion. (II, 243.)
Le sublime du nouvelliste est le raisonnement creux sur la politique. I, 126.)
Combien de siècles se sont écoulés avant que les hommes.... aient pu revenir au goût des anciens et reprendre enfin *le simple* et *le naturel*! (I, 117.)
Il peut y avoir *un ridicule* si bas..., qu'il n'est ni permis au poëte d'y faire attention, ni possible aux spectateurs de s'en divertir. (I, 138.)
Est-il moins dans la nature de s'attendrir sur *le pitoyable* que d'éclater (de rire) sur *le ridicule?* (I, 137.)
Dangereux modèles et tout propres à faire tomber dans *le froid,* dans *le bas* et dans *le ridicule* ceux qui s'ingèrent de les suivre. (I, 149.)
Tout *le bas,* tout *le foible* et tout *l'indigne* s'y trouvent. (I, 361.)
Le poëme tragique.... vous conduit à la terreur par la pitié, ou réciproquement à la pitié par *le terrible.* (I, 138.)
Il ne doit pas être soupçonné d'avoir en vue ni *le vrai* ni *le faux,* ni le raisonnable ni *le ridicule.* (I, 242.)
Théophile.... passe *le vrai* dans la nature. (I, 130.)
L'extrême et *le médiocre* lui sont connus. (I, 335 et 336.)
Ce style sert aux princes à se consoler *du grand* et de *l'excellent* par *le médiocre.* (I, 341.)
Si certains hommes, sujets à se récrier sur *le médiocre,* désapprouvent un ouvrage que vous aurez écrit.... (II, 234.)
Où il (Rabelais) est mauvais, il passe bien loin au delà *du pire*... : où il est bon, il va jusques à *l'exquis* et à *l'excellent,* il peut être le mets *des plus délicats.* (I, 131.)
Exact imitateur des anciens,... à qui *le grand* et *le merveilleux* n'ont pas même manqué, ainsi qu'à Corneille ni *le touchant* ni *le pathétique.* (I, 141.)
Une belle ressource pour celui qui est tombé dans la disgrâce,... c'est la retraite.... Il conserve.... *le merveilleux* de sa vie dans la solitude. (I, 379.)
La vérité n'y règne-t-elle pas (dans une scène tragique) aussi vivement

par ses images que dans *le comique?*... L'effet naturel *du grand tragique* seroit de pleurer tous franchement. (I, 137; voy. I, 138, *l. avant-dernière.*)

Socrate s'éloignoit *du cynique*; il épargnoit les personnes. (II, 108.)

On ne sauroit en écrivant rencontrer *le parfait*, et, s'il se peut, surpasser les anciens que par leur imitation. (I, 117.)

L'autre.... fait des romans qui ont une fin, en bannit *le prolixe* et *l'incroyable*, pour y substituer *le vraisemblable* et *le naturel*. (II, 461.)

Ce qu'il y a de certain dans la mort est un peu adouci par ce qui est incertain : c'est *un indéfini* dans le temps qui tient quelque chose de *l'infini* et de ce qu'on appelle éternité. (II, 24.)

Les personnes graves ou les esprits forts qui trouvent *du foible* dans un ris excessif comme dans les pleurs. (I, 137.)

C'est une politique sûre, et ancienne dans les républiques que d'y laisser le peuple s'endormir dans les fêtes...: quelles grandes démarches ne fait-on pas *au despotique* par cette indulgence! (I, 364; voyez *ibidem, l. 4.*)

Il se rend maître du plat, et fait *son propre* de chaque service. (II, 55.)

Ils se cachent.... de leur servante, avec qui d'ailleurs ils vont au moulin, et entrent dans les plus petits détails *du domestique*. (I, 42.)

Ne se sont-elles pas (les femmes).... établies elles-mêmes dans cet usage de ne rien savoir, ou par la foiblesse de leur complexion..., ou par les distractions que donnent les détails *d'un domestique*? (I, 187.)

Ces gens.... ne sortent pas du Louvre..., où ils.... agissent comme chez eux et dans *leur domestique*. (I, 303; voyez II, 68, *l.* 10; II, 103, *l.* 14.)

Il.... se dédommage dans *le particulier* d'une si grande servitude par le ris et la moquerie. (I, 380.)

Le capital pour une femme n'est pas d'avoir un directeur, mais de vivre si uniment qu'elle s'en puisse passer. (I, 181.)

Le capital d'une affaire. (I, 373.)

Se perdre comme un fantôme dans *le sombre* de son cabinet. (I, 279.)

La finesse est l'occasion prochaine de la fourberie; de *l'un* à *l'autre* le pas est glissant; le mensonge seul en fait la différence. (I, 333.)

Une espèce de compensation de bien et de mal, qui établiroit entre elles (entre les conditions) l'égalité, ou qui feroit du moins que *l'un* (édit. 4 et 5 : *l'une*) ne seroit guère plus desirable que *l'autre*. (I, 339.)

On distingue à peine.... le blé froment d'avec les seigles, et *l'un* ou *l'autre* d'avec le méteil. (I, 295.)

Il a laissé à douter en quoi il excelloit davantage, ou dans les belles-lettres, ou dans les affaires;... il surpassoit en *l'un* et en *l'autre* tous ceux de son temps. (II, 467.)

Voyez encore, pour une sorte d'emploi neutre *d'autre*, I, 179 et note 1; I, 316 et note 5; et de *tout*, soit seul, soit avec *autre*, I, 136 et note 3; II, 114, *l.* 19.

4° Adjectifs à sens adverbial ou pouvant se remplacer par des adverbes :

L'on voit.... des gens rustiques.... être chaussés *large* et grossièrement. (I, 41.)

Les difficultés.... où les commentateurs et les scoliastes eux-mêmes demeurent *court*. (II, 203.)

Il parle *gras*. (II, 149.)

Il crie *haut*,... il crie plus *haut*. (I, 376.)

Il mange *haut* et avec grand bruit. (II, 55.)

[Les] termes qu'elles (les femmes) placent si *juste*, que tout connus qu'ils sont, ils ont le charme de la nouveauté. (I, 128.)

Ce n'est pas.... s'énoncer assez *juste* que de se servir.... du terme de comparaison. (II, 262; voyez I, 113, n° 2; II, 208, *l.* 2.)

INTRODUCTION GRAMMATICALE. xxxix

5° Comparatif et superlatif. Locutions et tournures remarquables; emploi du comparatif, au lieu du superlatif :

Pour les degrés de comparaison, nous joignons les adverbes aux adjectifs, parce que ces deux sortes de mots ont les mêmes emplois et les mêmes tours.

Je ne sais s'il y a rien au monde qui coûte davantage à approuver et à louer que ce qui est *plus digne* d'approbation et de louange. (II, 75.)

La vie des héros a enrichi l'histoire, et l'histoire a embelli les actions des héros : ainsi je ne sais qui sont *plus redevables*, ou ceux qui ont écrit l'histoire à ceux qui leur en ont fourni une si noble matière, ou ces grands hommes à leurs historiens. (I, 116.)

Les crimes les plus cachés, et où la précaution des coupables pour les dérober aux yeux des hommes a été *plus grande*. (II, 27.)

Une belle femme qui a les qualités d'un honnête homme, est ce qu'il y a au monde d'un commerce *plus délicieux*. (I, 174.)

L'endroit du Pirée où les marchands étalent, et où se trouve un *plus grand* nombre d'étrangers. (I, 77.)

Il n'y a si vil praticien, qui au fond de son étude sombre,... et l'esprit occupé d'une *plus noire* chicane, ne se préfère au laboureur. (I, 295.)

C'est le talent qu'il possède à un *plus haut* degré de perfection. (II, 158.)

Tout ce que vous pouvez tirer de lui, et encore dans le temps qu'il est le plus appliqué et d'un *meilleur* commerce, ce sont ces mots, etc. (II, 14.)

L'homme du monde d'un *meilleur* esprit, que le hasard a porté au milieu d'eux, leur est étranger. (I, 276.)

C'est-à-dire l'homme du meilleur esprit qui soit au monde.

Ce qu'il y a jamais eu de *mieux* pensé, de *mieux* dit, de *mieux* écrit, et peut-être d'une conduite *plus* délicate, ne nous est pas toujours venu de leur fond (du fond des grands). (I, 343.)

On le voit.... tirer de l'arc et disputer avec son valet lequel des deux donnera *mieux* dans un blanc avec des flèches. (I, 86.)

Il apprend par cœur ce qu'il a intérêt de *mieux* savoir dans toutes ses différentes études. (II, 498.)

C'est l'unique fin que l'on doit se proposer en écrivant, et le succès aussi que l'on doit *moins* se promettre. (I, 105.)

Ce vice est souvent celui qui convenoit le moins à leur état, et qui pouvoit leur donner dans le monde *plus* de ridicule. (II, 45.)

Je.... fais choix des choses dont il a *plus* besoin d'être instruit. (II, 505.)

Le plus heureux dans chaque condition est celui qui a *plus* de choses à perdre par sa mort. (I, 267.)

Après le mérite personnel,... ce sont les éminentes dignités et les grands titres dont les hommes tirent *plus* de distinction et *plus* d'éclat. (I, 159.)

Le duel est le triomphe de la mode, et l'endroit où elle a exercé sa tyrannie avec *plus* d'éclat. (II, 142.)

La mode.... la plus curieuse et qui fait *plus* de plaisir à voir, c'est la plus ancienne. (II, 150.)

Je ne sais qui est *plus* à plaindre, ou d'une femme..., ou d'un cavalier qui, etc. (I, 177.) — Éditions 1-3 : « qui est *le plus* à plaindre. »

Vos observations.... naissent de votre esprit... : vous les retrouvez *plus ordinairement* dans la conversation.... et dans la dispute. (II, 203.)

On ne laisse pas de voir, dans ce qu'il a *moins* heureusement rencontré, de certains traits si achevés..., que, etc. (II, 445.)

Vous rayez les endroits qui paroissent admirables à leur auteur, où il se complaît *davantage*, où il croit s'être surpassé lui-même. (I, 236.)

Les gens déjà chargés de leur propre misère sont ceux qui entrent *davantage* par la compassion dans celle d'autrui. (II, 38.)

Je viserai toujours à ce qu'il emporte de toutes mes études ce qu'il y a de moins épineux et qui convient *davantage* à un grand prince. (II, 480.)

Il a laissé à douter en quoi il excelloit *davantage*, ou dans les belles-lettres, ou dans les affaires. (II, 467; voyez I, 191, *l.* 18; II, 134, *l.* 5; II, 241, *l.* 9.)

Voyez, dans le *Lexique*, à l'article Homme, p. 182, des exemples de la locution *Homme de bien* prenant, comme un adjectif, les degrés de comparaison.

IV. — Noms et adjectifs de nombre.

Dans les lettres de notre auteur nous trouvons l'adjectif ordinal qui suit un nom propre, écrit tantôt en toutes lettres : « Louis onzième » (II, 484), « François premier » (II, 499), « Henri second » (II, 507), « Charles-Quint » (II, 499; II, 501); tantôt en chiffres, soit sans signe d'accord : « François I » (II, 499; II, 501), « Louis XII » (II, 484), « Charles V » pour *Charles-Quint* (II, 501); soit avec signe d'accord : « Louis XIIe » (II, 488). — Voyez la note de la page 501.

Les anciennes éditions donnent cet accord irrégulier de *cent* :

Une armée de trois cens mille hommes. (I, 370.)

Comme exemple de construction nous n'avons à relever que le suivant :

Antipater.... apprend que lui *troisième* est entré dans la Macédoine. (I, 78.)

V. — Pronom.

1. — Pronoms personnels.

Voyez, au *Lexique*, Je, Tu, Il, Se, Soi.

1° Emploi des cas indirects :

Ce *m*'est une chose toujours nouvelle de contempler avec quelle férocité les hommes traitent d'autres hommes. (II, 61.)

La neutralité entre des femmes qui *nous* sont également amies.... est un point difficile. (I, 188.)

Un fils qui *lui* vient de naître. (I, 73.)

S'il *lui* meurt un petit chien. (I, 74.)

Le mariage, qui devroit être à l'homme une source de tous les biens, *lui* est souvent, par la disposition de sa fortune, un lourd fardeau. (I, 265.)

[Il] est hors du péril.... de condamner une action dans un pareil cas, et dans toutes les circonstances où elle *lui* sera un jour inévitable. (II, 110.)

Il fait de fausses offres,... qui *lui* sont.... une occasion de faire des demandes exorbitantes. (I, 375.)

Ce ne seroit pas être en vain sur la terre, ni *lui* être un fardeau inutile. (II, 249.)

Je crus.... qu'il ne seroit pas inutile de *lui* distinguer (au public) la première augmentation par une autre (marque) plus simple. (I, 110.)

Un tissu d'énigmes *leur* seroit une lecture divertissante. (I, 124.)

Un homme de talent..., s'il.... est.... d'un bon commerce, il *leur* est (aux jeunes gens) une leçon utile. (II, 94; voyez *ibidem*, *l.* 4.)

Ce *leur* est assez. (II, 153.)

2° Il, le, au sens neutre :

Goûtez bien cela; *il* est de Léandre, et *il* ne me coûte qu'un grand merci. (I, 194.)

Ce qui se lit entre les deux étoiles n'est pas dans le grec, où le sens est interrompu, mais *il* est suppléé par quelques interprètes. (I, 69, note 6.)

INTRODUCTION GRAMMATICALE. XLI

Tous les temps ne sont qu'un instant, comparés à la durée de Dieu.... S'*il* est ainsi,... qu'est-ce que le cours de la vie d'un homme? (II, 272.)

Parler sans cesse à un grand que l'on sert, en des lieux et en des temps où *il* convient le moins. (I, 212.)

C'a été autrefois mon entêtement, comme *il* est le vôtre. (I, 242.)

Épouser une veuve, en bon françois, signifie faire sa fortune; *il* n'opère pas toujours ce qu'*il* signifie. (I, 265.)

Ce qu'il sait bien qu'*il* lui sera demandé, et qu'il ne veut pas octroyer. (I, 374.)

« Diseurs de bons mots, mauvais caractère » : je *le* dirois, s'*il* n'avoit été dit. (I, 330.)

J'ai différé à *le* dire, et j'en ai souffert; mais enfin *il* m'échappe. (I, 182.)

On ne sauroit en diminuer la réputation (la réputation de mes écrits); et si on *le* fait, qui m'empêchera de *le* mépriser? (II, 108.)

Le est pris de même au sens neutre quand il se rapporte à un adjectif ou à un participe, qu'ils soient, ou non, employés substantivement :

Il est habillé des plus belles étoffes. — *Le* sont-elles moins toutes déployées dans les boutiques? (I, 159.)

Les belles choses *le* sont moins hors de leur place. (II, 171.)

Cela ne s'appelle pas être grave, mais en jouer le personnage; celui qui songe à *le* devenir ne *le* sera jamais. (II, 93.)

Les fourbes croient aisément que les autres *le* sont. (II, 20.)

Une troupe d'excommuniés (les comédiens), qui ne *le* sont que par le plaisir qu'ils leur donnent (aux chrétiens). (II, 173.)

On pourrait encore expliquer le pronom par le neutre *cela*, dans l'exemple suivant, où il se rapporte à l'idée rendue par un nom pluriel :

Les enfants des héros sont plus proches de *l*'être (d'être héros) que les autres hommes. (II, 122.)

Ce Tryphon qui a tous les vices, je l'ai cru sobre, chaste... : je le croirois encore, s'il n'eût enfin fait sa fortune. (I, 262.)

Il faudrait dans ce dernier exemple deux *le* (ou plutôt *le* et *tel*) pour marquer le double rapport à *Tryphon* et aux adjectifs *sobre*, *chaste*.

3º Rapport des pronoms de la 3ᵉ personne à des noms employés d'une manière indéterminée :

S'il (un homme d'esprit) a de la laideur, *elle* ne fait pas son impression. (II, 94.)

La présomption est qu'il a de l'esprit, et s'il est vrai qu'il n'en manque pas, la présomption est qu'il *l*'a excellent. (II, 113.)

Ce ne sont point.... des maximes que j'aie voulu écrire : *elles* sont comme des lois dans la morale, et j'avoue que je n'ai ni assez d'autorité ni assez de génie pour faire le législateur. (I, 111.)

Ceux qui écrivent par humeur sont sujets à retoucher à leurs ouvrages : comme *elle* n'est pas toujours fixe..., ils se refroidissent bientôt pour les expressions et les termes qu'ils ont le plus aimés. (I, 118.)

Tout est tentation à qui *la* craint. (I, 180.)

L'un a raison et l'autre ne *l*'a pas. (I, 226.)

Si celui qui est en faveur ose s'en prévaloir avant qu'*elle* lui échappe.... (I, 307.)

Si vous êtes si touchés de curiosité, exercez-*la* du moins en un sujet noble. (I, 317.)

Il n'y a personne au monde qui ne dût avoir une forte teinture de philosophie. *Elle* convient à tout le monde. (II, 63.)

Ils.... en dirent tant de mal (de cette harangue), et *le* persuadèrent si fortement à qui ne *l*'avoit pas entendue.... (II, 442.)

Il a les yeux ouverts sur tout ce qui vaque, poste, abbaye, pour *les* demander. (I, 307.)

Il n'y a pas lieu de relever les exemples où *le* représente un nom précédé de l'indéfini *un* :

Un homme de la cour qui n'a pas un assez beau nom, doit l'ensevelir sous un meilleur ; mais s'il *l*'a tel qu'il ose le porter, il doit alors insinuer qu'il est de tous les noms le plus illustre. (I, 305.)

D'un vilain homme. — Ce caractère suppose toujours dans un homme une extrême malpropreté.... Vous *le* verrez quelquefois tout couvert de lèpre.... (I, 70.)

Dans la phrase suivante, il y a passage du sens général au sens particulier :

On le voit tantôt, pour s'exercer au javelot, *le* lancer tout un jour contre l'homme de bois, tantôt tirer de l'arc, etc. (I, 86.)

4° Rapport à des pronoms indéterminés :

Si quelqu'un se hasarde de lui emprunter quelques vases, il les *lui* refuse souvent. (I, 69.)

Chacun.... croit penser bien...; *il* en est moins favorable à celui qui pense.... aussi bien que lui. (II, 234.)

5° Nous, vous, se rapportant à *on*, ou pris au même sens indéterminé que ce pronom :

L'on aime à être vu, à être montré, à être salué, même des inconnus : ils sont fiers s'ils l'oublient ; l'on veut qu'ils *nous* devinent. (II, 36.)

Le poëme tragique *vous* serre le cœur dès son commencement, *vous* laisse à peine dans tout son progrès la liberté de respirer et le temps de *vous* remettre, ou s'il *vous* donne quelque relâche, c'est pour *vous* replonger dans de nouveaux abîmes et dans de nouvelles alarmes. (I, 138.)

Les exemples suivants nous montrent un emploi analogue des possessifs, soit adjectifs soit pronoms :

Le meilleur de tous les biens, s'il y a des biens, c'est le repos, la retraite, et un endroit qui soit *son* domaine. (I, 326.)

Vivre avec *ses* ennemis comme s'ils devoient un jour être *nos* amis, et vivre avec *nos* amis comme s'ils pouvoient devenir *nos* ennemis. (I, 208.)

Il semble qu'aux âmes bien nées les fêtes, les spectacles.... rapprochent et font mieux sentir l'infortune de *nos* proches ou de *nos* amis. (II, 38.)

L'on ne trouve rien de bien dit ou de bien fait que ce qui part des *siens*. (I, 276.)

Si, content du *sien*, on eût pu s'abstenir du bien de ses voisins, on avoit pour toujours la paix et la liberté. (I, 368.)

6° Omission du pronom :

Comme les hommes ne se dégoûtent point du vice, il ne faut pas aussi se lasser de leur reprocher. (I, 105.)

De le leur reprocher, dans les éditions de Coste et dans plusieurs éditions modernes.

Ils.... ont plus d'esprit que ne porte leur condition. (I, 349.)

7° Pronom surabondant. Voyez ci-après, p. LX, PLÉONASME, 1°.

8° EN, Y. Voyez au *Lexique*.

9° Construction des pronoms personnels. Voyez ci-après, p. LXIV, 2°.

II. — PRONOMS DÉMONSTRATIFS.

Voyez, au *Lexique*, CE, CET, CELUI.

INTRODUCTION GRAMMATICALE. XLIII

III. — Pronoms relatifs ou conjonctifs et pronoms
interrogatifs et exclamatifs.

Voyez, ci-après, p. LXIV et LXV, Construction, 4°; et, au *Lexique*, Qui, Que, Quoi ;
Dont ; Lequel, Laquelle ; Quel, Quelle.

Qualification commencée par un nom ou un adjectif et continuée
par un pronom relatif :

Combien d'âmes foibles, molles et indifférentes, sans de grands défauts
et *qui* puissent fournir à la satire ! (II, 72.)

Il.... se fait déployer une riche robe et *qui* vaut jusqu'à deux talents.
(I, 79.)

Né inquiet et *qui* s'ennuie de tout, il (l'homme) ne s'ennuie point de
vivre. (II, 249 et 250.)

Que leur sert le mystérieux jargon de la médecine, et *qui* est une mine
d'or pour ceux qui s'avisent de le parler? (II, 77.)

Il semble qu'il y ait plus de ressemblance dans ceux (dans les poëmes)
de Racine...; mais il est égal... : exact imitateur des anciens...; à *qui* le
grand et le merveilleux n'ont pas même manqué. (I, 141.)

L'un des capitaines d'Alexandre le Grand, et *dont* la famille régna quelque temps dans la Macédoine. (I, 78, note 5 ; voyez *ibidem*, *l.* 3 et 4.)

Le cœur ouvert, sincère, et *dont* on croit voir le fond, et ainsi très-
propre à se faire des amis. (I, 389 ; voyez, au *Lexique*, Dont.)

VI. — Adjectifs pronominaux possessifs.

Emplois remarquables (voyez, au *Lexique*, les divers mots de cette
classe) :

Qui considéreroit bien le prix du temps, et combien *sa* perte est irréparable, pleureroit amèrement sur de si grandes misères. (I, 295.)

Dans les exemples qui suivent, nous avons le possessif dans des tours où nous nous
contentons ordinairement de l'article :

Il ouvre de grands yeux, il frotte *ses* mains, il se baisse. (II, 135.)

Il demande ses gants, qu'il a dans *ses* mains, semblable à cette femme
qui prenoit le temps de demander son masque lorsqu'elle l'avoit sur *son*
visage. (II, 7.)

Ménalque est surpris de se voir à genoux sur les jambes d'un fort petit
homme, appuyé sur son dos, les deux bras passés sur ses épaules, et *ses*
deux mains jointes et étendues qui.... lui ferment la bouche. (II, 9.)

Un homme superstitieux, après avoir lavé *ses* mains..., se promène une
grande partie du jour avec une feuille de laurier dans *sa* bouche. (I, 65 et 66.)

On peut voir ci-dessus, p. XLII, aux Pronoms personnels, 5°, des emplois de mots
possessifs se rapportant à *on*, *l'on*, ou exprimant le même rapport indéterminé que
ce pronom.

Voici deux exemples (nous pourrions aisément en augmenter le nombre) où le rapport est grammaticalement incertain, mais déterminé par le sens :

Il descend du Palais, et trouvant au bas du grand degré un carrosse
qu'il prend pour le sien, il se met dedans : le cocher touche et croit remener son maître dans *sa* maison. (II, 8.)

L'on ne trouve rien de bien dit ou de bien fait que ce qui part des
siens... : cela va jusques au mépris pour les gens qui ne sont pas initiés
dans *leurs* mystères. (I, 276.)

Pour l'expression des rapports, nous voyons, en maint endroit de nos bons auteurs,
qu'ils ne croyaient point avoir à pousser la rigueur grammaticale au delà de ce qui
fit pour la clarté.

VII. — Verbe.

1. — Voix.

1° Emplois remarquables du passif :

Des pagodes.... où ils eussent placé des figures de métal pour *être adorées*. (II, 248.)

Les meilleurs conseils.... viennent d'ailleurs que de notre esprit : c'est assez pour *être rejetés* d'abord. (II, 111.)

2° Passif exprimé par des verbes réfléchis :

Les plus grandes choses.... *se gâtent* par l'emphase. (I, 243.)

J'ai pris soin de lui désigner (au public) cette seconde augmentation par une marque particulière et telle qu'elle *se voit* par apostille. (I, 109, *variantes* 2 et 3; voyez encore I, 110, *l. dernière*.)

Les quatre-vingt-dix-neuf ans que cet auteur (Théophraste) se donne dans cette préface *se lisent* également dans quatre manuscrits de la bibliothèque Palatine. (I, 14.)

La fameuse bataille qui *s'est donnée* sous le gouvernement de l'orateur Aristophon. (I, 49.)

S'il se laisse prévenir contre une personne d'une condition privée, de qui il croit avoir reçu quelque injure : « Cela, dit-il, ne *se* peut *souffrir*, et il faut que lui ou moi abandonnions la ville. » (I, 84.)

N'aimer de la parole de Dieu que ce qui *s'en prêche* chez soi ou par son directeur. (II, 152.)

La preuve *s'en tire* du fond de la religion. (II, 270.)

La mer *s'ouvroit*.... après que les Dionysiaques.... étoient commencées. (II, 509.)

Des circonstances si marquées.... ne *se relèvent* point et ne touchent personne. (II, 243.)

Les temples où *se fait* un grand concours. (II, 156.)

Tels *se laissent gouverner* jusqu'à un certain point, qui au delà sont intraitables et ne *se gouvernent* plus. (I, 211.)

On *s'élève* à la ville dans une indifférence grossière des choses rurales et champêtres. (I, 295.)

3° Verbes réfléchis avec ellipse du pronom :

On en a vu (des maux).... qui ont sapé par les fondements de grands empires et qui les ont fait *évanouir* de dessus la terre. (I, 366.)

Le besoin d'argent a réconcilié la noblesse avec la roture, et a fait *évanouir* la preuve des quatre quartiers. (II, 168.)

Ce palais, ces meubles.... vous enchantent et vous font *récrier* d'une première vue sur une maison si délicieuse. (I, 271.)

4° Voyez ci-après, dans le *Lexique*, p. 5 et p. 235, les exemples de la forme réfléchie que nous avons eu à noter aux articles Aboyer et Moquer.

5° Verbes impersonnels :

Hier, *il fut* bien *parlé* de vous. (I, 36.)

Quelque rapport qu'*il paroisse* de la jalousie à l'émulation, il y a entre elles le même éloignement que celui qui, etc. (II, 40.)

Il me *fait* envie de manger à une bonne table où il ne soit point. (II, 57.)

INTRODUCTION GRAMMATICALE.   XLV

II. — MODES ET TEMPS.

A. *Modes et Temps personnels.*

1º Emplois divers de l'indicatif :

Dans la plupart des exemples qui suivent, l'usage actuel voudrait ou du moins admettrait le subjonctif.

Il semble que la logique *est* l'art de convaincre de quelque vérité. (I, 143.)
Il semble que le mariage *met* tout le monde dans son ordre. (I, 159.)
Il semble qu'une passion vive et tendre *est* morne et silencieuse. (I, 191 ; voyez I, 34, *l.* 2 ; 1, 61, *l.* 4 ; et ci-après, p. XLVI, 7ᵉ exemple.)
Je comprends.... fort aisément qu'il *est* naturel à de tels esprits de tomber dans l'incrédulité. (II, 238.)
Il fait en sorte que l'on *croit*, sans qu'il le dise, qu'il porte une haire et qu'il se donne la discipline. (II, 155.)
Il a une démarche molle et le plus joli maintien qu'il *est* capable de se procurer. (II, 149.)
Cette pratique.... bannit l'éloquence du seul endroit où elle *est* en sa place. (II, 185.)
Il faut avoir de l'esprit pour être homme de cabale : l'on peut cependant en avoir à un certain point, que l'on *est* au-dessus de l'intrigue. (I, 334.)
Feignant que la précipitation et le tumulte lui *ont fait* oublier ses armes, il court les querir dans sa tente. (I, 82.)
Ce n'est pas qu'il *faut* quelquefois pardonner à celui qui, avec un grand cortége..., s'en croit plus de naissance et plus d'esprit. (I, 160.)

Le sens est : « Ce n'est pas qu'il ne faille » ; la Bruyère emploie *ce n'est pas que* au sens de *toutefois*.

2º Indicatif au sens du conditionnel :

Dans la plupart des phrases qui suivent, c'est le conditionnel passé qui est remplacé par l'imparfait de l'indicatif. Dans plusieurs la concordance des temps n'est correcte qu'à la condition de substituer par la pensée un mode à l'autre, le conditionnel à l'indicatif.

« Maint » est un mot qu'on ne *devoit* jamais abandonner, et par la facilité qu'il y avoit à le couler dans le style, et par, etc. (II, 206.)
« Valeur » *devoit* aussi nous conserver « valeureux. » (II, 208.)
On en est là, quand la fièvre nous saisit et nous éteint : si l'on eût guéri, ce n'*étoit* que pour desirer plus longtemps. (II, 19.)
Qu'a-t-il *dû* faire ? Si j'en juge.... par le parti que vous auriez pris vous-même en pareille situation, c'est ce qu'il a fait. (I, 307.)
Il *est*.... à desirer.... qu'on cherchât une fin aux écritures. (II, 185.)
S'ils (Voiture et Sarrazin) s'étoient moins pressés de venir, ils *arrivoient* trop tard. (II, 146.)
Si, content du sien, on eût pu s'abstenir du bien de ses voisins, on *avoit* pour toujours la paix et la liberté. (I, 368.)
Il y en a de tels que s'ils eussent obtenu six mois de délai de leurs créanciers, ils *étoient* nobles. (II, 163.)
Si l'on eût guéri, ce n'*étoit* que pour desirer plus longtemps. (II, 19.)

A ces exemples nous pouvons joindre le suivant, où *voilà* équivaut à un présent de l'indicatif, substitut du conditionnel :

L'un d'eux.... se lève matin, chausse des guêtres,... prend un fusil : le *voilà* chasseur, s'il tiroit bien. (I, 282.)

3° Emplois divers du subjonctif, dépendant soit de pronoms relatifs, soit de verbes suivis de *que*, soit de locutions conjonctives :

Les hommes sont-ils.... assez équitables pour.... ne nous pas faire desirer.... que Dieu *existât*, à qui nous *pussions* appeler de leurs jugements. (II, 243.)

Si Marly, où la curiosité de l'entendre (son discours à l'Académie) s'étoit répandue, n'a point retenti d'applaudissements que la cour *ait donnés* à la critique qu'on en avoit faite.... (II, 453.)

Ce ne sont point.... des maximes que j'*aie voulu* écrire. (I, 111.)

Il semble que s'il y a un soupçon injuste, bizarre et sans fondement, qu'on *ait* une fois *appelé* jalousie, cette autre jalousie qui est un sentiment juste.... mériteroit un autre nom. (I, 203.)

S'il se laisse prévenir contre une personne d'une condition privée, de qui il *croie* avoir reçu quelque injure : « Cela, dit-il, ne se peut souffrir. » (I, 84.)

S'il doit son être.... à une nature universelle qui a toujours été et qui sera toujours, laquelle il *reconnoisse* comme sa cause.... (II, 253.)

Il semble.... que le premier *soit* jeune, entreprenant.... (I, 161.)

Voyez ci-dessus, p. XLV, 1°.

Le soldat ne sent pas qu'il *soit connu* ; il meurt obscur. (I, 353.)

Les esprits bornés.... ne peuvent comprendre cette universalité de talents que l'on remarque quelquefois dans un même sujet... : ils ôtent de l'histoire de Socrate qu'il *ait dansé*. (I, 164.)

Il y a plus de rétribution.... pour un mariage que pour un baptême... : l'on diroit que ce *soit* un taux sur les sacrements. (II, 173.)

Vous diriez qu'il *ait* l'oreille du prince ou le secret du ministre. (I, 370.)

Qui oseroit soupçonner d'Artemon qu'il *ait pensé* à se mettre dans une si belle place ? (I, 313.)

A les voir si plaisants et si agréables, on ne croiroit point qu'ils *fussent* d'ailleurs si réguliers et si sévères. (II, 90.)

L'on me dit tant de mal de cet homme, et j'y en vois si peu, que je commence à soupçonner qu'il n'*ait* un mérite importun qui éteigne celui des autres. (I, 313.)

Elle trouva qu'il n'avoit pas assez d'esprit, et desira qu'il en *eût eu* davantage. (I, 197.)

Il y a quelquefois dans le cours de la vie de si chers plaisirs et de si tendres engagements que l'on nous défend, qu'il est naturel de desirer du moins qu'ils *fussent permis*. (I, 214.)

Il est.... à desirer qu'elle (l'expédition) *fût* moins *oubliée*...., qu'elle *réglât*.... les bureaux..., et qu'on *cherchât* une fin aux écritures. (II, 185.)

Dans ces deux derniers exemples, qui pèchent par apparence de désaccord entre les temps, le subjonctif dépend d'indicatifs ayant valeur de conditionnels.

Tout persuadé que je *sois* que ceux que l'on choisit pour de différents emplois.... font bien, je me hasarde de dire, etc. (I, 151, *variante*.)

« Tout persuadé que je *suis*, » dans les éditions 8 et 9. — Voyez, dans le *Lexique*, p. 364, à l'article Tout, locutions diverses.

« Chaloureux.... » se passe, bien que ce *fût* une richesse pour la langue, et qu'il se *dise* fort juste où « chaud » ne s'emploie qu'improprement. (II, 208.)

Dans les trois phrases suivantes, le subjonctif, qui du reste s'emploieroit de même aujourd'hui, équivaut, pour le sens, au conditionnel :

Y a-t-il une passion, quelque violente.... qu'elle soit, qui ne *pût* tenir ce même langage ? (I, 269.)

Il n'y a personne au monde qui ne *dût* avoir une forte teinture de philosophie. (II, 63.)

INTRODUCTION GRAMMATICALE.

J'ose douter qu'ils (Voiture et Sarrazin) *fussent* tels aujourd'hui qu'ils ont été alors. (II, 146.)

Nous citons la phrase qui suit pour la manière dont le subjonctif s'y allie au conditionnel :

S'il étoit connu..., il seroit difficile qu'entre un si grand nombre de citoyens..., il ne s'en *trouvât* quelqu'un qui *diroit* de lui.... (I, 283.)

4° Emplois divers soit du présent soit des passés de l'indicatif :

Il a une fois perdu au jeu tout l'argent qui *est* dans sa bourse. (II, 9.)

Jetez-moi dans les troupes comme un simple soldat, je *suis* Thersite ; mettez-moi à la tête d'une armée..., je *suis* Achille. (I, 353.)

Je ne vous demande pas de vous mettre à votre atelier pour faire.... une belle femme... ; essayez seulement de faire un bossu..., je *suis* content. (II, 272.)

Aujourd'hui elle est courue (une fleur bleue), les femmes s'en parent ; demain elle *est négligée*, et *rendue* au peuple. (II, 145.)

S'il est quelquefois obligé de jurer devant des juges qui exigent son serment : « Ce n'est pas, dit-il en perçant la foule pour paroître à l'audience, la première fois que cela m'*est arrivé*. » (I, 62.)

Vous le *perdîtes* il y a quelques années.... Vous *jetâtes* la vue autour de vous, vous *promenâtes* vos yeux sur tous ceux qui s'offroient ; vous *osâtes* penser à celui, etc. (II, 467 et 468.)

5° Emploi du futur passé après le pronom relatif :

Nul ne se ressouvient d'un seul mot qu'il *aura dit*. (I, 49.)

Si par hasard il a appris ce qui *aura été dit* dans une assemblée de ville, il court dans le même temps le divulguer. (I, 49.)

Il envie à ses propres valets.... la plus petite pièce de monnoie qu'ils *auront ramassée* dans les rues. (I, 58.)

Il est inexorable à celui qui.... l'*aura poussé* légèrement. (I, 64 et 65.)

Au retour d'une cavalcade qu'il *aura faite* avec d'autres citoyens, il renvoie chez soi par un valet tout son équipage. (I, 74.)

Il n'est permis à personne.... de ramasser.... quelques olives qui *seront tombées* de l'arbre. (I, 55.)

6° Concordance des temps :

Aux exemples d'apparence irrégulière qui sont cités plus haut, dans cette section des *Modes* et des *Temps*, particulièrement aux pages XLV et XLVI, 2° et 3°, on peut joindre les suivants :

[Ils] sont.... capables de sortir par effort de leur tempérament, s'il ne les *portoit* pas à la vertu. (I, 353.)

Une vaste capacité.... qui sache.... se renfermer.... dans les détails de tout un royaume ; qui en bannisse un culte faux, suspect..., s'il s'y rencontre ; qui abolisse des usages cruels et impies, s'ils y règnent ; qui *réforme* les lois et les coutumes, si elles *étoient remplies* d'abus. (I, 390.)

Je demande.... quand il n'*a* pas *été* raisonnable que le crime *soit puni*. (II, 274 ; voyez I, 154, *l*. dernière, et 155, *l*. 1 et 2.)

Bien des gens vont jusques à sentir le mérite d'un manuscrit qu'on leur lit, qui ne peuvent se déclarer en sa faveur, jusques à ce qu'ils *aient vu* le cours qu'il *aura* dans le monde par l'impression. (I, 119.)

Voyez ci-dessus, 5° *Emploi du futur passé*.

7° Temps composés.

Emplois à remarquer de l'auxiliaire avoir :

Le premier.... n'est guère plus vain d'avoir paru à la tranchée..., que celui-ci d'*avoir monté* sur de hauts combles. (I, 156.)

C'est beaucoup tirer de notre ami, si *ayant monté* à une grande faveur, il est encore un homme de notre connoissance. (I, 307.)

Je ne m'étonne pas qu'il y ait des brelans publics...; qu'il parte de ces lieux des émissaires pour savoir à heure marquée qui *a descendu* à terre avec un argent frais d'une nouvelle prise. (I, 269.)

Les prédicateurs.... *ont entré* en société avec les auteurs et les poëtes. (II, 226.)

Il semble que Cicéron *ait entré* dans les sentiments de ce philosophe. (I, 15.)

Il n'y a point eu au Palais.... de procédures longues et embrouillées où il n'*ait* du moins *intervenu*. (II, 60.)

Il s'avise de demander à sa mère quel jour elle *a accouché* de lui. (I, 72.)

B. *Modes impersonnels.*

1° Infinitif :

Je voudrois de tout mon cœur avoir mille endroits par où *marquer* avec quel zèle.... je suis, etc. (II, 489.)

L'on s'est contenté de mettre de petites notes à côté de certains endroits que l'on a cru les *mériter*. (I, 32.)

Ils protestent.... que bien loin d'en *répondre* devant Dieu, il semble.... qu'il leur ait réservé ce dernier.... moyen. (I, 172.)

Infinitif sujet.

Voyez, au *Lexique*, De, p. 85, 11°, exemple 12.

Dire d'une chose modestement ou qu'elle est bonne ou qu'elle est mauvaise.... demande du bon sens et de l'expression. (I, 223.)

Parler et *offenser*, pour de certaines gens, est précisément la même chose. (I, 226.)

Dans cet exemple, le verbe auquel les deux infinitifs servent de sujet est au singulier ; dans le suivant il est au pluriel :

Faire le familier (avec un grand), *prendre* des libertés, marquent mieux un fat qu'un favori. (I, 212.)

Infinitif régi par des prépositions :

Le philosophe consume sa vie *à observer* les hommes, et il use ses esprits *à en démêler* les vices et le ridicule. (I, 127.)

Ce n'est pas seulement la terreur des maris, c'est l'épouvantail de tous ceux qui ont envie de l'être, et qui attendent d'un mariage *à remplir* le vide de leur consignation. (I, 291.)

Si.... la propriété d'un tel bien est dévolue au fidéicommissaire, pourquoi perd-il sa réputation *à le retenir*? (II, 194.)

O pâtres!... recevez-moi parmi vous *à manger* votre pain noir. (II, 128.)

Mettre les gens *à voir* clairement leurs intérêts *à vous faire* du bien. (I, 260.)

Il a commencé par dire de soi-même : « Un homme de ma sorte ; » il passe *à dire* : « Un homme de ma qualité. » (I, 251.)

Si l'on cherche des hommes habiles..., tous se trouvent au milieu de vous, et je souffre *à ne les pas nommer*. (II, 464 et 465.)

Par cette élévation de Saturne, élevez vous-même.... votre imagination *à concevoir* quelle doit être l'immensité du chemin qu'il parcourt. (II, 262.)

Un coquin est celui à qui les choses les plus honteuses ne coûtent rien *à dire* ou *à faire*. (I, 45.)

On convie, on invite, on offre sa maison, sa table, son bien et ses services : rien ne coûte qu'*à tenir* parole. (I, 207.)

INTRODUCTION GRAMMATICALE.

La gent volatile.... s'effraye du voisinage du lion...: elle se réfugie auprès de la bête qui.... la prend sous sa protection, qui se termine enfin *à les croquer* tous l'un après l'autre. (II, 134.)

Les maisons de Saxe, d'Holstein.... sont celles à mon gré qui lui sont encore nécessaires *à savoir*, et auxquelles je m'appliquerai dès jeudi prochain. (II, 488.)

Son attention est toujours de manière *à devoir* vous écrire.... que j'en suis content. (II, 490.)

Tout notre mal vient *de ne pouvoir* être seuls. (II, 46.)

Ils parviennent, en blessant toutes les règles *de parvenir*. (II, 44.)

Ces hommes.... relèvent l'importance de cette conquête,... exagèrent la nécessité qu'il y avoit de la faire, le péril et la honte qui suivoient *de s'en désister*. (II, 119.)

Il exige d'abord de petites choses.... qui ne l'excluent pas *d'en demander* une plus grande. (I, 374.)

Il s'est étouffé *de crier* après les chiens qui étoient en défaut. (I, 283.)

Voyez ci-après, p. LVI, XII, exemples 5 et suivants.

Je me rachèterai toujours fort volontiers d'être fourbe *par être* stupide et *passer* pour tel. (II, 21.)

Voulez-vous être rare? Rendez service à ceux qui dépendent de vous : vous le serez davantage par cette conduite que *par* ne vous pas *laisser* voir. (I, 248.)

Quelques-uns, par une intempérance de savoir, et *par ne pouvoir* se résoudre à renoncer à aucune sorte de connoissance, les embrassent toutes et n'en possèdent aucune. (II, 139.)

Au lieu de manger religieusement chez soi une partie des viandes consacrées, il les fait saler *pour* lui *servir* dans plusieurs repas. (I, 52.)

Il manque de domestiques *pour servir* à table et *être chargés* du soin des noces. (I, 76.)

Les Talapoins.... eussent élevé des pagodes au milieu des villes, où ils eussent placé des figures de métal *pour être adorées*. (II, 248.)

Les hommes sont-ils.... assez équitables, *pour devoir* y mettre toute notre confiance? (II, 243, *variante*.)

Il y entre (dans cette manière de plaisanter) trop de fadeur et de grossièreté *pour devoir* craindre qu'elle s'étende plus loin. (I, 239.)

Bien que les magistrats lui aient permis tels transports de bois qu'il lui plairoit *sans payer* de tribut, pour éviter néanmoins l'envie du peuple, il n'a point voulu user de ce privilége. (I, 78.)

Il aime peu à apprendre par cœur. Il me faut pour le réduire une mutinerie qui ne se comprend pas *sans l'avoir vue*. (II, 504.)

Je voudrois qu'on ne fît mention de la délicatesse, de la propreté et de la somptuosité des généraux qu'*après n'avoir* plus rien à dire sur leur sujet, et *s'être épuisé* sur les circonstances d'une bataille gagnée. (II, 195 et 196.)

Infinitif pris substantivement :

Le vol, le chant et *le manger* des oiseaux. (I, 82, note 2.)
Le goût, *le vivre*, la santé et la conscience. (II, 135.)
Il doit *son être* et sa conservation à une nature universelle. (II, 253.)

2° Participes :

Participe présent.

a) Accord :

Le seul exemple que nous ayons à citer comme s'écartant de la règle actuelle est celui-ci :

Les corps *tombants* de fort haut. (II, 261 et note 1.)

Les accords suivants sont conformes à notre usage :

Le phénix de la poésie *chantante* (Quinault) renaît de ses cendres. (II, 78.)

Chantante est imprimé en italique dans les éditions données par la Bruyère.

Quelque désagrément qu'on ait à se trouver chargé d'un indigent, l'on goûte à peine les nouveaux avantages qui le tirent enfin de notre sujétion.... Ainsi l'on s'accorde mal avec soi-même; car l'on veut des *dépendants*, et qu'il n'en coûte rien. (I, 207.)

Le moine et ses *adhérants*. (II, 173.)

Dans ce passage, les éditions anciennes écrivent toutes ainsi *adhérants* (*adhérans*) comme un participe présent, bien que le *Dictionnaire de l'Académie* de 1694 distingue déjà par un *e* (*adhérents*) l'adjectif du participe.

b) Constructions et emplois divers :

Rien.... ne sera oublié de ce que je sais que Votre Altesse exige de moi, n'*ayant* point à cette heure de passion en la tête plus violente que celle de vous contenter. (II, 490.)

Étant envoyé avec quelques autres citoyens en ambassade, il laisse chez soi la somme que le public lui a donnée pour faire les frais de son voyage, et emprunte de l'argent de ses collègues. (I, 57.)

Ma traduction.... doit vous paroître conforme à l'original; car *étant certain* que.... les Dionysiaques se célébroient au commencement du printemps..., il me semble que j'ai pu traduire, etc. (II, 509.)

Les hommes.... outrent toutes choses, les bonnes et les mauvaises, dont ne *pouvant* ensuite supporter l'excès, ils l'adoucissent par le changement. (II, 69.)

Ménalque.... s'aperçoit qu'il est en bonnet de nuit; et *venant* à mieux s'examiner, il se trouve rasé à moitié. (II, 6.)

Les hommes.... goûtent aisément un projet d'ambition...; ils.... n'en attendent que le succès, lorsque *venant* au contraire à avorter, ils décident avec confiance.... qu'il étoit téméraire. (II, 124.)

Après une grande sécheresse *venant* à pleuvoir,... il s'en prend au ciel de ce qu'elle (la pluie) n'a pas commencé plus tôt. (I, 67.)

Il s'ouvre et parle le premier, pour en *découvrant* les oppositions..., prendre ses mesures et avoir la réplique. (I, 374.)

Participe passé.

Accord :

La Bruyère suit habituellement les mêmes règles que nous; les cas où il s'en écarte peuvent être regardés comme des exceptions, et la plupart comme des inadvertances.

Nos quatre premiers exemples sont tirés de lettres autographes :

Nous sommes tout à fait hors de l'Italie, que Monsieur le duc de Bourbon a *vu* fort en détail et sait par cœur. (II, 486 et note 1.)

La vie de Louis XI nous a *mené* au delà de ce que je pensois. (II, 477 et note 1.)

Son Altesse a paru entrer dans ces raisons, qu'il a toujours *aimé* autant ou plus même que les simples faits. (II, 490 et note 1.)

Son Altesse.... me tient fidèlement la parole que j'ai *eu* d'elle à Chambord. (II, 492 et note 1.)

Dans les passages suivants, toutes les éditions du dix-septième siècle laissent le participe sans accord :

Les services qu'on a *reçu*. (I, 308 et note 3.)

Ce qu'il y a eu en lui (en Corneille) de plus éminent, c'est l'esprit, qu'il avoit sublime, auquel il a été redevable de certains vers, les plus heureux qu'on ait jamais *lu* ailleurs. (I, 140 et note 3.)

INTRODUCTION GRAMMATICALE.

Il leur renvoie tous leurs éloges, qu'il n'a pas *cherché* par son travail et par ses veilles. (I, 127 et note 2.)

Les gens de la cour..., indifférents pour toutes les choses qui les ont *précédé*, sont avides de celles qui se passent à leurs yeux. (I, 10 et note 1.)

Incertains quelle fortune auroient *couru* un grand roi, une grande reine. (II, 468 et note 2.)

Ils rendent compte.... des hasards qu'ils ont *couru*, à leur retour, d'être pris ou tués par l'ennemi. (II, 119 et note 2.)

Ses amis qu'il a la veille *convié* à dîner. (I, 370 et note 2.)

Ces arbres déjà forts et avancés que l'on transplante dans les jardins, où ils surprennent les yeux de ceux qui les voient placés dans de beaux endroits où ils ne les ont point *vu* croître. (I, 253 et note 1.)

Devant l'infinitif, le défaut d'accord est conforme à l'usage ordinaire du temps :

Il raconte.... quels applaudissements a *eu* un discours qu'il a fait dans le public. (I, 49 et note 3.)

Quelque chose que nous voyions qu'il (Dieu) ait *fait*, il pouvoit faire infiniment davantage. Le monde entier, s'il est fait pour l'homme, est littéralement la moindre chose que Dieu ait *fait* pour l'homme. (II, 270 et note 2.)

Dans la première des phrases qui suivent, les éditions 7-10 laissent le participe sans accord; dans les deux autres exemples, la 6e édition est la seule où le participe ne s'accorde pas :

Vous soupirez, Lélie : est-ce que Dracon auroit fait un choix, ou que malheureusement on vous auroit *prévenu*? (I, 179 et note 5.)

Il tire un livre pour faire sa prière, et c'est sa pantoufle qu'il a *prise* pour ses Heures, et qu'il a *mis* dans sa poche avant que de sortir. (II, 9 et note 2; la 6e édition, qui laisse *mis* sans accord, donne, comme toutes les autres, *prise*, au féminin.)

Il écrit une seconde lettre, et après les avoir *cacheté* toutes deux, etc. (II, 10 et note 3.)

Tous les exemples qui précèdent ont pour objet des participes accompagnés de l'auxiliaire *avoir*; les deux suivants laissent sans accord des participes de verbes neutres conjugués avec l'auxiliaire *être*; le premier des deux est tiré d'une lettre autographe; pour le second, toutes les éditions du dix-septième siècle sont conformes.

Une transposition de mots qui est *échappé* à ma plume. (II, 485 et note 2.)

Les passages, les traits et les citations n'en étoient pas *demeuré* là. (II, 224 et note 1.)

Voici un dernier exemple que nous citons, non plus pour le défaut d'accord, mais pour un accord irrégulier avec *en* traité comme complément direct :

Ils meurent consumés de vieillesse, après avoir causé autant de maux qu'ils en ont *soufferts*. (II, 61 et note 1.)

Soufferts dans toutes les éditions du dix-septième siècle. Voyez le *Lexique de Racine*, p. cv.

III. — Verbes employés d'une façon absolue.

Les exemples que nous avons à citer n'ont rien, on va le voir, qui s'écarte de l'usage actuel :

Je consens.... que l'on dise de moi que je n'*ai* pas quelquefois bien *remarqué*, pourvu que l'on *remarque* mieux. (I, 112.)

Deux écrivains.... ont blâmé Montagne.... L'un ne *pensoit* pas assez pour goûter un auteur qui *pense* beaucoup; l'autre *pense* trop subtilement pour s'accommoder de pensées qui sont naturelles. (I, 131.)

Je ne sais point si le chien *choisit*, s'il *se ressouvient*, s'il *affectionne*, s'il *craint*, s'il *imagine*, s'il *pense*. (II, 255.)

Il y a dans l'art un point de perfection, comme.... de maturité dans la nature. Celui qui le sent et qui l'aime a le goût parfait; celui qui ne le sent pas, et qui *aime* en deçà ou au delà, a le goût défectueux. (I, 116.)

Émile étoit né ce que les plus grands hommes ne deviennent qu'à force de règles.... Il a *fait*, il a *agi*, avant que de *savoir*, ou plutôt il a su ce qu'il n'avoit jamais appris.... On l'a regardé.... comme une âme du premier ordre, pleine de ressources et de lumières, et qui *voyoit* encore où personne ne *voit* plus. (I, 162 et 163.)

Corneille nous assujettit à ses caractères et à ses idées, Racine se conforme aux nôtres.... L'un *élève*, *étonne*, *maîtrise*, *instruit*; l'autre *plaît*, *remue*, *touche*, *pénètre*. (I, 142.)

Si la place d'un Cassini devenoit vacante, et que le suisse ou le postillon du favori s'avisât de la demander.... il le trouveroit capable d'*observer* et de *calculer*. (I, 323.)

IV. — FORMES VERBALES.

Voyez, au *Lexique*, les articles APPAROIR, *il appert*, ASSEOIR, AVOIR, VALOIR.

VIII. — ADVERBE.

Voyez, au *Lexique*, les articles OÙ, TOUT, Y; et ci-dessus, III, 5°, p. XXXIX et XL, *Comparatif*.

Emploi, construction, omission des négations :

L'on me dit tant de mal de cet homme, et j'y en vois si peu, que je commence à soupçonner qu'il ait un mérite important qui éteigne celui des autres. (I, 315.)

Ne parlez pas à un grand nombre de bourgeois *ni* de guérets, *ni* de baliveaux. (I, 295.)

Pas a été supprimé dans la 9e édition.

Des gens qui *ne* savent *pas* discerner *ni* votre loisir *ni* le temps de vos affaires. (I, 41.)

Ni ce que nous appelons la politesse de nos mœurs, *ni* la bienséance de nos coutumes, *ni* notre faste, *ni* notre magnificence *ne* nous préviendront *pas* davantage contre la vie simple des Athéniens que contre celle des premiers hommes. (I, 25.)

Ne faire sa cour à personne, *ni* attendre de quelqu'un qu'il vous fasse la sienne, douce situation! (II, 192.)

Ceux qui sont éloignés des mines *ne* les fouilleront pas, *ni* ceux qui habitent des terres incultes et minérales *ne* pourront pas en tirer des fruits. (II, 275.)

Il y a des gens à qui *ne* connoître *point* le nom et le visage d'un homme est un titre pour en rire. (I, 311.)

Un grand éloignement pour la raillerie piquante, ou assez de raison pour *ne* se la permettre *point*. (I, 388.)

On languit, on sèche de les voir danser et de *ne* danser *point*. (II, 247.)

Voulez-vous être rare? Rendez service à ceux qui dépendent de vous : vous le serez davantage par cette conduite que par *ne* vous *pas* laisser voir. (I, 248.)

Vous êtes blanchi depuis deux jours que je *ne* vous ai *pas* vu. (I, 37.)

Il *ne* daigne *pas* attendre *personne*. (I, 65.)

Il les a loués (mes ouvrages) modestement en ma présence, et il *ne* les a *pas* loués depuis devant *personne*. (I, 119.)

Vous *ne* me jugez *pas* digne d'*aucune* réponse. (II, 245.)

Ni les troubles, Zénobie, qui agitent votre empire, *ni* la guerre que vous soutenez.... *ne* diminuent *rien* de votre magnificence. (I, 270.)

INTRODUCTION GRAMMATICALE.

Les chambres assemblées.... *n*'offrent *point* aux yeux *rien* de si grave. (I, 268.)

Il faut paroître accablé d'affaires, froncer le sourcil, et rêver à *rien* très-profondément. (I, 278.)

De l'impertinent ou du diseur de *rien*. (I, 39.)

Il fait marner sa terre, et il compte que de quinze ans entiers il *ne* sera obligé de la fumer. (II, 59.)

Il est.... incapable d'affaires ; je *ne* lui confierois l'état de ma garde-robe. (II, 84.)

Maître Olivier, *ne* manquez, sitôt la présente reçue, de m'envoyer ma provision de foin. (II, 10.)

Il est étonnant que dans ce premier âge les femmes ou le vin *n*'aient plus tôt rompu son entreprise. (II, 121.) — Éditions 1-4 : « *n*'aient *pas* plus tôt rompu. »

Afin que *nul* du moins lui soit contraire. (I, 323.)

De ce que je pense je n'infère pas plus clairement que je suis esprit, *que je conclus* de ce que je fais, ou ne fais point, selon qu'il me plaît, que je suis libre. (II, 274.)

On ne peut mieux user de sa fortune *que fait* Périandre. (I, 251.)

Il n'a pas plus dépendu de moi de me le donner une première fois, *qu'il dépend* encore de moi de me le conserver un seul instant. (II, 255.)

Personne n'a tiré d'une destinée plus *qu'il a fait*. (I, 335.)

On les sent (certains biens) plus tranquillement qu'on ne l'eût pensé ; on en jouit moins *que l'on aspire* encore à de plus grands. (II, 22 ; voyez *ibidem*, note 1.)

On a moins d'ardeur et d'impatience de se voir habillé de pourpre, *qu'il en avoit* de porter une croix d'or sur sa poitrine. (I, 318.)

Afin.... que nul du moins *lui soit* contraire. (I, 323.)

Qui pourroit douter *qu'il soit* homme de bien, si ce n'est peut-être ses créanciers ? (II, 49.)

IX. — Préposition.

Voyez au *Lexique* À, De, En, Par, Pour, Sur, etc.

X. — Conjonction.

Voyez au *Lexique* les articles Comme, Et, Que, etc.

Conjonction employée substantivement :

Quelle persécution le « car » n'a-t-il pas essuyée ! (II, 207.)
Voyez la lettre bien connue, de Voiture, sur le *car*.

XI. — Accord (voyez ci-après, XV, Syllepse).

A. Accord des adjectifs, des participes et des pronoms (genre et nombre).

Dans les exemples suivants, l'adjectif, le participe ou le pronom, se rapportant à deux ou trois noms, ne s'accordent qu'avec le dernier :

Cet homme, d'un nom et d'un mérite si *distingué*. (II, 454.)
Toute l'attention et tout le respect *imaginable*. (II, 485.)

Leur roi,... à qui ils semblent avoir tout l'esprit et tout le cœur *appliqué*. (I, 328 et note 4.)

On croit..., être responsable à soi-même de son élévation et de sa fortune : celui qui ne l'a point *faite* à la cour est censé ne l'avoir pas dû faire, on n'en appelle pas. (I, 306.)

De si grands travaux et de si heureuses missions ne seroient pas à leur gré *payées* d'une abbaye. (II, 229.)

Leur son de voix et leur démarche sont *empruntées*. (I, 171 et note 1.)

Il y a de petites règles, des devoirs, des bienséances *attachées* aux lieux, aux temps, aux personnes. (II, 95 et note 1.)

Chacun.... admire un certain poëme ou une certaine musique, et siffle *toute* autre. (I, 136.) — Dans les éditions antérieures à la 8ᵉ : *tout autre*.

Tel est ouvertement injuste..., qui cache son amour ou son ambition, sans autre vue que de *la* cacher. (I, 213.)

L'on n'exige pas des âmes malignes qu'elles aient de la douceur et de la souplesse ; *elle* ne leur *manque* jamais, et *elle* leur *sert* de piége pour surprendre les simples. (II, 16.)

.... Persuadés que les hommes n'ont point d'usages ni de coutumes qui soient de tous les siècles, qu'*elles* changent avec les temps, etc. (I, 24.)

C'est un noir attentat, c'est une sale et odieuse entreprise, que *celle* que le succès ne sauroit justifier. (II, 123.)

Accords divers avec gens, *dans une même phrase, selon la place :*

Être en liaison.... avec de *certaines* gens contre certains autres. (II, 152.)

Neutre après deux noms de genres différents :

D'où vient cette contrariété? Est-ce du caractère de ces personnes, ou de l'incertitude de nos jugements, ou même de *tous* les deux? (II, 114.)

Voyez ci-dessus, p. xxxvii et xxxviii, *Adjectif pris substantivement au sens neutre*. *Demi employé comme adjectif et prenant le genre du nom qui le suit :*

Une *demie* lieue. (II, 261 et note 3.)

Pluriel remarquable avec son :

Les esprits forts savent-ils qu'on les appelle ainsi par ironie? Quelle plus grande foiblesse que d'être *incertains* quel est le principe de *son* être? (II, 237 ; voyez ci-après, p. lxii, le 2ᵈ exemple de la *syllepse* de nombre.)

Avec on, la Bruyère semble avoir hésité pour l'accord entre le singulier et le pluriel :

On les maltraite (les anciens), *semblable* à ces enfants drus et forts d'un bon lait qu'ils ont sucé, qui battent leur nourrice. (I, 117.)

Semblables dans les éditions 4-6 ; *semblable* dans les suivantes.

B. Accord du verbe :

a) Verbe au singulier, quoique se rapportant à plusieurs sujets ou à un pronom relatif qui les remplace :

L'ordre et la structure *change*. (II, 147.) — Éditions 7 et 8 : *changent*.

Le bien et le mal *est* en ses mains. (I, 387.)

Le blanc et le rouge les *rend* affreuses (les femmes). (I, 172.)

L'expérience confirme que la mollesse ou l'indulgence pour soi et la dureté pour les autres n'*est* qu'un seul et même vice. (I, 207.)

Le dédain et le rengorgement dans la société *attire* précisément le contraire de ce que l'on cherche, si c'est à se faire estimer. (I, 235.)

Les fonds ou l'argent des particuliers y *coule* sans fin. (II, 182.)

Notre vanité et la trop grande estime que nous avons de nous-mêmes nous *fait* soupçonner dans les autres une fierté à notre égard qui y est quelquefois, et qui souvent n'y est pas. (II, 35.)

Un peu d'esprit et beaucoup de temps à perdre lui *suffit*. (I, 185.)

INTRODUCTION GRAMMATICALE.

Nous ne pourrions pas marquer un plus grand étonnement que celui que nous *donne* la justesse de leurs réponses, et le bon sens qui paroît quelquefois dans leurs discours. (II, 88.)

Renoncer à toute hauteur et à toute fierté, qui *convient* si peu aux foibles hommes. (II, 63.)

C'est une chose monstrueuse que le goût et la facilité qui *est* en nous de railler. (II, 38.)

b) Accords diversement remarquables :

Verbes ayant des sujets séparés par ou :

Le paysan ou l'ivrogne *fournit* quelques scènes à un farceur. (I, 138.)
Le dégoût ou l'antipathie.... ne *sauroient* nuire. (II, 145.)
Il n'y a guère qu'une naissance honnête, ou qu'une bonne éducation, qui *rendent* les hommes capables de secret. (I, 244.)

Dans les deux derniers exemples, les verbes sont au singulier : l'un, *sauroit*, dans les 6ᵉ, 7ᵉ et 8ᵉ éditions ; l'autre, *rende*, dans les huit premières.

Verbes ayant pour sujets des pronoms démonstratifs ou relatifs :

C'*étoit* les cuisses et les intestins. (I, 76, note 3.)

Cet exemple nous offre l'emploi, très-fréquent, du verbe au singulier entre *ce* et un sujet pluriel. Dans les deux suivants, nous avons des singuliers, assez ordinaires aussi autrefois, après le partitif *un* suivi d'un complément pluriel régi par *de* et d'un relatif :

L'une des meilleures critiques qui *ait été faite* sur aucun sujet est celle du Cid. (I, 125.)

L'un des plus grands magistrats que la France *ait nourri* depuis ses commencements. (II, 467 et note 1.)

Voici encore quelques accords à remarquer, de verbes construits avec *ce* ou avec *qui*. Dans les deux derniers, on peut regarder le *qui* comme ayant la valeur neutre du latin *quod* :

Les coureurs n'ont pu discerner si ce qu'ils ont découvert à la campagne *sont* amis ou ennemis. (I, 82.)

Sa terre, ou ce qu'il possède *feront* envie. (I, 255.)

Une âme vile et mécanique, à qui ni ce qui est beau ni ce qui est esprit ne *sauroient* s'appliquer sérieusement. (II, 85.)

La vie des héros a enrichi l'histoire, et l'histoire a embelli les actions des héros : ainsi je ne sais qui *sont* plus redevables, ou ceux qui ont écrit l'histoire à ceux qui leur en ont fourni une si noble matière, ou ces grands hommes à leurs historiens. (I, 116.)

Petits hommes..., qui vous donnez sans pudeur de la hautesse et de l'éminence, qui *est* tout ce que l'on pourroit accorder à ces montagnes.... (II, 128.)

Cliton n'a jamais eu en toute sa vie que deux affaires, qui *est* de dîner le matin et de souper le soir. (II, 56.)

Voyez ci-dessus, p. xlviii, l'exemple d'un verbe pluriel avec deux infinitifs sujets.

XII. — Régime.

Variété de régimes et de dépendances d'un même mot :

Que sert tant d'or à son troupeau ou contre les loups? (I, 386.)
Demandez-lui des lettres de consolation, ou sur une absence, il les entreprendra. (I, 242.)
Pour se concilier tous les étrangers qui sont dans la ville, il leur dit quel-

quefois qu'il leur trouve plus de raison et d'équité que dans ses concitoyens. (I, 43 et 44.)

J'attends quelquefois que nous ayons passé à des choses nouvelles, afin qu'elle (Votre Altesse) en soit exactement informée, et de tout le chemin que nous faisons. (II, 477.)

La petitesse.... évite le contraste, et de montrer le même homme sous des figures différentes. (II, 90.)

Les courtisans, à force de goût et de connoître les bienséances, lui ont applaudi. (II, 221.)

Il faut.... que l'on se passe d'habits et de nourriture, et de les fournir à sa famille. (I, 270.)

L'admiration où ils sont d'eux-mêmes, et de se voir si éminents. (II, 44.)

Celui-ci.... sous prétexte d'une exacte police et d'empêcher les assemblées, fit une loi, etc. (I, 18.)

Aussi ne sommes-nous pas incapables de quelque retour pour eux, et de leur rendre un jour notre amitié. (II, 37.)

Je.... ne rêve.... qu'aux moyens de lui être utile, et à lui rendre ses études moins amères. (II, 484.)

Ils le consument (leur temps) à s'habiller, à manger, à dormir, à de sots discours, à se résoudre sur ce qu'ils doivent faire. (II, 119.)

Le marchand fait des montres pour donner de sa marchandise ce qu'il y a de pire : il a le cati et les faux jours afin d'en cacher les défauts, et qu'elle paroisse bonne. (I, 260.)

L'on veut des dépendants, et qu'il n'en coûte rien. (I, 207.)

L'on parle d'ceu de sa paresse en des termes qui signifient toujours son désintéressement, et que l'on est guéri de l'ambition. (II, 33.)

Comprenez-vous bien cette étendue, et qu'un million de terres comme la nôtre ne seroient toutes ensemble pas plus grosses que le soleil? (II, 260.)

Il se parle souvent à soi-même...; ceux qui passent le voient, et qu'il semble toujours prendre un parti. (I, 167.)

Il se récrie sur la ressemblance qu'ils ont avec leur père, et que deux figures ne se ressemblent pas mieux. (I, 44.)

Il apprend de son propre fils les évolutions qu'il faut faire dans les rangs à droit ou à gauche, le maniement des armes, et quel est l'usage à la guerre de la lance et du bouclier. (I, 85 et 86.)

.... Ce n'est qu'après en avoir joui longtemps, et qu'elle ne peut plus les retenir. (II, 152.)

Il me paroît qu'on devroit seulement admirer l'inconstance et la légèreté des hommes.... et que si peu de temps en fasse la différence. (II, 148.)

Je veux en convenir, et que j'ai pris soin de m'écarter des lieux communs. (II, 275.)

Je crois vous faire ici un long verbiage..., et que vous vous êtes déjà aperçu, etc.... (II, 509.)

.... La réflexion qu'il fait sur les vices de l'humanité, et combien il est pénible aux hommes d'être constants, généreux, etc. (II, 21 et 22.)

Il.... lui dit.... qu'il a servi sous Alexandre, quels beaux vases et tout enrichis de pierreries il a rapportés de l'Asie, quels excellents ouvriers s'y rencontrent, et combien ceux de l'Europe leur sont inférieurs. (I, 78.)

Peu de gens se souviennent d'avoir été jeunes, et combien il leur étoit difficile d'être chastes et tempérants. (II, 51.)

Ils veulent qu'on leur explique ce que c'est que la vertu en général, et cette vertu en particulier ; quelle différence se trouve entre la valeur, la force et la magnanimité; les vices extrêmes par le défaut ou par l'excès entre lesquels chaque vertu se trouve placée, et duquel de ces deux extrêmes elle emprunte davantage. (I, 11.)

Il fait un long récit.... de la manière dont toutes choses se sont passées, et comme elles lui ont réussi au delà de ses souhaits. (I, 75, *variante*.)

Je lui fis rendre compte de la généalogie de François premier, et comment il avoit succédé à Louis XII, quelles prétentions il avoit sur le duché de Milan..., son entreprise sur le Milanez.... (II, 499; voyez II, 501 ; II, 503 et 504.)

[Il] choisit le temps du repas, et que le potage est sur la table, pour dire qu'ayant pris médecine depuis deux jours, il est allé par haut et par bas. (I, 72.)

Je vois les temps.... où ce ne sera pas assez de l'approbation qu'il (le public) aura donnée à un ouvrage pour en faire la réputation, et que pour y mettre le dernier sceau, il sera nécessaire que de certaines gens le désapprouvent. (II, 454.)

Dans la phrase suivante, *fait* gouverne un infinitif neutre et un infinitif actif, de façon que *vous* joue avec le premier le rôle de sujet, avec le second celui de complément direct :

Il y a des endroits où il faut se faire voir : un galon d'or plus large ou plus étroit *vous* fait entrer ou refuser. (II, 35.)

Voyez plus loin, XVI, Construction, *Changements et interruptions de tournure*, p. LXV, 7°.

Verbes neutres construits activement :

Je rirois d'un homme qui voudroit sérieusement parler mon ton de voix. (I, 149.)

Bredouiller des vanités et des sottises. (I, 220.)

XIII. — Ellipse.

1° Ellipse d'un article défini, indéfini ou partitif.

Voyez ci-dessus, à l'Article, p. xxxii et xxxiii.

2° Ellipse d'un nom ou du pronom démonstratif qui pourrait en tenir la place (voyez ci-dessus, III, p. xxxvi, 3°, *Adjectifs et participes employés avec ellipse d'un substantif ou pris substantivement*).

La plupart des exemples que nous allons citer seraient aujourd'hui du très-bon usage, aussi bien qu'ils l'étaient autrefois :

Pleurer tous franchement..., et sans autre embarras que d'essuyer ses larmes. (I, 137.)

Je n'estime pas que l'homme soit capable de former dans son esprit un projet plus vain et plus chimérique, que de prétendre.... échapper à toute sorte de critique. (I, 9.)

Après un tel, qui sera chancelier ?... Chacun.... fait sa promotion, qui est souvent de gens plus vieux et plus caducs que celui qui est en place. (II, 114.)

Venir le prêcher..., et en recevoir le salaire, comme d'une pièce d'étoffe. (II, 174.)

La curiosité.... est.... une passion, et souvent si violente qu'elle ne cède à l'amour que par la petitesse de son objet. (II, 135.)

Il y avoit au-dessous de cette monnoie (l'obole) d'autres encore de moindre prix. (I, 88, note 1.)

Il y a dans l'art un point de perfection, comme de bonté ou de maturité dans la nature. (I, 116.)

La gloire ou le mérite de certains hommes est de bien écrire ; et de quelques autres, c'est de n'écrire point. (I, 147.)

Il faut briguer la faveur de ceux à qui l'on veut du bien, plutôt que de ceux de qui l'on espère du bien. (I, 209.)

Il y a un sentiment de liberté à suivre ses caprices, et tout au contraire de servitude à courir pour son établissement. (I, 209.)

Il n'y a rien dont on voie mieux la fin que d'une grande fortune. (I, 261.)

Ses nombres sont toujours fixes et certains, comme de celui qui est bien informé. (I, 370.)

Quelle condition vous paroît la plus délicieuse et la plus libre, ou du berger ou des brebis? (I, 385.)

La mode.... la plus ancienne.... a le même agrément dans les portraits qu'a la saye.... sur les théâtres, qu'ont la mante, le voile et la tiare dans nos tapisseries. (II, 150.)

Une femme inconstante est celle qui n'aime plus; une légère, celle qui déjà en aime un autre ; une volage, celle qui ne sait si elle aime et ce qu'elle aime ; une indifférente, celle qui n'aime rien. (I, 176.)

Le cœur seul concilie les choses contraires, et admet les incompatibles. (I, 213.)

Des figures différentes et qui font de lui un composé bizarre ou un grotesque. (II, 91.)

Supposons que notre langue pût un jour avoir le sort de la grecque et de la latine. (II, 85; voyez II, 140, *l*. 5 ; II, 461, *l*. 6.)

D'autres, qui prêtent leurs soins et leur vigilance aux affaires publiques, après les avoir employés aux judiciaires. (II, 464.)

Sa malpropreté.... n'est qu'une négligence pour les petites choses, et qui semble supposer qu'on n'a d'application que pour les solides et essentielles. (II, 33.)

Détourné par les grandes choses qu'il fait, des belles ou des agréables qu'il pourroit lire. (II, 34.)

Une certaine pudeur.... les empêche de se parer d'une couronne de marquis, trop satisfaits de la comtale. (II, 165.)

L'ancienne question de l'état populaire et du despotique. (II, 180.)

Le magistrat coquet ou galant est pire dans les conséquences que le dissolu. (II, 186.)

Une belle maxime pour le Palais..., ce seroit précisément la contradictoire de celle qui dit que la forme emporte le fond. (II, 188.)

Qui voit-on dans les lanternes des chambres...? des héritiers ab intestat? Non.... On y voit les testamentaires qui plaident. (II, 191.)

Les héritiers testamentaires.

Ce n'étoit plus une affaire publique, mais domestique. (II, 469.)

Les généalogies des maisons de haute Bavière, Palatine, et les deux Autriches. (II, 496.)

A ceux qui lui font les compliments ordinaires sur la naissance d'un fils et sur l'augmentation de sa famille : « Ajoutez, leur dit-il, pour ne rien oublier, sur ce que mon bien est diminué de la moitié. » (I, 68.)

Ajoutez des compliments sur ce que.

Où il a prêché les paroissiens ont déserté, jusqu'aux marguilliers ont disparu. (II, 222.)

Tous (les paroissiens) jusqu'aux marguilliers ont disparu.

Dans les exemples suivants, il y a ellipse de substantifs non exprimés précédemment :

S'il fait un voyage avec plusieurs, il les prévient dans les hôtelleries. (II, 55.)

Voyez, au *Lexique*, Plusieurs et Quelqu'un.

Toutes les passions sont menteuses : elles se déguisent autant qu'elles le peuvent aux yeux des autres. (I, 213.)

Sa porte est.... gardée et sa chambre.... inaccessible.... Une seule, Corinne, y est attendue. (I, 192.)

INTRODUCTION GRAMMATICALE.

Ils vivent à la romaine ou à la grecque. (I, 194.)
A la mode, façon ou manière romaine, etc.
Un homme rouge ou feuille-morte (un laquais). (II, 87.)
Ou de couleur feuille-morte.

3° Ellipse d'un verbe, d'un participe, soit seuls, soit plus ou moins accompagnés :

Si j'épouse, Hermas, une femme avare, elle ne me ruinera point; si une joueuse, elle pourra s'enrichir ; si une savante, elle saura m'instruire; si une prude, elle ne sera point emportée ; si une emportée, elle exercera ma patience; si une coquette, elle voudra me plaire ; si une galante, elle le sera peut-être jusqu'à m'aimer ; si une dévote, répondez, Hermas, que dois-je attendre de celle qui veut tromper Dieu, et qui se trompe elle-même ? (I, 184.)

Il sort rarement de chez soi ; il aime la chambre,... où il tracasse, et dans l'équipage d'un homme qui a pris médecine. (II, 197.)
Et tracasse dans l'équipage.

Racine,... à qui le grand et le merveilleux n'ont pas même manqué, ainsi qu'à Corneille ni le touchant ni le pathétique. (I, 141.)

Le bon esprit nous découvre notre devoir, notre engagement à le faire, et, s'il y a du péril, avec péril. (I, 158.)

Ce règne est court, et celui de son successeur Louis XII. (II, 481.)

Il n'y a au monde que deux manières de s'élever, ou par sa propre industrie, ou par l'imbécillité des autres. (I, 262.)

Il vous dira que Sémiramis.... parloit comme son fils Ninyas, qu'on ne les distinguoit pas à la parole : si c'étoit parce que la mère avoit une voix mâle comme son fils, ou le fils une voix efféminée comme sa mère, qu'il n'ose pas le décider. (I, 241.)

Quelle peut être toute sa superficie (la superficie du soleil)! quelle sa solidité ! (II, 260.)

Quelle apparence de pouvoir remplir tous les goûts si différents des hommes par un seul ouvrage? (I, 11.) — *Quelle apparence y a-t-il?*

De nouveaux acteurs ont pris leur place. Quel fond à faire sur un personnage de comédie? (I, 337.)

Quel moyen de pouvoir tenir contre des gens qui ne savent pas discerner ni votre loisir ni le temps de vos affaires ? (I, 41.)

Quel moyen de demeurer immobile où tout marche, où tout se remue? (I, 306.)

Quelle comparaison de la lune au soleil pour la grandeur, pour l'éloignement, pour la course? (II, 260.)

Quelle proportion.... de ce qui se mesure, quelque grand qu'il puisse être, avec ce qui ne se mesure pas? (II, 262.)

[Ils] négligent dans un livre tout ce qui n'est que.... sérieuses réflexions, quoique en si grand nombre qu'elles le composent presque tout entier. (II, 448.) — *Quoiqu'elles y soient en si grand nombre.*

Même sans être ivre, mais de sang-froid, il se distingue dans la danse la plus obscène. (I, 46.) — *Mais étant de sang-froid.*

Ceux qui, ni guerriers ni courtisans, vont à la guerre et suivent la cour. (II, 118.) — *N'étant ni guerriers....*

Il reste encore aux meilleurs bourgeois une certaine pudeur qui les empêche de se parer d'une couronne de marquis, trop satisfaits de la comtale. (II, 165.) — *Trop satisfaits qu'ils sont.*

L'orateur plaît aux uns, déplaît aux autres, et convient avec tous en une chose, que comme il ne cherche point à les rendre meilleurs, ils ne pensent pas aussi à le devenir. (II, 220 et 221.) — *Une chose qui est que.*

Il attend qu'il soit seul pour éternuer, ou si cela lui arrive, c'est à l'insu de la compagnie. (I, 274.) — Si cela lui arrive quand il n'est pas seul.

Il affecte d'apercevoir le moindre duvet qui se sera attaché à votre habit, de le prendre et de le souffler à terre. (I, 37.) — Et de souffler dessus pour le faire tomber à terre.

Ma mère.... vient de se coucher et ne commence qu'à s'endormir. (I, 61 et 62.) — Ne fait que commencer à.

Ne nous emportons point contre les hommes en voyant leur dureté... : ils sont ainsi faits, c'est leur nature, c'est ne pouvoir supporter que la pierre tombe ou que le feu s'élève. (II, 3.) — S'emporter contre eux, c'est ne pouvoir.

Pensez-vous qu'il cherche à s'instruire par les médailles... ? rien moins. (II, 137.)

Dans les phrases suivantes, il n'y a ellipse que par comparaison à l'usage actuel ; l'interrogation est jointe directement, à la manière latine, à un nom, un adjectif ou un verbe dont nous la séparerions aujourd'hui par un intermédiaire comme *de savoir* : « C'est une grande question *de savoir* si ; il ne s'agit point *de savoir* si, » etc.

Il y a des esprits qui se défont de ces principes. C'est une grande question s'il s'en trouve de tels. (II, 242.)

Il ne s'agit point si les langues sont.... mortes ou vivantes, mais si elles sont grossières ou polies, si les livres qu'elles ont formés sont d'un bon ou d'un mauvais goût. (II, 85.)

Quelle plus grande foiblesse que d'être incertains quel est le principe de son être ? (II, 237.)

Ces jours tristes que nous avons passés dans l'agitation et dans le trouble, curieux, incertains quelle fortune auroient courue un grand roi (Jacques II), une grande reine. (II, 468.)

La phrase exclamative qui suit n'est elliptique que pour qui veut trouver partout les trois termes de la proposition :

La subtile invention, de faire de magnifiques présents de noces qui ne coûtent rien, et qui doivent être rendus en espèce ! L'utile et la louable pratique, de perdre en frais de noces le tiers de la dot qu'une femme apporte !... Le bel et le judicieux usage que celui qui.... expose une femme d'une seule nuit sur un lit comme sur un théâtre... ! Pénible coutume, asservissement incommode ! se chercher incessamment les unes les autres avec l'impatience de ne se point rencontrer ! (I, 292-295.)

4° Ellipses diverses :

Qu'est-ce l'ordre ? (II, 266.)

Il y aurait là, d'après notre usage, ellipse de *que*.

Je la dois et la veux tenir (ma place dans l'Académie) de votre seule magnificence. (II, 472.)

Nous n'avons pas besoin de dire que cette répétition du pronom régime *la*, avec ellipse de l'infinitif après *dois*, serait encore aujourd'hui d'un excellent usage.

Voyez, au *Lexique*, les prépositions À, DE, etc., et les mots Où, QUE, etc.

XIV. — PLÉONASME.

1° Double sujet (un nom et un pronom) :

Voyez ci-après, XVI, p. LXIII, CONSTRUCTION, 1° *Place du sujet.*

Un noble, s'il vit chez lui dans sa province, *il* vit libre. (I, 326.)

Un homme défiant..., s'il envoie au marché l'un de ses domestiques..., *il* le fait suivre par un autre. (I, 68.)

Un homme de talent et de réputation, s'il est chagrin et austère, *il* effarouche les jeunes gens. (II, 93.)

Ceux qui commençoient à le goûter (un mets), n'osant avaler le morceau qu'ils ont à la bouche, *ils* le jettent à terre. (I, 221.)

N**, avec un portier rustre,... quelque subalterne qu'il soit d'ailleurs, *il* fera sentir de lui-même quelque chose qui approche de la considération. (I, 247.)

Qui peut concevoir.... que *certains abbés*,... qui entrent auprès des femmes en concurrence avec le marquis et le financier, et qui l'emportent sur tous les deux, qu'*eux-mêmes* soient originairement.... les chefs de saints moines ? (II, 170.)

Double pléonasme, du sujet et de *que*.

2° Double régime (un nom et un pronom) :

Voyez ci-après, XVI, p. LXIII et LXIV, CONSTRUCTION, 2°, *Place des régimes.*

A un homme vain..., il ne *lui* manque plus, pour être adoré de bien des femmes, que de beaux traits et la taille belle. (I, 178.)

Ce n'est pas *d'un saint dont* un dévot sait dire du bien. (II, 75.)

Mille gens *à la cour y* traînent leur vie.... à congratuler. (I, 316.)

Nous ne relevons pas cette tournure, fort usitée aujourd'hui comme autrefois, qui met en tête le substantif que représente plus loin un pronom régime. Ainsi :

Cette justice qui nous est quelquefois refusée par nos contemporains, la postérité sait nous *la* rendre. (I, 150.)

Ce fantôme de vertu et de constance ainsi imaginé, il leur a plu de *l'*appeler un sage. (II, 4.)

3° Pléonasmes divers.

Voyez, au *Lexique*, QUI, QUE, OÙ, EN, Y, etc.

4° Surabondance de mots, redondances et tautologies :

Les exemples suivants intéressent plutôt le style que la grammaire ; l'auteur insiste, appuie par des mots qui semblent inutiles à l'expression de son idée, mais la fortifient :

Je *préférerois*.... *de* prononcer le discours funèbre de celui à qui je succède, *plutôt que de* me borner à un simple éloge de son esprit. (II, 466.)

C'étoit contre l'opinion *commune* de *toute* la Grèce. (I, 78, note 4.)

Qu'*ajouterai*-je *davantage* ? (II, 102.)

Seul ou *seulement* avec *ne.... que* :

Cela *n'*arrive *qu'*à vous *seul*. (I, 36.)

Il *n'*abandonne de la victime *que* les parties *seules* qui doivent être brûlées sur l'autel. (I, 76.)

Il *ne* faut regarder dans ses amis *que* la *seule* vertu qui nous attache à eux. (I, 157.)

Elle *n'*a *qu'*une *seule* religion. (II, 247.)

Il semble qu'il *n'*y ait *que* Dieu *seul* qui puisse en être l'auteur. (II, 274.)

On *ne* le voit guère.... dans les écoles, *qu'*aux endroits *seulement* où s'exercent les jeunes gens. (I, 44.)

Mots quasi-synonymes, sans ou avec gradation :

Les hommes n'ont point *d'usages ni de coutumes* qui soient de tous les siècles. (I, 24.)

Les choses *rurales et champêtres*. (I, 295.)

L'amas et l'entassement de choses superflues. (I, 293.)

Ils ignorent la nature, ses commencements, ses progrès, *ses dons et ses largesses*. (I, 295.)

XV. — Syllepse, ou accord avec la pensée plutôt qu'avec les mots.

1° Genre :

Ce qu'on appelle une oraison funèbre n'est aujourd'hui bien *reçue*.... qu'à mesure qu'*elle* s'éloigne davantage du discours chrétien. (II, 228.)

Toutes les sortes de talents que l'on voit *répandus* parmi les hommes se trouvent *partagés* entre vous. (II, 463 et note 2.)

Dans les deux exemples qui précèdent, il y a accord de genre, non avec le sujet grammatical, mais avec le nom qui, quoique subordonné à ce sujet, exprime l'idée principale.

Son Altesse a besoin que vous lui déclariez, Monseigneur, que vous voulez très-absolument qu'*il* sache très-bien la géographie. (II, 504; voyez encore II, 490, *l.* 8 et 9; II, 505, *l.* 4-6.)

Dans l'exemple qui suit, c'est évidemment par mégarde que la Bruyère a écrit *eux-mêmes*, puis *ils* pour *elles*, faisant accorder ces pronoms avec l'idée de *corps* qu'il avait dans l'esprit :

Ni ces roues, ni cette boule n'ont pu se donner le mouvement d'*eux-mêmes*, ou ne l'ont point par leur nature, s'*ils* peuvent le perdre sans changer de nature. (II, 267.)

C'est surtout avec le mot *personne* que la syllepse est l'ordinaire usage :

Une femme infidèle, si elle est connue pour telle de la *personne* intéressée, n'est qu'infidèle : s'*il* la croit fidèle, elle est perfide. (I, 177.)

Nous nous trouvâmes plus de trente *personnes* dans un endroit du Portique ;... *tous* d'une commune voix vous nommèrent, et il n'y en eut pas *un seul* qui vous refusât ses suffrages. (I, 36 et 37.)

Ce sont ces mêmes *personnes*.... qui se trouvant tous *portés* devant la boutique d'Archias, achètent *eux-mêmes* des viandes salées. (I, 43.)

Il n'est propre qu'à commettre de nouveau deux *personnes* qui veulent s'accommoder, s'*ils* l'ont fait arbitre de leur différend. (I, 60.)

S'il se laisse prévenir contre une *personne* d'une condition privée, de qui il croit avoir reçu quelque injure : « Cela, dit-il, ne se peut souffrir, et il faut que *lui* ou moi abandonnions la ville. » (I, 84.)

Des millions de *personnes* les plus sages, les plus *modérés* qui fussent alors sur la terre. (II 251.)

Les *personnes* d'un certain caractère.... ne sont point *obligés* à faire dire d'*eux*.... qu'*ils* badinent comme les autres hommes. (II, 90.)

Les *personnes* d'esprit ont en *eux* les semences de toutes les vérités et de tous les sentiments ; rien ne leur est nouveau ; *ils* admirent peu, *ils* approuvent. (I, 127 et 128.)

Entre deux *personnes* qui ont eu ensemble une violente querelle, dont *l'un* a raison et l'autre ne l'a pas, ce que la plupart de ceux qui y ont assisté ne manquent jamais de faire..., c'est de condamner *tous* les deux. (I, 226 et 227.)

L'on a vu.... un cercle de *personnes* des deux sexes, liées ensemble par la conversation et par un commerce d'esprit. *Ils* laissoient au vulgaire l'art de parler d'une manière intelligible. (I, 236.)

Une *personne* humble, qui est *enseveli* dans le cabinet..., est un homme docte. (I, 161.)

Ses héritiers, *personnes* viles et qui se sont *brouillés* avec lui. (II, 59.)

Dans ces deux derniers exemples, le masculin est la leçon des cinq premières éditions.

2° Nombre :

Il est au guet.... sur tout ce qui paroît de nouveau avec les livrées de la faveur : *ont-ils* une prétention, il s'offre à *eux*, il s'intrigue pour *eux*. (I, 322.) — Ces nouveaux favoris ont-ils...?

Il ne convient pas à toute sorte de *personnes* de lever l'étendard d'aumônier, et d'avoir tous les pauvres d'une ville assemblés à *sa* porte, qui y reçoivent leurs portions. (II, 248 et 249; voyez ci-dessus, p. LIV, l'avant-dernier exemple de l'article ACCORD, A.

Ils se faisoient si longtemps prier..., et chargeoient une grâce qu'*on* leur arrachoit de conditions si désagréables, qu'une plus grande grâce étoit d'obtenir d'eux d'être *dispensés* de rien recevoir. (I, 315 et 316.)

Accord avec l'idée de pluralité contenue dans *on*; voyez le dernier exemple du même article ACCORD, A.

Tout ce qui se réjouit sur une grâce reçue, ou *ce* qui s'attriste et se désespère sur un refus, *tous* auront disparu de dessus la scène. (I, 336.)

Dans ce dernier exemple, on passe du singulier au pluriel, et du neutre au masculin, par l'addition d'un nouveau sujet.

Les deux exemples suivants sont plus hardis et, on peut le dire, peu corrects :

Le *fond* des caractères qui y sont décrits *sont* pris de la même source. (I, 12 et note 4.)

Le *commun* des hommes *vont* de la colère à l'injure. (II, 16 et note 1.)

De ces deux exemples, le premier date de la 1re édition, le second de la 4e. Pour celui-là, l'auteur a changé le pluriel en singulier, à partir de la 5e; pour celui-ci, à partir de la 6e; c'est-à-dire, l'un a la syllepse dans quatre éditions successives, l'autre dans deux seulement.

Dans la phrase qui suit, il y a moins syllepse ou ellipse qu'oubli :

Je.... commencerai à lui faire lire les mémoires à François I, poursuivre cette pratique dans les suivants jusqu'à celui-ci. (II, 495.)

Dans les règnes suivants jusqu'à ce règne-ci.

XVI. — CONSTRUCTION.

On trouvera au *Lexique*, particulièrement dans les articles consacrés aux relatifs, aux prépositions, aux conjonctions, maint exemple de constructions remarquables que nous ne reproduisons pas ici.

1° Place du sujet; inversion :

Nous n'avons à donner de cette sorte d'inversion que des exemples tout réguliers, les uns du tour interrogatif qui rend l'idée de *si* :

Une troupe de masques entre dans un bal : ont-ils la main, ils dansent (II, 247);

Heurte-t-on à leur porte pendant qu'ils dînent, ils sont attentifs et curieux (I, 42);

Les autres du neutre *il*, représentant, en tête de la phrase, le sujet rejeté après le verbe :

Il s'avance déjà sur le théâtre *d'autres hommes*, qui vont jouer dans une même pièce les mêmes rôles (I, 336 et 337);

Il se lit.... dans ce traité *des phrases* qui ne sont pas achevées (I, 31);

Ils ont fait le théâtre, *ces empressés*, les machines, les ballets.... (I, 134.)

2° Place des régimes :

Les quatre premiers exemples qui suivent nous offrent une construction, fort usitée aujourd'hui comme autrefois, qui est l'inverse de celle que nous venons de voir pour les sujets. Le substantif précède et un pronom le représente, comme régime direct ou indirect, auprès du verbe; nous avons déjà donné plus haut, p. LXI, 2°, deux exemples de ce tour.

Ces mêmes modes que les hommes suivent si volontiers pour leurs personnes, ils affectent de *les* négliger dans leurs portraits. (II, 149.)

Un homme de mérite se donne.... un joli spectacle, lorsque la même place à une assemblée, ou à un spectacle, dont il est refusé, il *la* voit accorder à un homme qui n'a point d'yeux pour voir. (I, 321.)

De maximes, ils ne s'*en* chârgent pas; de principes, encore moins. (I, 359.)

Des fables, nous *en* sommes au huitième livre. (II, 478.)

Qui, d'un homme ou d'une femme, met davantage du sien dans cette rupture, il n'est pas aisé de *le* décider. (I, 201.)

Dans cette dernière phrase, le tour est semblable, mais le pronom *le* y représente toute une proposition précédente servant de régime à *décider*.

Inversion du régime indirect :

De bien des gens il n'y a que le nom qui vale (*sic*) quelque chose. (I, 151.)

Qui a vu la cour a vu du monde ce qui est le plus beau, le plus spécieux et le plus orné. (I, 337.)

Construction des pronoms, régimes directs ou indirects d'un infinitif qui lui-même dépend, soit d'un autre verbe, soit de la préposition pour *accompagnée d'une négation :*

J'espère toujours qu'il *les* pourra vaincre. (I, 372.)

Le lecteur peut *les* condamner, et l'auteur *les* doit proscrire. (I, 106.)

Je ne *le* puis souffrir. (I, 87.)

Il faut encore *le* vouloir faire. (I, 108.)

Se voudroient-ils donner pour irréprochables ? (I, 269.)

Tel homme.... ne *se* peut définir. (II, 18.)

Je ne sais.... comment *se* peuvent conclure les mariages. (II, 20.)

Les objets qui *lui* pourroient nuire. (II, 268.)

Un fils qui *lui* vient de naître. (I, 73.)

L'on n'*en* peut plus douter. (I, 82.)

Celui qui en est le maître (d'une maison) et qui *en* peut disposer. (I, 45.)

Montrant à ceux qu'il rencontre ce qu'il vient d'acheter, il les convie en riant d'*en* venir manger. (I, 57.)

Il y a des endroits dans l'Opéra qui *en* laissent desirer d'autres. (I, 133.)

Dans la 3º édition seulement ; dans les autres : « qui laissent en desirer ».

Être continuellement aux prises avec soi-même pour ne *la* pas craindre (la mort). (II, 25.)

Il a.... besoin d'efforts pour ne *les* pas trop dédaigner. (I, 169.)

3º Place des adjectifs et des adverbes :

On passeroit en d'autres diocèses pour être hors de la portée de leur voix et de leurs familières instructions. (II, 223.)

Commander de vieux et expérimentés capitaines. (I, 383.)

Je viens d'entendre.... une grande vilaine harangue. (II, 441.)

Elle est.... de celles que l'on appelle des éternelles vérités. (II, 274.)

Ils estimoient impraticable à un homme même qui est dans l'habitude de penser, et d'écrire ce qu'il pense, l'art de lier ses pensées. (II, 442.)

Les stoïques.... n'ont presque relevé aucun de ses foibles (des faibles de l'homme). (II, 4.)

Voyez, au *Lexique*, les articles Seul (les deux derniers exemples), Seulement, Souvent (le 1ᵉʳ exemple), Même (p. 224, l. 13).

4º Place des pronoms relatifs et de *où*, *que*, conjonctions :

Voyez, au *Lexique*, Qui, Que.

Une femme survient qui n'est point de leurs plaisirs. (I, 277.)

Ce temps arrive, *qui* nous surprend encore dans les desirs. (II, 19.)

C'étoit.... un contre-temps de demander sa part prématurément, et lorsque le festin étoit résolu, *auquel* on pouvoit même être invité. (I, 60, note 2.)

INTRODUCTION GRAMMATICALE.

Une personne de mérite.... est une fleur qu'on ne désigne pas par sa couleur...; l'une des grâces de la nature...; *qui* est de tous les temps...; *que* nos pères ont estimée...; *à qui* le dégoût ou l'antipathie de quelques-uns ne sauroient nuire : un lis, une rose. (II, 145.)

Il.... va dans la rue se soulager, *où* il est mordu d'un chien. (I, 63.)

Faire beaucoup plus apporter de vin dans un repas *qu'*on n'en peut boire. (I, 61.)

5° Rejets plus ou moins remarquables :

Il.... ne paroît guère dans une assemblée publique qu'avec une vieille robe et toute tachée. (I, 71.)

Il fait déplier sa robe et la mettre à l'air. (I, 372.)

Pour peu qu'il y fasse languir quelqu'un et se morfondre. (I, 247.)

6° Appositions de participes et d'adjectifs :

Ce qu'on ne voyoit plus que dans les ruines de l'ancienne Rome et de la vieille Grèce, devenu moderne, éclate dans nos portiques et dans nos péristyles. (I, 117.)

Je.... ne rêve du matin au soir que.... à lui rendre ses études moins amères, prévenu d'ailleurs que ce sont là vos intentions. (II, 484.)

Sans une grande roideur et une continuelle attention à toutes ses paroles, on est exposé à dire en moins d'une heure le oui et le non sur une même chose ou sur une même personne, déterminé seulement par un esprit de société et de commerce. (II, 95.)

Ménalque est surpris de se voir à genoux sur les jambes d'un fort petit homme, appuyé sur son dos, les deux bras passés sur ses épaules. (II, 9.)

Appuyé, etc., se rapporte à *Ménalque*.

Poussé par le jeu jusques à une déroute universelle, il faut même que l'on se passe d'habits et de nourriture. (I, 270.)

Les difficultés.... où les commentateurs et les scoliastes eux-mêmes demeurent court, si fertiles d'ailleurs, si abondants et si chargés d'une vaine et fastueuse érudition. (II, 203.)

Pour les appositions de substantifs, voyez ci-dessus, p. XXXV et XXXVI.

7° Changements, interruptions et mélanges de tournure, anacoluthes :

Voyez ci-dessus, XII, Régime, p. LV-LVII.

Il y a une philosophie.... qui nous égale, que dis-je? qui nous place plus haut que les riches. (II, 109.)

La source.... de tant et de si grands événements. (II, 458.)

Ce spectacle.... paroît animé et agir de soi-même. (I, 254.)

On le revoit paroître avec un visage exténué et d'un homme qui ne se ménage point. (II, 157.)

Ce qu'il y a jamais eu de mieux pensé, de mieux dit, de mieux écrit, et peut-être d'une conduite plus délicate, ne nous est pas toujours venu de leur fond (du fond des grands). (I, 343.)

Que de dons du Ciel ne faut-il pas pour bien régner ! Une naissance auguste...; ne faire jamais ni menaces ni reproches...; l'esprit facile, insinuant...; être secret toutefois, profond...; du sérieux et de la gravité dans le public...; punir sévèrement les vices scandaleux...; de grands talents pour la guerre; être vigilant, appliqué, laborieux...; une puissance très-absolue...; au milieu d'ennemis couverts ou déclarés, se procurer le loisir des jeux...; un génie enfin supérieur et puissant... : ces admirables vertus me semblent renfermées dans l'idée du souverain. (I, 388-392.)

Je leur avois balbutié la veille un discours où il n'y avoit ni style ni sens commun, qui étoit rempli d'extravagances, et une vraie satire. (II, 441.)

Je demande : la pitié, la libéralité, la magnificence, sont-ce les vertus d'un homme injuste? ou plutôt si la bizarrerie et la vanité ne sont pas les causes de l'injustice. (II, 112.)

Tout genre d'écrire reçoit-il le sublime, ou s'il n'y a que les grands sujets qui en soient capables ? (I, 144.)

Voyez au *Lexique*, Si interrogatif, p. 337.

Qui sait parler aux rois, c'est peut-être où se termine toute la prudence et toute la souplesse du courtisan. (I, 329.)

La 5ᵉ édition, la première où ce passage ait paru, met un point d'interrogation après les mots : « Qui sait parler aux rois ». Dans les suivantes, avec la virgule, le tour : *qui sait parler*, semble être l'équivalent de *savoir parler*.

Déclarerai-je donc ce que je pense de ce qu'on appelle dans le monde un beau salut, la décoration souvent profane..., quelqu'un monté sur une tribune qui y parle familièrement ? (II, 171.)

Un homme chagrin.... se plaint.... de celui qui a écrit ou parlé pour lui, de ce qu'il n'a pas touché les meilleurs moyens de sa cause. (I, 68.)

L'on saura que le peuple ne paroissoit dans la ville que pour y passer avec précipitation : nul entretien, nulle familiarité ; que tout y étoit farouche. (I, 23 et 24.)

Il ne manque.... à l'oisiveté du sage qu'un meilleur nom, et que méditer, parler, lire et être tranquille s'appelât travailler. (I, 154 et 155.)

Le changement de tour est elliptique : « et ceci, à savoir que méditer.... s'appelât, etc. »

Je ne m'étonne pas que des hommes qui s'appuient sur un atome chancellent dans les moindres efforts qu'ils font pour sonder la vérité, si avec des vues si courtes ils ne percent point, à travers le ciel et les astres, jusques à Dieu même ; si ne s'apercevant point ou de l'excellence de ce qui est esprit, ou de la dignité de l'âme, ils ressentent encore moins combien elle est difficile à assouvir. (II, 238.)

Il n'y a point de vice qui n'ait une fausse ressemblance avec quelque vertu, et qu'il ne s'en aide. (I, 213 ; voyez *ibidem*, note 1.)

La jalousie et l'émulation s'exercent sur le même objet..., avec cette différence que.... celle-là.... est un mouvement violent... ; qu'elle va même jusques à nier la vertu dans les sujets où elle existe, ou qui forcée de la reconnoître, lui refuse les éloges, etc. (II, 40.)

Dans cette phrase, déjà citée à l'article Qui, il y a sans doute une négligence qu'on s'étonne de voir maintenue dans toutes les éditions. Le sens paraît demander : « ou *que forcée de la reconnoître, elle* lui refuse, etc. »

J'ai dû marquer les caractères des uns et des autres (des vertueux et des vicieux), et ne me pas contenter de peindre les Grecs en général, mais même de toucher ce qui est personnel, et ce que plusieurs d'entr'eux paroissent avoir de plus familier. (I, 34.)

Le *de* placé devant *toucher* et qui fait dépendre cet infinitif du verbe *contenter*, est, quoique conservé dans toutes les éditions, une inadvertance, et nous l'avons marqué, aux *Additions et Corrections*, comme devant être effacé.

8° Périodes (voyez ci-dessus la *Préface*, p. XXVI et XXVII).

Les longues périodes n'abondent pas chez la Bruyère. Cependant il ne se les interdit pas. On en trouvera deux exemples assez frappants, de 14 lignes chacun, dès le début du *Discours sur Théophraste*, l'un à la page 9 du tome I : « Car sans m'étendre.... difficiles à contenter » ; l'autre à la page 10 : « Les femmes au contraire.... de leur portée ». Dans la *Préface du Discours à l'Académie*, deux phrases, l'une de plus de 12 lignes, l'autre de 18, remplissent toute la page 448 du tome II ; une de même

INTRODUCTION GRAMMATICALE. LXVII

longueur que la première commence la page 446. Il s'en rencontre un petit nombre où les membres enchaînés ne se dégagent pas, avec une parfaite netteté, les uns des autres : voyez, par exemple, à la page 106 du tome I, la période de 9 lignes : « Quand donc il s'est glissé... : voilà la règle ». Voyez encore, tome II, p. 40, second alinéa.

XVII. — Observations diverses.

On n'évitait pas autrefois les répétitions de mots avec cette sorte de purisme dont beaucoup d'écrivains se piquent aujourd'hui. Cependant il n'y a pas, croyons-nous, excès de sévérité à regarder comme des négligences la plupart des exemples qui suivent du retour d'un même mot, soit dans un seul et même sens, soit dans des sens divers :

Ils veulent qu'on leur explique.... quelle différence *se trouve* entre la valeur, la force et la magnanimité ; les vices extrêmes par le défaut où par l'excès entre lesquels chaque vertu *se trouve* placée. (I, 11.)

Certains poëtes sont sujets, dans le dramatique, à de longues suites de vers pompeux qui semblent forts, *élevés*, et remplis de grands sentiments. Le peuple écoute avidement, les yeux *élevés* et la bouche ouverte, croit que cela lui plaît. (I, 115.)

Bien des gens vont *jusques* à sentir le mérite d'un manuscrit qu'on leur lit, qui ne peuvent se déclarer en sa faveur, *jusques* à ce qu'ils aient vu le cours qu'il aura dans le monde par l'impression. (I, 119.)

Un homme de mérite se donne.... un joli *spectacle*, lorsque la même place à une assemblée, ou à un *spectacle*, dont il est refusé, il la voit accorder à un homme qui n'a point d'yeux pour voir. (I, 321.)

Un homme d'esprit n'est point jaloux d'un ouvrier..., ou d'un statuaire qui vient d'achever une belle *figure*. Il sait qu'il y a dans ces arts.... des outils à manier dont il ne connoît ni l'usage, ni le nom, ni la *figure*. (II, 41.)

N'imaginant pas dans *tous* les hommes une autre fin de *toutes* leurs actions que celle qu'il s'est proposée lui-même *toute* sa vie. (II, 108.)

Garder sa place soi-même pour le salut, *savoir* les êtres de la chapelle, connoître le flanc, *savoir* où l'on est vu et où l'on n'est pas vu. (II, 151.)

Le prédicateur.... doit.... tirer son discours d'une source *commune*, et où tout le monde puise ; et s'il s'écarte de ces lieux *communs*, il n'est plus populaire, il est abstrait ou déclamateur, il ne prêche plus l'Évangile. Il n'a besoin que d'une noble simplicité, mais il faut l'atteindre, talent rare, et qui passe les forces du *commun* des hommes. (II, 231 et 232.)

J'ai rebattu les généalogies que je lui ai déjà enseignées, et vais *entrer* dans celles des maisons de Saxe, Lorraine, Hostein, Savoie, et peu d'autres qui sont *entrées* dans votre branche de Bourbon. (II, 478.)

Un prédicateur devroit faire choix.... d'une vérité unique..., la *manier* à fond et l'épuiser ; abandonner toutes ces divisions si recherchées, si retournées, si *remaniées* et si différenciées. (II, 235.)

Théognis est recherché dans son *ajustement*, et il sort paré comme une femme ; il n'est pas hors de sa maison, qu'il a déjà *ajusté* ses yeux et son visage. (I, 356.)

Les exemples suivants offrent des répétitions, pour la plupart inutiles, d'une même idée en différents termes :

Que.... les uns soient riches et les autres *pauvres* et *indigents*. (II, 276.)

Les *motifs* et les *raisons* des électeurs.... pour l'exclure (François I) et lui préférer Charles-Quint. (II, 499.)

Ils en sont *émus* et *touchés* au point de, etc. (II, 226.)

Les vieillards sont galants, *polis* et *civils*. (I, 327.)

La plus brillante fortune ne mérite point.... ni les petitesses où je me surprends, ni les *humiliations*, ni les *hontes* que j'essuie. (I, 326.)

Le *jus* et les *sauces* lui dégouttent du menton. (II, 55.)

Dans les trois phrases qui suivent, la Bruyère joue sur les mots et prend un même terme dans des sens divers :

Par cette *élévation* de Saturne, *élevez* vous-même.... votre imagination à concevoir quelle doit être l'immensité du chemin qu'il parcourt. (II, 262.)

La cour est comme un édifice bâti de marbre : je veux dire qu'elle est composée d'hommes fort durs, mais fort *polis*. (I, 299.)

L'on expose sur une carte ou à la *fortune* du dé la sienne propre. (I, 270.)

Emploi de nom abstrait :

Une physionomie.... confuse, embarrassée dans *une épaisseur* de cheveux étrangers. (I, 328.)

ORTHOGRAPHE.

Nous avons peu de chose à dire de l'orthographe de la Bruyère telle que nous la montre le petit nombre de lettres autographes que nous avons de lui, qui se trouvent presque toutes, nous l'avons dit, dans les archives de la maison de Condé, auxquelles Mgr le duc d'Aumale nous a donné si obligeamment accès [1]. Ces lettres ont été écrites en 1685 et 1686, c'est-à-dire peu de temps avant la publication des *Dictionnaires de Furetière* (1690) et *de l'Académie* (1694), qui devinrent guides et autorités en cette matière, et avant l'entrée de la Bruyère dans l'illustre compagnie. L'orthographe n'y a rien qui soit personnellement propre à notre auteur ; et elle n'est pas non plus rigoureusement uniforme. Dans la plupart des cas, il se règle, en se permettant quelques libertés et inconséquences, sur l'usage le plus général de son temps.

Ainsi 1° il emploie le plus souvent l'*y* au lieu de notre *i*, soit formant à lui seul un son final, comme dans *ny, cy, icy,* soit terminant une diphthongue, également finale, comme dans *j'ay, je trouvay, je seray, je feray, je continueray,* etc. ; *moy, quoy, roy ; luy, celuy, aujourd'huy.* Mais nous trouvons aussi, une seule fois, *j'ai, lui, j'essaierai, Chantilli* (contre neuf fois *Chantilly*) ; *Conti* (exemple unique du mot) ; deux fois *Savoie* (contre trois fois *Savoye*) ; une fois *stile.* Dans les noms des jours de la semaine, nous avons à peu près autant d'exemples de l'*i* que de l'*y*, excepté pour *lundi*, qui est écrit constamment (neuf fois) par *i*. Nous rencontrons deux fois *hier*, deux fois aussi *hyer* (ce sont nos seuls exemples de la voyelle au milieu d'un mot, suivie d'un *e* ouvert) ; devant un *e* muet, *pluye* (six fois).

Là où l'*y*, dans notre orthographe, qui est aussi celle de Furetière et de l'Académie, fait double son, entre deux voyelles, il le remplace par *i*, comme Richelet (1679 et 1680) : *moien, voiéz, voiage, emploier, envoia.*

2° Il termine par *es* la seconde personne du pluriel des verbes : *seres, avies, aures, feres, voules* ; il écrit de même *ches* pour *chez* ; *asses,* ou avec un accent *assés,* pour *assez.* Il termine au contraire par *ez* le pluriel du participe passé féminin : *consacreez, enseigneez, oublieez* ; nous n'avons qu'un exemple du participe pluriel masculin, et avec la désinence *és.* — Dans sa lettre à Pontchartrain qui est à la Bibliothèque nationale il écrit différemment la désinence de la seconde personne : *ignoriéz, voiéz, epouserez, devéz, pouvéz* ; une fois *voulez,* sans accent. Dans cette même lettre nous avons le pluriel du participe masculin : *eschauffez.* Nous y rencontrons également deux fois *z*, pour *s*, à la fin des noms *interetz* et *endroitz.*

Au milieu des mots, nous trouvons, contrairement à l'usage, aussi bien de Richelet que de l'Académie et de Furetière, l'*s* dans *gasettes* et *onsieme* (ailleurs *onze*) ; le *z* dans *blazon, carrouzel, assizes.*

3° Des diverses consonnes étymologiques non prononcées, l'*s* est la seule que nous

---

1. Nous regrettons de n'avoir pas sous les yeux, en écrivant ceci, les manuscrits mêmes. Ils sont, en ce moment, enfermés dans des caisses et inaccessibles. Nous nous en rapportons à des copies faites autrefois pour nous, que nous avons tout lieu de croire exactes.

rencontrions d'ordinaire : *prest, estude, conqueste, chrestien, fenestre, interest, nostre, tost, aoust, viste, relaschement, gasteau, eschauffez, eslevé,* etc. D'autres consonnes étymologiques nous ne trouvons d'exemples que *je scai, il scait, il scaura, scavoir* (cédille omise); *joincte* et *parfaictement.* Joignez-y le *c* inséré à tort et par mégarde dans *scitué.* Pour les additions de voyelles, nous n'avons remarqué que l'*e* devant *u,* dans *veŭ, leŭmes* (de *lire*), *seŭrement, asseŭrer* (ailleurs *assurer*).

4° Les doublements de consonnes sont fréquents. Il écrit, avec l'Académie (1694) : *appercevoir, fidellement, traitte, eclatta, exclurre*; et, avec Furetière (1690) : *conduitte*; mais aussi, sans avoir pour lui ni l'une ni l'autre autorité : *suitte, ensuitte, ecritte.* D'une consonne pour deux, nous n'avons remarqué d'autres exemples que *inaplication, goutiere*; c'est l'orthographe de Richelet.

5° Au pluriel des noms en *ant* et en *ent,* nous trouvons constamment les finales *ans, ens.* Ainsi : *tenans, suivans, evenemens,* etc. L'Académie (1694) conserve le *t*; c'est aussi l'usage le plus ordinaire de Furetière (1690), chez qui pourtant on trouve aussi l'autre forme : voyez, par exemple, à l'article ENFANT. Richelet (1679 et 1680) écrit comme notre auteur : *ans, ens.*

6° Notons encore quelques faits particuliers, comme les formes, très-usitées alors, *mecredy; la dance, on dance, reponce; avantures, vangeoit; parreins, marreines; autheur*; en outre *connessence,* avec *e* pour *oi* et pour *a*; la double orthographe *compte* et *comte*; *je rend* et *je repons*; *encor,* sans *e*; de même *cuir,* pour *cuire*; l'inadvertance : *trois quart d'heure,* sans *s.*

7° La Bruyère se donne grande liberté pour les noms propres. Il écrit *Alleman, Angleterre* et *Angletterre, Autriche* et *Authriche, Holstein* et *Hostein*; *Turcq, Tekehli, Danemarch, Rhein* (à l'allemande), *Chambor.* Il francise *Nortlingue* (Nordlingen), *Fillefrance* (Villafranca). Il écrit *Milanes,* pour *Milanais*; « Sa Majesté *Maroquine,* » pour « *Marocaine* ».

8° Son accentuation est presque nulle. Comme la plupart de ses contemporains, il ne fait usage ni de l'accent grave, ni presque jamais du circonflexe, et ne marque guère de l'aigu que la finale *é,* quelquefois *ée, és* : *gré, moitié, apresdinée, assés*; les participes passés masculins (nous rencontrons une fois la désinence *és,* une fois la désinence *ez*), point les féminins, qu'il termine, nous l'avons vu, par *eez.* Il écrit *establissement, epineux, serenissime, amere, derniere, trouverent, etre, naitre, gout, fut* (à l'imparfait du subjonctif), etc. En revanche, nous trouvons marqués du circonflexe : *foû,* il a *plû,* j'ai *crû.* — Le tréma lui sert, selon l'usage du temps, à distinguer l'*u* voyelle de l'*u* consonne (*v*) : *eŭ, veŭ, veŭe* (vu, vue), *diminŭe, interrompŭes, avoŭer, foŭasse.* — Il se passe, nous l'avons dit, de la cédille : *scavoir, Francois, menaca, en deca,* etc. — Le plus souvent pas d'apostrophe : *cest, jay, quil, lon, letat,* etc.; mais une fois aussi *qu'il, l'on*; nous en trouvons une également à *j'y, s'il, l'avouer,* etc., et à un mot qui dès lors n'en prenait plus : *d'avantage.* — Pas de majuscule, pour ainsi dire, ni au commencement des phrases, ni aux noms propres; une çà et là aux noms communs, même à un verbe, par exemple : « se Brouilleroit-il avec le roy de maroc (*sic*) ? »

Nous ne nous arrêterons pas longtemps à l'orthographe des éditions publiées du vivant de la Bruyère. Nous ne savons pas quelle est, dans cette orthographe, la part de l'auteur, ni jusqu'à quel point l'on s'est conformé à celle du manuscrit, soit autographe, soit simple copie, qu'il avait donné à l'imprimeur. Ce qui nous porterait à croire que, dans ces impressions, qui du reste sont loin d'être entièrement uniformes, le typographe est, quant à la manière d'écrire les mots, pour plus que l'auteur, c'est la comparaison des éditions avec les lettres qui nous restent de lui. Entre celles-ci et celles-là il y a bien des différences.

Les éditions se rapprochent beaucoup de la méthode de Richelet : ainsi pour l'*a* au lieu d'*e* dans des mots comme *avanture, pancher, restraindre,* etc.; pour le contraire, l'*e* au lieu d'*a,* dans *quarente*; pour la substitution d'une consonne simple à une consonne double, là où nous n'en prononçons qu'une, par exemple, dans *sotise, molesse, tranquilité, sale* (pour *salle*), etc., même dans *paralaxe,* où M. Littré marque que

ORTHOGRAPHE.

les deux *l* maintenant se prononcent ; pour le remplacement par un *i* de l'*y*, signe d'origine des mots tirés du grec : *stile, hipocrite, hiperbole, phisionomie, sinonime,* etc. ; pour le changement, dans cette même espèce de mots, de *ch* et de *th* en *c* et en *t* : *cronique, arconte, entousiasme, misantrope, Mitridate,* etc.

L'influence de Richelet se retrouve aussi dans quelques formes diverses, comme *eguille,* pour *aiguille; cahos,* pour *chaos; quadrer,* pour *cadrer; dragme,* qui est aussi l'orthographe de Furetière, pour *drachme; ustenciles,* pour *ustensiles; baailler,* pour *bâiller* (l'Académie, 1694, a les deux formes) ; *ballie* (Richelet, *balie*), pour *balaye; paistrir* (ailleurs *pétri*; Richelet, *paitrir*), pour *pétrir; sausse,* pour *sauce* (Richelet donne les deux formes) ; *solemnel,* pour *solennel* (encore les deux formes dans Richelet, qui du reste avertit qu'on prononce *solanel*).

De ces manières d'écrire nous trouvons, dans les éditions qui nous occupent, pour certains mots l'usage constant, pour d'autres des exemples seulement avec d'autres manières différentes ; car on ne se pique pas, dans ces anciennes impressions, d'être très-uniforme et conséquent. A côté des formes à la Richelet, nous en rencontrons d'autres d'une tout autre méthode ; à côté de *sotise, molesse,* des doublements de consonnes, comme : *cotterie, robbe, rolle* (Richelet et l'Académie, *rôle*), *abboyer* (orthographe de l'Académie et de Furetière).

Si l'on supprime l'*y*, comme Richelet, dans les mots dérivés du grec, on le conserve, contrairement à son usage, à la fin des mots : *soy, loy, bailly, decry,* etc. Si l'on efface l'aspiration du *chi* et du *théta*, on laisse intact le *phi* et ne le remplace point par *f*; on écrit *phantome, phantaisie, phiole* ; l'Académie a pour ces mots les deux formes, et renvoie du *ph* à l'*f*. Nos éditions conservent aussi, contrairement à Richelet, mais conformément, si nous en croyons l'Académie (1694), au meilleur usage, des lettres étymologiques : *poulmons, colomnes*, etc., parfois là même où l'Académie les supprime, ainsi dans *épics,* pour *épis.* Les formes *omettre* et *obmettre,* que nous trouvons toutes deux dans le texte imprimé, méritent une mention particulière : voyez ce qui en est dit au tome II, p. 191, note 5. Il faut noter aussi *bienfacteur, bienfactrice,* qui est l'orthographe unique de Furetière ; l'Académie (1694) laisse le choix entre *bienfacteur* et *bienfaicteur*; Richelet entre *bienfacteur* et *bienfaiteur* : voyez au tome I, p. 180, note 5.

Nous ne relèverons plus qu'un petit nombre de faits particuliers, dont quelques-uns, dans ces textes, peuvent bien être des fautes, par exemple l'*e,* au masculin, dans les adjectifs *subtil* (pour lequel notre auteur donne lui-même la vraie règle, II, 215), *puéril, brut* (*subtiles détours, stile puérile, organes brutes*); au contraire *frust,* que nous écrivons *fruste; feloux,* que nous écrivons *flou; quaisse,* pour *caisse; maiterie,* pour *métairie; essain,* pour *essaim; adhérant,* pour *adhérent; pratic,* adjectif, pour *pratique,* dans les huit premières éditions ; *échet,* pour *échec,* dans toutes les éditions (l'Académie, 1694, a soin d'avertir que le *c* final ne se prononce pas) ; dans les trois premières, l'archaïsme *luiteur,* pour *lutteur,* dont M. Littré cite un exemple tiré de la 1re *satire* (vers 87) de Regnier ; dans la 4e édition, *condemnation,* pour *condamnation*; dans toutes, *succer,* pour *sucer* ; etc., etc.

En voilà assez, trop peut-être, sur l'orthographe des éditions publiées du vivant de la Bruyère dont on ne sait à qui il faut attribuer la responsabilité. C'est sans doute, nous l'avons dit, à l'imprimeur plus qu'à l'auteur, et, puisqu'il s'agit de toute une série d'éditions, de 1688 à 1696, aux protes et correcteurs qui se sont succédé dans l'imprimerie de Michallet. Ces agents anonymes, assez éclectiques, on l'a vu dans ce qui précède, nous sont des témoins de la méthode, ou mieux de plusieurs méthodes du temps ; mais ce ne sont pas assurément de ces autorités dont on ait à tenir grand compte dans l'histoire de l'orthographe française.

LEXIQUE

DE LA

LANGUE DE LA BRUYÈRE

A

À, préposition.

1° Devant des infinitifs :

Par cette élévation de Saturne, élevez vous-même.... votre imagination *à* concevoir quelle doit être l'immensité du chemin qu'il parcourt. (II, 262.)

Le philosophe consume sa vie *à* observer les hommes, et il use ses esprits *à* en démêler les vices et le ridicule. (I, 127.)

Si.... la propriété d'un tel bien est dévolue au fidéicommissaire, pourquoi perd-il sa réputation *à* le retenir? (II, 194.)

Certains particuliers.... se moulent sur les princes pour leur garde-robe et pour leur équipage..., et se ruinent ainsi *à* se faire moquer de soi. (I, 283.)

Il fait bon avec celui qui ne se sert pas de son bien *à* marier ses filles, *à* payer ses dettes, ou *à* faire des contrats. (I, 270.)

Il donnoit *à* manger le jour qu'il est mort.... S'il revient au monde, c'est pour manger. (II, 58.)

O pâtres!... recevez-moi parmi vous *à* manger votre pain noir et *à* boire l'eau de vos citernes. (II, 128.)

Il a laissé *à* douter en quoi il excelloit davantage, ou dans les belles-lettres, ou dans les affaires. (II, 467.)

De tous les moyens de faire sa fortune, le plus court et le meilleur est de mettre les gens *à* voir clairement leurs intérêts *à* vous faire du bien. (I, 260.)

Ceux qui reçoivent pour les choses saintes ne croient point les vendre, comme ceux qui donnent ne pensent point *à* les acheter. (II, 173.)

Il (l'homme) ne se sent pas naître, il souffre *à* mourir, et il oublie de vivre. (II, 26; voyez II, 69, *l.* 11; II, 465, *l.* 1.)

Sa protection.... se termine enfin *à* les croquer tous. (II, 134. — *Se termine à*, aboutit à.

Il coûte si peu aux grands *à* ne donner que des paroles..., que c'est modestie *à* eux de ne promettre pas encore plus largement. (I, 340.)

L'extrême violence que chacun se fait *à* contraindre ses larmes. (I, 137.)

Il y a de la honte.... *à* être refusés. (I, 314.)

C'est à leurs parents *à* en prendre soin et *à* les renfermer. (I, 322.)

Une mémoire, une méthode, une précision *à* ne pouvoir dans ces recherches s'égarer d'une seule année. (II, 464.)

A parler populairement, on peut dire d'une seule nation.... qu'elle n'a qu'une seule religion ; mais *à* parler exactement, il est vrai.... que chacun presque y a la sienne. (II, 246 et 247.)

Voyez INTRODUCTION GRAMMATICALE, VII, *Verbe*, Infinitif.

2° Devant des noms ou des pronoms.

Dans plusieurs des phrases qui suivent, l'usage le plus ordinaire remplacerait aujourd'hui *à* par d'autres prépositions.

Tous se laissent entraîner *au* torrent qui les emporte. (I, 310.)

C'est *à* au sens de *par;* comparez le datif construit en latin avec certains passifs.

Si l'on m'oppose que c'est la pratique de tout l'Occident, je réponds que c'est peut-être aussi l'une de ces choses qui nous rendent barbares *à* l'autre partie du monde. (I, 267.)

Une affaire importante, et qui seroit capitale *à* lui ou *aux* siens. (I, 211.)

C'est une chose délicate *à* un prince religieux de réformer la cour et de la rendre pieuse. (II, 160 ; voyez I, 215, *l.* 10.)

Il envoie s'excuser *à* ses amis qu'il a la veille conviés à dîner. (I, 370.)

Le piége est tout dressé *à* ceux à qui sa charge, sa terre, ou ce qu'il possède feront envie. (I, 255.)

Ils.... ont sans cesse la bouche ouverte *à* la calomnie. (I, 47.)

Fermes et inflexibles *aux* sollicitations du simple peuple. (II, 190.)

Un homme.... inexorable *à* soi-même..., indulgent *aux* autres. (I, 207 ; voyez INEXORABLE.)

Glycère.... se fait celer.... pour ses amis..., *à* qui elle est sévère. (I, 191.)

Ce n'est pas un événement fort rare *à* un titulaire d'enterrer son successeur. (II, 115.)

Quelle horrible peine *à* un homme qui est sans prôneurs et sans cabale,... de venir au niveau d'un fat qui est en crédit ! (I, 152.)

Ce n'est pas une honte ni une faute *à* un jeune homme que d'épouser une femme avancée en âge. (II, 181.)

Le mariage, qui devroit être *à* l'homme une source de tous les biens, *lui* est souvent, par la disposition de sa fortune, un lourd fardeau. (I, 265.)

Un homme de talent et de réputation, s'il est chagrin et austère, il effarouche les jeunes gens.... S'il est au contraire d'un bon commerce, il *leur* est une leçon utile...; il *leur* devient un exemple qu'on peut suivre. (II, 94.)

Lui pour *à lui*, *leur* pour *à eux*, rapport semblable à celui que marque *à*.

Il y a des gens *à* qui ne connoître point le nom et le visage d'un homme est un titre pour en rire. (I, 311.)

La modestie est d'une pratique.... amère *aux* hommes d'une condition ordinaire. (I, 354.)

Comment est-elle (la matière) dans l'homme ce qui pense, c'est-à-dire ce qui est *à* l'homme même une conviction qu'il n'est point matière ? (II, 256.)

Tout est tentation *à* qui la craint. (I, 180.)

.... Afin que la mort devienne un soulagement et *à* ceux qui meurent et *à* ceux qui restent. (II, 25.)

Les huit ou les dix mille hommes sont *au* souverain comme une monnoie dont il achète une place ou une victoire. (I, 384.)

L'éloquence est *au* sublime ce que le tout est *à* sa partie. (I, 143.)

La modestie est *au* mérite ce que les ombres sont *aux* figures dans un tableau. (I, 156.)

Est-ce *à* moi à m'écrier que le zèle de la maison du Seigneur me consume? (II, 172.)

Quelle vision, quel délire *au* grand, *au* sage, *au* judicieux Antonin, de dire qu'alors les peuples seroient heureux, si l'Empereur philosophoit, ou si le philosophe.... venoit à l'Empire! (II, 85.)

Il n'y a point de chemin trop long *à* qui marche lentement; il n'y a point d'avantages trop éloignés *à* qui s'y prépare par la patience. (II, 122.)

Il semble qu'*aux* âmes bien nées les fêtes, les spectacles, la symphonie rapprochent et font mieux sentir l'infortune de nos proches ou de nos amis. (II, 38.)

Quelque rapport qu'il paroisse de la jalousie *à* l'émulation, il y a entre elles le même éloignement que celui qui se trouve entre le vice et la vertu. (II, 40.)

N'osant avaler le morceau qu'ils ont à la bouche, ils le jettent *à* terre. (I, 221.)

Ces figures de carton qui servent de montre *à* une fête publique. (I, 349.)

Les cinq derniers chapitres des Caractères de Théophraste.... manquoient *aux* anciennes impressions. (I, 14.)

Petits hommes.... qui vous enfermez *aux* foires comme géants.... dès que vous allez jusques à huit pieds. (II, 128.)

C'est son visage que l'on voit *aux* almanachs représenter le peuple ou l'assistance. (I, 286.)

Les coureurs n'ont pu discerner si ce qu'ils ont découvert *à* la campagne sont amis ou ennemis. (I, 82.)

On l'a toujours vue (la guerre) remplir le monde de veuves et d'orphelins,... et faire périr les frères *à* une même bataille. (I, 367.)

On a inventé *aux* tables une grande cueillère pour la commodité du service. (II, 12.)

L'on ne voit point d'images profanes dans les temples..., ni *à* des personnes consacrées à l'Église le train et l'équipage d'un cavalier. (II, 171.)

Tous ceux qui n'ont que beaucoup d'esprit sans érudition, indifférents pour toutes les choses qui les ont précédés, sont avides de celles qui se passent *à* leurs yeux. (I, 10.)

Un autre qui.... pâlit *à* la vue d'une souris, ou qui veut aimer les violettes et s'évanouir *aux* tubéreuses. (II, 68.)

Il écrit une seconde lettre, et après les avoir cachetées toutes deux, il se trompe *à* l'adresse. (II, 10.)

Un homme qui n'a point d'autre ministère que de siffler des serins *au* flageolet. (II, 141.)

Il se moque de la piété de ceux qui envoient leurs offrandes dans les temples *aux* jours d'une grande célébrité. (I, 64.)

Je le chasse dès *à* cette heure. (II, 13.)

Il ne se donne pas la peine de régler lui-même des parties; mais il dit négligemment à un valet de les.... passer *à* compte. (I, 81.)

Il est difficile à la cour que de toutes les pièces que l'on emploie à l'édifice de sa fortune, il n'y en ait quelqu'une qui porte *à* faux. (I, 308.)

Soyez badine et folâtre *à* votre ordinaire. (II, 159.)

Les grands.... n'admettent qu'*à* peine dans les autres hommes la droiture d'esprit, l'habileté, la délicatesse. (I, 343.)

Ils vivent *à* la romaine ou *à* la grecque. (I, 194.)

3º Un seul *à* pour plusieurs compléments:

La gloire du souverain consiste *à* être aimé de ses peuples, en avoir le cœur, et par le cœur tout ce qu'ils possèdent. (II, 470.)

Celui-là.... est impudent,... qui se plaît *à* battre des mains au théâtre lorsque tout le monde se tait, ou y siffler les acteurs que les autres voient et écoutent avec plaisir. (I, 57.) — *Ou à siffler*, dans les sept premières éditions.

On trouvera dans divers articles du *Lexique* beaucoup d'autres usages remarquables de la préposition *à*. Voyez, en particulier, AMI, APPLAUDIR, APPLIQUER, ATTENDRE, COMPARAISON, DIFFÉRENCE, DIFFÉRER, FIDÈLE, HABITUDE, HAÏR, IMPRATICABLE, OBLIGER, PRÉVALOIR, RESPONSABLE, etc.

ABANDONNER :

Il faut que lui ou moi *abandonnions* la ville. (I, 84.)

Le nouvelliste se couche le soir.... sur une nouvelle qui se corrompt la nuit, et qu'il est obligé d'*abandonner* le matin à son réveil. (I, 127.)

Rien ne fait mieux comprendre le peu de chose que Dieu croit donner aux hommes en leur *abandonnant* les richesses, l'argent, les grands établissements..., que la dispensation qu'il en fait. (I, 253.)

Il se fait longtemps prier.... sur une chose médiocre...; ou s'il se laisse fléchir jusques à l'*abandonner*, c'est toujours avec des conditions. (I, 375.)

Tel *abandonne* son père, qui est connu et dont l'on cite le greffe ou la boutique, pour se retrancher sur son aïeul, qui, mort depuis longtemps, est inconnu et hors de prise. (II, 163.)

Voyez I, 76, *l.* 3; I, 375, *l.* 18; II, 206, *l.* 5; II, 221, *l.* 21.

S'ABANDONNER :

S'abandonner au sommeil. (I, 50.)

Un mari qui *s'abandonne* à son humeur et à sa complexion, qui ne cache aucun de ses défauts. (I, 193.)

Les chars.... *s'abandonnoient* au milieu des rues, comme on fait dans une lice pour remporter le prix de la course. (I, 24.)

ABBAYE :

On ne vous demande pas, Zélotes, de vous récrier : « C'est un chef-d'œuvre de l'esprit; l'humanité ne va pas plus loin...; » phrases outrées, dégoûtantes, qui sentent la pension ou l'*abbaye*. (I, 120; voy. *ibid.*, note 2.)

ABHORRER :

Un grand aime la Champagne, *abhorre* la Brie; il s'enivre de meilleur vin que l'homme du peuple. (I, 348.) — Le vin de la Champagne, de la Brie.

ABÎME, au figuré :

Le poëme tragique vous serre le cœur dès le commencement..., ou s'il vous donne quelque relâche, c'est pour vous replonger dans de nouveaux *abîmes*, et dans de nouvelles alarmes. (I, 138.)

Il y a entre telle et telle condition un *abîme* d'intervalle.... immense. (I, 267.)

Les années.... se perdent sans retour dans l'*abîme* des temps. (II, 161.)

ABÎMER, ABÎMÉ, au propre et au figuré :

Un flot survient et l'*abîme*. (II, 145.)

Il y a des âmes.... enfoncées et comme *abîmées* dans les.... parchemins. (I, 264.)

ABOIS, terme de chasse :

Il achève de leur parler des *abois* et de la curée. (I, 283.)

ABOLIR :

Une mode a à peine détruit une autre mode, qu'elle *est abolie* par une plus nouvelle, qui cède elle-même à celle qui la suit. (II, 150.)

« Issue » prospère, et vient d'« issir », qui *est aboli*. (II, 210.)

ABONDANT, riche :
Les commentateurs..., si fertiles d'ailleurs, si *abondants*, et si chargés d'une vaine et fastueuse érudition. (II, 203.)
L'usage a préféré.... « armée » à « ost », « monastère » à « monstier », « prairies » à « prées », tous mots qui pouvoient durer ensemble d'une égale beauté, et rendre une langue plus *abondante*. (II, 214.)

ABONDER DE, EN, avoir en abondance :
Si les hommes *abondent de* biens, et que nul ne soit dans le cas de vivre par son travail.... (II, 275.)
Qu'importe à l'État qu'Ergaste.... *abonde en* superfluités? (I, 366.)

ABORD :
Il a les dents noires.... et telles que son *abord* ne se peut souffrir. (I, 71.)

D'ABORD, tout de suite :
Théophraste.... l'avoit (avait l'esprit) si vif..., qu'il comprenoit *d'abord* d'une chose tout ce qui en pouvoit être connu. (I, 16; voyez I, 12, *l.* 11; I, 119, *l.* 7.)

ABOUCHEMENT, entrevue, conférence :
L'*abouchement* du Roi avec Léon X. (II, 499.)

ABOUCHER (S') :
Il ne s'agit que de faire qu'ils *s'abouchent* et qu'ils se parlent. (I, 333.)

ABOUTIR À :
Les deux lignes qui partiroient de leurs yeux pour *aboutir* jusqu'à cet astre. (II, 263.)

ABOYER :
Deux chiens qui s'*aboient*, qui s'affrontent. (II, 129.)

ABSINTHE, au figuré :
Ils sont piquants et amers; leur style est mêlé de fiel et d'*absinthe*. (I, 226.)

ABSOLUMENT :
Son Altesse a besoin que vous lui déclariez, Monseigneur, que vous voulez très-*absolument* qu'il sache très-bien la géographie. (II, 504.)
Il faudroit.... avoir prouvé qu'*absolument* les méchants sont heureux, que la vertu ne l'est pas. (II, 273; voyez II, 274, *l.* 6 et 7.)

ABSTENIR (S') DE :
Si, content du sien, on eût pu *s'abstenir du* bien de ses voisins, on avoit pour toujours la paix et la liberté. (I, 368.)

ABSTRAIT :
S'il (le prédicateur) s'écarte de ces lieux communs, il n'est plus populaire, il est *abstrait* ou déclamateur. (II, 232.)
Il est *abstrait*, dédaigneux. (I, 123; voyez I, 219, *l.* 11; I, 273, *l.* 23.)

ABSURDE :
C'est donc à l'assemblage de ces parties si terrestres.... que je dois ce quelque chose qui est en moi, qui pense, et que j'appelle mon esprit : ce qui est *absurde*. (II, 254.)

ACCABLEMENT :
Si c'est trop de se trouver chargé d'une seule famille,... quel poids, quel *accablement*, que celui de tout un royaume! (I, 387.)
Les lois.... et le prodigieux *accablement* de leurs commentateurs. (II, 77.)

ACCABLER :
Un importun est celui qui choisit le moment que son ami *est accablé* de ses propres affaires pour lui parler des siennes. (I, 59.)
Érèse *fut accablée* de tyrans qui avoient usurpé la domination de leur pays. (I, 18.)
Ce personnage (Bossuet).... qui *accable* par le grand nombre et par l'éminence de ses talents. (II, 462 ; voyez II, 44, *l.* 1.)

Accablant, ante :
Quelle force invincible et *accablante* des témoignages rendus.... par des millions de personnes ! (II, 250.)

ACCÈS :
Leurs yeux, leur démarche.... et leur *accès* marquent.... l'admiration où ils sont d'eux-mêmes, et de se voir si éminents. (II, 44.)

ACCIDENT :
Il y a des gens à qui la faveur arrive comme un *accident :* ils en sont les premiers surpris et consternés. (I, 332.)

ACCOMMODER (S') :
Il n'est propre qu'à commettre de nouveau deux personnes qui veulent *s'accommoder*, s'ils l'ont fait arbitre de leur différend. (I, 60.)

S'accommoder de :
Un tissu d'énigmes leur seroit une lecture divertissante; et c'est une perte pour eux que ce style estropié qui les enlève soit rare, et que peu d'écrivains *s'en accommodent*. (I, 124.)
Aussi incapable de s'élever aux grandes choses que de *s'accommoder*, même par relâchement, *des* plus petites. (II, 42 et 43.)

Accommodé à, approprié à :
Quelques pensées.... familières,... *accommodées au* simple peuple. (I, 106.)

ACCOMPAGNER :
Il y a peu d'hommes dont l'esprit *soit accompagné* d'un goût sûr et d'une critique judicieuse. (I, 116 ; voyez I, 62, *l.* 15.)
Théodote.... a un visage comique...; sa voix,... son attitude *accompagnent* son visage. (I, 321.)

ACCOMPLIR, accompli :
Lise entend dire d'une autre coquette qu'elle se moque.... de vouloir user d'ajustements qui ne conviennent plus à une femme de quarante ans. Lise les *a accomplis;* mais les années pour elle ont moins de douze mois. (I, 173 ; voyez I, 13, *l.* 14.)

ACCORDER :
Si quelqu'un se hasarde de lui emprunter quelques vases, il les lui refuse souvent; ou s'il les *accorde*, il ne les laisse pas enlever qu'ils ne soient pesés. (I, 69.)
Les gens d'esprit.... savent.... s'élever contre la malignité et l'envie pour *accorder* à de bonnes entreprises de meilleurs motifs. (I, 359.)
L'athéisme n'est point. Les grands.... ne nient ces choses ni ne les *accordent :* ils n'y pensent point. (II, 242.)
Il m'est plus doux de nier Dieu que de *l'accorder* avec une tromperie si spécieuse et si entière. (II, 251.)

S'accorder :
Ceux qui, convenant de principes..., s'arrachent la parole l'un à l'autre pour *s'accorder* sur leurs sentiments. (I, 242.)

L'on *s'accorde* mal avec soi-même, car l'on veut des dépendants, et qu'il n'en coûte rien. (I, 207.)

ACCOUCHER :

Un fâcheux.... s'avise de demander à sa mère quel jour elle *a accouché* de lui. (I, 72.)

ACCRÉDITÉ, ayant du crédit, de la réputation :

Il (Seguier) a été grand et *accrédité* sans ministère. (II, 467.)
Est-ce donc un prodige qu'un sot riche et *accrédité*? (I, 258.)

ACCROISSEMENT :

L'homme du meilleur esprit est inégal ; il souffre des *accroissements* et des diminutions ; il entre en verve, mais il en sort. (II, 66.)

ACCROÎTRE :

Le raffermissement d'une santé qui donnera au monarque le plaisir de voir les princes ses petits-fils soutenir ou *accroître* ses destinées. (I, 383.)

ACHEMINER (S') :

J'ai eu avec Son Altesse quatre longs entretiens sur l'histoire de Louis XII, qui *s'achemine* par là vers sa fin. (II, 492.)

ACHEVER :

La lune.... n'*achève* par jour que cinq cent quarante mille lieues. (II, 259.)

ACQUÉRIR, absolument ; s'ACQUÉRIR :

Il y a des âmes.... capables d'une seule volupté, qui est celle d'*acquérir* ou de ne point perdre. (I, 264.)
Il n'est pas si aisé de se faire un nom par un ouvrage parfait, que d'en faire valoir un médiocre par le nom qu'on *s'est* déjà *acquis*. (I, 114.)
Quand on a assez fait auprès de certaines personnes pour avoir dû *se* les *acquérir*, si cela ne réussit point, il y a encore une ressource, qui est de ne plus rien faire. (I, 208.)

ACQUIESCER À :

Je puis.... *acquiescer à* cette doctrine. (II, 256.)

ACQUISITION :

Quand on est jeune, souvent on est pauvre : ou l'on n'a pas encore fait d'*acquisitions*, ou les successions ne sont pas échues. (I, 259.)
Quelle grande *acquisition* avez-vous faite en cet homme illustre (Fénelon, reçu à l'Académie deux mois et demi avant la Bruyère)! (II, 463.)

ACTEUR :

Dans cent ans le monde subsistera encore en son entier : ce sera le même théâtre et les mêmes décorations, ce ne seront plus les mêmes *acteurs*.... Ceux qui ne sont pas encore, un jour ne seront plus : de nouveaux *acteurs* ont pris leur place. (I, 336 et 337.)

ACTION :

Il échappe quelquefois de souhaiter la fin de tout le spectacle : c'est faute de théâtre, d'*action*, et de choses qui intéressent. (I, 133.)
Interrompre les avocats au milieu de leur *action*. (II, 184.)
Je n'ai pu entendre l'oraison funèbre de Monsieur de Meaux, à cause de l'enterrement de ma mère.... Pour l'*action* de Monsieur de Meaux, elle a passé.... pour l'une des plus belles qu'il ait faites. (II, 491; voyez *ibidem*, *l.* 16.)

ADHÉRER :

Le curé tonne en chaire contre le moine et ses *adhérants*. (II, 173.)

Cette orthographe de participe (*adhérans*) est celle de toutes les éditions anciennes.

ADMETTRE :

Les grands.... n'*admettent* qu'à peine dans les autres hommes la droiture d'esprit, l'habileté, la délicatesse. (I, 343.)

ADMIRATION :

Je ne sors pas d'*admiration* et d'étonnement à la vue de certains personnages que je ne nomme point. (I, 182.)

Je vous avoue que ces diseurs de nouvelles me donnent de l'*admiration*, et que je ne conçois pas quelle est la fin qu'ils se proposent. (I, 51.)

ADMIRER :

J'*admire* deux choses : la tranquillité et le flegme de celui qui a tout remué, comme l'embarras et l'action de ceux qui n'ont rien fait. (I, 136.)

Nous *admirerons* de nous y reconnoître nous-mêmes (dans ce peuple d'Athènes). (I, 26.)

ADOUCIR :

Il emploie les paroles les plus flatteuses pour *adoucir* ceux qui se plaignent de lui, et qui sont aigris par les injures qu'ils en ont reçues. (I, 35.)

Les hommes.... outrent toutes choses, les bonnes et les mauvaises, dont ne pouvant ensuite supporter l'excès, ils l'*adoucissent* par le changement. (II, 69.)

ADOUCISSEMENT :

Il a un mouvement de tête, et je ne sais quel *adoucissement* dans les yeux, dont il n'oublie pas de s'embellir. (II, 149.)

AFFAIRE, AFFAIRES :

Il a d'autres *affaires* que celle de courir après son argent. (I, 70 ; voyez II, 56, *l.* 9.)

Je suppose que les hommes soient éternels sur la terre, et je médite ensuite sur ce qui pourroit me faire connoître qu'ils se feroient alors une plus grande *affaire* de leur établissement qu'ils ne s'en font dans l'état où sont les choses. (II, 23 ; voyez II, 68, *l.* 8.)

Les grands négligent de rien connoître, je ne dis pas seulement aux intérêts des princes et aux *affaires* publiques, mais à leurs propres *affaires*. (I, 346.)

Son valet va par ses ordres savoir des nouvelles des ennemis, observer quelle route ils ont prise et où en sont les *affaires*. (I, 83.)

Personne presque n'a.... assez de fond pour remplir le vide du temps, sans ce que le vulgaire appelle des *affaires*. (I, 154.)

Le suffisant est celui en qui la pratique de certains détails que l'on honore du nom d'*affaires* se trouve jointe à une très-grande médiocrité d'esprit. (II, 98 ; voyez II, 99, *l.* 1.)

Un coupable puni est un exemple pour la canaille ; un innocent condamné est l'*affaire* de tous les honnêtes gens. (II, 189.)

Dire d'une chose modestement ou qu'elle est bonne ou qu'elle est mauvaise.... demande du bon sens et de l'expression : c'est une *affaire*. (I, 224.)

Il sera entré depuis quelques mois dans quelque *affaire*, où il aura déjà fait un gain raisonnable. (I, 263.)

Orante plaide depuis dix ans entiers en règlement de juges pour une *affaire* juste, capitale, et où il y va de toute sa fortune. (II, 183.)

Un coquin est celui.... qui est un chicaneur de profession, un effronté, et qui se mêle de toutes sortes d'*affaires*. (I, 45.)

Affaires (Gens d'), I, 381, l. 21 et 22.

AFFECTATION :
Cette *affectation* que quelques-uns ont de plaire à tout le monde. (I, 43; voyez I, 61, l. 5.)
Leur goût, si on les en croit, est encore au delà de toute l'*affectation* qu'on auroit à les satisfaire. (II, 68.)
Il a eu naturellement.... ce qu'on n'a point par l'étude et par l'*affectation*. (II, 467; voyez I, 355, l. 6.)
Il a du bon et du louable, qu'il offusque par l'*affectation* du grand ou du merveilleux. (II, 66.)

AFFECTER, affecter que :
Il y a autant de foiblesse à fuir la mode qu'à l'*affecter*. (II, 146.)
Les vieillards.... *affectent* quelques mots du premier langage qu'ils ont parlé. (II, 53.)
S'il fait un payement, il *affecte que* ce soit dans une monnoie toute neuve, et qui ne vienne que d'être frappée. (I, 74.)

AFFECTIONNER, activement et absolument :
A-t-il un esclave qu'il *affectionne*..., il le fait marcher devant lui. (I, 70.)
Empressé pour engager dans une affaire des personnes qui ne l'*affectionnant* point, n'osent pourtant refuser d'y entrer. (I, 60; voy. *ibid.*, note 1.)
Je ne sais point si le chien choisit, s'il se ressouvient, s'il *affectionne*, s'il craint, s'il imagine, s'il pense. (II, 255.)

Affectionner (s') à :
Nous nous *affectionnons* de plus en plus *aux* personnes à qui nous faisons du bien. (I, 210.)

AFFERMIR :
De plus fortes épreuves.... ne servirent.... qu'à l'*affermir* dans la réputation d'une fille que l'amour ne pouvoit toucher. (I, 196.)

AFFOIBLIR (S') :
La distance qu'il y a de l'honnête homme à l'habile homme *s'affoiblit* de jour à autre. (II, 99.)

AFFRANCHIR de :
Ils se trouvent *affranchis de* la passion des femmes dans un âge où l'on commence ailleurs à la sentir. (I, 327.)

AFFRONTER (S') :
Deux chiens qui s'aboient, qui *s'affrontent*. (II, 129.)

AFIN que, pour que :
La plupart des hommes.... croient faussement.... qu'il leur suffit d'être inutiles ou dans l'indigence, *afin que* la république soit engagée à les placer ou à les secourir. (I, 153.)

AGATHE, sorte de tulipe. (II, 136, l. 2.)

ÂGE d'or, au figuré :
Ne faire sa cour à personne, ni attendre de quelqu'un qu'il vous fasse la sienne, douce situation, *âge d'or*, état de l'homme le plus naturel ! (II, 123.)

AGIR, absolument :
Æmile étoit né ce que les plus grands hommes ne deviennent qu'à force de règles.... Il a fait, il *a agi* avant que de savoir, ou plutôt il a su ce qu'il n'avoit jamais appris. (I, 162.)

AGISSANT, ANTE :
Si l'on partage la vie des P. T. S. (des partisans) en deux portions égales, la première, vive et *agissante*, est toute occupée à vouloir affliger le peuple, et la seconde, voisine de la mort, à se déceler et à se ruiner les uns les autres. (I, 256.)

AGIR (S') :
Il ne *s'agit* point si les langues sont.... mortes ou vivantes, mais si elles sont grossières ou polies. (II, 85.)

AGITER :
Le plus pressant intérêt d'une femme qui n'est plus libre, celui qui l'*agite* davantage, est moins de persuader qu'elle aime que de s'assurer si elle est aimée. (I, 191.)

AGITER (S') :
Il imite les postures d'un lutteur, et par le défaut d'habitude, il les fait de mauvaise grâce, et il *s'agite* d'une manière ridicule. (I, 86.)

AGRANDIR (S') :
La plus grande passion de ceux qui ont les premières places dans un État populaire.... est.... une impatience de *s'agrandir* et de se fonder, s'il se pouvoit, une souveraine puissance sur celle du peuple. (I, 84.)

AGRÉABLE, en parlant soit des choses, soit des personnes :
Cette affectation que quelques-uns ont de plaire à tout le monde.... est une manière de vivre où l'on cherche beaucoup moins ce qui est vertueux et honnête que ce qui est *agréable*. (I, 43.)
Il ne fournit rien.... aux nouvellistes; il ne donne point à un homme *agréable* la matière d'un joli conte. (I, 356.)

AGRÉER, verbe actif et verbe neutre :
Il *agrée* ses soins; il reçoit ses visites. (I, 193.)
Il (Bathylle) refuse plus de femmes qu'il n'en *agrée*. (I, 179.)
On ne sait plus quelle morale leur fournir qui leur *agrée*. (II, 444.)

AGRÉGER :
Nul artisan n'*est agrégé* à aucune société.... sans faire son chef-d'œuvre. (II, 452.)

AGRÉMENT :
Roscius entre sur la scène de bonne grâce...; mais est-il le seul qui ait de l'*agrément* dans ce qu'il fait? (I, 178 et 179; voyez II, 239, *l.* 5.)

AGRESTE :
Toute campagne n'est pas *agreste* et toute ville n'est pas polie. (II, 89.)
Ce terme s'entend ici métaphoriquement. (*Note de la Bruyère.*)

AIDER à :
Ne point *aider* au mérite. (II, 152.)

AIDES, sorte d'impôt sur les marchandises, corps des fonctionnaires de l'administration de ce nom :
Entrerai-je dans le huitième denier, ou dans les *aides*? (II, 183.)

AÏEULS, aïeux :
Ils n'ont ni *aïeuls* ni descendants. (I, 157.)
Il est seigneur de la paroisse où ses *aïeuls* payoient la taille. (I, 251.)
Voyez I, 305, *l.* 9; I, 353, *l.* 11; I, 380, *l.* 24.

AIGLE, emblème de l'Empire :
Le voilà tout porté, avec ses alliés jaloux de la religion et de la puissance de César, pour fondre sur lui, pour lui enlever l'*aigle*, et le réduire.... à la fasce d'argent et aux pays héréditaires. (II, 133 et 134.)

AIGRIR, au figuré :
Il emploie les paroles les plus flatteuses pour adoucir ceux qui se plaignent de lui, et qui *sont aigris* par les injures qu'ils en ont reçues. (I, 35.)
La disgrâce éteint les haines et les jalousies. Celui-là peut bien faire, qui ne nous *aigrit* plus par une grande faveur. (II, 115.)
Le Roi a beaucoup d'ennemis;... ils *sont aigris*. (I, 372.)
On lui voit aux mains des poireaux...; s'il pense à y remédier, c'est lorsque le mal, *aigri* par le temps, est devenu incurable. (I, 70.)

AIGU, uë, au figuré :
On prête l'oreille aux rhéteurs.... Il n'y a pas longtemps qu'ils avoient des chutes ou des transitions ingénieuses, quelquefois même si vives et si *aiguës* qu'elles pouvoient passer pour épigrammes. (II, 222.)

AIGUILLETTES :
Des chausses à *aiguillettes*. (II, 146; voyez *ibidem*, note 4.)

AILE, au figuré :
On ne vole point des mêmes *ailes* pour sa fortune que l'on fait pour des choses frivoles et de fantaisie. (I, 209.)

AILERON :
Un pourpoint à *ailerons*. (II, 146; voyez *ibidem*, notes 3 et 4.)

AILLEURS :
Ce qu'il y a eu en lui (en Corneille) de plus éminent, c'est l'esprit, qu'il avoit sublime, auquel il a été redevable de certains vers, les plus heureux qu'on ait jamais lus *ailleurs*. (I, 140.)
Il y a dans les meilleurs conseils de quoi déplaire. Ils viennent d'*ailleurs* que de notre esprit. (II, 111.)

AIMABLE :
Avoir, s'il se peut, un office lucratif, qui rende la vie *aimable*...; écrire alors par jeu, par oisiveté. (II, 88.)

AIMER, activement et absolument :
Il y a dans l'art un point de perfection, comme de maturité dans la nature. Celui qui le sent et qui l'*aime* a le goût parfait; celui qui ne le sent pas, et qui *aime* en deçà ou au delà, a le goût défectueux. (I, 116.)

AIMER À :
Il n'y a rien que les hommes *aiment* *à* conserver et qu'ils ménagent moins que leur propre vie. (II, 23.)

AÎNÉ :
Combien de nobles dont le père et les *aînés* sont roturiers ! (II, 163.)

AINS :
Ains a péri : la voyelle qui le commence, et si propre pour l'élision, n'a pu le sauver; il a cédé à un autre monosyllabe (mais). (II, 205.)

AINSI :
Arrias a tout lu, a tout vu, il veut le persuader *ainsi*. (I, 218.)

Il fera demain ce qu'il fait aujourd'hui et ce qu'il fit hier; et il meurt *ainsi* après avoir vécu. (I, 285.)

Le cœur ouvert, sincère, et dont on croit voir le fond, et *ainsi* très-propre à se faire des amis. (I, 389.)

Ils y prennent tout littéralement (dans les ouvrages des mœurs); ils n'y entendent ni la poésie ni la figure; *ainsi* ils les condamnent. (II, 445.)

Aux enfants tout paroît grand...; aux hommes les choses du monde paroissent *ainsi*, et.... par la même raison, parce qu'ils sont petits. (II, 29.)

Ne dites-vous pas encore du savantasse: « Il est bel esprit, » et *ainsi* du mauvais poëte? (II, 86.)

Ainsi que :

Racine..., à qui le grand et le merveilleux n'ont pas même manqué, *ainsi qu*'à Corneille ni le touchant ni le pathétique. (I, 141.)

AIR, au propre et au figuré :

Le sauteur Cobus,... jetant ses pieds en avant, tourne une fois en l'*air* avant que de tomber à terre. (I, 179.)

L'*air* de cour est contagieux. (I, 300.)

Que de dons du Ciel ne faut-il pas pour bien régner! Une naissance auguste, un *air* d'empire et d'autorité.... (I, 388.)

L'*air* de hauteur, de fierté et de commandement. (I, 300.)

De l'*Air* empressé. (I, 61.)

AIRAIN, au figuré :

Il paroît une nouvelle satire..., qui d'un vers fort et d'un style d'*airain*, enfonce ses traits contre l'avarice. (II, 444.)

AIS :

Il se trouve.... derrière un long *ais* de menuiserie que porte un ouvrier sur ses épaules. (II, 7.)

AISÉ :

Il n'est pas si *aisé* de se faire un nom par un ouvrage parfait, que d'en faire valoir un médiocre par le nom qu'on s'est déjà acquis. (I, 114.)

AISÉMENT :

On ne laisse pas de voir.... de certains traits si achevés..., qu'ils découvrent *aisément* l'excellence de l'ouvrier. (II, 445.)

AISES :

Les *aises* de la vie. (I, 348.)

AJOUTER :

Qu'*ajouterai*-je davantage? (II, 102.)

AJUSTEMENT.

Voyez le second exemple de l'article Ajuster.

AJUSTER :

Conciliez un auteur original, *ajustez* ses principes, tirez vous-même les conclusions. (II, 203.)

Théognis est recherché dans son ajustement...; il n'est pas hors de sa maison, qu'il a déjà *ajusté* ses yeux et son visage. (I, 356.)

Ajuster (S'), s'ajuster à :

Ils *se sont* si bien *ajustés*, que par leur état ils deviennent capables de toutes les grâces;... ils vivent de l'Église et de l'épée. (I, 316.)

Il est souvent plus court et plus utile de cadrer aux autres que de faire que les autres *s'ajustent à* nous. (I, 233.)

ALARME :
Il entend déjà sonner le beffroi des villes, et crier à l'*alarme*. (I, 370.)
Un prédicateur devroit.... jeter.... par un bel enthousiasme, la persuasion dans les esprits et l'*alarme* dans le cœur. (II, 235.)

ALERTE :
Gens.... éveillés et *alertes* sur tout ce qu'ils croient leur convenir. (I, 304.)

ALIÉNÉ :
Ils ont les yeux égarés et l'esprit *aliéné*. (I, 322.)

ALLÉE ET VENUE :
C'est un homme né pour les *allées et venues*. (I, 166.)

ALLER :
Un magistrat *alloit* par son mérite à la première dignité, il étoit homme délié et pratique dans les affaires. (I, 113.)
Un style grave, sérieux, scrupuleux, *va* fort loin : on lit Amyot et Coeffeteau ; lequel lit-on de leurs contemporains ? (I, 132.)
Il y a des artisans ou des habiles dont l'esprit est aussi vaste que l'art et la science qu'ils professent ;... ils marchent seuls et sans compagnie, mais ils *vont* fort haut et pénètrent fort loin. (I, 147.)
Le commun des hommes *va* de la colère à l'injure. (II, 16.)
La vertu seule, si peu à la mode, *va* au delà des temps. (II, 162.)
Ceux qui *vont* contre le train commun et les grandes règles. (II, 241.)
Si certains hommes ne *vont* pas dans le bien jusques où ils pourroient aller, c'est par le vice de leur première instruction. (II, 70.)
Bien des gens *vont* jusques à sentir le mérite d'un manuscrit qu'on leur lit, qui ne peuvent se déclarer en sa faveur, jusques à ce qu'ils aient vu le cours qu'il aura dans le monde par l'impression. (I, 119.)
La prévention du peuple en faveur des grands est si aveugle, et l'entêtement pour leur geste, leur visage, leur ton de voix et leurs manières si général, que s'ils s'avisoient d'être bons, cela *iroit* à l'idolâtrie. (I, 338.)
[Il] choisit le temps du repas.... pour dire qu'ayant pris médecine depuis deux jours, il *est allé* par haut et par bas. (I, 72.)

ALLER DE PAIR AVEC :
Un homme libre.... peut *aller de pair avec* les plus honnêtes gens. (I, 159.)

ALLER (Y) DE, impersonnellement :
Il *y va*... *de* leur succession, *de* leurs droits comme héréditaires. (II, 127.)
Une affaire juste, capitale, et où *il y va de* toute sa fortune. (II, 183.)

ALLONGER :
Les Crispins se cotisent et rassemblent dans leur famille jusques à six chevaux pour *allonger* un équipage. (I, 280.)

ALLUMÉ, au figuré :
Si les femmes étoient telles naturellement qu'elles le deviennent par artifice,... qu'elles eussent le visage aussi *allumé* et aussi plombé qu'elles se le font..., elles seroient inconsolables. (I, 173.)

ALMANACH :
Ces ouvrages.... deviennent des *almanachs* de l'autre année. (I, 146.)

ALORS :

Quelle vision, quel délire au grand, au sage, au judicieux Antonin, de dire qu'*alors* les peuples seroient heureux, si l'Empereur philosophoit, ou si le philosophe.... venoit à l'Empire ! (II, 85.)

L'homme du meilleur esprit est inégal ;... il entre en verve, mais il en sort : *alors*, s'il est sage, il parle peu, il n'écrit point. (II, 66.)

Si je fais enfin une belle fortune, il y a un Geoffroy de la Bruyère, que toutes les chroniques rangent au nombre des plus grands seigneurs de France qui suivirent Godefroy de Bouillon à la conquête de la Terre-Sainte : voilà *alors* de qui je descends en ligne directe. (II, 169.)

ALTESSE :

Les *Altesses* à qui je suis seront informées de tout ce que vous avez fait pour moi. (II, 513.)

Il dit « Votre Révérence » à un prince du sang, et « Votre *Altesse* » à un jésuite. (II, 15.)

AMBIDEXTRE, qui se sert des deux mains avec une égale facilité :

Nembrot étoit gaucher, et Sésostris *ambidextre*. (I, 241.)

AMBIGUMENT :

Parler *ambigument*. (I, 374.)

ÂME :

Timon.... peut avoir l'*âme* austère et farouche ; mais extérieurement il est civil et cérémonieux. (II, 71.)

Le peuple n'a guère d'esprit, et les grands n'ont point d'*âme*. (I, 347.)

Le discours chrétien est devenu un spectacle. Cette tristesse évangélique qui en est l'*âme* ne s'y remarque plus. (II, 220.)

Âmes bien nées. (II, 38.)

L'on n'exige pas des *âmes* malignes qu'elles aient de la douceur et de la souplesse. (II, 16.)

Il y a des *âmes* sales, pétries de boue et d'ordure, éprises du gain et de l'intérêt, comme les belles *âmes* le sont de la gloire et de la vertu. (I, 264.)

Cette *âme* sérieuse et austère (Richelieu), formidable aux ennemis de l'État,... plongée dans la négociation,... a trouvé le loisir d'être savante. (II, 458.)

Combien d'*âmes* foibles, molles et indifférentes, sans de grands défauts, et qui puissent fournir à la satire ! (II, 72 ; voyez I, 264, *n*. 59.)

AMENER :

Il faut chercher seulement à penser et à parler juste, sans vouloir *amener* les autres à notre goût... ; c'est une trop grande entreprise. (I, 113.)

AMER, au figuré, pénible :

Je.... ne rêve.... que.... à lui rendre ses études moins *amères*. (II, 484.)

La modestie est d'une pratique.... *amère* aux hommes d'une condition ordinaire. (I, 354.)

AMI, AMIE :

La neutralité entre des femmes qui nous sont également *amies*.... est un point difficile. (I, 188.)

AMORCE, au figuré :

On fait sa brigue pour parvenir à un grand poste, on prépare toutes ses machines... ; l'*amorce* est déjà conduite, et la mine prête à jouer. (I, 313.)

AMOUR :

Ne l'entretenez pas.... de vos pruniers : il n'a de *l'amour* que pour une certaine espèce. (II, 137.)

Amour-propre :

L'*amour-propre* est dans l'homme la cause de tous ses foibles. (I, 29.)

AMOURETTE :

Se marier par *amourette*. (II, 180.)

AMOUREUX :

[Les enfants,] dans leurs jeux,... sont vifs, appliqués, exacts, *amoureux* des règles et de la symétrie. (II, 28.)

AMPHIBIE, au figuré :

Ils sont *amphibies*, ils vivent de l'Église et de l'épée. (I, 316.)

AMPHITHÉÂTRE :

Il ne permet pas à ses enfants d'aller à l'*amphithéâtre* avant que les jeux soient commencés. (I, 57; voyez II, 80, *l.* 7.)

On occupera bientôt tout l'*amphithéâtre* d'un laquais qui siffle, d'un malade dans sa garde-robe. (I, 139; voyez I, 137, *l.* 23.)

J'ai cru autrefois.... que ces endroits étoient clairs et intelligibles pour les acteurs, pour le parterre et l'*amphithéâtre*. (I, 115.)

Dans le premier exemple, il s'agit de l'antiquité; dans les deux autres des temps modernes, dans l'un du théâtre entier, dans l'autre d'une des divisions de la salle.

AMPLE :

Parlez à cet autre....d'une *ample* récolte, d'une bonne vendange. (II, 136.)

AMUSEMENT :

La première (la femme galante) passe successivement d'un engagement à un autre; la seconde (la coquette) a plusieurs *amusements* tout à la fois. (I, 176.)

AMUSER :

Les mœurs.... qui approchent des nôtres nous touchent, celles qui s'en éloignent nous étonnent; mais toutes nous *amusent*. (I, 25.)

ANATOMIE, au figuré :

Théophile..., d'une plume libre et inégale.... charge ses descriptions, s'appesantit sur les détails : il fait une *anatomie*. (I, 130.)

ANCIEN :

Un *ancien* galant tient à si peu de chose, qu'il cède à un nouveau mari. (I, 175.)

ANÉANTIR :

Il y a telle femme qui *anéantit* ou qui enterre son mari au point qu'il n'en est fait dans le monde aucune mention. (I, 194.)

Le goût qu'ils ont quelquefois à mettre les sots en vue, et à *anéantir* le mérite quand il leur arrive de le discerner. (I, 154.)

ANIMER à, s'animer :

Ils les *animèrent*, non pas à publier contre moi une satire fine et ingénieuse..., mais *à* me dire de ces injures grossières et personnelles.... (II, 442.)

Le général.... se roidit contre les obstacles,... *s'anime* par la difficulté de l'entreprise. (II, 118.)

ANNEAU :

Il consacre un *anneau* à Esculape, qu'il use à force d'y pendre des couronnes de fleurs. (I, 74.)

ANNÉE :

Toute la sagesse qu'elle aura un jour et.... tout le mérite qu'elle se prépare par les *années*. (II, 92.)

ANNOBLIR. Voyez Anoblir et Ennoblir.

ANNONCER :

Les courtisans.... ont.... abandonné la chapelle du Roi, pour venir entendre avec le peuple la parole de Dieu *annoncée* par cet homme apostolique. (II, 221; voyez II, 226, *l.* 12.)

Une grande naissance ou une grande fortune *annonce* le mérite, et le fait plus tôt remarquer. (I, 246.)

ANOBLIR, au propre et au figuré :

C'est le ventre qui *anoblit*. (II, 168.)

Il a eu.... de la dignité. Il ne la devoit point à l'éminence de son poste ; au contraire, il l'*a anobli*. (II, 467.)

Un seul nom dissyllabe, qu'ils *anoblissent* par des particules. (II, 167.)

Anoblir (S') :

Se meuble-t-il, *s'anoblit*-il à force de penser et d'écrire juste? (II, 87.)

S'annoblit-il, dans les éditions du dix-septième siècle. — Voyez d'autres exemples de l'orthographe *annoblir*, pour *ennoblir*, au tome I, p. 163, note 1.

ANTICHAMBRE :

Des courtisans qui parlent, qui rient, et qui sont à la chapelle avec moins de silence que dans l'*antichambre*. (II, 155 et 156.)

Un antichambre, au masculin. (I, 247, *var.*, édit. 4 et 5.)

ANTICIPÉ, devançant le temps :

Une vertu *anticipée*. (II, 122, *l.* 5.)

ANTIPATHIE :

Les femmes ne se plaisent point.... par les mêmes agréments qu'elles plaisent aux hommes : mille manières qui allument dans ceux-ci les grandes passions forment entre elles l'aversion et l'*antipathie*. (I, 170.)

ANTITHÈSE :

L'*antithèse* est une opposition de deux vérités qui se donnent du jour l'une à l'autre. (I, 144.)

APERCEVOIR :

L'on voit dans une goutte d'eau.... un nombre presque innombrable de petits animaux, dont le microscope nous fait *apercevoir* la figure. (II, 268.)

Il n'y a nuls vices extérieurs et nuls défauts du corps qui ne *soient aperçus* par les enfants; ils les saisissent d'une première vue. (II, 28.)

Apercevoir (S') de :

Ne *s'apercevant* point ou *de* l'excellence de ce qui est esprit, ou *de* la dignité de l'âme.... (II, 238.)

APOPHTHEGME :

Quelques savants ne goûtent que les *apophthegmes* des anciens. (I, 9.)

APOSTILLE :

Je pris soin de lui désigner (au public) cette seconde augmentation par une marque particulière et telle qu'elle se voit par *apostille* (en marge). (I, 109, *variante* 3; voyez I, 110, *l. dernière.*)

APOSTOLIQUE :
La parole de Dieu annoncée par cet homme *apostolique*. (II, 221.)
Les premiers hommes *apostoliques*. (II, 232; voyez II, 229, *l.* 5.)

APOSTOLIQUEMENT :
Quel plus beau talent que celui de prêcher *apostoliquement*? (II, 236.

APÔTRE :
L'orateur cherche par ses discours un évêché; l'*apôtre* fait des conversions. (II, 228; voyez II, 225, *l.* 15.)
Quand on ne seroit pendant sa vie que l'*apôtre* d'un seul homme, ce ne seroit pas être en vain sur la terre. (II, 249.)

APPAREIL :
Il ne peut pas avoir paru sur la scène avec un si bel *appareil* pour se retirer sans rien dire. (II, 124.)

APPAREMMENT, en apparence :
Ménalque, qui l'avoit *apparemment* écoutée avec attention.... (II, 13.)

APPARENCE :
N'admirerons-nous pas.... que d'une hauteur si prodigieuse elles (les étoiles) puissent conserver une certaine *apparence*, et qu'on ne les perde pas toutes de vue? (II, 264.)
S'il trouve une barrière de front..., il.... va à droit ou à gauche, selon qu'il y voit de jour et d'*apparence*. (I, 258.)
Donner des explications favorables à des *apparences* qui étoient mauvaises. (I, 350.)
Il y a *apparence* qu'une prompte mort l'empêcha de le conduire (son dessein) à sa perfection. (I, 13.)
Quelle *apparence* de pouvoir remplir tous les goûts si différents des hommes par un seul ouvrage de morale? (I, 11.)
Voyez II, 145, *l.* 14; II, 173, *l.* 22; II, 174, *l. dernière.*

APPARITION :
Il y a dans les cours des *apparitions* de gens aventuriers et hardis. (I, 301.)

APPAROIR, apparaître :
Ne faire qu'*apparoir* dans sa maison, s'évanouir et se perdre comme un fantôme dans le sombre de son cabinet. (I, 278; voyez *ibidem*, note 4.)

Appert (Il) de, terme de palais, il y a manifestation, preuve de :
Appert-il mieux *des* dispositions des hommes les plus inconstants que par un dernier acte, signé de leur main? (II, 190 et 191.)

APPARTEMENT (L'), à la cour, l'appartement du Roi :
Il entre à l'*appartement*. (II, 7; voyez I, p. 310, *l.* 4, et note 1.

APPARTENIR à :
Ceux qui reçoivent froidement tout ce qui *appartient aux* étrangers et *aux* anciens, et qui n'estiment que leurs mœurs.... (I, 28.)
Un homme fort riche peut.... avoir un grand équipage... : cela est.... de son ressort; mais il *appartient* peut-être *à* d'autres de vivre contents. (I, 246.)

APPELER une cause, terme de palais :
Quelques autres.... ont payé l'amende pour n'avoir pas comparu à une cause *appelée*. (I, 52.)

Appeler à, appeler de, en appeler :

L'Académie françoise, à qui j'*avois appelé* comme *au* juge souverain de ces sortes de pièces (son discours à l'Académie).... (II, 453.)

Les hommes sont-ils.... assez équitables pour.... ne nous pas faire desirer.... que Dieu existât, à qui nous pussions *appeler de* leurs jugements ? (II, 243.)

Vauban est infaillible, on n'*en appelle* point. (II, 116 ; voyez I, 306, *l.* 20.)

APPLAUDIR, applaudir à :

L'orateur et l'écrivain ne sauroient vaincre la joie qu'ils ont d'*être applaudis*. (I, 106.)

Il ne manque pas de *lui applaudir*. (I, 37.)

Une foule de chrétiens.... qui se rassemblent à certains jours dans une salle pour y *applaudir à* une troupe d'excommuniés.... (II, 173.)

L'auteur ne s'est pas encore fait un grand nom ;... il ne s'agit point de faire sa cour.... en *applaudissant à* ses écrits. (I, 120.)

Voyez I, 71, *l.* 17 ; II, 221, *l.* 20 ; II, 233, *l.* 16.

Applaudir (S') :

L'air content dont ils *s'applaudissent* sur tout le succès.... (I, 136.)

APPLAUDISSEMENT :

Il raconte une autre fois quels *applaudissements* a eus un discours qu'il a fait dans le public. (I, 49.)

APPLICATION :

L'on ne peut guère charger l'enfance de la connoissance de trop de langues, et il me semble que l'on devroit mettre toute son *application* à l'en instruire. (II, 202.)

L'*application* d'un enfant à élever un château de carte ou à se saisir d'un papillon.... (I, 321.)

Un honnête homme se paye par ses mains de l'*application* qu'il a à son devoir, par le plaisir qu'il sent à le faire. (I, 155.)

Dès que l'*application* (du duc de Bourbon) tombera, je vous en avertirai. (II, 479 ; voyez II, 477, *l.* 4 ; II, 494, *l.* 6 ; II, 496, *l.* 24.)

APPLIQUER ; appliqué, appliqué à ; s'appliquer, s'appliquer à :

Tout ce que vous pouvez tirer de lui, et encore dans le temps qu'il est le plus *appliqué* et d'un meilleur commerce, ce sont ces mots : « Oui vraiment ; C'est vrai. » (II, 14.)

Il (le duc de Bourbon) est *appliqué* et.... j'en suis content. (II, 495 ; voyez II, 28, *l.* 21.)

Leur roi..., à qui ils semblent avoir tout l'esprit et tout le cœur *appliqués*.... (I, 328.)

Également *appliqué* à faire sonner haut.... le peu qu'il offre, et à mépriser ouvertement le peu que l'on consent de lui donner.... (I, 375.)

Appliqué successivement à saisir une terre, à s'opposer au sceau, à se servir d'un committimus. (II, 60.)

Une femme.... *appliquée* à sa famille et à ses affaires. (I, 181.)

M. le duc de Bourbon a toujours un peu de peine à *s'appliquer*, et.... cela retarde le projet de ses études. (II, 507.)

Une âme vile et mécanique, à qui ni ce qui est beau ni ce qui est esprit ne sauroient *s'appliquer* sérieusement.... (II, 85.)

L'on *s'est* plus *appliqué* (dans les Caractères) aux vices de l'esprit, aux eplis du cœur et à tout l'intérieur de l'homme que n'a fait Théophraste. (I, 30 ; voyez II, 488, *l.* 10.)

APPOINTEMENT, terme de pratique. (I, 295, *l.* 22.)

APPORTER :

Il a tiré cet homme des ennemis et l'*a apporté* dans sa tente. (I, 83.)
[Ils] achètent eux-mêmes des viandes salées, et les *apportent* à la main en pleine rue. (I, 43.)
J'*apporte* tout le soin dont je suis capable pour l'en rendre instruit (de la vie de François Ier). (II, 506.)

APPRÉCIER :

Il y a plus de rétribution dans les paroisses pour un mariage que pour un baptême...; l'on diroit que ce soit un taux sur les sacrements, qui semblent par là *être appréciés*. (II, 173.)

APPRENDRE, s'instruire, être informé ; APPRENDRE, enseigner :

On le voit.... vouloir d'abord *apprendre* de lui, se mettre ensuite à l'instruire. (I, 86.)
Nous n'*apprenons* pas que nul ancien ait plus écrit que Théophraste. (I, 21.)
Je lui *ai appris*, ces derniers jours, la Suède, le Danemarck. (II, 477.)
Ne sachant que dire, [il] *apprend* que l'eau de sa citerne est fraîche. (I, 72.)

APPRENTIF, apprenti :

Un *apprentif* est docile, il écoute son maître, et il devient maître. (II, 221.)

APPRIVOISER, S'APPRIVOISER, au figuré :

Il y a des hommes superbes, que l'élévation de leurs rivaux humilie et *apprivoise*. (I, 343 ; voyez I, 359, *l.* 22 ; II, 44, *l.* 6.)
Il est civil et cérémonieux : il ne *s'apprivoise* pas avec les hommes. (II, 71.)
Les grandes choses étonnent, et les petites rebutent, nous *nous apprivoisons* avec les unes et les autres par l'habitude. (II, 74 ; voyez I, 276, *l.* 13.)

APPROBATION :

L'*approbation* la plus sûre.... est le changement de mœurs et la réformation de ceux qui les lisent ou qui les écoutent (l'écrivain et l'orateur). (I, 106.)
L'épître dédicatoire, la préface..., les *approbations* (des censeurs). (I, 114.)

APPROCHER DE :

Les mœurs.... qui *approchent* des nôtres nous touchent. (I, 25.)
Voyez I, 248, *l.* 1 ; II, 201, *l.* 23 ; II, 228, *l.* 25.

APPROCHER (S'), s'entendre :

Les hommes ont tant de peine à *s'approcher* sur les affaires, sont si épineux sur les moindres intérêts. (II, 20.)

APPROFONDIR, APPROFONDI :

Il m'est plus doux de nier Dieu que de l'accorder avec une tromperie si spécieuse.... Mais je l'*ai approfondi*, je ne puis être athée. (II, 251.)
Un esprit.... que l'on n'estime que parce qu'il n'est pas *approfondi*. (I, 170.)

APPROPRIER (S') :

Ils prennent de la cour ce qu'elle a de pire : ils *s'approprient* la vanité, la mollesse, l'intempérance, le libertinage, comme si tous ces vices leur étoient dus. (I, 280 ; voyez II, 234, *l.* 15.)

APPUYER :

Personne à la cour ne veut entamer ; on s'offre d'*appuyer*, parce que.... on espère que nul n'entamera, et qu'on sera ainsi dispensé d'*appuyer*. (I, 309 ; voyez I, 313, *l.* 23.)
Appuyer tout ce que l'on dit.... par de longs.... serments. (I, 224.)

ÂPRE :

Quelques grandes difficultés qu'il y ait à se placer à la cour, il est encore plus *âpre* et plus difficile de se rendre digne d'être placé. (I, 314.)

APRÈS :

Suis-je mieux nourri..., *après* vingt ans entiers qu'on me débite dans la place? (II, 86.)

Je voudrois qu'on ne fît mention.... de la somptuosité des généraux qu'*après* n'avoir plus rien à dire sur leur sujet. (II, 196.)

Il s'est étouffé de crier *après* les chiens qui étoient en défaut, ou *après* ceux des chasseurs qui prenoient le change. (I, 283.)

APRÈS QUE :

Après qu'il a immolé un bœuf devant quelque autel, il se fait réserver la peau du front de cet animal. (I, 74.)

Voyez INTRODUCTION GRAMMATICALE, VII, *Verbe*, Infinitif.

APRÈS (D') :

Un auteur né copiste, et qui a l'extrême modestie de travailler *d'après* quelqu'un. (I, 149.)

Un Pamphile.... veut être grand, il croit l'être; il ne l'est pas, il est *d'après* un grand. (I, 357.)

APRÈS-DÎNÉE :

Ne sortir de chez soi l'*après-dînée* que pour y rentrer le soir. (I, 295.)

ARBITRAIRE, adjectif :

Vos voix seules, toujours libres et *arbitraires*, donnent une place dans l'Académie françoise. (II, 472.)

Ces mêmes modes que les hommes suivent.... pour leurs personnes, ils affectent de les négliger dans leurs portraits...; ils leur préfèrent une parure *arbitraire*, une draperie indifférente, fantaisies du peintre. (II, 149.)

L'agrément est *arbitraire;* la beauté est quelque chose de plus réel et de plus indépendant du goût et de l'opinion. (I, 174.)

ARBITRE :

Il n'est propre qu'à commettre de nouveau deux personnes qui veulent s'accommoder, s'ils l'ont fait *arbitre* de leur différend. (I, 60.)

On ne reverra plus un homme.... qui mange si bien; aussi est-il l'*arbitre* des bons morceaux. (II, 58.)

ARC, arc de triomphe :

Il travaille aux inscriptions des *arcs* et des pyramides qui doivent orner la ville capitale un jour d'entrée. (I, 372.)

ARCHIDIACRE :

Il seroit bien dur qu'un grand chanoine fût sujet au chœur, pendant que le trésorier, l'*archidiacre*, le pénitencier et le grand vicaire s'en croient exempts. (II, 176; voyez *ibidem*, note 2.)

ARCHITECTE :

Il ne permet pas ses enfants d'aller à l'amphithéâtre.... lorsque l'on paye pour être placé, mais seulement sur la fin du spectacle et quand l'*architecte* néglige les places et les donne pour rien. (I, 57; voy. *ibid.*, note 6.)

ARCHIVES :

Admire-t-on une vaste et profonde littérature qui aille fouiller dans les *archives* de l'antiquité? (II, 464.)

ARCHONTE, allégoriquement. (II, 133, *l.* 14 et 22.)

ARDEUR :
Théonas, abbé depuis trente ans, se lassoit de l'être. On a moins d'*ardeur* et d'impatience de se voir habillé de pourpre, qu'il en avoit de porter une croix d'or sur sa poitrine. (I, 318.)

ARGENT (monnayé) :
Je ne m'étonne pas qu'il y ait des brelans publics,... comme des gouffres où l'*argent* des particuliers tombe..., qu'il parte de ces lieux des émissaires pour savoir.... qui a descendu à terre avec un *argent* frais d'une nouvelle prise. (I, 269.)

Il a beaucoup d'*argent* sur la mer. (I, 77.)

ARMES :
Nos pères nous ont transmis.... la connoissance.... de leurs habits, de leurs coiffures, de leurs *armes*. (II, 150.)

La Bruyère, ne voulant pas qu'on prît *armes* dans le sens d'*armoiries*, a ajouté en note : « Offensives et défensives. »

ARRACHER (S') :
Ceux qui, convenant de principes..., *s'arrachent* la parole l'un à l'autre pour s'accorder sur leurs sentiments. (I, 242.)

ARRANGEMENT :
Si elle (la matière) ne se découvre pas par elle-même, on la connoît du moins dans le divers *arrangement* de ses parties. (II, 254 ; voy. II, 256, *l.* 7.)

ARRANGER :
La grande mémoire qu'il faut pour *arranger* tant de noms et les mettre chacun dans leur ordre. (II, 504.)

Un nouvelliste ou un conteur de fables est un homme qui *arrange*, selon son caprice, des discours et des faits remplis de fausseté. (I, 50.)

Un homme.... qui a.... les cheveux *arrangés* et le teint vermeil. (I, 161.)

ARRÉRAGES, rentes :
Il mène avec lui des témoins quand il va demander ses *arrérages*. (I, 69.)

ARRÊTER, absolument, terme de chasse :
Des chiens qui *arrêtent* bien. (I, 366.)

Arrêter un compte :
Il ne se donne pas la peine de régler lui-même des parties ; mais il dit.... à un valet de les calculer, de les *arrêter* et les passer à compte. (I, 81.)

ARRIVER ; il arrive, impersonnellement :
Il attend qu'il soit seul pour éternuer, ou si cela lui *arrive*, c'est à l'insu de la compagnie. (I, 274.)

On ne doit parler, on ne doit écrire que pour l'instruction ; et s'*il arrive* que l'on plaise, il ne faut pas néanmoins s'en repentir. (I, 106.)

ARROGANT, substantivement :
Pendant qu'on ne fait que rire de l'important, il n'a pas un autre nom ; dès qu'on s'en plaint, c'est l'*arrogant*. (II, 99.)

ART :
Il y a dans l'*art* un point de perfection, comme de bonté ou de maturité dans la nature. (I, 116.)

L'on peut s'enrichir dans quelque *art* ou dans quelque commerce que ce soit par l'ostentation d'une certaine probité. (I, 260.)

Rien ne découvre mieux dans quelle disposition sont les hommes à

l'égard des sciences et des belles-lettres..., que le prix qu'ils y ont mis....
Il n'y a point d'*art* si mécanique où les avantages ne soient plus sûrs. (II, 80.)
Il ne faut ni art ni science pour exercer la tyrannie. (I, 363; voy. II, 77.)
Il y a dans les cours des apparitions de gens aventuriers..., qui protestent qu'ils ont dans leur *art* toute l'habileté qui manque aux autres. (I, 301.)

ARTICULER, ARTICULÉ :
Parlez à cet autre de la richesse des moissons... : il est curieux de fruits; vous n'*articulez* pas, vous ne vous faites pas entendre. (II, 136.)
Ils ont comme une voix *articulée*. (II, 61.)

ARTIFICE :
Les hommes.... protestent sérieusement contre tout l'*artifice* dont elles (les femmes) usent pour se rendre laides. (I, 172.)
Deux sortes de gens fleurissent dans les cours..., les libertins et les hypocrites : ceux-là gaiement, ouvertement...; ceux-ci finement, par des *artifices*, par la cabale. (II, 247.)

ARTILLERIE :
A ma gauche, Basilide met tout d'un coup sur pied une armée de trois cent mille hommes;... il n'oublie pas l'*artillerie* ni le bagage. (I, 370.)

ARTISAN, exerçant un art soit mécanique soit libéral; ARTISAN DE :
Nu l*artisan* n'est agrégé à aucune société, ni n'a ses lettres de maîtrise sans faire son chef-d'œuvre. (II, 451 et 452.)
Il y a des *artisans* ou des habiles dont l'esprit est aussi vaste que l'art et la science qu'ils professent. (I, 147.)
Ces grands *artisans de* la parole, ces premiers maîtres de l'éloquence françoise. (II, 460.)

ARTISTEMENT, au propre et au figuré :
Une belle arme.... ciselée *artistement*. (I, 187.)
Il.... cueille *artistement* cette prune exquise. (II, 137.)

ASCENDANT, autorité, influence :
Parler avec *ascendant* et avec poids. (I, 374.)
Quel ton, quel *ascendant* ne prennent-ils pas sur les savants! (I, 263; voyez I, 342, *l*. 7; voyez II, 28, *n*. 54.)

ASILE :
Les morts mêmes dans le tombeau ne trouvent pas un *asile* contre sa mauvaise langue. (I, 88.)

ASPIC :
Le venin des *aspics*. (I, 36.)

ASSASSINER, au propre et au figuré :
Seroit-on reçu à dire qu'on ne peut se passer de voler, d'*assassiner*? (I, 269.)
Il *a* comme *assassiné* de son babil chacun de ceux qui ont voulu lier avec lui quelque entretien. (I, 48.)

ASSAUT (FAIRE) DE, au figuré :
L'on *fait assaut* d'éloquence jusqu'au pied de l'autel. (II, 220.)

ASSEMBLAGE :
La ville est partagée en diverses sociétés,... qui ont leurs lois, leurs usages.... Tant que cet *assemblage* est dans sa force..., l'on ne trouve rien de bien dit ou de bien fait que ce qui part des siens. (I, 276.)

ASSEMBLÉE :
Dans une chose que toute une *assemblée* juge raisonnable,... insister.... sur une légère circonstance, pour être ensuite de l'avis des autres. (I, 61.)
Voyez I, 72, *l.* 18; I, 165, *l.* 25; I, 218, *l.* 3; II, 189, *l.* 19.
Il.... ne paroît guère dans une *assemblée* publique qu'avec une vieille robe et toute tachée. (I, 71.)
Si par hasard il a appris ce qui aura été dit dans une *assemblée* de ville, il court dans le même temps le divulguer. (I, 49.)
Sophocle..., sous prétexte.... d'empêcher les *assemblées*, fit une loi qui défendoit.... à aucun philosophe d'enseigner dans les écoles. (I, 18.)

ASSEOIR, placer, établir :
Les Pléiades se touchent presque... : une étoile paroît *assise* sur l'une de celles qui forment la queue de la grande Ourse. (II, 264.)
Il a parcouru.... les différentes rivières qui s'y jettent (dans le Rhin), et les villes qui y *sont assises*, depuis leur source jusques au Rhin. (II, 503.)
Qui oseroit soupçonner d'Artemon qu'il ait pensé à se mettre dans une si belle place, lorsqu'on le tire de sa terre ou de son gouvernement pour l'y faire *asseoir*? (I, 313; voyez II, 175, *l.* 8.)

Asseoir (S') :
Il *s'assied*. (I, 221, *l.* 30; I, 273, *l.* 12.) — Il *s'assit*, pour *il s'assied*. (I, 371, *l.* 13; voyez *ibidem*, note 2, et II, 8, *l.* 5; II, 136, *l.* 4.)

ASSESSEUR, sorte d'officier de justice. (I, 234; voy. *ibid.*, note 2.)

ASSEZ, assez de :
Il faut savoir lire, et ensuite se taire, ou pouvoir rapporter ce qu'on a lu, et ni plus ni moins que ce qu'on a lu; et si on le peut quelquefois, ce n'est pas *assez*, il faut encore le vouloir faire. (I, 108.)
Le caractère de l'enfance paroît unique ; les mœurs, dans cet âge, sont *assez* les mêmes. (II, 27.)
La fable (l'enseignement de la mythologie) avance *assez*, et il (mon élève) la retient avec la facilité ordinaire. (II, 498.)
Il est difficile qu'un fort malhonnête homme ait *assez* d'esprit. (II, 17.)

ASSIETTE, situation :
Les hommes commencent par l'amour, finissent par l'ambition, et ne se trouvent souvent dans une *assiette* plus tranquille que lorsqu'ils meurent. (I, 213.)

Assiette, entremets :
Il n'oublie pas les hors-d'œuvre, le fruit et les *assiettes*. (II, 56.)

ASSOCIER à, associé à :
Il y a un certain nombre de jeunes magistrats que les grands biens et les plaisirs *ont associés à* quelques-uns de ceux qu'on nomme à la cour de petits-maîtres. (I, 280.)
Toucherai-je aussi votre dernier choix (Fénelon)...? Quelle grande acquisition avez-vous faite en cet homme illustre ! A qui *m'associez*-vous ! (II, 463; voyez II, 465, *l.* 13.)
Un homme *associé à* un corps (l'Académie) qui ne s'est soutenu.... que par l'éloquence. (II, 452.)
Ils lâchèrent sur moi deux auteurs *associés à* une même gazette. (II, 442.)
Ces.... personnages.... ne daignoient pas l'*associer à* leur table. (I, 263.)

ASSORTIR à, assorti :
Oseroit-on.... leur insinuer qu'ils s'éloignent par de telles manières de

la politesse dont ils se piquent; qu'elle *assortit*, au contraire, et conforme les dehors *aux* conditions? (II, 90.)

Il sait que tout lui sied bien, et que sa parure est *assortie*. (I, 168.)

ASSOUVIR (S') DE, au figuré :
Les esprits vifs.... ne peuvent *s'assouvir de* l'hyperbole. (I, 145.)

ASSUJETTIR À, S'ASSUJETTIR À :
Il s'en est trouvé (des prédicateurs).... qui *ayant assujetti* le saint Évangile, qui doit être commun à tous, *à* la présence d'un seul auditeur, se sont vus déconcertés par des hasards qui le retenoient ailleurs. (II, 226 et 227.)

Corneille nous *assujettit à* ses caractères et *à* ses idées, Racine se conforme aux nôtres. (I, 142.)

Il faut avoir de l'esprit pour être homme de cabale : l'on peut cependant en avoir à un certain point, que l'on est au-dessus de l'intrigue et de la cabale, et que l'on ne sauroit *s'y assujettir*. (I, 334.)

ATELIER, au propre et au figuré :
Je ne vous demande pas de vous mettre à votre *atelier* pour faire.... une belle femme...; essayez seulement de faire un bossu. (II, 272.)

Voilà ceux qui, par délicatesse de conscience, ne souffrent qu'impatiemment qu'en ménageant les particuliers..., j'essaye.... de décrier.... tous les vices du cœur et de l'esprit.... Tels ont été les Théobaldes, ou ceux du moins qui travaillent sous eux et dans leur *atelier*. (II, 448.)

ATOME :
Quand chacun de ces grands corps seroit supposé un amas fortuit d'*atomes*.... (II, 267; voyez II, 258, *l.* 11.)

Tous les espaces du monde entier ne sont qu'un point, qu'un léger *atome*. (II, 272; voyez II, 238, *l.* 10; II, 273, *l.* 10.)

ATTACHE :
Pensions, honneurs, tout leur convient et ne convient qu'à eux...; ils ne comprennent point que sans leur *attache* (sans être attaché à eux) on ait l'impudence de les espérer. (II, 247.)

ATTACHE, agrafe, broche :
On remarque.... sur elle une riche *attache*. (I, 193.)

ATTACHER; ATTACHÉ À; S'ATTACHER À :
Il ne manque souvent à un ancien galant, auprès d'une femme qui l'*attache*, que le nom de mari. (I, 175.)

Les âges, les sexes et les conditions, et.... les vices, les foibles et le ridicule qui *y* sont *attachés*. (I, 30.)

L'on peut définir l'esprit de politesse, l'on ne peut en fixer la pratique : elle suit l'usage et les coutumes reçues; elle est *attachée aux* temps, *aux* lieux, *aux* personnes. (I, 228.)

Vous êtes homme de bien, vous ne songez ni à plaire ni à déplaire aux favoris, uniquement *attaché à* votre maître et *à* votre devoir. (I, 313.)

Dites que les poiriers rompent de fruit cette année...; c'est pour lui un idiome inconnu : il *s'attache aux* seuls pruniers. (II, 136.)

Il ne *s'attache à* aucun des mets qu'il n'ait achevé d'essayer de tous. (II, 55.)

Nous nous sommes réglés sur l'abrégé de M. de Mezeray pour la vie du roi Henri second...; je m'*attache* présentement *à* en faire récapitulation à Son Altesse. (II, 507.)

ATTEINDRE, ATTEINDRE À :

Il leur a été plus facile de le négliger (Voiture) que de l'imiter, et.... le petit nombre de ceux qui courent après lui ne peut l'*atteindre*. (I, 132.)

Celui-ci passe Juvénal, *atteint* Horace. (II, 461.)

Ceux que le jeu et le gain ont illustrés.... perdent de vue leurs égaux, et *atteignent* les plus grands seigneurs. (I, 268.)

Le prédicateur.... n'a besoin que d'une noble simplicité, mais il faut l'*atteindre*. (II, 232.)

A peine la vue peut-elle *atteindre* à discerner la partie du ciel qui les sépare (qui sépare ces étoiles). (II, 264.)

ATTENDRE DE, ATTENDRE À :

Qu'*attend*-on d'une scène tragique ? (I, 137.)

(Ils) *attendent*.... d'un mariage à remplir le vide de leur consignation. (I, 291.)

Il y a des hommes qui *attendent* à être dévots et religieux que tout le monde se déclare impie et libertin. (II, 239.)

ATTENTER SUR, CONTRE :

Chassez des corps.... les maladies les plus obscures...; n'*attentez* pas sur celles de l'esprit, elles sont incurables. (II, 201.)

Il y a des conjonctures où l'on sent bien qu'on ne sauroit trop *attenter* contre le peuple. (I, 364.)

L'on n'y *attente* (dans les cours) rien de pis *contre* le vrai mérite que de le laisser quelquefois sans récompense. (I, 308.)

ATTENTION, ATTENTIONS ; FAIRE, AVOIR ATTENTION À :

Ayant achevé avec toute l'*attention* pour la vérité dont je suis capable.... (I, 105.)

Ils (les prédicateurs) ont toujours, d'une nécessité indispensable et géométrique, trois sujets admirables de vos *attentions*. (II, 222.)

Si quelquefois on pleure (à un sermon)..., après *avoir fait attention* au génie et *au* caractère de ceux qui font pleurer, peut-être conviendra-t-on que c'est la matière qui se prêche elle-même. (II, 231.)

Il peut y avoir un ridicule si bas..., qu'il n'est ni permis au poëte d'y *faire attention*, ni possible aux spectateurs de s'en divertir. (I, 138; voyez I, 14, *l.* 17.)

Souvent, après avoir écouté ce que l'on lui a dit, il veut faire croire qu'il *n*'y a pas eu la moindre *attention*. (I, 35 ; voyez II, 243, *l.* 9.)

ATTICISME :

L'*atticisme* des Grecs et l'urbanité des Romains. (II, 83.)

ATTIRAIL :

Tu te trompes, Philémon, si avec ce carrosse brillant..., tu penses que l'on t'en estime davantage : l'on écarte tout cet *attirail* qui t'est étranger, pour pénétrer jusques à toi, qui n'es qu'un fat. (I, 160.)

ATTITUDE :

Ce prince humain et bienfaisant.... vous tend les bras, vous regarde avec des yeux tendres et pleins de douceur ; c'est là son *attitude*. (II, 470.)

ATTRAIT :

Il cultive les jeunes (femmes), et entre celles-ci les plus belles et les mieux faites ; c'est son *attrait*. (II, 157.)

ATTRAPER, saisir la ressemblance de quelqu'un :

Je le peins dévot, et je crois l'*avoir attrapé*; mais il m'échappe, et déjà il est libertin. (II, 151.)

AUCUN, AUCUNE, AUCUNS :

Une loi qui défendoit, sur peine de la vie, à *aucun* philosophe d'enseigner dans les écoles. (I, 18.)

Les mutins n'entendent *aucune* raison. (I, 138.)

Vous ne me jugez pas digne d'*aucune* réponse. (II, 245.)

Une petite ville qui n'est divisée en *aucuns* partis. (I, 234.)

AUDIENCE, séance d'un tribunal :

Perçant la foule pour paroître à l'*audience*.... (I, 62.)

AUGMENTER, absolument :

Voyez le peuple : il controuve, il *augmente*, il charge.... par sottise. (II, 244.)

AUGURE, féminin :

Des choses de *mauvaise augure*. (I, 71 ; voyez *ibidem*, note 2.)

AUGURER :

Que d'autres *augurent*, s'ils le peuvent, ce qu'il (le Roi) veut achever dans cette campagne. (II, 470.)

AUGUSTE :

Un jeune prince, d'une race *auguste*. (II, 121.)

AUMÔNIER, personne qui fait souvent l'aumône :

Il ne convient pas à toute sorte de personnes de lever l'étendard d'*aumônier*, et d'avoir tous les pauvres d'une ville assemblés à sa porte, qui y reçoivent leurs portions. (II, 249.)

AUNAGE :

Un mauvais *aunage*. (I, 260 ; voyez I, 295, *n*. 21.)

AUPRÈS, AUPRÈS DE :

Un pasteur.... a sa place dans l'œuvre *auprès* les pourpres et les fourrures. (II, 174 ; voyez *ibidem*, note 1.)

Les est-il une faute d'impression, commune à toutes les éditions anciennes, ou bien la Bruyère a-t-il construit *auprès* sans *de*, comme on fait quelquefois *près*?

Il ne manque souvent à un ancien galant, *auprès d'*une femme qui l'attache, que le nom de mari. (I, 175.)

AUSSI ; PAS AUSSI, pas non plus :

Les connoisseurs.... se donnent voix délibérative.... sur les spectacles, se cantonnent *aussi*, et se divisent en des partis contraires. (I, 136.)

C'est l'unique fin que l'on doit se proposer en écrivant, et le succès *aussi* que l'on doit moins se promettre ; mais comme les hommes ne se dégoûtent point du vice, il ne faut *pas aussi* se lasser de leur reprocher. (I, 105.)

Les caractères.... (chez Théophraste) semblent rentrer les uns dans les autres... ; ils ne sont *pas aussi* toujours.... parfaitement conformes. (I, 31.)

Il ne veut *pas aussi* être cru imprenable par cet endroit. (I, 376.)

La faveur des princes n'exclut pas le mérite, et ne le suppose *pas aussi*. (II, 74.)

De ce qu'une nature universelle qui pense exclut de soi généralement tout ce qui est matière, il suit nécessairement qu'un être particulier qui pense ne peut *pas aussi* admettre en soi la moindre matière. (II, 255.)

Voyez II, 15, *l*. 2 ; II, 51, *l*. 21 ; II, 52, *l*. 6 ; II, 254, *l*. 6 ; II, 264, *l*. 3 ; II, 486, *l*. 16.

Il revient.... à la Solitaire (sorte de tulipe), où il se fixe..., où il oublie de dîner : *aussi* est-elle nuancée, bordée, huilée. (II, 136 ; voyez II, 142, *l*. 21.)

COMME.... AUSSI. Voyez COMME.

AUTANT ; AUTANT DE FOIS QUE :
Il est *autant* impossible que ce qui pense en moi soit matière, qu'il est inconcevable que Dieu soit matière. (II, 255.)
Autant admirateur du mérite que s'il lui eût été moins propre. (I, 163.)
Il possède le langage des cuisines *autant* qu'il peut s'étendre. (II, 57.)
Il se multiplie *autant de fois* qu'il a de nouveaux goûts et de manières différentes. (II, 6.)

AUTEL, sainte table :
Le moine confesse, pendant que le curé tonne en chaire contre le moine et ses adhérents ; telle femme pieuse sort de l'*autel*, qui entend au prône qu'elle vient de faire un sacrilége. (II, 173.)

AUTOMATE :
Le sot est *automate*, il est machine, il est ressort. (II, 66 ; voy. *ibid.*, note 2.)

AUTORISER :
La coutume.... d'interrompre les avocats..., on l'*autorise* par une raison solide et sans réplique, qui est celle de l'expédition. (II, 185.)

AUTORITÉ :
Un homme de bien et d'*autorité*. (II, 155.)

AUTOUR, adverbialement :
La campagne *autour* est couverte d'hommes. (I, 271.)
Une attention importune qu'on a au moindre mot qui échappe, pour le relever, badiner *autour*, y trouver un mystère.... (I, 219.)

AUTRE :
L'amour naît brusquement, sans *autre* réflexion, par tempérament ou par foiblesse. (I, 199.)
Ces ouvrages.... deviennent des almanachs de l'*autre* année. (I, 146.)
Ménophile emprunte ses mœurs d'une profession, et d'un *autre* son habit. (I, 316 ; voyez *ibidem*, note 5.)
Roscius.... ne peut être à vous, il est à un *autre*. (I, 179 et note 1.)

Dans la première des deux phrases qui précèdent, *un* est le texte de toutes les éditions du dix-septième siècle ; dans la seconde, d'une seule. Ce pourraient bien être des fautes d'impression ; toutefois le premier exemple peut à la rigueur s'expliquer par une ellipse : « d'un autre homme, d'un homme d'une autre profession » ; pour le second, « un autre », au lieu d'*une autre*, voyez le *Lexique de Corneille*, tome I, p. LXVI-LXVIII ; celui *de Racine*, p. CX.

Si je compare ensemble.... les grands avec le peuple, ce dernier me paroît content du nécessaire, et les *autres* sont inquiets et pauvres avec le superflu. (I, 347.)
Il s'attire.... des propositions qui lui découvrent les vues des *autres* les plus secrètes. (I, 376.)

L'UN ET L'AUTRE. Voyez UN.

AUTREMENT, en d'autres termes :
Liberté, c'est choix, *autrement* une détermination volontaire au bien ou au mal. (II, 274.)

AVANCE, AVANCES :
S'il se trouve bien d'un homme opulent..., il ne cajole point sa femme, il ne lui fait du moins ni *avance* ni déclaration. (II, 156.)

Avances, au pluriel, dans la sixième édition, la première où ce passage ait paru.

Il est aussi dangereux à la cour de faire les *avances*, qu'il est embarrassant de ne les point faire.

AVANCER, s'avancer :
Je me fais un devoir étroit et un sensible plaisir de les *avancer* tous deux (les deux élèves). (II, 500.)
Charles VIII est fort *avancé*. (II, 481.)
C'est-à-dire, l'étude que nous faisons du règne de Charles VIII est fort avancée.
La fable *avance* assez, et il la retient avec la facilité ordinaire. (II, 498.)
Une femme *avancée* en âge. (I, 177.)
Personne n'*avance* de soi qu'il est brave ou libéral. (II, 39.)
Le mérite est dangereux dans les cours à qui veut s'*avancer*. (I, 318.)
Voyez I, 258, *l.* 13 ; I, 304, *l.* 22.

AVANT DE, AVANT QUE, AVANT QUE DE :
Avant de prendre congé de lui. (II, 9.)
Avant qu'il sorte de sa maison, il en loue l'architecture. (I, 38.)
Avant que de convenir du prix,... il lui fait ressouvenir (au marchand) qu'il lui a autrefois rendu service. (I, 53.)
Avant que de sortir. (II, 9; voyez I, 137, *l.* 20; I, 162, *l.* 8; I, 210, *l.* 1; I, 222, *l.* 26 et 27.)

AVANTAGE :
Les hommes devroient employer les premières années de leur vie à devenir tels.... que la République.... se trouvât portée par ses propres *avantages* à faire leur fortune. (I, 153.)
Quelque désagrément qu'on ait à se trouver chargé d'un indigent, l'on goûte à peine les nouveaux *avantages* qui le tirent enfin de notre sujétion. (I, 207.)
[L'ostentation] est dans l'homme une passion de faire montre d'un bien ou des *avantages* qu'il n'a pas. (I, 77.)
Le discours chrétien est devenu un spectacle. Cette tristesse évangélique qui en est l'âme ne s'y remarque plus : elle est suppléée par les *avantages* de la mine, par les inflexions de la voix. (II, 220.)
Par l'avantage de la mine, dans les trois premières éditions.

AVANTAGEUX :
Une belle ressource pour celui qui est tombé dans la disgrâce du prince, c'est la retraite. Il lui est *avantageux* de disparoître, plutôt que de traîner dans le monde le débris d'une faveur qu'il a perdue. (I, 379.)
Semer en mille occasions des faits et des détails qui soient *avantageux*, et tourner le ris et la moquerie contre ceux qui oseroient en douter. (I, 350.)

AVARICE :
De l'*Avarice*. — Ce vice est dans l'homme un oubli de l'honneur et de la gloire, quand il s'agit d'éviter la moindre dépense. (I, 75.)
De l'épargne sordide. — Cette espèce d'*avarice* est dans les hommes une passion de vouloir ménager les plus petites choses sans aucune fin honnête. (I, 54.)

AVEC, D'AVEC :
Une mère.... qui la fait (sa fille) religieuse, se charge d'une âme *avec* la sienne. (II, 179.)
Leur coutume est de peindre.... leurs épaules, qu'elles étalent *avec* leur gorge. (I, 328.)
Voulez-vous qu'ils empiètent sur celui (sur l'état) des gens de bien, qui *avec* les vices cachés fuient encore l'orgueil et l'injustice ? (II, 153.)
Je lui ai appris ces derniers jours la Suède, le Danemarck,... l'Angleterre *avec* l'Écosse et l'Irlande, assez scrupuleusement. (II, 477.)

Théodote *avec* un habit austère a un visage comique, et d'un homme qui entre sur la scène. (I, 321.)

Il a *avec* de l'esprit l'air d'un stupide. (I, 273.)

Cassandre étoit puissant, et il avoit *avec* lui de grandes forces. (I, 51.)

Comme elles regorgent de train, de splendeur et de dignités, elles se délassent volontiers *avec* la philosophie ou la vertu. (I, 291.)

Glycère se fait celer.... pour ses amis...; elle est distraite *avec* eux. (I, 191.)

C'est déjà trop d'avoir *avec* le peuple une même religion et un même Dieu. (I, 345.)

On le voit.... disputer avec son valet lequel des deux donnera mieux dans un blanc *avec* des flèches. (I, 86.)

Il envie à ses propres valets.... la plus petite pièce de monnoie qu'ils auront ramassée dans les rues, et il ne manque point d'en retenir sa part *avec* ce mot : « Mercure est commun. » (I, 58.)

On veut à la cour que bien des gens manquent d'esprit qui en ont beaucoup; et entre les personnes de ce dernier genre une belle femme ne se sauve qu'à peine *avec* d'autres femmes. (I, 189.)

Quelle mésintelligence entre l'esprit et le cœur ! Le philosophe vit mal *avec* tous ses préceptes. (II, 43.)

Tous vices de l'âme, mais différents, et qui *avec* tout le rapport qui paroît entre eux, ne se supposent pas toujours l'un l'autre dans un même sujet. (II, 5.)

Il y a un certain nombre de phrases toutes faites,... dont l'on se sert pour se féliciter les uns les autres.... Bien qu'elles se disent souvent sans affection..., il n'est pas permis *avec* cela de les omettre. (I, 331.)

Ceux-là portent les armes pleines, ceux-ci brisent d'un lambel.... Ils ont *avec* les Bourbons, sur une même couleur, un même métal. (I, 281.)

Ceux que la naissance démêle *d'avec* le peuple. (I, 353.)

La distance d'une étoile *d'avec* une autre étoile. (II, 264.)

Ne pas faire la différence de l'odeur forte du thym ou de la marjolaine *d'avec* les parfums les plus délicieux. (I, 41.)

AVENIR :

Le présent est pour les riches, et l'*avenir* pour les vertueux et les habiles. Homère est encore et sera toujours. (I, 263.)

Ce garçon si frais.... est seigneur d'une abbaye et de dix autres bénéfices.... Il y a ailleurs six vingts familles indigentes.... Quel partage ! Et cela ne prouve-t-il pas clairement un *avenir* ? (I, 254.)

Il y a des hommes qui attendent à être dévots.... que tout le monde se déclare impie.... Qui sait même s'ils n'ont pas déjà mis une sorte de bravoure et d'intrépidité à courir tout le risque de l'*avenir* ? (II, 239.)

AVENTURE, AVENTURES :

En faisant des libations, il lui échappera des mains une coupe ou quelque autre vase; et il rira ensuite de cette *aventure*, comme s'il avoit fait quelque chose de merveilleux. (I, 71.)

Il y eut un prêtre de Jupiter.... à qui elle plut, qui osa le lui déclarer, et ne s'attira que du mépris. Un vieillard qui.... avoit eu la même audace eut aussi la même *aventure*. (I, 196.)

C. P. (Chapelain) étoit fort riche, et C. N. (Corneille) ne l'étoit pas : la Pucelle et Rodogune méritoient chacune une autre *aventure*. (II, 79.)

Ils sont gens à belles *aventures*. (I, 282.)

AVENTURIER, adjectif :

Il y a dans les cours des apparitions de gens *aventuriers* et hardis. (I, 301; voyez I, 341, *l.* 17.)

Ces mots *aventuriers* qui paroissent subitement, durent un temps, et que bientôt on ne revoit plus.... (I, 219.)

AVEUGLE :

La prévention du peuple en faveur des grands est si *aveugle*..., que s'ils s'avisoient d'être bons, cela iroit à l'idolâtrie. (I, 338.)

AVIDE DE :

Il y a des âmes,... éprises du gain..., *avides du* denier dix. (I, 264.)

AVIDEMENT :

Certains poëtes sont sujets, dans le dramatique, à de longues suites de vers pompeux qui semblent forts, élevés, et remplis de grands sentiments. Le peuple écoute *avidement*, les yeux élevés et la bouche ouverte. (I, 115.)
Ils considéreront *avidement* vos portraits et vos médailles. (I, 381.)

AVILI :

Il n'y a rien qui enlaidisse certains courtisans comme la présence du Prince :... leurs traits sont altérés, et leur contenance est *avilie*. (I, 300.)

AVISER (S') DE, suivi d'un substantif ou d'un infinitif :

Personne presque ne *s'avise* de lui-même *du* mérite d'un autre. (I, 152.)
S'il *s'avise* un jour *de* faire exercer ses enfants à la lutte ou à la course, il ne leur permet pas de se retirer qu'ils ne soient tout en sueur. (I, 63.)
La prévention du peuple en faveur des grands est si aveugle..., que s'ils *s'avisoient d'*être bons, cela iroit à l'idolâtrie. (I, 338 ; voyez I, 12, *l.* 14.)

AVOIR, emplois divers :

Une petite ville.... *a* une forêt épaisse qui la couvre des vents froids. (I, 233.)
Elle *a* des intervalles où sa raison lui revient. (I, 198.)
Les hommes n'y *ont* pas plus d'attention qu'à une fleur qui se fane. (II, 243 ; voyez I, 35, *l.* 27 et 28.)
Cette affectation que quelques-uns *ont* de plaire à tout le monde. (I, 43.)
Le premier et l'unique soin qu'on *a* après sa fortune faite. (I, 308.)
Comme le choix des pensées est invention, ils l'*ont* mauvais, peu juste. (I, 148.)
Vous diriez qu'il *ait* l'oreille du prince ou le secret du ministre. (I, 370 ; voyez I, 303, *l.* 15.)
Il n'y a pas longtemps qu'ils (les prédicateurs) *avoient* des chutes ou des transitions ingénieuses. (II, 222.)
Cette fatuité de quelques femmes de la ville, qui cause en elles une mauvaise imitation de celles de la cour, est quelque chose de pire que la grossièreté des femmes du peuple, et que la rusticité des villageoises : elle *a* sur toutes deux l'affectation de plus. (I, 292.)
Le temps que nous *avons* libre est utilement employé. (II, 498.)

AVOIR, obtenir, recevoir, contenir :

Il raconte une autre fois quels applaudissements *a eus* un discours qu'il a fait dans le public. (I, 49.)
Un homme chagrin, après *avoir eu* de ses juges ce qu'il demandoit..., se plaint encore de celui qui a écrit ou parlé pour lui. (I, 68.)
Elle.... me tient.... la parole que j'*ai eue* d'elle à Chambord. (II, 492.)
Un ouvrage satirique ou qui *a* des faits.... passe pour merveilleux. (I, 114, *variante*.)

Avoir, absolument :

Lorsqu'on desire, on se rend à discrétion à celui de qui l'on espère : est-on sûr d'*avoir*, on temporise, on parlemente, on capitule. (II, 19.)

Avoir, suivi d'un substantif sans article :

Sans *avoir obligation* à personne. (I, 54.)
Il y en a une (une règle).... que j'*ai intérêt* que l'on veuille suivre. (I, 106.)
Il *a relation* avec des savants. (I, 166.)
Il n'*aura* point *regret* de mourir. (I, 288.)
Il n'y *a sorte* de volupté qu'ils n'essayent. (I, 303.)

Avoir de quoi :

Rien n'est bien d'un homme disgracié...; on en plaisante; il n'*a* plus *de quoi* être un héros. (II, 115.)

Il y a :

Le goût qu'*il y a* à devenir le dépositaire du secret des familles. (I, 182.)
Il y a parler bien, parler aisément, parler juste, parler à propos. (I, 224.)

Aye pour ait :

Quelque désintéressement qu'on *aye*. (I, 205.)

Tel est le texte de la 4ᵉ édition, la première où ait paru le caractère d'où ces mots sont tirés ; les suivantes donnent *ait*. Au sujet de cette forme *aye*, voyez le *Lexique de Corneille*, tome I, p. 107 et 108.

AVOUER :

Les hommes parlent de manière, sur ce qui les regarde, qu'ils n'*avouent* d'eux-mêmes que de petits défauts. (II, 32.)

B

BABIL :

Ce que quelques-uns appellent *babil* est proprement une intempérance de langue qui ne permet pas à un homme de se taire. (I, 48.)
Il a comme assassiné de son *babil* chacun de ceux qui ont voulu lier avec lui quelque entretien. (I, 48.)

BABILLARD :

Quand on l'accuseroit d'être plus *babillard* qu'une hirondelle, il faut qu'il parle. (I, 50.)

BACCHANTE. (II, 147, *l.* 8.)

BACHELIER :

Le *bachelier*.... est peut-être méprisé du géomètre. (II, 105 ; voyez *ibid.*, note 1.)

BADIN, badine :

Un homme simple, ingénu, crédule, *badin*, volage. (II, 102.)
Soyez *badine* et folâtre. (II, 159.)

BADINER :

Pour *badiner* avec grâce, et rencontrer heureusement sur les plus petits sujets, il faut trop de manières, trop de politesse. (I, 215.)
Il ne *badine* jamais, il ne tire aucun fruit de la bagatelle. (II, 42.)

BAGAGE, au singulier :
Il n'oublie pas l'artillerie ni le *bagage*. (I, 370.)

BAGATELLE, chose sans importance; BAGATELLE, galanterie, amourettes :
Il est.... difficile d'exprimer la *bagatelle* qui les a fait rompre, qui les rend implacables l'un pour l'autre. (I, 233.)
Laisser le peuple s'endormir dans les fêtes,... se remplir du vide et savourer la *bagatelle*. (I, 364 ; voyez II, 76, *l.* 9.)
Il ne badine jamais, il ne tire aucun fruit de la *bagatelle*. (II, 42.)

BAIGNEUR. (I, 53.)

BAILLIVE, femme du bailli. (II, 450.)

BAISSER :
Vous êtes vieilli; mais voudriez-vous que je crusse que vous *êtes baissé* ? (I, 237.)

BALAIS (RUBIS) :
Vous avez là.... un beau rubis ; est-il *balais* ? (II, 11.)

BALANCE, au figuré :
Il unit.... d'intérêt plusieurs foibles contre un plus puissant, pour rendre la *balance* égale. (I, 376.)

BALANCER, activement et neutralement :
La joie que l'on reçoit de l'élévation de son ami *est* un peu *balancée* par la petite peine qu'on a de le voir au-dessus de nous. (I, 207.)
La noblesse de son emploi.... et le mérite personnel *balancent* au moins les sacs de mille francs que le fils du partisan ou du banquier a su payer pour son office. (I, 278.)
J'*ai balancé*.... entre l'impatience de donner à mon livre plus de rondeur.... et la crainte de faire dire, etc. (I, 108.)

BALAYER. Voyez BALLIER.

BALBUTIER, activement :
Je leur *avois balbutié* la veille un discours. (II, 441.)

BALCON, dans les salles de spectacle :
Voilà un homme.... que j'ai vu quelque part.... Est-ce.... aux Tuileries dans la grande allée, ou dans le *balcon* à la comédie ? (I, 285.)

BALIVEAU, arbre réservé lors d'une coupe :
Ne parlez à un grand nombre de bourgeois ni de guérets, ni de *baliveaux*, ni de provins, ni de regains, si vous voulez être entendu. (I, 295.)

BALLIER, balayer :
Ne pensez pas que ce soit un autre que lui qui *ballie* le matin sa chambre. (I, 77 ; voyez *ibidem*, note 2.)

BALUSTRE formant clôture dans une chambre, cabinet :
Ce roi, retiré dans son *balustre*, veille seul sur nous et sur tout l'État. (II, 471.)

BARBARE :
Faire fortune est une.... belle phrase... : elle plaît aux étrangers et aux *barbares*, elle règne à la cour et à la ville. (I, 257.)
Nous n'aimerions pas à être traités ainsi de ceux que nous appelons

barbares.... Tous les étrangers ne sont pas *barbares*. (II, 89 ; voyez *ibidem*, *l.* 13 ; II, 90, *l.* 4.)

BARBARIE :
S'il y a en nous quelque *barbarie*, elle consiste à être épouvantés de voir d'autres peuples raisonner comme nous. (II, 89.)

BARBARISME :
Il n'a manqué à Molière que d'éviter le jargon et le *barbarisme*, et d'écrire purement. (I, 128.)

BAS de saye :
Le plaisir d'un roi qui mérite de l'être est de l'être moins quelquefois, de sortir du théâtre, de quitter le *bas de saye*..., et de jouer avec une personne de confiance un rôle plus familier. (I, 378 ; voyez *ibidem*, note 3.)

BAS, adjectif :
Ils sont *bas* et timides devant les princes et les ministres. (I, 358.)

Bas (Par) :
Un fâcheux.... choisit le temps du repas.... pour dire qu'ayant pris médecine depuis deux jours, il est allé par haut et *par bas*. (I, 72.)

BATAILLE :
Il s'étend merveilleusement sur la fameuse *bataille* qui s'est donnée sous le gouvernement de l'orateur Aristophon. (I, 49.)

BÂTIMENT :
Un bourgeois aime les *bâtiments* ; il se fait bâtir un hôtel si beau..., qu'il est inhabitable. (II, 140.)

BATTERIE, au figuré :
Élise n'a pas le courage d'être riche en l'épousant (en épousant Nicandre). On annonce, au moment qu'il parle, un cavalier, qui de sa seule présence démonte la *batterie* de l'homme de ville. (I, 245.)

La vie de la cour est un jeu sérieux... : il faut arranger ses pièces et ses *batteries*, avoir un dessein, le suivre. (I, 325.)

BATTU (Chemin) :
Il y a pour arriver aux dignités ce qu'on appelle ou la grande voie ou le *chemin battu* ; il y a le chemin détourné..., qui est le plus court. (I, 317.)

BAUDRIER :
Le rebut de la cour est reçu à la ville dans une ruelle, où il défait le magistrat, même en cravate et en habit gris, ainsi que le bourgeois en *baudrier*, les écarte et devient maître de la place. (I, 178 ; voy. *ibid.*, note 1.)

BÉATITUDE :
César.... n'avoit point d'autre *béatitude* à se faire que le cours d'une belle vie, et un grand nom après sa mort. (II, 121.)

BEAU, belle, au sens physique et au sens moral ; le beau :
A un homme vain, indiscret..., il ne lui manque plus, pour être adoré de bien des femmes, que de *beaux* traits et la taille *belle*. (I, 178.)

Ne point supposer ce qui est faux, je veux dire que le grand ou le *beau* monde sait sa religion et ses devoirs. (II, 235.)

Selon même votre observation, quoique très-*belle*, le μαινόμενος [dans un texte de Diogène Laërce] reste toujours un peu équivoque. (II, 511.)

Il (Richelieu) a connu le *beau* et le sublime du ministère. (II, 458.)

BEL ESPRIT, au sens abstrait et au sens concret; BEAUX ESPRITS :
Il y a eu de tout temps de ces gens d'un *bel esprit* et d'une agréable littérature. (II, 240.)
Ascagne est statuaire..., et Cydias *bel esprit*, c'est sa profession. (I, 241.)
Les *beaux esprits* veulent trouver obscur ce qui ne l'est point. (I, 127.)
Voyez II, 85, *l.* 15 et 16; II, 86, *l.* 2; II, 461, *l.* 3.

BEAUCOUP. (II, 207, *l.* 2.)

BEFFROI :
Il entend déjà sonner le *beffroi* des villes. (I, 370.)

BÉNÉFICE, dignité ecclésiastique, accompagnée d'un revenu :
Ce garçon.... est seigneur d'une abbaye et de dix autres *bénéfices*. (I, 254.)

BENIN (II, 110, *l.* 4.)

BESOIN ; AVOIR BESOIN DE OU QUE :
Un fâcheux est celui qui,... se trouvant sur le bord de la mer, sur le point qu'un homme est prêt de partir,... l'arrête sans nul *besoin*. (I, 72.)
La première règle.... des puissants est de donner à ceux qui dépendent d'eux pour le *besoin* de leurs affaires toutes les traverses qu'ils en peuvent craindre. (I, 349.)
Celui-là.... est impudent qui voyant venir vers lui une femme de condition, feint dans ce moment quelque *besoin*. (I, 56.)
Les hommes, pressés par les *besoins* de la vie.... (I, 260.)
Contribution capable de subvenir aux *besoins* de la République.... (I, 75.)
Il sort en querellant son valet de ce qu'il ose le suivre sans porter de l'or sur lui pour les *besoins* où l'on se trouve. (I, 79.)
Les choses dont il *a* plus *besoin* d'être instruit. (II, 505.)
S. A. *a besoin que* vous lui déclariez.... que vous voulez très-absolument qu'il sache très-bien la géographie. (II, 504.)

BÊTE, substantif féminin :
Ils consultoient les Dieux.... par les entrailles des *bêtes*. (I, 82, note 2.)
Ils.... se lèvent pour donner une poignée d'herbes aux *bêtes* de charrue qu'ils ont dans leurs étables. (I, 42.)
La gent volatile.... s'effraye du voisinage du lion... : elle se réfugie près de la *bête* qui.... la prend sous sa protection. (II, 134.)

BIAISER :
S'il trouve une barrière de front,... il *biaise* naturellement. (I, 258.)

BICOQUE :
S'il apprend le matin que nous avons perdu une *bicoque*,... il envoit s'excuser à ses amis qu'il a la veille conviés à dîner. (I, 370.)

BIEN, substantif :
Il faut briguer la faveur de ceux à qui l'on veut du *bien*, plutôt que de ceux de qui l'on espère du *bien*. (I, 209.)
Quel étrange compte à rendre.... des *biens* que l'on n'a point faits, des maux au contraire que l'on a faits ! (II, 111.)
Des *Biens* de fortune. — A mesure que la faveur et les grands *biens* se retirent d'un homme, ils laissent voir en lui le ridicule qu'ils couvroient. (I, 246 ; voyez I, 262, *l.* 20.)
Un homme avide..., qui veut.... grossir sa fortune, et regorger de *bien*. (I, 257; voyez I, 77, *l.* 15 ; I, 272, *l.* 8.)

Bien (En), avec honnêteté :
On ne trompe point *en bien ;* la fourberie ajoute la malice au mensonge. (II, 21.)

BIEN, adverbe :
On ne reverra plus un homme qui mange tant et qui mange si *bien ;* aussi est-il l'arbitre des bons morceaux. (II, 58.)
Les grands..., avec de longs services, *bien* des plaies sur le corps,... de grandes dignités, ne montrent pas un visage si assuré. (I, 303.)

Bien (Se trouver) de :
L'usage a préféré.... « pensées » à « pensers », un si beau mot, et *dont* le vers *se trouvoit* si *bien.* (II, 213.)
S'il *se trouve bien* d'un homme opulent, à qui il a su imposer, dont il est le parasite..., il ne cajole point sa femme. (II, 156.)

BIENFACTEUR, bienfactrice :
Vous conservez.... le portrait de votre *bienfacteur.* (I, 256.)
L'infamie est de se jouer de sa *bienfactrice.* (II, 181 ; voyez I, 180, *l.* 14.)

BIENSÉANCE :
Il demande trop, pour être refusé, mais dans le dessein de se faire un droit ou une *bienséance* de refuser lui-même ce qu'il sait bien qui lui sera demandé. (I, 374.)
Elles (les étoffes) ont chacune leur agrément et leur *bienséance.* (II, 239.)

BIENTÔT :
Il aborde dans un voyage le premier qu'il trouve sur son chemin, lui fait compagnie, et lui dit *bientôt* qu'il a servi sous Alexandre. (I, 78.)

BIENVEILLANCE :
Il semble que le trop grand empressement est une recherche importune ou une vaine affectation de marquer aux autres de la *bienveillance* par ses paroles et par toute sa conduite. (I, 61.)
Tant de rares qualités ne lui acquirent pas seulement la *bienveillance* du peuple, mais encore l'estime et la familiarité des rois. (I, 18.)

BILE, au propre et au figuré :
L'on ne se rend point sur le desir de posséder... ; la *bile* gagne, et la mort approche, que.... l'on dit : « Ma fortune, mon établissement. » (I, 262.)
L'on a des chagrins et une *bile* que l'on ne se connoissoit point. (II, 17.)
Les mêmes hommes qui ont un flegme tout prêt pour recevoir indifféremment les plus grands désastres, s'échappent, et ont une *bile* intarissable sur les plus petits inconvénients. (II, 69.)

BILLET :
Recevoir des *billets* et.... y faire réponse. (I, 139.)
C'est lui.... qui fait querelle à ceux (des spectateurs) qui étant entrés par *billets,* croient ne devoir rien payer. (I, 46.)

BLANC, substantivement, but :
On le voit.... tirer de l'arc et disputer avec son valet lequel des deux donnera mieux dans un *blanc* avec des flèches. (I, 86.)

BLANCHIR, actif et neutre :
Celles (les étoiles).... qui composent la voie de lait.... ne font au plus que *blanchir* cette route des cieux où elles sont placées. (II, 265.)
« Il est merveilleux, dit-il, combien vous êtes *blanchi* depuis deux jours

que je ne vous ai pas vu; » et il ajoute : « Voilà encore, pour un homme de votre âge, assez de cheveux noirs. » (I, 37.)

Ils *blanchissent* auprès d'eux (auprès des grands) dans la pratique des bons mots, qui leur tiennent lieu d'exploits. (II, 44.)

BLÉ FROMENT :

On distingue à peine.... le *blé froment*.... d'avec les seigles. (I, 295.)

BLESSER, au figuré :

Ce caractère (de vilain homme) suppose toujours dans un homme une extrême malpropreté, qui *blesse* ceux qui s'en aperçoivent. (I, 70.)

Que penser de ceux qui osent la *blesser* (la Divinité) dans sa plus vive image, qui est le Prince? (II, 248.)

Celui qui dit.... de soi, sans croire *blesser* la modestie, qu'il est bon.... (II, 39.)

J'ai mis votre choix à tel prix, que je n'ai pas osé en *blesser*, pas même en effleurer la liberté, par une importune sollicitation. (II, 471.)

Je ne doute pas même que cet excès de familiarité ne les rebute davantage (les Orientaux) que nous ne *sommes blessés* de leur zombaye et de leurs autres prosternations. (I, 268; voyez *ibidem*, note 1.)

Ils parviennent, en *blessant* toutes les règles de parvenir. (II, 44.)

L'on n'y *blesse* point (à la cour) la pureté de la langue. (I, 361.)

Si par le respect d'un ami mort l'on suit ses intentions en le rendant (le fidéicommis) à sa veuve, on est confidentiaire, on *blesse* la loi. (II, 194.)

La jalousie.... vice honteux, et qui.... ne persuade pas tant à celui qui en *est blessé* qu'il a plus d'esprit et de mérite que les autres, qu'il lui fait croire qu'il a lui seul de l'esprit et du mérite.... (II, 40.)

Ces hommes saints qui *ont été* autrefois *blessés* des femmes. (I, 182.)

BOIRE (LE), substantivement :

Perdre *le boire* et le manger. (I, 278; voyez II, 54, *l.* 14.)

BOÎTE :

Toujours accablés de procès..., ils n'oublient jamais de porter leur *boîte* dans leur sein, et une liasse de papiers entre leurs mains. (I, 47; voyez *ibidem*, note 1.)

BON, BONNE :

L'on dit par belle humeur.... de ces choses froides,... que l'on ne trouve *bonnes* que parce qu'elles sont extrêmement mauvaises. (I, 239.)

Ceux qu'il a domptés.... labourent de *bon* courage. (II, 132.)

Le *bon* esprit nous découvre notre devoir. (I, 158.)

Il est *bon* homme, il est plaisant homme. (II, 103.)

BON (IL FAIT) :

Il fait bon avec celui qui ne se sert pas de son bien à marier ses filles, à payer ses dettes, ou à faire des contrats. (I, 270.)

BONHEUR :

Prouver la bonté d'un dessein.... par le *bonheur* des événements. (I, 350.)

BONTÉ, BONTÉS :

Il y a dans l'art un point de perfection, comme de *bonté* ou de maturité dans la nature. (I, 116.)

Il ne juge de la *bonté* de sa pièce que par l'argent qui lui en revient. (II, 101.)

Prouver la *bonté* d'un dessein par le bonheur des événements. (I, 350.)

Je vous fais.... mes remerciements très-humbles.... des *bontés* que Votre

Altesse daigne me marquer sur cette perte (la perte de ma mère) dans sa dernière lettre. (II, 491.)

BORDÉ, ÉE :
La Solitaire (sorte de tulipe).... est.... nuancée, *bordée*, huilée. (II, 136.)

BORNER :
Appellerai-je homme d'esprit celui qui, *borné* et renfermé dans quelque art..., ne montre hors de là ni jugement, ni mémoire? (II, 100.)
La politique qui ne consiste qu'à répandre le sang *est* fort *bornée*. (I, 363.)

BOTTINES d'homme. (II, 146, *n.* 11.)

BOUCHE :
Pour déclamer parfaitement il ne lui manque.... que de parler avec la *bouche*. (I, 178.)
Se dire de *bouche* que l'on s'aime, après que les manières disent qu'on ne s'aime plus. (I, 205.)
Il.... leur met (aux gens) en la *bouche* ses petites façons de parler. (I, 219.)
Il fait la petite *bouche*, et il n'y a guère de moments où il ne veuille sourire. (II, 149.)

BOUE, au figuré :
Il y a des âmes sales, pétries de *boue* et d'ordure. (I, 264.)

BOUFFONNERIE :
On est surpris de voir naître et éclore le bon sens du sein de la *bouffonnerie*, parmi les grimaces et les contorsions. (II, 102.)

BOUGIE, chandelle de cire. (I, 256, *l.* 17.)

BOURDONNER :
N'entendrai-je donc plus *bourdonner* d'autre chose parmi vous. (II, 130.)

BOURGEOIS. (I, 178; voyez II, 140, *l.* 13.)

BOURGEOISIE :
Fait pour être admiré de la *bourgeoisie* et de la province. (I, 243.)

BOURSE :
Ses laquais.... lui portent un bout de flambeau sous la gorge, lui demandent la *bourse*, et il la rend. (II, 15.)

BOUTIQUE :
Cette indolence avoit rempli les *boutiques* et peuplé le monde.... de livres froids et ennuyeux. (I, 109.)

BRAIE (Fausse-). Voyez Fausse-braie.

BRAS :
Il se promène.... sur le *bras* d'un valet qui le soulage. (II, 59.)
Provinces éloignées, provinces voisines, ce prince humain et bienfaisant.... vous tend les *bras*. (II, 470.)

BRASSARD, pièce d'armure. (II, 130, *l. av.-dern.*)

BRAVACHE :
C'est un *bravache*;... il n'a plus de quoi être un héros. (II, 115.)

BRAVE homme, homme brave :
Je consens.... que vous disiez d'un homme qui court le sanglier,... qui l'atteint et qui le perce : « Voilà un *brave homme*. » (II, 129.)

BREDOUILLER, activement :
Bredouiller des vanités et des sottises. (I, 220.)

BRELAN, maison de jeu, tripot :
Je ne m'étonne pas qu'il y ait des *brelans* publics, comme autant de piéges tendus à l'avarice des hommes. (I, 269.)

BRELANDIER, qui tient un brelan :
Vous le verrez aujourd'hui crieur public, demain cuisinier ou *brelandier*. (I, 46 ; voyez I, 269, *l.* 15 et 16.)

BRIE (La), pour le vin de Brie. Voyez Champagne.

BRIGUE :
On fait sa *brigue* pour parvenir à un grand poste. (I, 313.)

BRISER de, terme de blason :
Ceux-là portent les armes pleines, ceux-ci *brisent* d'un lambel. (I, 291.)

BRODEQUIN :
Le plaisir d'un roi qui mérite de l'être est de l'être moins quelquefois, de sortir du théâtre, de quitter le bas de saye et les *brodequins*, et de jouer avec une personne de confiance un rôle plus familier. (I, 378.)

BROUILLER, absolument ; se brouiller :
Il cherche, il *brouille*, il crie, il s'échauffe. (II, 7.)
Ce n'est pas pour ses enfants qu'il bâtit..., ni pour ses héritiers, personnes viles et qui *se sont brouillées* avec lui. (II, 59.)

BROUILLERIE :
Il connoît le fond et les causes de la *brouillerie* des deux frères. (I, 166.)

BRU. (II, 232, *l.* 4.)

BRUIRE :
L'usage a préféré.... « faire du bruit » à « *bruire* ». (II, 213 ; voyez *ibid.*, note 4.)

BRUISSEMENT :
Le *bruissement* d'un carrosse. (I, 291.)

BRUIT :
Un homme éclate contre une femme qui ne l'aime plus, et se console ; une femme fait moins de *bruit* quand elle est quittée, et demeure longtemps inconsolable. (I, 191.)
Quels petits *bruits* ne dissipent-ils pas (les gens d'esprit) ? Quelles histoires ne réduisent-ils pas à la fable et à la fiction ? (I, 350.)

BRUSQUE :
Des gens *brusques*, inquiets, suffisants. (I, 225.)

BRUTAL :
Si vous demandez à un homme *brutal* : « Qu'est devenu un tel ? » il vous répond durement : « Ne me rompez point la tête. » (I, 64.)

BRUTALITÉ :
La *brutalité* est une.... dureté, et j'ose dire une férocité, qui se rencontre dans nos manières d'agir, et qui passe même jusqu'à nos paroles. (I, 64.)

BRUTE, pour brut, adjectif :
Des organes *brutes*. (II, 67 ; voyez *ibidem*, note 1.)

BUVETTE, sorte de cabaret près du Palais. (I, 296, *l.* 9.)

C

CABALE :

Il faut avoir de l'esprit pour être homme de *cabale :* l'on peut cependant en avoir à un certain point, que l'on est au-dessus de l'intrigue et de la *cabale*, et que l'on ne sauroit s'y assujettir. (I, 334.)

Quelle horrible peine à un homme qui est sans prôneurs et sans *cabale*,... de venir au niveau d'un fat qui est en crédit! (I, 152.)

Voyez I, 136, *l.* 18; I, 146, *l.* 18; I, 391, l. 3; II, 74, *l.* 3.

CABALER :

Mentir..., *cabaler*, nuire, c'est leur état (l'état des faux dévots). (II, 153.)

CABINET désignant diverses pièces d'un appartement, en général écartées et de retraite, sens divers :

Le portrait de votre bienfacteur.... a passé.... du *cabinet* à l'antichambre. (I, 256.)

Ce n'est pas au milieu d'une chambre qu'il s'arrête : il passe à une embrasure ou au *cabinet*. (I, 342.)

Ces avares.... ont.... des cassettes où leur argent est en dépôt,... qu'ils laissent moisir dans un coin de leur *cabinet*. (I, 56.)

Une belle arme.... est une pièce de *cabinet*,... qui n'est pas d'usage. (I, 187.)

Une personne humble, qui est ensevelie dans le *cabinet*, qui a médité.... pendant toute sa vie. (I, 161; voyez II, 233, *l.* 15.)

Celui qui.... loue la vertu pour la vertu.... ne fournit rien aux visites des femmes, ni au *cabinet*, ni aux nouvellistes. (I, 355 ; voyez *ibid.*, note 2.)

Son Altesse Sérénissime expliqua toutes ces choses avec beaucoup d'exactitude, quoique il y entre bien des intrigues et du *cabinet*. (II, 501.)

Voyez I, 161, *l.* 17; II, 8, *l.* 4; II, 9, *l.* 22; II, 81, *l.* 3 et 4; II, 138, *l.* 6; II, 141, *l.* 14.

CABRIOLE. Voyez Capriole.

CACHER ; se cacher de :

L'éloquence de la chaire, en ce qui y entre d'humain et du talent de l'orateur, *est cachée*..., et d'une difficile exécution. (II, 230.)

Si vous ne *vous cachiez pas de* vos bienfaits,... vous auriez eu plus tôt mon remerciement. (II, 512.)

CADRER avec, cadrer à :

La loi.... *cadre* donc bien mal *avec* l'opinion des hommes? (II, 194.)

Il est souvent plus court et plus utile de *cadrer aux* autres que de faire que les autres s'ajustent à nous. (I, 233.)

CADUC :

Son père, si vieux et si *caduc*. (I, 252.)

Après un tel, qui sera chancelier?... Chacun fait sa promotion, qui est souvent de gens plus vieux et plus *caducs* que celui qui est en place. (II, 114.)

CADUCITÉ :

Mourant avant la *caducité*, il ne laisse de soi qu'une brillante idée. (I, 379.)

Géronte meurt de *caducité*. (II, 49; voyez II, 52, *l.* 3; II, 53, *l. dern.*)

CAJOLER :

S'il se trouve bien d'un homme opulent, à qui il a su imposer, dont il est le parasite..., il ne *cajole* point sa femme. (II, 156.)

CALCULER, activement et absolument :

Un homme stupide, *ayant* lui-même *calculé* avec des jetons une certaine somme, demande à ceux qui le regardent faire à quoi elle se monte. (I, 62.)

Si quelquefois il porte de l'argent sur soi dans un voyage, il le *calcule* à chaque stade qu'il fait, pour voir s'il a son compte. (I, 69.)

Il ne se donne pas la peine de régler lui-même des parties; mais il dit.... à un valet de les *calculer*, de les arrêter et les passer à compte. (I, 81.)

Si la place d'un Cassini devenoit vacante, et que le suisse ou le postillon du favori s'avisât de la demander,... il le trouveroit capable d'observer et de *calculer*. (I, 323.)

CALICE, improprement, en parlant de la corolle d'une fleur :

Elle (une tulipe) a un beau vase ou un beau *calice*. (II, 136.)

CAMÉLÉON, au figuré :

Le ministre ou le plénipotentiaire est un *caméléon*, est un Protée. (I, 373.)

CAMP :

Ce prince n'a pas plus de grâce, lorsqu'à la tête de ses *camps* et de ses armées, il foudroie une ville qui lui résiste. (II, 469.)

CAMPAGNE :

Toute *campagne* n'est pas agreste et toute ville n'est pas polie. (II, 89.)

L'on voit certains animaux farouches, des mâles et des femelles, répandus par la *campagne*..., attachés à la terre qu'ils fouillent. (II, 61.)

Les coureurs n'ont pu discerner si ce qu'ils ont découvert à la *campagne* sont amis ou ennemis. (I, 82.)

Se trouve-t-il en *campagne*, il dit à quelqu'un qu'il le trouve heureux d'avoir pu se dérober à la cour pendant l'automne. (II, 11.)

Voilà toutes les femmes en *campagne* pour l'avoir pour galant, et toutes les filles pour épouseur. (I, 290; voyez II, 56, *variante*.)

CANAILLE :

Rabelais.... est le charme de la *canaille*. (I, 131.)

Un coupable puni est un exemple pour la *canaille*. (II, 189.)

CANARIES, serins :

Faire couver des *canaries*. (II, 141.)

CANON, pièce du vêtement, qu'on attachait au-dessous du genou :

Le courtisan autrefois.... portoit de larges *canons*.... Cela ne sied plus : il porte.... le bas uni. (II, 150.)

CANTONNER (Se) :

Revenus à Paris, ils *se cantonnèrent* en divers quartiers, où ils répandirent tant de venin contre moi.... (II, 441 ; voyez II, 18, *variante*.)

Les connoisseurs.... se donnent voix délibérative et décisive sur les spectacles, *se cantonnent* aussi, et se divisent en des partis contraires. (I, 136.)

CAPABLE de, apte à, ayant la puissance de, susceptible de :

Si la place d'un Cassini devenoit vacante, et que le suisse ou le postillon du favori s'avisât de la demander,... il le trouveroit *capable* d'observer et *de* calculer, *de* parler de parélies et de parallaxes. (I, 322 et 323.)

Il n'y a guère qu'une naissance honnête ou qu'une bonne éducation qui rendent les hommes *capables de* secret. (I, 244.)

Un homme du peuple ne sauroit faire aucun mal; un grand ne veut faire aucun bien, et est *capable de* grands maux. (I, 347.)

Les plus vils artisans sont les plus sujets à la jalousie; ceux qui font profession des arts libéraux.... ne devroient être *capables* que d'émulation. (II, 40.)

Quand on excelle dans son art, et qu'on lui donne toute la perfection dont il est *capable*, l'on en sort en quelque manière, et l'on s'égale à ce qu'il y a de plus noble et de plus relevé. (I, 158.)

Tout genre d'écrire reçoit-il le sublime, ou s'il n'y a que les grands sujets qui *en* soient *capables*? (I, 144.)

Les hommes ne sont point *capables* sur la terre *d*'une joie plus naturelle, plus flatteuse et plus sensible, que de connoître qu'ils sont aimés. (I, 386.)

Ils se sont si bien ajustés, que par leur état ils deviennent *capables de* toutes les grâces...; ils vivent de l'Église et de l'épée. (I, 316.)

Le cardinal de Richelieu..., esprit solide, éminent, *capable* dans ce qu'il faisoit *des* motifs les plus relevés et qui tendoient au bien public. (II, 459.)

Quelquefois.... le peuple est obligé de s'assembler pour régler une contribution *capable de* subvenir aux besoins de la République. (I, 75.)

Il a.... le plus joli maintien qu'il est *capable de* se procurer. (II, 149.)

Voyez I, 147, *l.* 11; I, 264, *l.* 13; II, 174, *l.* 14 et 15; II, 443, *l.* 3 et 4.

CAPACITÉ :

Un être universel qui pense renferme dans son idée infiniment plus de grandeur,... et de *capacité*, qu'un être particulier qui pense. (II, 255.)

Les esprits justes, doux, modérés.... vont jusques à un certain point qui fait les bornes de leur *capacité* et de leurs lumières. (I, 148.)

La critique souvent n'est pas une science; c'est un métier, où il faut plus de santé que d'esprit, plus de travail que de *capacité*, plus d'habitude que de génie. (I, 149.)

Voyez I, 120, *l.* 6; I, 228, *l.* 14; I, 272, *l.* 15; I, 341, *l.* 6; I, 343, *l.* 28; I, 390, *l.* 1.

CAPEL :

De « *capel* ».[l'usage a fait] « chapeau ». (II, 215; voyez *ibid.*, note 2.)

CAPITAL, ALE ; CAPITAL, substantivement :

Quelque chose qui est *capital*. (I, 322.)
Une affaire très-*capitale*. (I, 268.)
Une affaire importante, et qui seroit *capitale* à lui ou aux siens. (I, 211.)
Des crimes *capitaux*. (II, 143.)
Voyez II, 183, *l.* 17; II, 231, *l.* 20; II, 235, *l.* 5.

Le *capital* d'une affaire. (I, 373.)

Le *capital* pour une femme n'est pas d'avoir un directeur, mais de vivre si uniment qu'elle s'en puisse passer. (I, 181.)

Un homme d'un.... mérite solide ne fait pas assez de cas de cette espèce de talent pour faire son *capital* de l'étudier et se le rendre propre. (I, 300.)

CAPITAN :

Des attitudes forcées ou immodestes..., qui font un *capitan* d'un jeune abbé, et un matamore d'un homme de robe. (II, 149.)

CAPITULER, au figuré :

Lorsqu'on desire, on se rend à discrétion à celui de qui l'on espère : est-on sûr d'avoir, on temporise, on parlemente, on *capitule*. (II, 19.)

CAPRICE :

Un nouvelliste ou un conteur de fables est un homme qui arrange, selon son *caprice*, des discours et des faits remplis de fausseté. (I, 50.)

Le *caprice* est dans les femmes tout proche de la beauté, pour être son contre-poison. (I, 174; voyez I, 209, *n.* 59.)

Les *caprices* du hasard ou les jeux de la fortune. (I, 272.)

Il faut.... hasarder quelquefois, et jouer de *caprice*. (I, 325.)

CAPRIOLE, cabriole :

Où trouverez-vous.... un jeune homme qui s'élève si haut en dansant, et qui passe mieux la *capriole*? (I, 179.)

Richelet (1680), Furetière (1690) et le Dictionnaire de l'Académie de 1694 donnent les deux formes *capriole* et *cabriole*; Nicot (1606) n'a ni l'une ni l'autre au sens de *saut*; il traduit *capriole* : « herbe autrement nommée *sanguinaire*. »

CAQUET :

Une petite ville.... d'où l'on a banni les *caquets*. (I, 234.)

CAR :

Quelle persécution le *car* (le mot *car*) n'a-t-il pas essuyée ! (II, 207.)

CARACOLE :

Lui faisant faire (à son cheval) des voltes ou des *caracoles*, il tombe lourdement et se casse la tête. (I, 86.)

CARACTÈRE :

Un *caractère* de douceur.... régnoit également dans ses mœurs et dans son style. (I, 16.)

Le *caractère* des François demande du sérieux dans le souverain. (I, 377.)

Un homme de ce *caractère* (un coquin) entre sans masque dans une danse comique. (I, 46.)

Il y a des gens d'une certaine étoffe ou d'un certain *caractère* avec qui il ne faut jamais se commettre. (I, 226.)

D'un vilain homme. — Ce *caractère* suppose toujours dans un homme une extrême malpropreté. (I, 70).

L'ignorance, qui est leur *caractère*, les rend incapables des principes les plus clairs et des raisonnements les mieux suivis. (II, 252; voyez II, 97, *l.* 1.)

Si quelquefois on pleure (à un sermon)..., après avoir fait attention au génie et au *caractère* de ceux qui font pleurer, peut-être conviendra-t-on que c'est la matière qui se prêche elle-même. (II, 231.)

Cette science qui décrit les mœurs, qui examine les hommes, et qui développe leurs *caractères*. (I, 9.)

Ce sont les *caractères* ou les mœurs de ce siècle que je décris. (I, 106.)

Théophraste.... a écrit.... des *caractères* des mœurs. (I, 21.)

Il n'a manqué à Térence que d'être moins froid : quelle pureté, quelle exactitude, quelle politesse, quelle élégance, quels *caractères*! (I, 128.)

Les hommes n'ont point de *caractères*, ou, s'ils en ont, c'est celui de n'en avoir aucun qui soit suivi. (II, 69.)

Un *caractère* bien fade est celui de n'en avoir aucun. (I, 215.)

Il rappelle à soi toute l'autorité de la table.... Le vin et les viandes n'ajoutent rien à son *caractère*. (I, 220.)

Ne pouvoir supporter tous les mauvais *caractères* dont le monde est plein n'est pas un fort bon *caractère*. (I, 230; voyez I, 177, *l.* 15; II, 97, *l.* 1.)

Je demande à mes censeurs qu'ils me posent si bien la différence qu'il y a des éloges personnels aux *caractères* qui louent, que je la puisse sentir, et avouer ma faute. (II, 437; voyez *ibidem*, *l.* 4 et 10.)

Voyez I, 57, *l.* 7; I, 224, *l.* 9; I, 280, *l.* 9; I, 348, *l.* 4; I, 380, *l.* 2; II, 32, *l.* 4; II, 65, *l.* 11; II, 66, *l.* 4; II, 98, *l.* 14; II, 140, *l.* 1; II, 438, *l.* 5; II, 448, *l.* 27.

CARACTÈRES, titre d'ouvrage :

Le traité des *Caractères* des mœurs que nous a laissé Théophraste. (I, 12.)

Voyez encore I, 15, *l.* 9; II, 449, *l.* 10; II, 451, *l.* 14; II, 455, *l.* 17.

CARESSANT :

Ces dehors agréables et *caressants* que quelques courtisans, et surtout les femmes,... ont naturellement pour un homme de mérite. (I, 291.)

CARESSE :
C'est avoir une très-mauvaise opinion des hommes, et néanmoins les bien connoître, que de croire dans un grand poste leur imposer par des *caresses* étudiées, par de longs.... embrassements. (I, 357 ; voy. I, 174, *l.* 21.)

CARESSER :
Richelieu.... les *a* aimés, *caressés*, favorisés (les gens de lettres). (II, 459.)

CARREAU, coussin carré :
Il ne faut pas croire qu'au théâtre il oublie d'arracher des *carreaux* des mains du valet qui les distribue, pour les porter à sa place. (I, 38.)

CARROSSE :
Le bruissement d'un *carrosse*. (I, 291 ; voyez I, 278, *l.* 10.)

CARTE (Château de) :
L'application d'un enfant à élever un *château de carte* ou à se saisir d'un papillon. (I, 321 ; voyez *ibidem*, note 4.)

CAS (Être dans le) de :
Si les hommes abondent de biens, et que nul ne *soit dans le cas de* vivre par son travail.... (II, 275.)

CASQUE :
Qu'est devenue la distinction des *casques* et des heaumes ? (II, 165.)

CASSER (Se) la tête :
Lui faisant faire (à son cheval) des voltes ou des caracoles, il tombe lourdement et *se casse la tête*. (I, 86.)

CASSETTE (La), la cassette du Roi :
Il n'y a rien pour lui (le dévot) sur *la cassette* ni à l'épargne. (II, 161.)

CATASTROPHE, dénoûment d'un poëme, d'une tragédie :
Le poëme tragique.... vous mène par les larmes, par les sanglots, par l'incertitude, par l'espérance, par la crainte, par les surprises et par l'horreur jusqu'à la *catastrophe*. (I, 138.)

CATIS, cati, apprêt qui donne du lustre aux étoffes :
Le marchand fait des montres pour donner de sa marchandise ce qu'il y a de pire ; il a le *catis*.... afin d'en cacher les défauts. (I, 260.)

CAUSE ; à cause que :
L'on y voit (dans le volume des œuvres de Théophraste) neuf livres de l'histoire des plantes, six livres de leurs *causes*. (I, 21.)
Ces étoiles extraordinaires dont on ignore les *causes*, et dont on sait encore moins ce qu'elles deviennent après avoir disparu.... (I, 157.)
Les hommes sont *cause* que les femmes ne s'aiment point. (I, 189 ; voyez II, 443, *l.* 17.)
Il fut sur le point de voir un certain Agnonide puni comme impie par les Athéniens, seulement *à cause qu*'il avoit osé l'accuser d'impiété. (I, 18.)
On n'est pas entendu seulement *à cause que* l'on s'entend soi-même, mais parce qu'on est en effet intelligible. (I, 145 ; voyez I, 241, *l.* 21 ; I, 261, *l.* 9.)

Cause, procès :
Quelques autres.... ont payé l'amende pour n'avoir pas comparu à une *cause* appelée. (I, 52.)

CAUSER, produire :

Cette fatuité de quelques femmes de la ville, qui *cause* en elles une mauvaise imitation de celles de la cour. (I, 292.)

CAUSEUR :

Un grand *causeur*..., s'il est sur les tribunaux, ne laisse pas la liberté de juger. (I, 49.)

CAUTELEUX :

Il est fin, *cauteleux*, doucereux, mystérieux (I, 321.)

CAUTION :

Ce n'est point chez le foulon qui passe pour le meilleur ouvrier qu'il envoie teindre sa robe, mais chez celui qui consent de ne point la recevoir sans donner *caution*. (I, 69.)

Ils ressentent encore moins.... de quelle nécessité lui devient (à l'âme) un être souverainement parfait, qui est Dieu, et quel besoin indispensable elle a d'une religion qui.... lui en est une *caution* sûre. (II, 238.)

CAVALCADE, dans le sens de marche pompeuse :

Au retour d'une *cavalcade* qu'il aura faite avec d'autres citoyens, il renvoie chez soi par un valet tout son équipage. (I, 74 ; voyez *ibidem*, note 1.)

CAVALIER :

L'on ne voit point.... à des personnes consacrées à l'Église le train et l'équipage d'un *cavalier*. (II, 171 ; voyez I, 245, *l.* 24 ; I, 290, *l.* 8.)

Je ne sais qui est plus à plaindre, ou d'une femme avancée en âge qui a besoin d'un *cavalier*, ou d'un *cavalier* qui a besoin d'une vieille. (I, 177.)

CAVE, caveau :

La *cave* où il doit être enterré.... (I, 245.)

CE, CET, CETTE :

Le sot ne meurt point ; ou si cela lui arrive selon notre manière de parler, il est vrai de dire qu'il gagne à mourir, et que dans *ce* moment où les autres meurent, il commence à vivre. (II, 66.)

Les uns cherchent des définitions... : ils veulent qu'on leur explique ce que c'est que la vertu en général, et *cette* vertu en particulier. (I, 11.)

De la peur ou du défaut de courage. — *Cette* crainte est un mouvement de l'âme qui.... cède en vue d'un péril vrai ou imaginaire. (I, 81.)

Il y a eu de tout temps de *ces* gens, d'un bel esprit et d'une agréable littérature, esclaves des grands, dont ils ont épousé le libertinage. (II, 240.)

Les femmes.... ne se sont-elles pas.... établies elles-mêmes dans *cet* usage de ne rien savoir? (I, 187.)

On lui rend *ce* témoignage qu'il avoit une singulière prudence. (I, 18.)

CE, dans le sens neutre :

Deux personnes.... ont eu cette joie si rare de se marier à *ce* qu'ils aimoient. (I, 197.)

Il est triste d'aimer sans une grande fortune, et qui nous donne les moyens de combler *ce* que l'on aime, et le rendre.... heureux. (I, 201.)

Tout ce qu'il a pu souhaiter pendant le cours d'une longue vie, ç'a été de l'atteindre (d'atteindre son père). (I, 272.)

On ne voit point mieux le ridicule de la vanité, et combien elle est un vice honteux, qu'en *ce* qu'elle n'ose se montrer. (II, 31.)

Les faits y sont déguisés (dans ces livres)... ; et, *ce* qui use la plus longue patience, il faut lire un grand nombre de termes.... injurieux. (I, 146.)

Le fanfaron travaille à *ce* que l'on dise de lui qu'il a bien fait. (I, 156.)

Il entendra toujours sans peine tout *ce* qui est de pure pratique, ou du moins *ce* où il y a plus de pratique que de spéculation. (II, 483.)

Corneille nous assujettit à ses caractères et à ses idées, Racine se conforme aux nôtres.... *Ce* sont dans celui-là des maximes, des règles, des préceptes; et dans celui-ci, du goût et des sentiments. (I, 142.)

Pourra-t-il suffire à tant d'héritières qui le recherchent? *Ce* n'est pas seulement la terreur des maris, *c*'est l'épouvantail de tous ceux qui ont envie de l'être. (I, 291.)

Les coureurs n'ont pu discerner si *ce* qu'ils ont découvert à la campagne sont amis ou ennemis. (I, 82.)

Ce n'est pas qu'il faut quelquefois pardonner à celui qui, avec un grand cortége, un habit riche et un magnifique équipage, s'en croit plus de naissance et plus d'esprit. (I, 160.) — *Ce n'est pas que*, néanmoins.

CÉDER À, activement et neutralement; céder, absolument :

Je *leur cède* (aux grands) leur bonne chère...; mais je leur envie le bonheur d'avoir à leur service des gens qui les égalent. (I, 338.)

Aristote.... avoit été contraint de *céder à* Eurymédon. (I, 18.)

Un ancien galant.... *cède à* un nouveau mari. (I, 175.)

Une mode.... est abolie par une plus nouvelle, qui *cède* elle-même à celle qui la suit. (II, 150; voyez II, 205, *l*. 19.)

De la peur, ou du défaut de courage. — Cette crainte est un mouvement de l'âme qui s'ébranle, ou qui *cède* en vue d'un péril vrai ou imaginaire. (I, 81.)

CELA. Voyez Celui.

CÉLÈBRE :

Il s'étend merveilleusement sur.... le combat *célèbre* que ceux de Lacédémone ont livré aux Athéniens sous la conduite de Lysandre. (I, 49.)

CÉLÉBRITÉ, pompe, solennité :

Il se moque de la piété de ceux qui envoient leurs offrandes dans les temples aux jours d'une grande *célébrité*. (I, 64.)

CELER :

Glycère n'aime pas les femmes; elle.... se fait *celer* pour elles. (I, 191.)

CELUI, celle, ceux, cela; celui-ci, celui-là :

Un importun est *celui* qui choisit le moment que son ami est accablé de ses propres affaires pour lui parler des siennes. (I, 59.)

Ils aiment mieux savoir beaucoup que de savoir bien.... Ils trouvent en toutes rencontres *celui* qui est leur maître et qui les redresse. (II, 139.)

Ils se plaisoient à faire du théâtre public *celui* de leurs amours. (II, 80.)

Il entre dans les plaisirs des princes un peu de *celui* d'incommoder les autres. (I, 348.)

Elle vous parle comme *celle* qui n'est pas savante...; et elle vous écoute comme *celle* qui sait beaucoup. (II, 92.)

Qui peut se promettre d'éviter.... la rencontre de certains esprits vains..., qui sont toujours dans une compagnie *ceux* qui parlent? (I, 217.)

Il faut que mes peintures expriment bien l'homme en général, puisqu'elles ressemblent à tant de particuliers, et que chacun y croit voir *ceux* de sa ville ou de sa province. (II, 450.)

Il s'étend merveilleusement sur le combat célèbre que *ceux* de Lacédémone ont livré aux Athéniens sous la conduite de Lysandre. (I, 49.)

La prévention du peuple en faveur des grands est si aveugle..., que s'ils s'avisoient d'être bons, *cela* iroit à l'idolâtrie. (I, 338.)

Il y a peu de règles générales et de mesures certaines pour bien gouverner; l'on sait le temps et les conjonctures, et *cela* roule sur la prudence et sur les vues de ceux qui règnent. (I, 387.)

« C'est un chef-d'œuvre de l'esprit ; l'humanité ne va pas plus loin...; » phrases outrées..., nuisibles à *cela* même qui est louable et qu'on veut louer. (I, 120.)

Un homme.... qui a un long manteau de soie..., qui avec cela se souvient de quelques distinctions métaphysiques..., *cela* s'appelle un docteur. (I, 161.)

L'on devroit décider sur *cela* avec plus de précaution. (II, 83.)

Il (Ménalque) se repose, il est chez soi. Le maître arrive : *celui-ci* (Ménalque) se lève pour le recevoir. (II, 8.)

Arrive-t-il vers lui un homme de bien et d'autorité qui le verra et qui peut l'entendre, non-seulement il prie, mais il médite, il pousse des élans et des soupirs ; si l'homme de bien se retire, *celui-ci*, qui le voit partir, s'apaise et ne souffle pas. (II, 155.)

Celui-là est bon qui fait du bien aux autres. (I, 169 ; voyez I, 261, *n*. 49.)

CENSURE, critique :

Quelle *censure* ! et combien elle est nouvelle et peu attendue ! (II, 174.)

CENTRE :

Les mêmes défauts qui dans les autres sont lourds et insupportables sont chez nous comme dans leur *centre* ; ils ne pèsent plus, on ne les sent pas. (II, 109.)

Les princes.... sont nés et élevés au milieu et comme dans le *centre* des meilleures choses. (I, 353.)

Un pays qui est le *centre* du bon goût et de la politesse.... (I, 239.)

CEPENDANT :

Il y a dans les cours des apparitions de gens aventuriers,... qui sont crus sur leur parole. Ils profitent *cependant* de l'erreur publique. (I, 301.)

Sa coutume.... est de charger son valet de fardeaux..., et de lui retrancher *cependant* de son ordinaire. (I, 58 ; voyez I, 19, *l*. 18.)

CERCLE, réunion :

Il va se jeter dans un *cercle* de personnes graves qui traitent ensemble de choses sérieuses, et les met en fuite. (I, 48 ; voyez I, 165, *l*. 22.)

Que seroit-ce de vous et de lui, si quelqu'un ne survenoit heureusement pour déranger le *cercle*, et faire oublier la narration? (I, 220.)

Il y a un *cercle* d'hommes et de femmes dans sa ruelle. (II, 12.)

Voyez I, 217, *l*. 24 ; I, 268, *l*. 13 ; I, 302, *l*. 13; II, 87, *l*. 6; II, 146, *l*. 3; II, 465, *l*. 12.

CÉRÉMONIEUX :

Il est civil et *cérémonieux*. (II, 71.)

CERTAIN, AINE :

Les femmes.... ne se sont-elles pas.... établies elles-mêmes dans cet usage de ne rien savoir,... par une *certaine* légèreté qui les empêche de suivre une longue étude? (I, 187.)

L'on peut s'enrichir dans quelque art ou dans quelque commerce que ce soit, par l'ostentation d'une *certaine* probité. (I, 260 ; voyez I, 183, *l*. 12.)

Il a un ami qui n'a point d'autre fonction sur la terre que de le promettre longtemps à un *certain* monde. (I, 242.)

Il faut avoir de l'esprit pour être homme de cabale : l'on peut cependant en avoir à un *certain* point, que l'on est au-dessus de l'intrigue et de la cabale, et que l'on ne sauroit s'y assujettir. (I, 334.)

Il y a de *certaines* gens qui veulent si ardemment.... une *certaine* chose, que.... ils n'oublient rien de ce qu'il faut faire pour la manquer. (I, 209.)

Il est sujet à de *certaines* grimaces. (II, 14 ; voyez *ibidem*, note 1.)

Ils parlent jargon et mystère sur de *certaines* femmes. (I, 282.)

[Un homme] qui n'est recommandable que par de *certaines* livrées. (I, 321.)

Voyez I, 36, *l*. 3 ; I, 114, *l*. 15 ; I, 149, *l*. 3 ; I, 167, *l*. 1 ; I, 187, *l*. *dernière;* I, 214, *l*. 3 ; I, 226, *l*. 20 ; I, 238, *l*. 19 ; I, 263, *l*. 3 ; I, 298, *l*. 14 ; I, 316, *l*. 17; I, 365, *l*. 5 ; I, 380, *l*. 23 ; II, 22, *l*. 10 ; II, 77, *l*. 21 ; II, 135, *l*. 20 ; II, 227, *l*. 18 ; II, 240, *l*. 7 ; II, 445, *l*. 7 et 8.

CERTES :

Certes, en supposant même dans le monde moins de certitude qu'il ne s'en trouve en effet sur la vérité de la religion, il n'y a point pour l'homme un meilleur parti que la vertu. (II, 251.)

[Le mot] *certes* est beau dans sa vieillesse, et a encore de la force sur son déclin. (II, 206.)

CÉSAR, désignant l'empereur d'Allemagne. (II, 133, *l*. 20 et dern.)

CHACUN ; CHACUN avec *son* et avec *leur* :

Que tous les hommes qui peuplent la terre sans exception soient *chacun* dans l'abondance. (II, 274.)

On l'a vu une fois heurter du front contre celui d'un aveugle,... et tomber avec lui *chacun* de *son* côté à la renverse. (II, 7.)

Tous les censeurs.... ôtent *chacun* l'endroit qui *leur* plaît le moins. (I, 123 ; voyez II, 504, *l*. 6.)

Ceux qui s'aiment d'abord avec la plus violente passion contribuent bientôt *chacun* de *leur* part à s'aimer moins. (I, 201.)

CHAGRIN, substantif, dépit :

Je crois pouvoir protester contre tout *chagrin*, toute plainte, toute maligne interprétation, toute fausse application et toute censure, contre les froids plaisants et les lecteurs mal intentionnés. (I, 107.)

L'on est bientôt jeté hors.... de son naturel : l'on a des *chagrins* et une bile que l'on ne se connoissoit point. (II, 17.)

CHAGRIN, adjectif, de mauvaise humeur :

L'esprit *chagrin* fait que l'on n'est jamais content de personne. (I, 67.)

Un homme *chagrin*, après l'avoir emporté tout d'une voix sur son adversaire, se plaint encore de celui qui a écrit ou parlé pour lui, de ce qu'il n'a pas touché les meilleurs moyens de sa cause. (I, 68.)

Chagrin contre le siècle. (I, 274.)

Les pauvres sont *chagrins* de ce que tout leur manque. (I, 261.)

Tel a vécu pendant toute sa vie *chagrin*, emporté..., qui étoit né gai, paisible. (II, 18 ; voyez II, 15, *l*. dern.)

CHAIR :

Il.... cueille artistement cette prune exquise... : « Quelle *chair !* dit-il ; goûtez-vous cela ? » (II, 137.)

CHAIRCUITIER. (I, 53 ; voyez *ibidem*, note 1.)

CHAIRE :

L'on a eu de grands évêchés par un mérite de *chaire* qui présentement ne vaudroit pas à son homme une simple prébende. (II, 227.)

L'on fait assaut d'éloquence jusques au pied de l'autel et dans la *chaire* de la vérité. (II, 220, *variante*.)

CHALEUREUX, CHALOUREUX :
Douloureux ne vient pas plus naturellement de douleur, que de chaleur vient *chaleureux* ou *chaloureux*. (II, 207 et 208.)

Voyez la note 4 de la page 207. — M. Littré note comme génevoise la forme *chaloureux*.

CHAMBRE :
Il sort rarement de chez soi; il aime la *chambre*. (II, 197.)

Ils entent sur cette extrême politesse.... un esprit de règle, de réflexion, et quelquefois une haute capacité, qu'ils doivent à la *chambre* (à la vie retirée) et au loisir d'une mauvaise fortune. (II, 46.)

Pendant le temps qu'il est dans la *chambre* du malade..., il entend la trompette qui sonne la charge. (I, 83 ; *chambre* traduit ici σκηνή, *tente*.)

CHAMPAGNE (LA), le vin de la Champagne :
Un grand aime *la Champagne*, abhorre la Brie; il s'enivre de meilleur vin que l'homme du peuple. (I, 348.)

CHAMPÊTRE :
On s'élève à la ville dans une indifférence grossière des choses rurales et *champêtres*. (I, 295.)

CHANGE (PRENDRE LE); DONNER LE CHANGE ; RENDRE LE CHANGE :
Il s'est étouffé de crier après les chiens qui étoient en défaut, ou après ceux des chasseurs qui *prenoient le change*. (I, 283.)

Il a un palais sûr, qui ne *prend* point *le change*. (II, 57 ; voy. I, 133, *l*. 16.)

Donner le change à tout le public et lui dérober mon ambition. (I, 313.)

L'art de placer un mot ou une action qui *donne le change*. (I, 176.)

Un ancien galant tient à si peu de chose, qu'il cède à un nouveau mari; et celui-ci dure si peu, qu'un nouveau galant qui survient lui *rend le change*. (I, 175.)

CHANGER, actif, neutre et absolu :
Ils *changent* leurs habits, leur langage, les dehors, les bienséances; ils *changent* de goût quelquefois : ils gardent leurs mœurs. (II, 3.)

Le berger.... les *change* de pâturage (ses brebis). (I, 385.)

Quand on veut *changer* et innover dans une république, c'est moins les choses que le temps que l'on considère. (I, 364.)

Les couleurs sont préparées...; mais comment le fixer, cet homme inquiet..., qui *change* de mille et mille figures? (II, 151.)

Un homme qui seroit en peine de connoître s'il *change*, s'il commence à vieillir, peut consulter les yeux d'une jeune femme qu'il aborde. (I, 190.)

CHANOINE :
Un grand *chanoine*. (II, 175.) — Un grand dignitaire du chapitre.

CHANTANT, ANTE :
Le phénix de la poésie *chantante* (Quinault) renaît de ses cendres. (II, 78.)

CHAPELLE (LA), la chapelle royale :
Des courtisans.... qui sont à *la chapelle* avec moins de silence que dans l'antichambre. (II, 155; voyez II, 151, *l*. 19.)

CHAPITRE :
Toute plaisanterie dans un homme mourant est hors de sa place : si elle roule sur de certains *chapitres*, elle est funeste. (II, 240.)

Aussi a-t-il l'air.... de celui qui n'a rien à desirer sur ce *chapitre*. (I, 167.)

CHAR, carrosse :

Son *char* demeuroit aux portes (du Louvre), il entre dans les cours. (I, 290, *variante*.)

CHARCUTIER. Voyez Chaircuitier.

CHARGE, attaque :

Un homme d'esprit.... peut tomber dans quelque piége.... Il n'y a qu'à perdre pour ceux qui en viendroient à une seconde *charge* : il n'est trompé qu'une fois. (I, 165.)

CHARGER, au figuré :

Tout cet amas d'idées qui reviennent à la même, dont ils (les prédicateurs) *chargent* sans pitié la mémoire de leurs auditeurs. (II, 223.)

L'on ne peut guère *charger* l'enfance de la connoissance de trop de langues. (II, 202.)

Les petits *sont* quelquefois *chargés* de mille vertus inutiles; ils n'ont pas de quoi les mettre en œuvre. (II, 43.)

Les gens *chargés* de leur propre misère sont ceux qui entrent davantage par la compassion dans celle d'autrui. (II, 38.)

Les commentateurs et les scoliastes.... si *chargés* d'une vaine et fastueuse érudition dans les endroits clairs. (II, 203.)

Charger, exagérer :

Voyez le peuple : il controuve, il augmente, il *charge* par grossièreté et par sottise. (II, 244.)

Un poëte *charge* ses descriptions. (I, 186 ; voyez I, 129, *l.* 11.)

Charger (Se) de :

De maximes, ils ne *s'en chargent* pas ; de principes encore moins. (I, 359.)

Je regarderois cet événement comme l'une de ces choses *dont* l'histoire *se charge*, et à qui le temps ôte la croyance. (II, 190.)

CHARLATAN :

La témérité des *charlatans* et leurs tristes succès.... font valoir la médecine et les médecins. (II, 198 ; voyez II, 87, *l.* 7 ; II, 201, *l.* 9.)

CHARME, charmes :

Il ne laisse pas d'y avoir comme un *charme* attaché à chacune des différentes conditions.... Ainsi les grands se plaisent dans l'excès, et les petits aiment la modération. (I, 339.)

Il y a.... de si tendres engagements que l'on nous défend, qu'il est naturel de desirer du moins qu'ils fussent permis : de si grands *charmes* ne peuvent être surpassés que par celui de savoir y renoncer par vertu. (I, 214.)

De plus invincibles *charmes* que ceux de la beauté. (I, 204.)

CHARMER :

Les chiromanciens.... *charment* l'inquiétude des jeunes femmes qui ont de vieux maris. (II, 201.)

CHARRIER :

La campagne.... est couverte d'hommes.... qui roulent ou qui *charrient* le bois du Liban. (I, 271.)

CHARRUE :

Ils.... se lèvent pour donner une poignée d'herbes aux bêtes de *charrue* qu'ils ont dans leurs étables. (I, 42.)

CHASSER :
O Fagon,... *chassez* des corps.... les maladies les plus obscures. (II, 201.)

CHÂTEAU (Le), le château de Versailles :
Ces gens.... ne sortent pas du Louvre ou *du Château*, où ils marchent et agissent comme chez eux et dans leur domestique. (I, 303.)

CHÂTELAIN :
Il tire son origine.... de quelque *châtelain*. (II, 165.)

CHAUDIÈRE :
Elle (l'eau lustrale) étoit dans une *chaudière* à la porte du temple. (I, 65, note 3.)

CHAUSSES :
Il voit que.... sa chemise est par-dessus ses *chausses*. (II, 6.)
Des *chausses* à aiguillettes. (II, 146 ; voyez II, 149, *l.* 11.)

CHAUSSURE :
Il faut juger des femmes depuis la *chaussure* jusqu'à la coiffure exclusivement. (I, 172.)

CHEF, article :
Si quelquefois il est lésé dans quelques *chefs* qui ont enfin été réglés, il crie haut. (I, 376.)

Chef-d'œuvre :
Le *chef-d'œuvre* de l'esprit, c'est le parfait gouvernement. (I, 387.)

CHEFFECIER, chevecier, dignitaire ecclésiastique :
Moi, dit le *cheffecier*, je suis maitre du chœur ; qui me forcera d'aller à matines ? (II, 175 ; voyez *ibidem*, note 2.)

CHEMIN, au figuré ; faire son chemin :
Ronsard et les auteurs ses contemporains.... l'ont retardé (le style) dans le *chemin* de la perfection. (I, 130.)
Celui qui sait attendre le bien qu'il souhaite ne prend pas le *chemin* de se désespérer s'il ne lui arrive pas. (I, 209.)
Celui qui est en faveur.... se sert d'un bon vent qui souffle, pour *faire son chemin*. (I, 307.)

Chemin couvert, terme de fortification :
Ils vous étourdissent.... de courtines et de *chemin couvert*. (II, 119.)

CHEMINER, faire son chemin, avancer, faire fortune :
Celui-là même.... l'empêcheroit de *cheminer*. (I, 323.)

CHEMISE :
Il se lève du lit, va en *chemise*.... visiter lui-même tous les endroits de sa maison. (I, 69 ; *en chemise* traduit γυμνός, *nu;* voyez aussi I, 82.)

CHÈRE, bonne chère :
En vérité, vous faites une *chère* délicate. (I, 38 ; voyez II, 68, *l.* 13.)
Tenez, mon ami, lui dit-il, faites *bonne chère*. (I, 53 ; voyez I, 47, *l.* 14 ; I, 338, *l.* 24.)

CHÈREMENT :
Je tâcherai de plus en plus de m'en rendre digne (de votre estime) et de la conserver *chèrement*. (II, 512.)

CHERTÉ :
Pendant une grande *cherté* de vivres.... (I, 78.)

CHÉTIF :
Ces hommes *chétifs*, que leur mérite n'a ni placés ni enrichis. (I, 263.)

CHEVECIER. Voyez CHEFFECIER.

CHEVET :
Il cache son épée sous le *chevet* de son lit. (I, 83.)
Un scrupule qu'il a sur le *chevet* d'avoir plaidé moins vivement qu'à l'ordinaire. (II, 232.)

CHEZ :
A ma gauche, Basilide met tout d'un coup sur pied une armée de trois cent mille hommes.... La triple alliance *chez* lui est un Cerbère, et les ennemis autant de monstres à assommer. (I, 372.)

CHICANEUR :
Un *chicaneur* de profession, un effronté, et qui se mêle de toutes sortes d'affaires. (I, 45.)

CHIEN :
On l'ôte d'une place destinée à un ministre, il s'assied à celle du duc et pair.... Chassez un *chien* du fauteuil du Roi, il grimpe à la chaire du prédicateur. (I, 165 ; voyez II, 4, *l*. 19 ; II, 22, *l. dern.* ; II, 129, *l*. 12 ; II, 255, *l*. 31.)

CHIMÈRE, CHIMÈRES :
Son livre (le livre de Rabelais) est une énigme... ; c'est une *chimère*, c'est le visage d'une belle femme avec des pieds et une queue de serpent. (I, 131.)
Quelles *chimères* ne tombent point dans l'esprit des hommes pendant qu'ils dorment ! (I, 326.)

CHIMÉRIQUE :
Je n'estime pas que l'homme soit capable de former.... un projet plus vain et plus *chimérique*, que de prétendre.... échapper à toute.... critique. (I, 9.)

CHIROMANCIEN :
L'on souffre dans la république les *chiromanciens* et les devins. (II, 201.)

CHOEUR :
Moi, dit le cheffecier, je suis maître du *chœur*; qui me forcera d'aller à matines? (II, 175 ; voyez II, 176, *l*. 6.)

CHOISIR :
L'on avoit à *choisir* des dés, des cartes et de tous les jeux. (I, 22.)
Si quelquefois il sourit à un homme du dernier ordre,... il *choisit* son temps si juste qu'il n'est jamais pris sur le fait. (I, 357.)
Je ne sais point si le chien *choisit*,... s'il imagine, s'il pense. (II, 255.)

CHOIX :
Il n'y a personne qui doute que ce ne soit un héros qui doive un jour la charmer. Son *choix* est fait : c'est un petit monstre qui manque d'esprit. (I, 177.)
Le *choix* des personnes que l'on gratifie ; le discernement des esprits... ; le *choix* des généraux et des ministres. (I, 389.)
On n'est point effronté par *choix*, mais par complexion ; c'est un vice de l'être, mais naturel. (I, 313.)

CHOQUER, au figuré :

Le plénipotentiaire.... fait sentir [à ceux avec qui il traite].... les biens et les honneurs qu'ils peuvent espérer par une certaine facilité, qui ne *choque* point leur commission ni les intentions de leurs maîtres. (I, 376.)

CHOSE ; QUELQUE CHOSE, QUELQUE CHOSE QUE :

Il y a de certaines *choses* dont la médiocrité est insupportable : la poésie, la musique, la peinture, le discours public. (I, 114.)

Ce qu'on appelle humeur est une *chose* trop négligée parmi les hommes. (II, 16.)

Aux enfants tout paroît grand, les cours, les jardins...; aux hommes les *choses* du monde paroissent ainsi. (II, 29 ; voyez II, 64, *l.* 5.)

La différence des esprits des hommes..., qui fait goûter aux uns les *choses* de spéculation et aux autres celles de pratique. (I, 9.)

Il se repent de l'avoir acheté (un esclave) : « Ne suis-je pas trompé? demande-t-il, et exigeroit-on si peu d'une *chose* qui seroit sans défauts ? » (I, 68.)

J'éviterai avec soin d'offenser personne..., mais sur toutes *choses* un homme d'esprit. (I, 165.)

Le peu de *chose* que Dieu croit donner aux hommes, en leur abandonnant les richesses. (I, 253.)

Il la traite sérieusement (une affaire de rien), et comme *quelque chose* qui est capital. (I, 322.)

Quelque chose que nous voyions qu'il (Dieu) ait fait, il pouvoit faire infiniment davantage. (II, 270 ; voyez *ibidem, l.* 13.)

CHUTE :

Il n'y a pas longtemps qu'ils (les prédicateurs) avoient des *chutes* ou des transitions ingénieuses. (II, 222.)

CIEL :

Il y a cent ans qu'on ne parloit point de ces familles, qu'elles n'étoient point : le *ciel* tout d'un coup s'ouvre en leur faveur ; les biens, les honneurs.... fondent sur elles. (I, 272.)

CIL, celui :

Cil a été.... le plus joli mot de la langue françoise. (II, 207.)

CIMIER, terme de blason. (I, 165, *l.* 6.)

CINGLER :

Il y a des gens qui gagnent à être extraordinaires ; ils voguent, ils *cinglent* dans une mer où les autres échouent et se brisent. (II, 44.)

CIRCONSTANCE :

N'aimer de la parole de Dieu que ce qui s'en prêche chez soi ou par son directeur, préférer.... les sacrements donnés de sa main à ceux qui ont moins de cette *circonstance*. (II, 152.)

Cette démarche d'avoir supplié quelques-uns de vous.... de détourner vers moi leurs suffrages..., elle est rare, puisque dans ses *circonstances* elle est unique. (II, 472.)

Il y a de légères et frivoles *circonstances* du temps qui ne sont point stables, qui passent, et que j'appelle des modes : la grandeur, la faveur,... les joies, la superfluité. (II, 161.)

Maniez, remaniez le texte...; songez surtout à en pénétrer le sens dans toute son étendue et dans ses *circonstances*. (II, 203.)

Voyez I, 175, *l.* 19 et 20 ; I, 243, *l.* 7 ; I, 245, *l.* 6 ; I, 371, *l.* 14 ; II, 225, *l.* 12.

CIRCONSTANCIER :

Circonstancier à confesse les défauts d'autrui, y pallier les siens. (II, 152.)
Des faits récents, connus et *circonstanciés*. (II, 190.)

CIRON. (II, 268, *l*. 3.)

CITER :

Citer (les anciens) à propos. (I, 240 ; voyez I, 137, *l*. 13.)
Tel abandonne son père, qui est connu, et dont l'on *cite* le greffe ou la boutique, pour se retrancher sur son aïeul, qui, mort depuis longtemps, est inconnu et hors de prise. (II, 163.)

CITOYEN :

Pendant que les grands négligent de rien connoître..., des *citoyens* s'instruisent du dedans et du dehors d'un royaume. (I, 346.)
Au retour d'une cavalcade qu'il aura faite avec d'autres *citoyens*, il renvoie chez soi par un valet tout son équipage. (I, 74.)

CIVIL :

Les vieillards sont galants, polis et *civils*. (I, 327 ; voyez I, 338, *l*. 11.)

CLAIR, CLAIRE :

L'on souffre dans la république les chiromanciens..., ceux qui font voir dans un miroir ou dans un vase d'eau la *claire* vérité. (II, 201.)

CLASSE :

Il est de la *classe* de ces avocats dont le proverbe dit qu'ils sont payés pour dire des injures. (II, 187.)

CLEF, au figuré :

Les langues sont la *clef* ou l'entrée des sciences, et rien davantage. (II, 85 ; voyez II, 139, *l*. 29.)
[Ils] donnent au public de longues listes, ou, comme ils les appellent, des *clefs* : fausses *clefs*, et qui leur sont aussi inutiles qu'elles sont injurieuses aux personnes dont les noms s'y voient déchiffrés. (II, 448.)
Voyez II, 449, *l*. 14 et 25.

CLERC, ecclésiastique :

Tite, par vingt années de service dans une seconde place, n'est pas encore digne de la première.... Il naît de dessous terre un autre *clerc* pour la remplir. (II, 175 ; l'auteur explique en note *clerc* par *ecclésiastique*.)
Un *clerc* mondain ou irréligieux, s'il monte en chaire, est déclamateur. (II, 230 ; voyez II, 229, *l*. 1 et note 1.)

CLIENT d'un grand, d'un puissant :

Quelqu'un a besoin de lui dans une affaire qui est facile ; il va le trouver.... Le *client* sort, reconduit, caressé. (I, 357.)
La foule innombrable de *clients* ou de courtisans dont la maison d'un ministre se dégorge plusieurs fois le jour. (I, 359.)
Plût aux Dieux que je ne fusse ni votre *client* ni votre fâcheux ! (I, 248.)

CLOAQUE :

Il y en a d'autres (d'autres maux) cachés et enfoncés comme des ordures dans un *cloaque*, je veux dire ensevelis sous la honte,... et dans l'obscurité. (I, 366.)

CŒUR, au figuré :

Voyez le chapitre *du Cœur*, I, 199-214.
L'on peut avoir la confiance de quelqu'un sans en avoir le *cœur*. (I, 202.)

Le *cœur* a ses limites. (I, 204.)
Il devroit y avoir dans le *cœur* des sources inépuisables de douleur pour de certaines pertes. (I, 204.)
Quelle mésintelligence entre l'esprit et le *cœur!* (II, 43.)
Oserai-je dire que le *cœur* seul concilie les choses contraires et admet les incompatibles? (I, 213; voyez I, 188, *l.* 13; II, 39, *l.* 16.)
Les hommes, dans le *cœur*, veulent être estimés, et ils cachent avec soin l'envie qu'ils ont d'être estimés. (II, 31.)
Peut-être, dans leur *cœur*, trouvent-ils leurs pièces (les pièces de leur écu) aussi honorables. (I, 281; voyez II, 226, *l.* 6.)
Voilà l'ennemi.... dans le *cœur* du Royaume. (I, 370.)

COGNER :
Quels sont ses outils? est-ce le coin? sont-ce le marteau ou l'enclume? où fend-il, où *cogne*-t-il son ouvrage? (II, 85.)

COIFFURE. (I, 172, *l.* 6; I, 192, *l.* 18; II, 148, *l.* 13.)

COIN, outil. (II, 85, *l.* 21.)

Coin, terme de numismatique, au figuré; FLEUR DE COIN :
Diognète sait d'une médaille le frust, le feloux, et la *fleur de coin*. (II, 137; voyez *ibidem*, note 3.)
Tout est grand et admirable dans la nature; il ne s'y voit rien qui ne soit marqué au *coin* de l'ouvrier. (II, 271.)

COLLATÉRAL, COLLATÉRAUX. (I, 231, *l.* 16.)

COLLATIONNER un registre. (I, 248, *l.* 12.)

COLLÉGIATE, collégiale. (II, 450, *l.* 4.)

COLLER, SE COLLER :
[Il] entre dans une église, et prenant l'aveugle qui *est collé* à la porte pour un pilier.... (II, 8.)
N'avoir que le loisir de *se coller* à un mur pour lui faire place (à un prince qu'on a rencontré). (II, 7.)

COLLET :
Les hommes s'habillent jusqu'au menton, portent des fraises et des *collets*. (II, 204; voyez *ibidem*, note 1; et I, 161, *l.* 1.)
Les gens à petits *collets* et les sœurs grises. (II, 49; voyez *ibid.*, note 2.)

COLLUSION :
Faut-il se parler, faut-il s'écrire, est-il besoin de pacte ou de serments pour former cette *collusion*? (II, 194.)

COMBAT :
Le *combat* célèbre que ceux de Lacédémone ont livré aux Athéniens sous la conduite de Lysandre. (I, 49.)

COMBIEN :
On ne voit point mieux le ridicule de la vanité, et *combien* elle est un vice honteux, qu'en ce qu'elle n'ose se montrer. (II, 31.)
N'admirerons-nous pas.... que d'une hauteur si prodigieuse elles (les étoiles) puissent conserver une certaine apparence.... Il n'est pas aussi imaginable *combien* il nous en échappe. (II, 264.)

COMBLE :
C'est pour arriver à ce *comble* de ses souhaits, la félicité commune, qu'il (le Roi) se livre aux travaux.... d'une guerre pénible. (II, 470.)

COMBLER, combler de biens :
Il est triste d'aimer sans une grande fortune, et qui nous donne les moyens de *combler* ce que l'on aime. (I, 201.)

COMÉDIE, dans le sens général de pièce de théâtre :
Corneille.... est inégal. Ses premières *comédies* ne laissoient pas espérer qu'il dût ensuite aller si loin ; comme ses dernières font qu'on s'étonne qu'il ait pu tomber de si haut. (I, 139 ; voyez *ibidem*, *l.* 12.)
Pour *comédie*, dans le sens restreint, voyez I, 137, *l.* 24 ; I, 138, *l. dernière.*

COMÉDIEN, ENNE. (II, 79 et 80, *n.* 15, 16, 17.)

COMIQUE, adjectivement et substantivement :
Un homme de ce caractère (un coquin) entre sans masque dans une danse *comique*. (I, 46.) — Sur le théâtre avec des farceurs. (*Note de la Bruyère.*)
Théodote, avec un habit austère, a un visage *comique*, et d'un homme qui entre sur la scène. (I, 321.)
Un *comique* outre sur la scène ses personnages. (I, 186.)
Les hommes.... emploient pour le *comique* et pour la mascarade ce qui leur a servi de parure grave et d'ornements les plus sérieux. (II, 148.)
Si ceux qui viendront après nous, rebutés par des mœurs si étranges..., se dégoûtent par là de nos mémoires, de nos poésies, de notre *comique* et de nos satires, pouvons-nous ne les pas plaindre par avance ? (I, 24.)

COMMANDE (DE) :
J'ai ajouté à ces tableaux, qui étoient *de commande* (dans son discours à l'Académie), les louanges de chacun des hommes illustres qui composent l'Académie françoise. (II, 438.)

COMME :
Il fait de pareils discours aux étrangers qui arrivent dans la ville, *comme* à ceux avec qui il sympathise de mœurs et de sentiments. (I, 85.)
Ceux qui y prennent intérêt, ou *comme* ses parents, ou parce qu'ils sont d'un même pays.... (I, 83.)
Un être souverainement parfait,... dont notre âme est l'image, et si j'ose dire, une portion, *comme* esprit et *comme* immortelle. (II, 237.)
L'impudence est facile à définir : il suffit de dire que c'est une profession ouverte d'une plaisanterie outrée, *comme* de ce qu'il y a de plus honteux et de plus contraire à la bienséance. (I, 56.)
Il leur raconte *comme* il n'a point perdu le cerf de meute, *comme* il s'est étouffé de crier après les chiens. (I, 282 et 283.)
Il a *comme* assassiné de son babil chacun de ceux qui ont voulu lier avec lui quelque entretien. (I, 48.)
Comme par la suite du discours l'on vint à tomber sur celui que l'on devoit estimer le plus homme de bien de la ville, tous d'une commune voix vous nommèrent. (I, 36.)
L'on s'est plus appliqué aux vices de l'esprit.... que n'a fait Théophraste ; et l'on peut dire que, *comme* ses Caractères, par mille choses extérieures qu'ils font remarquer dans l'homme..., apprennent quel est son fond..., tout au contraire, les nouveaux Caractères.... découvrent, etc. (I, 30.)
J'espère qu'il vous rendra aussi bon compte des vies de ce roi et de Louis XII..., *comme* il a fait de celle de Louis onzième. (II, 484.)
L'envie.... est quelquefois séparée de la jalousie : *comme* est celle qu'excitent dans notre âme les conditions fort élevées au-dessus de la nôtre. (II, 41.)

COMME.... AUSSI :

Comme les hommes ne se dégoûtent point du vice, il ne faut pas *aussi* se lasser de leur reprocher. (I, 105.)

L'orateur plaît aux uns, déplaît aux autres, et convient avec tous en une chose, que *comme* il ne cherche point à les rendre meilleurs, ils ne pensent pas *aussi* à le devenir. (II, 220 et 221 ; voyez I, 137, *l.* 22-26 ; II, 35 et 36, *n.* 73.)

COMMENCEMENT :

Les hommes s'ennuient enfin des mêmes choses qui les ont charmés dans leurs *commencements*. (II, 68.)

Le poëme tragique vous serre le cœur dès son *commencement*. (I, 138.)

COMMENCER DE, COMMENCER À :

Le même conte qu'il *a commencé de* faire à quelqu'un, il l'achève à celui qui prend sa place. (II, 58.)

Les personnes qu'ils *ont commencé de* connoître dans ce temps leur sont chères. (II, 52.)

Ruffin *commence à* grisonner. (II, 58.)

COMMENCER (NE FAIRE QUE) À, NE COMMENCER QU'À :

Théophraste, à l'âge de cent sept ans,... regretta de sortir de la vie dans un temps où il *ne faisoit que commencer à* être sage. (I, 20.)

Ma mère.... vient de se coucher et *ne commence qu'à* s'endormir. (I, 61.)

COMMENTAIRE :

Faire périr le texte sous le poids des *commentaires*. (II, 204 ; voyez I, 32, *l.* 4.)

COMMENTATEUR :

Vous n'êtes arrêté dans la lecture que par les difficultés.... où les *commentateurs* et les scoliastes eux-mêmes demeurent court. (II, 203.)

COMMERCE :

Il n'y a point de sale *commerce* où il ne soit capable d'entrer : vous le verrez aujourd'hui crieur public, demain cuisinier ou brelandier. (I, 46.)

Ptolomée.... entretint.... un *commerce* étroit avec ce philosophe. (I, 19.)

L'on mangeoit dans ces maisons, et.... elles étoient commodes à tout *commerce*. (I, 22.)

Cet ouvrage.... leur apprendra à faire le discernement de ceux avec qui ils doivent lier quelque *commerce*. (I, 34.)

Une science vaine, aride, dénuée d'agrément et d'utilité, qui ne tombe point dans la conversation, qui est hors de *commerce*. (I, 148.)

La flatterie est un *commerce* honteux qui n'est utile qu'au flatteur. (I, 36.)

Une belle femme qui a les qualités d'un honnête homme est ce qu'il y a au monde d'un *commerce* plus délicieux. (I, 374.)

Il est homme d'un bon *commerce*. (I, 284 ; voyez I, 214, *l.* 1 ; II, 14, *l.* 30.)

L'on peut s'enrichir dans quelque art ou dans quelque *commerce* que ce soit par l'ostentation d'une certaine probité. (I, 260.)

Il y a un *commerce* ou un retour de devoirs du souverain à ses sujets, et de ceux-ci au souverain. (I, 384.)

Ils tendent à être sociables, capables d'union et de *commerce*. (II, 16.)

Cette extrême politesse que le *commerce* des femmes leur a donnée. (II, 46.)

Ce prélat se montre peu à la cour, il n'est de nul *commerce*, on ne le voit point avec des femmes. (II, 90.)

On est exposé à dire en moins d'une heure le oui et le non sur une même chose ou sur une même personne, déterminé seulement par un esprit de société et de *commerce*. (II, 95.)

L'on doute que ce soit pécher que d'avoir un *commerce* avec une personne libre. (II, 239.) — Une note de l'auteur explique *personne libre* par *fille*.

Le magistrat.... dissolu.... cache son *commerce* et ses liaisons. (II, 186.)

Voyez I, 22, *l. dern.*; I, 27, *l.* 14; I, 87, note 4; I, 186, *l.* 2; I, 191, *l.* 21 et 22; I, 199, *l.* 14; I, 215, *l.* 23; I, 216, *l.* 7; I, 232, *l.* 17; I, 236, *l. dern.*; I, 239, *l.* 18; II, 17, *l.* 2; II, 54, *l.* 1; II, 63, *l.* 13; II, 72, *l.* 8; II, 94, *l.* 1; II, 467, *l.* 7.

COMMETTRE; se commettre :

Il n'est propre qu'à *commettre* de nouveau deux personnes qui veulent s'accommoder, s'ils l'ont fait arbitre de leur différend. (I, 60.)

Il y a de tels projets, d'un si grand éclat..., que toute la gloire et toute la fortune d'un homme y *sont commises*. (II, 124.)

Il y a des gens d'une certaine étoffe ou d'un certain caractère avec qui il ne faut jamais *se commettre*. (I, 226.)

Un homme ainsi fait peut dire aisément, et sans *se commettre*, qu'il.... ne lit jamais. (II, 34.)

« Certes » est beau dans sa vieillesse... : notre langue doit beaucoup aux écrivains.... qui *se commettent* pour lui dans leurs ouvrages. (II, 206.)

COMMIS (Premier) :

Il vous quitte brusquement pour joindre un seigneur ou un *premier commis*. (I, 358; voyez *ibidem*, note 3.)

COMMISSION :

Il (le peuple) s'est assemblé pour délibérer à qui des citoyens il donnera la *commission* d'aider de ses soins le premier magistrat. (I, 84.)

Il (le plénipotentiaire) sait intéresser ceux avec qui il traite;... il leur fait sentir.... les biens et les honneurs qu'ils peuvent espérer par une certaine facilité, qui ne choque point leur *commission* ni les intentions de leurs maîtres. (I, 376; voyez I, 166, *l.* 11.)

Le goût qu'il y a à devenir le dépositaire du secret des familles,... à procurer des *commissions* ou à placer des domestiques. (I, 182.)

COMMITTIMUS :

Appliqué successivement à saisir une terre, à s'opposer au sceau, à se servir d'un *committimus*. (II, 60; voyez *ibidem*, note 2.)

COMMODE, commode à :

Ils ont cela de *commode* pour les grands, qu'ils en sont soufferts sans conséquence, et congédiés de même. (I, 302.)

Maisons.... *commodes à* tout commerce. (I, 22.)

COMMODITÉ :

Hermippe est l'esclave de ce qu'il appelle ses petites *commodités*. (II, 196.)

COMMUN, une :

Il envie à ses propres valets.... la plus petite pièce de monnoie qu'ils auront ramassée dans les rues, et il ne manque point d'en retenir sa part avec ce mot : « Mercure est *commun*. » (I, 58; voyez *ibidem*, note 2.)

Il doit.... tirer son discours d'une source *commune*, et où tout le monde puise. (II, 231.)

Après l'invective *commune* contre les honneurs, les richesses et le plaisir, il ne reste plus à l'orateur qu'à courir à la fin de son discours. (II, 231.)

Athènes étoit libre;... ses citoyens étoient égaux;... l'émulation d'une cour ne les faisoit point sortir d'une vie *commune*. (I, 26.)

L'extrême et le médiocre lui sont connus; il a brillé, il a souffert, il a mené une vie *commune* : rien ne lui est échappé. (I, 336.)

C'étoit contre l'opinion *commune* de toute la Grèce. (I, 78, note 4.)

Il ne tend qu'à rendre l'homme raisonnable, mais par des voies simples et *communes*. (I, 29.)

Les choses extraordinaires et qui sortent des *communes* règles. (II, 101.)

Comme.... l'on vint à tomber sur celui que l'on devoit estimer le plus homme de bien de la ville, tous d'une *commune* voix vous nommèrent. (I, 36.)

Ne dites-vous pas en *commun* proverbe : « des loups ravissants, des lions furieux? » (II, 128.)

Mille toises font une demie lieue *commune*. (II, 261.)

Peut-être.... trouvent-ils leurs pièces (les pièces de leurs écus) aussi honorables, et ils les ont *communes* avec de grands seigneurs. (I, 281.)

COMMUN (LE), substantivement :
Le *commun* des hommes. (I, 164, *l.* 4; II, 16, *l.* 17; II, 76, *l.* 8.)

COMMUN (LIEU) :
J'ai pris soin de m'écarter des *lieux communs* et des phrases proverbiales. (II, 438; voyez II, 232, *l.* 1.)

COMPAGNIE ; FAIRE COMPAGNIE À :
Il enivre toute une *compagnie*, et il se rend le dernier. (I, 179.)

Cicéron a pu louer impunément Brutus, César..., devant une *compagnie* jalouse de leur mérite. (II, 440; voyez I, 217, *l.* 18.)

Je n'ai pas espéré que cette *compagnie* (l'Académie) pût être une autre fois plus belle à peindre. (II, 440.)

Voyez I, 348, *l.* 24; II, 451, *l.* 24; II, 452, *l.* 14; II, 459, *l.* 9; II, 471, *l.* 13.

Il aborde dans un voyage le premier qu'il trouve sur son chemin, *lui fait compagnie*. (I, 78.)

COMPAGNON :
Il a.... un atelier..., et des *compagnons* qui travaillent sous lui. (I, 241.)

COMPARAISON ; COMPARAISON À ; FAIRE COMPARAISON AVEC :
La métaphore ou la *comparaison* emprunte d'une chose étrangère une image sensible et naturelle d'une vérité. (I, 144 et 145.)

Quelle *comparaison* de la lune *au* soleil pour la grandeur, pour l'éloignement, pour la course? (II, 260.)

Petits hommes..., qui ne *faites* pas même *comparaison avec* l'éléphant et la baleine.... (II, 128; voyez II, 144, *l.* 17.)

COMPARER :
Je *compare* ensemble les deux conditions des hommes les plus opposées, je veux dire les grands avec le peuple. (I, 347.)

COMPAROÎTRE :
Accablés de procès.... qui les obligent de *comparoître*. (I, 47.)

Quelques autres.... ont payé l'amende pour *n'avoir* pas *comparu* à une cause appelée. (I, 52.)

COMPARTIMENT :
Des *compartiments* mêlés d'eaux plates et d'eaux jaillissantes. (II, 257.)

COMPASSION :
S'il est vrai que la pitié ou la *compassion* soit un retour vers nous-

mêmes qui nous met en la place des malheureux.... (I, 207; voyez II, 38, *l.* 9.)

COMPENSATION :
Les extrémités sont vicieuses, et partent de l'homme : toute *compensation* est juste, et vient de Dieu. (II, 277.)

COMPILATEUR. (I, 148, *n.* 62.)

COMPLAISANT :
Du *Complaisant*. — Pour faire une définition un peu exacte de cette affectation que quelques-uns ont de plaire à tout le monde, il faut dire que c'est une manière de vivre où l'on cherche beaucoup moins ce qui est vertueux et honnête que ce qui est agréable. (I, 43 ; voyez I, 267, *l.* 4.)

COMPLET :
J'ai moins pensé à lui faire lire (au public) rien de nouveau qu'à laisser peut-être un ouvrage de mœurs plus *complet*.... à la postérité. (I, 111.)

COMPLEXION :
Ne se sont-elles pas établies elles-mêmes (les femmes) dans cet usage de ne rien savoir, ou par la foiblesse de leur *complexion*, ou par la paresse de leur esprit? (I, 187.)

Thetmosis, un roi d'Égypte, étoit valétudinaire, et.... il tenoit cette *complexion* de son aïeul Alipharmutosis. (I, 241.)

On n'est point effronté par choix, mais par *complexion*; c'est un vice de l'être, mais naturel. (I, 313.)

Ne demandez pas de quelle *complexion* il (l'homme inégal) est, mais quelles sont ses *complexions*. (II, 6.)

La galanterie est un foible du cœur, ou peut-être un vice de la *complexion*; la coquetterie est un déréglement de l'esprit. (I, 176 ; voyez II, 26, *l.* 16.)

Voyez I, 177, *l.* 14 et 15 ; I, 186, *l.* 18 ; I, 193, *l.* 18 ; I, 256, *l.* 24 ; I, 262, *l.* 19 ; I, 389, *l.* 10 ; II, 17, *l.* 25 ; II, 52, *l.* 10 ; II, 67, *l.* 16 ; II, 72, *l.* 7 ; II, 113, *l.* 16 ; II, 188, *l.* 8 ; II, 201, *l.* 2 ; II, 204, *l.* 17.

COMPLICE :
Je ne suis ni auteur ni *complice* de ces clefs qui courent. (II, 449.)

COMPORTER (Se) :
Un homme dissimulé *se comporte* de cette manière : il aborde ses ennemis,... et leur fait croire par cette démarche qu'il ne les hait point. (I, 35.)

COMPOSER ; se composer :
[Ils] négligent dans un livre tout ce qui n'est que.... sérieuses réflexions, quoique en si grand nombre qu'elles le *composent* presque tout entier. (II, 448.)

Ils n'ont ni aïeuls ni descendants : ils *composent* seuls toute leur race. (I, 157.)

Si elle (sa harangue à l'Académie) n'*étoit* pas en effet *composée* d'un style affecté..., il ne faut plus s'étonner qu'elle ait ennuyé Théobalde. (II, 453.)

L'on peut dire que la [dissimulation] c'est un certain art de *composer* ses paroles et ses actions pour une mauvaise fin. (I, 34 et 35.)

Ne reviendroit-il pas au même de renoncer à.... toute fierté..., et de *composer* ensemble, de se traiter tous avec une mutuelle bonté? (II, 63.)

Elles (quelques jeunes personnes) *se composent*, elles se recherchent, regardent dans un miroir si elles s'éloignent assez de leur naturel. (I, 171.)

COMPOSITION :
Un grain d'esprit et une once d'affaires plus qu'il n'en entre dans la *composition* du suffisant, font l'important. (II, 99.)

Avant que de convenir du prix, pour avoir une meilleure *composition* du marchand, il lui fait ressouvenir qu'il lui a autrefois rendu service. (I, 53.)

COMPTE ; DE COMPTE FAIT ; PASSER À COMPTE ; RENDRE COMPTE ; RENDRE COMPTE DE :

La comparaison qu'il fait de ces personnes avec lui-même, et où il trouve son *compte*. (II, 156 ; voyez I, 341, *l*. 22 et 23.)

Télèphe a de l'esprit, mais dix fois moins, *de compte fait*, qu'il ne présume d'en avoir. (II, 65.)

Il ne se donne pas la peine de régler lui-même des parties ; mais il dit négligemment à un valet de les calculer, de les arrêter et les *passer à compte*. (I, 81.)

Un voyage de Madame la Duchesse à Paris fit que Monsieur le duc de Bourbon ne *rendit* point *compte* il y a aujourd'hui huit jours. (II, 503.)

Voyez *ibidem, l.* 15 ; II, 497, *l.* 1 ; II, 499, *l.* 7 ; II, 501, *l.* 8.

Il n'y a sorte de volupté qu'ils n'essayent et *dont* ils ne puissent *rendre compte*. (I, 303.)

De doctes commentaires qui *rendissent* un *compte* exact *de* l'antiquité. (I, 32.)

COMPTER ; COMPTER QUE :

Ils *comptoient* en toutes choses avec eux-mêmes : leur dépense étoit proportionnée à leur recette. (I, 297.)

Il exige d'abord de petites choses, qu'il prétend ensuite lui devoir *être comptées* pour rien. (I, 374.)

La première chose qu'il dit à un ami qui lui emprunte quelque argent, c'est qu'il ne lui en prêtera point : il va le trouver ensuite, et le lui donne de mauvaise grâce, ajoutant qu'il le *compte* perdu. (I, 65.)

Comptez que Monsieur le Prince et Madame la Princesse sont très-contents de vous. (II, 515-516.)

COMTALE (COURONNE) :

Une certaine pudeur.... les empêche de se parer d'une *couronne* de marquis, trop satisfaits de la *comtale*. (II, 165.)

COMPTOIR DE BANQUIER. (I, 44.)

CONCERNER :

Pour ce qui *concerne* le médisant, voici ses mœurs. (I, 87 ; voy. I, 113, *l*. 4.)

Il a cinquante mille livres de rente. Cela le *concerne* tout seul, et il ne m'en fera jamais ni pis ni mieux. (I, 247.)

CONCERT (DE) :

L'utile et la louable pratique, de perdre en frais de noces le tiers de la dot qu'une femme apporte ! de commencer par s'appauvrir *de concert* par l'amas et l'entassement de choses superflues ! (I, 293.)

CONCERTER ; CONCERTÉ :

Un orchestre.... et des voix qui *concertent* depuis longtemps. (II, 172.)

Ils sont comme pétris de phrases et de petits tours d'expression, *concertés* dans leur geste et dans tout leur maintien. (I, 223.)

Il n'est pas hors de sa maison, qu'il a déjà ajusté ses yeux et son visage, afin que ce soit une chose faite quand il sera dans le public, qu'il y paroisse tout *concerté*. (I, 356.)

CONCEVOIR :

Qui doute que les enfants ne *conçoivent*, qu'ils ne jugent ? (II, 29.)

Je ne *conçois* pas quelle est la fin qu'ils se proposent. (I, 51.)

CONCILIER :
Conciliez un auteur original, ajustez ses principes, tirez vous-même les conclusions. (II, 203.)

CONCIS, ise :
J'aurois péché contre l'usage des maximes, qui veut qu'à la manière des oracles elles soient courtes et *concises*. (I, 111 ; voyez I, 124, *l.* 17.)

CONCLURE :
Son âme.... pense, raisonne, infère, *conclut*, juge, prévoit. (II, 66.)
De ce que je pense je n'infère pas plus clairement que je suis esprit, que je *conclus* de ce que je fais, ou ne fais point selon qu'il me plaît, que je suis libre. (II, 274.)

CONCLUSION :
Les matières sont grandes, mais usées et triviales ; les principes sûrs, mais dont les auditeurs pénètrent les *conclusions* d'une seule vue. (II, 231.)

CONCOURIR :
Il est rare de les voir réunies (ces vertus) dans un même sujet : il faut que trop de choses *concourent* à la fois. (I, 392.)

CONCOURS :
Les temples où se fait un grand *concours*. (II, 156.)
Ces lieux d'un *concours* général, où les femmes se rassemblent. (I, 276.)

CONDAMNER ; condamner de :
Celui qui écoute s'établit juge de celui qui prêche, pour *condamner* ou pour applaudir. (II, 220.)
Il est naturel aux hommes de ne point convenir de la beauté ou de la délicatesse d'un trait de morale qui les peint... : ils se tirent d'embarras en le *condamnant*. (I, 11 ; voyez I, 106, *l.* 21.)
Quelqu'un vient d'*être condamné* en justice *de* payer pour un autre pour qui il s'est obligé. (I, 59.)

CONDEMNATION. (I, 308.)
C'est l'orthographe de la 4ᵉ édition, la première qui donne ce mot ; les suivantes ont *condamnation*.

CONDESCENDRE à :
L'un vous dit : « J'y donne les mains pourvu qu'un tel *y condescende*; » et ce tel *y condescend*. (I, 333.)

CONDITION :
Ces *conditions*, qu'un auteur exact et scrupuleux est en droit d'exiger de certains esprits pour l'unique récompense de son travail. (I, 108.)
Il (le plénipotentiaire) presse et il temporise selon que l'État pour qui il travaille en doit craindre ou espérer ; et il règle sur ses besoins ses *conditions*. (I, 377.)
Un ouvrage satirique ou qui contient des faits, qui est donné en feuilles sous le manteau aux *conditions* d'être rendu de même, s'il est médiocre, passe pour merveilleux ; l'impression est l'écueil. (I, 114.)
La cause la plus immédiate de la ruine et de la déroute des personnes des deux *conditions*, de la robe et de l'épée, est que l'état seul, et non le bien, règle la dépense. (I, 272 ; voyez I, 316, *l.* 4.)
Un homme un peu heureux dans une *condition* privée devroit-il y renoncer pour une monarchie ? (I, 387 et 388.)
Quelle *condition* vous paroît la plus délicieuse et la plus libre, ou du berger ou des brebis ? (I, 385 ; voyez II, 239, *l.* 15.)

Ceux qui par leur *condition* se trouvent exempts de la jalousie d'auteur. (I, 119.)

Une femme de *condition*. (I, 56 et note 4.)

Certains abbés, à qui il ne manque rien de l'ajustement, de la mollesse et de la vanité des sexes et des *conditions*. (II, 170.)

Voyez I, 180, *l.* 3; I, 247, *l.* 1; I, 252, *l.* 16 et 17; I, 339, *l.* 11; I, 347, *l.* 6; I, 348, *l.* 16; I, 353, *l.* 5; I, 361, *l.* 6; II, 90, *l.* 26; II, 120, *l.* 4; II, 186, *l.* 16.

CONDOULOIR (Se) :

« Deuil » [ne fait plus] « se douloir, *se condouloir* ». (II, 210 et 211.)

CONDUIRE ; conduire à :

Où *conduira*-t-il son argent,... sa famille ? où se réfugiera-t-il ? (I, 370.)

L'amorce *est* déjà *conduite*, et la mine prête à jouer. (I, 313.)

Il vante.... la générosité de cet homme, pour le piquer d'honneur et le *conduire à* lui faire une grande largesse. (II, 157; voyez I, 345, *l.* 4.)

CONDUITE :

Le combat célèbre que ceux de Lacédémone ont livré aux Athéniens sous la *conduite* de Lysandre. (I, 49.)

Celles qui n'ayant pas assez d'un confesseur pour leur *conduite*, n'usent d'aucun discernement dans le choix de leurs directeurs. (I, 182.)

S'il (le peuple) s'est assemblé pour délibérer à qui des citoyens il donnera la commission d'aider de ses soins le premier magistrat dans la *conduite* d'une fête ou d'un spectacle.... (I, 84.)

La *conduite* de son théâtre, qu'il (Corneille) a quelquefois hasardée contre les règles des anciens. (I, 140; voyez I, 141, *l.* 3.)

Ce qu'il y a jamais eu de mieux pensé, de mieux dit, de mieux écrit, et peut-être d'une *conduite* plus délicate, ne nous est pas toujours venu de leur fond (du fond des grands). (I, 343.)

Je lui fais revoir le détail des provinces de France..., et j'observe la même *conduite* sur toutes les autres études. (II, 505.)

J'ai loué des académiciens encore vivants, disent quelques-uns.... C'est une *conduite* toute nouvelle, ajoutent-ils. (II, 438, *variante*.)

Inconstance de cœur, incertitude de *conduite*. (II, 5; voy. II, 47, *l.* dern.)

CONFESSEUR. (I, 181, *n.* 37 et 39; II, 30, *n.* 61.)

CONFIANCE :

C'est perdre toute *confiance* dans l'esprit des enfants.... que de les punir des fautes qu'ils n'ont point faites. (II, 29; voyez I, 244, *l.* 6; II, 36, *l.* 4.)

CONFIDENTIAIRE, celui qui a reçu avec l'engagement secret de rendre à une personne déterminée :

Étrange embarras.... que le fidéicommis! Si par le respect d'un ami mort l'on suit ses intentions en le rendant à sa veuve, on est *confidentiaire*, on blesse la loi. (II, 194.)

CONFIER (Se) en :

Les charlatans *en* qui il *se confie*. (II, 96.)

CONFIRMER ; confirmer que :

Vous dites.... qu'il aime à faire plaisir, et vous le *confirmez* par un long détail de ce qu'il a fait. (I, 351.)

Une.... belle ressource pour le favori disgracié..., c'est.... de se jeter, s'il se peut, dans quelque haute et généreuse entreprise, qui relève ou *confirme* du moins son caractère. (I, 380.)

Ils.... s'écartent des règles si elles ne les conduisent pas au grand et au sublime..., toujours sûrs et *confirmés* par le succès des avantages que l'on tire quelquefois de l'irrégularité. (I, 147.)

L'expérience *confirme que* la mollesse ou l'indulgence pour soi et la dureté pour les autres n'est qu'un seul et même vice. (I, 207.)

CONFISEUR. (I, 299, *n*. 12.)

CONFONDRE ; CONFONDRE AVEC :

Plusieurs choses différentes qui se modifient.... les unes les autres, qui *confondent* dans les esprits la crainte et la confiance. (I, 374.)

Le duel est le triomphe de la mode.... Cet usage n'a pas laissé au poltron la liberté de vivre ; il l'a mené se faire tuer par un plus brave que soi, et l'a *confondu avec* un homme de cœur. (II, 142.)

CONFORMATION :

Atomes.... liés et enchaînés ensemble par la figure et la *conformation* de leurs parties. (II, 267.)

CONFORME :

Les caractères de ces personnes (dans Théophraste) semblent rentrer les uns dans les autres...; ils ne sont pas aussi toujours suivis et parfaitement *conformes*. (I, 31.)

CONFORMER à :

Oseroit-on.... leur insinuer qu'ils s'éloignent par de telles manières de la politesse dont ils se piquent ; qu'elle assortit, au contraire, et *conforme* les dehors *aux* conditions ? (II, 90.)

CONFORMITÉ :

Toute justice est une *conformité* à une souveraine raison. (II, 274 ; voyez *ibidem*, *l*. 15 et 16.)

CONFRÈRE :

Le voyez-vous (ce magistrat).... à sa chambre, où l'on va juger une cause grave et capitale ? il se fait entourer de ses *confrères*, il leur raconte comme il n'a point perdu le cerf de meute. (I, 282.)

Petits hommes,... c'est déjà une chose plaisante que vous donniez aux animaux, vos *confrères*, ce qu'il y a de pire. (II, 128.)

CONFRONTER ; CONFRONTER AVEC :

Une personne.... qui *a* médité, cherché, consulté, *confronté*, lu ou écrit pendant toute sa vie. (I, 161.)

On lit son livre,... on le feuillette, on le discute, on le *confronte*. (II, 234.)

Quel moyen de vous définir ?... Il faudroit vous *confronter avec* vos pareils, pour porter de vous un jugement sain et raisonnable. (I, 344.)

CONGRATULER :

Mille gens à la cour y traînent leur vie à embrasser, serrer et *congratuler* ceux qui reçoivent. (I, 316 ; voyez I, 225, *l*. 18 ; I, 324, *l*. 21.)

S'il voit venir quelque plaideur, il l'aborde, le raille et le *congratule* sur une cause importante qu'il vient de perdre. (I, 57.)

A partir de la 4ᵉ édition, *félicite* remplace *congratule*, dans ce dernier exemple.

CONJECTURE :

Le prédicateur.... ne fait point valoir [comme l'avocat] les violentes *conjectures* et les présomptions. (II, 231.)

La physionomie n'est pas une règle qui nous soit donnée pour juger des hommes : elle nous peut servir de *conjecture*. (II, 94.)

CONJONCTURE :

Sa mort.... arrive, mais dans une *conjoncture* où nos intérêts ne nous permettent pas de nous en réjouir. (I, 210 ; voyez I, 272, *l*. 16 ; I, 349, *l*. 6.)

CONJOUIR (Se) :

Joie [ne fait plus] s'éjouir, bien qu'il fasse toujours se réjouir, *se conjouir*. (II, 211.)

CONJURATION, coalition :

C'est fait de l'État.... Comment résister à une si forte et si générale *conjuration*? (I, 369 ; voyez *ibidem*, note 1.)

CONNIVENCE :

Si l'on me racontoit qu'il s'est trouvé autrefois.... un de ces magistrats créés pour poursuivre les voleurs..., qui les connoissoit tous depuis longtemps de nom et de visage,... comment.... pourrois-je croire qu'on doive présumer.... qu'une *connivence* si pernicieuse dure encore? (II, 190.)

CONNOISSANCE :

Une étendue de *connoissance* qui fait que le prince voit tout par ses yeux. (I, 391.)

Toute conformité à la raison est une vérité.... Cette vérité.... ou n'est point et ne peut être, ou elle est l'objet d'une *connoissance*; elle est donc éternelle, cette *connoissance*, et c'est Dieu. (II, 274.)

CONNOISSEUR :

Les *connoisseurs*.... se donnent voix délibérative et décisive sur les spectacles. (I, 136 ; voyez I, 123, *l. dern*.)

CONNOÎTRE; connoître que :

Un bon auteur, et qui écrit avec soin, éprouve souvent que l'expression qu'il cherchoit depuis longtemps sans la *connoître*, et qu'il a enfin trouvée, est celle qui étoit la plus simple. (I, 118.)

Ces passions.... qu'on nomme la terreur et la pitié, *ont été connues* de ces deux poëtes. (I, 141.)

Elle s'éloigne d'Euphrosyne, ne lui *connoît* plus le mérite qui l'avoit charmée, perd le goût de sa conversation. (I, 197.)

Elle retombe bientôt dans de plus grands [égarements], et n'en rougit plus ; elle ne les *connoît* plus. (I, 198.)

Si elle (la matière) ne se découvre pas par elle-même, on la *connoît* du moins dans le divers arrangement de ses parties. (II, 254.)

Qui *connoîtra* comme lui un bourgeois à ses armes et à ses livrées? (I, 289.)

Il (le public) peut regarder avec loisir ce portrait..., et s'il se *connoît* quelques-uns des défauts que je touche, s'en corriger. (I, 105.)

Un homme qui seroit en peine de *connoître* s'il change, s'il commence à vieillir peut consulter les yeux d'une jeune femme qu'il aborde. (I, 190.)

Celui qui a pénétré la cour *connoît* ce que c'est que vertu. (I, 151.)

Les hommes ne sont point capables sur la terre d'une joie plus naturelle.... et plus sensible, que de *connoître qu*'ils sont aimés. (I, 386.)

La nature n'est que pour ceux qui habitent la campagne : eux seuls vivent, eux seuls du moins *connoissent qu*'ils vivent. (II, 123.)

Voyez I, 295 et note 2 ; I, 311, *n*. 38 ; I, 328, *l*. 13 ; I, 346, *l*. 4 ; II, 29, *n*. 59 ; II, 100, *l*. 7 ; II, 221, *n*. 5 ; II, 244, *l*. 19 ; II, 512, *l*. 2.

CONSACRER :

Il s'en faut peu.... que la magistrature ne *consacre* les hommes comme la prêtrise. (II, 186.)

Dès qu'il remarque dans les carrefours de ces pierres que la dévotion du peuple y *a consacrées*.... (I, 66.)

Au lieu de manger religieusement chez soi une partie des viandes *consacrées*, il les fait saler pour lui servir dans plusieurs repas. (I, 52.)

Il *consacre* un anneau à Esculape, qu'il use à force d'y pendre des couronnes de fleurs. (I, 74.)

CONSEIL ; PRENDRE CONSEIL DE :

Votre Altesse Sérénissime veut que je l'instruise (le duc de Bourbon) des motifs des guerres et des fautes des princes ou de leur bon *conseil*. (II, 489.)

Cet homme si sage, le *conseil* de toute une ville. (II, 178.)

Il *prend conseil du* temps, *du* lieu, *des* occasions, *de* sa puissance ou *de* sa foiblesse. (I, 377.)

CONSENTIR DE ; CONSENTIR QUE :

Une somme que ses amis *consentent de* lui prêter. (I, 35.)

Ce n'est point chez le foulon qui passe pour le meilleur ouvrier qu'il envoie teindre sa robe, mais chez celui qui *consent de* ne point la recevoir sans donner caution. (I, 69 ; voyez I, 212, *l.* 8 ; I, 375, *l.* 8.)

Ceux.... qui font des maximes veulent être crus : je *consens*, au contraire, *que* l'on dise de moi que je n'ai pas quelquefois bien remarqué, pourvu que l'on remarque mieux. (I, 112.)

CONSÉQUEMMENT :

.... Aussi ne parle-t-il guère *conséquemment*. (II, 14 ; voyez II, 29, *l.* 18.)

Le monde est plein de gens qui.... décident toujours en faveur de leur propre mérite, et agissent *conséquemment*. (II, 35.)

Il est vrai, dit-on, cette somme lui est due.... Mais je l'attends à cette petite formalité ; s'il l'oublie, il n'y revient plus, et *conséquemment* il perd sa somme. (II, 187.)

CONSÉQUENCE ; DE CONSÉQUENCE ; SANS CONSÉQUENCE :

Le magistrat.... galant est pire dans les *conséquences* que le dissolu. (II, 186.)

L'usage a préféré « par conséquent » à « par *conséquence* », et « en *conséquence* » à « en conséquent ». (II, 212 et 213.)

Des choses graves et *de conséquence*. (I, 212.)

Si un poëte loue les vers d'un autre poëte, il y a à parier qu'ils sont mauvais et *sans conséquence*. (II, 75.)

Voyez I, 244, *l.* 17 ; I, 302, *l.* 3 ; II, 124, *l.* 1.

CONSÉQUENT. Voyez CONSÉQUENCE.

CONSERVER, SE CONSERVER :

Un visage qui remplisse la curiosité des peuples empressés de voir le prince, et qui *conserve* le respect dans le courtisan.... (I, 388.)

S'il fait un voyage avec plusieurs, il les prévient dans les hôtelleries, et il sait toujours *conserver* dans la meilleure chambre le meilleur lit. (II, 55.)

Ils *se conservoient* propres quand il faisoit sec ; et dans un temps humide ils gâtoient leur chaussure. (I, 296.)

Je crois pouvoir dire d'un poste éminent et délicat qu'on y monte plus aisément qu'on ne *s'y conserve*. (I, 311.)

CONSIDÉRATION, égards. (I, 248, *l.* 1.)

CONSIDÉRER :

Qui *considéreroit* bien le prix du temps, et combien sa perte est irréparable, pleureroit amèrement sur de si grandes misères. (I, 295.)

« Qui connoîtroit bien », dans les trois premières éditions.

Qui peut.... n'être pas convaincu de son inutilité, quand il *considère* qu'il laisse en mourant un monde qui ne se sent pas de sa perte? (I, 151.)

CONSIGNATION, dépôt d'argent pour l'achat d'une charge :
Un jeune adolescent.... dont la *consignation* a fait un juge. (II, 187 ; voyez I, 182, note 2 ; I, 291, *l.* 6.)

CONSIGNER, absolument :
Thrason.... *a consigné.* (I, 280.)
Déposé son argent au trésor public pour une grande charge. (*Note de la Bruyère.*)

CONSISTER à :
Tout l'esprit d'un auteur *consiste à* bien définir et *à* bien peindre. (I, 116.)

CONSOLER (Se) de :
La flatterie.... assure que l'un, avec toute la capacité et toutes les lumières de l'autre, dont il prend la place, n'en a point les défauts ; et ce style sert aux princes à *se consoler du* grand et *de* l'excellent par le médiocre. (I, 341.)

CONSTAMMENT :
L'on ne pense pas toujours *constamment* d'un même sujet : l'entêtement et le dégoût se suivent de près. (II, 74 ; voyez *ibidem*, note 2.)

CONSTITUTION :
Commencez par lui livrer quelques sacs de mille francs, passez-lui un contrat de *constitution*. (II, 199.) — Constituez-lui une rente.

CONSTRUCTION :
L'on écrit régulièrement depuis vingt années ; l'on est esclave de la *construction* ; l'on a enrichi la langue de nouveaux mots. (I, 147.)

CONSULTATION :
Vos observations.... naissent de votre esprit et y demeurent : vous les retrouvez.... dans la conversation, dans la *consultation* et dans la dispute. (II, 203.)

CONSUMER :
Le zèle de la maison du Seigneur me *consume*. (II, 172.)
Ils meurent *consumés* de vieillesse. (II, 60.)
Il *consume* son bien en des aumônes, et son corps par la pénitence. (II, 90.)
De prompts moyens de *consumer* de grandes sommes en habits. (I, 302.)
Celui-là est riche, qui reçoit plus qu'il ne *consume*. (I, 261 ; voyez I, 47, *l.* 14 ; II, 180, *l.* 7.)
Le philosophe *consume* sa vie à observer les hommes. (I, 127.)
Sont-ce là ces mêmes princes si pointilleux, si formalistes sur leurs rangs et sur leurs préséances, et qui *consument* pour les régler les mois entiers dans une diète? (II, 133 ; voyez II, 119, *l.* 23.)

CONTAGIEUX :
L'air de cour est *contagieux* : il se prend à V** (à Versailles), comme l'accent normand à Rouen ou à Falaise. (I, 300.)

CONTE :
Il (la Fontaine) ne sait pas parler, ni raconter ce qu'il vient de voir : s'il se met à écrire, c'est le modèle des bons *contes*, etc. (II, 101.)
S'ils commencent à s'abandonner au sommeil : « Faites-nous, lui disent-ils, un *conte* qui achève de nous endormir. » (I, 50.)
Un homme de la cour.... doit.... dire en toute rencontre : « Ma race, ma

branche.... » Quelques-uns riront..., mais il les laissera rire ; d'autres en feront des *contes*, et il leur permettra de conter. (I, 305.)

CONTEMPLATIF :
Quand un courtisan.... ne sera point paresseux et *contemplatif*.... (II, 153.)

CONTEMPLER :
Ce m'est une chose toujours nouvelle de *contempler* avec quelle férocité les hommes traitent d'autres hommes. (II, 61.)
L'on *contemple* dans les cours de certaines gens, et l'on voit bien à leurs discours.... qu'ils ne songent ni à leurs grands-pères ni à leurs petits-fils. (I, 335.)

CONTEMPTEUR :
Hommes riches et ambitieux, *contempteurs* de la vertu. (II, 459.)

CONTENT, content de, content que :
Je ne vous demande pas de vous mettre à votre atelier pour faire une belle femme... ; essayez seulement de faire un bossu..., je suis *content*. (II, 272.)
Qu'il est difficile d'être *content de* quelqu'un ! (I, 210.)
Vous êtes *content de* vous d'avoir pensé si bien. (II, 92.)
Elle ne connoissoit que l'amitié..., et n'imaginoit pas par quel autre sentiment elle pourroit jamais se refroidir sur celui de l'estime et de la confiance, *dont* elle étoit si *contente*. (I, 196.)
Si, *content du* sien, on eût pu s'abstenir du bien de ses voisins, on avoit pour toujours la paix et la liberté. (I, 368.)
Il ne donne point de servantes à sa femme, *content de* lui en louer quelques-unes. (I, 77 ; voyez II, 223, l. 20.)
Les uns cherchent des définitions.... Les autres, *contents que* l'on réduise les mœurs aux passions et que l'on explique celles-ci par le mouvement du sang..., quittent un auteur de tout le reste. (I, 11 et 12.)

Content (Mal) :
On est *mal content* d'eux et on les loue. (I, 352.)

CONTENTER, se contenter :
Dans l'esprit de *contenter* ceux qui reçoivent froidement tout ce qui appartient aux étrangers et aux anciens, et qui n'estiment que leurs mœurs, on les ajoute (les Caractères) à cet ouvrage. (I, 28.)
Il n'y a souvent rien de plus stérile que l'amour de la réputation. Cependant, mes disciples, *contentez-vous* : si vous négligez l'estime des hommes, vous vous épargnez à vous-mêmes de grands travaux. (I, 19.)
S'il est capitaine de galère, voulant ménager son lit, il *se contente* de coucher indifféremment avec les autres sur de la natte. (I, 76.)

CONTER, absolument :
L'une des marques de la médiocrité de l'esprit est de toujours *conter*. (II, 98 ; voyez le dernier exemple de l'article Conte.)

CONTEUR :
Un nouvelliste ou un *conteur* de fables est un homme qui arrange, selon son caprice, des discours et des faits remplis de fausseté. (I, 50.)

CONTIGU à :
Ce morceau de terre, plus propre et plus orné que les autres terres qui lui sont *contiguës*. (II, 257.)

CONTINUEL, elle :
Une *continuelle* affectation, et qui ne s'est jamais démentie. (I, 185.)

CONTINUER, continuer de :

J'attends avec impatience l'occasion de mon retour à Paris, pour aller chez vous, Monsieur, vous *continuer* mes très-humbles respects. (II, 512.)

Ces effrontés *continuent de* parler. (I, 46.)

Voyez I, 48, *l.* 8 ; I, 338, *l.* 20 et 21 ; II, 9, *l.* 21; II, 86, *l.* 7; II, 164, *l.* 12; II, 484, *l.* 15; II, 494, *l.* 2.

J'ai.... commencé et je *continue d'*être par quelque chose qui est hors de moi. (II, 252.)

Il ne *continue* pas *de* marcher que quelqu'un n'ait passé avant lui. (I, 66.)

CONTORSION :

On est surpris de voir naître et éclore le bon sens du sein de la bouffonnerie, parmi les grimaces et les *contorsions*. (II, 102.)

CONTRADICTOIRE de :

Une belle maxime pour le Palais..., ce seroit précisément la *contradictoire de* celle qui dit que la forme emporte le fond. (II, 188.)

CONTRAINDRE :

L'extrême violence que chacun se fait à *contraindre* ses larmes. (I, 137.)

Il.... *contraint* son humeur,... parle, agit contre ses sentiments. (I, 298.)

La pruderie *contraint* l'esprit, ne cache ni l'âge ni la laideur; souvent elle les suppose. (I, 186.)

CONTRAIRE à ; contraire, substantivement :

Tantôt il réunit quelques-uns qui étoient *contraires* les uns *aux* autres, et tantôt il divise quelques autres qui étoient unis. (I, 375.)

Celui qui écoute s'établit juge de celui qui prêche, pour condamner ou pour applaudir, et n'est pas plus converti par le discours qu'il favorise que par celui *auquel* il est *contraire*. (II, 220.)

Le dédain et le rengorgement dans la société attire précisément le *contraire* de ce que l'on cherche, si c'est à se faire estimer. (I, 235.)

Il ne faut presque rien pour être cru fier.... méprisant... : il faut encore moins pour être estimé tout le *contraire*. (I, 228.)

Le joli,... le merveilleux ont été employés à son éloge ; et tout le *contraire* a servi depuis pour le ravaler. (I, 336.)

La vanité.... se cache souvent sous les apparences de son *contraire*. (II, 31.)

N'essayer des richesses, de la grandeur, des plaisirs.... que pour les voir changer..., par la révolution des temps, en leurs *contraires*. (II, 250.)

CONTRARIÉTÉ :

Tels sont oubliés dans la distribution des grâces, et font dire d'eux : « Pourquoi les oublier ? » qui, si l'on s'en étoit souvenu, auroient fait dire : « Pourquoi s'en souvenir ? » D'où vient cette *contrariété*? (II, 114.)

La *contrariété* des esprits, des goûts et des sentiments. (II, 18.)

CONTRAT :

Je ne sais par où et comment se peuvent conclure les mariages, les *contrats*, les acquisitions. (II, 20; voyez I, 221, *l.* 2 ; I, 257, *n.* 37 ; I, 264, *n.* 58.)

Elles ne s'informent ni de ses *contrats* ni de ses ancêtres. (I, 291.)

CONTRE :

Libre.... sur les affaires publiques, chagrin *contre* le siècle. (I, 274.)

Celui *contre* qui il joue (au trictrac). (II, 10.)

Se mettre du rouge..., c'est.... vouloir paroître, selon l'extérieur, *contre* la vérité. (I, 172.)

Les empereurs n'ont jamais triomphé à Rome si mollement, si commodément, ni si sûrement même, *contre* le vent, la pluie, la poudre et le soleil, que le bourgeois sait à Paris se faire mener par toute la ville. (I, 296.)

Ces gens.... esclaves des grands, dont ils ont épousé le libertinage..., *contre* leurs propres lumières et *contre* leur conscience. (II, 240.)

L'on tourne la clef, l'on pousse *contre*, ou l'on tire à soi. (II, 197.)

CONTREFAIRE, CONTREFAIT :

Certains hommes.... *contrefont* les simples et les naturels. (I, 156.)

Qui sait.... si l'homme dévot a de la vertu?... C'est un métier aisé à *contrefaire*. (II, 161.)

Ils accompagnent un langage si extravagant d'un geste affecté et d'une prononciation qui est *contrefaite*. (I, 216 ; voyez I, 189, *l.* 6 ; I, 324, *l.* 2.)

CONTRE-POISON, au figuré :

Le caprice est dans les femmes tout proche de la beauté, pour être son *contre-poison*. (I, 174.)

CONTRE-TEMPS :

Du *Contre-temps*. — Cette ignorance du temps et de l'occasion est une manière d'aborder les gens ou d'agir avec eux, toujours incommode et embarrassante. (I, 59.)

Un homme de la cour qui n'a pas un assez beau nom doit.... dire en toute rencontre : « Ma race, ma branche, mon nom et mes armes. ».... Quelques-uns riront de ces *contre-temps*, mais il les laissera rire. (I, 305.)

CONTRIBUER POUR, CONTRIBUER À :

Il se joignit à Phidias, son compatriote, *contribua* avec lui de ses biens *pour* armer les bannis. (I, 18.)

Celui.... qui le prie de *contribuer* de sa part *à* une somme que ses amis consentent de lui prêter. (I, 35 ; voyez *ibidem*, note 1.)

Si je me trompe, et qu'ils n'*aient contribué* en rien *à* cette fête.... (I, 136.)

CONTRIBUTION :

Quelquefois.... le peuple est obligé de s'assembler pour régler une *contribution* capable de subvenir aux besoins de la République. (I, 75.)

CONTRÔLEUR :

L'air de cour est contagieux... ; on l'entrevoit en des fourriers, en de petits *contrôleurs*, et en des chefs de fruiterie. (I, 300.)

CONTROUVER, absolument :

Voyez le peuple : il *controuve*, il augmente, il charge par grossièreté et par sottise. (II, 244.)

CONVAINCRE DE :

Parchemins inventés pour faire souvenir ou pour *convaincre* les hommes *de* leur parole. (II, 21.)

CONVENABLE :

Ils.... leur parlent de leurs maris.... dans les termes *convenables*. (I, 302 ; voyez I, 79, *l.* 3 et 4.)

CONVENIR, absolument ; CONVENIR À, DE, SUR, EN ; CONVENIR QUE :

C'est le rôle d'un sot d'être importun : un homme habile sent s'il *convient* ou s'il ennuie. (I, 215.)

Parler sans cesse à un grand que l'on sert, en des lieux et en des temps où il *convient* le moins. (I, 212.)

Il ne *convient* pas *à* toute sorte de personnes de lever l'étendard d'aumônier. (II, 248.)

C'est encore une action qui *lui convient* fort (à un importun) que d'aller prendre au milieu du repas, pour danser, un homme qui est de sang-froid. (I, 60.)

A quoi pensez-vous de fonder sur une méprise.... des soupçons injustes, et qui ne *convenoient* point *aux* personnes de qui vous les avez? (II, 515.)

Je demande mille pardons à Votre Altesse de cette négligence, qui *lui convient* si peu. (II, 485.)

La loi.... cadre donc bien mal avec l'opinion des hommes? — Cela peut être; et il ne *me convient* pas de dire ici : « La loi pèche, » ni : « Les hommes se trompent. » (II, 195.)

Avant que de *convenir du* prix, pour avoir une meilleure composition du marchand, il lui fait ressouvenir qu'il lui a autrefois rendu service. (I, 53.)

Soigneux.... d'exagérer l'énormité de la demande, et de faire *convenir*, s'il se peut, *des* raisons qu'il a de n'y pas entendre. (I, 375.)

Dédaigner ceux dont le directeur a moins de vogue, et *convenir* à peine *de* leur salut. (II, 152.)

Il feint de n'avoir pas aperçu les choses où il vient de jeter les yeux, ou s'il *est convenu d*'un fait, de ne s'en plus souvenir. (I, 35.)

Si l'on diffère un moment à se rendre au lieu *dont* l'on *est convenu* avec lui, il se retire. (I, 65.)

Les hommes et les femmes *conviennent* rarement *sur* le mérite d'une femme. (I, 170; voyez I, 181, *n.* 37.)

L'orateur plaît aux uns, déplaît aux autres, et *convient* avec tous *en* une chose, que comme il ne cherche point à les rendre meilleurs, ils ne pensent pas aussi à le devenir. (II, 220.)

Si quelquefois on pleure..., après avoir fait attention au génie et au caractère de ceux qui font pleurer, peut-être *conviendra*-t-on *que* c'est la matière qui se prêche elle-même. (II, 231.)

Voyez I, 134, *l.* 1 ; I, 242, *l.* 14 ; I, 318, *l.* 11 ; II, 74, *n.* 5.

CONVENT, couvent :

Quelques femmes donnent aux *convents* et à leurs amants. (I, 180.)

Dans les éditions 1-6, *couvents;* dans les suivantes, *convents :* voyez I, 180, note 4.

CONVENTIONS :

L'on peut compter sûrement sur la dot, le douaire et les *conventions*, mais foiblement sur les nourritures. (I, 232; voyez *ibidem*, note 1, et I, 194, *l.* 11.)

CONVERSATION :

L'esprit de la *conversation* consiste bien moins à en avoir beaucoup qu'à en faire trouver aux autres. (I, 223.)

S'il les trouve avec vous en *conversation*, il.... vous les enlève. (I, 358.)

CONVICTION :

De ces arguments qui emportent *conviction*. (II, 241.)

Comment est-elle (la matière) dans l'homme ce qui pense, c'est-à-dire ce qui est à l'homme même une *conviction* qu'il n'est point matière? (II, 256.)

CONVIER, CONVIER À, CONVIER DE :

S'il est prié d'un repas, il demande en entrant à celui qui l'*a convié* où sont ses enfants. (I, 44.)

Si quelqu'un.... le *convie à* mieux espérer de la fortune : « Comment, lui répond-il, puis-je être sensible à la moindre joie ? » (I, 68.)

Montrant à ceux qu'il rencontre ce qu'il vient d'acheter, il les *convie* en riant *d'*en venir manger. (I, 57.)

COPISTE :
Un auteur né *copiste*. (I, 149.)

COQUELUCHE, au figuré :
Vous étiez la *coqueluche* ou l'entêtement de certaines femmes. (I, 237.)

COQUET, ette :
Un homme *coquet*.... est quelque chose de pire qu'un homme galant. (I, 175 ; voyez II, 186, *l.* 1.)
Femme *coquette*. (I, 173, *l.* 5 et 15 ; I, 175, *l.* 7, 8 et 9 ; I, 176, *l.* 5 et 13 ; I, 182, *l.* 4.)

COQUILLAGE, sens collectif, pour *coquillages*. (II, 142, note 1.)

COQUIN :
Un *coquin* est celui à qui les choses les plus honteuses ne coûtent rien à dire ou à faire, etc. (I, 45 ; voyez II, 17, *l.* 14.)
Tu te trompes, Philémon, si avec ce carrosse brillant, ce grand nombre de *coquins* qui te suivent, et ces six bêtes qui te traînent, tu penses que l'on t'en estime davantage. (I, 160.)

CORBEAU, au figuré :
Je ne doute point que le public ne soit enfin étourdi et fatigué d'entendre.... de vieux *corbeaux* croasser autour de ceux qui d'un vol libre et d'une plume légère se sont élevés à quelque gloire par leurs écrits. (II, 443.)

CORDE (Montrer la), au figuré :
C'est un homme qui est de mise un quart d'heure de suite, qui le moment d'après baisse, dégénère, perd le peu de lustre qu'un peu de mémoire lui donnoit, et *montre la corde*. (I, 167.)

CORDON :
L'un d'eux.... chausse des guêtres,... passe un *cordon* où pend le fourniment,... prend un fusil. (I, 282.)

CORNER :
Si.... il entend la trompette qui sonne la charge : « Ah ! dit-il,... puisses-tu être pendu, maudit sonneur qui *cornes* incessamment ! » (I, 83.)
J'entends *corner* sans cesse à mes oreilles : « L'homme est un animal raisonnable. » Qui vous a passé cette définition ? (II, 128.)

CORPS, compagnie :
Tel et tel *corps* se contestent l'un à l'autre la préséance ; le mortier et la pairie se disputent le pas. (II, 195.)

Corps, corset, pièce couvrant du cou à la ceinture :
Elle paroit ordinairement.... en simple déshabillé, sans *corps* et avec des mules : elle est belle en cet équipage. (I, 192.)
Ces quatre puces.... que montroit autrefois un charlatan..., il leur avoit mis à chacune une salade en tête, leur avoit passé un *corps* de cuirasse. (II, 130.)

CORRECTION, action de se corriger :
Ne leur demandez (aux grands) ni *correction*, ni prévoyance, ni réflexion. (I, 362.)

CORRIGER :
On le voit.... disputer avec son valet lequel des deux donnera mieux dans un blanc avec des flèches, vouloir d'abord apprendre de lui, se mettre ensuite à l'instruire et à le *corriger* comme s'il étoit le plus habile. (I, 86.)

CORROMPRE, se corrompre :
L'on feint quelquefois de ne se pas souvenir de certains noms que l'on croit obscurs, et.... l'on affecte de les *corrompre* en les prononçant. (I, 239.)
Quelques-uns de ceux qui ont lu un ouvrage en rapportent certains traits... ; et ces traits ainsi *corrompus* et défigurés..., ils les exposent à la censure. (I, 121.)
Ces prodigieux efforts de mémoire.... qui *corrompent* le geste et défigurent le visage. (II, 235.)
Le nouvelliste se couche le soir.... sur une nouvelle qui *se corrompt* la nuit, et qu'il est obligé d'abandonner le matin à son réveil. (I, 127.)
Quelques-uns achèvent de *se corrompre* par de longs voyages. (II, 238.)

CÔTÉ :
Il n'y avoit presque personne qui n'eût à son *côté* de quoi pouvoir d'un seul coup en tuer un autre. (I, 24.)

COTEAU :
Ils se contentent d'être gourmets ou *coteaux*. (I, 346 ; voyez *ibid.*, note 2.)

COTERIE :
La ville est partagée en diverses sociétés.... Deux années cependant ne passent point sur une même *coterie*. (I, 277.)

COTISER (Se) :
Les Crispins *se cotisent* et rassemblent dans leurs familles jusques à six chevaux pour allonger un équipage. (I, 280.)
Les gens de delà l'eau et ceux d'en deçà (les Anglais et les Hollandais) *se cotisent* et mettent chacun du leur pour se le rendre (le roi Guillaume) à eux tous de jour en jour plus redoutable. (II, 132.)

COUCHE :
Une femme qui est en *couche*. (I, 66.)

COUCHER (Se) :
Le nouvelliste *se couche* le soir tranquillement sur une nouvelle qui se corrompt la nuit. (I, 127.)

COUDRE, au figuré :
Si l'on *cousoit* ensemble toutes les heures que l'on passe avec ce qui plaît, l'on feroit à peine d'un grand nombre d'années une vie de quelques mois. (I, 210.)

COULER, neutre et actif :
Sous un très-grand roi, ceux qui tiennent les premières places n'ont que des devoirs faciles : tout *coule* de source. (I, 387.)
On a toujours vu.... de certaines charges qui semblent n'avoir été imaginées.... que pour enrichir un seul aux dépens de plusieurs ; les fonds ou l'argent des particuliers y *coule* sans fin. (II, 182.)
Une vie destinée à *couler* dans les ris, le plaisir et l'abondace. (I, 352.)
Des gens qui *avoient coulé* leurs jours dans une union étroite. (I, 230.)
« Maint » est un mot qu'on ne devoit jamais abandonner, et par la facilité qu'il y avoit à le *couler* dans le style, et par son origine. (II, 206.)

COULEUR, terme de blason :
Ceux-là portent les armes pleines, ceux-ci brisent d'un lambel.... Ils ont avec les Bourbons, sur une même *couleur*, un même métal. (I, 281.)

COUP :
Il y a toujours.... des semences de division... ; l'intérêt de la beauté,

les incidents du jeu.... dérangent la république, et lui portent enfin le *coup* mortel. (I, 277.)

Si le financier manque son *coup*, les courtisans disent de lui : « C'est un bourgeois, un homme de rien, un malotru. » (I, 247.)

Il fréquente les temples où se fait un grand concours : on n'y manque point son *coup*, on y est vu. (II, 156.)

COUPER :

La campagne.... est couverte d'hommes qui taillent et qui *coupent*,... qui roulent ou qui charrient le bois du Liban. (I, 271.)

Tous les États qu'il (le Rhin) *coupe* ou qu'il traverse. (II, 503.)

S'il les trouve avec vous en conversation, il vous *coupe* et vous les enlève. (I, 358.)

COUR (La), opposée à la ville; cour, respects; FAIRE SA COUR :

La ville n'a pas été de l'avis de *la cour*. (II, 221; voyez I, 11, *l.* 1 et 4; I, 177, *n.* 29; I, 178, *n.* 30; I, 189, *n.* 57; I, 291, *n.* 15; I, 360, *n.* 53.)

Il régente, il domine dans une salle; il y reçoit la *cour* et les hommages de ceux qui, etc. (I, 221.)

Ne *faire sa cour* à personne, ni attendre de quelqu'un qu'il vous *fasse la sienne*, douce situation, âge d'or. (I, 122 et 123; voyez I, 155, *l.* 9-10 et 19.)

COURAGE, cœur :

[Il] étoit né gai, paisible.... d'un *courage* fier et éloigné de toute bassesse. (II, 18.)

Ceux qu'il a domptés vont à la charrue et labourent de bon *courage*. (II, 132.)

COURBER (Se), au figuré :

La véritable grandeur.... *se courbe* par bonté vers ses inférieurs. (I, 169.)

COUREUR :

Les *coureurs* n'ont pu discerner si ce qu'ils ont découvert à la campagne sont amis ou ennemis. (I, 82.)

COURIR, verbe neutre :

L'heure presse; il achève de leur parler des abois et de la curée, et il *court* s'asseoir avec les autres pour juger. (I, 283.)

Ses valets, ceux d'autrui, *courent* dans le même temps pour son service. (II, 56.)

Si ce dernier (Voiture).... ne ressemble en rien à nos écrivains, c'est que le petit nombre de ceux qui *courent* après lui ne peut l'atteindre. (I, 132.)

Si un rat lui a rongé un sac de farine, il *court* au devin, qui ne manque pas de lui enjoindre d'y faire mettre une pièce. (I, 66.)

Après l'invective.... contre les honneurs, les richesses et le plaisir, il ne reste plus à l'orateur qu'à *courir* à la fin de son discours. (II, 231.)

Il y a un sentiment de liberté à suivre ses caprices, et, tout au contraire, de servitude à *courir* pour son établissement. (I, 209.)

Un autre charlatan arrive ici de delà les monts avec une malle ; il n'est pas déchargé que les pensions *courent*, et il est prêt de retourner d'où il arrive avec des mulets et des fourgons. (II, 87.)

Il y a un tel livre qui *court*, et qui est imprimé chez Cramoisy. (I, 126.)

COURIR, verbe actif :

Incertains quelle fortune *auroient courue* un grand roi (Jacques II), une grande reine.... (II, 468.) — *Couru*, sans accord, dans les éditions anciennes.

Les basards qu'ils *ont courus* à leur retour d'être pris ou tués par l'ennemi. (II, 119.) — *Couru*, sans accord, dans les éditions anciennes.

L'on *court* les malheureux pour les envisager. (I, 317; voy. II, 222, *l*. 10.)

Je ne doute point qu'un favori.... ne se trouve souvent confus et déconcerté des bassesses.... de ceux qui le *courent*. (I, 380.)

L'oisiveté des femmes, et l'habitude qu'ont les hommes de les *courir* partout où elles s'assemblent. (II, 228.)

Se seroit-il enfin engagé à Césonie, qui l'a tant *couru*? (I, 179.)

Il suffisoit à Bathylle d'être pantomime pour *être couru* des dames romaines. (II, 79.)

La curiosité.... n'est pas un attachement à ce qui est parfait, mais à ce qui *est couru*, à ce qui est à la mode. (II, 135.)

Aujourd'hui elle (une fleur à la mode) *est courue*, les femmes s'en parent; demain elle est négligée. (II, 145.)

Un homme qui *court* le sanglier. (II, 129.)

COURIR RISQUE, COURIR LE RISQUE, COURIR UN RISQUE :

Il *a couru risque* de demeurer court. (II, 232.)

Ils ne *courent* pas *risque* de se heurter. (I, 263; voyez II, 451, *l*. 6 et 7.)

Qui sait.... s'ils n'ont pas déjà mis une sorte de bravoure.... à *courir tout le risque* de l'avenir? (II, 239.)

C'est le plus petit inconvénient du monde que de demeurer court...; mais on ne laisse pas de s'étonner que les hommes.... s'exposent par de longs.... discours à en *courir* tout *le risque*. (II, 119.)

L'on *court un* grand *risque* d'être ingrat. (I, 202.)

Si elle (la religion) n'est qu'une vaine fiction, voilà.... soixante années perdues pour l'homme de bien..., le solitaire : ils ne *courent* pas *un* autre *risque*. (II, 251.)

COURONNE, dans les armoiries. (II, 165, *l*. 11.)

COURRE (LAISSER-), substantif, terme de chasse :

Il sait un rendez-vous de chasse, il s'y trouve; il est au *laisser-courre*; il entre dans le fort, se mêle avec les piqueurs. (I, 282.)

COURS ; AVOIR COURS :

Tout le *cours* de la vie s'y passoit presque (dans cette ville) à sortir de sa maison pour aller se renfermer dans celle d'un autre. (I, 22.)

Marque qu'on a exigée de moi pendant le *cours* de cette édition. (I, 124, note 2.)

Ces ouvrages.... ne méritent ni le *cours* prodigieux qu'ils *ont* pendant un certain temps, ni le profond oubli où ils tombent. (I, 146; voyez I, 119, *l*. 23.)

La curiosité.... n'est pas une passion qu'on a généralement pour les choses rares, et qui *ont cours*, mais qu'on a seulement pour une certaine chose, qui est rare, et pourtant à la mode. (II, 135; voyez II, 86, *l*. 18 et 19.)

COURSE :

A couvert des *courses* de l'ennemi. (I, 383.)

Les astres brillent au ciel et font leur *course*. (II, 471; voyez II, 260, *l*. 4.)

COURT, COURTE :

J'aurois péché contre l'usage des maximes, qui veut qu'à la manière des oracles elles soient *courtes* et concises. (I, 111.)

COURT (DEMEURER). (I, 225, *n*. 25; II, 119, *n*. 100; II, 203, *l*. 21 et 22; II, 232, *l*. 26.)

COURTINE, terme de fortification. (II, 119, *l*. 8.)

COURTOIS :
« Cour » [devoit nous conserver] « *courtois* ». (II, 209; voy. *ibid.*, note 1.)

COUTEL, couteau. (II, 215; voyez *ibidem*, note 2.)

COÛTER DE, COÛTER À :
Il *coûte* moins à certains hommes *de* s'enrichir de mille vertus, que *de* se corriger d'un seul défaut. (II, 45; voyez I, 155, *l.* 9.)
Il ne lui *coûte* rien *d'*être modeste, *de* prendre dans une assemblée une dernière place, afin que tous l'y voient et s'empressent de l'en ôter. (I, 354.)
Il *coûte* si peu aux grands *à* ne donner que des paroles. (I, 340.)
On convie, on invite, on offre sa maison, sa table, son bien et ses services : rien ne *coûte* qu'*à* tenir parole. (I, 207; voyez I, 314, *l.* 19.)

COUTUME; PASSER EN COUTUME :
Les hommes n'ont point d'usages ni de *coutumes* qui soient de tous les siècles. (I, 24; voyez II, 181, *l.* 5.)
Ils soutiennent que le hasard, de tout temps, *a passé en coutume*. (II, 274.)

COUTUMIER :
« Coutume » [devoit nous conserver] « *coutumier* ». (II, 209 et 210.)

COUTURE (À PLATE) :
Ils sont défaits, et *à plate couture*. (I, 371.)

COUVENT. Voyez CONVENT.

COUVER :
Faire *couver* des canaries. (II, 141.)

COUVERT, substantif :
Il plante un jeune bois, et il espère qu'en moins de vingt années il lui donnera un beau *couvert*. (II, 59.)

COUVERT (À) DE :
Celui qui est d'une éminence au-dessus des autres qui le met *à couvert de* la repartie, ne doit jamais faire une raillerie piquante. (I, 235.)

COUVRIR, COUVRIR DE :
Une femme sage.... *couvre* un riche fonds sous un air libre et naturel. (I, 186.)
Ennemis *couverts* ou déclarés. (I, 392.)
Mille vertus qu'elles ne peuvent *couvrir de* toute leur modestie. (I, 170.)
Une petite ville.... a une forêt épaisse qui la *couvre des* vents froids. (I, 233; voyez II, 257, *l.* 19.)
L'armée qui nous *couvroit des* ennemis étoit invincible. (II, 119.)

COUVERT (CHEMIN), terme de fortification. (II, 119, *l.* 9.)

CRAIE. (I, 56, *l.* 11.)

CRAPULE :
Un grand.... s'enivre de meilleur vin que l'homme du peuple : seule différence que la *crapule* laisse entre les conditions. (I, 348.)
Il n'y a rien qui mette plus subitement un homme à la mode.... que le grand jeu : cela va du pair avec la *crapule*. (II, 144.)

CRASSE, adjectif :
[Ils] ne peuvent au plus.... que se tirer d'une ignorance *crasse*. (II, 139.)

CRÉANCE :
Voilà une chose merveilleuse et qui passe toute *créance*. (I, 36.)

Quelle *créance*.... pourrois-je donner à des faits qui sont anciens et éloignés de nous par plusieurs siècles? (II, 245.)

CRÉATURE :

Il vise également à se faire des patrons et des *créatures*. (I, 324.)

CRÉER :

Il *crée* les modes sur les équipages et sur les habits. (I, 366.)
L'un de ces magistrats *créés* pour poursuivre les voleurs. (II, 189.)

CREUSER, au figuré :

Vouloir rendre raison de Dieu,... c'est *creuser* longtemps et profondément, sans trouver les sources de la vérité. (II, 246.)
Où a-t-il rêvé, *creusé*, rassemblé des idées si extraordinaires? (II, 107.)

CREUX, au figuré :

Le sublime du nouvelliste est le raisonnement *creux* sur la politique. (I, 126.)

CREVER (Se) :

Il est.... usé, dit un grand ; il *s'est crevé* à me suivre : qu'en faire ? (I, 340.)

CRI DE GUERRE :

Quelle est la roture un peu heureuse.... à qui il manque des armes, et dans ces armes.... une devise, et peut-être le *cri de guerre*? (II, 165 ; voyez *ibidem*, note 3.)

CRIER, SE CRIER :

Si quelquefois il est lésé dans quelques chefs qui ont enfin été réglés, il *crie* haut ; si c'est le contraire, il *crie* plus haut. (I, 376.)
Cette nouvelle *se crie* et se répand par toute la ville. (I, 51.)

CRIERIE :

Les longueurs, les *crieries* et les mensonges des avocats. (I, 85.)

CRIME :

Des *crimes* capitaux. (II, 143 ; voyez I, 213, *n*. 74 ; II, 17, *n*. 13 ; II, 70, *n*. 151.)

CRITIQUE, adjectif ; CRITIQUE, substantif féminin et masculin :

Leurs ouvrages, dont j'ai fait des éloges *critiques* plus ou moins étendus.... (II, 438, *variante*.)
On y remarque (dans les vers de Boileau) une *critique* sûre, judicieuse et innocente. (II, 461 ; voyez I, 116, *l*. 12.)
Prétendre, en écrivant..., échapper à toute sorte de *critique*. (I, 9.)
La *critique* souvent n'est pas une science ; c'est un métier. (I, 148.)
Voyez I, 118, *n*. 16 ; I, 119, *n*. 20 ; I, 125, *l*. 20.
L'endroit de l'ouvrage que ces *critiques* croient citer. (I, 121.)

CROASSER. Voyez CORBEAU.

CROIRE :

Les femmes du pays précipitent le déclin de leur beauté par des artifices qu'elles *croient* servir à les rendre belles. (I, 328.)
Pamphile ne s'entretient pas avec les gens qu'il rencontre... : si l'on en *croit* sa gravité..., il les reçoit, leur donne audience, les congédie. (I, 357.)
Il ne faut presque rien pour *être cru* fier, incivil... : il faut encore moins pour être estimé tout le contraire. (I, 228.)
Ceux.... qui font des maximes veulent *être crus*. (I, 112.)
Il ne faut pas.... que dans une certaine condition, avec une certaine

étendue d'esprit et de certaines vues, l'on songe à *croire* comme les savants et le peuple. (II, 239.)

Quel plaisir d'aimer la religion, et de la voir *crue*, soutenue, expliquée par de si beaux génies! (II, 244.)

CROÎTRE :

Il *croît* dans son jardin de bonnes légumes. (I, 72.)

Son esprit s'ouvre et se forme de jour à autre, comme sa taille... : il *croît* beaucoup. (II, 485.)

CROQUER :

[La bête] la prend (la gent volatile) sous sa protection, qui se termine enfin à les *croquer* tous l'un après l'autre. (II, 134.)

CROYANCE :

L'une de ces choses.... à qui le temps ôte la *croyance*. (II, 190.)

CRU, substantif :

Après ce qui lui vient de son *cru*, rien ne lui paroît de meilleur goût que le gibier et les truffes que cet ami lui envoie. (I, 194.)

CUEILLÈRE :

On a inventé.... une grande *cueillère* pour la commodité du service. (II, 12.)

CUIR, peau de l'homme :

Ils ont la tête rasée jusqu'au *cuir*. (I, 56.)

CUISINE. (I, 253, *n.* 25.)

CULTIVER, SE CULTIVER, au figuré :

Nous ne *sommes* point mieux flattés,... plus *cultivés*.... de personne.... que de celui qui croit gagner à notre mort. (I, 267.)

Les *cultiver* (ses amis) par intérêt, c'est solliciter. (I, 209 ; voy. I, 157, *l.* 10.)

Il *cultive* les jeunes (femmes), et entre celles-ci les plus jeunes et les mieux faites : c'est son attrait. (II, 157.)

Tous les hommes.... *cultivent*.... un desir secret et enveloppé de la mort d'autrui. (I, 267.)

Il aime la faveur éperdument, mais sa passion a moins d'éclat ; il lui fait des vœux en secret, il la *cultive*, il la sert mystérieusement. (I, 322.)

C'est.... *cultiver* un mauvais goût que de dire.... (I, 133.)

Si l'âge des hommes eût pu s'étendre à un plus grand nombre d'années, il seroit arrivé que leur vie *auroit été cultivée* par une doctrine universelle. (I, 20.)

Le plaisir de la société entre les amis se *cultive* par une ressemblance de goût. (I, 235.)

CURE :

On dit « curieux », dérivé de « *cure* ». (II, 211 ; voyez II, 212, note 1.)

CURÉE :

Il achève de leur parler des abois et de la *curée*. (I, 283.)

CURIEUX, CURIEUX DE ; CURIEUX, substantivement :

Curieux du don des langues. (II, 464 ; voyez *ibidem, l.* 4.)

Parlez à cet autre de la richesse des moissons... : il est *curieux de* fruits ; vous.... ne vous faites pas entendre. (II, 136.)

Il y a des âmes sales..., *curieuses* et avides *du* denier dix. (I, 264.)

[Il] vous parle des *curieux* ses confrères. (II, 137.)

Heurte-t-on à leur porte pendant qu'ils dînent, ils sont attentifs et *curieux*. (I, 42.)

Souvenons-nous de ces jours tristes que nous avons passés dans l'agitation et dans le trouble, *curieux*, incertains quelle fortune auroient courue un grand roi (Jacques II), une grande reine.... (II, 468.)

Il y auroit quelque curiosité à mourir... : l'homme cependant, impatient de la nouveauté, n'est point *curieux* sur ce seul article. (II, 249.)

Il ne lui manque aucune de ces *curieuses* bagatelles que l'on porte sur soi autant pour la vanité que pour l'usage. (I, 160.)

CURIOSITÉ :

La *curiosité* n'est pas un goût pour ce qui est bon ou ce qui est beau, mais pour ce qui est rare, unique. (II, 135.)

La *curiosité* d'.... entendre des pièces d'éloquence d'une juste étendue. (II, 452 ; voyez *ibidem*, *l. dernière*.)

Remplir sa *curiosité*. (I, 11.)

Les grands se piquent d'ouvrir une allée dans une forêt... ; mais de rendre un cœur content,... de prévenir d'extrêmes besoins ou d'y remédier, leur *curiosité* ne s'étend point jusque-là. (I, 339 ; voyez II, 249, *l*. 24.)

CYNIQUE, substantif abstrait :

Socrate s'éloignoit du *cynique*; il épargnoit les personnes, et blâmoit les mœurs qui étoient mauvaises. (II, 108.)

D

D'ABORD. Voyez ABORD.

DAIGNER :

Cet homme que je souhaitois impatiemment, et que je ne *daignois* pas espérer de notre siècle, est enfin venu. (II, 221.)

DAME :

Il rend visite à une femme... ; il trouve ensuite que cette *dame* fait ses visites longues. (II. 8.)

DAME, terme de jeu :

On va à *dame*, et l'on gagne la partie. (I, 325.)

DAMOISEL :

De « *damoisel* » [l'usage a fait] « damoiseau ». (II, 215; voy. *ibid.*, note 2.)

DANS, préposition, emplois divers :

[Le] jeune esclave qui le sert *dans* le bain. (I, 58.)

Vous voulez qu'on sache qu'un homme en place.... vous démêle *dans* l'antichambre entre mille honnêtes gens. (I, 351.)

Se trouvant sur le bord de la mer, sur le point qu'un homme est prêt de partir et de monter *dans* son vaisseau, [il] l'arrête sans nul besoin. (I, 72.)

Elle saura peut-être dans cinq années quels seront ses juges, et *dans* quel tribunal elle doit plaider le reste de sa vie. (II, 183.)

Veut-on de diserts orateurs, qui aient semé *dans* la chaire toutes les fleurs de l'éloquence? (II, 463.)

Voilà un homme.... que j'ai vu quelque part.... Est-ce au boulevard..., ou *dans* le balcon à la comédie? (I, 285.)

Il.... ne garde qu'une riche robe dont il est habillé, et qu'il traîne le reste du jour *dans* la place publique. (I, 74.)

Aristarque se transporte *dans* la place. (I, 354.)
Il sait éviter *dans* la place la rencontre d'un ami pauvre. (I, 76.)
[Les] fontaines qui sont *dans* les places. (I, 67.)
Voyez I, 36, *l.* 21; I, 43, *l.* 12; I, 80, *l.* 6; I, 263, *l.* 25; I, 285, *l.* 13; II, 86, *l.* 24.
Qui oseroit soupçonner d'Artemon qu'il ait pensé à se mettre *dans* une si belle place, lorsqu'on le tire de sa terre ou de son gouvernement pour l'y faire asseoir? (I, 313.)
Il se met le premier à table et *dans* la première place. (I, 220.)
Quelles choses vous furent dites *dans* la place où je me trouve (à l'Académie)! (II, 463.)
Discours prononcé *dans* l'Académie françoise. (II, 457.)
L'on postule une place *dans* l'Académie françoise. (I, 314; voyez II, 472, *l.* 13.)
C'est avoir une très-mauvaise opinion des hommes.... que de croire, *dans* un grand poste, leur imposer.... par de longs et stériles embrassements. (I, 357.)
Si quelquefois il est lésé *dans* quelques chefs qui ont enfin été réglés, il crie haut. (I, 376.)
L'homme a bien peu de ressources *dans* soi-même. (I, 335.)
Toute plaisanterie *dans* un homme mourant est hors de sa place. (II, 240.)
Voyez I, 54, *l.* 6; I, 185, *n.* 47; II, 108, *l.* 8.
Le souvenir de la jeunesse est tendre *dans* les vieillards. (II, 52.)
Une trop grande négligence comme une excessive parure *dans* les vieillards multiplient leurs rides. (II, 53.)
La science des détails.....est une partie essentielle au bon gouvernement.... qu'on ne peut trop souhaiter *dans* le souverain qui l'ignore, ni assez estimer *dans* celui qui la possède. (I, 382.)
Les grands.... n'admettent qu'à peine *dans* les autres hommes la droiture d'esprit. (I, 343; voyez II, 110, *l.* 5 et *l.* 10.)
Pour se concilier tous les étrangers..., il leur dit quelquefois qu'il leur trouve plus de raison et d'équité que *dans* ses concitoyens. (I, 43 et 44.)
Un visage qui remplisse la curiosité des peuples empressés de voir le prince, et qui conserve le respect *dans* le courtisan. (I, 388.)
L'orateur met tant d'esprit.... *dans* celui qui pèche, que, etc. (II, 225.)
Ce qui est *dans* les grands splendeur, somptuosité, magnificence, est dissipation, folie, ineptie *dans* le particulier. (I, 297.)
Combien de gens vous étouffent de caresses *dans* le particulier,... qui sont embarrassés de vous *dans* le public! (I, 309.)
Quelle mauvaise honte.... l'empêche de paroître *dans* le public avec celle (la femme) qu'il s'est choisie? (II, 180; voyez I, 49, *l.* 9; I, 356, *l.* 14.)
Il est fort exact à visiter, sur la fin de chaque mois, les prêtres d'Orphée, pour se faire initier *dans* ses mystères. (I, 66; voyez I, 276, *l.* 26.)
[Les vieillards] vantent les modes qui régnoient alors *dans* les habits. (II, 53.)
Son ouvrage est lu *dans* le loisir de la campagne, ou *dans* le silence du cabinet. (II, 233.)
Les mœurs, *dans* cet âge (dans l'enfance), sont assez les mêmes. (II, 27.)
Straton est né sous deux étoiles : malheureux, heureux *dans* le même degré. (I, 335.)
Le voilà (l'ennemi) *dans* le cœur du Royaume. (I, 370.)
La province est l'endroit d'où la cour, comme *dans* son point de vue, paroît une chose admirable. (I, 298.)
On n'approche de vous que comme du feu, et *dans* une certaine distance. (I, 344; voyez II, 99, *l.* 8; II, 110, *l.* 5.)

Une bile noire et recuite étoit mêlée *dans* ses déjections. (I, 72.)
Se mêler *dans* la multitude. (I, 354; voyez II, 45, *l.* 15.)
Ses valets, ceux d'autrui, courent *dans* le même temps pour son service. (II, 56.)
Il est obligé de paroître *dans* un jour prescrit devant ses juges. (I, 62.)
Voyez un heureux, contemplez-le *dans* le jour même où il a été nommé à un nouveau poste. (I, 317; voyez II, 454, *l.* 11.)
Térence, qu'on a *dans* nos jours si heureusement imité. (I, 15.)
J'approche d'une petite ville.... Je la vois *dans* un jour si favorable, que je compte ses tours et ses clochers. (I, 233; voyez II, 440, *l.* 13.)
Ils estimoient impraticable à un homme même qui est *dans* l'habitude de penser.... l'art de lier ses pensées. (II, 442.)
Se trouver souvent *dans* le pouvoir et *dans* l'occasion de faire plaisir. (I, 349.)
Je.... commencerai à lui faire lire les mémoires à François I, pour suivre cette pratique *dans* les suivants jusqu'à celui-ci. (II, 495.)
Ah! j'oubliois une chose! oui, c'est cela même, et je voulois voir si vous tomberiez juste *dans* tout ce que j'en ai appris. (I, 48.)
Télèphe a de l'esprit, mais dix fois moins.... qu'il ne présume d'en avoir :... il n'est donc jamais *dans* ce qu'il a de force et d'étendue. (II, 65.)
Dans les bonnes règles, vous devez en guerre être habillés de fer. (II, 130.)
Qui peut concevoir que certains abbés soient originairement et *dans* l'étymologie de leur nom les pères et les chefs de saints moines ? (II, 170.)
S'il fait un payement, il affecte que ce soit *dans* une monnoie toute neuve, et qui ne vienne que d'être frappée. (I, 74.)
Prose, vers,... tout est proie à une haine implacable, qu'ils ont conçue contre ce qui ose paroître *dans* quelque perfection. (II, 144; voyez II, 100, *l.* 21.)
Une négligence pour sa personne qui passe *dans* l'excès. (I, 70.)
La vie nous séduit, elle nous promet de grands plaisirs *dans* la possession de la gloire. (I, 19.)

DANSE :

Un homme de ce caractère (un coquin) entre sans masque dans une *danse* comique. (I, 46; voyez *ibidem*, note 1.)

DARDER, absolument :

Une grande statue de bois qui étoit dans le lieu des exercices pour apprendre à *darder*. (I, 86, note 2.)

DAVANTAGE, de plus, le plus ; DAVANTAGE QUE :

Qu'ajouterai-je *davantage* ? (II, 102.)
Les langues sont la clef.... des sciences, et rien *davantage*. (II, 85.)
Les gens déjà chargés de leur propre misère sont ceux qui entrent *davantage* par la compassion dans celle d'autrui. (II, 38.)
Les endroits qui paroissent admirables à leur auteur, où il se complaît *davantage*. (I, 236.)
Voyez I, 11, *l.* 25; I, 191, *l.* 16; II, 35, *l.* 10 et 11; II, 241, *l.* 9; II, 467, *l.* 3; II, 480, *l.* 12.
Il n'y a rien qui mette plus subitement un homme à la mode et qui le soulève *davantage que* le grand jeu : cela va du pair avec la crapule. (II, 144.)
Ce qu'ils ont de vivacité et d'esprit leur nuit *davantage que* ne fait à quelques autres leur sottise. (I, 226.)
Voulez-vous être rare ? Rendez service à ceux qui dépendent de vous :

vous le serez *davantage* par cette conduite *que* par ne vous pas laisser voir. (I, 248.)

Voyez I, 25, *l.* 4 et 5 ; I, 268, *l.* 2 ; I, 281, *l.* 21 et 22 ; I, 307, *l.* 3 ; II, 75, *n.* 8.

DE, préposition (voyez Dont, En).

1° De, construit après des noms :

Il.... accuse le mort,... lui refuse l'éloge *d*'un homme sévère et laborieux. (I, 321.)

Carro Carri débarque avec une recette qu'il appelle un prompt remède.... L'émulation *de* cet homme a peuplé le monde de noms en O et en I. (II, 199.)

Une femme *d*'une seule nuit. (I, 293.)

Un homme *de* la ville est pour une femme *de* province ce qu'est pour une femme *de* ville un homme *de* la cour. (I, 178 ; voyez I, 291, *l.* 21.)

Les femmes *de* la ville. (I, 276 ; voyez I, 292, *l.* 7.)

Donner une poignée d'herbes aux bêtes *de* charrue. (I, 42.)

La prévention *du* pays, jointe à l'orgueil *de* la nation, nous fait oublier que la raison est de tous les climats. (II, 88 ; voyez I, 363, *l.* 3.)

Il y a un temps où les filles les plus riches doivent prendre parti... : il semble que la réputation *des* biens diminue en elles avec celle *de* leur beauté. (I, 189.)

Il entre avec eux en société *des* mêmes amusements. (II, 68.)

Il préfère.... sa propre satisfaction à l'utilité *de* plusieurs et au zèle *de* la vérité. (I, 108 ; voyez I, 342, *l.* 7 ; II, 172, *l.* 1.)

Qu'est devenue la distinction *des* casques et *des* heaumes ? (II, 165.)

La différence qu'il y a *des* éloges personnels aux caractères qui louent. (II, 437.)

Quelque rapport qu'il paroisse *de* la jalousie à l'émulation, il y a entre elles le même éloignement que.... entre le vice et la vertu. (II, 40.)

Quelle plus grande honte y a-t-il *d*'être refusé d'un poste que l'on mérite, ou *d*'y être placé sans le mériter ? (I, 314.)

2° De, construit après des adjectifs :

S'il est vrai que l'on soit riche *de* tout ce dont on n'a pas besoin, un homme fort riche, c'est un homme qui est sage. (I, 261.)

Voyez ci-après, 4°, 12° exemple, *riche de* dans un autre sens.

Tel, avec deux millions de rente, peut être pauvre chaque année *de* cinq cent mille livres. (I, 261.)

Voyez Prêt.

3° De, construit après des verbes ou des participes :

a) Devant des noms ou des pronoms :

Des gens de l'un et de l'autre sexe.... accourent *de* toute une ville à ce spectacle. (I, 293.)

On le voit.... disputer avec son valet..., vouloir d'abord apprendre *de* lui, se mettre ensuite à l'instruire. (I, 86.)

Ceux-là portent les armes pleines, ceux-ci brisent *d*'un lambel. (I, 281.)

L'on avoit à choisir *des* dés, *des* cartes et *de* tous les jeux. (I, 22.)

Il se joignit à Phidias, son compatriote, contribua avec lui *de* ses biens pour armer les bannis. (I, 18.)

L'armée qui nous couvroit *des* ennemis étoit invincible. (II, 119.)

Il demande *des* hommes un plus grand et un plus rare succès que les louanges. (I, 127.)

Il.... emprunte de l'argent *de* ses collègues. (I, 58 ; voyez I, 76, *l.* 12 ; I, 105, *l.* 5.)

C'est une goutte d'eau que vous puisez *du* Tibre. (I, 157.)

Cet homme que je souhaitois impatiemment, et que je ne daignois pas espérer *de* notre siècle, est enfin venu. (II, 221.)

[Il] crie, se désespère, étincelle *des* yeux. (II, 4.)

Rien n'est bien *d'*un homme disgracié. (II, 115.)

Les ramener à leurs devoirs par des choses qui soient *de* leur goût et *de* leur portée. (I, 10.)

La nécessité de rendre compte l'intéressera beaucoup à bien étudier et me sera *de* quelque soulagement. (II, 497.)

Que seroit-ce *de* vous et *de* lui, si quelqu'un ne survenoit heureusement pour déranger le cercle, et faire oublier la narration? (I, 220.)

Il faut convenir que nous jouons *d'*un grand bonheur. (I, 371.)

La physionomie n'est pas une règle qui nous soit donnée pour juger *des* hommes. (II, 94; voyez II, 95, *n.* 37.)

Il n'y a personne au monde si bien liée avec nous *de* société et *de* bienveillance.... (I, 265.)

Toute l'attention pour la vérité dont je suis capable, et qu'il (le public) mérite *de* moi. (I, 105.)

Se faire payer quatre fois *des* mêmes obsèques. (II, 175.)

Il.... ne pleure point la mort des autres, n'appréhende que la sienne, qu'il rachèteroit volontiers *de* l'extinction du genre humain. (II, 56.)

Un coquin.... est perdu *de* réputation. (I, 45.)

Chagrin contre le siècle, médiocrement prévenu *des* ministres et *du* ministère. (I, 274 et note 3.)

S'il est prié *d'*un repas, il demande en entrant à celui qui l'a convié où sont ses enfants. (I, 44.)

Sa coutume.... est de charger son valet de fardeaux..., et de lui retrancher cependant *de* son ordinaire. (I, 58.)

Les poiriers rompent *de* fruit cette année. (II, 136.)

On est destiné à souffrir *des* grands et *de* ce qui leur appartient. (I, 350; voyez I, 169, *n.* 44.)

Tant que l'amour dure, il subsiste *de* soi-même. (I, 199.)

Ceux avec qui il sympathise *de* mœurs et *de* sentiments. (I, 85.)

Il a tiré cet homme *des* ennemis. (I, 83.)

Dans les trois premières éditions : « des mains des ennemis ».

[Ils] s'écartent des règles..., toujours sûrs et confirmés par le succès *des* avantages que l'on tire quelquefois *de* l'irrégularité. (I, 147.)

b) Devant des infinitifs :

Les personnes qu'ils ont commencé *de* connoître dans ce temps leur sont chères. (II, 52.)

Quelqu'un vient d'être condamné en justice *de* payer pour un autre, pour qui il s'est obligé. (I, 59.)

Le peu que l'on consent *de* lui donner. (I, 375 ; voyez I, 35, *l.* 23; I, 69, *l.* 17.)

Continuez d'écrire. (II, 86 ; voyez I, 66, *l.* 20; I, 338, *l.* 3; II, 252, *l.* 15.)

Montrant à ceux qu'il rencontre ce qu'il vient d'acheter, il les convie en riant *d'*en venir manger. (I, 57.)

Elles desirent *de* plaire. (I, 172.)

Voyez I, 197, *l.* 4; I, 255, *l.* 1; I, 271, *l.* 12; I, 360, *l.* 6; II, 126, *l.* 6.

Qu'on ne se hasarde plus *de* me dire.... (II, 86 ; voyez I, 69, *l.* 19.)

Ils n'hésitent pas *de* critiquer des choses qui sont parfaites. (II, 68; voyez II, 199, *l.* 1.)

Accablés de procès.... qui les obligent *de* comparoître. (I, 47.)

Voyez I, 57, *l.* 4; I, 88, *l.* 5; I, 375, *l.* 10; II, 138, *l.* 14.

Personne à la cour ne veut entamer; on s'offre *d*'appuyer. (I, 309.)

Ils (les chanoines) se lèvent tard, et vont à l'église se faire payer *d*'avoir dormi. (II, 177.)

Ils se persuadent *d*'être quittes par là en leur endroit de tous les devoirs de l'amitié. (I, 309.)

Je préférerois.... *de* prononcer le discours funèbre de celui à qui je succède, plutôt *de* me borner à un simple éloge de son esprit. (II, 466.)

Téléphe a de l'esprit, mais dix fois moins, de compte fait, qu'il ne présume *d*'en avoir. (II, 65.)

Il faudroit.... se résoudre *de* vivre comme l'on veut mourir. (II, 240.)

Il éclate de rire *d*'y voir (dans son armoire) son chien, qu'il a serré pour sa cassette. (II, 10.)

Il s'est étouffé *de* crier après les chiens qui étoient en défaut. (I, 283.)

Ces hommes.... relèvent l'importance de cette conquête..., exagèrent.... le péril et la honte qui suivoient *de* s'en désister. (II, 119.)

c) Après des passifs, au sens de *par* :

Une femme.... opulente.... et accablée *du* superflu. (I, 181.)

La mode..., aidée *du* temps et *des* années. (II, 150.)

Ces hommes saints qui ont été autrefois blessés *des* femmes. (I, 182.)

Il se trouva un certain jour à la tranchée..., sans être de garde ni commandé; et.... il en fut repris *de* son général. (II, 33.)

Cette égalité.... réduit les hommes à se servir eux-mêmes, et à ne pouvoir être secourus les uns *des* autres. (II, 275.)

Voyez I, 63, *l*. 6; II, 36, *n*. 75; II, 61, *l*. 10; II, 88, *l*. dern.; II, 122, *l*. 1; II, 125, *l*. 12.

4° De, où, souvent aujourd'hui, nous emploierions plutôt d'autres prépositions ou locutions prépositives (voyez ci-dessus, 3° *b* et *c*) :

Celui qui a intérêt *de* le supprimer (un testament). (II, 190; voyez II, 498, *l*. 6.)

Il y avoit à gagner *de* dire « si que » pour « de sorte que ». (II, 212.)

Une certaine paresse qu'on a *de* parler. (I, 219.)

Bernin n'a pas.... traité toutes ses figures *d*'une égale force. (II, 445.)

Ses vers, forts et harmonieux, faits *de* génie. (II, 461; voyez II, 463, *l*. 9.)

L'usage a préféré.... « armée » à « ost », « monastère » à « monstier »,..., mots qui pouvoient durer ensemble *d*'une égale beauté. (II, 214.)

[Ils] vont à la charrue et labourent *de* bon courage. (II, 132.)

Des dés qu'ils font faire *d*'os de chèvre. (I, 45; voyez I, 75, *l*. 16.)

Vous voyez des gens qui entrent sans saluer que légèrement, qui marchent *des* épaules, et qui se rengorgent comme une femme. (I, 302.)

Celui-là est regardé de tous avec curiosité, on le montre *du* doigt. (I, 309.)

On l'a vu une fois heurter *du* front contre celui d'un aveugle. (II, 7.)

Certains particuliers,... riches *du* négoce de leurs pères..., se moulent sur les princes. (I, 283.)

Eustrate, assis dans sa nacelle..., avance *d*'un bon vent. (II, 145.)

Ceux qui *d*'un vol libre et *d*'une plume légère se sont élevés à quelque gloire par leurs écrits. (II, 443.)

Il paroît une nouvelle satire..., qui *d*'un vers fort et *d*'un style d'airain, enfonce ses traits contre l'avarice. (II, 444.)

Si elle (sa harangue à l'Académie) n'étoit pas.... composée *d*'un style affecté..., il ne faut plus s'étonner qu'elle ait ennuyé Théobalde. (II, 453.)

Un homme joue et se ruine : il marie néanmoins l'aînée de ses deux filles *de* ce qu'il a pu sauver des mains d'un Ambreville. (II, 179.)

Il pleure *d*'un œil, et il rit *de* l'autre. (I, 324.)

Une confiance qu'ils ont *d*'eux-mêmes. (I, 309.)

Ces enfants drus et forts *d*'un bon lait qu'ils ont sucé.' (I, 117.)
Je connois Mopse *d*'une visite qu'il m'a rendue. (I, 165.)
Dès l'escalier, je tombe en foiblesse *d*'une odeur de maroquin noir dont ses livres sont tous couverts. (II, 139.)
Il y avoit à gagner de dire.... « *de* moi », au lieu de « pour moi » ou de « quant à moi ». (II, 212; voyez *ibidem*, note 3.)

5° DE, sens de *sur, au sujet de*:

Les ouvrages *des* mœurs qui réussissent. (II, 444.) — *De mœurs*, 8° édit.
Il (Théophraste) a écrit *des* vents, *du* feu, *des* pierres, *du* miel, etc. (I, 21; voyez I, 9, *l*. 5; I, 29, *l*. 1; II, 86, *l*. 16.)
Je continue, selon vos ordres, de vous écrire *des* études de M. le duc de Bourbon. (II, 484.)
Le contraire *des* bruits qui courent *des* affaires ou *des* personnes est souvent la vérité. (II, 95.)
Des soupçons injustes et qui ne convenoient point aux personnes *de* qui vous les avez. (II, 515.)
L'on ne pense pas toujours constamment *d*'un même sujet. (II, 74.)
Je ne dispute point *des* noms. (II, 255.)
Qu'entends-je *de* certains personnages qui ont des couronnes? (II, 133.)
Il prononce *d*'un mets qu'il est friand. (I, 221.)
Décider souverainement *des* vies et *des* fortunes des hommes. (II, 187; voyez II, 224, *l*. 3.)

6° DE, qualificatif, équivalant, avec le nom qui le suit, à une sorte d'adjectif :

Les personnes *de* mérite et *de* service sont utiles aux grands. (II, 44.)
L'homme *du* meilleur esprit est inégal. (II, 66.)
Ces gens *d*'un bel esprit et *d*'une agréable littérature. (II, 240.)
La politique qui ne consiste qu'à répandre le sang est fort bornée et *de* nul raffinement. (I, 363.)
La gloire.... aime le remue-ménage, et elle est personne *d*'un grand fracas. (II, 130.)
Le suisse, le valet de chambre, l'homme *de* livrée. (I, 349.)

7° DE, dans des locutions adverbiales :

Il revient *de* nuit, mouillé et recru. (I, 282.)
Il faut.... hasarder quelquefois, et jouer *de* caprice. (I, 325.)
Téléphe a de l'esprit, mais dix fois moins, *de* compte fait, qu'il ne présume d'en avoir. (II, 65.)
Il se fait *de* fête, il faut l'admettre. (I, 342.)
Ils (les prédicateurs) ont toujours, *d*'une nécessité indispensable et géométrique, trois sujets admirables de vos attentions. (II, 222.)
Il s'en faut peu que la religion et la justice n'aillent *de* pair dans la république. (II, 186.)
Cela va *du* pair avec la crapule. (II, 144.)
Plusieurs magistrats.... alloient à pied à la chambre.... Auguste autrefois alloit *de* son pied au Capitole. (I, 297.)
Une belle arme est une pièce de cabinet..., qui n'est pas *d*'usage. (I, 187.)
Ce palais, ces meubles.... vous enchantent et vous font récrier, *d*'une première vue, sur une maison si délicieuse. (I, 271.)
Qu'est devenue la distinction des casques et des heaumes?... Il ne s'agit plus de les porter *de* front ou *de* côté, ouverts ou fermés, et ceux-ci *de* tant ou *de* tant de grilles. (II, 165.)

Voyez MANIÈRE (DE), MOINS (DU), RESTE (DE), etc.

8° DE, avec ellipse du mot d'où il dépend. Voyez à l'INTRODUCTION GRAMMATICALE, *Ellipse*.

9° DE, omis :
C'est plus tôt fait de céder à la nature et de craindre la mort, que de faire de continuels efforts, s'armer de raisons et de réflexions, et être continuellement aux prises avec soi-même pour ne la pas craindre. (II, 25.)
Il lui est arrivé.... de se trouver.... à la rencontre d'un prince..., se reconnoître à peine, et n'avoir que le loisir de se coller à un mur. (II, 7.)
Si.... il est permis de faire entre eux quelque comparaison, et les marquer.... (I, 142.)

10° DE, DU, DES, partitifs :
S'il trouve une barrière de front..., il.... va à droit ou à gauche, selon qu'il y voit *de* jour et *d'*apparence. (I, 258.)
Ceux qu'on nomme à la cour *de* petits-maîtres. (I, 280.)
Il se multiplie autant de fois qu'il a *de* nouveaux goûts et *de* manières différentes. (II, 6.)
Ceux que l'on choisit pour *de* différents emplois, chacun selon son génie et sa profession. (I, 151 ; voyez II, 231, *l.* 24.)
[La justice] est.... de celles que l'on appelle *des* éternelles vérités. (II, 274 ; voyez II, 257, *variante*.)
Les princes, sans *d'*autre science ni *d'*autre règle, ont un goût de comparaison. (I, 353, *variante*.)
Voyez CERTAIN ; et à l'INTRODUCTION GRAMMATICALE, *Article*.

11° DE, DES, emplois et tours divers :
Il lui reste encore un bras *de* libre. (II, 44.)
Toutes les heures qu'elle auroit *de* libres. (II, 492.)
Un peu plus loin (p. 498), la Bruyère a écrit : « Le temps que nous avons libre. »
De bien des gens il n'y a que le nom qui vale quelque chose. (I, 151.)
De ces cinq éloges, il y en a quatre *de* personnels. (II, 437.)
Des fables, nous en sommes au huitième livre. (II, 478.)
Il faut définir l'orgueil une passion qui fait que *de* tout ce qui est au monde l'on n'estime que soi. (I, 80.)
Du même fond dont on néglige un homme de mérite, l'on sait encore admirer un sot. (II, 97.)
Il ne faut rien *de* moins dans les cours qu'une vraie et naïve impudence pour réussir. (I, 313.)
Il entre dans le secret des familles ; il est *de* quelque chose dans tout ce qui leur arrive de triste ou d'avantageux. (I, 342.)
L'éloquence de la chaire, en ce qui y entre d'humain et *du* talent de l'orateur, est cachée. (II, 230.)
Quelle condition vous paroît la plus délicieuse et la plus libre, ou *du* berger ou *des* brebis ? (I, 385.)
De savoir quelles sont leurs limites..., ce n'est pas une chose facile. (I, 277 ; voyez I, 285, *l.* 7.)
Les grands se piquent d'ouvrir une allée dans une forêt... ; mais *de* rendre un cœur content, *de* combler une âme de joie, *de* prévenir d'extrêmes besoins ou *d'*y remédier, leur curiosité ne s'étend point jusque-là. (I, 339.)
Les manières d'un homme empressé sont *de* prendre sur soi l'événement d'une affaire qui est au-dessus de ses forces. (I, 61.)
Quel.... délire au grand, au sage, au judicieux Antonin, *de* dire qu'alors les peuples seroient heureux, si l'empereur philosophoit ! (II, 85.)
On le revoit paroître, avec un visage exténué et *d'*un homme qui ne se ménage point. (II, 157.)

Vos esclaves me disent que vous êtes enfermé, et que vous ne pouvez m'écouter que *d'*une heure entière. (I, 248.)

Ce qu'il y a jamais eu *de* mieux pensé, *de* mieux dit, *de* mieux écrit, et peut-être *d'*une conduite plus délicate, ne nous est pas toujours venu de leur fond (du fond des grands). (I, 343.)

De spécifique qu'il (ce remède) étoit contre la colique, il guérit de la fièvre quarte, de la pleurésie, etc. (II, 198.)

J'ai mis.... ne me contenter de peindre les Grecs en général, mais même *de* toucher ce qui est personnel. (I, 34.)

Ce dernier *de* est fautif et à supprimer, quoiqu'il soit dans toutes les éditions anciennes.

12° DE CE QUE, DE QUOI, D'AVEC :

[Il] se plaint.... de celui qui a écrit ou parlé pour lui, *de ce* qu'il n'a pas touché les meilleurs moyens de sa cause. (I, 68 ; voyez II, 12, *l.* 16.)

Il n'y a guère d'homme si accompli.... qu'il n'ait *de quoi* se faire moins regretter. (I, 165 ; voyez I, 166, *l.* 2 ; I, 176, *l.* 14.)

Il n'y a personne.... qui ne sorte *d'avec* lui fort satisfait. (I, 324.)

Discerner les bonnes [mœurs] *d'avec* les mauvaises, et démêler dans les hommes ce qu'il y a de vain *d'avec* ce qu'ils peuvent avoir de bon. (I, 12.)

Ne pas faire la différence de l'odeur forte du thym ou de la marjolaine *d'avec* les parfums les plus délicieux. (I, 41.)

On ne sait pas la distance d'une étoile *d'avec* une autre étoile. (II, 264.)

Voyez I, 295, *l.* 14; I, 353, *l.* 7.

DÉ, à jouer. (I, 22, *l.* 27.)

DÉBARQUER, au figuré :

Il veut.... gouverner les grands.... A peine un grand est-il *débarqué* (arrivé dans la ville, à la cour), qu'il l'empoigne et s'en saisit. (I, 342.)

DÉBIT :

Le *débit* des beaux sentiments. (I, 216.)

Du *débit* des nouvelles. (I, 50, au titre.)

DÉBITER, au propre et au figuré :

Il.... déclame contre le temps présent..... De là il se jette sur ce qui se *débite* au marché, sur la cherté du blé. (I, 39.)

Suis-je mieux nourri..., après vingt ans entiers qu'on me *débite* (qu'on débite mon livre) dans la place ? (II, 86.)

Il court par toute la ville le *débiter* (ce secret) à qui le veut entendre. (I, 51.)

Cydias.... *débite*.... ses pensées quintessenciées. (I, 242.)

DÉBORDEMENT, au figuré :

C'est un *débordement* de louanges en sa faveur, qui inonde les cours et la chapelle. (I, 310.)

DÉBRIS, au propre et au figuré :

S'il aperçoit de loin des dunes..., la peur lui fait croire que c'est le *débris* de quelques vaisseaux qui ont fait naufrage sur cette côte. (I, 81.)

Il lui est avantageux de disparoître plutôt que de traîner dans le monde le *débris* d'une faveur qu'il a perdue. (I, 379.)

DÉBROUILLER :

Il *débrouille*.... l'horrible chaos des deux empires, le Babylonien et l'Assyrien. (I, 240.)

DEÇÀ (EN) :

Les gens de delà l'eau et ceux d'*en deçà* (les Anglais et les Hollandais). (II, 132.)

Il y a dans l'art un point de perfection.... Celui qui ne le sent pas, et qui aime *en deçà* ou au delà, a le goût défectueux. (I, 116.)

DÉCEMMENT :
Vous avez Dracon, le joueur de flûte : nul autre de son métier n'enfle plus *décemment* ses joues. (I, 179.)

DÉCHARGER, décharger de :
Un autre charlatan arrive ici de delà les monts avec une malle ; il n'est pas *déchargé* que les pensions courent. (II, 87.)
L'un des malheurs du prince est d'être souvent trop plein de son secret, par le péril qu'il y a à le répandre : son bonheur est de rencontrer une personne sûre qui l'*en décharge*. (I, 378.)

DÉCHIFFRER :
[Ils] donnent au public de longues listes, ou, comme ils les appellent, des clefs : fausses clefs, et qui leur sont aussi inutiles qu'elles sont injurieuses aux personnes dont les noms s'y voient *déchiffrés*. (II, 448.)
Comment pourra-t-il soutenir ces odieuses pancartes qui *déchiffrent* les conditions, et qui souvent font rougir la veuve et les héritiers? (I, 252.)

DÉCHIRER :
Il ne se sert à table que de ses mains ; il manie les viandes, les remanie, démembre, *déchire*. (II, 55.)

DÉCHOIR de :
Fais que je t'estime, afin que je sois triste d'*être déchu de* tes bonnes grâces. (I, 351.)

DÉCIDER :
L'on devroit *décider* sur cela avec plus de précaution. (II, 83.)
Décider souverainement des vies et des fortunes des hommes. (II, 187.)
Voyez II, 96, *l.* 18; II, 223, *l.* 20; II, 224, *l.* 3.

DÉCISIF, ive :
Ceux qui.... se donnent voix.... *décisive* sur les spectacles. (I, 136.)
Prononcer d'un ton *décisif*. (I, 224; voyez I, 389, *l.* 13.)
Ce style trop ferme et trop *décisif* pour Démophile, n'est pour Basilide ni assez pompeux ni assez exagéré. (I, 372.)
Si certains esprits vifs et *décisifs* étoient crus.... il faudroit leur parler par signes. (I, 124.)
[Ils] sont.... vifs, hardis et *décisifs* avec ceux qui ne savent rien. (I, 359.)
Que manque-t-il de nos jours à la jeunesse?... quand elle sauroit autant qu'elle peut, elle ne seroit pas plus *décisive*. (I, 329.)

DÉCLAMATEUR :
Un style de *déclamateur*. (I, 140.)

DÉCLAMER :
Quel supplice que celui d'entendre *déclamer* pompeusement un froid discours ! (I, 115.)

DÉCLARATION :
Elles (les mères) se retirent pour laisser à leurs filles toute la liberté d'être aimables, et à Théramène de faire ses *déclarations*. (I, 290.)

DÉCLARER (Se) :
Bien des gens vont jusques à sentir le mérite d'un manuscrit qu'on leur lit, qui ne peuvent *se déclarer* en sa faveur, jusques à ce qu'ils aient vu le cours qu'il aura dans le monde par l'impression. (I, 119.)

DÉCLIN :

Elle (la philosophie) nous console.... du *déclin* de nos forces ou de notre beauté. (II, 63 ; voyez I, 328, *l.* 1.)

La raison.... est refroidie et ralentie par les années..., déconcertée ensuite par le désordre de la machine, qui est dans son *déclin*. (II, 26.)

[Le mot] « certes » est beau dans sa vieillesse, et a encore de la force sur son *déclin*. (II, 206.)

DÉCLINER :

L'oisiveté des femmes, et l'habitude qu'ont les hommes de les courir partout où elles s'assemblent, donnent du nom à de froids orateurs, et soutiennent quelque temps ceux qui *ont décliné*. (II, 228.)

DÉCONCERTER :

Il s'en est trouvé quelques-uns (des prédicateurs) qui ayant assujetti le saint Evangile..... à la présence d'un seul auditeur, se sont vus *déconcertés* par des hasards qui le retenoient ailleurs. (II, 227.)

La raison.... *déconcertée*.... par le désordre de la machine, qui est dans son déclin. (II, 26.)

DÉCORATION :

Faire servir Dieu et la religion à la politique, c'est-à-dire à l'ordre et à la *décoration* de ce monde. (II, 238.)

L'ordre, la *décoration*, les effets de la nature sont populaires ; les causes, les principes ne le sont point. (II, 272.)

Dans cent ans le monde subsistera encore en son entier : ce sera le même théâtre et les mêmes *décorations*, ce ne seront plus les mêmes acteurs. (I, 336.)

DÉCOULER :

L'injure, l'insulte leur *découlent* des lèvres comme leur salive. (I, 226.)

DÉCOUVERTE :

S'il entre dans une église, il observe.... de qui il peut être vu ; et selon la *découverte* qu'il vient de faire, il se met à genoux, etc. (II, 155.)

Il est au guet et à la *découverte* sur tout ce qui paroît de nouveau avec les livrées de la faveur. (I, 322.)

DÉCOUVRIR, SE DÉCOUVRIR :

S'il marche par la ville, et qu'il *découvre* de loin un homme devant qui il est nécessaire qu'il soit dévot..., il joue son rôle. (II, 155 ; voyez I, 82, *l.* 18.)

Le bon esprit nous *découvre* notre devoir. (I, 158.)

L'impossibilité où je suis de prouver que Dieu n'est pas me *découvre* son existence. (II, 241.)

Les traits *découvrent* la complexion et les mœurs. (I, 262.)

Bernin n'a pas manié le marbre ni traité toutes ses figures d'une égale force ; mais.... de certains traits.... *découvrent* aisément l'excellence de l'ouvrier. (II, 445 ; voyez II, 135, *l.* 2.)

Il s'ouvre et parle le premier, pour en *découvrant* les oppositions..., prendre ses mesures et avoir la réplique. (I, 374.)

Muni..... de pouvoirs particuliers, qu'il (le plénipotentiaire) ne *découvre* jamais qu'à l'extrémité.... (I, 376.)

Ménophile.... masque toute l'année, quoique à visage *découvert*. (I, 316.)

Ceux-ci servent... ; ceux-là.... gouvernent : tout ordre est rétabli, et Dieu *se découvre*. (II, 276.)

Si elle (la matière) ne *se découvre* pas par elle-même, on la connoît du moins dans le divers arrangement de ses parties. (II, 254.)

DÉCRÉDITEMENT :
La manière dont on se récrie sur quelques-uns qui se distinguent par.... la probité n'est pas tant leur éloge que le *décréditement* du genre humain. (II, 112.)

DÉCRÉDITER :
Façon de parler.... que j'ai essayé de *décréditer* en la faisant servir pour Socrate. (II, 510.)
Ils disparoissent, tout à la fois riches et *décrédités*. (I, 302.)

DÉCRÉPITUDE. (II, 198, *l.* 25.)

DÉCRI :
Le *décri* universel où tombe nécessairement tout ce qu'ils exposent au grand jour de l'impression. (II, 443.)
Il y a des âmes sales,... toujours inquiètes sur le rabais ou sur le *décri* des monnoies. (I, 264.)

DÉCRIER :
Une harangue folle et *décriée*. (II, 455; voyez II, 159, *l.* 3.)

DÉCRIRE :
Ce sont les caractères ou les mœurs de ce siècle que je *décris*. (I, 106; voyez I, 85, *l.* 17.)

DÉCUPLE DE. (II, 261, *l.* 19.)

DÉDAIN :
Les petits *dédains* que j'essuie quelquefois des grands. (I, 320.)

DEDANS, LE DEDANS :
Une femme de ville entend-elle le bruissement d'un carrosse..., elle petille de goût et de complaisance pour quiconque est *dedans*. (I, 291.)
Trouvant.... un carrosse qu'il prend pour le sien, il se met *dedans*. (II, 7 et 8.)
Des citoyens s'instruisent *du dedans* et du dehors d'un royaume. (I, 346.)
Il (Richelieu) a veillé aux intérêts du dehors, à ceux *du dedans*. (II, 458.)
Une vaste capacité, qui s'étende non-seulement aux affaires du dehors,... mais qui sache aussi se renfermer *au dedans*. (I, 390.)

DÉDIRE (SE) :
C'est l'opinion d'un favori qui *se dédira* à l'agonie. (I, 385.)

DÉDUIRE :
Implacables à l'égard d'un valet qui aura.... cassé par malheur quelque vase d'argile, ils lui *déduisent* cette perte sur sa nourriture. (I, 55.)
Voilà ce qui nous reste de ses écrits (des écrits de Théophraste), entre lesquels ce dernier seul (celui des Caractères), peut répondre.... de la beauté de ceux que l'on vient de *déduire*. (I, 21.)

DÉFAIRE, DÉFAIT :
Le rebut de la cour est reçu à la ville dans une ruelle, où il *défait* le magistrat. (I, 177.)
Il n'y a rien qui enlaidisse certains courtisans comme la présence du prince.... Les gens fiers et superbes sont les plus *défaits*, car ils perdent plus du leur. (I, 300.)

DÉFAIRE (SE) DE :
C'est une maison de famille, et qu'il a héritée de son père; mais.... il veut *s'en défaire*,... parce qu'elle est trop petite. (I, 80.)

Il y a des esprits qui *se défont de* ces principes. (II, 242.)

DÉFAITE :

Les hommes souvent veulent aimer, et ne sauroient y réussir : ils cherchent leur *défaite* sans pouvoir la rencontrer, et.... ils sont contraints de demeurer libres. (I, 201.)

DÉFAUT :

Ils veulent qu'on leur explique.... les vices extrêmes par le *défaut* ou par l'excès entre lesquels chaque vertu se trouve placée, et duquel de ces deux extrêmes elle emprunte davantage. (I, 11.)

Il imite les postures d'un lutteur, et par le *défaut* d'habitude, il les fait de mauvaise grâce, et il s'agite d'une manière ridicule. (I, 86.)

Il n'y a nuls vices extérieurs et nuls *défauts* du corps qui ne soient aperçus par les enfants. (II, 28.)

L'incivilité n'est pas un vice de l'âme, elle est l'effet de plusieurs vices.... C'est toujours un *défaut* visible et manifeste. (II, 15.)

Les vices partent d'une dépravation du cœur ; les *défauts*, d'un vice de tempérament ; le ridicule, d'un *défaut* d'esprit. (II, 97.)

Il coûte moins à certains hommes de s'enrichir de mille vertus, que de se corriger d'un seul *défaut*. (II, 45.)

Voyez I, 202, *n.* 27 ; I, 235, *n.* 55 ; I, 236, *n.* 62 ; I, 311, *n.* 34 ; II, 15, *n.* 8 ; II, 16, *l.* 3 ; II, 32, *l.* 10 et 11 ; II, 39, *n.* 83 ; II, 72, *n.* 158 ; II, 109, *n.* 72.

DÉFAUT, terme de chasse, au propre et au figuré :

Il s'est étouffé de crier après les chiens qui étoient en *défaut*. (I, 283.)

Les fautes des sots sont quelquefois si lourdes.... qu'elles mettent les sages en *défaut*. (II, 30.)

DÉFECTUEUX :

Il y a dans l'art un point de perfection, comme.... de maturité dans la nature. Celui qui le sent et qui l'aime a le goût parfait ; celui qui ne le sent pas, et qui aime en deçà ou au delà, a le goût *défectueux*. (I, 116.)

DÉFENDEUR, terme de procédure. (II, 60, *l.* 5 et 6.)

DÉFENDRE, SE DÉFENDRE :

L'Académie françoise.... *défend* aux académiciens d'écrire ou de faire écrire contre leurs confrères. (II, 442.)

Les personnes graves.... qui trouvent du foible dans un ris excessif comme dans les pleurs, et qui se les *défendent* également.... (I, 137.)

Les grands sujets lui *sont défendus* : il les entame quelquefois. (I, 149.)

Un bois épais qui *défend* de tous les soleils. (II, 257.)

On ne prime point avec les grands, ils *se défendent* par leur grandeur ; ni avec les petits, ils vous repoussent par le qui vive. (I, 234.)

Se défendre d'une ouverture qui lui est échappée par une autre qu'il aura faite. (I, 374.)

Quelques-uns *se défendent* d'aimer et de faire des vers, comme de deux foibles qu'ils n'osent avouer. (I, 214.)

DÉFENSIVES (ARMES). (II, 205, *l.* 6.)

DÉFÉRER À :

Est-ce.... faire pour le progrès d'une langue, que de *déférer à* l'usage ? (II, 215.)

Quelqu'un se distingue... ; les autres *lui défèrent*. (II, 29.)

DÉFIER (SE) DE :

Une chose vous manque... ; vous ne *vous en défiez* point, et je vais vous jeter dans l'étonnement : une chose vous manque, c'est l'esprit. (I, 217.)

DÉFIGURER :

Ces prodigieux efforts de mémoire.... qui corrompent le geste et *défigurent* le visage. (II, 235.)

Ce prince,... que les peintres et les statuaires nous *défigurent*. (II, 470.)

Quelques-uns de ceux qui ont lu un ouvrage en rapportent certains traits dont ils n'ont pas compris le sens..., et ces traits ainsi corrompus et *défigurés*.... ils les exposent à la censure. (I, 121.)

DÉFINIR :

La dissimulation n'est pas aisée à bien *définir* : si l'on se contente d'en faire une simple description, l'on peut dire, etc. (I, 34 ; voyez I, 116, n. 14.)

DÉGAGER (Se) de :

L'on voit des gens brusques..., qui.... vous expédient, pour ainsi dire, en peu de paroles, et ne songent qu'à *se dégager de* vous. (I, 225.)

Il y a des hommes qui attendent à être dévots.... que tout le monde se déclare impie... : ce sera alors le parti du vulgaire, ils sauront *s'en dégager*. (II, 239.)

DÉGÉNÉRER, dégénérer en :

C'est un homme qui est de mise un quart d'heure de suite, qui le moment d'après baisse, *dégénère*. (I, 167.)

Timante.... ne laissoit pas de *dégénérer* dans l'esprit des courtisans : ils étoient las de l'estimer. (I, 319.)

Ce grand fleuve *dégénère en* un petit ruisseau. (II, 504.)

L'extravagance des repas, qui modestes au commencement, *dégénèrent* bientôt *en* pyramides de viandes et *en* banquets somptueux. (I, 277.)

DÉGORGER (Se) de :

La foule innombrable de clients ou de courtisans *dont* la maison d'un ministre *se dégorge* plusieurs fois le jour. (I, 359 ; voyez *ibidem*, note 2.)

DÉGOÛT :

Les amours meurent par le *dégoût*, et l'oubli les enterre. (I, 204.)

L'on ne pense pas toujours constamment d'un même sujet : l'entêtement et le *dégoût* se suivent de près. (II, 74.)

Ils épouvantent.... donnent le dernier *dégoût* par leur fatuité. (I, 332.)

DÉGOÛTANT, ante :

On ne vous demande pas, Zélotes, de vous récrier : « C'est un chef-d'œuvre de l'esprit ; l'humanité ne va pas plus loin... ; » phrases outrées, *dégoûtantes*, qui sentent la pension ou l'abbaye. (I, 120.)

DÉGOÛTER, dégoûter de, se dégoûter de :

Il commence à avoir honte de se trouver assis, dans une assemblée publique, auprès d'un homme mal habillé, sale, et qui *dégoûte*. (I, 85.)

Des gens qui, dans les conversations,... vous *dégoûtent* par leurs ridicules expressions. (I, 216.)

La ville *dégoûte de* la province ; la cour détrompe de la ville. (I, 337.)

Si ceux qui viendront après nous, rebutés par des mœurs si étranges..., *se dégoûtent* par là *de* nos mémoires, *de* nos poésies, *de* notre comique et *de* nos satires, pouvons-nous ne les pas plaindre par avance ? (I, 24.)

Comme les hommes ne *se dégoûtent* point *du* vice, il ne faut pas aussi se lasser de leur reprocher. (I, 105.)

Ils se fâchent contre vous et *s'en dégoûtent*. (I, 311.)

DÉGOUTTER, au figuré :

Pressez-les, tordez-les, ils *dégouttent* l'orgueil. (I, 322.)

DEGRÉ, au propre et au figuré :

Il descend du Palais, et trouvant au bas du grand *degré* un carrosse.... (II, 7.)

Si un grand a quelque *degré* de bonheur sur les autres hommes, je ne devine pas lequel. (I, 349.)

DEHORS, adverbe :

Les choses de *dehors*, qu'on appelle les événements, sont quelquefois plus fortes que la raison et que la nature. (I, 236.)

Dehors, substantivement (voyez Dedans) :

Sa demeure est superbe : un dorique règne dans tous ses *dehors*. (I, 252.)

Les *dehors* du vice. (I, 361.)

[La femme prude] cache des foibles sous de plausibles *dehors*. (I, 186.)

Un homme de bien est respectable par lui-même, et indépendamment de tous les *dehors* dont il voudroit s'aider. (II, 93.)

Il cache.... sa joie et sa vanité par quelques *dehors* de modestie. (II, 137.)

Voyez I, 231, *l.* 2; I, 291, *n.* 15 ; I, 347, *n.* 25 ; II, 3, *n.* 2 ; II, 15, *n.* 8 ; II, 30, *n.* 64 ; II, 34, *n.* 69 ; II, 72, *l.* 10 ; II, 90, *n.* 26 ; II, 93, *l.* 12 ; II, 159, *l. avant-dern.*

DÉJECTIONS :

Une bile noire et recuite étoit mêlée dans ses *déjections*. (I, 72.)

DELÀ (De) :

Les gens *de delà* l'eau et ceux d'en deçà (les Anglais et les Hollandais). (II, 132.)

Un.... charlatan arrive ici *de delà* les monts. (II, 87.)

Delà (Au), au delà de :

Il y a dans l'art un point de perfection.... Celui qui ne le sent pas, et qui aime en deçà ou *au delà*, a le goût défectueux. (I, 116.)

L'hyperbole exprime *au delà de* la vérité. (I, 145.)

Charger son valet de fardeaux *au delà de* ce qu'il en peut porter. (I, 58.)

DÉLIBÉRATIVE (Voix) :

[Ils] se donnent *voix délibérative* et décisive sur les spectacles. (I, 136.)

DÉLIBÉRÉ :

Certains esprits vains, légers, familiers, *délibérés*, qui sont toujours dans une compagnie ceux qui parlent. (I, 217.)

Giton a.... la démarche ferme et *délibérée*. (I, 272.)

DÉLIBÉRER :

Le peuple s'assembloit pour *délibérer* des affaires publiques. (I, 27.)

Le peuple.... s'est assemblé pour *délibérer* à qui des citoyens il donnera la commission de, etc. (I, 84.)

DÉLICAT, cate, au physique et au moral :

En vérité, vous faites une chère *délicate*. (I, 38.)

Iphis.... s'est acquis une voix claire et *délicate*, et heureusement il parle gras. (II, 149.)

L'orateur fait de si belles images de certains désordres, y fait entrer des circonstances si *délicates*, met tant d'esprit, de tour et de raffinement dans celui qui pèche.... (II, 225.)

[Mon ouvrage] est tout différent [des Pensées de Pascal et des Réflexions de la Rochefoucauld]... : moins sublime que le premier et moins *délicat* que le second, il ne tend qu'à rendre l'homme raisonnable. (I, 29.)

« Se louer d'un grand, » phrase *délicate* dans son origine, et qui signifie sans doute se louer soi-même. (I, 351.)

Je crois pouvoir dire d'un poste éminent et *délicat* qu'on y monte plus aisément qu'on ne s'y conserve. (I, 311.)

Si certains hommes.... désapprouvent un ouvrage que vous aurez écrit..., humiliez-vous : on ne peut guère être exposé à une tentation d'orgueil plus *délicate* et plus prochaine. (II, 235.)

Ils ont osé faire des applications *délicates* et dangereuses de l'endroit de ma harangue où.... je leur fais.... à tous une vive apostrophe. (II, 448.)

Il faut des fripons à la cour... ; mais l'usage en est *délicat*, et il faut savoir les mettre en œuvre. (I, 318.)

C'est une chose *délicate* à un prince religieux de réformer la cour et de la rendre pieuse. (II, 160.)

Il étoit *délicat* autrefois de se marier ; c'étoit un long établissement, une affaire sérieuse. (II, 180.)

Quelque *délicat* que l'on soit en amour, on pardonne plus de fautes que dans l'amitié. (I, 201.)

Il y a beaucoup d'esprits obscènes,... peu de *délicats*. (I, 215.)

DÉLICAT (LE), substantivement :
Le naturel et *le délicat* ne sont-ils pas le sublime des ouvrages dont ils font la perfection ? (I, 144.)

DÉLICATEMENT :

Ils mangent *délicatement* et avec réflexion. (I, 303.)

Entre ceux qui lisent, ceux-ci aiment à être forcés par la démonstration, et ceux-là veulent entendre *délicatement*. (I, 9.)

DÉLICATESSE :

L'on force la terre et les saisons pour fournir à sa *délicatesse*. (I, 261.)

Il est naturel aux hommes de ne point convenir de la beauté ou de la *délicatesse* d'un trait de morale qui les peint. (I, 11 ; voyez II, 244, l. 11.)

Peut-il briller autre chose.... dans les lettres familières comme dans les conversations qu'une grande *délicatesse* ? (I, 144.)

Ils (les hommes) n'hésitent pas de critiquer des choses qui sont parfaites ; il y entre de la vanité et une mauvaise *délicatesse*. (II, 68.)

Phidippe raffine sur la propreté...; il passe aux petites *délicatesses*. (II, 54.)

Je voudrois qu'on ne fît mention de la *délicatesse*.... et de la somptuosité des généraux, qu'après n'avoir plus rien à dire sur leur sujet. (II, 195.)

Notre vanité.... nous fait soupçonner dans les autres une fierté à notre égard...; une personne modeste n'a point cette *délicatesse*. (II, 35.)

La fausse *délicatesse*.... n'est pas ainsi nommée parce qu'elle est feinte, mais parce qu'en effet elle s'exerce sur des choses.... qui n'en méritent point. (II, 67.)

Quelques femmes de la ville ont la *délicatesse* de ne pas savoir ou de n'oser dire le nom des rues, des places, et de quelques endroits publics qu'elles ne croient pas assez nobles pour être connus. (I, 238.)

Cicéron a pu louer impunément Brutus, César.... devant une compagnie jalouse de leur mérite, et qui avoit bien d'autres *délicatesses* de politique sur la vertu des grands hommes que n'en sauroit avoir l'Académie françoise. (II, 440.)

Le tempérament a beaucoup de part à la jalousie ; et elle ne suppose pas toujours une grande passion. C'est cependant un paradoxe qu'un violent amour sans *délicatesse*. (I, 203.)

DÉLICIEUX, EUSE :

Ce palais,... ces belles eaux.... vous font récrier d'une première vue sur une maison si *délicieuse*. (I, 271.)

Tracez.... de vastes et de *délicieux* jardins. (I, 271.)

Quelle condition vous paroît la plus *délicieuse* et la plus libre, ou du berger ou des brebis? (I, 385.)

Que me serviroit.... que le prince fût heureux, etc., si la sûreté, l'ordre et la propreté ne rendoient pas le séjour des villes si *délicieux*? (I, 383.)

DÉLIÉ :

Il porte des chemises très-*déliées*. (II, 154.)
Il étoit homme *délié* et pratique dans les affaires. (I, 114.)
Il n'y a rien de si *délié*, de si simple et de si imperceptible, où il n'entre des manières qui nous décèlent. (I, 165.)
Le panneau le plus *délié* et le plus spécieux qui dans tous les temps ait été tendu aux grands par leurs gens d'affaires.... (I, 381.)

DÉLIVRER (Se) de :

Toujours accablés de procès..., de ceux *dont* ils *se délivrent* par de faux serments comme de ceux qui les obligent de comparoître. (I, 47.)

DÉLUGE, au figuré :

Puisque j'ai eu la foiblesse de publier ces Caractères, quelle digue élèverai-je contre ce *déluge* d'explications qui inonde la ville? (II, 449.)

DEMANDER, demander que, demander de :

Il mène avec lui des témoins quand il va *demander* ses arrérages. (I, 69.)
Le caractère des François *demande* du sérieux dans le souverain. (I, 377.)
Je *demande* quand il n'a pas été raisonnable que le crime soit puni. (II, 274.)
Je leur *demanderois* volontiers (aux prédicateurs) *qu*'au milieu de leur course impétueuse, ils voulussent plusieurs fois reprendre haleine. (II, 223.)
Si vous *demandiez de* Théodote s'il est auteur ou plagiaire,... je vous donnerois ses ouvrages, et je vous dirois : « Lisez, et jugez. » (I, 323.)
Il *demande des* hommes un plus grand et un plus rare succès que les louanges. (I, 127.)

DEMANDEUR, terme de procédure. (II, 60, *l*. 5.)

DÉMARCHE :

Ses Caractères, par mille choses extérieures qu'ils font remarquer dans l'homme, par ses actions, ses paroles et ses *démarches*, apprennent quel est son fond. (I, 30.)
Un homme dissimulé.... aborde ses ennemis, leur parle, et leur fait croire par cette *démarche* qu'il ne les hait point. (I, 35.)
[Elle] veut se réconcilier avec lui (son père) et mourir dans ses bonnes grâces. Fera-t-il de lui-même cette *démarche* si raisonnable? (II, 178.)
Cette *démarche* d'avoir supplié quelques-uns de vous..., elle est rare, puisque dans ses circonstances elle est unique. (II, 472.)
Sentir le mérite, et quand il est une fois connu, le bien traiter, deux grandes *démarches* à faire tout de suite. (I, 351.)
C'est une politique sûre et ancienne dans les républiques que d'y laisser le peuple s'endormir dans les fêtes..., dans le luxe... : quelles grandes *démarches* ne fait-on pas au despotique par cette indulgence! (I, 364.)

DÉMÊLER, se démêler :

Ceux.... que la naissance *démêle* d'avec le peuple. (I, 353.)
Le philosophe consume sa vie à observer les hommes, et il use ses esprits à en *démêler* les vices et le ridicule. (I, 127.)
Il vous *démêle* dans l'antichambre entre mille honnêtes gens. (I, 351.)
L'âme d'Alain ne *se démêle* plus d'avec celles du grand Condé, de Richelieu, etc. (II, 67.)

DEMEMBRER :
Il ne se sert à table que de ses mains; il manie les viandes, les remanie, *démembre*, déchire. (II, 55.)

DÉMÉNAGER, au figuré :
Quelque idée qui me vienne, et quelque nouvel établissement que je fasse au sujet des études de M. le duc de Bourbon, je *déménage* sans peine pour aller où il plaît à Votre Altesse. (II, 478.)

DÉMENTIR, se démentir :
Il se fit apporter des vins de Rhodes et de Lesbos; il goûta de tous les deux, dit qu'ils ne *démentoient* point leur terroir. (I, 17.)
Un homme qui sait la cour.... *dément* son cœur, parle, agit contre ses sentiments. (I, 298.)
Tout se soutient dans cet homme; rien encore ne *se dément* dans cette grandeur qu'il a acquise. (I, 252.)
Si le plus petit d'eux tous (des astres) venoit à *se démentir* et à rencontrer la terre, que deviendroit la terre? (II, 265.)

DÉMESURÉ :
Ces mêmes étoiles, si *démesurées* dans leur grandeur. (II, 264.)

DEMEURER :
S'ils choisissent un poste incommode, il leur *demeure*. (I, 354.)
Les passages.... et les citations n'en *étoient* pas *demeurés* là : Ovide et Catulle achevoient de décider des mariages et des testaments. (II, 224.)
Donnez-leur du moins le temps de respirer et de se ressouvenir.... qu'ils peuvent *demeurer* avec vous et longtemps. (I, 304.)

Demeurer court. (I, 225, *n.* 25; II, 119, *n.* 100; II, 203, *l.* 21 et 22; II, 232, *l.* 26.)

DEMI, demie :
Une *demie* lieue. (II, 261 et note 3.)

DEMOISELLE :
Dire de celui-ci qu'il n'est pas homme de qualité; de celle-là, qu'elle n'est pas *demoiselle*. (I, 305; voyez *ibidem*, note 2.)

DENIER :
Le pouvoir de protéger l'innocence, de punir le crime..., acheté à *deniers* comptants comme une métairie. (I, 22.)

Denier (Le huitième), nom d'un impôt. (I, 250; II, 183.)

Denier (Le) dix, l'intérêt à dix pour cent :
Il y a des âmes sales,... curieuses et avides *du denier dix*. (I, 264.)

DÉNIER :
Il mène avec lui des témoins,... afin qu'il ne prenne pas un jour envie à ses débiteurs de lui *dénier* sa dette. (I, 69.)

DÉNOMBREMENT :
Le nom de ce panégyriste semble gémir sous le poids des titres dont il est accablé.... Quand.... on l'a un peu écouté, l'on reconnoît qu'il manque au *dénombrement* de ses qualités celle de mauvais prédicateur. (II, 228.)

DÉNOUEMENT :
Les *dénouements* qui découvrent les crimes les plus cachés. (II, 274.)

DENTELÉE (Bordure), terme de blason. (I, 281, *l.* 3.)

DÉNUÉ DE :

Il ne s'est jamais vu si *dénué* d'argent. (I, 35.)

Il faut être bien *dénué* d'esprit, si l'amour,... la nécessité n'en font pas trouver. (I, 214.)

Une science vaine, aride, *dénuée* d'agrément et d'utilité. (I, 148.)

La cour n'est jamais *dénuée* d'un certain nombre de gens en qui l'usage du monde, la politesse ou la fortune tiennent lieu d'esprit. (I, 331.)

Deux titres.... qui sont seuls et *dénués de* leurs chapitres. (I, 14.)

DÉPAYSER :

Si j'avois voulu mettre des noms véritables aux peintures moins obligeantes, je me serois épargné le travail.... de trouver.... mille tours et mille faux-fuyants pour *dépayser* ceux qui me lisent. (II, 451.)

DÉPÊCHER (SE) DE :

L'on sait des gens qui avoient coulé leurs jours dans une union étroite.... Ils *se sont dépêchés de* rompre avant que de mourir. (I, 230.)

DÉPENDANT, substantif :

Quelque désagrément qu'on ait à se trouver chargé d'un indigent, l'on goûte à peine les nouveaux avantages qui le tirent enfin de notre sujétion.... L'on veut des *dépendants*, et qu'il n'en coûte rien. (I, 207.)

DÉPENDRE DE :

Voulez-vous être rare? Rendez service à ceux qui *dépendent de* vous. (I, 248.)

Vous *dépendez*, dans une affaire.... *du* consentement de deux personnes. (I, 333.)

DÉPENSE :

La cause la plus immédiate de la ruine.... est que l'état seul, et non le bien, règle la *dépense*. (I, 272.)

DÉPENSER :

L'avare *dépense* plus mort en un seul jour, qu'il ne faisoit vivant en dix années. (I, 266.)

DÉPEUPLER, au figuré :

Tous.... lisent ces sortes d'ouvrages... ; ils en *dépeuplent* les boutiques. (II, 445.)

DÉPLACER :

Mettez l'autorité, les plaisirs et l'oisiveté d'un côté, la dépendance, les soins et la misère de l'autre : ou ces choses *sont déplacées* par la malice des hommes, ou Dieu n'est pas Dieu. (II, 276.)

DÉPLIER :

Il fait *déplier* sa robe et la mettre à l'air. (I, 372.)

DÉPLOYER, au propre et au figuré :

[Les plus belles étoffes] toutes *déployées* dans les boutiques. (I, 159.)

[Il] *déploie* un ample mouchoir, et se mouche avec grand bruit. (I, 273.)

Les nouveaux Caractères, *déployant* d'abord les pensées.... des hommes, découvrent le principe de leur malice et de leurs foiblesses. (I, 30.)

DÉPOSSEDER DE :

[Corneille] s'est emparé de tout le théâtre. Il (Racine) ne l'*en dépossède* pas, il est vrai; mais il s'y établit avec lui. (II, 462.)

DÉPÔT :
Ces avares.... ont.... des cassettes où leur argent est en *dépôt*, qu'ils n'ouvrent jamais. (I, 56.)

DÉPOUILLE :
Frontin, neveu d'Aurèle,... ne l'a pu fléchir en sa faveur, et ne tire de sa *dépouille* qu'une légère pension. (II, 50.)

DEPUIS :
Il est merveilleux..., combien vous êtes blanchi *depuis* deux jours que je ne vous ai pas vu. (I, 37.)

[Il] choisit le temps du repas.... pour dire qu'ayant pris médecine *depuis* deux jours, il est allé par haut et par bas. (I, 72.)

DÉRANGER :
L'intérêt de la beauté, les incidents du jeu, l'extravagance des repas,... *dérangent* la république, et lui portent enfin le coup mortel. (I, 277.)

DÉRÉGLEMENT :
Le commun des hommes est.... enclin au *déréglement* et à la bagatelle. (II, 76.)

Ses Caractères, par mille choses extérieures qu'ils font remarquer dans l'homme,... font remonter jusques à la source de son *déréglement*. (I, 30.)

DERNIER, IÈRE :
L'histoire [de la république de Gênes] jusques à ses *dernières* soumissions à Versailles, dont nous avons été les témoins. (II, 493.)

Les machines qui l'avoient guindé si haut.... sont encore toutes dressées pour le faire tomber dans le *dernier* mépris. (I, 310.)

Ils donnent le *dernier* dégoût par leur fatuité. (I, 332.)

Il y a des choses qu'ils ne diront pas,... leur parole y est engagée, c'est le *dernier* secret, c'est un mystère. (I, 218.)

Si je compare.... les grands avec le peuple, ce *dernier* me paroît content du nécessaire, et les autres sont.... pauvres avec le superflu. (I, 347.)

Dans tous les plaisirs qu'on leur procure, il y a faire bien et faire selon leur goût : le *dernier* est préférable. (I, 229.)

DÉROBER, SE DÉROBER :
On remarque.... sur elle une riche attache, qu'elle *dérobe* avec soin aux yeux de son mari. (I, 193.)

On a déjà trop dit de son secret à celui à qui l'on croit devoir en *dérober* une circonstance. (I, 244.)

Donner le change à tout le public et lui *dérober* mon ambition. (I, 313.)

Se dérober à la cour un seul moment, c'est y renoncer. (I, 298.)

DÉROGER, absolument; DÉROGER À :
Se faire réhabiliter suppose qu'un homme devenu riche, originairement est noble..., qu'à la vérité son père a pu *déroger* ou par la charrue, ou par la houe, ou par la malle. (II, 164.)

Une loi de Solon *à* laquelle on *avoit* un peu *dérogé*. (I, 48, note 2.)

DÉROUTE :
Combien de galants va-t-il mettre en *déroute*! quels bons partis ne fera-t-il point manquer ! (I, 291.)

Poussé par le jeu jusques à une *déroute* universelle. (I, 270; voyez I, 272, *n*. 81.)

DÈS :
Quelqu'un de ces gens chez qui un Nautre va tracer et prendre des alignements *dès* le jour même qu'ils sont en place. (II, 258.)

Il se fait prier, presser, quereller, pour rompre le carême *dès* son commencement, et il en vient là par complaisance. (II, 156.)

Reprendre un fait *dès* ses commencements, et en instruire à fond ceux qui en ont les oreilles rebattues. (I, 60.)

Cela me donne l'occasion.... de lui en faire l'histoire (de la république de Gênes). *dès* son premier établissement. (II, 493.)

La salle où s'est donné le spectacle, j'entends le toit et les quatre murs *dès* leurs fondements. (I, 135.)

Ils viennent trouver cet homme (le roi Guillaume) *dès* qu'il a sifflé, ils se découvrent *dès* son antichambre. (II, 133.)

Je ne sors presque point de l'Allemagne,... qu'il oublieroit *dès* que je passerois à d'autres connoissances et m'y arrêterois trop longtemps. (II, 507.)

Je le chasse *dès* à cette heure. (II, 13.)

DÉSAPPROUVER :

Il se lanceroit par une fenêtre, plutôt que de se laisser joindre par quelqu'un qui a un visage ou un son de voix qu'il *désapprouve*. (I, 222.)

DÉSAVANTAGE :

Les caractères de ces personnes (décrites par Théophraste) semblent rentrer les uns dans les autres au *désavantage* du titre. (I, 31.)

DÉSAVOUER :

Voudroient-ils *désavouer* leur goût et le jugement qu'ils en ont porté (de sa harangue à l'Académie)? (II, 454.)

DESCENDRE; DESCENDRE avec l'auxiliaire *avoir* :

Ou la gravité n'est point, ou elle est naturelle; et il est moins difficile d'en *descendre* que d'y monter. (II, 93.)

[Il] a *descendu* à terre avec un argent frais d'une nouvelle prise. (I, 269.)

DESCENTE, terme de fauconnerie :

Un tiercelet.... qui fait une belle *descente* sur la perdrix. (II, 129.)

DESCRIPTION :

La dissimulation n'est pas aisée à bien définir : si l'on se contente d'en faire une simple *description*, l'on peut dire que, etc. (I, 34.)

DÉSERTER, absolument et activement :

Où il a prêché les paroissiens ont *déserté*. (II, 222.)

La prévention.... est un mal désespéré, incurable,... qui fait *déserter* les égaux, les inférieurs..., jusqu'aux médecins. (II, 96.)

Ils *déserteroient* la table des Dieux. (II, 68.)

DÉSESPÉRER, SE DÉSESPÉRER :

Un jeu effroyable, continuel,... où l'on *est* transporté du desir du gain, *désespéré* sur la perte..., est-ce une chose qui soit permise? (I, 269.)

Je le fis fouetter, il *se désespéra* et s'alla pendre. (I, 60.)

DÉSHABILLÉ, substantivement :

Elle paroît ordinairement avec une coiffure plate et négligée, en simple *déshabillé*... : elle est belle en cet équipage. (I, 192.)

DÉSHONNÊTE :

Celui-là.... est impudent, qui voyant venir vers lui une femme de condition, feint dans ce moment quelque besoin pour avoir occasion de se montrer à elle d'une manière *déshonnête*. (I, 56.)

DÉSINTÉRESSER (SE) :

Un honnête homme se paye par ses mains de l'application qu'il a à son devoir par le plaisir qu'il sent à le faire, et *se désintéresse* sur les éloges, l'estime et la reconnoissance qui lui manquent quelquefois. (I, 155.)

DESIRER de; desirer que :
Elles *desirent de* plaire. (I, 172.)
Elle trouva qu'il n'avoit pas assez d'esprit, et *desira qu'*il en eût eu davantage. (I, 197.)
Voyez I, 197, *l.* 3 et 4; I, 209, *n.* 60; I, 255, *l.* 1; I, 271, *l.* 12; I, 360, *n.* 52; II, 19, *n.* 19 et *n.* 20; II, 126, *l.* 5 et 6.

DÉSISTER (Se), se désister de :
La vanité.... supplée à la raison, qui cède et qui *se désiste*. (II, 48.)
Ces hommes.... relèvent l'importance de cette conquête,... exagèrent.... le péril et la honte qui suivoient de *s'en désister*. (II, 119.)

DÉSOCCUPÉ :
Des gens fades, oisifs, *désoccupés*. (I, 289 ; voyez I, 57, note 4.)

DÉSORDRE :
Ce discours n'est ni contre la religion ni contre l'État,... il ne fera point d'autre *désordre* dans le public que de lui gâter le goût. (II, 229.)
Telle.... femme à qui le *désordre* manque pour mortifier son mari, y revient par sa noblesse..., par la riche dot qu'elle a apportée. (I, 194.)

DESPOTIQUE (Le), substantivement :
Il n'y a point de patrie dans *le despotique;* d'autres choses y suppléent : l'intérêt, la gloire, le service du prince. (I, 364; voyez *ibidem, l.* 8.)

DESSEIN :
Il est inexorable à celui qui sans *dessein* l'aura poussé. (I, 64.)
Ce n'est point par habitude qu'il le parle (le jargon de la dévotion), mais avec *dessein*. (II, 157.)
Il commence un si grand *dessein* à l'âge de quatre-vingt-dix-neuf ans. (I, 13.)
Le peu de rapport qui se trouve pour le *dessein* entre un si grand nombre de poëmes qu'il (Corneille) a composés. (I, 140; voyez I, 141, *l.* 2.)

DESSIN :
Il convient qu'elle (une estampe) est mal gravée, plus mal dessinée; mais il assure.... que c'est la seule qui soit en France de ce *dessin*. (II, 138.)

DESSOUS, de dessous; au-dessous de :
Tite.... n'est pas encore digne de la première (place) qui est vacante.... Il naît *de dessous* terre un autre clerc pour la remplir. (II, 175.)
Tout devient, avec le temps, *au-dessous de* ses soins. (I, 222.)

DESSUS, de dessus; au-dessus de :
On en a vu (des maux).... qui ont sapé par les fondements de grands empires, et qui les ont fait évanouir *de dessus* la terre. (I, 366.)
Otera-t-elle les yeux *de dessus* lui? (I, 292; voyez II, 448, *l.* 14.)
C'est un débordement de louanges en sa faveur qui inonde les cours et la chapelle...; on en a *au-dessus des* yeux. (I, 310.)
Ils (certains jeunes magistrats) se tiennent fort *au-dessus de* la gravité de la robe. (I, 280.)
Tout devient, avec le temps, au-dessous de ses soins, comme il (Troïle) est *au-dessus de* vouloir se soutenir ou continuer de plaire par le moindre des talents qui ont commencé à le faire valoir. (I, 222.)

Dessus (Le), substantivement :
Dès qu'ils (les enfants) ont pu les entamer (leurs maîtres), ils gagnent *le*

dessus, et prennent sur eux un ascendant qu'ils ne perdent plus. (II, 28.)

DESTIN :
Le *destin*..., du soldat et du tailleur de pierre, m'empêche de m'estimer malheureux par la fortune des princes ou des ministres qui me manque. (II, 64.)

DESTINÉE :
Les conditions où les hommes languissent,... après avoir tenté au delà de leur fortune et forcé, pour ainsi dire, leur *destinée*. (I, 266.)

DÉTACHER :
Il l'a.... envoyée (sa robe) chez le teinturier pour la *détacher*. (I, 76.)

DÉTAIL ; EN DÉTAIL :
Vous dites d'un.... homme en place qu'il est prévenant..., et vous le confirmez par un long *détail* de ce qu'il a fait en une affaire où il a su que vous preniez intérêt. (I, 351.)

Je lui fais revoir le *détail* des provinces de France. (II, 505.)

Je lui fis rendre compte de.... tout le *détail* de la bataille de Marignan. (II, 499.)

La science des *détails*, ou une diligente attention aux moindres besoins de la république, est une partie essentielle au bon gouvernement. (I, 382.)

Il semble qu'on livre en gros aux premiers de la cour l'air de hauteur, de fierté..., afin qu'ils le distribuent *en détail* dans les provinces. (I, 300.)

Ce qui suit..., c'est quelque chose du comte de Serin..., mais moins *en détail* que ce que vous en avez lu dans les gazettes. (II, 482.)

DÉTERMINATION :
Liberté, c'est choix, autrement une *détermination* volontaire au bien ou au mal. (II, 274.)

DÉTERMINÉMENT :
Il y a de certaines gens qui veulent si ardemment et si *déterminément* une certaine chose, que, etc. (I, 209.)

DÉTERMINER, DÉTERMINER À :
Le guerrier et le politique, non plus que le joueur habile, ne font pas le hasard, mais ils le préparent, et semblent presque le *déterminer*. (II, 110.)

Sans.... une continuelle attention à toutes ses paroles, on est exposé à dire en moins d'une heure le oui et le non sur une même chose,... *déterminé* seulement par un esprit de société et de commerce. (II, 95.)

Il *est déterminé* par la nature des difficultés, tantôt *à* les surmonter, tantôt *à* les éviter. (I, 258.)

Les roues d'une pendule *sont déterminées* l'une par l'autre *à* un mouvement circulaire d'une telle ou telle vitesse. (II, 266 ; voyez II, 202, *l.* 21.)

DÉTONNER :
Une musique qui *détonne*. (I, 267.)

DÉTOURNER, SE DÉTOURNER :
Un homme de cœur pense à remplir ses devoirs à peu près comme le couvreur songe à couvrir : ni l'un ni l'autre ne cherchent à exposer leur vie, ni ne *sont détournés* par le péril. (I, 156.)

Les gens d'esprit.... ne savent-ils pas justifier les mauvais succès par les bonnes intentions, *détourner* les petits défauts, ne montrer que les vertus ? (I, 350.)

Cette démarche d'avoir supplié quelques-uns de vous.... de *détourner* vers moi leurs suffrages..., elle est rare. (II, 472.)

Il sait éviter dans la place la rencontre d'un ami pauvre...; il *se détourne* de lui, et reprend le chemin de sa maison. (I, 77.)

Un homme né chrétien et François se trouve contraint dans la satire ; les grands sujets lui sont défendus : il les entame quelquefois, et *se détourne* ensuite sur de petites choses. (I, 149.)

DÉTROMPER de :
La ville dégoûte de la province ; la cour *détrompe de* la ville. (I, 337.)

DÉTRUIRE :
Une mode a à peine *détruit* une autre mode, qu'elle est abolie par une plus nouvelle, qui cède elle-même à celle qui la suit. (II, 150.)

Les années s'enfoncent et se perdent.... dans l'abîme des temps ; le temps même *sera détruit*. (II, 161.)

DETTE :
Il mène avec lui des témoins..., afin qu'il ne prenne pas un jour envie à ses débiteurs de lui dénier sa *dette*. (I, 69.)

DEUIL :
J'ai mené un vrai *deuil* d'avoir échappé au plaisir d'entendre une si belle pièce (l'oraison funèbre de la princesse Palatine). (II, 491.)

DEUX (Tous), tous les deux :
J'ai lu Malherbe et Théophile. Ils ont *tous deux* connu la nature. (I, 129 ; voyez I, 131, *l.* 2.)

Il écrit une seconde lettre, et après les avoir cachetées *toutes deux*.... (II, 10.)

Il (Aristote) se fit apporter des vins de Rhodes et de Lesbos ; il goûta de *tous les deux*. (I, 17.)

DÉVELOPPER, se développer, au figuré :
Cette science qui décrit les mœurs, qui examine les hommes, et qui *développe* leurs caractères.... (I, 9.)

Quel moyen de vous définir ?... Il faudroit vous *développer*, vous manier,... pour porter de vous un jugement sain et raisonnable. (I, 344.)

Digérez cet ouvrage : c'est la peinture de son esprit ; son âme toute entière *s'y développe*. (II, 458.)

DEVENIR :
Si les hommes.... se font justice à eux-mêmes, et qu'ils la rendent aux autres, que *deviennent* les lois ? (II, 77.)

Dire qu'un prince est arbitre de la vie des hommes, c'est dire seulement que les hommes, par leurs crimes, *deviennent* naturellement soumis aux lois et à la justice, dont le prince est le dépositaire. (I, 385.)

Tout *devient*, avec le temps, au-dessous de ses soins. (I, 222.)

DEVIN :
Si un rat lui a rongé un sac de farine, il court au *devin*. (I, 66 ; voyez I, 71, *l.* 10 ; II, 201, *l.* 11.)

DEVINER :
L'on aime à être vu, à être montré, à être salué, même des inconnus : ils sont fiers s'ils l'oublient ; l'on veut qu'ils nous *devinent*. (II, 36.)

DEVOIR, verbe :
Un homme en place *doit* aimer son prince, sa femme, ses enfants, et après eux les gens d'esprit ; il les *doit* adopter, il *doit* s'en fournir (I, 350.)

Il avance d'un bon vent et qui a toutes les apparences de *devoir* durer. (II, 145.)

Il y entre (dans cette manière de plaisanter) trop de.... grossièreté pour *devoir* craindre qu'elle s'étende plus loin. (I, 239.)

Quand on a assez fait auprès de certaines personnes pour *avoir dû* se les acquérir, si cela ne réussit point, il y a encore une ressource, qui est de ne plus rien faire. (I, 208.)

On *a dû* faire du style ce qu'on a fait de l'architecture.... On ne sauroit..., s'il se peut, surpasser les anciens que par leur imitation. (I, 117.)

Celui qui ne l'a point faite (sa fortune) à la cour est censé ne *l'avoir* pas *dû* faire; on n'en appelle pas. (I, 306.)

Ils prennent de la cour ce qu'elle a de pire : ils s'approprient la vanité, la mollesse..., comme si tous ces vices leur *étoient dus*. (I, 280.)

La vertu et le crime rencontrent.... rarement ce qui leur *est dû*. (II, 273.)

DEVOIR, substantivement :

Le bon esprit nous découvre notre *devoir*. (I, 158; voyez I, 155, n. 15; II, 48, n. 104.)

DÉVOLU :

Si.... la propriété d'un tel bien est *dévolue* au fidéicommissaire, pourquoi perd-il sa réputation à le retenir? (II, 194.)

DÉVOT, OTE :

Ce Tryphon qui a tous les vices, je l'ai cru sobre, chaste, libéral..., et même *dévot*. (I, 262.)

S'il est *dévot* ou courtisan, qui pourroit le décider? (I, 323.)

Quand un courtisan sera humble..., alors je dirai de ce personnage : Il est *dévot*. » (II, 154.)

Voyez *ibidem*, note 1; et I, 268, *l.* 18; II, 152, notes 2 et 4; II, 155, *l.* 1 et *l.* 8, etc.

Dévote (au sens de fausse *dévote*). (I, 184 et note 1; voyez I, 182, *n.* 41.)

DÉVOTION :

Elles (les études de M. le duc de Bourbon) ont été un peu interrompues par la *dévotion* des dernières fêtes (Pâques). (II, 506.)

Celui qui a pénétré la cour connoît ce que c'est que vertu et ce que c'est que *dévotion*. (II, 151.) — Fausse dévotion. (*Note de la Bruyère.*)

Voyez I, 183, *n.* 43; II, 157 et note 2; II, 160 et notes 1 et 2.

DÉVOUÉ À :

Hommes vains et *dévoués* à la fortune. (I, 320.)

Ils ne sont ni courtisans, ni *dévoués à* la faveur. (II, 456.)

DÉVOUER (SE) À :

Ceux qui *s'étoient* comme *dévoués à* la fureur d'en dire du bien. (I, 310.)

DIAMÉTRALEMENT :

Toutes choses *diamétralement* opposées au bon esprit. (I, 182.)

DIAMÈTRE. (II, 259, *l.* 6; II, 260, *l.* 6; II, 264, *l.* 16.)

DICTION :

Les synonymes sont plusieurs *dictions* ou plusieurs phrases différentes qui signifient une même chose. (I, 144; voyez I, 146, *l.* 2.)

Il a fallu suivre l'esprit de l'auteur, et les traduire (les titres de Théophraste) selon le sens le plus proche de la *diction* grecque. (I, 30.)

DIÈTE; FAIRE DIÈTE :

Elle lui déclare (à l'oracle).... qu'elle a des indigestions : et il ajoute qu'elle *fasse diète*. (II, 24.)

Diète, assemblée où l'on traite des affaires publiques. (II, 133, *l.* 13.)

DIFFAMER, diffamé :
Ils.... s'acharnèrent.... à *diffamer* cette harangue. (II, 442.)
On dit *diffamé*, qui dérive de *fame*, qui ne s'entend plus. (II, 211.)

DIFFÉRENCE :
La *différence* d'un homme qui se revêt d'un caractère étranger à lui-même, quand il rentre dans le sien, est celle d'un masque à un visage. (II, 65 ; voyez II, 437, *l.* 18.)
Ils (Malherbe et Théophile) ont tous deux connu la nature, avec cette *différence* que le premier.... en fait la peinture ou l'histoire ; l'autre.... en fait le roman. (I, 129.)
L'on voit.... des gens rustiques.... ne pas faire la *différence* de l'odeur forte du thym.... d'avec les parfums les plus délicieux. (I, 41.)

DIFFÉRENCIÉ :
Un prédicateur devroit.... abandonner toutes ces divisions si recherchées, si retournées, si remaniées, et si *différenciées*. (II, 235.)

DIFFÉREND :
Ils l'ont fait arbitre de leur *différend*. (I, 60.)

DIFFÉRENT, ente :
On pense les choses d'une manière *différente*. (I, 111.)
Ceux que l'on choisit pour de *différents* emplois. (I, 151.)

DIFFÉRER à ou de :
Si l'on *diffère* un moment *à* se rendre au lieu dont l'on est convenu avec lui, il se retire. (I, 65.)
En quelque endroit de sa maison qu'il ait aperçu un serpent, il ne *diffère* pas *d'*y élever un autel. (I, 66.)

DIFFICILE :
Ils sont querelleux et *difficiles*. (I, 47.)
Quelquefois, dans les temps *difficiles*, le peuple est obligé de s'assembler pour régler une contribution. (I, 75.)

DIFFICULTÉ :
Les hommes.... sont si épineux..., si hérissés de *difficultés*.... (II, 20.)

DIFFORMITÉ :
C'est une grande *difformité* dans la nature qu'un vieillard amoureux. (II, 51.)

DIGÉRER :
L'on se couche à la cour et l'on se lève sur l'intérêt : c'est ce que l'on *digère* le matin et le soir. (I, 306.)
Il (le plénipotentiaire) a son fait *digéré* par la cour, toutes ses démarches sont mesurées. (I, 376.)
Il y a un usage, des lois, des coutumes : où est le temps.... que l'on emploie à les *digérer* et à s'en instruire ? (II, 187.)
Un livre de mœurs assez mal *digéré* pour tomber de soi-même. (II, 443.)
Ouvrez son Testament politique, *digérez* cet ouvrage. (II, 458.)
Voyez II, 190, *n.* 57 ; II, 223, *l.* 2.

DIGESTION (Faire) :
Un grand qui.... passe sa vie à *faire digestion*. (II, 113.)

DIGNE :
J'avois cru entrevoir.... que vos inclinations se tournoient ailleurs, sur un sujet *digne*. (II, 471.)

DIGNITÉ :
Les éminentes *dignités* et les grands titres. (I, 159 ; voyez I, 317, *l.* 1.)

DIGUE, au figuré :
Quelle *digue* élèverai-je contre ce déluge d'explications qui inonde la ville ? (II, 449.)

DILIGENT, ENTE :
Une *diligente* attention aux moindres besoins de la république. (I, 382.)

DIMINUER :
Il sait.... user de tours ou de mots équivoques, qu'il peut faire valoir ou *diminuer* dans les occasions. (I, 374.)

DIMINUTION :
L'homme du meilleur esprit est inégal : il souffre des accroissements et des *diminutions*; il entre en verve, mais il en sort. (II, 66.)

DIOCÉSAIN, substantivement, évêque du diocèse :
Se faire.... respecter du noble de sa province, ou de son *diocésain*. (I, 299.)

DIRE :
Entre *dire* de mauvaises choses, ou en *dire* de bonnes que tout le monde sait et les donner pour nouvelles, je n'ai pas à choisir. (I, 239.)

Qui *dit* le peuple *dit* plus d'une chose : c'est une vaste expression. (I, 361.)

Un grand nombre de termes durs et injurieux que se *disent* des hommes graves. (I, 146.)

Il a commencé par *dire* de soi-même : « un homme de ma sorte »; il passe à *dire :* « un homme de ma qualité. » (I, 251; voyez I, 283, *l.* 22.)

Dire d'une chose modestement ou qu'elle est bonne ou qu'elle est mauvaise..., demande du bon sens. (I, 223.)

Il.... lui *dit* bientôt qu'il a servi sous Alexandre, quels beaux vases.... il a rapportés de l'Asie, quels excellents ouvriers s'y rencontrent. (I, 78.)

L'on est encore longtemps à se *dire* de bouche que l'on s'aime, après que les manières *disent* qu'on ne s'aime plus. (I, 205.)

Les savants.... ne peuvent s'empêcher de reconnoître dans ce petit ouvrage (les Caractères de Théophraste) la première source de tout le comique : je *dis* de celui qui est épuré des pointes, des équivoques, qui est pris dans la nature. (I, 15.)

Je me contredis, il est vrai : accusez-en les hommes, dont je ne fais que rapporter les jugements : je ne *dis* pas de différents hommes, je *dis* les mêmes, qui jugent si différemment. (II, 116.)

Les enfants des Dieux, pour ainsi *dire*, se tirent des règles de la nature. (I, 163.)

DIRECTEMENT :
Les grands.... paroissent debout, le dos tourné *directement* au prêtre, et les faces élevées vers leur roi. (I, 328.)

DIRECTEUR de conscience :
Si le confesseur et le *directeur* ne conviennent point sur une règle de conduite.... (I, 181; voyez *ibidem*, n. 36 et 38; I, 182, *l.* 10; I, 183, *l.* 8.)

DIRECTION, terme de procédure :
Syndic de *directions*. (II, 60; voyez *ibidem*, note 3.)

DIRIGER la conscience :
Qu'est-ce qu'une femme que l'on *dirige*?... C'est une femme qui a un directeur. (I, 181 ; voyez I, 182, *l.* 2.)

DISCERNEMENT :
Il n'a nul *discernement* des personnes. (I, 220 ; voyez II, 154, *l.* 3.)
Après l'esprit de *discernement*, ce qu'il y a au monde de plus rare, ce sont les diamants et les perles. (II, 103.)

DISCERNER :
Quel moyen de pouvoir tenir contre des gens (des causeurs) qui ne savent pas *discerner* ni votre loisir ni le temps de vos affaires ? (I, 41.)
Les coureurs n'ont pu *discerner* si ce qu'ils ont découvert à la campagne sont amis ou ennemis. (I, 82 ; voyez I, 10, *l.* 10.)

DISCIPLINE :
Il fait en sorte que l'on croit, sans qu'il le dise, qu'il porte une haire et qu'il se donne la *discipline*. (II, 155 ; voyez II, 154, *l.* 11.)

DISCOUREUR :
Fade *discoureur*. (I, 242.)

DISCOURIR :
La sotte envie de *discourir* vient d'une habitude qu'on a contractée de parler beaucoup et sans réflexion. (I, 39.)
Il *discourt* avec eux des avantages de ce commerce. (I, 77.)

DISCOURS, emplois divers :
Par la suite du *discours*, l'on vint à tomber sur celui que l'on devoit estimer le plus homme de bien de la ville. (I, 36.)
Un homme qui arrange, selon son caprice, des *discours* et des faits remplis de fausseté. (I, 50.)
[Il] le réveille pour l'entretenir de vains *discours*. (I, 72.)
Il fait de pareils *discours* aux étrangers qui arrivent dans la ville, comme à ceux avec qui il sympathise de mœurs et de sentiments. (I, 85.)
Ils le consument (leur temps) à s'habiller, à manger, à dormir, à de sots *discours*, à se résoudre sur ce qu'ils doivent faire. (II, 119.)
Il y a de certaines choses dont la médiocrité est insupportable : la poésie, la musique, la peinture, le *discours* public. (I, 114.)
Les femmes.... ont un enchaînement de *discours* inimitable. (I, 128 ; voyez I, 115, *l.* 2 ; I, 215, *n.* 5 ; II, 119, *l.* 21.)
Le *discours* chrétien est devenu un spectacle. (II, 220.)
Je préférerois.... de prononcer le *discours* funèbre de celui à qui je succède, plutôt que de me borner à un simple éloge de son esprit. (II, 466.)
Discours oratoire. (II, 225 ; voyez II, 231, *l.* 9 ; II, 451, *l.* 18 ; II, 463, *l.* 10 et 11.)

DISCRET, ète :
Une dévotion *discrète*, qui ne leur vient.... qu'après qu'ils ont fait leur récolte. (I, 261.)

DISCRÉTION (Se rendre à) à :
Lorsqu'on desire, on *se rend à discrétion* à celui de qui l'on espère. (II, 19.)

DISCULPER de :
Je.... crois.... *être disculpé*, à l'égard de Votre Altesse, *des* plaintes que l'on me dit qu'elle fait sur cela. (II, 488.)

DISCUSSION :
Il faut que le capital d'une affaire.... soit d'une longue et extraordinaire *discussion*, si, etc. (I, 373.)

DISERT :
Veut-on de *diserts* orateurs, qui aient semé dans la chaire toutes les fleurs de l'éloquence ? (II, 463.)

DISEUR :
De l'impertinent ou du *diseur* de rien. (I, 39, au titre.)
Diseurs de nouvelles. (I, 51 ; voyez I, 217, *l.* 3 ; I, 330, *n.* 80.)

DISGRÂCE, infortune, malheur :
Les hommes semblent être nés pour l'infortune... ; et comme toute *disgrâce* peut leur arriver, ils devroient être préparés à toute *disgrâce*. (II, 20.)
Quand on se sent capable de les suivre (ses amis) dans leur *disgrâce*, il faut les cultiver hardiment et avec confiance jusque dans leur plus grande prospérité. (I, 157 ; voyez II, 46, *l.* 9 ; II, 115, *l.* 3.)

DISPENSATION :
Rien ne fait mieux comprendre le peu de chose que Dieu croit donner aux hommes, en leur abandonnant les richesses, l'argent, les grands établissements..., que la *dispensation* qu'il en fait. (I, 253.)

DISPOSER À :
Je *dispose* M. le duc de Bourbon *à* pouvoir vous rendre compte.... de toute la vie de Louis XII. (II, 497.)

DISPOSITION :
Le mariage, qui devroit être à l'homme une source de tous les biens, lui est souvent, par la *disposition* de sa fortune, un lourd fardeau. (I, 265.)
Appert-il mieux des *dispositions* des hommes les plus inconstants que par un dernier acte, signé de leur main ? (II, 191.)

DISPROPORTIONNÉ :
Un grand.... s'enivre de meilleur vin que l'homme du peuple : seule différence que la crapule laisse entre les conditions les plus *disproportionnées*. (I, 348.)

DISPUTE, discussion :
Ou l'on s'affermit dans ses sentiments, ou l'on s'exerce et l'on s'instruit par la *dispute*. (I, 236.)
Leurs *disputes* (de Zénon et de ses disciples). (I, 36, note 2 ; voyez II, 203, *l.* 18.)

DISPUTER, discuter, lutter :
Je ne *dispute* point des noms. (II, 255 ; voyez I, 116, *l.* 7.)
On le voit.... tirer de l'arc et *disputer* avec son valet lequel des deux donnera mieux dans un blanc avec des flèches. (I, 86.)

DISSIMULATION :
La *dissimulation* n'est pas aisée à bien définir : si l'on se contente d'en faire une simple description, l'on peut dire que c'est un certain art de composer ses paroles et ses actions pour une mauvaise fin. (I, 34 et 35.)

DISSIMULER :
Un homme qui sait la cour.... *dissimule* les mauvais offices. (I, 298.)

DISSIPATION :
Tout notre mal vient de ne pouvoir être seuls : de là le jeu, le luxe, la *dissipation*, le vin.... (II, 46.)

DISSOLU :
Le magistrat coquet ou galant est pire dans les conséquences que le *dissolu*. (II, 186.)

DISSYLLABE :
Certaines gens.... ont un.... nom *dissyllabe*, qu'ils anoblissent par des particules dès que leur fortune devient meilleure. (II, 167.)

DISTANCE :
L'honnête homme tient le milieu entre l'habile homme et l'homme de bien, quoique dans une *distance* inégale de ses deux extrêmes. (II, 99.)
Quelle *distance* de cet usage à la mule de leurs ancêtres ! (I, 296.)

DISTINCTION :
Qu'est devenue la *distinction* des casques et des heaumes? (II, 165.)
La *distinction* entre le héros et le grand homme est délicate. (I, 161.)
Distinctions métaphysiques. (I, 161.)
Chercher dans les sujets les plus frivoles du nom et de la *distinction*. (I, 73.)
Ce sont les éminentes dignités.... dont les hommes tirent plus de *distinction* et plus d'éclat. (I, 159 ; voyez II, 21, *l.* 7.)

DISTINGUÉ :
Cet homme d'un nom et d'un mérite si *distingué*. (II, 454.)

DISTINGUER ; SE DISTINGUER :
Je crus.... qu'il ne seroit pas inutile de lui *distinguer* (au public) la première augmentation par une autre [marque] plus simple. (I, 110.)
Il *se distingue*.... par les postures les plus indécentes. (I, 46.)

DISTRACTION :
Les *distractions* que donnent les détails d'un domestique. (I, 187.)
L'incivilité.... est l'effet de la *distraction*, etc. (II, 15 ; voyez II, 33, *l.* 2.)

DISTRAIRE :
[Ils] ont ou des passions ou des besoins qui les *distraient*. (I, 119.)

DIVERS, ERSE :
Qui peut nommer de certaines couleurs changeantes, et qui sont *diverses* selon les *divers* jours dont on les regarde? (I, 298.)
Quelques-uns achèvent de se corrompre par de longs voyages... : ils voient de jour à autre un nouveau culte, *diverses* mœurs. (II, 238.)
Deux sortes de gens fleurissent dans les cours, et y dominent dans *divers* temps, les libertins et les hypocrites. (II, 247.)
Si elle (la matière) ne se découvre pas par elle-même, on la connoît du moins dans le *divers* arrangement de ses parties. (II, 254 ; voy. II, 256, *l.* 3.)

DIVERSIFIÉ :
Une matière aussi vaste et aussi *diversifiée* que le sont les mœurs des hommes. (II, 231.)

DIVIN, au figuré :
Il.... cueille artistement cette prune exquise... : « Quelle chair ! dit-il ; goûtez-vous cela? cela est-il *divin*? » (II, 137 ; voyez *ibidem, l.* 9.)

DIVINEMENT, au figuré :
Un esprit médiocre croit écrire *divinement*. (I, 119.)

DIVISER :
Tantôt il (le ministre) réunit quelques-uns qui étoient contraires les uns aux autres, et tantôt il *divise* quelques autres qui étoient unis. (I, 375.)

DIVISIBLE. (II, 256.)

DIVISION, terme de rhétorique. (II, 222, *l. avant-dern.*)

DIVULGUER :
Si par hasard il a appris ce qui aura été dit dans une assemblée de ville, il court dans le même temps le *divulguer*. (I, 49.)

DOCILE :
Un apprentif est *docile*, il écoute son maître,... et il devient maître. (II, 221.)
Le *docile* et le foible sont susceptibles d'impressions. (II, 237.)

DOCILITÉ :
Le raffermissement d'une santé qui donnera au monarque le plaisir de voir les princes ses petits-fils.... imiter sa bonté, sa *docilité* (sa soumission aux enseignements de l'Église). (I, 383 ; voyez II, 249, *l.* 10.)

DOCTE :
Un homme *docte*. (I, 161 ; II, 272, *l.* 21.)
Souvent où le riche parle,... c'est aux *doctes* à se taire..., s'ils veulent du moins ne passer que pour *doctes*. (II, 80 ; voyez II, 81, *l. dern.*)

DOCTEUR :
Légistes, *docteurs*, médecins, quelle chute pour vous, si nous pouvions tous nous donner le mot de devenir sages ! (II, 77 ; voyez I, 161, *l.* 6.)

DOCTRINE :
Avec.... une *doctrine* universelle, une probité à toutes épreuves..., n'appréhendez pas.... de tomber à la cour. (I, 335 ; voyez I, 20, *l.* 8.)
C'est le plus petit inconvénient du monde que de demeurer court dans un sermon ou dans une harangue : il laisse à l'orateur ce qu'il a d'esprit, de bon sens, d'imagination, de mœurs et de *doctrine*. (II, 119.)
Toute *doctrine* des mœurs doit tendre à les réformer. (I, 12.)
Voyez I, 11, *l.* 25 ; II, 80, *l.* 22 ; II, 105, *n.* 62 ; II, 175, *n.* 25 ; II, 464, *l.* 8.

DOGMATIQUE :
C'est la profonde ignorance qui inspire le ton *dogmatique*.... Celui qui sait beaucoup.... parle plus indifféremment. (I, 243.)

DOMESTIQUE, adjectivement et substantivement :
Ce n'étoit plus une affaire publique, mais *domestique*. (II, 469.)
Leur intérêt personnel et *domestique*. (II, 127.)
Quelqu'un qui n'est.... ni ami d'un ministre, ni son *domestique*. (I, 358.)
Il distribue à ses *domestiques* leurs provisions. (I, 58.)
Voyez I, 59, *l.* 4 ; I, 68, *l.* 29 ; I, 76, *l.* 6 ; I, 81, *l.* 1 ; II, 194, *l.* 15.
Qu'il ouvre son palais à ses courtisans ; qu'il les admette jusque dans *son domestique*. (II, 68.)
Tel, connu dans le monde par de grands talents..., est petit dans *son domestique* et aux yeux de ses proches. (II, 103 ; voyez I, 303, *l.* 18.)
Ils se cachent.... de leur servante, avec qui d'ailleurs ils vont au moulin, et entrent dans les plus petits détails *du domestique*. (I, 42.)
Les distractions que donnent les détails *d'un domestique*. (I, 187.)

DOMICILE :
Un homme qui n'a ni rentes ni *domicile*. (I, 225.)

DOMINANT :
Il est le seigneur *dominant* de tout le quartier. (I, 252.)

DOMINATION :
[Des] tyrans qui avoient usurpé la *domination* de leur pays. (I, 18.)

DOMINER :
Deux sortes de gens fleurissent dans les cours, et y *dominent* dans divers temps, les libertins et les hypocrites. (II, 247.)
Vous les voyez *dominer* parmi de vils praticiens. (I, 47.)

DON :
Les *dons* de l'âme, la profondeur, la réflexion, la sagesse. (I, 164.)
L'éloquence [est] un *don* de l'âme. (I, 143.)

DONNER, actif et neutre, emplois divers ; SE DONNER :
Celui-là peut prendre, qui goûte un plaisir aussi délicat à recevoir que son ami en sent à lui *donner*. (I, 205.)
Un grand *donne* plus à la fortune lorsqu'il hasarde une vie destinée à couler dans les ris.... qu'un particulier qui ne risque que des jours qui sont misérables. (I, 352.)
C'est un homme *donné* à son siècle pour le modèle d'une vertu sincère et pour le discernement de l'hypocrite. (II, 154.)
Une profonde sagesse,... qui *donne* des règles à une vaste ambition. (I, 391.)
Je vous avoue que ces diseurs de nouvelles me *donnent* de l'admiration, et que je ne conçois pas quelle est la fin qu'ils se proposent. (I, 51.)
Nous ne pourrions pas marquer un plus grand étonnement que celui que nous *donne* la justesse de leurs réponses. (II, 88.)
Si vous demandiez de Théodote s'il est.... original ou copiste, je vous *donnerois* ses ouvrages, et je vous dirois : « Lisez, et jugez. » (I, 323.)
Un ouvrage satirique..., qui *est donné* en feuilles sous le manteau..., s'il est médiocre passe pour merveilleux ; l'impression est l'écueil. (I, 114.)
La première règle des.... puissants est de *donner* à ceux qui dépendent d'eux pour le besoin de leurs affaires toutes les traverses qu'ils en peuvent craindre. (I, 348.)
Il a si peu d'égard au temps, aux personnes, aux bienséances, que chacun a son fait sans qu'il ait eu intention de le lui *donner*. (I, 220.)
On le voit...: tirer de l'arc et disputer avec son valet lequel des deux *donnera* mieux dans un blanc avec des flèches. (I, 86.)
Il évite.... de *donner* dans le sens des autres, et d'être de l'avis de quelqu'un. (II, 242.)
Les esprits justes.... *donnent* naturellement dans la comparaison et la métaphore. (I, 145.)
Les poiriers rompent de fruit cette année,... les pêchers *ont donné* avec abondance. (II, 136.)
Il leur raconte.... qu'il a vu *donner* les six chiens. (I, 283.)
La.... bataille qui *s'est donnée* sous le gouvernement d'Aristophon. (I, 49.)
Hommes.... qui *vous donnez* pour des génies heureux et pour de bonnes têtes. (II, 458.)
Vous vous agitez, vous *vous donnez* un grand mouvement. (II, 117 ; voyez I, 136, *l.* 2.)
J'ai tout su, et si vous *vous donnez* la patience de m'écouter, je vous apprendrai tout. (I, 48.)

DONNER, suivi d'un substantif sans article :
Il *donne* pension à un homme. (II, 141.)

Voyez INTRODUCTION GRAMMATICALE, *Article*.

DONNER LES MAINS À :
L'un vous dit : « J'y *donne les mains*, pourvu qu'un tel y condescende; » et ce tel y condescend. (I, 333.)

DONT, duquel, de laquelle, desquels, par lequel, etc. :
Deux personnes qui ont eu ensemble une violente querelle, *dont* l'un a raison et l'autre ne l'a pas. (I, 226.)
Il n'y a rien *dont* on voie mieux la fin que d'une grande fortune. (I, 261.)
Voilà.... votre règle, *dont* je ne suis qu'une exception. (II, 460.)
Il a.... une application *dont* je suis content. (II, 496.)
Ses voisins en manquent (de pain), aussi bien que de couteaux et de fourchettes, *dont* il ne les laisse pas jouir longtemps. (II, 12.)
Les hommes.... s'engagent dans des professions équivoques, et *dont* ils se cachent longtemps à eux-mêmes le péril. (I, 260.)
Il y a des hommes.... naturellement odieux, et *dont* l'aversion devient populaire. (II, 125.)
Cet ouvrage.... leur apprendra à faire le discernement de ceux.... *dont* l'émulation les portera à imiter leur sagesse et leurs vertus. (I, 34.)
Des pièces d'éloquence.... faites de main de maîtres et *dont* la profession est d'exceller dans la science de la parole. (II, 452.)
Voyez INTRODUCTION GRAMMATICALE, *Pronoms relatifs*.
Le villageois est doux et insinuant, le bourgeois au contraire et le magistrat grossiers, et *dont* la rusticité est héréditaire. (II, 89.)
Quelle perte infinie ne se fait pas dans le monde d'une chose si précieuse (le temps), et *dont* l'on se plaint qu'on n'a point assez ! (II, 120.)
Un bijou qu'on lui avoit pris dans la foule au sortir d'une assemblée, et *dont* il étoit sur le point de faire de l'éclat. (II, 189.)
Les matières sont grandes, mais usées et triviales ; les principes sûrs, mais *dont* les auditeurs pénètrent les conclusions d'une seule vue. (II, 231.)
J'apporte tout le soin *dont* je suis capable pour l'en rendre instruit, et des autres études *dont* Votre Altesse m'a chargé et *dont* j'espère lui en rendre compte à l'ordinaire. (II, 506.)
Les hommes.... outrent.... les bonnes et les mauvaises [choses], *dont* ne pouvant ensuite supporter l'excès, ils l'adoucissent par le changement. (II, 69.)
Ce sont eux encore *dont* la portion des prémices des viandes que l'on envoie sur l'autel de Diane est toujours la plus petite. (I, 54.)
Exact imitateur des anciens, *dont* il a suivi scrupuleusement la netteté et la simplicité de l'action. (I, 141.)
Ce n'est pas d'un saint *dont* un dévot sait dire du bien, mais d'un autre dévot. (II, 75.)
Celui *dont* il lui échapperoit de dire ce qu'il en pense.... (I, 323.)
Ces étoiles.... *dont* on ignore les causes, et *dont* on sait encore moins ce qu'elles deviennent. (I, 157.)
La même place à une assemblée, ou à un spectacle, *dont* il est refusé, il la voit accorder à un homme qui n'a point d'yeux pour voir. (I, 321.)
Parler en des termes magnifiques de ceux mêmes *dont* l'on pensoit très-modestement avant leur élévation. (II, 74.)
Certaines couleurs changeantes, et qui sont diverses selon les divers jours *dont* on les regarde. (I, 298.)
Cet autre que l'on feint de ne pas connoître, et *dont* l'on veut encore moins se laisser joindre. (II, 63.)
Il a un mouvement de tête, et je ne sais quel adoucissement dans les yeux, *dont* il n'oublie pas de s'embellir. (II, 149.)
L'air content *dont* ils s'applaudissent. (I, 136.)
L'attention, les précautions et les mesures *dont* on parle de soi. (I, 330.)
C'est *dont* je réponds à Votre Altesse. (II, 486.)

Madame la Duchesse a remis la partie à dimanche prochain, *dont* j'ai une fort grande joie. (II, 500.)

DORIQUE, substantivement :
Sa demeure est superbe : un *dorique* règne dans tous ses dehors. (I, 252.)

DOUAIRE :
L'on peut compter sûrement sur la dot, le *douaire* et les conventions, mais foiblement sur les nourritures. (I, 232; voy. *ibid.*, note 1; et I, 194, *n*. 76.)

DOUCEREUX :
Le poëme tragique.... n'est.... pas un tissu de jolis sentiments..., de mots *doucereux*. (I, 138.)

DOUCEUR :
Que sert.... au bien des peuples et à la *douceur* de leurs jours, que le prince place les bornes de son empire au delà des terres de ses ennemis? (I, 382.)

DOULEUR :
Les *douleurs* muettes.... sont hors d'usage. (I, 195; voyez I, 204, *n*. 35.)

DOULOIR (Se) :
« Deuil » [ne fait plus] « *se douloir*, se condouloir ». (II, 210 et 211.)

DOUTER; DOUTER SI :
S'ils (Voiture et Sarrasin) s'étoient moins pressés de venir, ils arrivoient trop tard; et j'ose *douter* qu'ils fussent tels aujourd'hui qu'ils ont été alors. (II, 146.)
Je ne *doute* point qu'il n'y ait eu une.... erreur. (I, 13.)
Il a laissé à *douter* en quoi il excelloit davantage. (II, 467.)
Les plus sages *doutent* quelquefois *s'*il est mieux de connoître ces maux que de les ignorer. (I, 366.)
L'on devroit.... se donner seulement la peine de *douter si* ce même esprit qui fait faire de si grands progrès dans les sciences.... ne pourroit point encore servir à être poli. (II, 83.)

DOUTEUX :
Je songe aux.... *douteux* et dangereux chemins qu'il (le souverain) est quelquefois obligé de suivre pour arriver à la tranquillité publique. (I, 387.)

DOUX :
Il m'est plus *doux* de nier Dieu que de l'accorder avec une tromperie si spécieuse et si entière. (II, 251.)

DRACHME. Voyez Dragme.

DRAGME :
Une mine [valoit] cent *dragmes*; une *dragme* six oboles. (I, 78, note 8; voyez I, 47 et note 2; I, 59 et note 2.)

DRAMATIQUE (Le), substantivement :
Certains poëtes sont sujets, dans *le dramatique*, à de longues suites de vers pompeux qui semblent forts, élevés. (I, 115.)

DRAP d'or, sorte de tulipe. (II, 136.)

DRESSER :
S'il lui meurt un petit chien, il l'enterre, lui *dresse* une épitaphe avec ces mots : « Il étoit de race de Malte. » (I, 74.)

Il est aussi capable de manier de l'argent, ou de *dresser* des comptes, que de porter les armes. (I, 153.)

DROIT (Être en) de :
Ces conditions qu'un auteur.... *est en droit* d'exiger.... (I, 108.)

DROIT, opposé à *gauche*, et pris au sens où nous disons *droite* :
Il.... va à *droit* ou à gauche. (I, 258; voyez I, 85, *l. dern.*; I, 356, *l.* 17.)

Droite, main droite :
Démophile, à ma *droite*, se lamente. (I, 368.)

DRU :
Ces enfants *drus* et forts d'un bon lait qu'ils ont sucé. (I, 117.)

DUIRE :
L'usage a préféré.... « convenir » à « *duire* ». (II, 213.)

DUNES :
S'il aperçoit de loin des *dunes*..., la peur lui fait croire que c'est le débris de quelques vaisseaux qui ont fait naufrage. (I, 81.)

DUPE :
Il (un homme d'esprit) ne pense pas que personne veuille.... le choisir pour être sa *dupe*. (I, 165.)
L'on a honte d'y pleurer (au théâtre)..., en un sujet faux, et dont il semble que l'on soit la *dupe*. (I, 137.)
Voyez I, 235, *n.* 58; I, 334, *l.* 2; II, 21, *l.* 5.

DUR :
Le siècle est *dur*, et.... on a bien de la peine à vivre. (I, 40; voyez I, 297, *l.* 23.)
La cour.... est composée d'hommes fort *durs*, mais fort polis. (I, 299.)
L'on parle d'une région où.... les jeunes gens (sont).... *durs*, féroces, sans mœurs ni politesse. (I, 327.)
Termes *durs* et injurieux. (I, 146.)
Un homme *dur* au travail et à la peine. (I, 207.)

DURER :
Combien de ces mots aventuriers qui paroissent subitement, *durent* un temps, et que bientôt on ne revoit plus! (I, 219; voyez II, 214, *l.* 3.)
Un ancien galant tient à si peu de chose, qu'il cède à un nouveau mari; et celui-ci *dure* si peu, qu'un nouveau galant qui survient lui rend le change. (I, 175.)
Elle (cette maladie) lui *dure* depuis plus de trente années. (I, 342.)

DURETÉ :
La brutalité est une certaine *dureté*, et j'ose dire une férocité, qui se rencontre dans nos manières d'agir. (I, 64.)
Il y a une *dureté* de complexion; il y en a une autre de condition et d'état. (I, 256.)

E

EAU :
BB** (s'enrichit) à vendre en bouteille l'*eau* de la rivière. (II, 87.)
Les gens de delà l'*eau* (la mer) et ceux d'en deçà (les Anglais et les Hollandais). (II, 132.)

EAU-DE-VIE; EAU-FORTE :
Ils cherchent à réveiller leur goût déjà éteint par des *eaux-de-vie*...; il ne manque à leur débauche que de boire de l'*eau-forte*. (I, 327 et 328; voyez II, 144, *l.* 6.)

ÉBAUCHE :
Si.... l'on peint la cour.... avec les ménagements qui lui sont dus, la ville ne tire pas de cette *ébauche* de quoi remplir sa curiosité. (I, 11.)
L'on voit bien que l'Opéra est l'*ébauche* d'un grand spectacle. (I, 133.)

ÉBAUCHER :
La vie s'achève que l'on *a* à peine *ébauché* son ouvrage. (I, 152.)

ÉBRANLER (S') :
Du défaut de courage. — Cette crainte est un mouvement de l'âme qui *s'ébranle*, ou qui cède en vue d'un péril vrai ou imaginaire. (I, 81.)

ÉCARTER :
Tu te trompes, Philémon, si avec ce carrosse brillant..., tu penses que l'on t'en estime davantage : l'on *écarte* tout cet attirail qui t'est étranger, pour pénétrer jusques à toi, qui n'es qu'un fat. (I, 160.)
Le rebut de la cour.... défait le magistrat.... ainsi que le bourgeois..., les *écarte* et devient maître de la place. (I, 178.)

S'ÉCARTER DE; ÉCARTÉ DE :
S'il (le prédicateur) *s'écarte de* ces lieux communs, il n'est plus populaire, il est abstrait ou déclamateur. (II, 231.)
Admettre les pensées creuses, *écartées des* notions communes, ou tout au plus les subtiles et les ingénieuses.... (II, 246.)

ÉCHAPPER, échapper à ou de, s'échapper :
Mille vertus qu'elles ne peuvent couvrir de toute leur modestie, qui *échappent*, et qui se montrent à ceux qui ont des yeux. (I, 170.)
Il y a des endroits dans l'Opéra qui laissent en desirer d'autres; il *échappe* quelquefois de souhaiter la fin de tout le spectacle. (I, 133.)
Je ne parle que de son cœur, que de la pureté et de la droiture de ses intentions : elles sont connues, elles *lui échappent*. (II, 470.)
N'admirerons-nous pas.... que d'une hauteur si prodigieuse elles (les étoiles) puissent conserver une certaine apparence...? Il n'est pas aussi imaginable combien il *nous en échappe*. (II, 264.)
Fouiller dans les archives de l'antiquité pour en retirer des choses.... *échappées aux* esprits les plus curieux? (II, 464.)
Il *échappe à* une jeune personne de petites choses qui.... flattent sensiblement celui pour qui elles sont faites. Il n'*échappe* presque rien *aux* hommes; leurs caresses sont volontaires. (I, 174; voyez I, 323, *l.* 18.)
Je le peins dévot, et je crois l'avoir attrapé; mais il *m'échappe*, et déjà il est libertin. (II, 151.)
Prétendre.... *échapper à* toute sorte de critique. (I, 9.)
J'ai mené un vrai deuil d'*avoir échappé au* plaisir d'entendre une si belle pièce (l'oraison funèbre de la princesse Palatine). (II, 491.)
Les hommes semblent être nés pour l'infortune, la douleur et la pauvreté; peu *en échappent*. (II, 20.)
Vous voilà munis d'instruments commodes, qui vous servent à vous faire réciproquement de larges plaies d'où peut couler votre sang jusqu'à la dernière goutte, sans que vous puissiez craindre d'*en échapper*. (II, 130.)
Les mêmes hommes qui ont un flegme tout prêt pour recevoir indifféremment les plus grands désastres, *s'échappent*, et ont une bile intarissable sur les plus petits inconvénients. (II, 69.)

Il est civil et cérémonieux : il ne *s'échappe* pas, il ne s'apprivoise pas avec les hommes. (II, 71.)

ÉCHAPPER À, avec l'auxiliaire *être* :
Une transposition de mots qui *est échappée à* ma plume. (II, 485.)
Pourquoi me faire froid, et vous plaindre de ce qui *m'est échappé* sur quelques jeunes gens qui peuplent les cours? (II, 123.)
Se défendre d'une ouverture qui *lui est échappée*, par une autre qu'il aura faite. (I, 374.)
L'extrême et le médiocre lui sont connus; il a brillé, il a souffert, il a mené une vie commune : rien ne *lui est échappé*. (I, 336; voyez I, 240, *l.* 10.)

ÉCHARPE :
On ne tient guère plus d'un moment contre une *écharpe* d'or et une plume blanche. (I, 178.)

ÉCHAUFFER :
Entrer dans une querelle,... d'une manière à *l'échauffer* davantage. (I, 61.)

ÉCHET, échec :
On est *échet*, quelquefois mat. (I, 325 et note 2.)

ÉCHOIR :
Quand on est jeune, souvent on est pauvre : ou l'on n'a pas encore fait d'acquisitions, ou les successions ne *sont* pas *échues*. (I, 259.)
Ceux.... à qui l'expérience *est échue* par succession. (II, 199.)

ÉCHOUER, au figuré :
Je le plains, je le tiens *échoué*, ce rigide censeur; il s'égare. (II, 108.)

ÉCLAIRCI (ÊTRE), s'éclaircir :
Émire,... desira de les voir ensemble une seconde fois pour *être* plus *éclaircie*. (I, 197.)
Elle vous parle comme celle qui n'est pas savante, qui doute et qui cherche à *s'éclaircir*. (II, 92; voyez II, 96, *l.* 12.)

ÉCLAIRER :
La même parure qui a.... embelli sa jeunesse.... *éclaire* les défauts de sa vieillesse. (I, 173.)

ÉCLAT, éclats :
Il sut rendre à un homme de crédit un bijou qu'on lui avoit pris dans la foule.... et dont il étoit sur le point de faire de *l'éclat*. (II, 189.)
L'empressement pour les spectacles,... les *éclats* et les applaudissements aux théâtres de Molière et d'Arlequin. (I, 324.)

ÉCLATER, au physique et au moral :
L'or *éclate*, dites-vous, sur les habits de Philémon. — Il *éclate* de même chez les marchands. (I, 159.)
Ce qu'on ne voyoit plus que dans les ruines de l'ancienne Rome..., devenu moderne, *éclate* dans nos portiques et dans nos péristyles. (I, 117.)
Il ne se voit rien où le goût attique se fasse mieux remarquer et où l'élégance grecque *éclate* davantage. (I, 14; voyez I, 142, *l.* 4.)
Ménalque.... *éclate* de rire. (II, 10; voyez II, 12, *l.* 16.)
Rire jusqu'à *éclater*. (I, 212.)
Il rit..., il *éclate* d'une chose qui lui passe par l'esprit. (II, 11.)
D'où vient que l'on rit si librement au théâtre, et que l'on a honte d'y pleurer? Est-il moins dans la nature de s'attendrir sur le pitoyable que d'*éclater* sur le ridicule? (I, 137.)

Un homme *éclate* contre une femme qui ne l'aime plus. (I, 191.)

ÉCLORE :
On est surpris de voir naître et *éclore* le bon sens du sein de la bouffonnerie, parmi les grimaces et les contorsions. (II, 102.)

ÉCOLÂTRE :
Ce n'est point, dit l'*écolâtre*, mon intérêt qui me mène, mais celui de la prébende. (II, 176 ; voyez *ibidem*, note 1.)

ÉCOLE :
Il y a l'*école* de la guerre : où est l'*école* du magistrat ? (II, 187.)
Si les hommes.... ont de la droiture et de la sincérité..., où sont évanouies les disputes de l'*école* ? (II, 77.)
Un homme qui seroit en peine de connoître.... s'il commence à vieillir, peut consulter les yeux d'une jeune femme qu'il aborde, et le ton dont elle lui parle : il apprendra ce qu'il craint de savoir. Rude *école*. (I, 190.)

ÉCONOME, substantivement :
De sages *économes*, ou d'excellents pères de famille. (I, 154.)

ÉCONOMIE :
Chassez des corps, où rien ne vous est caché de leur *économie*, les maladies les plus obscures. (II, 201.)
N'ont-ils pas reconnu le plan et l'*économie* du livre des Caractères ? (II, 445.)
Tous ces globes (les astres).... ne se choquent point, ils ne se dérangent point.... O *économie* merveilleuse du hasard ! (II, 266.)
[Les] patriarches,... leur vie champêtre et.... leur *économie*. (I, 296 ; voyez I, 346, *l*. 7.)
Plus riches par leur *économie* et par leur modestie que de leurs revenus et de leurs domaines. (I, 297.)

ÉCORCE, au figuré :
Ici (chez les grands) se cache une séve maligne et corrompue sous l'*écorce* de la politesse. (I, 347.)

ÉCOULER :
Chaque heure.... est unique : elle *est écoulée* une fois, elle a péri entièrement. (II, 161.)

ÉCOUTER :
Il se sauve par les marais, et ne veut *écouter* ni paix ni trêve. (II, 132.)

ÉCRIRE, ÉCRIRE DE :
La gloire ou le mérite de certains hommes est de bien *écrire* ; et de quelques autres, c'est de n'*écrire* point. (I, 147.)
Ceux qui *écrivent* par humeur. (I, 149.)
Ils estimoient impraticable à un homme même qui est dans l'habitude de penser, et d'*écrire* ce qu'il pense, l'art de lier ses pensées. (II, 442.)
L'âge *est écrit* sur le visage. (I, 173.)
Je continue.... de vous *écrire des* études de M. le duc de Bourbon. (II, 484.)

ÉCRIT (Procès par). (II, 185, note 1.)

ÉCRITURES, procès par écrit :
Il est seulement à desirer.... qu'on cherchât une fin aux *écritures*, comme on a fait aux plaidoyers. (II, 185.)

ÉCRIVAIN :
Tout *écrivain* est peintre, et tout excellent *écrivain* excellent peintre. (II, 437.)

ÉCUEIL, au figuré :
Un ouvrage satirique..., qui est donné en feuilles sous le manteau..., s'il est médiocre, passe pour merveilleux ; l'impression est l'*écueil*. (I, 114.)
Il (son discours à l'Académie) a su franchir Chantilly, *écueil* des mauvais ouvrages. (II, 453.)

ÉCURER :
Il *écure* ses dents, et il continue à manger. (II, 55.)

ÉDIFICE :
Il est difficile à la cour que de toutes les pièces que l'on emploie à l'*édifice* de sa fortune, il n'y en ait quelqu'une qui porte à faux. (I, 308.)

ÉDIFIÉ (Être) de :
Qui dira : « Scapin porte des fleurs de lis, » et qui *en sera* plus *édifié* ? (I, 289.)

ÉDUCATION :
C'est un excès de confiance dans les parents d'espérer tout de la bonne *éducation* de leurs enfants. (II, 113 ; voyez I, 244, *n*. 79.)

EFFACER :
Ses vertus à demi *effacées* de leur mémoire. (I, 320.)
Il tient ici contre le mortier ; là il *efface* le cavalier. (I, 290.)

EFFET :
Je ne sais.... si la vertu, le mérite, la beauté.... ont un *effet* plus naturel et plus sûr que l'envie, la jalousie et l'antipathie. (II, 75.)

En effet :
Il (Théophraste) excita l'envie de Sophocle..., qui pour lors étoit préteur : celui-ci, *en effet* son ennemi, mais sous prétexte d'une exacte police et d'empêcher les assemblées, fit une loi qui défendoit.... à aucun philosophe d'enseigner dans les écoles. (I, 18.)
Pendant que l'homme qui est *en effet* (l'homme réel, opposé au sage imaginaire des stoïques) sort de son sens, crie, se désespère.... (II, 4.)

EFFLEURER, au figuré :
Je n'ai pas osé en blesser, pas même en *effleurer* la liberté (la liberté de votre choix), par une importune sollicitation. (II, 471.)

EFFORT :
Je sens de la peine à tromper ceux qui se reposent sur moi de quelques soins, et je ne commencerai point par Votre Altesse Sérénissime à faire un *effort* qui me coûte et qui lui déplaise. (II, 479.)

EFFRÉNÉ. (II, 210, *l*. 2 et 3.)

EFFRONTÉ :
Un coquin est celui à qui les choses les plus honteuses ne coûtent rien à dire ou à faire,... qui est un chicaneur de profession, un *effronté*. (I, 45.)
Un homme que l'avarice rend *effronté* ose emprunter une somme d'argent à celui à qui il en doit déjà, et qu'il lui retient avec injustice. (I, 52.)
On n'est point *effronté* par choix, mais par complexion ; c'est un vice de l'être, mais naturel. (I, 313 ; voyez I, 53, *l*. 22 ; II, 210, *l*. 3.)

EFFRONTERIE :
Le bel et le judicieux usage que celui qui préférant une sorte d'*effronterie* aux bienséances et à la pudeur, expose une femme d'une seule nuit sur un lit comme sur un théâtre. (I, 293 ; voyez I, 52, au titre.)

EFFROYABLE :

Je me les représente tous ces globes (les astres), ces corps *effroyables* qui sont en marche. (II, 265.)

ÉGAL :

Être avec des gens qu'on aime, cela suffit ; rêver, leur parler, ne leur parler point..., tout est *égal*. (I, 202.)

La vertu est *égale* et ne se dément point. (II, 69.)

ALLER D'ÉGAL AVEC :

Elle (l'âme d'un sot) *va d'égal* (après la mort) *avec* les grandes âmes. (II, 67.)

ÉGALEMENT :

Athènes étoit libre ;... ses citoyens.... passoient une partie de leur vie.... au milieu d'une ville dont ils étoient *également* les maîtres. (I, 27.)

L'on marche *également* dans toutes ces différentes études. (II, 478.)

Je n'aurai pas une moindre opinion de vous et de votre poste ; je croirai *également* que vous êtes riche et en faveur. (II, 159 ; voyez I, 295, *l.* 3.)

ÉGALER :

L'on dit du jeu qu'il *égale* les conditions. (I, 267.)

Des gens qui les *égalent* (les grands) par le cœur et par l'esprit. (I, 339.)

ÉGARD (AVOIR) À ; À L'ÉGARD DE :

Il *a* si peu d'*égard au* temps, *aux* personnes, *aux* bienséances. (I, 220.)

Marot et Rabelais.... avoient assez de génie et de naturel pour pouvoir s'en passer (de l'ordure), même *à l'égard de* ceux qui cherchent moins à admirer qu'à rire dans un auteur. (I, 131.)

ÉGARÉ :

Ils ne vous répondent point, ils ne vous connoissent point, ils ont les yeux *égarés* et l'esprit aliéné. (I, 322.)

ÉJOUIR (S'). (II, 211, *l.* 1.)

ÉLAN :

Il pousse des *élans* et des soupirs. (II, 155.)

ÉLÉVATION :

Ils suivent l'orateur.... dans toutes les *élévations* où il se jette. (II, 225.)

Il y a des hommes superbes, que l'*élévation* de leurs rivaux humilie et apprivoise. (I, 343 ; voyez II, 74, *n.* 5, et le 1er exemple d'ÉLEVER.)

ÉLEVER, S'ÉLEVER :

Par cette élévation de Saturne, *élevez* vous-même.... votre imagination à concevoir quelle doit être l'immensité du chemin qu'il parcourt. (II, 262.)

Où trouverez-vous.... un jeune homme qui *s'élève* si haut en dansant, et qui passe mieux la capriole ? (I, 179.)

On *s'élève* à la ville dans une indifférence grossière des choses rurales et champêtres. (I, 295.)

Il n'y a au monde que deux manières de *s'élever*, ou par sa propre industrie, ou par l'imbécillité des autres. (I, 262.)

ÉLISION d'une voyelle. (II, 205, *l.* 19.)

ELLE. Voyez IL.

ÉLOCUTION :

Charmé de la.... douceur de son *élocution*.... (I, 15.)

ÉLOGE :
Il.... lui refuse l'*éloge* d'un homme sévère et laborieux. (I, 321.)

ÉLOIGNEMENT :
Il y a entre elles (la jalousie et l'émulation) le même *éloignement* que celui qui se trouve entre le vice et la vertu. (II, 40.)

ÉLOIGNER DE, ÉLOIGNÉ DE, S'ÉLOIGNER DE :
Une grande modestie, qui l'*éloigne de* penser qu'il fasse le moindre plaisir aux princes s'il se trouve sur leur passage. (I, 155.)

Il est encore plus *éloigné* d'employer le jargon de la dévotion. (II, 156.)

Des faits qui sont.... *éloignés de* nous par plusieurs siècles. (II, 245.)

Celles (les mœurs) qui approchent des nôtres nous touchent, celles qui *s'en éloignent* nous étonnent ; mais toutes nous amusent. (I, 25.)

Socrate *s'éloignoit du* cynique ; il épargnoit les personnes, et blâmoit les mœurs qui étoient mauvaises. (II, 108.)

Ce qu'on appelle une oraison funèbre n'est aujourd'hui bien reçue du plus grand nombre des auditeurs qu'à mesure qu'elle *s'éloigne* davantage *du* discours chrétien. (II, 228 ; voyez II, 232, *l.* 6.)

ÉLOQUENCE :
Le peuple appelle *éloquence* la facilité que quelques-uns ont de parler seuls et longtemps.... (I, 143.)

Voyez I, 125, *l.* 4; II, 184, *l.* 8; II, 220, *n.* 2; II, 230, *n.* 26; II, 233, *l.* 1 et 2; II, 452, *l.* 4.

ÉLU, membre du tribunal de l'élection :
L'on voit parler ensemble le bailli et le président, les *élus* et les assesseurs. (I, 234 ; voyez *ibidem*, note 2.)

EMBARRAS :
Otez les passions, l'intérêt,... quel calme dans les plus grandes villes ! Les besoins et la subsistance n'y font pas le tiers de l'*embarras*. (II, 21.)

L'*embarras* et l'action de ceux qui n'ont rien fait. (I, 136.)

EMBARRASSER, EMBARRASSÉ :
Ce qu'on appelle un fâcheux est celui qui, sans faire à quelqu'un un fort grand tort, ne laisse pas de l'*embarrasser* beaucoup. (I, 72.)

Une physionomie.... confuse, *embarrassée* dans une épaisseur de cheveux étrangers. (I, 328.)

Question si épineuse, si *embarrassée*. (I, 306.)

EMBELLIR, S'EMBELLIR :
[Le] plus beau règne dont jamais l'histoire *ait été embellie*. (I, 24.)

Elle s'approprie vos sentiments, elle les croit siens, elle les étend, elle les *embellit*. (II, 92.)

La vie des héros a enrichi l'histoire, et l'histoire *a embelli* les actions des héros. (I, 116.)

Les hommes devroient employer les premières années de leur vie à devenir tels par leurs études.... que la république.... se trouvât portée par ses propres avantages à faire leur fortune ou à l'*embellir*. (I, 153.)

Une fille.... croît, *s'embellit*. (I, 265.)

Sa taille, qui *s'embellit* extraordinairement. (II, 485.)

EMBELLISSEMENT :
L'*embellissement* de sa fortune. (I, 367.)

EMBRASEMENT :
Un *embrasement* qui.... s'épand au loin dans une forêt. (I, 125.)

EMBRASSER :
Toutes les occasions de vaincre qui se sont.... offertes, ils les *a embrassées*. (I, 162.)
Quelques-uns, par une intempérance de savoir, et par ne pouvoir se résoudre à renoncer à aucune sorte de connoissance, les *embrassent* toutes et n'en possèdent aucune. (II, 139.)

ÉMÉTIQUE. (II, 200, *l*. 4.)

ÉMINENCE :
Étoit-ce.... *éminence* d'esprit, profonde capacité? (I, 272.)
L'*éminence* de son poste. (II, 467.)
Celui qui est d'une *éminence* au-dessus des autres qui le met à couvert de la repartie ne doit jamais faire une raillerie piquante. (I, 234.)
Petits hommes,... qui vous donnez sans pudeur de la hautesse et de l'*éminence*. (II, 128.)

Éminence, celui qui a le titre d'Éminence, à savoir cardinal :
Ne doit-on pas craindre de voir un jour un jeune abbé en velours gris et à ramages comme une *Éminence*? (II, 170.)

ÉMINENT, ENTE :
Ce qu'il y a eu en lui (en Corneille) de plus *éminent*, c'est l'esprit, qu'il avoit sublime. (I, 140.)
Quelle raison *éminente*! (II, 250.)

ÉMISSAIRE. (I, 269, *l*. 6.)

EMMENER :
Quelques pas que quelques-uns fassent par vertu vers la modération..., un premier mobile d'ambition les *emmène* avec les plus avares. (I, 306.)

EMPARER (S') DE :
Les grands.... n'admettent qu'à peine dans les autres hommes la droiture d'esprit, l'habileté, la délicatesse, et *s'emparent de* ces riches talents comme de choses dues à leur naissance. (I, 343.)

EMPÊCHER DE, S'EMPÊCHER DE :
Il fait ensuite peser ces viandes, et il en entasse le plus qu'il peut; s'il *en est empêché* par celui qui les lui vend, il jette du moins quelques os dans la balance. (I, 53.)
Il faut.... la devoir (la fortune) à l'agonie de nos proches. Celui qui *s'empêche de* souhaiter que son père y passe bientôt est homme de bien. (I, 267.)

EMPESÉ :
Un collet bien fait et bien *empesé*. (I, 161.)

EMPHASE :
Quel supplice que celui d'entendre.... prononcer de médiocres vers avec toute l'*emphase* d'un mauvais poëte! (I, 115.)
Les plus grandes choses... se gâtent par l'*emphase*. (I, 243.)

EMPIÉTER SUR :
Laissez-les.... mentir, médire, cabaler, nuire, c'est leur état. Voulez-vous qu'ils *empiètent sur* celui des gens de bien? (II, 153.)

EMPIRE, commandement :
Une naissance auguste, un air d'*empire* et d'autorité. (I, 388.)

EMPLETTE :

Ils prennent soin que toute la ville soit informée qu'ils font ces *emplettes*. (I, 45.)

Indéterminés sur le choix des étoffes qu'ils veulent acheter..., ils ne se fixent point, ils sortent (des magasins) sans *emplette*. (II, 239.)

EMPLOI :

En montant des moindres conditions jusques aux plus grandes, on remarque dans toutes un temps de pratique et d'exercice qui prépare aux *emplois*. (II, 186; voyez I, 153, *l.* 1; I, 154, *n.* 12.)

EMPLOYER :

Après avoir supputé les sommes particulières qu'il a données à chacun d'eux, il se trouve.... que dix talents y *sont employés*. (I, 79.)

Quelle force de bras et quelle extension de nerfs ils y *emploient*. (I, 254.)

D'autres.... qui prêtent leurs soins et leur vigilance aux affaires publiques, après les *avoir employés* aux judiciaires. (II, 464; voyez I, 336, *l.* 9.)

EMPOIGNER :

Un gros chien..., qu'ils *empoignent* par la gueule. (I, 42.)

A peine un grand est-il débarqué, qu'il l'*empoigne* et s'en saisit. (I, 342.)

EMPORTEMENT :

Il y a de certains biens que l'on desire avec *emportement*, et dont l'idée seule nous enlève et nous transporte. (II, 22; voyez I, 191, *n.* 72; I, 314, *l.* 3.)

L'*emportement* du geste..., l'éclat de la voix. (I, 143.)

EMPORTER, EMPORTÉ :

Ces mouvements des roues d'une pendule se font.... par la force mouvante d'un poids qui les *emporte*. (II, 267.)

Une belle maxime pour le Palais..., ce seroit précisément la contradictoire de celle qui dit que la forme *emporte* le fond. (II, 188.)

Une grande reconnoissance *emporte* avec soi beaucoup de goût et d'amitié pour la personne qui nous oblige. (I, 202.)

Je viserai toujours à ce qu'il *emporte* de toutes mes études ce qu'il y a de moins épineux et qui convient davantage à un grand prince. (II, 480.)

De ces arguments qui *emportent* conviction. (II, 241.)

Aussi (cette tulipe) est-elle nuancée, bordée, à pièces *emportées*. (II, 136.)

Il est sûr qu'une femme qui écrit avec emportement est *emportée*. (I, 191.)

EMPRESSÉ; S'EMPRESSER :

DE L'AIR *empressé*. — Il semble que le trop grand empressement est une recherche importune, ou une vaine affectation de marquer aux autres de la bienveillance par ses paroles et par toute sa conduite. (I, 61.)

Ils ont fait le théâtre, ces *empressés*, les machines, les ballets, les vers, la musique, tout le spectacle. (I, 134; voyez *ibidem*, note 3.)

Empressé pour engager dans une affaire des personnes qui ne l'affectionnant point, n'osent pourtant refuser d'y entrer.... (I, 60.)

L'on n'a.... nul besoin de *s'empresser* ou de se donner le moindre mouvement pour épargner ses revenus. (II, 52.)

Les hommes agissent mollement dans les choses qui sont de leur devoir, pendant qu'ils se font un mérite.... de *s'empresser* pour celles qui leur sont étrangères. (II, 65.)

EMPRESSEMENT :

Voyez le 1er exemple de l'article EMPRESSÉ.

EMPRUNTER de :

Ils veulent qu'on leur explique.... les vices extrêmes par le défaut ou par l'excès entre lesquels chaque vertu se trouve placée, et *duquel* de ces deux extrêmes elle *emprunte* davantage. (I, 11.)

S'il est capitaine de galère, il se contente de coucher indifféremment avec les autres sur de la natte qu'il *emprunte de* son pilote. (I, 76.)

J'ai *emprunté de* lui (du public) la matière de cet ouvrage. (I, 105.)

Il *emprunte* de l'argent *de* ses collègues. (I, 58.)

ÉMULATION (voyez II, 40, *l.* 1 et 2) :

On n'écoute plus sérieusement la parole sainte : c'est une sorte d'amusement...; c'est un jeu où il y a de l'*émulation* et des parieurs. (II, 220.)

Athènes étoit libre;... ses citoyens étoient égaux ;... l'*émulation* d'une cour ne les faisoit point sortir d'une vie commune. (I, 26.)

Carro Carri débarque avec une recette.... L'*émulation* de cet homme a peuplé le monde de noms en O et en I. (II, 199 ; voyez I, 34, *l.* 11.)

L'*émulation* de ne se point rendre aux offices divins ne sauroit être plus vive ni plus ardente. (II, 177.)

1° **EN**, préposition :

Ils haïssent autant à les voir avec de la céruse sur le visage, qu'avec de fausses dents *en* la bouche. (I, 172.)

Le berger..., la houlette d'or *en* ses mains. (I, 386.)

N'ayant point à cette heure de passion *en* la tête plus violente que celle de vous contenter. (II, 490.)

Ce qu'il a fait *en* une affaire où il a su que vous preniez intérêt. (I, 351.)

Cliton n'a jamais eu *en* toute sa vie que deux affaires, qui est de dîner le matin et de souper le soir. (II, 56.)

En pleine paix et dans une tranquillité publique,... des citoyens entroient dans les temples.... avec des armes offensives. (I, 24.)

D'où vient que l'on rit si librement au théâtre, et que l'on a honte d'y pleurer?... Est-ce une peine que l'on sent à laisser voir que l'on est tendre, et à marquer quelque foiblesse, surtout *en* un sujet faux? (I, 137.)

Voyez I, 303, *l.* 10; II, 62, *l.* 14; II, 78, *l.* 10; II, 266, *l.* 7; etc.

EN, marquant des rapports que l'usage actuel remplace d'ordinaire par ceux qu'expriment *à*, *chez*, *de*, *par*, *sur* :

Irène se transporte à grands frais *en* Épidaure. (II, 23.)

Il le prie de se mettre *en* sa place. (I, 357 ; voyez II, 185, *l.* 1; II, 265, *l.* 20.)

Ils se persuadent d'être quittes par là *en* leur endroit de tous les devoirs de l'amitié. (I, 309.)

Les charlatans *en* qui il se confie. (II, 96.)

La stupidité est *en* nous une pesanteur d'esprit qui accompagne nos actions et nos discours. (I, 62; voyez I, 128, *l.* 10.)

Des négligences.... qu'on ne peut comprendre *en* un si grand homme. (I, 140; voyez I, 300, *l.* 14, etc.)

Un auteur.... prouve.... que les anciens nous sont inférieurs *en* deux manières, par raison et par exemple. (I, 117.)

Un homme d'esprit.... sauroit se tourner et se plier *en* mille manières agréables. (I, 348 ; voyez I, 29, *l.* 15 ; II, 62, *l.* 13.)

Il consume son bien *en* des aumônes, et son corps par la pénitence. (II, 90.)

S'ils se promènent par la ville et qu'ils rencontrent *en* leur chemin des philosophes, des sophistes, des escrimeurs.... (I, 45.)

Si vous êtes si touchés de curiosité, exercez-la du moins *en* un sujet noble. (I, 317.)

En, emplois divers :

Il défait le magistrat, même *en* cravate et *en* habit gris, ainsi que le bourgeois *en* baudrier. (I, 177 et 178; voyez I, 177, note 2.)

Un pasteur.... *en* linge fin et *en* point de Venise. (II, 173.)

Il y a un tel livre qui court, et qui est imprimé chez Cramoisy *en* tel caractère, il est bien relié et *en* beau papier, il se vend tant. (I, 126.)

Si vous entrez dans les cuisines, où l'on voit réduit *en* art et *en* méthode le secret de flatter votre goût, etc. (I, 253.)

Toucherai-je aussi votre dernier choix (Fénelon)? Quelle grande acquisition avez-vous faite *en* cet homme illustre ! (II, 463.)

Il y a quarante ans que je n'étois point, et qu'il n'étoit pas *en* moi de pouvoir jamais être. (II, 252.)

On ne voit point mieux le ridicule de la vanité.... qu'*en* ce qu'elle n'ose se montrer. (II, 31.)

Il s'ouvre et parle le premier, pour *en* découvrant les oppositions.... prendre ses mesures. (I, 374.)

Un homme.... que j'ai vu *en* quelque part. (I, 215, *variante.*)

En, suivi de noms communs sans article :

Qui mettra des vaisseaux *en* mer ? (II, 275.)

Tomber de Saturne *en* terre. (II, 262.)

Cet homme, propre à être montré *en* chambre pour de l'argent. (II, 144.)

Un homme *en* place doit aimer son prince, etc. (I, 350.)

L'on court les malheureux pour les envisager; l'on se range *en* haie, ou l'on se place aux fenêtres pour observer, etc. (I, 317.)

S'il les trouve avec vous *en* conversation, il vous coupe. (I, 358.)

Il entre *en* verve, mais il en sort. (II, 66.)

Quand le peuple est *en* mouvement, on ne comprend pas par où le calme peut y rentrer. (I, 365.)

Vous me peignez un fat, qui met l'esprit *en* roture. (II, 85.)

Orante plaide depuis dix ans entiers *en* règlement de juges. (II, 183.)

Se trouve-t-il *en* campagne (à la campagne), il dit à quelqu'un qu'il le trouve heureux d'avoir pu se dérober à la cour. (II, 11.)

Un pasteur frais et *en* parfaite santé. (II, 173.)

Ne dites-vous pas *en* commun proverbe : « des loups ravissants, des lions furieux » ? (II, 128.)

2° EN, pronom (voyez Y) :

a) En, de lui, d'elle, d'eux, d'elles, de nous, de vous, se rapportant à un nom ou à un pronom précédent :

Nous sommes.... fort avant dans la vie de François Ier.... J'apporte tout le soin dont je suis capable pour l'*en* rendre instruit. (II, 506.)

C'est par foiblesse que l'on hait un ennemi, et que l'on songe à s'*en* venger. (I, 211.)

Le capital pour une femme n'est pas d'avoir un directeur, mais de vivre si uniment qu'elle s'*en* puisse passer. (I, 181.)

Un être souverainement parfait, qui est Dieu, et.... une religion qui le lui indique (à l'âme) et qui lui *en* est une caution sûre. (II, 238.)

Il seroit bien dur qu'un grand chanoine fût sujet au chœur, pendant que le trésorier.... et le grand vicaire s'*en* croient exempts. (II, 176.)

Quand le peuple est en mouvement, on ne comprend pas par où le calme peut y rentrer; et quand il est paisible, on ne voit pas par où le calme peut *en* sortir. (I, 365.)

L'Académie françoise.... n'a jamais.... rassemblé un si grand nombre de personnages illustres.... qu'il est facile aujourd'hui d'y *en* remarquer. (II, 440.)

Supposons une meule de moulin qui tombe du soleil sur la terre;... supposons.... qu'elle conserve toujours cette même vitesse, sans *en* acquérir et sans *en* perdre. (II, 261.)

L'esprit de la conversation consiste bien moins à *en* montrer beaucoup qu'à *en* faire trouver aux autres. (I, 223.)

Il est appliqué et.... j'*en* suis content. (II, 495.)

Il vieillit sans déchoir de son autorité;... les enfants, les héritiers, la bru, la nièce, les domestiques, tout *en* dépend. (I, 185.)

Un bon plaisant est une pièce rare; à un homme qui est né tel, il est encore fort délicat d'*en* soutenir longtemps le personnage. (I, 215.)

Une femme qui n'a jamais les yeux que sur une même personne, ou qui les *en* détourne toujours, fait penser d'elle la même chose. (I, 190.)

Je ne haïrois pas d'être livré par la confiance à une personne raisonnable, et d'*en* être gouverné en toutes choses. (I, 212.)

Les femmes se préparent pour leurs amants, si elles les attendent; mais si elles *en* sont surprises, elles oublient à leur arrivée l'état où elles se trouvent. (I, 173.)

Il (le plénipotentiaire) ose.... promettre à l'assemblée qu'il fera goûter la proposition (à sa cour), et qu'il n'*en* sera pas désavoué. (I, 376.)

Les hommes sont-ils.... assez équitables pour.... ne nous pas faire désirer.... que Dieu existât, à qui nous pussions.... avoir recours quand nous *en* sommes persécutés ou trahis? (II, 243.)

Tel a assez d'esprit pour exceller dans une certaine matière et *en* faire des leçons.... (II, 105.)

Le philosophe consume sa vie à observer les hommes, et il use ses esprits à *en* démêler les vices et le ridicule. (I, 127.)

Combien d'hommes.... sont morts sans qu'on *en* ait parlé! (I, 151.)

Il faut des fripons à la cour...; mais l'usage *en* est délicat, et il faut savoir les mettre en œuvre. (I, 318.)

Il est souvent plus utile de quitter les grands que de s'*en* plaindre. (I, 340.)

Il (Racine) ne l'*en* dépossède pas (ne dépossède pas Corneille du théâtre), il est vrai; mais il s'y établit avec lui : le monde s'accoutume à *en* voir faire la comparaison. (II, 462.)

Cent autres formules de pareils compliments sont-elles si rares.... que je n'eusse pu les trouver,... et *en* mériter des applaudissements? (II, 440.)

Il emploie les paroles les plus flatteuses pour adoucir ceux qui se plaignent de lui, et qui sont aigris par les injures qu'ils *en* ont reçues. (I, 35.)

Il est vieux et usé, dit un grand; il s'est crevé à me suivre : qu'*en* faire? (I, 340.)

Une affaire de rien, et qui ne mérite pas qu'on s'*en* remue. (I, 322.)

On ne se parle à l'oreille que pour dire du mal de nous,... l'on ne rit que pour s'*en* moquer. (II, 36.)

Ils se fâchent contre vous et s'*en* dégoûtent. (I, 311.)

Voyez I, 302, *l.* 1 et 2; I, 310, *l. avant-dernière et dernière;* I, 320, *l.* 16; I, 323, *l.* 18; I, 341, *l.* 7 et 19; I, 343, *l.* 9; I, 349, *l.* 2 et 20; I, 350, *l.* 5 et 8; I, 352 *l.* 16; II, 46, *l.* 3; II, 114, *l.* 15 et 16; II, 119, *l.* 1; II, 125, *l. avant-dernière;* II, 133, *l.* 21; II, 198, *l.* 1; II, 202, *l.* 5; II, 226, *l.* 22; II, 274, *l.* 25 et 26; II, 457, *l.* 13; II, 466, *l. dernière;* II, 511, *l.* 10.

b) EN, tenant la place d'un nom indéterminé qui précède :

Ils n'ont point d'opinion qui soit à eux.... ils *en* empruntent à mesure qu'ils *en* ont besoin. (I, 359.)

Si celui qui est en faveur ose s'*en* prévaloir.... (I, 307.)

Les petites règles qu'il s'est prescrites..., il.... ne les romproit pas pour une maîtresse, si le régime lui avoit permis d'*en* retenir. (II, 54.)

Ils se feroient alors une plus grande affaire de leur établissement qu'ils ne s'*en* font dans l'état où sont les choses. (II, 23.)

Les enfants.... ne veulent point souffrir de mal, et aiment à *en* faire. (II, 27.)

Pensant mal de tout le monde, il n'*en* dit de personne. (I, 323.)

<small>C'est-à-dire « ne dit de mal ». L'auteur emploie ici *en* comme si *mal*, qui avec *pensant* paraît avoir un sens adverbial, était pour *du mal*.</small>

c) En, se rapportant à un infinitif ou à toute une proposition, et parfois, plus ou moins hardiment, à l'idée plutôt qu'aux mots :

Chrysante.... ne veut pas être vu avec Eugène... : il croiroit *en* être déshonoré. (I, 262.)

Un pasteur.... a sa place dans l'œuvre.... Le Récollet quitte sa cellule.... pour venir le prêcher, lui et ses ouailles, et *en* recevoir le salaire. (II, 174.)

Cela ne s'appelle pas être grave, mais *en* jouer le personnage. (II, 93.)

C'est un homme né..., pour aller plus loin que sa commission et *en* être désavoué. (I, 166.)

Drance veut passer pour gouverner son maître, qui n'*en* croit rien, non plus que le public. (I, 212.)

Où ils voient l'agréable, ils *en* excluent le solide ; où ils croient découvrir les grâces du corps..., ils ne veulent plus y admettre les dons de l'âme. (I, 164.)

Où la religion a échoué quand elle a voulu l'entreprendre, l'intérêt s'*en* joue, et le fait sans peine. (I, 327.)

Il demande à boire, on lui *en* apporte. (II, 10.)

Après avoir supputé les sommes particulières qu'il a données à chacun d'eux, il se trouve qu'il *en* résulte le double de ce qu'il pensoit. (I, 79.)

L'on blâme les gens qui font une grande fortune pendant qu'ils *en* ont les occasions. (I. 307.)

Les princes, loués sans fin et sans relâche des grands ou des courtisans, *en* seroient plus vains s'ils estimoient davantage ceux qui les louent. (I, 343.)

Vous voilà munis d'instruments commodes, qui vous servent à vous faire réciproquement de larges plaies d'où peut couler votre sang jusqu'à la dernière goutte, sans que vous puissiez craindre d'*en* échapper. (II, 130.)

d) En, par là, pour cela, par suite :

Ce n'est pas qu'il faut quelquefois pardonner à celui qui, avec un grand cortége..., s'*en* croit plus de naissance et plus d'esprit. (I, 160.)

Elle l'*en* estime davantage, elle l'*en* aime mieux. (I, 292 ; voy. I, 160, *l*. 12.)

Chacun.... croit penser bien... ; il *en* est moins favorable à celui qui pense.... aussi bien que lui. (II, 234.)

e) En, joint à des verbes avec lesquels il forme des sortes de composés :

Des fables, nous *en* sommes au huitième livre. (II, 478.)

Un homme d'esprit.... peut tomber dans quelque piége.... Il n'y a qu'à perdre pour ceux qui *en* viendroient à une seconde charge : il n'est trompé qu'une fois. (I, 165.)

Vous le verrez quelquefois tout couvert de lèpre.... ne pas laisser de se mêler parmi le monde, et croire *en* être quitte pour dire que c'est une maladie de famille. (I, 70.)

Il faudra..., s'ils *en* sont crus, revenir au Pédagogue chrétien. (II, 444.)

Si tu es un habile homme, tu as tort de ne pas parler : mais s'il n'est pas ainsi, tu *en* sais beaucoup. (I, 20.)

f) En, formant un pléonasme, soit correct, soit fautif :

Celui dont il lui échapperoit de dire ce qu'il *en* pense, est celui-là même qui venant à le savoir l'empêcheroit de cheminer. (I, 323.)

De maximes, ils ne s'*en* chargent pas ; de principes, encore moins. (I, 359.)

De ces divers traits qui pouvoient convenir à une même personne, j'*en* ai fait des peintures vraisemblables. (II, 450 ; voyez ci-dessus, *e*), 1ᵉʳ ex.)

[Les] autres études dont Votre Altesse m'a chargé et dont j'espère lui *en* rendre compte à l'ordinaire. (II, 506.) — Évidente inadvertance.

g) En, omis où nous le mettrions aujourd'hui :

Tous les temps ne sont qu'un instant, comparés à la durée de Dieu..., *S'il est ainsi*,... qu'est-ce que le cours de la vie d'un homme ? (II, 272 ; voyez I, 20, *l. avant-dernière*.)

Tous d'une commune voix vous nommèrent, et *il n'y eut pas* un seul qui vous refusât ses suffrages. (I, 36 et 37, *variante*.)

ENCHAÎNEMENT :
Les femmes.... ont un *enchaînement* de discours inimitable. (I, 128.)

ENCHAÎNER :
Atomes.... liés et *enchaînés* ensemble par la figure et la conformation de leurs parties. (II, 267.)

ENCHANTEMENT :
Tracez.... de vastes et de délicieux jardins, dont l'*enchantement* soit tel qu'ils ne paroissent pas faits de la main des hommes. (II, 171.)

La chasse sur l'eau, l'*enchantement* de la Table. (I, 135.)

La Table, rendez-vous de chasse dans la forêt de Chantilly. (*Note de la Bruyère.*)

ENCHÉRIR sur :
Les hommes.... *ont*.... *enchéri* de siècle en siècle *sur* la manière de se détruire réciproquement. (I, 367.)

Les prédicateurs.... *ont enchéri sur* les épîtres dédicatoires. (II, 226.)

ENCOIGNURE :
Une maison de pierre de taille, raffermie dans les *encoignures* par des mains de fer. (II, 59.)

ENCORE :
Roscius entre sur la scène de bonne grâce.... Et j'ajoute *encore* qu'il a les jambes bien tournées. (I, 178.)

C'est déjà trop d'avoir avec le peuple une même religion.... Quel moyen *encore* de s'appeler Pierre, Jean, Jacques, comme le marchand ou le laboureur ? (I, 345 ; voyez I, 141, *l.* 14.)

ENDORMIR (S'), au figuré :
Laisser le peuple *s'endormir* dans les fêtes,... dans les plaisirs. (I, 364.)

ENDROIT :
Les *endroits* de l'histoire, de la géographie et des généalogies, dont il est tout à fait nécessaire qu'il soit instruit. (II, 507.)

Je ne comprends pas comment un mari qui.... se montre.... par ses mauvais *endroits*.... peut espérer de défendre le cœur d'une jeune femme contre les entreprises de son galant. (I, 193.)

La première chose que la flatterie sait faire, après la mort de ces hommes uniques..., est de leur supposer des *endroits* foibles. (I, 341.)

La mort a un bel *endroit*, qui est de mettre fin à la vieillesse. (II, 25.)

Le duel est le triomphe de la mode, et l'*endroit* où elle a exercé sa tyrannie avec plus d'éclat. (II, 142.)

L'avantage des grands sur les autres hommes est immense par un *endroit*... : je leur envie le bonheur d'avoir à leur service des gens qui les égalent par le cœur et par l'esprit. (I, 338.)

Un homme à la mode dure peu... : s'il est par hasard homme de mérite,... il subsiste encore par quelque *endroit*. (II, 143.)

Je voudrois.... pouvoir louer chacun de ceux qui composent cette Académie par des *endroits* encore plus marqués. (II, 463 ; voyez I, 376, *l*. 10.)

Je voudrois de tout mon cœur avoir mille *endroits* par où marquer avec quel zèle..., je suis, etc. (II, 488 et 489.)

L'on veut tenir à cet homme par quelque *endroit*, et l'on dit plusieurs fois le jour que l'on y tient. (I, 320.)

Ils se persuadent d'être quittes par là en leur *endroit* de tous les devoirs de l'amitié. (I, 309.)

ENDURCIR (S') CONTRE :

Il se précautionne et *s'endurcit contre* les lenteurs et les remises. (I, 377.)

ENFANCE :

L'on ne peut guère charger l'*enfance* de la connoissance de trop de langues. (II, 202.)

ENFANTS :

Les *enfants* peut-être seroient plus chers à leurs pères, et réciproquement les pères à leurs *enfants*, sans le titre d'héritiers. (I, 266.)

Voyez I, 163, *n*. 33 ; II, 26-29, *n*. 50-59 ; II, 76, *n*. 154.

ENFERMER, S'ENFERMER :

Vos esclaves me disent que vous *êtes enfermé*, et que vous ne pouvez m'écouter que d'une heure entière. (I, 248.)

Petits hommes..., qui *vous enfermez* aux foires comme géants.... dès que vous allez jusques à huit pieds. (II, 128.)

ENFILADE, absolument :

Un bourgeois.... se fait bâtir un hôtel si beau..., qu'il est inhabitable. Le maître, honteux de s'y loger..., se retire au galetas..., pendant que l'*enfilade* et les planchers de rapport sont en proie aux Anglois et aux Allemands qui voyagent. (II, 140 ; voyez *ibidem*, note 1.)

ENFILER :

Vous *enfilez* quelques mémoires, vous collationnez un registre. (I, 248.)

ENFIN :

Un génie qui est droit.... conduit *enfin* à la règle,... à la vertu. (II, 17.)

Les hommes s'ennuient *enfin* des mêmes choses qui les ont charmés dans leurs commencements. (II, 68.)

Ceux *enfin* qui font des maximes veulent être crus. (I, 111.)

ENFLER :

Au sortir d'un long dîner qui lui *enfle* l'estomac. (I, 251.)

ENFLURE, au figuré :

Que deviennent les lois... ? Où se réduisent même ceux qui doivent tout leur relief et toute leur *enflure* à l'autorité où ils sont établis de faire valoir ces mêmes lois ? (II, 77.)

ENFONCER, S'ENFONCER :

Il paroit une nouvelle satire..., qui d'un vers fort et d'un style d'airain, *enfonce* ses traits contre l'avarice. (II, 444.)

Une vague l'*enfonce*, on le tient perdu. (II, 145.)

Un certain nombre de gens..., n'ont pas, si je l'ose dire, deux pouces de profondeur; si vous les *enfoncez*, vous rencontrez le tuf. (I, 331.)
Le fond, creux par-dessous, s'*enfonce* en dedans. (I, 58.)
Les jours, les mois, les années s'*enfoncent* et se perdent sans retour dans l'abîme des temps. (II, 161.)

ENFUMÉ, ée :
Étude sombre et *enfumée*. (I, 295.)

ENGAGEMENT :
Il est froid et taciturne, pour jeter les autres dans l'*engagement* de parler. (I, 374.)
Le bon esprit nous découvre notre devoir, notre *engagement* à le faire, et s'il y a du péril, avec péril. (I, 158.)
Je suppose.... qu'il y ait même un *engagement* religieux.... d'avoir de la foi pour tous les faits contenus dans ce volume. (II, 245.)
L'un (de ces ouvrages de morale), par l'*engagement* de son auteur (Pascal), fait servir la métaphysique à la religion. (I, 29.)
La robe ou l'*engagement* de celui qui prêche ne sont pas des choses qu'on ose ou qu'on veuille toujours s'approprier. (II, 234.)
Le favori.... est sans *engagement* et sans liaisons. (I, 378.)
Quelques femmes ont...., un double *engagement* à soutenir...; il ne manque à l'un que le contrat, et à l'autre que le cœur. (I, 177.)
Il y a quelquefois dans le cours de la vie de si chers plaisirs et de si tendres *engagements*.... (I, 214.)
Retirez-le des légions et de la milice..., pour prévenir les honteuses suites d'un *engagement* où il n'est pas propre. (I, 157.)

ENGAGER, engager à, s'engager à :
Empressé pour *engager* dans une affaire des personnes qui ne l'affectionnant point, n'osent pourtant refuser d'y entrer. (I, 60.)
Quand l'on a assez fait auprès d'une femme pour devoir l'*engager*, si cela ne réussit point, il y a encore une ressource, qui est de ne plus rien faire. (I, 188, note 2.)
La manière dont vous venez de m'obliger m'*engage* toute ma vie à la plus vive reconnaissance dont je puisse être capable. (II, 512.)
[Il] l'arrête sans nul besoin, et l'*engage* insensiblement *à* se promener avec lui sur le rivage. (I, 72.)
Se seroit-il enfin *engagé à* Césonie, qui l'a tant couru ? (I, 179.)
Dosithée, qui l'*a engagé à* faire une élégie. (I, 241.)

Être engagé, être marié :
Un homme qui n'a point de femme, s'il a quelque esprit, peut s'élever au-dessus de sa fortune.... Cela est moins facile à celui qui *est engagé*. (I, 159.)

ÉNIGME :
Un tissu d'*énigmes* leur seroit une lecture divertissante. (I, 124.)

ENIVRER (S') de, enivré de, au figuré :
Laissez-les.... s'*enivrer de* leur propre mérite. (II, 153.)
Des gens *enivrés*, ensorcelés *de* la faveur. (I, 322.)

ENJOINDRE de :
Si un rat lui a rongé un sac de farine, il court au devin, qui ne manque pas de lui *enjoindre d'*y faire mettre une pièce. (I, 66.)

ENLÈVEMENT :
Des saisies de terre et des *enlèvements* de meubles. (II, 61.)

ENLEVER, au propre et au figuré :
Si quelqu'un se hasarde de lui emprunter quelques vases, il les lui refuse souvent ; ou s'il les accorde, il ne les laisse pas *enlever* qu'ils ne soient pesés. (I, 69.)
Sur ce qui concerne les mœurs, le plus beau et le meilleur *est enlevé* ; l'on ne fait que glaner après les anciens. (I, 113.)
S'il les trouve avec vous en conversation, il vous coupe et vous les *enlève*. (I, 358.)
« Il est vieux et usé, dit un grand... : qu'en faire? » Un autre, plus jeune, *enlève* ses espérances, et obtient le poste. (I, 340.)
Prétendre, en écrivant..., échapper à toute sorte de critique, et *enlever* les suffrages de tous ses lecteurs. (I, 9.)
Il y a de certains biens.... dont l'idée seule nous *enlève* et nous transporte. (II, 22.)
Les hommes.... sont.... charmés, *enlevés* par la réussite. (II, 123.)
Un tissu d'énigmes leur seroit une lecture divertissante ; et c'est une perte pour eux que ce style estropié qui les *enlève* soit rare. (I, 124.)

ENLUMINER (S') :
C'est pour eux (pour les hommes) qu'elles (les femmes) se fardent ou qu'elles *s'enluminent*. (I, 172.)

ENNEMI, adjectif ; ENNEMI, substantivement :
Un culte faux, suspect et *ennemi* de la souveraineté. (I, 390.)
Un *ennemi* est mort qui étoit à la tête d'une armée formidable. (II, 125.)
Il n'y a personne au monde si bien liée avec nous.... qui n'ait.... des dispositions très-proches.... à devenir notre *ennemi*. (I, 265.)
Voyez I, 206, n. 44 ; I, 208, n. 55 et 56 ; I, 211, n. 70 ; II, 70, n. 150.

ENNOBLIR (voyez ANOBLIR) :
La levée d'un siége, une retraite, l'*ont* plus *ennobli* que ses triomphes. (I, 163 ; voyez *ibidem*, note 1.)
La sagesse.... *ennoblit* l'esprit. (I, 186.)
Ils sortent de l'art pour l'*ennoblir*. (I, 147.)

ENNUI :
L'*ennui* est entré dans le monde par la paresse. (II, 47.)

ENNUYER (S') ; S'ENNUYER DE :
Le moindre mal alors qui puisse lui arriver (à l'homme) est de *s'ennuyer*. (II, 47.)
Il *s'ennuie de* la symphonie, et demande si elle ne doit pas bientôt finir. (I, 71 ; voyez II, 68, *l.* 17.)
Né inquiet et qui *s'ennuie de* tout, il (l'homme) ne *s'ennuie* point *de* vivre. (II, 249 et 250.)

ENNUYEUSEMENT :
Ils parlent proprement et *ennuyeusement*. (I, 223.)

ENNUYEUX, EUSE :
Livres froids et *ennuyeux*. (I, 109.)
La vie est courte et *ennuyeuse*. (II, 18.)

ÉNONCER (S') :
Cette distance.... de la terre au soleil, et celle.... de la terre à Saturne sont si peu de chose, comparées à l'éloignement qu'il y a de la terre aux étoiles, que ce n'est pas même *s'énoncer* assez juste que de se servir, sur le sujet de ces distances, du terme de comparaison. (II, 262.)

ÉNORME :
Le savoir-faire et l'habileté ne mènent pas jusques aux *énormes* richesses. (I, 260.)

ÉNORMITÉ :
L'*énormité* de la demande. (I, 375.)

ENRACINER (S'), au figuré :
Il (le duel) *s'étoit....* si profondément *enraciné* dans l'opinion des peuples.... (II, 143.)

ENRAGÉ, au figuré :
Puisses-tu être pendu, maudit sonneur qui.... fais un bruit *enragé*! (I, 83.)

ENRICHIR, au figuré :
La vie des héros *a enrichi* l'histoire, et l'histoire a embelli les actions des héros. (I, 116.)

ENSEIGNE, au propre et au figuré :
Vous pouvez aujourd'hui ôter à cette ville.... ses droits, ses priviléges; mais demain ne songez pas même à réformer ses *enseignes*. (I, 364.)
Folie, simplicité, imbécillité..., de mettre l'*enseigne* d'auteur ou de philosophe ! (II, 88.)

ENSEMBLE, adverbe :
Un amas fortuit d'atomes qui se sont liés et enchaînés *ensemble* par la figure et la conformation de leurs parties. (II, 267.)
Un cercle de personnes.... liées *ensemble*.... par.... un commerce d'esprit. (I, 236.)
On voit parler *ensemble* le bailli et le président. (I, 234.)
Je compare *ensemble* les deux conditions.... les plus opposées. (I, 347.)
Ses amis ont fait *ensemble* une certaine somme pour le secourir dans un besoin pressant. (I, 68.)
On l'approche (la vraie grandeur) tout *ensemble* avec liberté et avec retenue. (I, 169.)

ENSEVELIR, au figuré :
Un homme de la cour qui n'a pas un assez beau nom, doit l'*ensevelir* sous un meilleur. (I, 305.)
Maux.... *ensevelis* sous la honte, sous le secret et dans l'obscurité. (I, 366.)
Une personne humble, qui *est ensevelie* dans le cabinet, qui a médité.... pendant toute sa vie. (I, 161.)

ENSORCELÉ DE, au figuré :
On voit des gens enivrés, *ensorcelés de* la faveur. (I, 322.)

ENTAMER, au figuré :
Cette confiance le rend moins précautionné, et les mauvais plaisants l'*entament* par cet endroit. (I, 165.)
L'unique soin des enfants est de trouver l'endroit foible de leurs maitres... : dès qu'ils ont pu les *entamer*, ils gagnent le dessus. (II, 28.)
Quelques affreux périls qu'il commence à prévoir dans la suite de son entreprise, il faut qu'il l'*entame*. (II, 125.)
Les grands sujets lui sont défendus : il les *entame* quelquefois. (I, 149.)
Il a eu du temps de reste pour *entamer* un ouvrage. (I, 381.)
Entamer ce tissu de louanges qu'exigent le devoir et la coutume, par quelques traits où ce grand cardinal soit reconnoissable. (II, 457.)
Personne à la cour ne veut *entamer*; on s'offre d'appuyer, parce que....

on espère que nul n'*entamera*, et qu'on sera ainsi dispensé d'appuyer. (I, 309; voyez I, 313, *n*. 43.)

ENTASSEMENT, au figuré :
L'*entassement* des figures. (I, 143.)

ENTASSER, au propre et au figuré :
Il fait.... peser ces viandes, et il en *entasse* le plus qu'il peut. (I, 53.)
Quelques-uns, pour étendre leur renommée, *entassent* sur leurs personnes des pairies, des colliers d'ordre, des primaties, la pourpre. (I, 159.)

ENTENDRE, sens divers; s'ENTENDRE; ENTENDRE À :
Qu'*entends*-je de certains personnages qui ont des couronnes...? ils viennent trouver cet homme (le roi Guillaume) dès qu'il a sifflé, ils se découvrent dès son antichambre. (II, 133.)
Entre ceux qui lisent, ceux-ci aiment à être forcés par la démonstration, et ceux-là veulent *entendre* délicatement, ou former des raisonnements et des conjectures. (I, 9.)
Ceux qui *entendent* finement n'en perdent pas le moindre trait ni une seule pensée. (II, 225.)
Les sots lisent un livre, et ne l'*entendent* point. (I, 127.)
Une dernière scène où les mutins n'*entendent* aucune raison. (I, 138.)
L'on ne peut plus *entendre* que celle (la philosophie) qui est dépendante de la religion chrétienne. (II, 63, note 1.)
La salle où s'est donné le spectacle, j'*entends* le toit et les quatre murs dès leurs fondements. (I, 135.)
« Diffamé » dérive de « fame », qui ne s'*entend* plus. (II, 211.)
Soigneux.... d'exagérer l'énormité de la demande, et de faire convenir, s'il se peut, des raisons qu'il a de n'y pas *entendre*. (I, 375.)

ENTENDU :
S'il y avoit moins de dupes, il y auroit moins de ce qu'on appelle des hommes fins ou *entendus*. (II, 21.)

ENTER SUR, au figuré :
Ils *entent sur* cette extrême politesse que le commerce des femmes leur a donnée.... un esprit de règle,... et quelquefois une haute capacité, qu'ils doivent à la chambre et au loisir d'une mauvaise fortune. (II, 46.)

ENTERRER, au figuré :
Il y a telle femme qui anéantit ou qui *enterre* son mari au point qu'il n'en est fait dans le monde aucune mention. (I, 194.)
Les amours meurent par le dégoût, et l'oubli les *enterre*. (I, 204.)

ENTÊTEMENT, parti pris favorable, engouement :
La prévention du peuple en faveur des grands est si aveugle, et l'*entêtement* pour leur geste, leur visage, leur ton de voix et leurs manières si général, que s'ils s'avisoient d'être bons, cela iroit à l'idolâtrie. (I, 338.)
C'a été autrefois mon *entêtement*, comme il est le vôtre. (I, 242.)
Vous étiez la coqueluche ou l'*entêtement* de certaines femmes. (I, 237.)
L'on ne pense pas toujours constamment d'un même sujet : l'*entêtement* et le dégoût se suivent de près. (II, 74; voyez *ibidem*, *l*. 3.)
La ville est partagée en diverses sociétés.... Tant que cet assemblage est dans sa force, et que l'*entêtement* subsiste, l'on ne trouve rien de bien dit ou de bien fait que ce qui part des siens. (I, 276.)

ENTIER, ÈRE :
Caché.... depuis cinq jours *entiers*. (I, 51.)

Il m'est plus doux de nier Dieu que de l'accorder avec une tromperie si spécieuse et si *entière*. (II, 251.)

ENTRAILLES :
Ceux qui.... tirent, pour ainsi dire, de leurs *entrailles* tout ce qu'ils expriment sur le papier. (I, 149.)

ENTRAÎNER :
Cet homme si sage.... fera-t-il de lui-même cette démarche si raisonnable? Y *entraînera*-t-il sa femme? (II, 178.)

ENTRE :
Ceux qui.... pourroient avoir rang *entre* nos amis. (I, 208.)
On veut à la cour que bien des gens manquent d'esprit qui en ont beaucoup; et *entre* les personnes de ce dernier genre une belle femme ne se sauve qu'à peine avec d'autres femmes. (I, 189; voyez I, 21, *l.* 17; I, 283, *l.* 20.)
[Ces clefs sont] presque toutes différentes *entre* elles. (II, 449.)

ENTRÉE, au propre et au figuré, sens divers :
[Les arcs].... qui doivent orner la ville capitale un jour d'*entrée*. (I, 372.)
Les langues sont la clef ou l'*entrée* des sciences. (II, 85.)
Ces clefs étant différentes, quel moyen de les faire servir à une même *entrée*, je veux dire à l'intelligence de mes Remarques? (II, 449.)
Il dit les *entrées* qui ont été servies au dernier repas. (II, 56.)

ENTREMETS :
Il place ensuite le rôt et les *entremets*. (II, 56; voyez I, 153, *l.* dernière; I, 246, *l.* 2.)

ENTREPRENDRE :
Qui *entreprendra* des caravanes? (II, 275.)

ENTREPRISE :
Quelques.... périls qu'il commence à prévoir dans la suite de son *entreprise*, il faut qu'il l'entame. (II, 124.)
Il faut chercher seulement à penser et à parler juste, sans vouloir amener les autres.... à nos sentiments: c'est une trop grande *entreprise*. (I, 113.)
Alexandre étoit bien jeune pour un dessein si sérieux (la conquête de l'univers) : il est étonnant que dans ce premier âge les femmes ou le vin n'aient plus tôt rompu son *entreprise*. (II, 121.)
Défendre le cœur d'une jeune femme contre les *entreprises* de son galant. (I, 193.)

ENTRER, au propre et au figuré, emplois divers :
Il *entre* à l'appartement. (II, 7.)
D'autres ont la clef des sciences, où ils n'*entrent* jamais. (II, 139.)
J'ai rebattu les généalogies que je lui ai déjà enseignées, et vais *entrer* dans celles des maisons de Saxe, Lorraine, Hostein, Savoie, et peu d'autres qui *sont entrées* dans votre branche de Bourbon. (II, 478.)
Il *entre* dans le secret des familles. (I, 342.)
Si vous considérez combien de gens *entrent* dans l'exécution de ces mouvements. (I, 254.)
Empressé pour engager dans une affaire des personnes qui, ne l'affectionnant point, n'osent pourtant refuser d'y *entrer*. (I, 60.)
Il ne manque pas de lui applaudir, d'*entrer* dans cette mauvaise plaisanterie. (I, 37.)

Le sot ne se tire jamais du ridicule, c'est son caractère ; l'on y *entre* quelquefois avec de l'esprit, mais l'on en sort. (II, 97.)

L'homme du meilleur esprit est inégal ; il souffre des accroissements et des diminutions ; il *entre* en verve, mais il en sort. (II, 66.)

Le paysan ou l'ivrogne fournit quelques scènes à un farceur ; il n'*entre* qu'à peine dans le vrai comique. (I. 138.)

Il discourt avec eux des avantages de ce commerce, des gains immenses qu'il y a à espérer pour ceux qui y *entrent*. (I, 77 ; voyez I, 46, *l*. 1.)

L'orateur fait de si belles images de certains désordres, y fait *entrer* des circonstances si délicates.... (II, 225.)

Tout le monde s'élève contre un homme qui *entre* en réputation. (II, 103.)

Les gens déjà chargés de leur propre misère sont ceux qui *entrent* davantage par la compassion dans celle d'autrui. (II, 38.)

J'ai mené un vrai deuil d'avoir échappé au plaisir d'entendre une si belle pièce (l'oraison funèbre de la princesse Palatine), faite d'ailleurs sur un sujet où j'*entre* si fort et par devoir et par inclination. (II, 491.)

J'ai été présent aux trois dernières leçons de M. Sauveur.... M. le duc de Bourbon.... me parut *entrer* aisément dans toutes les choses dont il s'agissoit. (II, 483.)

Son Altesse a paru *entrer* dans ces raisons. (II, 490.)

Il *entre* avec eux en société des mêmes amusements. (II, 68.)

[Il] s'arrête dans l'endroit du Pirée.... où se trouve un plus grand nombre d'étrangers ; il *entre* en matière avec eux, il leur dit qu'il a beaucoup d'argent sur la mer. (I, 77.)

Un grain d'esprit et une once d'affaires plus qu'il n'en *entre* dans la composition du suffisant, font l'important. (II, 99 ; voyez I, 107, *l*. 6.)

ENTRER, avec l'auxiliaire *avoir* :

Il semble que Cicéron *ait entré* dans les sentiments de ce philosophe. (I, 15.)

Ils (les prédicateurs) *ont entré* en société avec les auteurs et les poëtes. (II, 226.)

ENTRE-SOL :

Celui qui logé chez soi dans un palais..., vient coucher au Louvre dans un *entre-sol* n'en use pas ainsi par modestie. (I, 168.)

ENTRETENIR, conserver, maintenir ; ENTRETENIR DE :

Il a la main douce, et il l'*entretient* avec une pâte de senteur. (II, 148.)

[Il] le réveille pour l'*entretenir de* vains discours. (I, 72.)

ENTRETIEN :

Tout ce qui se dit de froid, de vain et de puéril dans les *entretiens* ordinaires. (I, 215 ; voyez I, 219, *n*. 10 et 11.)

ENTREVOIR :

L'air de cour est contagieux... ; on l'*entrevoit* en des fourriers, en de petits contrôleurs, et en des chefs de fruiterie. (I, 300.)

ÉNUMÉRATEUR :

On prête l'oreille.... aux déclamateurs, aux *énumérateurs*. (II, 222.)

ÉNUMÉRATION :

Ils suivent sans peine l'orateur dans toutes les *énumérations* où il se promène. (II, 225.)

ENVELOPPER, ENVELOPPÉ ; S'ENVELOPPER DE :

Envelopper une dupe. (I, 347.) — La prendre comme dans un filet.

Caractère équivoque, mêlé, *enveloppé*. (I, 336.)
Parler ambigument, d'une manière *enveloppée*. (I, 374.)
Un desir secret et *enveloppé* de la mort d'autrui. (I, 267.)
Il ramasse, pour ainsi dire, toutes ses pièces, *s'en enveloppe* pour se faire valoir; il dit : « Mon ordre, mon cordon bleu. » (I, 357.)

ENVIE :

Toute jalousie n'est point exempte de quelque sorte d'*envie*.... L'*envie*.... est quelquefois séparée de la jalousie. (II, 41 ; voyez II, 20, n. 22.)
Je ne lui porte plus d'*envie*. (I, 360.)
Ceux à qui sa charge,... ou ce qu'il possède feront *envie*. (I, 255.)
Il me fait *envie* de manger à une bonne table où il ne soit point. (II, 57.)
Pour éviter.... l'*envie* du peuple, il n'a point voulu user de ce privilége. (I, 78.)

ENVIER, ENVIER À :

Les hommes.... *envient* les places qui demeurent vacantes. (II, 243.)
Ceux qui font bien mériteroient seuls d'*être enviés*. (I, 214.)
Il *envie à* ses propres valets.... la plus petite pièce de monnaie qu'ils auront ramassée dans les rues. (I, 58.)
L'on peut.... *envier* ou refuser *à* mes écrits leur récompense. (II, 18.)

ENVISAGER :

L'on court les malheureux pour les *envisager*. (I, 317.)

ENVOYER :

[Les] viandes que l'on *envoie* sur l'autel de Diane. (I, 54.)
Elle *envoie* vers son père, veut se réconcilier avec lui. (II, 178.)
Un domestique.... vole l'argent que son maître lui *envoie* porter. (II, 194.)
Il *envoie* s'excuser à ses amis. (I, 370.)

ÉPAISSEUR :

Une physionomie.... confuse, embarrassée dans une *épaisseur* de cheveux étrangers. (I, 328.)

ÉPANDRE (S'), se répandre :

Un embrasement qui.... *s'épand* au loin dans une forêt. (I, 125.)

ÉPARGNE :

DE L'*épargne* SORDIDE. — Cette espèce d'avarice est dans les hommes une passion de vouloir ménager les plus petites choses sans aucune fin honnête. (I, 54.)

L'ÉPARGNE, le trésor public :

Il n'y a rien pour lui (pour l'homme dévot) sur la cassette ni à l'*Épargne*. (II, 161.)

ÉPARGNER, ÉPARGNER À :

Ils.... vont trouver les foulons pour obtenir d'eux de ne pas *épargner* la craie dans la laine qu'ils leur ont donnée à préparer. (I, 56.)
Jeune, on conserve pour sa vieillesse ; vieux, on *épargne* pour la mort. (I, 266 ; voyez *ibidem*, n. 66.)
Ceux qui reçoivent pour les choses saintes ne croient point les vendre. Ce sont peut-être des apparences qu'on pourroit *épargner aux* simples et *aux* indévots. (II, 173.)

ÉPAULE :

Vous voyez des gens.... qui marchent des *épaules*. (I, 302.)

ÉPEE :

Je ne sais d'où la robe et l'*épée* ont puisé de quoi se mépriser réciproquement. (I, 352 ; voyez I, 272, *n.* 81.)

ÉPERDUMENT :

Si une laide se fait aimer, ce ne peut être qu'*éperdument*. (I, 204 ; voyez I, 322, *l.* 18 et 19.)

ÉPERON, au figuré :

L'un (Callisthène) avoit besoin d'*éperon* pour être excité, et..., il falloit à l'autre (à Théophraste) un frein pour le retenir. (I, 16.)

ÉPIC, épi, orthographe des éditions anciennes. (II, 144, *l.* 21 et note 3.)

EPIGRAMME :

Des transitions.... si vives et si aiguës qu'elles pouvoient passer pour *épigrammes*. (II, 222.)

ÉPILEPSIE :

Un homme frappé d'*épilepsie*. (I, 67.)

ÉPINEUX, euse, au figuré :

Je viserai toujours à ce qu'il emporte de toutes mes études ce qu'il y a de moins *épineux* et qui convient davantage à un grand prince. (II, 480.)

Question.... *épineuse*,... embarrassée. (I, 306.)

Les hommes.... sont.... *épineux* sur les moindres intérêts. (II, 20.)

Ces gens, *épineux* dans les payements qu'on leur fait, rebutent un grand nombre de pièces qu'ils croient légères. (I, 42.)

L'on est.... étonné de se trouver dur et *épineux*. (II, 17.)

EPISODE :

Des parenthèses qui peuvent passer pour *épisodes*. (I, 220.)

ÉPITAPHE, masculin. (I, 74, *variante*.)

ÉPITHÈTE :

Amas d'*épithètes*, mauvaises louanges. (I, 116.)

ÉPÎTRE dédicatoire. (II, 226, *l.* 24 et 25 ; II, 453, *l. dernière*.)

ÉPOUSER, au propre et au figuré :

Épouser une veuve.... signifie faire sa fortune. (I, 265.)

Il va.... faire espérer aux mères qu'il *épousera*. (I, 290.)

Il *épouse* la passion et les haines de ceux pour qui il parle. (II, 187.)

Ces.... esclaves des grands, dont ils *ont épousé* le libertinage. (II, 240.)

ÉPOUSEUR :

Voilà toutes les femmes en campagne pour l'avoir pour galant, et toutes les filles pour *épouseur*. (I, 290.)

ÉPOUVANTAIL :

Ce n'est pas seulement la terreur des maris, c'est l'*épouvantail* de tous ceux qui ont envie de l'être. (I, 291.)

EPOUVANTER :

S'il y a en nous quelque barbarie, elle consiste à *être épouvantés* de voir d'autres peuples raisonner comme nous. (II, 89.)

ÉPREUVE :

Une probité à toutes *épreuves*. (I, 335.)

ÉPRIS DE :
Épris de la fortune..., ils en sont jaloux jusqu'à l'excès. (II, 247.)

ÉPROUVER :
Un bon auteur, et qui écrit avec soin, *éprouve* souvent que l'expression qu'il cherchoit depuis longtemps sans la connoître, et qu'il a enfin trouvée, est celle qui étoit la plus simple. (I, 118.)

ÉPUISER, ÉPUISER DE, S'ÉPUISER, au figuré :
Un prédicateur devroit faire choix dans chaque discours d'une vérité unique..., la manier à fond et l'*épuiser*. (II, 235.)
Ceux.... qui ne font pas un siége, mais qui y assistent, *ont* bientôt *épuisé* leur curiosité. (II, 118.)
Celui qui a eu l'expérience d'un grand amour néglige l'amitié ; et celui qui *est épuisé* sur l'amitié n'a encore rien fait pour l'amour. (I, 200.)
On l'a.... vue (la guerre).... *épuiser* les familles *d*'héritiers. (I, 367.)
Je voudrois qu'on ne fît mention de la délicatesse, de la propreté et de la somptuosité des généraux qu'après n'avoir plus rien à dire sur leur sujet, et *s'être épuisé* sur les circonstances d'une bataille gagnée. (II, 196.)

ÉPURER, ÉPURÉ DE, au figuré :
Le manque d'appui et d'approbation non-seulement ne lui nuit pas (à la vertu), mais il la conserve, l'*épure*. (II, 143.)
La première source de tout le comique : je dis de celui qui est *épuré des* pointes, *des* obscénités, *des* équivoques, etc. (I, 15.)

ÉQUIPAGE :
Elle paroît ordinairement avec une coiffure plate et négligée, en simple déshabillé, sans corps.... : elle est belle en cet *équipage*. (I, 192.)
Il sort rarement de chez soi ; il aime la chambre,... où il tracasse, et dans l'*équipage* d'un homme qui a pris médecine. (II, 197.)
Il leur avoit mis à chacune (à chaque puce) une salade en tête, leur avoit passé un corps de cuirasse..., et en cet *équipage* elles alloient par sauts et par bonds dans leur bouteille. (II, 130.)
Tout ce qu'il trouve sous sa main lui est propre, hardes, *équipages*. (II, 56.)
Ne saluez qu'à peine ces gens qui passent dans leur *équipage*. (I, 278.)
Au retour d'une cavalcade qu'il aura faite avec d'autres citoyens, il renvoie chez soi par un valet tout son *équipage*. (I, 74.)
Les Crispins se cotisent et rassemblent dans leur famille jusques à six chevaux pour allonger un *équipage*. (I, 280.)
Il s'ingère de les loger, de les meubler, et il ordonne de leur *équipage*. (I, 185.)
Voyez I, 154, *l.* 1 ; I, 245, *l.* 7 ; I, 246, *n.* 1 ; I, 275, *n.* 1 ; I, 283, *l.* 10 ; I, 291, *l.* 20 ; I, 297, *l.* 13 ; I, 303, *l.* 1 ; II, 27, *n.* 53 ; II, 53, *l.* 5 ; II, 171, *n.* 18.

ÉQUITÉ :
Est-ce qu'il n'y auroit pas dans le monde la plus petite *équité*? (II, 21 ; voyez II, 22, *l.* 5.)

ÉQUIVOQUE, substantivement :
Les pointes et les *équivoques*. (I, 238.)

ERRER, au figuré :
Qui me garantiroit que dans peu de temps on n'insinuera pas que même sur le siége.... il (Vauban) *erre* quelquefois ? (II, 116.)

ÉRUDITION :
Tous ceux qui n'ont que beaucoup d'esprit sans *érudition*. (I, 10.)

Tout genre d'*érudition*. (II, 440; voyez II, 80, *n.* 18.)

ESCLAVE, au figuré :

Hermippe est l'*esclave* de ce qu'il appelle ses petites commodités. (II, 196.)

Une femme.... qui soit moins *esclave* de son humeur. (I, 181.)

ESCRIMEUR :

S'ils se promènent par la ville et qu'ils rencontrent en leur chemin des philosophes, des sophistes, des *escrimeurs*.... (I, 45.)

ESPACE :

Les deux lignes qui partiroient de leurs yeux (à Paris et au Japon) pour aboutir jusqu'à cet astre.... se confondroient en une seule et même ligne, tant la terre entière n'est pas *espace* par rapport à cet éloignement. (II, 263.)

ESPÈCE (En), en nature :

La subtile invention, de faire de magnifiques présents de noces qui ne coûtent rien, et qui doivent être rendus en *espèce*! (I, 292; voyez *ibidem*, note 1.)

ESPÉRER de, suivi d'un substantif :

Si quelqu'un.... le convie à mieux *espérer de* la fortune : « Comment, lui répond-il, puis-je être sensible à la moindre joie? » (I, 68.)

Espérer de, devant un infinitif :

L'on *espère de* vieillir, et l'on craint la vieillesse. (II, 25.)

ESPRIT, sens et emplois divers :

Des hommes, qui ont une âme qui est *esprit*. (II, 120.)

Un être.... dont notre âme est.... une portion, comme *esprit* et comme immortelle. (II, 237.)

C'est un corps qui vit,... qui doit avoir des muscles,... et un cerveau pour distribuer les *esprits* animaux. (II, 268; voyez *ibidem*, note 3.)

Le philosophe consume sa vie à observer les hommes, et il use ses *esprits* à en démêler les vices et le ridicule. (I, 127.)

L'on est plus sociable.... par le cœur que par l'*esprit*. (I, 214.)

Il y a dans les meilleurs conseils de quoi déplaire. Ils viennent d'ailleurs que de notre *esprit*. (II, 111.)

La même justesse d'*esprit* qui nous fait écrire de bonnes choses. (I, 119.)

Le stoïcisme est un jeu d'*esprit*. (II, 3.)

Appellerai-je homme d'*esprit* celui qui, borné.... dans quelque art..., ne montre hors de là ni jugement ni mémoire? (II, 100; voyez I, 118, *n.* 17; II, 41, *l.* 11.)

C'est un homme sage et qui a de l'*esprit*. (II, 86; voyez II, 113, *n.* 86.)

Il faut avoir de l'*esprit* pour être homme de cabale. (I, 334.)

Les femmes..., les gens de la cour, et tous ceux qui n'ont que beaucoup d'*esprit* sans érudition. (I, 10.)

Un homme libre, et qui n'a point de femme, s'il a quelque *esprit* peut s'élever au-dessus de sa fortune. (I, 159.)

Le peuple n'a guère d'*esprit*, et les grands n'ont point d'âme. (I, 347.)

Voyez I, 113, *n.* 3; I, 189, *n.* 57; I, 214, *n.* 81; I, 258, *n.* 38; II, 17, *n.* 13 et 14; , 20, *n.* 25; II, 39, *n.* 83; II, 42, *n.* 87 et 89; II, 46, *l.* 8; II, 94, *n.* 33; II, 97, . 44 et 47; II, 99, *n.* 54; II, 100, *n.* 56; II, 105, *n.* 63.

Il y a des artisans ou des habiles dont l'*esprit* est aussi vaste que l'art et la science qu'ils professent. (I, 147.)

Il y a beaucoup plus de vivacité que de goût parmi les hommes; ou pour mieux dire, il y a peu d'hommes dont l'*esprit* soit accompagné d'un goût sûr et d'une critique judicieuse. (I, 116.)

Une compagnie où la vertu seule fût admise, le mérite placé, l'*esprit* et le savoir rassemblés par des suffrages. (II, 459.)

Ce qu'il y a eu en lui (en Corneille) de plus éminent, c'est l'*esprit*, qu'il avoit sublime. (I, 140.)

C'est un métier que de faire un livre, comme de faire une pendule : il faut plus que de l'*esprit* pour être auteur. (I, 113.)

L'on a mis.... dans le discours tout l'ordre.... dont il est capable : cela conduit insensiblement à y mettre de l'*esprit*. (I, 147.)

D'autres.... ont commencé leur vie par les plaisirs et.... ont mis ce qu'ils avoient d'*esprit* à les connoître. (II, 46.)

Vous-même, vous croyez-vous sans aucun *esprit*? et si vous en avez, c'est sans doute de celui qui est beau et convenable : vous voilà donc un bel esprit. (II, 86.)

Ces gens d'un bel *esprit* et d'une agréable littérature. (II, 240.)

Le bon *esprit* nous découvre notre devoir, notre engagement à le faire, et s'il y a du péril, avec péril : il inspire le courage, ou il y supplée. (I, 158.)

L'homme du meilleur *esprit* est inégal : il souffre des accroissements et des diminutions; il entre en verve, mais il en sort. (II, 66.)

L'une des marques de la médiocrité de l'*esprit* est de toujours conter. (II, 98 ; voyez II, 70, *n.* 153; II, 98, *n.* 54.)

Le chef-d'œuvre de l'*esprit*, c'est le parfait gouvernement. (I, 387; voyez I, 120, *l.* 14.)

L'on n'a guère vu.... un chef-d'œuvre d'*esprit* qui soit l'ouvrage de plusieurs. (I, 115.)

Ouvrages de l'*esprit*. (I, 113.)

Il n'y a point d'autre ouvrage d'*esprit* si bien reçu dans le monde. (I, 122.)

Un *esprit* médiocre croit écrire divinement. (I, 119.)

Certains *esprits* vains, légers, familiers, délibérés. (I, 217.)

L'*esprit* chagrin fait que l'on n'est jamais content de personne.... « Je n'étois pas digne, dit cet *esprit* querelleux, de boire de son vin. » (I, 67.)

L'*esprit* de défiance nous fait croire que tout le monde est capable de nous tromper. (I, 68.)

L'*esprit* du jeu, celui de la société et de la conversation. (II, 42 ; voyez II, 101, *l.* 1.)

L'*esprit* de la conversation consiste bien moins à en montrer beaucoup qu'à en faire trouver aux autres. (I, 223.)

On est exposé à dire, en moins d'une heure, le oui et le non sur une même chose ou sur une même personne, déterminé seulement par un *esprit* de société et de commerce. (II, 95.)

Tout ce qui peut servir de pâture à son *esprit* d'intrigue, de médiation et de manége. (I, 342.)

Un *esprit* de règle, de réflexion. (II, 46.)

On lit son livre, quelque excellent qu'il soit, dans l'*esprit* de le trouver médiocre. (II, 234.)

Dans l'*esprit* de contenter ceux qui reçoivent froidement tout ce qui appartient aux étrangers et aux anciens, et qui n'estiment que leurs mœurs, on les ajoute (les Caractères) à cet ouvrage. (I, 28.)

L'on se couche à la cour et l'on se lève sur l'intérêt...; c'est ce qui fait que l'on pense, que l'on parle...; c'est dans cet *esprit* qu'on aborde les uns et qu'on néglige les autres. (I, 306; voyez I, 54, *l.* 8.)

Sans citer les personnes graves ou les *esprits* forts qui trouvent du foible dans un ris excessif comme dans les pleurs, et qui se les défendent également, qu'attend-on d'une scène tragique? (I, 137.)

Les *esprits* forts savent-ils qu'on les appelle ainsi par ironie ? (II, 237.)

Voyez II, 237, *l. dernière;* II, 240, *l.* 2; II, 243, *n.* 20; II, 244, *l.* 1.

BEL ESPRIT. Voyez BEAU.

ESSAI :

L'*essai* et l'apprentissage d'un jeune adolescent qui passe de la férule à la pourpre, et dont la consignation a fait un juge, est de décider souverainement des vies et des fortunes des hommes. (II, 187.)

ESSAIM, au figuré :

Un *essaim* de gens de livrées. (I, 280.)

ESSAYER, ESSAYER DE :

Il n'y a sorte de volupté qu'ils n'*essayent*. (I, 303.)

Le nom de ce panégyriste semble gémir sous le poids des titres dont il est accablé.... Quand sur une si belle montre, l'on *a* seulement *essayé du* personnage, et qu'on l'a un peu écouté, l'on reconnoît qu'il manque au dénombrement de ses qualités celle de mauvais prédicateur. (II, 228.)

N'*essayer des* richesses, *de* la grandeur, *des* plaisirs et *de* la santé, que pour les voir changer.... en leurs contraires. (II, 250.)

ESSENTIEL; ESSENTIEL À; ESSENTIEL, substantivement :

Sa malpropreté... n'est qu'une négligence pour les petites choses, et qui semble supposer qu'on n'a d'application que pour les solides et *essentielles*. (II, 33.)

La science des détails.... est une partie *essentielle au* bon gouvernement. (I, 382.)

Il est... si *essentiel à* tout ce qui est un bien d'être acheté par mille peines.... (II, 19.)

Une circonstance *essentielle à* la justice que l'on doit aux autres, c'est de la faire promptement et sans différer. (II, 112 ; voyez I, 286, *l.* 6.)

Il tend... par ses intrigues au solide et à l'*essentiel*. (I, 376.)

ESSUYER, au figuré :

La plus brillante fortune ne mérite point..., ni les petitesses où je me surprends, ni les humiliations, ni les hontes que j'*essuie*. (I, 326.)

Les grands sont si heureux, qu'ils n'*essuient* pas même, dans toute leur vie, l'inconvénient de regretter la perte de leurs meilleurs serviteurs. (I, 340.)

Quelle persécution le « car » n'a-t-il pas *essuyée* ! (II, 207.)

J'évite.... d'*essuyer* sa gravité, son ris amer et son laconisme. (I, 359.)

Il (le Roi) *essuie* l'inclémence du ciel et des saisons. (II, 470.)

Combien de jolies phrases lui faudra-t-il *essuyer* ! (I, 219.)

Si le moment, ou la malice, ou l'autorité manque à celui qui a intérêt de le supprimer (un testament), il faut qu'il en *essuie* les clauses et les conditions. (II, 190.)

L'on a cette incommodité à *essuyer* dans la lecture des livres faits par des gens.... de cabale, que l'on n'y voit pas toujours la vérité. (I, 146.)

ESTAFIER, laquais :

Un grand.... s'enivre de meilleur vin que l'homme du peuple : seule différence que la crapule laisse.... entre le seigneur et l'*estafier*. (I, 348.)

ESTAMPE :

Vous voulez.... voir mes *estampes*? (II, 138 ; voyez *ibidem*, *l.* 14 et 18.)

ESTIMATION :
Il n'est pas le seul qui fasse de si mauvaises *estimations*. (I, 225.)

ESTIMER, faire cas de :
Aristote.... *estimoit* en celui-ci (en Théophraste).... un caractère de douceur qui régnoit également dans ses mœurs et dans son style. (I, 16.)

Estimer, regarder comme, juger, croire ; estimer que :
Des défauts.... que l'on *estime* des vertus. (I, 236.)
Ce qu'il y a de plus raisonnable et de plus sûr, c'est d'*estimer* celle (la forme de gouvernement) où l'on est né la meilleure de toutes. (I, 363.)
Ils *estimoient* impraticable à un homme même qui est dans l'habitude de penser, et d'écrire ce qu'il pense, l'art de lier ses pensées. (II, 442.)
Le destin du vigneron, du soldat.... m'empêche de m'*estimer* malheureux par la fortune des princes ou des ministres qui me manque. (II, 64.)
Il ne faut presque rien pour être cru fier... : il faut encore moins pour *être estimé* tout le contraire. (I, 228.)
Je n'*estime* pas *que* l'homme soit capable de former dans son esprit un projet plus vain et plus chimérique, que de prétendre.... échapper à toute sorte de critique. (I, 9 ; voyez I, 77, *l.* 13.)

ESTOMAC :
Une ceinture.... placée haut sur l'*estomac*. (I, 160.)
Giton a.... les épaules larges, l'*estomac* haut. (I, 272.)
Il.... les laisse dormir (ces enfants) sur son *estomac*. (I, 44.)

ESTROPIÉ, au figuré :
Un tissu d'énigmes leur seroit une lecture divertissante ; et c'est une perte pour eux que ce style *estropié* qui les enlève soit rare. (I, 124.)

ET, emplois et tours divers ; et.... et :
On ne le voit guère.... importuner les Dieux, *et* leur faire des vœux. (I, 65.)
Une volage, celle qui ne sait si elle aime *et* ce qu'elle aime. (I, 176.)
De longs *et* de fastidieux serments. (I, 224.)
Vous en rencontrez une (une estampe) qui n'est ni noire, ni nette..., *et* d'ailleurs moins propre à être gardée dans un cabinet.... (II, 138.)
Il joue au trictrac, il demande à boire ;... il avale les dés..., et inonde celui contre qui il joue. *Et* dans une chambre où il est familier, il crache sur le lit et jette son chapeau à terre. (II, 10.)
J'observerai cette méthode dans toutes les vies qui suivent. *Et* parce que M. le duc de Bourbon a toujours un peu de peine à s'appliquer..., je ne sais autre chose que lui inculquer fortement, etc. (II, 507.)
J'apporte tout le soin dont je suis capable pour l'en rendre instruit, *et* des autres études dont Votre Altesse m'a chargé. (II, 506.)
Je vous en rendrois un compte exact, *et* de la danse de Son Altesse *et* de tout le reste. (II, 488.)
La nouveauté, qui est un mal, *et* fort dangereux. (I, 366.)
Il.... lui dit.... quels beaux vases, *et* tout enrichis de pierreries, il a rapportés de l'Asie. (I, 78.)
Il.... ne paroît guère dans une assemblée publique qu'avec une vieille robe *et* toute tachée. (I, 71.)
Il se fait déployer une riche robe, *et* qui vaut jusqu'à deux talents. (I, 79.)
Qui peut nommer de certaines couleurs changeantes, *et* qui sont diverses selon les divers jours dont on les regarde? (I, 298.)
Voulez-vous un autre système, *et* qui ne diminue rien du merveilleux ? (II, 265.)

Des princes de l'Église, *et* qui se disent successeurs des Apôtres. (II, 170.)

Que penser de la magie et du sortilége? La théorie en est obscure, les principes vagues, incertains, *et* qui approchent du visionnaire. (II, 201.)

Que leur sert le mystérieux jargon de la médecine, *et* qui est une mine d'or pour ceux qui s'avisent de le parler? (II, 77 ; voyez II, 494, *l.* 5.)

Un bon auteur, *et* qui écrit avec soin. (I, 118.)

J'ai des collègues, *et* qui font mieux que moi *et* avec autant de zèle. (II, 480 ; voyez I, 140, *l. dernière* et note 5.)

Un vieil auteur, *et* dont j'ose rapporter ici les propres termes. (I, 319 ; voyez I, 56, note 2 ; II, 138, *l.* 13.)

L'un des capitaines d'Alexandre le Grand, *et* dont la famille régna quelque temps dans la Macédoine. (I, 78, note 5.)

Des pièces d'éloquence.... faites de main de maîtres *et* dont la profession est d'exceller dans la science de la parole. (II, 452.)

Il a l'humeur noire, chagrine, *et* dont toute la famille souffre. (II, 142.)

Il n'y a que deux sortes de richesses, *et* auxquelles les autres se réduisent, l'argent et les terres. (II, 275.)

Ces derniers sont pour l'ordinaire de grands sujets, *et* sur qui l'on peut faire beaucoup de fond. (II, 46.)

La comparaison qu'il fait de ces personnes avec lui-même, *et* où il trouve son compte. (II, 156.)

Théodote avec un habit austère a un visage comique, *et* d'un homme qui entre sur la scène. (I, 321.)

« Ains » a péri : la voyelle qui le commence, *et* si propre pour l'élision, n'a pu le sauver ; il a cédé à un autre monosyllabe, *et* qui n'est au plus que son anagramme. (II, 205.)

J'ai vu..., pendant le cours de ma vie, toutes sortes de personnes *et* de divers tempéraments. (I, 33.)

Vos médecins, Fagon, *et* toutes les facultés, avouez-le, ne guérissent pas toujours. (II, 199.)

Il sort rarement de chez soi ; il aime la chambre,... où il tracasse, *et* dans l'équipage d'un homme qui a pris médecine. (II, 197.)

Je leur avois balbutié.... un discours où il n'y avoit ni style ni sens commun, qui étoit rempli d'extravagances, *et* une vraie satire. (II, 441.)

Ce règne est court, *et* celui de son successeur Louis XII. (II, 481.)

Si, par la facilité du commerce, il m'étoit moins ordinaire de m'habiller de bonnes étoffes, *et* de me nourrir de viandes saines, *et* de les acheter peu.... (I, 384.)

Princes qui ont su joindre aux plus belles.... connoissances *et* l'atticisme des Grecs *et* l'urbanité des Romains. (II, 83.)

On attend qu'il ait parlé, *et* longtemps *et* avec action, pour avoir audience. (I, 342.)

« Maint » est un mot qu'on ne devoit jamais abandonner, *et* par la facilité qu'il y avoit à le couler dans le style, *et* par son origine, qui est françoise. (II, 206.)

ÉTABLIR ; ÉTABLI ; S'ÉTABLIR ; ÉTABLIR DE, QUE :

Que deviennent les lois...? Où se réduisent même ceux qui doivent tout leur relief et toute leur enflure à l'autorité où ils *sont établis* de faire valoir ces mêmes lois? (II, 77.)

Une certaine opinion d'eux-mêmes *établie* dans l'esprit de mille gens.... qu'ils ne connoissent point. (II, 117.)

Quelle est la roture un peu heureuse et *établie* à qui il manque des armes? (II, 165.)

Il ne l'en dépossède pas (Racine ne dépossède pas Corneille du théâtre), il est vrai ; mais il *s'y établit* avec lui. (II, 462.)

Celui qui écoute s'*établit* juge de celui qui prêche, pour condamner ou pour applaudir. (II, 220.)

Ne *se sont*-elles pas.... *établies* elles-mêmes (les femmes) dans cet usage de ne rien savoir, ou par la foiblesse de leur complexion, ou par la paresse de leur esprit? (I, 187.)

Pourquoi n'*est*-il pas *établi de* faire publiquement le panégyrique d'un homme qui a excellé pendant sa vie dans la bonté, dans l'équité? (II, 228.)

Si vous *établissez que*.... les uns soient riches et les autres pauvres..., vous faites alors que le besoin rapproche mutuellement les hommes. (II, 276.)

ÉTABLISSEMENT :

Il se fait, quelque part où il se trouve, une manière d'*établissement*, et ne souffre pas d'être plus pressé au sermon.... que dans sa chambre.(II, 55.)

Quelque idée qui me vienne, et quelque nouvel *établissement* que je fasse au sujet des études de M. le duc de Bourbon, je déménage sans peine pour aller où il plaît à Votre Altesse. (II, 478.)

Il y a d'autres maux qui sont tels seulement par leur *établissement*. (I, 365.)

L'histoire [de la république de Gênes] dès son premier *établissement* jusques à ses dernières soumissions à Versailles. (II, 493.)

Il étoit délicat autrefois de se marier; c'étoit un long *établissement*, une affaire sérieuse. (II, 180.)

Élever mes enfants dans les sciences ou dans les arts qui feront un jour leur *établissement*. (I, 384; voyez II, 23, *n*. 32.)

Il y a un sentiment de liberté à suivre ses caprices, et tout au contraire de servitude à courir pour son *établissement*. (I, 209.)

Avec un visage flétri, et des jambes déjà foibles, l'on dit : « Ma fortune, mon *établissement*. » (I, 262.)

Le mérite qui est seul et dénué de grands *établissements*. (I, 309; voyez I, 253, *n*. 24.)

Hommes riches et ambitieux, contempteurs de la vertu, et de toute association qui ne roule pas sur les *établissements* et sur l'intérêt. (II, 459.)

ÉTALER, activement et absolument :

Leurs épaules qu'elles *étalent* avec leur gorge. (I, 328.)

Combien de belles et inutiles raisons à *étaler* à celui qui est dans une grande adversité! (I, 236.)

Ce n'est plus la sérénité et la joie que le sentiment d'une bonne conscience *étale* sur le visage. (II, 159.)

Dieu ne pouvoit moins faire pour *étaler* son pouvoir. (II, 270.)

L'endroit du Pirée où les marchands *étalent*, et où se trouve un plus grand nombre d'étrangers. (I, 77; voyez I, 281, *l*. 19.)

L'on ouvre et l'on *étale* tous les matins pour tromper son monde; et l'on ferme le soir après avoir trompé tout le jour. (I, 259.)

ÉTANCHER :

Il *étanche* le sang qui coule de sa plaie. (I, 83.)

ÉTAT, sens divers :

Ils se sont si bien ajustés, que par leur *état* ils deviennent capables de toutes les grâces; ils sont amphibies, ils vivent de l'Église et de l'épée. (I, 316.)

L'*état* seul, et non le bien, règle la dépense. (I, 272.)

Il faudroit ou fermer les théâtres, ou prononcer moins sévèrement sur l'*état* des comédiens. (II, 173.)

Laissez-les jouer un jeu ruineux, faire perdre leurs créanciers..., c'est leur *état*. (II, 153.)

Il semble qu'il y ait dans l'Église comme deux *états* qui doivent la partager : celui de dire la vérité....; celui de l'écouter avidement. (II, 226.)

Il est.... incapable d'affaires; je ne lui confierois l'*état* de ma garderobe. (II, 84.)

Les enfants commencent entre eux par l'*État* populaire; chacun y est le maître. (II, 29; voyez II, 180, *l.* 2.)

La machine de l'*État* et du gouvernement. (I, 366.)

Ne ménager sa vie que pour le bien de son *État*; aimer le bien de son *État*.... plus que sa vie. (I, 390 et 391.)

ÉTEINDRE, au figuré :

L'on me dit tant de mal de cet homme, et j'y en vois si peu, que je commence à soupçonner qu'il n'ait un mérite importun qui *éteigne* celui des autres. (I, 313.)

Il se fait longtemps prier..., pour *éteindre* les espérances et ôter la pensée d'exiger de lui rien de plus fort. (I, 375; voyez II, 455, *l.* 3.)

On en est là, quand la fièvre nous saisit et nous *éteint*. (II, 19.)

Un autre grand périt insensiblement, et perd chaque jour quelque chose de soi-même avant qu'il *soit éteint*. (II, 243.)

ÉTENDARD (Lever l'), au figuré :

Il ne convient pas à toute sorte de personnes de *lever l'étendard* d'aumônier, et d'avoir tous les pauvres d'une ville assemblés à sa porte, qui y reçoivent leurs portions. (II, 249.)

ÉTENDRE, s'étendre :

Elle s'approprie vos sentiments; elle les croit siens, elle les *étend*, elle les embellit. (II, 92.)

Il possède le langage des cuisines autant qu'il peut *s'étendre*. (II, 57.)

Une vaste capacité, qui *s'étende* non-seulement aux affaires de dehors...; mais qui sache aussi se renfermer au dedans, et comme dans les détails de tout un royaume. (I, 390.)

Il *s'etend*.... sur la fameuse bataille qui, etc. (I, 49; voyez I, 9, *l.* 8.)

ÉTERNEL :

[La justice] est.... de celles que l'on appelle des *éternelles* vérités. Cette vérité..., ou n'est point et ne peut être, ou elle est l'objet d'une connoissance; elle est donc *éternelle*, cette connoissance, et c'est Dieu. (II, 274.)

ÉTINCELER, au figuré :

[Il] crie, se désespère, *étincelle* des yeux. (II, 4.)

ÉTOFFE, au figuré :

Il y a des gens d'une certaine *étoffe* ou d'un certain caractère avec qui il ne faut jamais se commettre. (I, 226.)

ÉTOILE :

Straton est né sous deux *étoiles*. (I, 335.)

Toutes les occasions de vaincre qui se sont.... offertes, il les a embrassées; et celles qui n'étoient pas, sa vertu et son *étoile* les ont fait naître. (I, 162; voyez I, 332, *l.* 4; I, 380, *l.* 5.)

Étoile, astérisque. (I, 69, note 6.)

ÉTONNEMENT :

Je ne sors pas d'admiration et d'*étonnement* à la vue de certains personnages que je ne nomme point. (I, 182.)

ÉTONNER :
Les grandes choses *étonnent*, et les petites rebutent. (II, 74; voy. I, 25, *l.* 30.)
ÉTOUFFER de; s'étouffer de :
Combien de gens vous *étouffent de* caresses dans le particulier.... qui sont embarrassés de vous dans le public. (I, 309.)
Il *s'est étouffé de* crier après les chiens qui étoient en défaut. (I, 283.)
ÉTOURDIR de; s'étourdir; s'étourdir de :
Ils vous *étourdissent*.... *de* courtines et *de* chemin couvert. (II, 119.)
Il se déconcerte, il *s'étourdit* : c'est une courte aliénation. (I, 317.)
Il *s'étourdit* moins *du* poste qu'il occupe qu'il n'est humilié par un plus grand qu'il ne remplit pas. (I, 155.)
ÉTRANGE, étonnant, en bonne part :
Je vous annoncerois d'*étranges* progrès. (II, 480; voyez I, 342, *l.* 1.)
ÉTRANGER, ère, adjectif; étranger, substantivement :
L'on écarte tout cet attirail qui t'est *étranger*, pour pénétrer jusques à toi, qui n'es qu'un fat. (I, 160.)
Il y a des vices.... que nous apportons en naissant....; il y en a d'autres que l'on contracte, et qui nous sont *étrangers*. (II, 17.)
Ils (les hommes) aiment (pour leur portraits) des attitudes forcées ou immodestes, une manière dure, sauvage, *étrangère*, qui font un capitan d'un jeune abbé,... une Diane d'une femme de ville. (II, 149.)
Tout est *étranger* dans l'humeur, les mœurs et les manières de la plupart des hommes. (II, 18.)
Une physionomie.... confuse, embarrassée dans une épaisseur de cheveux *étrangers*. (I, 328.)
Sur l'argent qu'il aura reçu de quelques *étrangers* pour leur louer des places..., il trouve le secret d'avoir sa part franche du spectacle. (I, 53.)
ÊTRE, verbe substantif ou attributif :
Les jeter dans le parti de continuer d'*être* ce qu'ils sont, et de vous laisser tel que vous *êtes*. (I, 338.)
Qui a vu la cour a vu du monde ce qui *est* le plus beau, le plus spécieux et le plus orné. (I, 337.)
Entrer et perdre dans ces maisons *est* une même chose. (I, 269.)
C'a été autrefois mon entêtement, comme il *est* le vôtre. (I, 242.)
La matière a-t-elle dans son fond une idée aussi pure.... qu'*est* celle de l'esprit ? (II, 256.)
L'envie.... est quelquefois séparée de la jalousie : comme *est* celle qu'excitent dans notre âme les conditions fort élevées au-dessus de la nôtre. (II, 41.)
Une belle arme.... est une pièce de cabinet..., qui n'*est* pas d'usage. (I, 187.)
Il semble que le héros *est* d'un seul métier, qui est celui de la guerre, et que le grand homme *est* de tous les métiers. (I, 161.)
Il se trouva.... à la tranchée,... sans *être* de garde ni commandé. (II, 33.)
Les manières d'un homme empressé *sont* de prendre sur soi l'événement d'une affaire qui *est* au-dessus de ses forces. (I, 61.)
Un Pamphile, en un mot, veut être grand, il croit l'*être*; il ne l'*est* pas, il *est* d'après un grand. (I, 357.)
Être avec des gens qu'on aime, cela suffit. (I, 202.)
Des courtisans qui parlent, qui rient, et qui *sont* à la chapelle avec moins de silence que dans l'antichambre. (II, 155.)

Un grand causeur..., s'il *est* sur les tribunaux, ne laisse pas la liberté de juger. (I, 49.)

Téléphe a de l'esprit, mais dix fois moins qu'il ne présume d'en avoir :... il n'*est* donc jamais dans ce qu'il a de force et d'étendue. (II, 65.)

Eumolpe.... a eu un père.... qui s'étoit élevé si haut, que tout ce qu'il a pu souhaiter..., *ç'a été* de l'atteindre ; et il l'a atteint. *Étoit*-ce dans ces deux personnages éminence d'esprit, profonde capacité ? *étoit*-ce les conjonctures ? (I, 272.)

Parler et offenser, pour de certaines gens, *est*.... la même chose. (I, 226.)

La gloire ou le mérite de certains hommes *est* de bien écrire ; et de quelques autres, c'*est* de n'écrire point. (I, 147.)

C'*est* à leurs parents à en prendre soin. (I, 322.)

Le meilleur de tous les biens,... c'*est* le repos, la retraite et un endroit qui soit son domaine. (I, 326.)

L'occasion prochaine de la pauvreté, c'*est* de grandes richesses. (I, 261.)

Il dit et il fait mieux qu'il ne sait ; ce *sont* en lui comme deux âmes qui ne se connoissent point. (II, 102.)

Qui sait parler aux rois, c'*est* peut-être où se termine toute la prudence et toute la souplesse du courtisan. (I, 329.)

Les Altesses à qui je *suis* seront informées de tout ce que vous avez fait pour moi. (II, 513.)

Goûtez bien cela ; il *est* de Léandre, et il ne me coûte qu'un grand merci. (I, 194.)

Il faut avoir trente ans pour songer à sa fortune ; elle n'*est* pas faite à cinquante ; l'on bâtit dans sa vieillesse, et l'on meurt quand on en *est* aux peintres et aux vitriers. (I, 259.)

La lune.... n'achève par jour que cinq cent quarante mille lieues : ce n'*est* par heure que vingt-deux mille cinq cents lieues. (II, 259.)

Il lui faudra.... quarante-un mille six cent soixante-six jours, qui *sont* plus de cent quatorze années, pour faire ce voyage. (II, 261.)

C'est une grande question s'il s'en trouve de tels (des athées) ; et quand il *seroit* ainsi, cela prouve seulement qu'il y a des monstres. (II, 242.)

Que *seroit*-ce de vous et de lui, si quelqu'un ne survenoit heureusement pour déranger le cercle, et faire oublier la narration ? (I, 220.)

Être, absolument, exister :

Il y a quarante ans que je n'*étois* point, et qu'il n'étoit pas en moi de pouvoir jamais *être*. (II, 252.)

Il y a cent ans qu'on ne parloit point de ces familles, qu'elles n'*étoient* point. (I, 272.)

La modestie n'*est* point. (II, 34.)

L'athéisme n'*est* point. (II, 242.)

Il y a un temps où la raison n'*est* pas encore, où l'on ne vit que par instinct. (II, 26.)

La guerre a pour elle l'antiquité ; elle *a été* dans tous les siècles. (I, 367.)

Toutes les occasions de vaincre qui se sont offertes, il les a embrassées ; et celles qui n'*étoient* pas, sa vertu et son étoile les ont fait naître. (I, 162.)

L'on aimeroit qu'un bien qui n'*est* plus pour nous ne *fût* plus aussi pour le reste du monde. (II, 51.)

Une puissance très-absolue,... qui ôte cette distance infinie qui *est* quelquefois entre les grands et les petits. (I, 391.)

L'éloquence profane est transposée pour ainsi dire du barreau,... où elle n'est plus d'usage, à la chaire, où elle ne doit pas *être*. (II, 220.)

Le sage qui n'*est* pas, ou qui n'est qu'imaginaire, se trouve.... au-dessus de tous les événements... : pendant que l'homme qui *est* en effet sort de son sens. (II, 4.)

Être, suivi d'un substantif sans article :
Ils *sont* gens à belles aventures. (I, 282.)
La gloire.... aime le remue-ménage, et elle *est* personne d'un grand fracas. (II, 130.)
Les coureurs n'ont pu discerner si ce qu'ils ont découvert à la campagne *sont* amis ou ennemis. (I, 82.)
Le sot *est* automate, il *est* machine, il *est* ressort. (II, 66.)
La terre entière n'*est* pas espace par rapport à cet éloignement. (II, 263.)
La moquerie *est* souvent indigence d'esprit. (I, 235.)
Tout *est* tentation à qui la craint. (I, 180.)
La faire attendre (la justice), c'*est* injustice. (II, 112.)
C'*est* rusticité que de donner de mauvaise grâce. (I, 315.)
C'*est* médisance, c'*est* calomnie. (II, 444.)
Si la noblesse *est* vertu, elle se perd par tout ce qui n'est pas vertueux. (II, 169.)

Être, substantivement :
Il doit son *être* et sa conservation à une nature universelle. (II, 253.)
Voyez II, 256, *n*. 40 ; II, 267, *l*. 27.
Garder sa place soi-même..., savoir les *êtres* de la chapelle.... savoir où l'on est vu et où l'on n'est pas vu. (II, 151 ; voyez *ibidem*, note 2.)

ÉTROIT, au figuré :
[Il] entretint toujours un commerce *étroit* avec ce philosophe. (I, 19.)
Je me fais un devoir *étroit*.... de les avancer tous deux. (II, 500.)

ÉTROITEMENT, au figuré :
Les choses que nous sommes *étroitement* obligés de faire. (II, 48.)

ÉTUDE, sens divers :
Hermippe est l'esclave de ce qu'il appelle ses petites commodités.... Il s'en fait une *étude*. (II, 196; voyez II, 202, *l*. 8, et *ibidem*, note 1, une variante fautive.)
Il n'y a si vil praticien qui, au fond de son *étude* sombre et enfumée..., ne se préfère au laboureur. (I, 295.)

ÉTYMOLOGIE :
Qui peut concevoir.... que certains abbés.... soient originairement et dans l'*étymologie* de leur nom les pères et les chefs de saints moines ? (II, 170 ; voyez *ibidem*, note 1.)

ÉVANGÉLIQUE :
Cette tristesse *évangélique* qui en est l'âme (du sermon). (II, 220.)

ÉVANOUIR, s'évanouir, au figuré :
Si les hommes.... ont de la droiture et de la sincérité..., où *sont* évanouies les disputes de l'école? (II, 77.)
On en a vu (des maux).... qui ont sapé par les fondements de grands empires, et qui les ont fait *évanouir* de dessus la terre. (I, 366.)
Le besoin d'argent a réconcilié la noblesse avec la roture, et a fait *évanouir* la preuve des quatre quartiers. (II, 168.)
Ne faire qu'apparoir dans sa maison, *s'évanouir* et se perdre comme un fantôme dans le sombre de son cabinet. (I, 278.)
Il s'avance déjà sur le théâtre d'autres hommes qui vont jouer dans une même pièce les mêmes rôles : ils *s'évanouiront* à leur tour. (I, 337.)

Cette question s'*évanouit*. (II, 437.)

ÉVÉNEMENT :
Les manières d'un homme empressé sont de prendre sur soi l'*événement* d'une affaire qui est au-dessus de ses forces. (I, 61.)
O pâtres!... si les *événements* ne vont point jusqu'à vous..., recevez-moi parmi vous à manger votre pain noir. (II, 128.)

ÉVITER :
Éviter le théâtre, le laisser à ceux qui ne courent aucun risque à s'y montrer. (I, 279.)
Ce vice (l'avarice) est dans l'homme un oubli de l'honneur et de la gloire, quand il s'agit d'*éviter* la moindre dépense. (I, 75.)
Bien que les magistrats lui aient permis tels transports de bois qu'il lui plairoit sans payer de tribut, pour *éviter* néanmoins l'envie du peuple, il n'a point voulu user de ce privilége. (I, 78.)

ÉVOCATION, terme de pratique. (I, 295, *l*. 22.)

ÉVOLUTION :
Les *évolutions* qu'il faut faire..., à droit ou à gauche. (I, 85.)

EXACT, acte :
Il est fort *exact* à visiter.... les prêtres d'Orphée. (I, 66.)
Un auteur *exact* et scrupuleux. (I, 108.)
Une *exacte* police. (I, 390.)

EXACTITUDE, au pluriel. (I, 110, *l*. 6 et 7.)

EXCELLENCE :
Bernin n'a pas.... traité toutes ses figures d'une égale force ; mais.... de certains traits.... découvrent aisément l'*excellence* de l'ouvrier. (II, 445.)

EXCELLENT :
D'*excellents* joueurs de flûtes. (I, 71.)
Tout l'art des plus *excellents* ouvriers. (I, 271.)
Émire avoit deux frères.... d'une *excellente* beauté. (I, 196.)
Le plus *excellent* mérite. (I, 151.)

EXCELLER :
Pourquoi n'est-il pas établi de faire publiquement le panégyrique d'un homme qui *a excellé* pendant sa vie dans la bonté, dans l'équité ? (II, 228.)
Il a laissé à douter en quoi il *excelloit* davantage, ou dans les belles-lettres, ou dans les affaires. (II, 467.)
L'autre *excelle* par un grand sens. (I, 161.)
Exceller dans le médiocre. (I, 148.)

EXCÈS :
Ils veulent qu'on leur explique.... les vices extrêmes par le défaut ou par l'*excès* entre lesquels chaque vertu se trouve placée, et duquel de ces deux extrêmes elle emprunte davantage. (I, 11.)
Une extrême malpropreté, et une négligence pour sa personne qui passe dans l'*excès* et qui blesse ceux qui s'en aperçoivent. (I, 70.)
Gens pécunieux, que l'*excès* d'argent.... mène jusqu'à une froide insolence. (II, 448.)

EXCESSIF, ive :
Une *excessive* opinion de soi-même. (I, 342.)

EXCITER :
Ces passions,... favorites des anciens, que les tragiques aimoient à *exciter* sur les théâtres, et qu'on nomme la terreur et la pitié. (I, 141.)

EXCLURE de :
Il exige d'abord de petites choses,... qui ne l'*excluent* pas *d*'en demander une plus grande. (I, 374.)

EXCLUSION :
Bien qu'un être universel qui pense renferme dans son idée infiniment plus de grandeur.... qu'un être particulier qui pense, il ne renferme pas néanmoins une plus grande *exclusion* de matière. (II, 255.)

EXCOMMUNIÉ, substantivement :
Une troupe d'*excommuniés*. (II, 173.)

EXCUSER (S') à, s'excuser de :
Il envoie *s'excuser à* ses amis qu'il a la veille conviés à dîner. (I, 370.)
Il y mène sa femme ; ou si elle *s'en excuse* par d'autres soins, il y fait conduire ses enfants par une nourrice. (I, 66.)

EXÉCRABLE :
Dire d'une chose modestement ou qu'elle est bonne ou qu'elle est mauvaise.... demande du bon sens.... Il est plus court de prononcer d'un ton décisif.... ou qu'elle est *exécrable*, ou qu'elle est miraculeuse. (I, 224.)

EXÉCUTION :
L'éloquence de la chaire.... est.... d'une difficile *exécution*.... Les matières sont grandes, mais usées et triviales. (II, 230 et 231.)

EXEMPLAIRE :
Je viens de trouver une méprise dans l'*exemplaire* de la traduction dont j'ai envoyé une copie à Votre Altesse. (II, 485.)
Je conseille à un auteur né copiste.... de ne se choisir pour *exemplaires* que ces sortes d'ouvrages où il entre de l'esprit, de l'imagination, ou même de l'érudition. (I, 149.)

EXEMPT de :
L'amitié peut subsister entre des gens de différents sexes, *exempte* même *de* toute grossièreté. (I, 199.)
Montagne, que je ne crois pas.... *exempt de* toute sorte de blâme. (I, 131.)
Des endroits foibles, *dont* elle (la flatterie) prétend que ceux qui leur succèdent sont très-*exempts*. (I, 341.)
Il seroit bien dur qu'un grand chanoine fût sujet au chœur, pendant que.... le pénitencier et le grand vicaire s'*en* croient *exempts*. (II, 176.)
L'on s'est trouvé *exempt de* le charger (cet ouvrage).... de doctes commentaires. (I, 32.) — *Exempt*, dispensé.

EXERCER, s'exercer :
Si vous êtes si touchés de curiosité, *exercez*-la du moins en un sujet noble. (I, 317.)
Ils *auront*.... *exercé* toutes les vertus que vous chérissez. (I, 338.)
Il *a exercé* dans l'une et l'autre fortune le génie du courtisan, qui a dit de lui plus de bien peut-être et plus de mal qu'il n'y en avoit. (I, 336.)
Ce qui paroît le moins en lui (dans le sot), c'est son âme ; elle n'agit point, elle ne *s'exerce* point, elle se repose. (II, 66.)
Le prédicateur.... ne *s'exerce* point sur les questions douteuses. (II, 231 ; voyez II, 105, *l*. 4.)
La jalousie et l'émulation *s'exercent* sur le même objet, qui est le bien ou le mérite des autres. (II, 40 ; voyez II, 67, *l*. 14.)

EXERCICE :
La liberté n'est pas oisiveté ;... c'est le choix du travail et de l'*exercice*. (II, 121.)

La plupart des hommes.... se répandent en tant d'actions et d'*exercices*.... (II, 120.)
Il entre dans les écoles publiques et dans les lieux des *exercices*. (I, 48 ; voyez I, 86, note 2.)
Il s'agit de décrire quelques inconvénients où tombent ceux qui ayant méprisé dans leur jeunesse les sciences et les *exercices* veulent réparer cette négligence dans un âge avancé. (I, 85.)
Les différents *exercices* de la paix et de la guerre. (II, 77.)

EXHALER, au figuré :
On ne peut les fouiller (certains maux).... qu'ils n'*exhalent* le poison et l'infamie. (I, 366.)

EXHÉRÉDÉ, déshérité. (II, 191, *l*. 14.)

EXIGER, EXIGER DE :
Il *exige* d'abord de petites choses. (I, 374.)
Il se repent de l'avoir acheté (un esclave) : « Ne suis-je pas trompé ?... et *exigeroit*-on si peu d'une chose qui seroit sans défauts ? » (I, 68.)
L'on *exigeroit de* certains personnages.... que se mêlant moins dans le peuple..., ils ne le fissent point passer de la curiosité et de l'admiration à l'indifférence et peut-être au mépris. (II, 45.)

EXORBITANT, ANTE :
Demandes *exorbitantes*. (I, 375.)

EXPÉDIENT, substantif :
Trouver les *expédients* d'obliger. (I, 308.)

EXPÉDIER :
Des gens brusques..., qui.... vous *expédient*, pour ainsi dire, en peu de paroles, et ne songent qu'à se dégager de vous. (I, 225 ; voyez I, 80, *l*. 14.)
[Il] attend pour vous donner audience qu'Antagoras *soit expédié*. (II, 60.)

EXPÉDITION, action de hâter, rapidité :
La coutume.... d'interrompre les avocats..., on l'autorise par une raison solide.... qui est celle de l'*expédition*. (II, 185 ; voyez II, 452, *l*. 10.)

EXPÉRIENCE :
La santé et les richesses, ôtant aux hommes l'*expérience* du mal, leur inspirent la dureté pour leurs semblables. (II, 38.)
Celui qui a eu l'*expérience* d'un grand amour néglige l'amitié. (I, 200.)
Elle ne connoissoit que l'amitié. Une jeune et charmante personne, à qui elle devoit cette *expérience*, la lui avoit rendue si douce que, etc. (I, 196.)
Il savoit la guerre, et son *expérience* pouvoit être secondée de la fortune. (II, 125.)

EXPÉRIMENTÉ :
De vieux et *expérimentés* capitaines. (I, 383.)

EXPLIQUER, S'EXPLIQUER :
On pense les choses d'une manière différente, et on les *explique* par un tour aussi tout différent. (I, 111.)
C'est du même trait et du même mot que tous ces gens *s'expliquent* ainsi. (I, 123.)

EXPLOIT, terme de pratique :
L'on n'entend.... que les mots d'*exploit*, de saisie.... (II, 21.)

EXPOSER, exposer à :
Le bel et judicieux usage que celui qui.... *expose* une femme d'une seule nuit sur un lit, comme sur un théâtre ! (I, 293.)
Des hommes publics, et *exposés* par leur condition *à* la vue des autres. (I, 180.)
Et ces traits ainsi.... défigurés..., ils les *exposent* à la censure. (I, 121.)

EXPRESSION :
Qui dit le peuple dit plus d'une chose : c'est une vaste *expression*. (I, 361.)
Ce nom ne répondant point assez à la haute estime qu'il avoit de la beauté de son génie et de ses *expressions*, il l'appela Théophraste. (I, 15.)
Voyez I, 117, *l.* 1; I, 118, *n.* 17; I, 123, *n.* 27; I, 216, *n.* 6.
Plus de richesse d'*expression* et plus de force de raisonnement. (II, 244.)
Elles (les petites choses) ne se soutiennent que par l'*expression*, le ton et la manière. (I, 243.)
Dire d'une chose.... ou qu'elle est bonne ou qu'elle est mauvaise.... demande du bon sens et de l'*expression*. (I, 224.)

EXPRIMER :
Ce n'est point un personnage qu'il soit facile de rendre ni d'*exprimer* par de belles paroles ou par de riches figures. (II, 457.)
Il faut que mes peintures *expriment* bien l'homme en général. (II, 450.)
Il est.... difficile d'*exprimer* la bagatelle qui les a fait rompre. (I, 233.)

EXQUIS, adjectif et substantivement :
Il apparoît, de temps en temps,... des hommes rares, *exquis*. (I, 157.)
Il va jusques à l'*exquis* et à l'excellent. (I, 131.)

EXTENSION :
Quelle force de bras et quelle *extension* de nerfs ils y emploient.... (I, 254.)

EXTÉNUÉ :
Un visage *exténué*. (II, 157.)

EXTERMINER :
L'un de ces magistrats créés pour poursuivre les voleurs et les *exterminer*. (II, 189.)

EXTINCTION, au figuré :
L'*extinction* du genre humain. (II, 56.)

EXTRÊME, adjectif et substantivement :
Il est plus ordinaire de voir un amour *extrême* qu'une parfaite amitié. (I, 200.)
Leur *extrême* pente à rire aux dépens d'autrui. (I, 347.)
Les femmes sont *extrêmes* : elles sont meilleures ou pires que les hommes. (I, 188.)
Ils veulent qu'on leur explique... les vices *extrêmes* par le défaut ou par l'excès entre lesquels chaque vertu se trouve placée, et duquel de ces deux *extrêmes* elle emprunte davantage. (I, 11.)
L'honnête homme tient le milieu entre l'habile homme et l'homme de bien, quoique dans une distance inégale de ses deux *extrêmes*. (II, 99.)
L'*extrême* et le médiocre lui sont connus. (I, 335.)

EXTRÊMEMENT :
J'ose dire que sur les ouvrages qui traitent de choses qui les touchent de si près..., ils sont encore *extrêmement* difficiles à contenter. (I, 9.)

EXTRÉMITÉ :

Il y a peu de familles dans le monde qui ne touchent aux plus grands princes par une *extrémité*, et par l'autre au simple peuple. (II, 168.)

Qu'est devenue votre joie?... Ne faites pas dire de vous.... que quelques mille livres de rente de plus ou de moins vous font passer d'une *extrémité* à l'autre. (II, 159.)

Il leur coûte moins de joindre les *extrémités* que d'avoir une conduite dont une partie naisse de l'autre. (II, 69.)

Les *extrémités* sont vicieuses, et partent de l'homme : toute compensation est juste, et vient de Dieu. (II, 277.)

Tienne qui voudra contre de si grandes *extrémités*. (I, 261.)

L'on ne se rend qu'à l'*extrémité*. (II, 104.)

F

FABLE :

Quelles histoires ne réduisent-ils pas à la *fable* et à la fiction? (I, 350.)

Des *fables* (il s'agit des Métamorphoses d'Ovide), nous en sommes au huitième livre. (II, 478.)

Nous lûmes hier les Principes de M. Descartes.... Je n'oublie point la *fable*, ni les gouvernements, que je mêle toujours avec la géographie. (II, 483.)

Voyez II, 487, *l.* 19; II, 488, *l.* 11; II, 490, *l.* 13; II, 496, *l.* 14; II, 498, *l.* 2.

Un nouvelliste ou un conteur de *fables* est un homme qui arrange, selon son caprice, des discours et des faits remplis de fausseté. (I, 50.)

FACE :

Les grands.... paroissent debout,... et les *faces* élevées vers leur roi. (I, 328.)

Il apparoît de temps en temps sur la *face* de la terre des hommes rares. (I, 157.)

Varier et renouveler la *face* de l'univers. (I, 366.)

FÂCHEUX, substantivement :

Ce qu'on appelle un *fâcheux* est celui qui, sans faire à quelqu'un un fort grand tort, ne laisse pas de l'embarrasser beaucoup. (I, 72.)

Plût aux Dieux que je ne fusse ni votre client ni votre *fâcheux*! (I, 248.)

FACILE :

Si elle est *facile* (la chose qu'on demande), il ne doit pas même la lui faire valoir. (I, 349.)

On a dit « gent, le corps gent » : ce mot si *facile* non-seulement est tombé, l'on voit même qu'il a entraîné « gentil » dans sa chute. (II, 211.)

FACILITÉ :

Le goût et la *facilité* qui est en nous de railler, d'improuver et de mépriser les autres. (II, 38.)

Les.... honneurs qu'ils peuvent espérer par une certaine *facilité*. (I, 376.)

FAÇON :

L'usage a préféré.... « *façons* de faire » à « manières de faire », et « manières d'agir » à « *façons* d'agir ». (II, 213.)

Ceux qui se payent de mines et de *façons* de parler. (I, 324.)

FADAISE :

C'est ignorer le goût du peuple que de ne pas hasarder quelquefois de grandes *fadaises*. (I, 133.)

Ils épouvantent.... par leur fatuité et par leurs *fadaises*. (I, 332.)

FADE, au figuré :
Il peut y avoir un ridicule si bas et si grossier, ou même si *fade* et si indifférent, que, etc. (I, 138; voyez I, 146, *l.* 10.)
Un caractère bien *fade* est celui de n'en avoir aucun. (I, 215.)
De fort sottes gens, des gens *fades*, oisifs, désoccupés. (I, 289.)
D'autres qui ont une *fade* attention à ce qu'ils disent. (I, 222.)

FADEUR :
Il y entre trop de *fadeur* (dans cette manière basse de plaisanter),... pour devoir craindre qu'elle s'étende. (I, 239.)

FAILLIR, faire des fautes :
Tout ce que l'on peut faire à force de *faillir*, c'est de mourir corrigé. (II, 30.)

FAIM, au figuré :
C'est une *faim* insatiable d'avoir et de posséder. (I, 255.)

FAIRE :

1° FAIRE, avec des régimes directs, précédés ou non d'un article ou d'un autre déterminatif :
Pour faciliter les recherches, nous rangeons ces régimes dans l'ordre alphabétique.
Les hommes.... se *feroient* alors une plus grande affaire de leur établissement qu'ils ne s'en *font* dans l'état où sont les choses. (II, 23.)
César.... n'avoit point d'autre béatitude à se *faire* que le cours d'une belle vie, et un grand nom après sa mort. (II, 121.)
Les esprits justes.... vont jusques à un certain point qui *fait* les bornes de leur capacité. (I, 148.)
On *fait* sa brigue pour parvenir à un grand poste. (I, 313.)
Il ne fait que confirmer la voix du peuple dans le choix qu'il *fait* de ses ministres. (II, 471.)
Voyez ci-dessus, p. 58, aux articles COMPAGNIE et COMPARAISON.
Faites-nous.... un conte qui achève de nous endormir. (I, 50.)
Les astres brillent au ciel et *font* leur course. (II, 471.)
Pour *faire* une définition un peu exacte de cette affectation. (I, 43.)
Nommer un roi père du peuple est moins *faire* son éloge que.... *faire* sa définition. (I, 384.)
Ce discours.... ne *fera* point d'autre désordre dans le public que de lui gâter le goût. (II, 229.)
Le bon esprit nous découvre notre devoir, notre engagement à le *faire*, et s'il y a du péril, avec péril. (I, 158.)
Ne pas *faire* la différence de l'odeur forte du thym ou de la marjolaine d'avec les parfums les plus délicieux. (I, 41.)
La finesse est l'occasion prochaine de la fourberie; de l'un à l'autre le pas est glissant; le mensonge seul en *fait* la différence. (I, 333; II, 148, *l.* 10 et 11.)
Un grand qui tient table deux fois le jour, et qui passe sa vie à *faire* digestion. (II, 113.)
Il *fait* de pareils discours aux étrangers. (I, 85; voyez I, 49, *l.* 9.)
Il demande trop, pour être refusé, mais dans le dessein de se *faire* un droit ou une bienséance de refuser lui-même. (I, 374; voyez I, 212, *l.* 9.)
On l'admire, il *fait* envie : à quatre lieues de là, il *fait* pitié. (I, 178.)
Élever mes enfants dans les sciences ou dans les arts qui *feront* un jour leur établissement. (I, 384.)

Il me *fit*, sur cette satire injurieuse, des explications et des excuses qu'il ne me devoit point. (II, 455.)

Quelqu'un *fait* un festin. (I, 67.)

De grands sujets, et sur qui l'on peut *faire* beaucoup de fond. (II, 46.) Les choses sur quoi il est permis de *faire* fond. (I, 374.)

De tous les moyens de *faire* sa fortune, le plus court et le meilleur est de mettre les gens à voir clairement leurs intérêts à vous *faire* du bien. (I. 260; voyez II, 79, *l.* 4.)

Si je *fais* enfin une belle fortune.... (II, 169.)

Mille gens à peine connus *font* la foule au lever pour être vus du prince. (I, 327.)

Étant envoyé.... en ambassade, il laisse chez soi la somme que le public lui a donnée pour *faire* les frais de son voyage. (I, 58.)

Pourquoi me *faire* froid, et vous plaindre de ce qui m'est échappé sur quelques jeunes gens qui peuplent les cours? (II, 123.)

Si on l'interroge sur quelque autre,... il *fait* d'abord sa généalogie. (I, 87.)

Il met du rouge, mais rarement; il n'en *fait* pas habitude. (II, 149.)

Ceux qui *font* l'horoscope et qui tirent la figure. (II, 201.)

On *feroit* l'impossible : on sauroit sans esprit n'être pas un sot. (II 42.)

On en ouvre un autre (un autre livre) qui est galant, et il *fait* impression. (I, 213.)

Si les hommes.... se *font* justice à eux-mêmes, et qu'ils la rendent aux autres, que deviennent les lois? (II, 77.)

Une circonstance essentielle à la justice que l'on doit aux autres, c'est de la *faire* promptement et sans différer. (II, 112.)

Tel a assez d'esprit pour exceller dans une certaine matière et en *faire* des leçons.... (II, 105; voyez I, 381, *n.* 22.)

Il n'est pas si aisé de se *faire* un nom par un ouvrage parfait. (I, 114.)

Faire un nouveau personnage. (I, 379; voyez I, 293, *l.* 8 et 9.)

Je.... crois ainsi être disculpé, à l'égard de Votre Altesse, des plaintes que l'on me dit qu'elle *fait* sur cela. (II, 488.)

Le plaisir le plus délicat est de *faire* celui d'autrui. (I, 223.)

Il imite les postures d'un lutteur...; il les *fait* de mauvaise grâce. (I, 86.)

C'est lui.... qui *fait* querelle à ceux qui étant entrés par billets, croient ne devoir rien payer. (I, 46.)

Nous nous sommes réglés sur l'abrégé de M. de Mezeray pour la vie du roi Henri second...; je m'attache présentement à en *faire* récapitulation à Son Altesse. (II, 507.)

Des régals qu'il *fait* à Xanthe et à Ariston, et des fêtes qu'il donne à Élamire. (I, 283.)

Il va *faire* un grand repas et s'enivrer. (I, 57.)

Assis à table le plus proche de celui qui *fait* le repas, il lui répète souvent : « En vérité, vous *faites* une chère délicate. » (I, 38.)

Je vois les temps où ce ne sera pas assez de l'approbation qu'il (le public) aura donnée à un ouvrage pour en *faire* la réputation. (II, 454.)

Ils perdent en un moment la terre de vue, et *font* leur route. (II, 104.)

Faire son salut. (II, 178.)

Ses amis *ont fait* ensemble une certaine somme pour le secourir. (I, 68.)

Si vous allez derrière un théâtre, et si vous nombrez les poids, les roues, les cordages qui *font* les vols et les machines.... (I, 254.)

2° SE FAIRE :

Les temples où *se fait* un grand concours. (II, 156; voyez II, 232, *l.* 22 et 23.)

L'on ne peut guère charger l'enfance de la connoissance de trop de langues.... Un si grand fonds ne *se* peut bien *faire* que lorsque tout s'imprime dans l'âme naturellement et profondément. (II, 202.)

Il *se fait* de fête. (I, 342.)

3° FAIRE, suivi d'un infinitif :

Il va de maisons en maisons *faire* espérer aux mères qu'il épousera. (I, 290.)

Une froideur.... qui vient de ceux qui sont au-dessus de nous, nous les *fait* haïr ; mais un salut ou un sourire nous les réconcilie. (I, 343.)

Avoir, s'il se peut, un office lucratif, qui rende la vie aimable, qui *fasse* prêter à ses amis et donner à ceux qui ne peuvent rendre. (II, 88.)

4° FAIRE, impersonnellement :

Il *fait* bon avec celui qui ne se sert pas de son bien à marier ses filles, à payer ses dettes, ou à faire des contrats. (I, 270.)

5° FAIRE EN SORTE QUE, FAIRE QUE :

Il *fait en sorte que* l'on croit.... qu'il porte une haire. (II, 155.)

Un voyage de Madame la Duchesse à Paris *fit que* M. le duc de Bourbon ne rendit point compte il y a aujourd'hui huit jours. (II, 503.)

Si vous établissez que.... les uns soient riches et les autres pauvres...., vous *faites* alors *que* le besoin rapproche.... les hommes. (II, 276.)

Il ne s'agit que de *faire qu*'ils s'abouchent et *qu*'ils se parlent. (I, 333.)

Il faut définir l'orgueil une passion qui *fait que* de tout ce qui est au monde l'on n'estime que soi. (I, 80 ; voyez I, 384, *l.* 10.)

6° FAIRE, tenant lieu d'un verbe précédent dont on veut éviter la répétition :

On regarde une femme savante comme on *fait* une belle arme : elle est.... d'une polissure admirable. (I, 187.)

On ne peut mieux user de sa fortune que *fait* Périandre. (I, 251.)

On ne vole point des mêmes ailes pour sa fortune que l'on *fait* pour des choses frivoles et de fantaisie. (I, 209.)

Les grands pensent autrement de sa personne qu'il *fait* lui-même. (I, 155.)

Personne.... ne m'en a parlé avec plus d'éloge qu'ils *ont fait*. (II, 491.)

Ce qu'ils ont de vivacité et d'esprit leur nuit davantage que ne *fait* à quelques autres leur sottise. (I, 226.)

Il est.... à desirer.... qu'on cherchât une fin aux écritures, comme on *a fait* aux plaidoyers. (II, 185.)

Je ne sais si ceux qui osent nier Dieu méritent qu'on s'efforce de le leur prouver, et qu'on les traite plus sérieusement que l'on n'*a fait* dans ce chapitre. (II, 252.)

Celui qui a achevé de si grandes choses, ou n'a jamais écrit, ou a dû écrire comme il *a fait*. (II, 458.)

7° FAIRE, avec des adverbes :

Il se peut faire qu'il y ait au monde plusieurs personnes.... que l'on n'emploie pas, qui *feroient* très-bien. (I, 151 ; voyez I, 229, *n.* 34.)

Celui qui laisse longtemps dire de soi qu'il *fera* bien, *fait* très-mal.(II,113.)

Voyez I, 214, *n.* 83 ; II, 115, *l.* 4.

Une lettre [de Votre Altesse].... *a fait* ici le mieux du monde. (II, 479.)

L'on me dit à l'oreille : « Il a cinquante mille livres de rente. » Cela le concerne tout seul et il ne m'en *fera* jamais ni pis ni mieux ; si je commence à le regarder avec d'autres yeux, et si je ne suis pas maître de *faire* autrement, quelle sottise ! (I, 247.)

8° Faire, absolument; faire, sens et emplois divers :

Il *a fait*, il a agi, avant que de savoir. (I, 162.)

Laisser dire les empêche de *faire*. (I, 351.)

Un peintre qui *fait* d'après nature. (I, 186.)

Je conclus de ce que je *fais* ou ne *fais* point, selon qu'il me plaît, que je suis libre. (II, 274.)

Que les saletés des Dieux, la Vénus, le Ganymède et les autres nudités du Carrache *aient été faites* pour des princes de l'Église.... (II, 170.)

Le monde entier, s'il *est fait* pour l'homme, est littéralement la moindre chose que Dieu *ait fait* (sic) pour l'homme. (II, 270.)

Il y a un certain nombre de phrases toutes *faites*, que l'on prend comme dans un magasin. (I, 330.)

Qui *fait* cela...? ne seroit-ce point la force de la vérité? (II, 248.)

« Verd » ne *fait* plus « verdoyer », ni « fête » « fétoyer ». (II, 210.)

On a dû *faire* du style ce qu'on *a fait* de l'architecture...; on ne sauroit..., s'il se peut, surpasser les anciens que par leur imitation. (I, 117.)

Ils *font* précisément comme on leur *fait*. (I, 300.)

Les courtisans.... étoient las de l'estimer; ils le saluoient froidement....

Il lui falloit cette pension.... pour faire revivre ses vertus...; ils lui *font* comme dans les commencements. (I, 320.)

Est-ce donc *faire* pour le progrès d'une langue que de déférer à l'usage? (II, 215.)

Celui qui a eu l'expérience d'un grand amour néglige l'amitié; et celui qui est épuisé sur l'amitié n'*a* encore rien *fait* pour l'amour. (I, 200.)

Il.... *fait* le mystérieux sur ce qu'il sait de plus important. (I, 324.)

Il n'est pas permis à un certain âge de *faire* la jeune. (I, 173.)

Un homme dissimulé ne parle point indifféremment; il a ses raisons pour dire tantôt qu'il ne *fait* que revenir de la campagne, tantôt, etc. (I, 35.)

C'est plus tôt *fait* de céder à la nature et de craindre la mort, que de faire de continuels efforts.... pour ne la pas craindre. (II, 25.)

C'*est fait* de l'État. (I, 368.)

FAIT, substantif :

Un nouvelliste ou un conteur de fables est un homme qui arrange, selon son caprice, des discours et des *faits* remplis de fausseté. (I, 50.)

Semer en mille occasions des *faits* et des détails qui soient avantageux. (I, 356.)

Un ouvrage satirique ou qui contient des *faits*, qui est donné en feuilles sous le manteau aux conditions d'être rendu de même, s'il est médiocre, passe pour merveilleux; l'impression est l'écueil. (I, 114; voy. *ib.*, note 2.)

Un vieillard qui a vécu à la cour, qui a.... une mémoire fidèle,... est plein de *faits* et de maximes. (II, 54; voyez II, 105, *l.* 5.)

C'est.... le faire valoir (un bon mot) que de le rapporter comme d'un autre : ce n'est qu'un *fait* et qu'on ne se croit pas obligé de savoir. (II, 107.)

Ceci est moins un caractère particulier qu'un recueil de *faits* de distractions. (II, 6, note 1.)

On pense les choses d'une manière différente, et on les explique par un tour aussi tout différent,... par une simple comparaison, par un *fait* tout entier. par un seul trait. (I, 111; voyez *ibidem*, note 5.)

Ils ignorent le *fait* et les personnes. (I, 218.)

Leur avez-vous lu un seul endroit de l'ouvrage, c'est assez, ils sont dans le *fait* et entendent l'ouvrage. (I, 124.)

Il n'est jamais pris sur le *fait*. (I, 357.)

Il (le plénipotentiaire) a son *fait* digéré par la cour, toutes ses démarches sont mesurées. (I, 376.)

Chacun a son *fait* sans qu'il ait eu intention de le lui donner. (I, 220.)
Du moins pour mon *fait* et sur les choses qui me regardent. (II, 480.)
Sur mon *fait*, je suis content de l'attention de Son Altesse. (II, 483.)
Il est de *fait* que l'homme jouit du soleil, des astres, des cieux et de leurs influences. (II, 269.)

FALLOIR (S'en) :
Il *s'en faut* peu que vous ne preniez ce nom pour une injure. (II, 86.)

FAME, réputation. (II, 211, *l.* 5.)

FAMEUX, euse :
Il s'étend merveilleusement sur la *fameuse* bataille qui s'est donnée sous le gouvernement de l'orateur Aristophon. (I, 49.)

FAMILIARISER (Se) :
S'il *se familiarise* quelquefois jusques à inviter ses amis à un repas, il prétexte des raisons pour ne pas se mettre à table. (I, 80.)

FAMILIARITÉ :
Votre homme de confiance, qui est dans votre *familiarité*. (I, 344.)

FAMILIER, familier à :
Mes plus *familiers* amis. (II, 449.)
Nul de ses plus *familiers* n'est épargné. (I, 88.)
« De ses plus familiers amis, » dans les cinq premières éditions.
Homme grave et *familier*. (II, 467.)
Le plaisir d'un roi qui mérite de l'être est de l'être moins quelquefois, de sortir du théâtre, de quitter le bas de saye et les brodequins, et de jouer avec une personne de confiance un rôle plus *familier*. (I, 378.)
J'ai dû.... ne me pas contenter de peindre les Grecs en général, mais même de toucher ce qui est personnel, et ce que plusieurs d'entre eux paroissent avoir de plus *familier*. (I, 34.)
Je me trouve toujours obligé à repasser par tous les endroits de la carte qu'il a déjà vus :... je ne vois point d'autre moyen de *lui* rendre tout cela propre et *familier*. (II, 498.)
Cette bravoure si *familière aux* personnes nobles. (I, 353.)
Les yeux baissés,... l'air recueilli *lui* sont *familiers*. (II, 155.)

FAMILLE :
Il a l'humeur noire, chagrine, et dont toute la *famille* souffre. (II, 142.)
L'intérieur des *familles* est souvent troublé par les défiances. (I, 230.)
Voyez I, 234, *n.* 50 ; I, 327, *n.* 73.
S'il habite une maison dont il paye le loyer, il dit hardiment.... que c'est une maison de *famille* et qu'il a héritée de son père. (I, 79.)

FANTÔME, au figuré :
Ceux qui, sans nous connoître assez, pensent mal de nous, ne nous font pas de tort : ce n'est pas nous qu'ils attaquent, c'est le *fantôme* de leur imagination. (II, 94.)
Ce *fantôme* de vertu et de constance ainsi imaginé, il leur a plu de l'appeler un sage. (II, 4.)

FARCEUR :
Un homme de ce caractère entre sans masque dans une danse comique (« sur le théâtre avec des *farceurs* », dit la Bruyère en note). (I, 46.)
C'est une pratique ancienne dans les cours de donner des pensions.... à un musicien,... à un *farceur*. (II, 160 ; voyez I, 179, *l.* 8.)

Le paysan ou l'ivrogne fournit quelques scènes à un *farceur;* il n'entre qu'à peine dans le vrai comique. (I, 138.)

FARDER, au figuré; SE FARDER, au propre :

Un air réformé, une modestie outrée.... n'ajoutent rien à la probité, ne relèvent pas le mérite; ils le *fardent.* (II, 93.)

Se mettre du rouge ou *se farder.* (I, 171 ; voyez I, 172, *l.* 13.)

Le visage.... allumé et.... plombé par le rouge et par la peinture dont elles *se fardent.* (I, 173.)

FAROUCHE :

L'on voit certains animaux *farouches,...* répandus par la campagne. (II, 61.) — Il s'agit des paysans, en proie à la misère.

Un portier rustre, *farouche.* (I, 247.)

Ceux.... que la fortune aveugle..., a comme accablés de ses bienfaits.... deviennent si *farouches,* que leur chute seule peut les apprivoiser. (II, 44.)

Elle est solitaire et *farouche* dans sa maison. (I, 192 ; voy. II, 92, *l. dern.*)

La fausse grandeur est *farouche* et inaccessible. (I, 168; voy. I, 226, *l.* 16.)

Quand un courtisan.... ne sera point d'un abord *farouche* et difficile.... (II, 153.)

Le peuple ne paroissoit dans la ville que pour y passer avec précipitation;... tout y étoit *farouche* et comme alarmé par le bruit des chars qu'il falloit éviter. (I, 24.)

FASCE, terme de blason. (II, 134, *l.* 2.)

FASTE :

Il remplit avec un grand *faste* tout le temps de sa magistrature. (I, 74.)

FASTUEUX, EUSE :

Cet homme *fastueux* va chez un fameux marchand de chevaux, fait sortir de l'écurie les plus beaux. (I, 79.)

Une vaine et *fastueuse* érudition. (II, 203.)

FAT :

Quelle horrible peine à un homme qui est sans prôneurs et sans cabale,... de venir au niveau d'un *fat* qui est en crédit ! (I, 152.)

Faire le familier (avec un grand), prendre des libertés, marquent mieux un *fat* qu'un favori. (I, 212.)

Un sot est celui qui n'a pas même ce qu'il faut d'esprit pour être *fat.* — Un *fat* est celui que les sots croient un homme de mérite. (II, 97.)

Voyez I, 160, *l.* 14; I, 227, *l.* 4 ; I, 246, *n.* 3 ; II, 42, *n.* 83; II, 43, *n.* 90; II, 75, *n.* 20 ; II, 97, *l.* 9 et 12 ; II, 98, *n.* 47, 51 et 53.

FATUITÉ :

Cette *fatuité* de quelques femmes de la ville, qui cause en elles une mauvaise imitation de celles de la cour. (I, 292; voyez I, 332, *n.* 84.)

FAUSSE-BRAIE, terme de fortification. (II, 119, *l.* 8.)

FAUSSEMENT :

Un homme du peuple, à force d'assurer qu'il a vu un prodige, se persuade *faussement* qu'il a vu un prodige. (II, 164.)

FAUTE :

Il échappe quelquefois de souhaiter la fin de tout le spectacle : c'est *faute* de théâtre, d'action et de choses qui intéressent. (I, 133.)

Il est inexorable à celui qui, sans dessein, l'aura poussé légèrement ou lui aura marché sur le pied : c'est une *faute* qu'il ne pardonne pas. (I, 65.)

Il est pénible à un homme fier de pardonner à celui qui le surprend en *faute*. (I, 210; voyez II, 64, *n.* 136.)
On ne vit point assez pour profiter de ses *fautes*. (II, 30; voyez *ibidem*, *n.* 61 et 62.)

FAUTEUIL :
Chassez un chien du *fauteuil* du Roi. (I, 165.)
Il tient le *fauteuil* quatre heures de suite chez Aricie, où il risque chaque soir cinq pistoles d'or. (I, 284.)

FAUX, FAUSSE ; LE FAUX, substantivement; À FAUX :
Il fait courir un bruit *faux* des choses seulement dont il est chargé. (I, 376.)
Il fait de *fausses* offres, mais extraordinaires, qui.... obligent de rejeter ce que l'on accepteroit inutilement. (I, 375.)
D'où vient que.... l'on a honte d'y pleurer (au théâtre)?... Est-ce une peine que l'on sent à.... marquer quelque foiblesse, surtout en un sujet *faux*, et dont il semble que l'on soit la dupe? (I, 137.)
Gens nourris dans *le faux*. (I, 358.)
Il est difficile à la cour que de toutes les pièces que l'on emploie à l'édifice de sa fortune, il n'y en ait quelqu'une qui porte *à faux*. (I, 308.)

FAUX-FUYANT :
Trouver.... mille tours et mille *faux-fuyants* pour dépayser ceux qui me lisent, et les dégoûter des applications. (II, 451.)

FAVEUR ; EN FAVEUR DE :
L'on voit des gens enivrés, ensorcelés de la *faveur*. (I, 322.)
L'on voit des hommes que le vent de la *faveur* pousse d'abord à pleines voiles. (II, 104.)
Je tiens, dites-vous, à la *faveur* par un endroit. (II, 159.)
Bien des gens vont jusques à sentir le mérite d'un manuscrit qu'on leur lit, qui ne peuvent se déclarer *en sa faveur*, jusques à ce qu'ils aient vu le cours qu'il aura dans le monde par l'impression. (I, 119; voyez I, 310, *l.* 2.)

FAVORI, ITE :
Un affranchi vient lui parler... ; c'est Parmenon, qui est *favori*. (I, 193.)
Voyez I, 324, *l.* 23; I, 326, *n.* 68; I, 335, *n.* 94; I, 378-381, *n.* 17-21; I, 385, *n.* 28.
Ces passions.... *favorites* des anciens, que les tragiques aimoient à exciter sur les théâtres, et qu'on nomme la terreur et la pitié. (I, 141.)

FAVORISER :
Celui qui écoute s'établit juge de celui qui prêche, pour condamner ou pour applaudir, et n'est pas plus converti par le discours qu'il *favorise* que par celui auquel il est contraire. (II, 220.)

FÉAL. (II, 208, *l.* 5.)

FÉCOND, ONDE, au figuré :
L'émulation.... rend l'âme *féconde*. (II, 40.)

FEINDRE, FEINDRE QUE, avec l'indicatif :
Celui-là.... est impudent, qui voyant venir vers lui une femme de condition, *feint* dans ce moment quelque besoin. (I, 56.)
Il débite ses nouvelles, qui sont toutes les plus tristes et les plus désavantageuses que l'on pourroit *feindre*. (I, 369.)
Feignez un homme de la taille du mont Athos. (II, 131.)
De peur que quelquefois ils (mes portraits).... ne parussent *feints* ou imaginés. (II, 450.)

Feignant que la précipitation et le tumulte lui ont fait oublier ses armes, il court les quérir dans sa tente. (I, 82.)
Les stoïques *ont feint qu*'on pouvoit rire dans la pauvreté. (II, 3.)

FEINDRE DE, hésiter à, craindre de :
S'ils ont invité à dîner quelques-uns de leurs amis..., ils ne *feignent* point *de* leur faire servir un simple hachis. (I, 55.)
Au lieu d'expédier sur-le-champ des marchands ou des ouvriers, il ne *feint* point *de* les renvoyer au lendemain matin. (I, 80.)
Je ne *feignis* point *d*'ajouter quelques nouvelles remarques. (I, 109; voyez II, 83, *l*. 3.)

FELOUX, terme de numismatique :
Diognète sait d'une médaille le frust, le *feloux*, et la fleur de coin. (II, 137; voyez *ibidem*, note 3.)

FEMME :
Une autre fois il (Ménalque) rend visite à une *femme*, et se persuadant bientôt que c'est lui qui la reçoit..., il trouve.... que cette dame fait ses visites longues. (II, 8.)
Une *femme* d'une seule nuit. (I, 293.)
Pour les *femmes* du monde, un jardinier est un jardinier. (I, 180.)

FEMMELETTE :
Il fait rire jusqu'aux enfants et aux *femmelettes*. (I, 179.)

FENDRE :
Quels sont ses outils? est-ce le coin? sont-ce le marteau ou l'enclume? où *fend*-il, où cogne-t-il son ouvrage? (II, 85.)
Il *fend* la presse et se retire. (I, 76.)

FERME, adjectif; FERME, adverbialement :
C'est moins une véritable éloquence que la *ferme* poitrine du missionnaire qui nous ébranle. (II, 231.)
Un *ferme* génie. (II, 33.)
Les pasteurs ont tenu *ferme*, mais les ouailles se sont dispersées. (II, 222.)

FERME, substantif. Voyez SOUS-FERME.

FERMEMENT :
Celui qui.... sait renoncer *fermement*.... à un grand nom.... (I, 336.)
Voyez I, 371, *l*. 18; II, 65, *l*. 2.

FERMER, activement et absolument :
Téléphe a de l'esprit, mais dix fois moins.... qu'il ne présume d'en avoir.... Il a comme une barrière qui le *ferme*, et qui devroit l'avertir de s'arrêter en deçà. (II, 65.)
L'on ouvre et l'on étale tous les matins pour tromper son monde; et l'on *ferme* le soir après avoir trompé tout le jour. (I, 259.)

FERMETÉ :
A quelques-uns l'arrogance tient lieu de grandeur, l'inhumanité de *fermeté*. (II, 20.)

FÉROCE, au sens latin de *ferox*, fier, farouche :
Les jeunes gens....[sont] durs, *féroces*, sans mœurs ni politesse. (I, 327.)
Il lui faut (à l'homme) une disgrâce ou une mortification pour le rendre plus humain, plus traitable, moins *féroce*, plus honnête homme. (I, 335.)

FÉROCITÉ, fierté, humeur farouche :
Il y auroit une espèce de *férocité* à rejeter indifféremment toute sorte de louanges. (I, 229.)
La brutalité est une certaine dureté, et j'ose dire une *férocité*, qui se rencontre dans nos manières d'agir. (I, 64.)

FERTILE, au figuré :
Vous n'êtes arrêté dans la lecture que par les difficultés qui sont invincibles, où les commentateurs et les scoliastes eux-mêmes demeurent court, si *fertiles* d'ailleurs, si abondants.... dans les endroits clairs. (II, 203.)

FÉRULE :
Un jeune adolescent qui passe de la *férule* à la pourpre, et dont la consignation a fait un juge. (II, 187.)

FÊTE ; SE FAIRE DE FÊTE :
Il semble qu'aux âmes bien nées les *fêtes*, les spectacles, la symphonie rapprochent et font mieux sentir l'infortune de nos proches. (II, 38.)
Il entre dans le secret des familles ;... il prévient, il s'offre, il *se fait de fête*, il faut l'admettre. (I, 342.)

FÉTOYER. (II, 210, *l. dernière.*)

FEU, au figuré :
Les naseaux (d'un cheval de Bernin) soufflent le *feu* et la vie. (II, 445.)
Il s'est glissé dans un livre quelques pensées ou quelques réflexions qui n'ont ni le *feu*, ni le tour, ni la vivacité des autres. (I, 106.)
Ils (certains hommes) jettent *feu* et flamme. (I, 349.)
Arrias.... prend *feu*.... contre l'interrupteur. (I, 218.)

FEUILLE d'impression :
Un ouvrage satirique ou qui contient des faits, qui est donné en *feuilles*, sous le manteau, aux conditions d'être rendu de même, s'il est médiocre, passe pour merveilleux ; l'impression est l'écueil. (I, 114.)

FEUILLE-MORTE, couleur :
Un homme rouge ou *feuille-morte* (un laquais). (II, 87.)

FEUILLETER, au figuré :
Un ferme génie.... ne perd rien à retracer et à *feuilleter*, pour ainsi dire, sa vie et ses actions. (II, 34 ; voyez I, 320, *n.* 57.)

FIBRE :
Les autres, contents que l'on réduise les mœurs aux passions, et que l'on explique celles-ci par le mouvement du sang, par celui des *fibres* et des artères, quittent un auteur de tout le reste. (I, 12.)

FICTION :
Quelles histoires ne réduisent-ils pas à la fable et à la *fiction*? (I, 350.)
Ce n'est pas une honte.... à un jeune homme que d'épouser une femme avancée en âge.... L'infamie est de se jouer de sa bienfactrice.... Si la *fiction* est excusable, c'est où il faut feindre de l'amitié. (II, 181.)

FIDÉICOMMIS, terme de jurisprudence. (II, 193, *l.* 1 ; voyez II, 194, *l.* 19.)

FIDÉICOMMISSAIRE, terme de jurisprudence. (II, 194, *l.* 12.)

FIDÈLE, croyant ; FIDÈLE À :
Le premier (le docile) est persuadé et *fidèle*, et.... le second (le foible) est entêté et corrompu. (II, 237.)

Ils sont à la vérité des esprits forts, et plus forts que tant de grands hommes si éclairés, si élevés, et néanmoins si *fidèles*, que les Léons, les Basiles, les Jérômes, les Augustins. (II, 244.)

Un homme est plus *fidèle au* secret d'autrui qu'*au* sien propre. (I, 189.)

FIEL, au figuré :
Leur style est mêlé de *fiel* et d'absinthe. (I, 226.)

FIER (Se) à.... sur :
L'on voit.... des gens rustiques.... ne *se* pas *fier à* leurs amis *sur* les moindres affaires. (I, 41.)

FIER :
Un homme *fier* et superbe n'écoute pas celui qui l'aborde dans la place pour lui parler de quelque affaire. (I, 80.)
Il ne faut presque rien pour être cru *fier*, incivil, méprisant. (I, 228.)
Un homme d'esprit, et qui est né *fier*. (I, 229.)

FIÈREMENT, d'un ton farouche, sévèrement :
Le valet arrive, à qui il demande *fièrement* d'où il vient. (II, 13.)

FIERTÉ :
Un homme d'esprit.... ne perd rien de sa *fierté* et de sa roideur pour se trouver pauvre. (I, 230 ; voyez II, 35, *n.* 72 ; II, 63, *l.* 15.)

FIÈVRE :
Il n'y a avec de si grands causeurs qu'un parti à prendre, qui est de fuir, si l'on veut du moins éviter la *fièvre*. (I, 41.)

FIGUE, dans une locution proverbiale :
Il se récrie sur la ressemblance qu'ils ont avec leur père, et que deux *figues* ne se ressemblent pas mieux. (I, 44.)

FIGURE, sens divers :
Atomes.... liés et enchaînés ensemble par la *figure* et la conformation de leurs parties. (II, 267.)
De petits animaux, dont le microscope nous fait apercevoir la *figure*. (II, 268.)
Un homme d'esprit n'est point jaloux d'un ouvrier..., ou d'un statuaire qui vient d'achever une belle *figure*. Il sait qu'il y a dans ces arts.... des outils à manier dont il ne connoît ni l'usage, ni le nom, ni la *figure*. (II, 41 ; voyez II, 91, *l.* 4.)
Bernin n'a pas.... traité toutes ses *figures* d'une égale force. (II, 445.)
Ces *figures* de carton qui servent de montre à une fête publique. (I, 349.)
Il s'agit de pièces d'artifice.
Comment le fixer, cet homme inquiet, léger, inconstant, qui change de mille et mille *figures* ? (II, 151.)
Ceux qui font l'horoscope et qui tirent la *figure*. (II, 201.)
Cette.... *figure* qu'on appelle description. (I, 28.)
Ce n'est point un personnage qu'il soit facile de rendre.... par de belles paroles ou par de riches *figures*. (II, 457.)

FIGURER :
Parler sans cesse à un grand que l'on sert..., *figurer* avec lui le dos appuyé à une cheminée. (I, 212.)

FIL au figuré :
Pendant que vous lui répondez, il perd le *fil* de sa curiosité. (I, 324.)
Quelques troupes.... ont passé par le *fil* de l'épée. (I, 369.)

FILLE :
Il s'est trouvé des *filles* qui avoient de la vertu, de la santé. (II, 179.)

FILTRE :
De quelle étrange petitesse doivent être les racines et les *filtres* qui séparent les aliments de ces petites plantes ! (II, 269.)

FIN, substantif :
Il est.... à desirer.... qu'on cherchât une *fin* aux écritures, comme on a fait aux plaidoyers. (II, 185.)
N'imaginant pas dans tous les hommes une autre *fin* de toutes leurs actions que celle qu'il s'est proposée lui-même toute sa vie. (II, 108 ; voyez I, 51, *l. avant-dernière*; I, 105, *l.* 11.)
La dissimulation.... est un certain art de composer ses paroles et ses actions pour une mauvaise *fin*. (I, 35.)
Cette espèce d'avarice est.... une passion de vouloir ménager les plus petites choses sans aucune *fin* honnête. (I, 54.)
Il vient à ses *fins* sans se donner la peine d'ouvrir la bouche. (II, 159.)

FIN, adjectif :
Des citoyens.... étudient le gouvernement, deviennent *fins* et politiques. (I, 346 ; voyez ci-après, Finesse.)

FINANCIER :
Si le *financier* manque son coup, les courtisans disent de lui : « C'est un bourgeois. » (I, 247 ; voyez I, 257, *l.* 3.)

FINEMENT :
Ceux qui entendent *finement* ne perdent pas le moindre trait ni une seule pensée [de ce sermon]. (II, 225.)
Deux sortes de gens fleurissent dans les cours..., les libertins et les hypocrites : ceux-là gaiement, ouvertement..., ceux-ci *finement*, par des artifices. (II, 247.)

FINER. (II, 210.)

FINESSE :
C'est avoir fait un grand pas dans la *finesse*, que de faire penser de soi que l'on n'est que médiocrement fin. (I, 332.)
Artifice grossier, *finesses* usées. (I, 313 ; voyez II, 192, *l.* 1.)

FINIR ; fini :
Les antithèses, les figures outrées *ont fini;* les portraits *finiront*. (II, 221.)
Ils *finissent* enfin, et rencontrent.... un avenir qu'ils n'ont ni craint ni espéré. (II, 45.)
J'ai moins pensé à lui faire lire (au public) rien de nouveau qu'à laisser peut-être un ouvrage de mœurs plus complet, plus *fini* et plus régulier, à la postérité. (I, 111.)

FIXE :
On ne les a jamais vus assis, jamais *fixes* et arrêtés. (I, 304.)
Ceux qui écrivent par humeur sont sujets à retoucher à leurs ouvrages : comme elle n'est pas toujours *fixe*..., ils se refroidissent bientôt pour les expressions et les termes qu'ils ont le plus aimés. (I, 118.)
Ils (un musicien, un maître de danse, etc.) ont un mérite *fixe* et des talents sûrs et connus qui amusent les grands. (II, 160.)

FIXER, se fixer :
La toile est toute prête; mais comment le *fixer*, cet homme inquiet..., inconstant, qui change de mille et mille figures ? (II, 151.)

La nature nous *fixe* et nous ôte l'embarras de choisir. (II, 250.)

La nécessité où ils se sont trouvés de se donner des maîtres qui *fixassent* leurs droits et leurs prétentions. (I, 368 ; voyez II, 190, *n.* 57.)

Il revient enfin à la Solitaire (sorte de tulipe), où il *se fixe*, où il se lasse, où il s'assit (*sic*). (II, 136.)

Ceux qui entrent dans les magasins, indéterminés sur le choix des étoffes qu'ils veulent acheter... : ils ne *se fixent* point, ils sortent sans emplette. (II, 239.)

FLAMME. Voyez Feu, 3ᵉ exemple.

FLANC :

Savoir les êtres de la chapelle, connoître le *flanc*, savoir où l'on est vu et où l'on n'est pas vu. (II, 151 ; voyez *ibidem*, note 3.)

Flanc, terme de fortification. (II, 119, *l.* 7.)

FLAQUER, jeter avec force (un liquide) :

S'il.... trouve que l'on lui donne trop de vin, il en *flaque* plus de la moitié au visage de celui qui est à sa droite. (II, 12.)

FLATTER :

Théodule a moins réussi que quelques-uns de ses auditeurs ne l'appréhendoient... ; il a mieux fait à leur gré que de charmer l'esprit et les oreilles, qui est de *flatter* leur jalousie. (II, 227.)

L'homme d'esprit.... est.... prodigieusement *flatté* dans toutes les peintures que l'on fait de lui. (I, 310.)

FLATTERIE :

Le mépris que les grands ont pour le peuple les rend indifférents sur les *flatteries* ou sur les louanges qu'ils en reçoivent. (I, 343 ; voyez *ibidem*, *n.* 20 : I, 362, *n.* 56.)

FLATTEUR, adjectif ; Flatteur, substantivement :

Ce qu'il y a de plus *flatteur* et de plus délicat dans la passion. (I, 142.)

Le *flatteur* n'a pas assez bonne opinion de soi ni des autres. (II, 114.)

FLEAU :

Quel *fléau* du ridicule ! (I, 129.) — Il s'agit de Molière.

FLÉCHIR, au figuré :

Ne faut-il pas *fléchir* sous les ordres du Ciel, qui semble se déclarer contre nous ? (II, 118.)

FLEGME, au figuré :

J'admire deux choses : la tranquillité et le *flegme* de celui qui a tout remué, comme l'embarras et l'action de ceux qui n'ont rien fait. (I, 136.)

Les mêmes hommes qui ont un *flegme* tout prêt pour recevoir indifféremment les plus grands désastres, s'échappent, et ont une bile intarissable sur les plus petits inconvénients. (II, 69.)

Il a du *flegme*. (I, 377.)

FLÉTRIR, au figuré :

Des femmes déjà *flétries*. (I, 177.)

FLEUR, fleurs, au figuré :

J'ai assez estimé cette distinction pour desirer de l'avoir dans toute sa *fleur* et dans toute son intégrité. (II, 471.)

[Ils ont] semé dans la chaire toutes les *fleurs* de l'éloquence. (II, 463.)

Fleur de coin, terme de numismatique. (II, 137, et note 3.)

FLEURIR, Fleuri, au figuré :
Les femmes.... qui *fleurissent* et qui prospèrent à l'ombre de la dévotion. (II, 157.)
Je veux être un Lycaon, un Ægiste; l'occasion ne peut être meilleure..., si je desire du moins de *fleurir* et de prospérer. (II, 126.)
Deux sortes de gens *fleurissent* dans les cours, et y dominent dans divers temps, les libertins et les hypocrites. (II, 247.)
Un jeune homme *fleuri*, vif, enjoué, spirituel. (I, 290; voy. I, 254, *n.* 26.)
Trop jeune et trop *fleurie* pour ne pas plaire. (II, 91.)

FLEURISTE, celui qui est curieux de fleurs. (II, 135, *l.* 22.)

FLORIDOR, par antonomase :
Vrais personnages de comédie, des *Floridors*, des Mondoris. (I, 358.)

FLOTTER, au figuré :
La finesse.... *flotte* entre le vice et la vertu. (I, 333.)

FLOU. Voyez Feloux.

FOIBLE, substantivement, homme faible :
Le docile et le *foible* sont susceptibles d'impressions. (II, 237.)
Il unit d'abord d'intérêt plusieurs *foibles* contre un plus puissant. (I, 376.)

Foible, substantivement, foiblesse :
Des citoyens.... savent le fort et le *foible* de tout un État. (I, 347.)
Les hommes.... savent le fort et le *foible* les uns des autres. (II, 62.)
Les personnes graves ou les esprits forts qui trouvent du *foible* dans un ris excessif comme dans les pleurs, et qui se les défendent. (I, 137.)
La dévotion vient aux femmes.... comme le *foible* d'un certain âge. (I, 183.)
[La femme prude] cache des *foibles* sous de plausibles dehors. (I, 186.)
Quelques-uns se défendent d'aimer et de faire des vers, comme de deux *foibles* qu'ils n'osent avouer. (I, 214.)
La galanterie est un *foible* du cœur. (I, 176.)
Comme elle (la fausse grandeur) sent son *foible*, elle se cache. (I, 168.)
L'amour-propre est dans l'homme la cause de tous ses *foibles*. (I, 29; voyez I, 302, *n.* 18; II, 4, *l.* 6.)
L'on étudie son *foible*, son humeur. (I, 231.)
Les vices, les *foibles* et le ridicule. (I, 30.)
Son *foible*.... est de purifier sans fin la maison qu'il habite. (I, 66.)
Les prendre par leur *foible*. (I, 10.)

FOIBLESSE, physiquement et moralement :
[Je] tombe en *foiblesse* d'une odeur de maroquin noir. (II, 139.)
L'amour naît brusquement.... par tempérament ou par *foiblesse*. (I, 199.)
Si une femme pouvoit dire à son confesseur, avec ses autres *foiblesses*, celles qu'elle a pour son directeur.... (I, 181.)
Les hommes rougissent moins de leurs crimes que de leurs *foiblesses* et de leur vanité. (I, 213.)

FOIS; une fois; une autre fois, pour une seconde fois :
Plusieurs *fois* le jour. (I, 359.)
Aristote disoit de lui (de Théophraste) et de Callisthène.... ce que Platon avoit dit la première *fois* d'Aristote même et de Xénocrate. (I, 16.)
Il revient *une fois* de la campagne. (II, 15.)
Ces âmes nobles.... que nuls besoins.... ne peuvent séparer de ceux qu'ils se sont *une fois* choisis pour amis. (I, 265.)
Il ne dépend pas de moi, qui suis *une fois*, de n'être plus. (II, 252.)

C'est le plus petit inconvénient du monde que de demeurer court dans un sermon...; mais on ne laisse pas de s'étonner que les hommes, ayant voulu *une fois* y attacher une espèce de honte..., s'exposent.... à en courir tout le risque. (II, 119.)

Quelques-uns consentiroient à voir *une autre fois* les ennemis aux portes de Dijon. (I, 368; voyez I, 372, *l.* 5.)

TOUT À LA FOIS :
Il pense et il parle *tout à la fois*. (II, 14.)

FOLÂTRE :
Soyez badine et *folâtre*. (II, 159.)

FOLIE, démence; FOLIE, acte d'extravagance :
Le premier degré dans l'homme après la raison, ce seroit de sentir qu'il l'a perdue; la *folie* même est incompatible avec cette connoissance. (II, 42.)

Faire une *folie* et se marier par amourette. (II, 180.)

FONCTION :
La *fonction* de l'avocat est pénible. (II, 232; voyez II, 233, *l.* 2.)

FOND, au propre et au figuré; À FOND; FAIRE FOND :
Alcippe.... se jette hors d'une portière de peur de me manquer.... N'est-ce point pour être vu lui-même dans un même *fond* (dans le fond d'un même carrosse) avec un grand? (II, 36.)

Le *fond*.... y est le même (à la cour) que dans les conditions les plus ravalées. (I, 361.)

Celui-là (le peuple) a un bon *fond*, et n'a point de dehors. (I, 347.)

Personne presque n'a.... assez de *fond* pour remplir le vide du temps. (I, 154.)

L'éducation ne donne point à l'homme un autre cœur..., elle ne change rien dans son *fond* et ne touche qu'aux superficies. (II, 113; voy. I, 30, *l.* 9.)

Le *fond* des caractères. (I, 12.)

Ce qu'il y a jamais eu de mieux pensé.... ne nous est pas toujours venu de leur *fond* (du fond des grands). (I, 343.)

La forme emporte le *fond*. (II, 188.)

Il a su tout le *fond* et tout le mystère du gouvernement. (II, 458.)

La preuve s'en tire du *fond* de la religion. (II, 270.)

La matière a-t-elle dans son *fond* une idée aussi pure.... qu'est celle de l'esprit? (II, 256.)

Du même *fond* dont on néglige un homme de mérite, l'on sait encore admirer un sot. (II, 97; voyez I, 264, *l.* 3.)

Le *fond* ou l'action principale de la comédie. (I, 138.)

Instruits *à fond* de toutes les nouvelles indifférentes. (I, 304.)

Si Onuphre ne trouve pas jour à les en frustrer *à fond* (d'une succession), il leur en ôte du moins une bonne partie. (II, 158.)

Faire choix d'une vérité unique..., la manier *à fond*. (II, 235.)

Les choses sur quoi il est permis de *faire fond*. (I, 374.)

Quel *fond* à *faire* sur un personnage de comédie? (I, 337.)

Ces derniers sont pour l'ordinaire de grands sujets, et sur qui l'on peut *faire* beaucoup de *fond*. (II, 46.)

FONDEMENT, au figuré :
L'on dispute des goûts avec *fondement*. (I, 116.)

FONDER, au figuré; FONDER SUR; FONDÉ À :
Ce vice (l'orgueil), qui n'*est fondé* ni *sur* le mérite personnel ni *sur* la vertu. (I, 264.)

Sur quoi *fonde*-t-on la satire et les vaudevilles ? (II, 194.)

La plus grande passion de ceux qui ont les premières places dans un État populaire.... est.... une impatience de s'agrandir et de se *fonder*, s'il se pouvoit, une souveraine puissance *sur* celle du peuple. (I, 84.)

Je suis bien *fondé*.... *à* demander la rétribution. (II, 176.)

FONDRE, au figuré ; FONDRE SUR :

Il n'y a point d'ouvrage si accompli qui ne *fondît* tout entier au milieu de la critique, si son auteur vouloit en croire tous les censeurs qui ôtent chacun l'endroit qui leur plaît le moins. (I, 123.)

Les biens, les honneurs.... *fondent sur* elles à plusieurs reprises. (I, 272.)

FONDS, au propre et au figuré ; FONDS PERDU :

Dix mille livres de rente, et en *fonds* de terre. (I, 225.)

Oronte augmente, avec ses années, son *fonds* et ses revenus. (I, 265.)

Il arrive.... jusques à donner en revenu à l'une de ses filles.... ce qu'il desiroit.... d'avoir en *fonds* pour toute fortune pendant sa vie. (I, 255.)

Prendre.... sur son *fonds* de quoi payer Gaultier. (I, 293.)

Ægine..., avec une riche.... apporte de riches dispositions à la consumer, et tout votre *fonds*, avec sa dot. (II, 180.)

Ce n'est pas le besoin d'argent où les vieillards peuvent appréhender de tomber un jour qui les rend avares ; car il y en a de tels qui ont de si grands *fonds* qu'ils ne peuvent guère avoir cette inquiétude. (II, 52.)

Il devroit y avoir dans le cœur des *fonds* inépuisables de douleur pour de certaines pertes. (I, 204, *variante*.)

Ils se sont dépêchés de rompre avant que de mourir ; ils n'avoient de *fonds* pour la complaisance que jusque-là. (I, 230.)

La fonction de l'avocat.... suppose, dans celui qui l'exerce, un riche *fonds* et de grandes ressources. (II, 232 ; voyez I, 186, *l.* 23.)

[La femme sage] couvre un riche *fonds* sous un air libre et naturel. (I, 186.)

L'on ne peut guère charger l'enfance de la connoissance de trop de langues.... Un si grand *fonds* ne se peut bien faire que lorsque tout s'imprime dans l'âme naturellement et profondément. (II, 202.)

Il faut très-peu de *fonds* pour la politesse dans les manières ; il en faut beaucoup pour celle de l'esprit. (II, 84.)

Le *fonds perdu*.... est devenu avec le temps.... un bien perdu. (II, 182.)

FORCE, FORCES ; À FORCE DE :

Bernin n'a pas traité toutes ses figures d'une égale *force*. (II, 445.)

Talent rare, et qui passe les *forces* du commun des hommes. (II, 232 ; voyez I, 61, *l.* 9.)

A force de beaux noms, *de* disputes sur le rang et les préséances, *de* nouvelles armes,... il devient enfin un petit prince. (II, 166.)

De petites règles.... qui ne se devinent point *à force d'*esprit. (II, 95.)

Les courtisans, *à force de* goût et *de* connoître les bienséances, lui ont applaudi. (II, 221.)

A force de faire de nouveaux contrats,..., on se croit enfin une bonne tête. (I, 257.)

FORCER, FORCÉ :

Entre ceux qui lisent, ceux-ci aiment à *être forcés* par la démonstration, et ceux-là veulent entendre délicatement. (I, 9.)

L'on *force* la terre et les saisons pour fournir à sa délicatesse. (I, 261.)

Les besoins de la vie.... *forcent* la nature. (II, 18.)

Toutes les conditions, où les hommes languissent.... après avoir.... *forcé*, pour ainsi dire, leur destinée. (I, 266.)

Ils aiment des attitudes *forcées* ou immodestes. (II, 149.)

FORGER, au figuré :

Comment aurois-je donné ces sortes de clefs (des Caractères), si je n'ai pu moi-même les *forger* telles.... que je les ai vues? (II, 449.)

FORMALISTE sur :

Sont-ce là ces mêmes princes si pointilleux, si *formalistes sur* leurs rangs et *sur* leurs préséances? (II, 133.)

FORME :

L'impatience de donner à mon livre plus de rondeur et une meilleure *forme* par de nouveaux caractères. (I, 108.)

FORMER ; se former sur :

Il ne s'agit point si les langues sont.... mortes ou vivantes, mais.... si les livres qu'elles *ont formés* sont d'un bon ou d'un mauvais goût. (II, 85.)

Celui.... à qui il ne manque rien, peut *former* cette question ; mais il faut que ce soit un homme pauvre qui la décide. (I, 339.)

Les grands.... *se forment* et se moulent *sur* de plus grands. (II, 166.)

Se formant quelquefois *sur* les ministres ou *sur* le favori.... (I, 324.)

FORMULE :

Cent autres *formules* de pareils compliments. (II, 439.)

FORT, forte, adjectif, au figuré :

Certains poëtes sont sujets, dans le dramatique, à de longues suites de vers pompeux qui semblent *forts*, élevés. (I, 115.)

Ironie *forte*, mais utile. (I, 338.)

Parler de son bonheur devant des misérables : cette conversation est trop *forte* pour eux. (I, 225.)

Celui qui dit froidement de soi.... qu'il est bon.... n'ose dire.... qu'il a les dents belles et la peau douce : cela est trop *fort*. (II, 39.)

Esprit fort. Voyez la fin de l'article Esprit.

Fort, substantivement :

Les hommes.... savent le *fort* et le foible les uns des autres. (II, 62.)

Des citoyens s'instruisent du dedans et du dehors d'un royaume,... savent le *fort* et le foible de tout un État. (I, 347.)

Le siége, qui est son *fort* et où il (Vauban) décide souverainement. (II, 116.)

Le plus *fort* et le plus pénible est de donner; que coûte-t-il d'y ajouter un sourire? (I, 315.)

Fort, adverbe :

Les hommes.... veulent si *fort* tromper et si peu être trompés. (II, 20.)

Leur condition les dispense si *fort* (les grands) de tenir les belles promesses qu'ils vous ont faites. (I, 340.)

Fort, substantif, terme de chasse :

Il sait un rendez-vous de chasse, il s'y trouve; il est au laisser-courre; il entre dans le *fort*, se mêle avec les piqueurs. (I, 282.)

FORTIFICATION :

[Sa méthode] est la bonne;... tout y tend à une connoissance exacte de tout ce qui prépare à la *fortification*. (II, 483 ; voyez II, 488, *l.* 16.)

FORTUIT :

Un amas *fortuit* d'atomes. (II, 267.)

FORTUITEMENT. (II, 266, *l.* 21.)

FORTUNE :
Un grand donne plus à la *fortune* lorsqu'il hasarde une vie destinée à couler dans les ris..., qu'un particulier qui ne risque que des jours qui sont misérables. (I, 352.)

Souvenons-nous de ces jours tristes que nous avons passés dans l'agitation et dans le trouble, curieux, incertains quelle *fortune* auroient couru un grand roi (Jacques II), une grande reine. (II, 468.)

L'on expose sur une carte ou à la *fortune* du dé la sienne propre. (I, 270; voyez I, 268, *n.* 73.)

La *fortune* d'un roi est.... de gagner des batailles. (II, 470.)

Qui pourroit rendre raison de la *fortune* de certains mots et de la proscription de quelques autres? (II, 205.)

Il a exercé, dans l'une et l'autre *fortune*, le génie du courtisan, qui a dit de lui plus de bien peut-être et plus de mal qu'il n'y en avoit. (I, 336.)

D'autres ont un seul nom dissyllabe, qu'ils anoblissent par des particules dès que leur *fortune* devient meilleure. (II, 167.)

Se mettre dans les voies de la *fortune*. (I, 258.)

Il n'y a rien de pire pour sa *fortune* que d'être entièrement ignoré. (II, 227; voyez I, 376, *l.* 11.)

On ne vole point des mêmes ailes pour sa *fortune* que l'on fait pour des choses frivoles et de fantaisie. (I, 209.)

Vous avez des enfants.... capables de soutenir toute votre *fortune*. (I, 380.)

Lui seul a fait plusieurs *fortunes*. (I, 307.)

Il y a plus de risque (à la guerre) qu'ailleurs, mais la *fortune* y est plus rapide. (II, 227.)

Il faudroit.... que ce que nous appelons prospérité et *fortune* ne fût pas une apparence fausse. (II, 273.)

Le destin du vigneron, du soldat et du tailleur de pierre m'empêche de m'estimer malheureux par la *fortune* des princes ou des ministres qui me manque. (II, 64.)

Le prince n'a point assez de toute sa *fortune* pour payer une basse complaisance. (I, 352.)

De là vient peut-être que les *fortunes* sont si rares. (I, 258.)

Faire *fortune*. (I, 257, *n.* 36; I, 258, *n.* 38.)

Faire sa *fortune*. (I, 258, *l.* 9; I, 260, *n.* 45; I, 262, *n.* 50; I, 358, *l.* 4.)

Faire une belle *fortune*. (I, 263; II, 169.)

Voyez I, 246, *n.* 2, 3 et 6; I, 251, *n.* 21; I, 254, *n.* 25; I, 257, *n.* 35 et 36; I, 259, *n.* 40 et 41; I, 261, *n.* 46 et 49; I, 262, *n.* 51 et 53; I, 265, *n.* 61; I, 266, *n.* 62 et 68; I, 272, *n.* 80 et 82; I, 303, *l.* 7; I, 306, *n.* 22 et 23; I, 308, *n.* 28; I, 311, *n.* 34; I, 367, *l.* 2; II, 51, *n.* 110.

FOU, FOLLE; FOU, substantivement; FOU DE :
Une harangue *folle* et décriée. (II, 455.)

Rire des gens d'esprit, c'est le privilége des sots : ils sont dans le monde ce que les *fous* sont à la cour, je veux dire sans conséquence. (I, 235.)

Ce qu'une marâtre aime le moins..., ce sont les enfants de son mari : plus elle est *folle* de son mari, plus elle est marâtre. (I, 232.)

FOUDROYER :
Semblable à ces figures de carton qui servent de montre à une fête..., ils jettent feu et flamme, tonnent et *foudroient*. (I, 349.)

FOUILLER, au propre et au figuré :
Si tous sont riches, qui cultivera les terres et qui *fouillera* les mines? (II, 275; voyez II, 276, *l.* 8.)

On ne peut les *fouiller* (certains maux) et les remuer qu'ils n'exhalent le poison et l'infamie. (I, 366.)

Admire-t-on une vaste et profonde littérature qui aille *fouiller* dans les archives de l'antiquité? (II, 464.)

FOULE :

Il n'entre qu'avec la *foule*. (I, 301.)

Mille gens à peine connus font la *foule* au lever pour être vus du prince. (I, 327.)

FOULON. (I, 15, *l.* 11; I, 56, *l.* 10; I, 69, *l.* 16; I, 241, *n.* 75.)

FOURBE, substantivement :

Les *fourbes* croient aisément que les autres le sont. (II, 20; voyez II, 21, *n.* 25.)

FOURBERIE :

La finesse est l'occasion prochaine de la *fourberie;* de l'un à l'autre le pas est glissant; le mensonge seul en fait la différence : si on l'ajoute à la finesse, c'est *fourberie*. (I, 333; voyez II, 20-21, *n.* 25 et 26.)

FOURMENT. Voyez Froument.

FOURMILLER :

Des comtes ou des marquis, dont la terre *fourmille*.... (II, 133.)

FOURNIMENT :

Un cordon où pend le *fourniment* (de chasse). (I, 282.)

FOURNIR, FOURNIR À, FOURNIR DE; SE FOURNIR DE :

S'il se trouve dix personnes qui effacent d'un livre une expression ou un sentiment, l'on en *fournit* aisément un pareil nombre qui les réclame. (I, 123.)

Les comparaisons.... ne leur *fournissent* aucune idée de l'éloquence. (I, 125.)

On ne sait plus quelle morale leur *fournir* qui leur agrée. (II, 444.)

L'on force la terre pour *fournir à* sa délicatesse. (I, 261.)

Combien d'âmes foibles.... et qui puissent *fournir à* la satire! (II, 72.)

Il ne *fournit* rien *aux* visites des femmes, ni *au* cabinet. (I, 355.)

Typhon *fournit* un grand *de* chiens et *de* chevaux; que ne *lui fournit*-il point? (II, 195.)

Qui sera mieux *fourni de* vaudevilles? (I, 289.)

Un homme en place doit aimer.... les gens d'esprit; il les doit adopter, il doit *s'en fournir* et n'en jamais manquer. (I, 350.)

FOURRAGER, au figuré :

Il cherche, il *fourrage*, il crie, il s'échauffe. (II, 7, *variante*.)

FOURRIER. (I, 300, *n.* 14; voyez *ibidem*, note 3.)

FOURRURE :

Il faut aux hommes faits.... un sceptre, un mortier, des *fourrures*. (II, 71.)

Le noble de province.... traite les *fourrures* et les mortiers de bourgeoisie. (II, 62; voyez *ibidem*, note 1.)

Un pasteur.... a sa place dans l'œuvre auprès les pourpres et les *fourrures*. (II, 174.)

FRACAS :

Il rit, il crie, il éclate....il ne revient de ce grand *fracas* que pour bredouiller des vanités. (I, 220.)

La gloire.... aime le remue-ménage, et elle est personne d'un grand *fracas*. (II, 130.)

FRAÎCHEMENT :
Gens qui arrivent *fraîchement* de l'armée. (I, 50; voyez I, 219, *variante*.)

FRAÎCHEUR :
Si le monde dure seulement cent millions d'années, il est encore dans toute sa *fraîcheur*, et ne fait presque que commencer. (II, 122.)

FRAIS, FRAÎCHE, au figuré, sens divers :
Un pasteur *frais* et en parfaite santé. (II, 173.)
L'idée de vos louables actions sera encore *fraîche* dans l'esprit des peuples. (I, 381.)
Je ne m'étonne pas.... qu'il parte.... des émissaires pour savoir.... qui a descendu à terre avec un argent *frais* d'une nouvelle prise. (I, 269.)

FRAIS, substantif :
Que celui qui les lui prête (l'orge et la paille) fasse les *frais* de les faire porter chez lui. (I, 53.)
Frais de noces. (I, 292, *n*. 18.)

FRAISE, espèce de collet à plusieurs doubles et plis :
Les hommes.... portent des *fraises* et des collets. (II, 204.)

FRALATER :
L'usage a.... fait « frelater » de « *fralater* ». (II, 214.)

FRANC, FRANCHE :
Sur l'argent qu'il aura reçu de quelques étrangers pour leur louer des places au théâtre, il trouve le secret d'avoir sa part *franche* du spectacle. (I, 53.)

FRANCHIR :
Il (son discours à l'Académie) a su *franchir* Chantilly, écueil des mauvais ouvrages. (II, 453.)

FRANCHISES :
Vous pouvez aujourd'hui ôter à cette ville ses *franchises*. (I, 364.)

FRANÇOIS (EN BON) :
Épouser une veuve, *en bon françois*, signifie faire sa fortune. (I, 265.)

FRAPPER, en parlant des monnaies ; FRAPPER, au figuré :
Une monnoie toute neuve, et qui ne vienne que d'*être frappée*. (I, 74.)
Ils *frappent* sur tout ce qui se trouve sous leur langue. (I, 226.)

FRAYER UN CHEMIN, au figuré :
De zélés académiciens m'*avoient* déjà *frayé* ce *chemin*. (II, 451.)

FREIN, au figuré :
L'un avoit besoin d'éperon pour être excité, et.... il falloit à l'autre un *frein* pour le retenir. (I, 16.)

FRELATER. Voyez FRALATER.

FRIAND :
Il prononce d'un mets qu'il est *friand*. (I, 221.)

FRIPON :
Il faut des *fripons* à la cour. (I, 318; voyez I, 270, *n*. 75.)

FRIPONNERIE :
Dans toutes les conditions.... l'opulent n'est guère éloigné de la *friponnerie*. (I, 260 ; voyez I, 265, *n.* 61.)

FRIVOLE :
Cette égalité de possessions.... rend les lois *frivoles* et inutiles. (II, 275.)

FROID, FROIDE, au figuré :
Froid et sec sur les actions ou sur les ouvrages d'autrui. (II, 40 ; voyez I, 323, *l.* 25.)
Il est *froid* et taciturne, pour jeter les autres dans l'engagement de parler. (I, 374.)
Un air *froid* et dédaigneux. (I, 340.)
Livres *froids* et ennuyeux. (I, 109.)
Tout ce qui se dit de *froid*, de vain et de puéril.... (I, 215 ; voyez, I, 239, *l.* 6.)
Une raillerie *froide*. (I, 37 ; I, 324, *l.* 1.)
Déclamer pompeusement un *froid* discours. (I, 115 ; voyez I, 236, *l.* 14.)

FAIRE FROID À QUELQU'UN :
Pourquoi *me faire froid*, et vous plaindre de ce qui m'est échappé sur quelques jeunes gens qui peuplent les cours? (II, 123.)

FROIDEMENT, au figuré :
Celui qui dit *froidement* de soi.... qu'il est bon.... (II, 39.)

FROIDEUR, au figuré :
Une *froideur* ou une incivilité qui vient de ceux qui sont au-dessus de nous, nous les fait haïr. (I, 342.)

FROMENT (BLÉ) :
On distingue à peine.... le *blé froment* d'avec les seigles. (I, 295.)

FRONT (DE), au propre et au figuré :
Ils heurtent *de front* et de côté, comme des béliers. (I, 226.)
Elle ne [le] voyoit qu'obliquement.... Elle le voit *de front*. (I, 250.)
S'il trouve une barrière *de front*..., il.... va à droit ou à gauche, selon . qu'il y voit de jour et d'apparence. (I, 258.)
Qu'est devenue la distinction des casques et des heaumes?... Il ne s'agit plus de les porter *de front* ou de côté, ouverts ou fermés. (II, 165.)
Elle (la fausse grandeur) se cache, ou du moins ne se montre pas *de front*. (I, 168.)

FROUMENT :
L'usage a.... fait.... « froment » de « *froument* ». (II, 214.)
« De fourment, » dans les éditions 7 et 8, les deux premières où ce passage ait paru.

FRUCTUEUX, EUSE :
« Fruit » [devoit nous conserver] « *fructueux* ». (II, 208.)
Maxime utile, *fructueuse*. (I, 381.)

FRUIT, au propre et au figuré ; FRUIT, dessert :
Les poiriers rompent de *fruit* cette année. (II, 136.)
Je vous avoue que ces diseurs de nouvelles me donnent de l'admiration ;... je ne vois pas qu'ils puissent recueillir le moindre *fruit* de cette pratique. (I, 52.)
Les femmes se rassemblent.... pour recueillir le *fruit* de leur toilette. (I, 276.)

S'en éloignera-t-on (de la cour) avant d'en avoir tiré le moindre *fruit*, ou persistera-t-on à y demeurer sans grâces et sans récompenses? (I, 306.)
Il ne badine jamais, il ne tire aucun *fruit* de la bagatelle. (II, 42.)
Il n'ignoroit pas quels sont les *fruits* de l'histoire et de la poésie. (II, 459.)
La bataille de Marignan, les *fruits* de cette victoire. (II, 499.)
Il n'oublie pas les hors-d'œuvre, le *fruit* et les assiettes. (II, 56.)
Il se lève (de table) avant le *fruit*. (II, 13.)

FRUITERIE (Chef de). (I, 300, *l.* 14; voyez *ibidem*, note 3.)

FRUITIÈRE, marchande de fruits. (I, 57, *l.* 9.)

FRUST, terme de numismatique. (II, 137; voyez *ibidem*, note 3.)

FUIR, au figuré :
Il y a autant de foiblesse à *fuir* la mode qu'à l'affecter. (II, 146.)

FUITE; mettre en fuite :
La *fuite* d'une entière solitude ou l'amour de la société eût dû les assujettir à une liaison réciproque. (I, 233.)
Il va se jeter dans un cercle de personnes graves qui traitent ensemble de choses sérieuses, et les *met en fuite*. (I, 48.)

FUMER une terre. (II, 59, *l.* 5.)

FUNÈBRE (Discours) :
Je préférerois.... de prononcer le *discours funèbre* de celui à qui je succède (à l'Académie). (II, 466.)

FUNESTE :
Toute plaisanterie dans un homme mourant est hors de sa place; si elle roule sur de certains chapitres, elle est *funeste*. (II, 240.)

FUREUR, fureurs :
Qui saura comme lui chanter.... les *fureurs* de Roland dans une ruelle? (I, 289.)
Laissez à Corinne.... la passion ou la *fureur* des charlatans. (II, 201.)
Ceux qui s'étoient comme dévoués à la *fureur* d'en dire du bien. (I, 310.)

G

GABELLES. (II, 169, *l.* 2.)

GAGEURE. (II, 235, *l.* 19.)

GAGNER, actif et neutre :
Tout ce que chacune a pu *gagner*.... a été de faire dire de soi : « On l'auroit prise pour une vestale. » (I, 185.)
La bile *gagne*, et la mort approche. (I, 262.)

GAIN :
Le desir du *gain* ou de l'accroissement de leurs revenus. (I, 84.)

GALANT, ante, adjectif et substantivement :
On ouvre un [livre] qui est *galant*, et il fait son impression. (I, 213.)
Une région où les vieillards sont *galants*, polis et civils. (I, 327.)
Le magistrat coquet ou *galant* est pire dans les conséquences que le dissolu. (II, 186.)

L'homme coquet et la femme *galante* vont assez de pair. (I, 175.)
Voyez I, 176, *l.* 4 et 13 ; I, 180, *n.* 35; I, 184, *n.* 44.
Cette fête si superbe, si *galante*. (I, 136.)
Un ancien *galant* tient à si peu de chose, qu'il cède à un nouveau mari ; et celui-ci dure si peu, qu'un nouveau *galant* qui survient lui rend le change. (I, 175.)
Voilà toutes les femmes en campagne pour l'avoir pour *galant*. (I, 290.)
Défendre le cœur d'une jeune femme contre les entreprises de son *galant*. (I, 193 ; voyez I, 175, *n.* 18 et 19.)

GALANTERIE, galanteries :
La *galanterie* est un foible du cœur, ou peut-être un vice de la complexion. (I, 176 ; voyez I, 175, *n.* 20.)
Il y a peu de *galanteries* secrètes. (I, 176.)

GALÈRE (Capitaine de). (I, 76, *l.* 9 et 10.)

GALETAS :
Un bourgeois.... se fait bâtir un hôtel si beau.... qu'il est inhabitable. Le maître, honteux de s'y loger..., se retire au *galetas*. (II, 140.)

GALIMATIAS :
Voilà la source de votre pompeux *galimatias*. (I, 217.)

GARDE-ROBE, lieu où l'on met la chaise percée :
Il faisoit dix pas pour aller de son lit dans sa *garde-robe*, il n'en fait plus que neuf par la manière dont il a su tourner sa chambre. (II, 197.)
On occupera bientôt tout l'amphithéâtre d'un laquais qui siffle, d'un malade dans sa *garde-robe*, d'un homme ivre qui dort. (I, 139.)

GARDER :
Si vous dites aux hommes.... qu'un tel a de la vertu, ils vous disent : « Qu'il la *garde*. » (II, 143.)

GÂTER, se gâter :
Ils se conservoient propres quand il faisoit sec ; et dans un temps humide ils *gâtoient* leur chaussure. (I, 296.)
Les plus grandes choses.... *se gâtent* par l'emphase. (I, 243.)
Les enfants.... ne *se gâtent* pas moins par des peines mal ordonnées que par l'impunité. (II, 29.)

GAUCHER. (I, 241, *l.* 18.)

GAZETIER. (II, 449, *l.* 21.)

GÉMIR, au figuré :
Le nom de ce panégyriste semble *gémir* sous le poids des titres dont il est accablé. (II, 228.)

GÉNÉALOGIE. (I, 87, *l.* 7 ; voyez II, 477, *l. dernière*.)

GÉNÉRAL, ale ; en général :
Il y a peu de règles *générales*.... pour bien gouverner. (I, 387.)
Mes peintures expriment bien l'homme *en général*. (II, 450.)

GÉNÉRALEMENT :
Une passion qu'on a.... *généralement* pour les choses rares. (II, 135.)

GÉNIE, dispositions innées, talent, esprit ; de génie :
Il est difficile qu'un fort malhonnête homme ait assez d'esprit : un *génie* qui est droit et perçant conduit enfin à la règle..., à la vertu. II, 17.)

La critique.... est un métier, où il faut plus.... d'habitude que de *génie*. (I, 149.)

Si c'est le grand et le sublime de la religion qui éblouit ou qui confond les esprits forts, ils ne sont plus des esprits forts, mais de foibles *génies* et de petits esprits. (II, 243.)

Vous avez le plus beau *génie* du monde...; mais pour les mœurs et les manières, vous êtes un enfant de douze ans et demi. (II, 515; à Santeul.)

Voyez I, 15, *l.* 20; I, 300, *n.* 14; I, 392, *l.* 4.

Une bonne tête ou un ferme *génie*. (II, 33.)

Un homme d'un petit *génie* peut vouloir s'avancer. (I, 258.)

Ils.... suivent en parlant.... leur bizarre *génie*. (I, 216.)

Si quelquefois on pleure..., après avoir fait attention au *génie* et au caractère de ceux qui font pleurer, peut-être conviendra-t-on que c'est la matière qui se prêche elle-même. (II, 231; voyez *ibidem*, *l.* 28.)

Se livrer, après une certaine préparation, à son *génie* et au mouvement qu'un grand sujet peut inspirer. (II, 235.)

Il sort hardiment des limites de son *génie*. (II, 105; voyez II, 235, *l.* 16.)

Il n'a eu qu'à.... se livrer à son *génie*. (I, 162.)

Ceux que l'on choisit pour de différents emplois, chacun selon son *génie* et sa profession. (I, 151.)

Il a exercé dans l'une et l'autre fortune le *génie* du courtisan, qui a dit de lui plus de bien peut-être et plus de mal qu'il n'y en avoit. (I, 336.)

Le talent et le *génie* qu'elles (les femmes) ont seulement pour les ouvrages de la main. (I, 187.)

On sent la force et l'ascendant de ce rare esprit, soit qu'il prêche *de génie* et sans préparation, soit qu'il prononce un discours étudié. (II, 463.)

Ses vers.... faits *de génie*, quoique travaillés avec art. (II, 461.)

GENOUILLÈRE, pièce d'armure. (II, 130, *l. avant-dernière*.)

GENRE :

Il y a parler bien, parler aisément, parler juste, parler à propos. C'est pécher contre ce dernier *genre* que de s'étendre sur un repas magnifique que l'on vient de faire.... (I, 224; voyez I, 189, *n.* 57.)

L'éloquence peut se trouver.... dans tout *genre* d'écrire. (I, 143.)

GENS :

Mille *gens* se ruinent au jeu. (I, 269; voyez I, 151, *n.* 1, 2, 3; I, 276, *l.* 26.)

De telles *gens* ne sont ni parents..., ni citoyens..., ni peut-être des hommes : ils ont de l'argent. (I, 264.)

Ils.... sont *gens* à belles aventures. (I, 282.)

Les petits courtisans.... vivent comme *gens* qui n'ont d'exemples à donner à personne. (I, 329.)

GENT, substantif :

La *gent* volatile. (II, 134.)

GENT, adjectif. (II, 211, *l.* 3.)

GENTIL, adjectif. (II, 211, *l.* 4 et 5.)

GENTILLÂTRE :

L'homme docte est un savantasse, le magistrat un bourgeois ou un praticien, le financier un maltôtier, et le gentilhomme un *gentillâtre*. (II, 117.)

GÉOMÈTRE. (II, 105, *l.* 11.)

GÉOMÉTRIE. (II, 160, *l.* 8.)

GÉOMÉTRIQUE :
Ils (les prédicateurs) ont toujours, d'une nécessité indispensable et *géométrique*, trois sujets admirables de vos attentions. (II, 222.)

GÉSIR :
C'est là encore où *gît* la gloire. (II, 130.)
« Gîte » [devoit nous conserver] « *gisant* ». (II, 209.)

GESTE :
La prévention du peuple en faveur des grands est si aveugle, et l'entêtement pour leur *geste*, leur visage, leur ton de voix et leurs manières si général, que s'ils s'avisoient d'être bons, cela iroit à l'idolâtrie. (I, 338.)
Ils sont comme pétris de phrases et de petits tours d'expression, concertés dans leur *geste* et dans tout leur maintien. (I, 223.)

GESTICULER. (I, 349, *n*. 32.)

GIGUE, air d'un mouvement vif et gai :
L'on n'entend point une *gigue* à la chapelle. (II, 171.)

GISANT, GÎT, GÎTE. Voyez Gésir.

GLACE, au figuré :
Est-ce Euthycrate que vous abordez? Aujourd'hui quelle *glace* pour vous ! hier il vous recherchoit. (II, 6.)

GLANER, au figuré :
Sur ce qui concerne les mœurs, le plus beau.... est enlevé ; l'on ne fait que *glaner* après les anciens et les habiles d'entre les modernes. (I, 113.)

GLISSER (Se) dans, au figuré :
Il *s'est glissé dans* un livre quelques pensées ou quelques réflexions qui n'ont ni le feu, ni le tour, ni la vivacité des autres. (I, 106.)

GLOIRE, sens divers :
C'est là encore où gît la *gloire;* elle aime le remue-ménage. (II, 130 ; voyez II, 117, *n*. 98.)
La fausse *gloire* est l'écueil de la vanité. (II, 32 ; voyez I, 186, *l*. 14.)
Ce vice (l'avarice) est dans l'homme un oubli de l'honneur et de la *gloire*, quand il s'agit d'éviter la moindre dépense. (I, 75.)
Un homme.... explique ce que c'est que la *lumière de gloire*, et sait précisément comment l'on voit Dieu : cela s'appelle un docteur. (I, 161 ; voyez *ibidem*, note 1.)

GLORIEUX, substantivement :
Celui.... qui a bonne opinion de soi, et que le vulgaire appelle un *glorieux*. (I, 155.)

GONFLER, au figuré :
Tout l'orgueil dont nous sommes *gonflés*. (II, 74 et 75.)

GORGE. (II, 15, *l*. 14.)

GOTHIQUE, au propre et au figuré :
On a entièrement abandonné l'ordre *gothique* (d'architecture). (I, 117.)
« Réhabilitations, » mot.... qui a fait vieillir et rendu *gothique* celui de « lettres de noblesse. » (II, 164.)

GOURMANDISE :
Ragoûts, liqueurs, entrées,.... ne servent qu'à entretenir le luxe et la *gourmandise*. (II, 195.)

GOURMET :
Ils se contentent d'être *gourmets* ou coteaux. (I, 346.)

GOÛT, au propre et au figuré :
Après ce qui lui vient de son cru, rien ne lui paroît de meilleur *goût*, que le gibier et les truffes que cet ami lui envoie. (I, 194.)
Il ne s'agit point si les langues sont.... mortes ou vivantes, mais.... si les livres qu'elles ont formés sont d'un bon ou d'un mauvais *goût*. (II, 85.)
Il règne ici un bon *goût* et beaucoup d'intelligence. (II, 258.)
Il y a dans l'art un point de perfection, comme de bonté ou de maturité dans la nature. Celui qui le sent et qui l'aime a le *goût* parfait ; celui qui ne le sent pas, et qui aime en deçà ou au delà, a le *goût* défectueux. Il y a donc un bon et un mauvais *goût*, et l'on dispute des *goûts* avec fondement. (I, 116 ; voyez *ibidem*, *l*. 9 et 11.)
Voudroient-ils désavouer leur *goût*? (II, 454.)
Ce sont dans celui-là (Corneille) des maximes, des règles...; et dans celui-ci (Racine) du *goût* et des sentiments. (I, 142.)
Les courtisans, à force de *goût*..., lui ont applaudi. (II, 221.)
La plupart des livres de ce temps qui sont lus avec *goût*. (II, 244.)
Leur *goût*, si on les en croit, est encore au delà de toute l'affectation qu'on auroit à les satisfaire. (II, 68.)
Leurs ouvrages sont faits sur le *goût* de l'antiquité. (I, 118 ; voyez I, 117, *l*. 15.)
Ceux-là ont le *goût* de dominer et de commander. (I, 339.)
Les princes.... ont un *goût* de comparaison. (I, 353.)
Il me semble qu'il prend quelque *goût* (à l'histoire). (II, 484.)
Ce qui domine en elle, c'est le plaisir de la lecture, avec le *goût* des personnes de nom et de réputation. (II, 92.)
Il est doux de voir ses amis par *goût* et par estime ; il est pénible de les cultiver par intérêt : c'est solliciter. (I, 209.)
Une grande reconnoissance emporte avec soi beaucoup de *goût* et d'amitié pour la personne qui nous oblige. (I, 202.)
Une femme de ville entend-elle le bruissement d'un carrosse qui s'arrête à sa porte, elle petille de *goût* et de complaisance pour quiconque est dedans, sans le connoître. (I, 291.)
Il y a un *goût* dans la pure amitié où ne peuvent atteindre ceux qui sont nés médiocres. (I, 199.)
Je vois bien.... le *goût* qu'il y a à devenir le dépositaire du secret des familles. (I, 182.)
[Il] a du *goût* à se faire voir. (I, 155.)

GOÛTER, au propre et au figuré ; FAIRE GOÛTER, FAIRE GOÛTER À :
Il.... cueille artistement cette prune exquise... : « Quelle chair ! dit-il, *goûtez*-vous cela? cela est-il divin ? » (II, 137.)
Ceux qui commençoient à le *goûter* (ce mets). (I, 221.)
Si on ne *goûte* point ces caractères, je m'en étonne ; et si on les *goûte*, je m'en étonne de même. (II, 277 ; voyez *ibidem*, *l*. dernière.)
(Une personne) qui nous aime, qui nous *goûte*. (I, 265.)
Il ne plaît pas, il n'*est* pas *goûté*. (I, 340.)
Les hommes ne se *goûtent* qu'à peine les uns les autres. (II, 75.)
Cet usage.... que je *goûte* encore moins que celui de se faire payer quatre fois des mêmes obsèques. (II, 174.)
Il (le plénipotentiaire) ose.... promettre à l'assemblée qu'il *fera goûter* la proposition (à sa cour), et qu'il n'en sera pas désavoué. (I, 376.)
La différence des esprits des hommes..., qui *fait goûter aux* uns les choses de spéculation et *aux* autres celles de pratique.... (I, 9.)

L'histoire du nôtre (de notre siècle) *fera goûter à* la postérité la vénalité des charges..., la splendeur des partisans.... (I, 22.)
L'éloignement des temps *nous* les *fait goûter* (ces mœurs). (I, 25.)

GOUTTE; NE VOIR GOUTTE :
Une *goutte* d'eau. (II, 268.)
Il ne laisse pas d'être surpris de *ne voir goutte*. (II, 10.)

GOUVERNANTE :
Les beaux noms de gouverneurs et de *gouvernantes* n'étoient pas inconnus à nos pères : ils savoient à qui l'on confioit les enfants des rois. (I, 297.)

GOUVERNEMENT :
La fameuse bataille qui s'est donnée sous le *gouvernement* de l'orateur Aristophon. (I, 49.)
[Ils] étudient le *gouvernement*, deviennent fins et politiques. (I, 346.)
Il a su tout le fond et tout le mystère du *gouvernement*. (II, 458.)
Je n'oublie point [dans mes leçons] la fable, ni les *gouvernements*, que je mêle toujours avec la géographie. (II, 483.)
Voyez II, 487, *l.* 17; II, 496, *l.* 13; II, 497, *l. dernière.*

GOUVERNER, SE GOUVERNER :
Il se trouve des hommes qui.... s'égarent volontairement par la crainte qu'ils ont d'*être gouvernés*. (I, 212; voyez *ibidem*, *l.* 10, 12, 28.)
Un homme sage ni ne se laisse *gouverner*, ni ne cherche à *gouverner* les autres. (I, 212; voyez I, 211, *l.* 5 et 20.)
Les grands *se gouvernent* par sentiment. (I, 361; voy. I, 211, *l. avant-dern.*)

GOUVERNEUR. Voyez GOUVERNANTE.

GRÂCE; GRÂCES; BONNES GRÂCES; DE BONNE, DE MAUVAISE GRÂCE :
Ce prince n'a pas plus de *grâce*, lorsqu'à la tête de ses camps et de ses armées il foudroie une ville. (II, 469.)
Tels sont oubliés dans la distribution des *grâces*. (II, 114.)
Ils se sont si bien ajustés, que, par leur état, ils deviennent capables de toutes les *grâces*;... ils vivent de l'Église et de l'épée. (I, 316.)
La fille d'Aristippe est malade et en péril; elle envoie vers son père, veut se réconcilier avec lui et mourir dans ses *bonnes grâces*. (II, 178.)
Roscius entre sur la scène *de bonne grâce*. (I, 178.)
.... Plusieurs magistrats alloient à pied à la chambre.... d'aussi *bonne grâce* qu'Auguste autrefois alloit de son pied au Capitole. (I, 296.)
Il imite les postures d'un lutteur, et par le défaut d'habitude, il les fait *de mauvaise grâce*, et il s'agite d'une manière ridicule. (I, 86.)

GRAIN, sens physique et moral :
Ai-je un *grain* de ce métal qui procure toutes choses? (II, 86.)
Le soulier de maroquin, la calotte de même, d'un beau *grain*. (I, 161.)
Un *grain* d'esprit et une once d'affaires plus qu'il n'en entre dans la composition du suffisant font l'important. (II, 99.)

GRAND, GRANDE; GRAND, substantivement; EN GRAND :
Les crimes les plus cachés, et où la précaution des coupables pour les dérober aux yeux des hommes a été plus *grande*. (II, 274.)
Quelle plus *grande* foiblesse que d'être incertains quel est le principe de son être? (II, 237.)
C'est avoir une très-mauvaise opinion des hommes.... que de croire, dans un *grand* poste, leur imposer par des caresses étudiées. (I, 357.)
Ces derniers sont pour l'ordinaire de *grands* sujets, et sur qui l'on peut faire beaucoup de fond. (II, 46.)

A mesure que la faveur et les *grands* biens se retirent d'un homme. (I, 246.)

Ne point supposer ce qui est faux, je veux dire que le *grand* ou le beau monde sait sa religion et ses devoirs. (II, 235.)

Il se tourne à droit, où il y a un *grand* monde, et à gauche, où il n'y a personne. (I, 356.)

Je viens d'entendre.... une *grande* vilaine harangue. (II, 441.)

Du *grand* PARLEUR. — Ce que quelques-uns appellent babil est proprement une intempérance de langue qui, etc. (I, 48.)

Un *grand* causeur. (I, 49.)

Des *grands* d'une république. (I, 84, titre.)

Voyez I, 338, au titre, et *passim*; II, 44, *n.* 96; II, 166, *n.* 8; II, 240 et 241, *n.* 9; II, 242, *n.* 16; II, 243, *n.* 18, etc.

On court ceux qui peignent *en grand* ou en miniature. (II, 222.)

GRANDEUR; GRANDEURS :
Grandeur et discernement sont deux choses différentes. (I, 341.)

[Il y a peu de] courtisans qui par *grandeur*, ou par une confiance qu'ils ont d'eux-mêmes, osent honorer devant le monde le mérite. (I, 309.)

La fausse *grandeur*. (I, 168, *n.* 42; voyez I, 170, *n.* 2; I, 186, *l.* 14; II, 20, *n.* 25.)

Les *grandeurs* et les proportions. (I, 186.)

VOTRE GRANDEUR, en parlant à un duc et pair :
Monseigneur, j'ai reçu avec une soumission aveugle les ordres qu'il a plu à *Votre Grandeur*.... (II, 10.)

GRAS (PARLER) :
Il *parle gras*. (II, 149.)

GRATIFIER; GRATIFIER DE :
Une manière de faire des grâces qui est comme un second bienfait; le choix des personnes que l'on *gratifie*. (I, 389.)

Ils s'approchent quelquefois de l'oreille du plus qualifié de l'assemblée, pour le *gratifier* d'une circonstance que personne ne sait. (I, 218.)

GRATTER :
N** arrive avec grand bruit; il écarte le monde, se fait faire place; il *gratte*, il heurte presque; il se nomme. (I, 301; voyez *ibidem*, note 1.)

GRATUIT, ITE :
Les sept voix qui ont été pour moi, je ne les ai pas mendiées, elles sont *gratuites*. (II, 513.)

GRAVE :
Un cercle de personnes *graves* qui traitent.... de choses sérieuses. (I, 48.)

[Ils] emploient pour le comique et pour la mascarade ce qui leur a servi de parure *grave* et d'ornements les plus sérieux. (II, 148.)

GRÉ (À MON), à mon avis :
Les maisons de Saxe, d'Holstein.... sont celles, *à mon gré*, qui lui sont encore nécessaires à savoir. (II, 488.)

GREFFE :
Tel abandonne son père, qui est connu et dont l'on cite le *greffe* ou la boutique. (II, 163; voyez II, 59, *n.* 125.)

GRÉGEOIS (FEU), feu d'artifice, au figuré :
Montrez-leur un *feu grégeois* qui les surprenne, ou un éclair qui les éblouisse, ils vous quittent du bon et du beau. (I, 125; voyez *ibidem*, note 1.)

GRILLE, terme de blason. (II, 165, *l.* 10.)

GRIMAUD, cuistre, pédant :
Il sait le grec..., c'est un *grimaud*, c'est un philosophe. (II, 84.)
Voyez *ibidem, l.* 13; II, 85, *l.* 4.

GRISE (Sœur) :
Les gens à petits collets et les *sœurs grises*. (II, 49; voyez *ibidem*, note 3.)

GRISONNER :
Ruffin commence à *grisonner*; mais il est sain. (II, 58.)

GROS, substantivement; EN GROS :
Des parenthèses,... qui font oublier le *gros* de l'histoire. (I, 220.)
On livre *en gros* aux premiers de la cour l'air de hauteur,... et de commandement, afin qu'ils le distribuent en détail dans les provinces. (I, 299.)

GROSSIER, ÈRE, au figuré :
Un homme paroît *grossier*, lourd, stupide. (II, 101.)
Il ne s'agit point si les langues sont.... mortes ou vivantes, mais si elles sont *grossières* ou polies. (II, 85.)

GROSSIÈRETÉ :
L'amitié peut subsister entre des gens de différents sexes, exempte même de toute *grossièreté*. (I, 199.)
Cette fatuité de quelques femmes de la ville.... est quelque chose de pire que la *grossièreté* des femmes du peuple. (I, 292; voyez II, 98, *n.* 48.)

GROSSIR :
A force.... de sentir son argent *grossir* dans ses coffres.... (I, 258.)

GROTESQUE :
Des figures différentes et qui font de lui un composé bizarre ou un *grotesque*. (II, 91.)

GUÉRET :
Ne parlez à un grand nombre de bourgeois ni de *guérets*, ni de baliveaux,... si vous voulez être entendu. (I, 295; voyez I, 296, *l.* 25.)

GUÉRIR, GUÉRIR DE, actif et neutre :
De spécifique qu'il étoit contre la colique, il *guérit de* la fièvre quarte, *de* la pleurésie.... L'hémorragie, dites-vous? il la *guérit*. (II, 198.)
La cour détrompe de la ville, et *guérit de* la cour. (I, 337.)
Les cours seroient désertes.... si l'on *étoit guéri de* la vanité et *de* l'intérêt. (I, 299.)
La fièvre nous saisit et nous éteint : si l'on *eût guéri*, ce n'étoit que pour desirer plus longtemps. (II, 19.)
Les femmes s'attachent aux hommes par les faveurs qu'elles leur accordent : les hommes *guérissent* par ces mêmes faveurs. (I, 175.)
Il semble.... qu'il (Dieu) leur ait réservé ce dernier et infaillible moyen de *guérir des* femmes. (I, 172; voyez I, 174, *n.* 15; II, 153, *l.* 3.)

GUERRIER, substantivement :
Le *guerrier* et le politique. (II, 110.)

GUET (ÊTRE AU) :
Il *est au guet* et à la découverte sur tout ce qui paroît de nouveau avec les livrées de la faveur. (I, 322.)

GUINDER :
Les machines qui l'*avoient guindé* si haut.... sont encore toutes dressées pour le faire tomber dans le dernier mépris. (I, 310.)

H

HABILE, adjectif et substantivement :
On le voit.... vouloir d'abord apprendre de lui, se mettre ensuite à l'instruire et à le corriger comme s'il étoit le plus *habile*. (I, 86.)
On se nourrit des anciens et des *habiles* modernes, on les presse, on en tire le plus que l'on peut, on en renfle ses ouvrages. (I, 117.)
C'est le rôle d'un sot d'être importun : un homme *habile* sent s'il convient ou s'il ennuie. (I, 215.)
L'*habile* homme est celui qui cache ses passions, qui entend ses intérêts.... (II, 100.)
L'honnête homme tient le milieu entre l'*habile* homme et l'homme de bien. (II, 99; voyez *ibidem*, *l*. 10.)
Sur ce qui concerne les mœurs, le plus beau.... est enlevé; l'on ne fait que glaner après les anciens et les *habiles* d'entre les modernes. (I, 113.)
Voyez I, 118, *l*. 3; I, 120, *l*. 1; I, 147, *n*. 61; I, 263, *n*. 56; I, 332, *n*. 85; I, 361, *l*. 17.
Le petit nombre d'*habiles*, ou le grand nombre de gens superficiels, vient de l'oubli de cette pratique. (II, 203.)

HABILLÉ de :
Vous devez en guerre être *habillés de* fer. (II, 130.)
Le faste et le luxe dans un souverain, c'est le berger *habillé* d'or et *de* pierreries. (I, 386.)

HABIT :
Théodote, avec un *habit* austère, a un visage comique. (I, 321.)
Un extérieur simple est l'*habit* des hommes vulgaires. (I, 156.)

HABITUDE; AVOIR HABITUDE À; FAIRE HABITUDE DE :
Deux choses toutes contraires nous préviennent également, l'*habitude* et la nouveauté. (II, 74; voyez *ibidem*, *n*. 3.)
Un homme.... qui est dans l'*habitude* de penser. (II, 442.)
L'*habitude* qu'il *a à* la flatterie et *à* l'exagération. (I, 225.)
Il met du rouge, mais rarement, il *n'en fait* pas *habitude*. (II, 149.)

HACHIS. (I, 55, *l*. 17.)

HAINEUX. (II, 208, *l*. 4.)

HAÏR À, HAÏR DE :
Ils *haïssent*.... *à* les voir avec de la céruse sur le visage. (I, 172.)
De petits défauts.... dont nous ne *haïssons* pas *à* être raillés. (I, 235.)
Je ne *haïrois* pas *d'*être livré par la confiance à une personne raisonnable. (I, 212.)

HAIRE :
Il porte une *haire* et se donne la discipline. (II, 155; voyez II, 154, *n*. 24.)

HALEINE, au propre et au figuré :
Ils.... boivent tout d'une *haleine* une grande tasse de vin pur. (I, 42.)
Ils manquent de force et d'*haleine*. (II, 443.)

HALENÉ. (II, 209, *l*. 1.)

HAMEL. (II, 215, *l*. 4 et 5.)

HARANGUE :
La prononciation de ma *harangue* (à l'Académie).... (II, 441.)
Voyez *ibidem*, *l*. 6 ; II, 437, *l*. 21 ; II, 442, *l*, 1 ; II, 451, *l*. 15.

HARANGUER :
Soit qu'il parle, qu'il *harangue* ou qu'il écrive, [il] veut citer. (II, 105.)

HARDES :
Tout ce qu'il trouve sous sa main..., *hardes*, équipages.... (II, 56.)

HARDI :
De très-beaux traits, fort *hardis*. (II, 491.)

HARDIMENT :
Vous verrez.... cet homme sordide acheter.... toutes sortes d'herbes, et les porter *hardiment* dans son sein et sous sa robe. (I, 76.)

HARNOIS (Sous LE), au figuré :
Celui-ci voit, il a vieilli *sous le harnois* en voyant, il est spectateur de profession. (I, 287 et 288.)

HASARD :
Ils déshonorent sans ressource ceux qui ont quelque part au *hasard* de leur élévation. (I, 332 ; voyez I, 272, *l*. 5 ; II, 266, *l*. 3.)

HASARDER, HASARDÉ ; HASARDER DE, SE HASARDER DE :
Il faut (à la cour).... *hasarder* quelquefois, et jouer de caprice. (I, 325.)
C'est souvent *hasarder* un bon mot et vouloir le perdre que de le donner pour sien : il n'est pas relevé, il tombe. (II, 106.)
Ils sont puristes, et ne *hasardent* pas le moindre mot. (I, 223 ; voyez I, 110, *l*. 7 et 8.)
Il y a un mot (dans votre ouvrage) qui est *hasardé*. (I, 123.)
La conduite de son théâtre, qu'il a quelquefois *hasardée* contre les règles. (I, 140.)
Ils ne *hasardent* point leurs suffrages. (I, 120.)
Ils.... *hasardent*.... *de* parler en toute rencontre. (I, 332.)
Je ne *hasarderai* pas *d'*avancer que, etc.... (II, 116.)
Si quelqu'un *se hasarde de* lui emprunter quelques vases.... (I, 69.)
Je *me hasarde de* dire que, etc.... (I. 151 ; voyez II, 86, *p.* 21.)

HAUT, HAUTE, adjectif et substantivement ; PAR HAUT ; HAUT, adverbialement :
Giton a.... l'estomac *haut*, la démarche ferme. (I, 272.)
Une *haute* valeur. (I, 161.)
Une *haute* capacité. (I, 162.)
Arsène, du plus *haut* de son esprit, contemple les hommes. (I, 122.)
[Il] choisit le temps du repas, et que le potage est sur la table, pour dire qu'ayant pris médecine depuis deux jours, il est allé *par haut* et *par bas*. (I, 72.)
Il crie *haut* ;... il crie plus *haut*. (I, 376.)
Il mange *haut* et avec grand bruit. (II, 55.)

HAUTESSE :
Petits hommes.... qui vous donnez sans pudeur de la *hautesse* et de l'éminence, qui est tout ce que l'on pourroit accorder à ces montagnes. (II, 128.)

HAUTEUR, au figuré :
[Ils] persistent dans cette *hauteur* ridicule et contrefaite. (I, 302.)

HEAUME, terme de blason. (II, 165, *l.* 8.)

HÉMORRAGIE. (II, 198, *n.* 68.)

HERBES, légumes :
Une simple femme de qui il achetoit des *herbes* au marché. (I, 27.)
Vous verrez une autre fois cet homme sordide acheter en plein marché des viandes cuites, toutes sortes d'*herbes*. (I, 76.)

HÉRISSÉ DE, au propre et au figuré :
Il est *hérissé de* poil sous les aisselles et par tout le corps. (I, 71.)
Les hommes.... sont.... épineux sur les moindres intérêts,... *hérissés de* difficultés. (II, 20.)

HÉRITER DE, activement et neutralement :
Il dit.... que c'est une maison de famille et qu'il *a héritée de* son père. (I, 79.)
Ceux.... qui *ont hérité de* leurs pères la médecine pratique.... (II, 199.)
Cet ami si ancien, si nécessaire, meurt sans qu'on le pleure ; et dix femmes dont il étoit le tyran *héritent* par sa mort *de* la liberté. (I, 185.)

HÉRITIER :
Tu n'aimes point ton *héritier*. (I, 266 ; voyez *ibidem*, n. 64, 65, 66, 67 ; I, 267, *n.* 70.)

HÉROÏQUE :
Une action noble, *héroïque*. (II, 45.)

HÉROS :
Il semble que le *héros* est d'un seul métier, qui est celui de la guerre, et que le grand homme est de tous les métiers. (I, 161.)
Voyez I, 116, *n.* 12 ; I, 161-162, *n.* 30 et 31 ; II, 115, *n.* 93 ; II, 122, *l.* 3 et 5.
Celui.... qui fait entrer dix fois le nom de Plancus dans les moindres conversations,... celui-là même apprend dans ce moment que son *héros* vient d'être enlevé par une mort extraordinaire. (I, 320.)
Un mauvais plaisant qui domine, et qui est comme le *héros* de la société. (I, 277.)

HÉSITER DE :
Ils n'*hésitent* pas *de* critiquer des choses qui sont parfaites. (II, 68.)
Il n'*hésite* pas *de* s'en faire payer d'avance. (II, 199.)

HEUR, bonheur. (II, 210, *l.* 4.)

HEURE :
Savoir à *heure* marquée qui a descendu à terre. (I, 269.)
N'ayant point à cette *heure* de passion.... plus violente que celle de vous contenter. (II, 490.)

HEUREUSEMENT :
Pour badiner avec grâce, et rencontrer *heureusement* sur les plus petits sujets, il faut.... trop de politesse, et même trop de fécondité. (I, 215.)

HEUREUX, EUSE ; HEUREUX, substantivement :
Quelle est la roture un peu *heureuse* et établie à qui il manque des armes ? (II, 165.)
Voyez un *heureux*. (I, 317.)

HEURTER, au propre et au figuré :
Ils *heurtent* de front et de côté, comme des béliers. (I, 226.)
On l'a vu une fois *heurter* du front contre celui d'un aveugle. (II, 7.)

N** arrive avec grand bruit; il écarte le monde, se fait faire place; il gratte, il *heurte* presque; il se nomme. (I, 301; voyez *ibidem*, note 1.)

Eugène est pour Chrysante dans les mêmes dispositions : ils ne courent pas risque de se *heurter*. (I, 263.)

HIRONDELLE, dans une locution proverbiale :
Quand on l'accuseroit d'être plus babillard qu'une *hirondelle*, il faut qu'il parle. (I, 50.)

HISTOIRE :
Neuf livres de l'*histoire* des plantes, six livres de leurs causes. (I, 21.)
J'ai lu Malherbe et Théophile. Ils ont tous deux connu la nature.... Il (Malherbe) en fait la peinture ou l'*histoire*. (I, 129.)

HISTORIEN :
Je ne sais qui sont plus redevables, ou ceux qui ont écrit l'histoire à ceux qui leur en ont fourni une si noble matière, ou ces grands hommes à leurs *historiens*. (I, 116.)

HISTORIETTE :
Il récite des *historiettes* qui y sont arrivées. (I, 218; voyez I, 166, *l*. 16.)
Il lui fait part.... de ses quolibets et de ses *historiettes*. (II, 58.)

HOIRIE, terme de pratique, héritage :
Une.... somme.... comptée.... en avancement d'*hoirie*. (I, 255.)

HOMBRE, sorte de jeu. (I, 284, *l*. 9 ; voyez II, 101, *l*. 3.)

HOMÉLIE :
Le temps des *homélies* n'est plus.... Le commun des hommes aime les phrases et les périodes. (II, 223.)

HOMME :
Les princes ressemblent aux *hommes*. (I, 348.)
Un grand.... s'enivre de meilleur vin que l'*homme* du peuple. (I, 348.)
Hommes en place. (I, 380.)
Est-il devenu.... plus *homme* de bien ? (I, 320.)
Comme.... l'on vint à tomber sur celui que l'on devoit estimer le plus *homme* de bien de la ville, tous d'une commune voix vous nommèrent. (I, 36.)
L'honnête *homme* tient le milieu entre l'habile *homme* et l'*homme* de bien. (II, 99.)
Voyez *ibidem*, 99-100, *n*. 55 ; I, 155, *n*. 15 ; I, 161, *n*. 30 ; I, 224, *n*. 20 et 21 ; I, 299, *n*. 9 ; I, 313, *n*. 40 ; I, 318, *n*. 53 ; II, 93, *n*. 29.
Un bourgeois, un *homme* de rien, un malotru. (I, 247.)
Un *homme* de cœur. (I, 155.)
Un *homme* de mérite. (I, 155, *n*. 13, 14 ; voyez I, 321, *n*. 60 ; II, 97, *n*. 43 et 45 ; II, 104, *n*. 59.)
Un *homme* d'esprit. (II, 98 ; voyez II, 100, *n*. 56.)
Un *homme* de talent. (II, 93.)
L'*homme* de lettres. (I, 249.)
L'on a eu de grands évêchés par un mérite de chaire qui présentement ne vaudroit pas à son *homme* une simple prébende. (II, 227.)
On le voit.... pour s'exercer au javelot, le lancer tout un jour contre l'*homme* de bois. (I, 86.)

HONNÊTE; HONNÊTE HOMME (voyez II, 99, note 1) :
L'on cherche beaucoup moins ce qui est vertueux et *honnête* que ce qui est agréable. (I, 43.)

Cette espèce d'avarice est dans les hommes une passion de vouloir ménager les plus petites choses sans aucune fin *honnête*. (I, 54.)

Celui qui est *honnête* et modeste. (I, 300.)

Ce qu'il fait, est-ce la chose la plus noble et la plus *honnête* que l'on puisse faire ? (I, 179.)

Il n'y a guère qu'une naissance *honnête*, ou qu'une bonne éducation, qui rendent les hommes capables de secret. (I, 244.)

Un homme de robe à la ville, et le même à la cour, ce sont deux hommes. Revenu chez soi, il n'est plus ni si embarrassé ni si *honnête*. (I, 280.)

Un *honnête* homme qui dit oui et non mérite d'être cru. (I, 224; voyez I, 155, *n.* 15.)

Un coupable puni est un exemple pour la canaille ; un innocent condamné est l'affaire de tous les *honnêtes gens*. (II, 189.)

L'*honnête* homme tient le milieu entre l'habile homme et l'homme de bien, quoique dans une distance égale de ses deux extrêmes. (II, 99 ; voyez *ibidem, l.* 10 ; II, 100, *l.* 4, 7-9.)

Une belle femme qui a les qualités d'un *honnête homme*, est ce qu'il y a au monde d'un commerce plus délicieux. (I, 174.)

Il lui faut (à l'homme) une disgrâce ou une mortification pour le rendre plus humain, plus traitable, moins féroce, plus *honnête homme*. (I, 335.)

Voyez I, 168, *l.* 1; I, 231, *n.* 43 ; I, 299, *n.* 9.

D'*honnêtes* femmes qui n'étoient ni marchandes ni hôtelières. (I, 22.)

Il n'y a point d'autre ouvrage d'esprit.... si universellement goûté des *honnêtes gens*. (I, 122.)

C'étoit l'endroit où s'assembloient les plus *honnêtes gens* de la ville. (I, 44, note 3 ; voyez I, 355, note 2.)

Il vous démêle dans l'antichambre entre mille *honnêtes gens*. (I, 351.)

Voyez I, 159, *n.* 25; I, 238, *n.* 68.

HONNÊTEMENT :

Il ne s'apprivoise pas avec les hommes ; au contraire, il les traite *honnêtement* et sérieusement. (II, 71.)

Il s'est trouvé des hommes qui refusoient plus *honnêtement* que d'autres ne savoient donner. (I, 315.)

HONNÊTETÉ :

L'*honnêteté*.... et la politesse des personnes avancées en âge. (II, 113.)

Il ne leur faut des leçons (aux jeunes princes).... que pour leur inspirer la bonté, l'*honnêteté* et l'esprit de discernement. (I, 354.)

Il a.... une *honnêteté* impérieuse. (I, 357.)

HONNEUR :

[L'avarice] est dans l'homme un oubli de l'*honneur* et de la gloire, quand il s'agit d'éviter la moindre dépense. (I, 75 ; voyez II, 117, *n.* 97.)

On se trouve à tous moments entre celui que l'on cherche à aborder..., et cet autre que l'on feint de ne pas connoître.... On se fait *honneur* de l'un, et.... on a honte de l'autre. (II, 63.)

HONORABLE :

Veut-on.... qu'il fasse de son père un noble homme, et peut-être un *honorable* homme, lui qui est Messire ? (I, 252 ; voyez *ibidem*, note 4.)

Une pièce *honorable*, des suppôts, un cimier. (II, 165; voy. *ibid.*, note 2.)

HONTE :

Il y a une sorte de hardiesse à soutenir devant certains esprits la *honte* de l'érudition. (II, 80.)

HONTEUX, euse :
L'impudence est facile à définir : il suffit de dire que c'est une profession ouverte d'une plaisanterie outrée, comme de ce qu'il y a de plus *honteux* et de plus contraire à la bienséance. (I, 56.)
Leur pauvreté est extrême et *honteuse*. (I, 254.)

HOQUET :
[Il] fait entendre de sales *hoquets*. (I, 57.)

HOQUETON, vêtement des archers. (II, 171, *l.* 2.)

HOROSCOPE (Faire l') :
Ceux qui *font l'horoscope* et qui tirent la figure. (II, 201.)

HORREUR :
Dans l'*horreur* de la nuit. (I, 383.)

HORRIBLE :
Protesterai-je avec d'*horribles* serments...? (II, 449.)

HORS de :
La jalousie.... est.... comme un aveu contraint du mérite qui est *hors d'elle*. (II, 40.)
Une science vaine, aride, dénuée d'agrément et d'utilité, qui ne tombe point dans la conversation, qui est *hors de* commerce. (I, 148.)
Il s'égare, et il est *hors de* route. (II, 108.)

HORS-D'ŒUVRE :
Les *hors-d'œuvre*, le fruit et les assiettes. (II, 56 ; voyez *ibidem*, note 4.)

HÔTELIÈRE. (I, 22, *l.* 25 et 26.)

HÔTELLERIE. (II, 55, *l. avant-dernière.*)

HOUE :
Son père a pu déroger ou par la charrue ou par la *houe*. (II, 164.)

HOUSSE :
Onuphre n'a pour tout lit qu'une *housse* de serge grise, mais il couche sur le coton et sur le duvet. (II, 154.)

HUILÉ, qu'on dirait oint d'huile :
[Une tulipe] nuancée, bordée, *huilée*. (II, 136.)

HUIS. (II, 214, *l.* 1.)

HUMEUR, au figuré :
Les meilleurs conseils.... [sont] rejetés d'abord par présomption et par *humeur*, et suivis seulement par nécessité ou par réflexion. (II, 111.)
L'on dépend des lieux pour l'esprit, l'*humeur*, la passion. (I, 214.)
Ceux qui écrivent par *humeur*, que le cœur fait parler. (I, 149; voyez I, 118, *l.* 24.)
Un mari qui s'abandonne à son *humeur*. (I, 193.)
Une femme.... esclave de son *humeur*. (I, 181.)
Celle-là (la femme prude) suit son *humeur* et sa complexion. (I, 186.)
Un homme qui sait la cour.... contraint son *humeur*. (I, 298.)
Une parfaite égalité d'*humeur*. (I, 388.)
L'on dit par belle *humeur*.... de ces choses froides.... (I, 239.)
Partout des *humeurs*, des colères. (I, 360.)

Voyez II, 5, *l.* 1 ; II, 16, *l.* 1 ; II, 18, *n.* 18.

HUMILIER :
Il y a des hommes superbes que l'élévation de leurs rivaux *humilie* et apprivoise. (I, 343.)

HUMILITÉ :
Une vertu surnaturelle qu'on appelle *humilité*. (II, 34.)

HYDROPISIE. (II, 198, *n*. 68.)

HYPERBOLE :
L'*hyperbole* exprime au delà de la vérité pour ramener l'esprit à la mieux connoître. (I, 145.)

HYPOCONDRE, bizarre, extravagant :
Est-ce.... par un goût *hypocondre* que cette femme aime un valet? (I, 178.)

I

IDÉAL, ALE, qui n'existe que dans l'idée, abstrait :
Cette philosophie est subtile et *idéale*. (II, 246.)

IDÉE :
Appliqué à.... grossir dans l'*idée* des autres le peu qu'il offre. (I, 375.)
Dans le temps que l'on montrera les ruines de vos châteaux, et peut-être la seule place où ils étoient construits, l'*idée* de vos louables actions sera encore fraîche dans l'esprit des peuples. (I, 381.)
Il lui falloit.... ce nouveau poste.... pour faire revivre ses vertus.... et en rafraîchir l'*idée*. (I, 320.)
Il y a de certains biens que l'on desire avec emportement, et dont l'*idée* seule nous enlève et nous transporte. (II, 22.)
Mourant avant la caducité, il ne laisse de soi qu'une brillante *idée*. (I, 379.)
En restituant à un si beau nom (au nom de philosophe) son *idée* propre et convenable.... (II, 109.)
Le stoïcisme est un jeu d'esprit et une *idée* semblable à la République de Platon. (II, 3.)
La matière a-t-elle dans son fond une *idée* aussi pure.... qu'est celle de l'esprit? (II, 256.)
Un être universel qui pense renferme dans son *idée* infiniment plus de grandeur.... qu'un être particulier qui pense. (II, 255.)

IDIOME :
Dites que les poiriers rompent de fruit cette année...; c'est pour lui un *idiome* inconnu : il s'attache aux seuls pruniers. (II, 136.)

IDIOT, OTE :
On veut à la ville que bien des *idiots* et des *idiotes* aient de l'esprit. (I, 189.)

IDOLÂTRER, au figuré :
Idolâtrer les grands, mépriser les petits. (II, 153.)
Les hommes.... *idolâtrent* les talents du corps et de l'esprit. (II, 39.)
Il n'est responsable de ses inconstances qu'à ce cercle d'amis qui les *idolâtrent*. (I, 122.)

IDOLÂTRIE, au figuré :
La prévention du peuple en faveur des grands est si aveugle.... que s'ils s'avisoient d'être bons, cela iroit à l'*idolâtrie*. (I, 338.)

IGNORANCE :

C'est la profonde *ignorance* qui inspire le ton dogmatique. (I, 243.)

Du contre-temps. Cette *ignorance* du temps et de l'occasion est une manière d'aborder les gens ou d'agir avec eux, toujours incommode et embarrassante. (I, 59.)

IGNORER :

Sur ce que vous voulez apprendre d'eux.... ils *ignorent* le fait et les personnes. (I, 218.)

Ils connoissent le monde...; ils *ignorent* la nature. (I, 295.)

De vastes affiches.... que l'on lit par les rues..., et qu'on ne peut non plus *ignorer* que la place publique. (II, 228.)

Il n'y a rien de pire pour sa fortune que d'*être* entièrement *ignoré*. (II, 227.)

IL, ELLE, LE, LA, LES, LUI, EUX, LEUR (voyez l'Introduction grammaticale, à l'article *Pronoms*).

1° Emplois divers ; rapports et accords remarquables :

Les esprits justes, doux.... non-seulement ne les atteignent pas, ne les admirent pas, mais *ils* ne les comprennent point. (I, 148.)

Une vaste capacité,... qui en bannisse (du Royaume) un culte faux, suspect..., s'*il* s'y rencontre. (I, 390.)

Il laisse voir en *lui* quelque peu de sensibilité pour sa fortune. (I, 376.)

Ils n'ont rien à *lui* dire (au ministre), et ils *lui* parlent ; ils *lui* parlent une seconde fois : les voilà contents, ils *lui* ont parlé. (I, 322.)

Chacun, de sa part, fait tout le plaisir et tout l'agrément des sociétés où *il* se trouve. (I, 231.)

Qui ne sait pas.... des misères.... secrètes qu'*il* peut entreprendre de soulager, ou immédiatement et par ses secours, ou du moins par sa médiation ? (II, 249.)

Qu'est-ce.... que cette pièce de terre ainsi disposée, et où tout l'art d'un ouvrier habile a été employé pour *l'*embellir? (II, 258.)

Ne s'apercevant point ou de l'excellence de ce qui est esprit, ou de la dignité de l'âme, ils ressentent encore moins combien *elle* est difficile à assouvir. (II, 238.)

On a inventé.... une grande cueillère pour la commodité du service : il *la* prend, *la* plonge dans le plat, *l'*emplit, *la* porte à sa bouche. (II, 12.)

Ils s'acharnèrent si fort à diffamer cette harangue, en dirent tant de mal et *le* persuadèrent si fortement à qui ne l'avoit pas entendue.... (II, 442.)

Il fait déplier sa robe et *la* mettre à l'air. (I, 372.)

Quand on excelle dans son art, et qu'on *lui* donne toute la perfection dont il est capable.... (I, 158.)

D'un rang.... et d'une naissance à donner des exemples plutôt qu'à *les* prendre d'autrui, et à faire les règles plutôt qu'à les recevoir. (I, 338.)

Une troupe de masques entre dans un bal... ; ils ne rendent la main à personne de l'assemblée, quelque digne qu'*elle* soit de leur attention. (II, 247.)

Il y en a de tels, que s'*ils* pouvoient connoître leurs subalternes et se connoître eux-mêmes, *ils* auroient honte de primer. (I, 344.)

Ne faut-il pas.... se faire une plus grande violence, lorsque poussé par le jeu jusques à une déroute universelle, il faut même que l'on se passe d'habits et de nourriture, et de *les* fournir à sa famille? (I, 270.)

Il a les yeux ouverts sur tout ce qui vaque, poste, abbaye, pour *les* demander et *les* obtenir. (I, 307.)

Deux marchands.... avoient chacun une fille unique ; *elles* ont été nourries ensemble. (I, 246.)

Corinne.... y est reçue (dans la chambre de Glycère), et à toutes les heures; on l'embrasse...; on lui parle à l'oreille dans un cabinet où *elles* sont seules. (I, 192.)

Oseroit-on.... leur insinuer qu'ils s'éloignent par de telles manières de la politesse, dont ils se piquent; qu'*elle* assortit, au contraire, et conforme les dehors aux conditions? (II, 90.)

Si celui qui est en faveur ose s'en prévaloir avant qu'*elle* lui échappe.... (I, 307.)

Quelle est l'incurable maladie de Théophile? Elle *lui* dure depuis plus de trente années. (I, 342.)

Je crus aussi qu'il ne seroit pas inutile de *lui* distinguer (au public) la première augmentation par une autre (marque) plus simple. (I, 110.)

Je suivrai la méthode de *lui* faire apprendre les noms par cœur. (II, 490.)

[Ce domestique] vole l'argent que son maître *lui* envoie porter. (II, 194.)

Il *lui* fait ressouvenir qu'il *lui* a autrefois rendu service. (I, 53.)

Il est au guet.... sur tout ce qui paroît de nouveau avec les livrées de la faveur : ont-*ils* une prétention, il s'offre à eux. (I, 322.)

De telles gens ne sont ni parents ni citoyens : *ils* ont de l'argent. (I, 264.)

Une femme infidèle, si elle est connue pour telle de la personne intéressée, n'est qu'infidèle : s'*il* la croit fidèle, elle est perfide. (I, 177.)

Ces âmes nobles et courageuses.... que nuls besoins.... ne peuvent séparer de ceux qu'*ils* se sont une fois choisis pour amis. (I, 265.)

Personne presque ne s'avise de *lui*—même du mérite d'un autre. (I, 152.)

Entre deux personnes.... dont l'un a raison et l'autre ne *l*'a pas.... (I, 226.)

Ni ces roues, ni cette boule n'ont pu se donner le mouvement d'*eux*-mêmes...; il y a donc apparence qu'*ils* sont mus d'ailleurs. (II, 267.)

C'est évidemment par mégarde que le masculin est ici employé au lieu du féminin.

Les courtisans n'emploient pas ce qu'ils ont d'esprit.... pour trouver les expédients d'obliger ceux de leurs amis qui implorent leur secours, mais seulement pour *leur* trouver.... ce qu'ils appellent une impossibilité de le pouvoir faire. (I, 309.)

2° *Il*, *le*, au neutre :

Combler ce que l'on aime, et *le* rendre si heureux qu'*il* n'ait plus de souhaits à faire. (I, 201.)

Ce qui se mesure, quelque grand qu'*il* puisse être. (II, 262.)

C'a été autrefois mon entêtement, comme *il* est le vôtre. (I, 242.)

Voilà un homme.... que j'ai vu quelque part : de savoir où, *il* est difficile. (I, 285.)

S'il survient un grand événement, il se roidit ou il se relâche selon qu'*il* (cela) lui est utile ou préjudiciable. (I, 377.)

On y remarque (dans les vers de Boileau) une critique sûre, judicieuse et innocente, s'il est permis du moins de dire de ce qui est mauvais qu'*il* est mauvais. (II, 461.)

Goûtez bien cela; *il* est de Léandre, et *il* ne me coûte qu'un grand merci. (I, 194.)

Épouser une veuve, en bon françois, signifie faire sa fortune; *il* n'opère pas toujours ce qu'*il* signifie. (I, 265.)

C'est une grande question s'il s'en trouve de tels (des athées); et quand *il* seroit ainsi, cela prouve seulement qu'il y a des monstres. (II, 242.)

Il est vrai, Athènes étoit libre. (I, 26.)

Parler sans cesse à un grand que l'on sert, en des lieux et en des temps où *il* convient le moins. (I, 212.)

Les belles choses *le* sont moins hors de leur place. (II, 171.)

Les enfants des héros sont plus proches de *l'*être que les autres hommes. (II, 122.)

On obtient ; « mais, dit-on, sans *l'*avoir demandé. » (I, 313.)

« Diseurs de bons mots, mauvais caractère : » je *le* dirois, s'*il* n'avoit été dit. (I. 330.)

J'ai différé à *le* dire, et j'en ai souffert; mais enfin *il* m'échappe. (I, 182.)

Vous dites d'un grand.... qu'il est prévenant..., et vous *le* confirmez par un long détail de ce qu'il a fait.... (I, 351.)

L'on peut.... envier ou refuser à mes écrits leur récompense : on ne sauroit en diminuer la réputation; et si on *le* fait, qui m'empêchera de *le* mépriser? (II, 108.)

Où la religion a échoué quand elle a voulu *l'*entreprendre, l'intérêt s'en joue, et *le* fait sans peine. (I, 327.)

Je *l'*ai approfondi, je ne puis être athée. (II, 251.)

3° IL, avec un verbe impersonnel; IL, annonçant un sujet qui suit :
Ménalque.... prend sa cassette, en tire ce qu'*il* lui plaît. (II, 9.)
Peut-*il* briller autre chose dans l'églogue qu'un beau naturel? (I, 144.)
Il s'est trouvé des hommes qui, etc. (I, 315.)
Il se lit.... dans ce traité des phrases qui ne sont pas achevées. (I, 31.)

4° IL surabondant. Voyez l'INTRODUCTION GRAMMATICALE, *Pléonasme*.

5° LE, pronom, omis où nous l'emploierions aujourd'hui :
Comme les hommes ne se dégoûtent point du vice, il ne faut pas aussi se lasser de leur reprocher. (I, 105.)

ILLÉGITIME :
Amours *illégitimes*. (II, 153.)

ILLUSTRER :
Ceux que le jeu et le gain *ont illustrés*.... perdent de vue leurs égaux, et atteignent les plus grands seigneurs. (I, 268.)

IMAGE, au figuré :
Le troupeau est-il fait pour le berger, ou le berger pour le troupeau? *Image* naïve des peuples et du prince qui les gouverne. (I, 385.)
Les caractères, ou du moins les *images* des choses et des personnes, sont inévitables dans l'oraison. (II, 437.)
Moïse, Homère, Platon, Virgile, Horace ne sont au-dessus des autres écrivains que par leurs expressions et par leurs *images*. (I, 117.)
L'orateur fait de si belles *images* de certains désordres. (II, 225.)
De l'*image* d'un coquin. (I, 45, titre.)
La cour ou ne connoît pas la ville, ou par le mépris qu'elle a pour elle néglige d'en relever le ridicule, et n'est point frappée des *images* qu'il peut fournir. (I, 11 ; voyez I, 12, *l*. 12.)

IMAGINABLE :
N'admirerons-nous pas.... que d'une hauteur si prodigieuse elles (les étoiles) puissent conserver une certaine apparence...? Il n'est pas aussi *imaginable* combien il nous en échappe. (II, 264.)

IMAGINAIRE :
Le sage (des stoïques), qui n'est pas ou qui n'est qu'*imaginaire*....(II, 4.)

IMAGINATION :
Il ne faut pas qu'il y ait trop d'*imagination* dans nos conversations ni dans nos écrits. (I, 223.)

IMAGINER, absolument ; IMAGINÉ :
Je ne sais point si le chien.... se ressouvient.... s'il *imagine*, s'il pense. (II, 255.)
Il n'écrit point, il ne cherche point à *imaginer* ni à plaire. (II, 66.)
De peur qu'ils (mes portraits) ne parussent feints ou *imaginés*. (II, 450.)

IMBÉCILE, substantivement :
Il y a même des stupides, et j'ose dire des *imbéciles*. (I, 259.)

IMBÉCILLITÉ :
Il n'y a au monde que deux manières de s'élever, ou par sa propre industrie, ou par l'*imbécillité* des autres. (I, 262.)

IMMANQUABLE :
Le progrès.... est *immanquable*. (I, 211.)

IMMATÉRIEL, ELLE :
La matière a-t-elle dans son fond une idée aussi pure, aussi simple, aussi *immatérielle* qu'est celle de l'esprit? (II, 256.)

IMMENSURABLE :
On ne connoît point la hauteur d'une étoile ; elle est, si j'ose ainsi parler, *immensurable*. (II, 262 et 263.)

IMMODÉRÉ :
Un ris *immodéré*. (I, 137 ; voyez II, 26, *l. dernière.*)

IMMODÉRÉMENT. (I, 229, *n.* 33.)

IMMODESTE :
Des attitudes forcées ou *immodestes*. (II, 149.)

IMMORTEL, ELLE :
Un être souverainement parfait.... dont notre âme est.... une portion comme esprit et comme *immortelle*. (II, 237.)

IMMUNITÉ :
Franchises, *immunités*, exemptions, priviléges, que manque-t-il à ceux qui ont un titre? (II, 168.)

IMPATIENCE DE, suivi d'un infinitif :
Un plus grand nombre (recherche les grands).... par une sotte *impatience de* se faire voir. (I, 327.)
[Leur] plus grande passion... n'est pas le désir du gain, mais une *impatience de* s'agrandir. (I, 84.)
J'ai balancé.... entre l'*impatience de* donner à mon livre plus de rondeur et une meilleure forme..., et la crainte de, etc. (I, 108.)
Se chercher incessamment les unes les autres avec l'*impatience de* ne se point rencontrer. (I, 294.)

IMPATIENT DE :
Il y auroit quelque curiosité à mourir... : l'homme cependant, *impatient de* la nouveauté, n'est point curieux sur ce seul article. (II, 249.)

IMPÉRIEUX :
Ce qu'il y a de plus beau, de plus noble et de plus *impérieux* dans la raison, est manié par le premier (par Corneille). (I, 142.)

IMPERTINENCE :
C'est une grande misère que de n'avoir pas assez d'esprit pour bien

parler, ni assez de jugement pour se taire. Voilà le principe de toute *impertinence*. (I, 223.)

IMPERTINENT, ente, adjectif et substantivement :
C'étoit un fou tout plein d'esprit : façon de parler à mon avis *impertinente*, et pourtant en usage. (II, 510.)
De l'*impertinent* ou du diseur de rien. (I, 39, titre ; voyez II, 97-98, *n*. 46, 47 et 53.)

IMPÉTUEUSEMENT :
L'on parle *impétueusement* dans les entretiens. (I, 237.)

IMPLACABLE :
Implacables à l'égard d'un valet qui aura laissé tomber un pot de terre. (I, 54.)

IMPORTANT, adjectif et substantivement :
O homme *important* et chargé d'affaires. (I, 248.)
L'homme d'affaires est un ours qu'on ne sauroit apprivoiser.... L'homme de lettres au contraire est trivial comme une borne au coin des places... : il ne peut être *important*, et il ne le veut point être. (I, 249.)
Un grain d'esprit et une once d'affaires plus qu'il n'en entre dans la composition du suffisant, font l'*important*. (II, 99; voyez *ibidem*, *l*. 4.)

IMPORTUN, une ; importun, substantivement :
L'on me dit tant de mal de cet homme, et j'y en vois si peu, que je commence à soupçonner qu'il n'ait un mérite *importun* qui éteigne celui des autres. (I, 313.)
Une attention *importune*. (I, 219.)
Un *importun* est celui qui choisit le moment que son ami est accablé de ses propres affaires, pour lui parler des siennes. (I, 59.)

IMPORTUNER :
On ne le voit guère dans les temples *importuner* les Dieux, et leur faire des vœux ou des sacrifices. (I, 65.)

IMPOSER, imposer à, inspirer du respect, tromper :
La fausse grandeur.... ne se fait voir qu'autant qu'il faut pour *imposer* et ne paroître point ce qu'elle est. (I, 168.)
Un esprit éblouissant qui *impose*, et que l'on n'estime que parce qu'il n'est pas approfondi. (I, 170.)
De loin ils *imposent*. (I, 151.)
Se farder.... c'est chercher à *imposer* aux yeux. (I, 172.)
Noms vénérables, qui *imposent* aux malades et aux maladies. (II, 199 ; voyez I, 331, *l*. 15.)
L'on demande s'il ne lui seroit pas plus aisé d'*imposer à* celle dont il est aimé qu'*à* celle qui ne l'aime point. (I, 191 ; voyez II, 156, *l*. 20.)

IMPOSSIBLE, substantivement :
Ce qu'il y auroit en nous de meilleur après l'esprit, ce seroit de connoître qu'il nous manque. Par là on feroit l'*impossible*. (II, 42.)
Vous leur demandez l'*impossible*. (I, 218.)

IMPRATICABLE :
Ils estimoient *impraticable* à un homme même qui est dans l'habitude de penser, et d'écrire ce qu'il pense, l'art de lier ses pensées. (II, 442.)

IMPRÉCATION :
Si.... il entend la trompette qui sonne la charge : « Ah ! dit-il avec *imprécation*, puisses-tu être pendu, maudit sonneur ! » (I, 83.)

IMPRENABLE, au figuré :
Il ne veut pas aussi être cru *imprenable* par cet endroit; il laisse voir en lui quelque peu de sensibilité pour sa fortune. (I, 376.)

IMPRESSION, action d'imprimer un livre, édition :
Un ouvrage satirique..., qui est donné en feuilles sous le manteau..., s'il est médiocre, passe pour merveilleux; l'*impression* est l'écueil. (I, 114.)
Les cinq chapitres.... qui manquoient aux anciennes *impressions*. (I, 14.)

IMPRESSION, au figuré :
La plupart des femmes jugent du mérite et de la bonne mine d'un homme par l'*impression* qu'ils font sur elles. (I, 190.)
On.... ouvre un [livre] qui est galant, et il fait son *impression*. (I, 213.)

IMPRIMER, publier par la voie de l'impression :
N'*imprimez* plus : le public vous demande quartier. (I, 323.)

S'IMPRIMER, IMPRIMÉ, au figuré :
L'on ne peut guère charger l'enfance de la connoissance de trop de langues.... Un si grand fonds ne se peut bien faire que lorsque tout *s'imprime* dans l'âme naturellement et profondément. (II, 202.)
Quelle facilité est la nôtre pour perdre.... la mémoire des choses dont nous nous sommes vus le plus fortement *imprimés!* (II, 468.)

IMPROPRIÉTÉ :
La nouveauté, et l'*impropriété* des termes dont ils se servent. (I, 216.)

IMPROUVER :
La facilité qui est en nous d'*improuver* et de mépriser les autres. (II, 38.)
L'on *improuve* les médecins, et.... l'on s'en sert. (II, 197.)

IMPUDENCE :
L'*impudence* est facile à définir : il suffit de dire que c'est une profession ouverte d'une plaisanterie outrée, comme de ce qu'il y a de plus honteux et de plus contraire à la bienséance. (I, 56; voyez I, 313, *n.* 41.)

IMPUDENT, substantivement :
De l'*impudent* ou de celui qui ne rougit de rien. (I, 56, titre.)

IMPUTER à :
Un projet d'ambition leur plaît même par la hardiesse ou par la nouveauté que l'on *lui impute*. (II, 124.)
Rien n'est bien d'un homme disgracié..., tout *est*.... mal expliqué, ou *imputé* à vice. (II, 115.)

INAPPLICATION, au pluriel :
Je.... tâche de réparer ses *inapplications* par mon opiniâtreté. (II, 507.)

INCAPABLE DE :
L'ignorance, qui est leur caractère, les rend *incapables des* principes les plus clairs et *des* raisonnements les mieux suivis. (II, 252.)

INCENDIAIRE, substantivement :
Les voleurs et les *incendiaires*. (II, 191.)

INCERTAIN :
Souvenons-nous de ces jours tristes que nous avons passés dans l'agitation et dans le trouble, curieux, *incertains* quelle fortune auroient couru un grand roi (Jacques II), une grande reine. (II, 468.)

Quelle plus grande foiblesse que d'être *incertains* quel est le principe de son être ? (II, 237.)

INCERTITUDE de conduite. (II, 5, *l.* 2.)

INCESSAMMENT, sans cesse :
Se chercher *incessamment* les unes les autres. (I, 294.)
Maudit sonneur, qui cornes *incessamment*. (I, 83.)

INCIVILITÉ :
L'*incivilité* n'est pas un vice de l'âme. (II, 15.)

INCLÉMENCE, sens physique :
Il (le Roi) essuie l'*inclémence* du ciel et des saisons. (II, 470.)

INCLINATION :
Je voudrois de toute mon *inclination* avoir six grandes heures par jour à bien employer auprès de Son Altesse. (II, 479.)

INCLINER (S'), se baisser :
Si le hasard lui fait voir une bourse dans son chemin, il *s'incline*. (I, 68.)

INCOMMODE, fâcheux :
D'un homme *incommode*. (I, 72, titre.)

INCOMMODER :
Il les laisse dormir sur son estomac, quoiqu'il en *soit incommodé*. (I, 44.)
Il entre dans les plaisirs des princes un peu de celui d'*incommoder* les autres. (I, 348.)

INCOMMODITÉ :
Il est un jour retenu au lit pour quelque *incommodité*. (II, 12.)
L'on a cette *incommodité* à essuyer dans la lecture des livres faits par des gens de parti...., que l'on n'y voit pas toujours la vérité. (I, 146.)

INCOMPATIBLE :
Le cœur seul concilie les choses contraires, et admet les *incompatibles*. (I, 213.)
Cléante est un très-honnête homme ; il s'est choisi une femme qui est la meilleure personne du monde.... Ils se quittent demain.... Il y a.... de certaines vertus *incompatibles*. (I, 231.)

INCONSIDÉRÉ :
Si vous êtes sot et *inconsidéré*.... (II, 37 ; voyez II, 14, *l.* 8.)

INCONSTANCE :
Inconstance de cœur. (II, 5 ; voyez II, 64, *n.* 137 ; II, 72, *n.* 157.)

INCONSTANT, ante :
Une femme *inconstante* est celle qui n'aime plus. (I, 176.)

INCONTESTABLEMENT :
Il est *incontestablement* déchu de son droit. (II, 187.)

INCONTINENCE :
Les dévots ne connoissent de crimes que l'*incontinence*, parlons plus précisément, que le bruit ou les dehors de l'*incontinence*. (II, 152-153.)

INCONVÉNIENT ; inconvénient de, suivi d'un infinitif :
[Ils] ont une bile intarissable sur les plus petits *inconvénients*. (II, 69.)
Il s'agit de décrire quelques *inconvénients* où tombent ceux qui ayant

méprisé dans leur jeunesse les sciences et les exercices, veulent réparer cette négligence dans un âge avancé par un travail souvent inutile. (I, 85.)

Que penser de la magie et du sortilége? Il y a des faits embarrassants...: les admettre tous ou les nier tous paroît un égal *inconvénient*. (II, 201.)

Les grands sont si heureux, qu'ils n'essuient pas même, dans toute leur vie, l'*inconvénient de* regretter la perte de leurs meilleurs serviteurs. (I, 340.)

Mille honnêtes gens de qui il détourne ses yeux, de peur de tomber dans l'*inconvénient de* leur rendre le salut ou *de* leur sourire. (I, 351.)

L'horrible *inconvénient de* manger un mauvais ragoût. (II, 57.)

INCORRUPTIBLE :
On ne leur demande point qu'ils soient plus éclairés et plus *incorruptibles*. (II, 45.)

L'âme.... est donc *incorruptible*. (II, 257.)

INCULQUER :
Parce que M. le duc de Bourbon a toujours un peu de peine à s'appliquer..., je ne sais autre chose que lui *inculquer* fortement.... les endroits de l'histoire. (II, 507.)

INDÉCENCE :
Ils affectent de les négliger (ces modes) dans leurs portraits, comme s'ils sentoient.... l'*indécence* et le ridicule où elles peuvent tomber. (II, 149.)

INDÉFINI :
Ce qu'il y a de certain dans la mort est un peu adouci par ce qui est incertain : c'est un *indéfini* dans le temps qui tient quelque chose de l'infini. (II, 24.)

INDÉPENDAMMENT DE :
Un homme de bien est respectable par lui-même, et *indépendamment de* tous les dehors dont il voudroit s'aider. (II, 93.)

INDÉTERMINÉ SUR :
Ceux qui entrent dans les magasins, *indéterminés sur* le choix des étoffes qu'ils veulent acheter. (II, 239.)

INDÉVOT :
Ceux qui reçoivent pour les choses saintes ne croient point les vendre... : ce sont peut-être des apparences qu'on pourroit épargner aux simples et aux *indévots*. (II, 173.)

INDIFFÉREMMENT :
S'il est capitaine de galère, voulant ménager son lit, il se contente de coucher *indifféremment* avec les autres sur de la natte. (I, 76.)

Quelques vieillards qui touchés *indifféremment* de tout ce qui rappelle leurs premières années, n'aiment peut-être dans Œdipe que le souvenir de leur jeunesse.... (II, 462.)

Confondre les personnes, et les traiter *indifféremment* et sans distinction des conditions et des titres. (I, 354.)

L'ouvrage qui est joint à la traduction des Caractères.... ne tend qu'à rendre l'homme raisonnable, mais par des voies simples et communes, et en l'examinant *indifféremment*, sans beaucoup de méthode. (I, 29.)

Il y a quelques livres répandus dans sa chambre *indifféremment*. (II, 155.)

Un homme dissimulé.... ne parle point *indifféremment* : il a ses raisons pour dire tantôt qu'il ne fait que revenir de la campagne, etc. (I, 35.)

C'est la profonde ignorance qui inspire le ton dogmatique.... Celui qui sait beaucoup.... parle plus *indifféremment*. (I, 243.)

Les mêmes hommes qui ont un flegme tout prêt pour recevoir *indiffé-*

remment les plus grands désastres, s'échappent, et ont une bile intarissable sur les plus petits inconvénients. (II, 69.)

Il regarde le monde *indifféremment*. (I, 165.)

INDIFFÉRENCE :

Une *indifférence* grossière des choses rurales et champêtres. (I, 295.)
Voyez I, 195, *n.* 81 ; II, 69, *n.* 146.

INDIFFÉRENT, ENTE :

Une parure arbitraire, une draperie *indifférente*. (II, 149.)
Un ridicule.... si fade et si *indifférent*. (I, 138.)
L'on suppose un homme *indifférent*, mais qui voudroit persuader à une femme une passion qu'il ne sent pas. (I, 191 ; voyez I, 176, *n.* 24.)
Il est froid et *indifférent* sur les observations que l'on fait. (I, 323.)

INDIGENCE :

La moquerie est souvent *indigence* d'esprit. (I, 235.)

INDIGENT, ENTE; INDIGENT, substantivement :

Il y a ailleurs six-vingts familles *indigentes*. (I, 254.)
Quelque désagrément qu'on ait à se trouver chargé d'un *indigent*.... (I, 207, *n.* 51.)

INDIGNE, adjectif et substantivement :

Il n'y a rien à la cour de si méprisable et de si *indigne* qu'un homme ui ne peut contribuer en rien à notre fortune. (I, 306.)
Tout le bas, tout le foible et tout l'*indigne* s'y trouvent. (I, 361.)

INDIGNITÉ :

Rien ne nous venge mieux des mauvais jugements que les hommes font de notre esprit..., que l'*indignité*.... de ceux qu'ils approuvent. (II, 97.)

INDIQUER :

Une religion qui le lui *indique* (qui indique Dieu à l'âme humaine). (II, 238.)

INDISPENSABLE :

Un engagement religieux et *indispensable*. (II, 245.)

INDISPENSABLEMENT. (II, 253, *l.* 24.)

INDOCILE :

L'homme *indocile* critique le discours du prédicateur, comme le livre du philosophe, et il ne devient ni chrétien ni raisonnable. (II, 221.)

INDOLENCE :

Personne presque depuis trente années ne lisant plus que pour lire, il alloit aux hommes, pour les amuser, un nouveau titre... ; cette *indolence* avoit rempli les boutiques.... de livres froids et ennuyeux. (I, 109.)

INDUBITABLE :

Il sait, par une voie *indubitable*, que, etc. (I, 372 ; voyez I, 315, *n.* 45 ; II, 137, *l.* 20.)

INDUIT (ÊTRE) À :

Je suis *induit à* ce sentiment par, etc. (I, 151.)

INDULGENCE :

C'est une politique sûre et ancienne dans les républiques que d'y laisser le peuple s'endormir dans les fêtes... : quelles grandes démarches ne fait-on pas au despotique par cette *indulgence* ! (I, 364 ; voyez I, 207, *n.* 49.)

INDULGENT à :
Un homme.... inexorable à soi-même, n'est *indulgent aux* autres que par un excès de raison. (I, 207.)

INDUSTRIE :
Il n'y a au monde que deux manières de s'élever, ou par sa propre *industrie*, ou par l'imbécillité des autres. (I, 262.)

C'est une chose délicate à un prince religieux de réformer la cour et de la rendre pieuse.... Il attend plus de Dieu et du temps que de son zèle et de son *industrie*. (II, 160.)

Les hommes devroient employer les premières années de leur vie à devenir tels.... que la République.... eût besoin de leur *industrie* et de leurs lumières. (I, 153.)

Comment voulez-vous qu'Érophile, à qui le manque de parole, les mauvais offices, la fourberie.... ont mérité des grâces et des bienfaits..., ne présume pas infiniment de soi et de son *industrie*? (II, 21.)

INÉGAL :
L'homme du meilleur esprit est *inégal* : il souffre des accroissements et des diminutions; il entre en verve, mais il en sort. (II, 66; voyez II, 6, *n.* 6.)

INÉGALITÉ :
Inégalité d'humeur. (II, 5.)
Inégalité dans les conditions. (II, 276.)

INEPTIE :
Ce qui est dans les grands splendeur, somptuosité, magnificence, est dissipation, folie, *ineptie* dans le particulier. (I, 297.)

INÉVITABLE à :
Celui qui a.... une grande prévoyance est hors du péril.... de condamner une action...., dans toutes les circonstances où elle *lui* sera un jour *inévitable*. (II, 110.)

INEXORABLE à :
Il est *inexorable à* celui qui.... l'aura poussé légèrement. (I, 64.)
Il est sévère et *inexorable à* qui n'a point encore fait sa fortune. (I, 358; voyez I, 207, *n.* 50.)

INFATUÉ de :
Être *infatué de* soi.... est un accident qui n'arrive guère qu'à celui qui n'en a point (qui n'a point d'esprit). (I, 219.)

INFECTER, au figuré :
Cette manière basse de plaisanter a passé du peuple.... jusque dans une grande partie de la jeunesse de la cour, qu'elle *a déjà infectée*. (I, 239.)

INFÉRER ; inférer que :
Son âme.... pense, raisonne, *infère*, conclut, juge, prévoit. (II, 66.)
De ce que je pense, je n'*infère* pas plus clairement *que* je suis esprit, que je conclus de ce que je fais ou ne fais point, selon qu'il me plaît, que je suis libre. (II, 274; voyez *ibidem, l. avant-dernière;* II, 455, *l.* 19; II, 511, *l.* 7.)

INFÉRIEUR :
Du même fond d'orgueil dont l'on s'élève fièrement au-dessus de ses *inférieurs*, l'on rampe vilement devant ceux qui sont au-dessus de soi. (I, 264.)
Esprits.... *inférieurs* et subalternes. (I, 148.)

INFINI, ie; À L'INFINI :
Un nombre *infini* de courtisans vieillissent sur le oui et sur le non. (I, 306.)
C'est une chose *infinie* que le nombre des instruments qu'il fait parler. (I, 179.)
Comme [le public] pouvoit craindre que ce progrès n'allât *à l'infini*. (I, 110.)

INFINITÉ :
En remontant jusques à l'*infinité* des temps. (II, 253.)

INFIRMER un arrêt :
Tels arrêts.... nous renvoient absous, qui *sont infirmés* par la voix du peuple. (II, 114.)

INFLEXIBLE À :
Fermes et *inflexibles aux* sollicitations du simple peuple. (II, 190.)

INFLEXION :
Les *inflexions* de la voix. (II, 220.)

INFLUENCES :
En vain le ciel verse sur elle (sur la terre) ses *influences*. (II, 276.)
L'homme jouit.... des astres, des cieux et de leurs *influences*. (II, 269.)

IN-FOLIO. (II, 86, *n.* 21.)

INFORMER (S'); S'INFORMER DE, SI; ÊTRE INFORMÉ QUE :
On peut *s'informer* qui a fait ces roues. (II, 267.)
Si la science et la sagesse se trouvent unies en un même sujet, je ne m'*informe* plus *du* sexe, j'admire. (I, 187.)
Il s'*informe*.... *si* tous ceux qui navigent (*sic*) avec lui sont initiés. (I, 81.)
Ils *s'informent si* elles (les places) sont remplies, et par qui. (II, 243.)
Ils prennent soin que toute la ville *soit informée qu*'ils font ces emplettes. (I, 44; voyez II, 496, *l.* 4.)

INFRUCTUEUX, euse :
C'est faire de la pureté et de la clarté du discours un mauvais usage que de les faire servir à une matière aride, *infructueuse*. (I, 146.)

INGÉNIEUR. (I, 50, *l.* 23.)

INGÉNU :
Un air réformé, la singularité de l'habit ne relèvent pas le mérite; ils le fardent, et font peut-être qu'il est moins pur et moins *ingénu*. (II, 93.)

INGÉNUMENT :
Dès que l'application (du duc de Bourbon au travail) tombera, je vous en avertirai *ingénument*. (II, 479.)

INGÉRER (S') de :
C'est lui qui, dans ces lieux où l'on voit des prestiges, *s'ingère de* recueillir l'argent de chacun des spectateurs. (I, 46.)
S'il apprend qu'une femme soit morte dans la ville, il *s'ingère de* faire son épitaphe. (I, 62.)
Dangereux modèles et tout propres à faire tomber dans le froid.... ceux qui *s'ingèrent de* les suivre. (I, 149; voyez I, 185, *l.* 6.)

INGRATITUDE. (I, 207, *n.* 48.)

INHUMANITÉ :
A quelques-uns.... l'*inhumanité* [tient lieu] de fermeté. (II, 20.)

INITIAL, ale :
Lettres *initiales*. (II, 451.)

INITIER, initier dans :
Il s'informe avec soin si tous ceux qui navigent (*sic*) avec lui *sont initiés*. (I, 82.)
Il est fort exact à visiter, sur la fin de chaque mois, les prêtres d'Orphée, pour se faire *initier dans* ses mystères. (I, 66; voyez I, 82, note 1.)

INJURE. (I, 210, *n.* 69; I, 226, *n.* 27; II, 16, *n.* 10; II, 38, *n.* 81.)

INJURIEUX, euse, à :
Elles (les clefs des Caractères) sont *injurieuses aux* personnes dont les noms s'y voient déchiffrés. (II, 448.)

INJUSTICE :
Un homme que l'avarice rend effronté ose emprunter une somme d'argent à celui à qui il en doit déjà, et qu'il lui retient avec *injustice*. (I, 52.)

INNOCENT, ente :
On y remarque (dans les vers de Boileau) une critique sûre, judicieuse et *innocente*, s'il est permis du moins de dire de ce qui est mauvais qu'il est mauvais. (II, 461.)
Un Bourdaloue en chaire ne fait point de peintures du crime ni plus vives ni plus *innocentes*. (II, 444.)
Il a.... une raillerie *innocente*, mais froide et contrainte. (I, 324.)

INNOVER :
Quand on veut changer et *innover* dans une république, c'est moins les choses que le temps que l'on considère. (I, 364.)

INONDER, au figuré :
C'est un débordement de louanges.... qui *inonde* les cours et la chapelle. (I, 310.)

INOUÏ, ïe :
Le prédicateur n'est point soutenu, comme l'avocat, par des faits toujours nouveaux,... par des aventures *inouïes*. (II, 231.)

INQUIET, ète :
Comment le fixer, cet homme *inquiet*, léger, inconstant? (II, 151.)
La sotte vanité semble être une passion *inquiète* de se faire valoir par les plus petites choses. (I, 73.)
Il y a des âmes sales,... toujours *inquiètes* sur le rabais ou sur le décri des monnoies. (I, 264.)

INQUIÉTER (S') :
[Qu'ils] *s'inquiètent* pour eux-mêmes; ils ont leurs soins, et nous les nôtres. (II, 271.)

INQUIÉTUDE :
Inquiétude d'esprit, inégalité d'humeur, inconstance de cœur. (II, 5.)
Être guéri de la vanité, de l'*inquiétude* et de la mauvaise raillerie. (II, 172.) — « De l'inquiétude d'esprit, » dans la première édition.
Ces gens qui s'engagent par *inquiétude*.... dans de longs voyages. (II, 138.)
Les chiromanciens.... charment l'*inquiétude* des jeunes femmes qui ont de vieux maris. (II, 201; voyez II, 190, *l.* 21.)

INSECTE, au figuré :
L'on marche sur les mauvais plaisants, et il pleut par tout pays de cette sorte d'*insectes*. (I, 215.)

INSENSIBLE, imperceptible, peu marqué :
Une certaine suite *insensible* des réflexions qui les composent (les chapitres). (I, 107.)

INSENSIBLEMENT, peu à peu :
Se trouvant sur le bord de la mer, sur le point qu'un homme est prêt de partir et de monter dans son vaisseau, (il) l'arrête sans nul besoin, et l'engage *insensiblement* à se promener avec lui. (I, 72; voyez II, 12, *l.* 4.)

INSINUANT :
Le villageois est doux et *insinuant*, le bourgeois au contraire et le magistrat grossiers, et dont la rusticité est héréditaire. (II, 89.)

INSINUATION :
C'est.... le faire valoir (un bon mot) que de le rapporter comme d'un autre :... il est dit avec plus d'*insinuation* et reçu avec moins de jalousie; personne n'en souffre. (II, 107.)

INSINUER; INSINUER QUE; S'INSINUER :
La parole.... qui *insinue* aux hommes la justice et la probité. (II, 459; voyez I, 106, *l.* 11 et 12.)
Un homme de la cour qui n'a pas un assez beau nom doit l'ensevelir sous un meilleur; mais s'il l'a tel qu'il ose le porter, il doit alors *insinuer* qu'il est de tous les noms le plus illustre. (I, 305.)
Qui me garantiroit que dans peu de temps on n'*insinuera* pas *que* même sur le siége.... il (Vauban) erre quelquefois? (II, 116.)
Il n'y a point de palais où il ne *s'insinue*. (I, 342.)
L'on *s'insinue* auprès de tous les hommes. (II, 50.)

INSIPIDE, au propre et au figuré :
La viande noire est hors de mode, et par cette raison *insipide*. (II, 135; voyez I, 221, *l.* 17.)
Quelques savants ne goûtent que les apophthegmes des anciens...; l'histoire du monde présent leur est *insipide*. (I, 10.)

INSISTER :
Je.... fais choix des choses dont il a plus besoin d'être instruit, sur lesquelles j'*insiste* fort et ne lui fais point de quartier. (II, 505.)

INSPIRER, INSPIRER DE :
C'est la profonde ignorance qui *inspire* le ton dogmatique. (I, 243.)
La santé et les richesses, ôtant aux hommes l'expérience du mal, leur *inspirent* la dureté pour leurs semblables. (II, 38.)
Tous.... lisent ces sortes d'ouvrages...; ils en *inspirent* la lecture à leurs pensionnaires. (II, 445; voyez I, 15, *l.* 9.)
La politique qui ne consiste qu'à répandre le sang est fort bornée;... elle *inspire de* tuer ceux dont la vie est un obstacle à notre ambition. (I, 363.)

INSTANCE, objection. (II, 253, note 3.)

INSTANT :
Quelle heureuse place que celle qui fournit dans tous les *instants* l'occasion à un homme de faire du bien! (I, 386.)

INSTRUCTION :
On ne doit parler, on ne doit écrire que pour l'*instruction*. (I, 106.)
Cet ouvrage n'est qu'une simple *instruction* sur les mœurs des hommes. (I, 31 et 32.)

INSTRUIRE (S') DE ; INSTRUIT, INSTRUIT DE :

Des citoyens *s'instruisent du* dedans et *du* dehors d'un royaume. (I, 346.)
Un cheval de manége,... le mieux *instruit* du monde. (I, 187.)
C'est une chose délicate à un prince de réformer la cour... : *instruit* jusques où le courtisan veut lui plaire..., il le ménage avec prudence. (II, 160.)
Les endroits de l'histoire, de la géographie et des généalogies *dont* il est tout à fait nécessaire qu'il soit *instruit*. (II, 507.)
J'apporte tout le soin dont je suis capable pour *l'en* rendre *instruit*. (II, 506.)

INSULTE :

L'injure, l'*insulte* leur découlent des lèvres. (I, 226.)

INSUPPORTABLE :

Il y a de certaines choses dont la médiocrité est *insupportable* : la poésie, la musique, la peinture, le discours public. (I, 114.)

INTARISSABLE, au figuré :

[Ils] ont une bile *intarissable* sur les plus petits inconvénients. (II, 69.)
Cela seul a fait imaginer le spécieux.... prétexte du soin des âmes, et semé dans le monde cette pépinière *intarissable* de directeurs. (I, 183.)

INTEMPÉRANCE :

Une *intempérance* de langue qui ne permet pas à un homme de se taire. (I, 48 ; voyez II, 65, *l*. 4.)
Quelques-uns, par une *intempérance* de savoir, et par ne pouvoir se résoudre à renoncer à aucune sorte de connoissance, les embrassent toutes et n'en possèdent aucune. (II, 139.)

INTENTIONNÉ :

Les lecteurs mal *intentionnés*. (I, 107.)

INTÉRESSÉ :

Les enfants sont.... curieux, *intéressés*, paresseux. (II, 26.)

INTÉRESSER, INTÉRESSER À :

Il sait *intéresser* ceux avec qui il traite ;... il leur fait sentir leurs avantages particuliers. (I, 376.)
La nécessité de rendre compte l'*intéressera* beaucoup à bien étudier. (II, 497.)

INTÉRÊT, INTÉRÊTS :

L'on se couche à la cour et l'on se lève sur l'*intérêt* : c'est ce que l'on digère le matin et le soir. (I, 306.)
Il unit.... d'*intérêt* plusieurs foibles contre un plus puissant. (I, 376.)
Voyez I, 209, *n*. 57 ; I, 210, *n*. 66 ; I, 213, *n*. 77 ; I, 256, *l*. 1 ; I, 264-265, *n*. 58 et 59 ; I, 267, *n*. 70 ; II, 21, *n*. 27.
Mettre les gens à voir clairement leurs *intérêts* à vous faire du bien. (I, 260.)
Les hommes.... sont si épineux sur les moindres *intérêts*. (II, 20.)

INTERPRÈTE :

Les *interprètes* des songes. (I, 66.)
Ce qui se lit entre les deux étoiles n'est pas dans le grec, où le sens est interrompu, mais il est suppléé par quelques *interprètes*. (I, 69, note 6.)

INTERRÈGNE, au figuré :

Il les brouille (les femmes qu'il gouverne) et les réconcilie avec leur maris, et il profite des *interrègnes*. (I, 185.)

INTERROMPRE :

[L']impudent.... fait entendre de sales hoquets qui obligent les spectateurs de tourner la tête et d'*interrompre* leur attention. (I, 57.)

Dans le grec,... le sens *est interrompu*. (I, 69, note 6.)

Un style affecté, dur et *interrompu*. (II, 453.)

INTERVALLE :

Il y a entre telle et telle condition un abîme d'*intervalle* si immense. (I, 267.)

Elle m'envoie querir dès qu'elle a le moindre *intervalle* qu'elle peut donner à ses études. (II, 492.)

INTERVENIR, avec l'auxiliaire *avoir* :

Il n'y a point eu....de procédures.... où il n'*ait* du moins *intervenu*. (II, 60.)

INTESTAT (Héritiers ab). (II, 191, *l.* 11.)

INTIMIDER :

La raison et la justice dénuées de tous leurs ornements ni ne persuadent ni n'*intimident*. (II, 71.)

INTRIGANT :

Ces hommes alertes, empressés, *intrigants*. (I, 341.)

INTRIGUE :

Un homme qui a vécu dans l'*intrigue*.... (I, 334 ; voyez *ibidem*, *n.* 92.)

Son Altesse Sérénissime expliqua toutes ces choses avec beaucoup d'exactitude, quoique il y entre bien des *intrigues* et du cabinet. (II, 501.)

Qui a eu plus de part.... à toutes ces *intrigues* de cour? (I, 167; voyez I, 154, *l.* 9.)

INTRIGUER (S') pour :

Ont-ils une prétention, il s'offre à eux, il *s'intrigue pour* eux. (I, 322.)

INUTILE :

Une leçon assez *inutile*. (I, 313.)

INVECTIVE :

Après l'*invective* commune contre les honneurs, les richesses et le plaisir, il ne reste plus à l'orateur qu'à courir à la fin de son discours. (II, 231.)

INVENTION :

Il y a autant d'*invention* à s'enrichir par un sot livre qu'il y a de sottise à l'acheter. (I, 132.)

Ils ont.... des habits où brillent l'*invention* et la richesse. (I, 303.)

S'il n'y a plus de besoins, il n'y a plus d'arts, plus de sciences, plus d'*invention*, plus de mécanique. (II, 275.)

INVÉTÉRÉ :

Une maladie de l'âme si *invétérée*. (I, 359; voyez II, 201, *l.* 6.)

INVINCIBLE :

Quelle force *invincible*.... des témoignages rendus.... par des millions de personnes les plus sages.... qui fussent alors sur la terre ! (II, 250.)

INVIOLABLEMENT :

N'essayer des richesses, de la grandeur,... que pour les voir changer *inviolablement* et par la révolution des temps en leurs contraires. (II, 250.)

Je suivrai *inviolablement* la méthode de lui faire apprendre les noms par cœur. (II, 490.)

INVITER :
On convie, on *invite*, on offre sa maison, sa table. (I, 207.)

INVULNÉRABLE, au figuré :
Une grande âme.... seroit *invulnérable* si elle ne souffroit par la compassion. (II, 38.)

IRONIE :
Ironie est chez nous une raillerie dans la conversation, ou une figure de rhétorique, et chez Théophraste c'est quelque chose entre la fourberie et la dissimulation, qui n'est pourtant ni l'un ni l'autre. (I, 30.)
Continuez.... d'employer cette *ironie*. (II, 86.)
Ironie très-propre à mettre vos mœurs en sûreté. (I, 338.)

IRRÉCONCILIABLE. (II, 37, *l. dernière.*)

IRRÉGULARITÉ :
[Les] avantages que l'on tire quelquefois de l'*irrégularité*. (I, 147-148.)

IRRÉLIGIEUX :
Un clerc mondain ou *irréligieux*. (II, 230.)

IRRÉMÉDIABLE. (II, 16, *l.* 3.)

IRRÉPRÉHENSIBLE :
Cela a fait imaginer le spécieux et *irrépréhensible* prétexte du soin des âmes, et semé dans le monde cette pépinière intarissable de directeurs. (I, 183.)

IRRÉSOLUTION :
Il est difficile de décider si l'*irrésolution* rend l'homme plus malheureux que méprisable. (II, 5.)

ISSIR. (II, 210, *l.* 18.)

ISSUE :
S'offrir à servir de guide dans un chemin détourné qu'il ne connoît pas, et dont il ne peut ensuite trouver l'*issue*. (I, 61.)

J

JALOUSIE :
Toute *jalousie* n'est point exempte de quelque sorte d'envie.... L'envie, au contraire, est quelquefois séparée de la *jalousie*. (II, 41.)
Voyez I, 119, *n.* 19; I, 177, *l.* 5; I, 203, *n.* 29; II, 15, *n.* 8; II, 40-41, *n.* 85; II, 51, *n.* 112.

JALOUX DE :
Le voilà tout porté, avec ses alliés *jaloux de* la religion et *de* la puissance de César, pour fondre sur lui. (II, 133.)
Epris de la fortune..., ils *en* sont *jaloux* jusqu'à l'excès. (II, 247.)

JAMBE :
Un sot ni n'entre, ni ne sort,... ni n'est sur ses *jambes*, comme un homme d'esprit. (I, 165.)

JANTE DE ROUE. (II, 229, *l.* 13.)

JARDINIER. (I, 180, *n.* 34.)

JARGON :
Il n'a manqué à Molière que d'éviter le *jargon*. (I, 128.)

Leur bizarre génie, que l'envie de toujours plaisanter.... tourne insensiblement à un *jargon* qui leur est propre. (I, 216.)

Le mystérieux *jargon* de la médecine. (II, 77; voyez II, 192, *l.* 1.)

Ils parlent *jargon* et mystère sur de certaines femmes. (I, 282; voyez II, 152, *l.* 10 et 11; II, 156, *l.* 25 et 26.)

JETER, SE JETER, sens physique et sens moral :

Sans pousser le moindre soupir, ni *jeter* une seule larme. (II, 4.)

Vous *jetâtes* la vue autour de vous. (II, 468.)

[Le] théâtre, où elle (la machine) *jette* encore le merveilleux. (I, 134.)

Leur pente.... à *jeter* un ridicule.... où il n'y en peut avoir. (I, 347.)

Jetez-moi dans les troupes comme un simple soldat, je suis Thersite; mettez-moi à la tête d'une armée..., je suis Achille. (I, 353.)

Un esprit abstrait,... nous *jetant* loin du sujet de la conversation.... (I, 219.)

Un prédicateur devroit.... *jeter*..., par un bel enthousiasme, la persuasion dans les esprits et l'alarme dans le cœur. (II, 235.)

Si l'on *jette* quelque profondeur dans certains écrits..., ce n'est que par la bonne opinion qu'on a de ses lecteurs. (I, 146.)

Une erreur de fait *jette* un homme sage dans le ridicule. (II, 97; voyez I, 377, note 1.)

Des mouvements.... qui les *jettent* dans l'épuisement. (II, 178.)

Il n'oublie pas de tirer avantage de l'aveuglement de son ami, et de la prévention où il *l'a jeté* en sa faveur. (II, 157.)

Ironie.... très-propre.... à les *jeter* dans le parti de continuer d'être ce qu'ils sont. (I, 338.)

Il est froid et taciturne, pour *jeter* les autres dans l'engagement de parler. (I, 374.)

Un grand attachement ou de sérieuses affaires *jettent* l'homme dans son naturel. (II, 69.)

Il fait de fausses offres,... qui *jettent* dans la défiance et obligent de rejeter ce que l'on accepteroit inutilement, qui lui donnent cependant une occasion de faire des demandes exorbitantes, et *jettent* dans leur tort ceux qui les lui refusent. (I, 375, *variante;* voyez la note 1.)

Si quelquefois il (le plénipotentiaire) est lésé dans quelques chefs..., il crie haut; si c'est le contraire, il crie plus haut, et *jette* ceux qui perdent sur la justification et la défensive. (I, 376.)

Alcippe me salue.... et *se jette* hors d'une portière, de peur de me manquer. (II, 36; voyez *ibidem*, note 1.)

Il.... déclame contre le temps présent.... De là il *se jette* sur ce qui se débite au marché, sur la cherté du blé. (I, 39.)

Il va *se jeter* dans un cercle de personnes graves qui traitent ensemble de choses sérieuses, et les met en fuite. (I, 48.)

Celui.... qui *se jette* dans le peuple ou dans la province y fait bientôt.... d'étranges découvertes. (II, 72.)

Ils suivent sans peine l'orateur.... dans toutes les élévations où il *se jette*. (II, 225; voyez II, 105, *n.* 64.)

Des livres qui supposant les principes physiques et moraux rebattus par les anciens et les modernes, *se jettent* d'abord dans leur application aux mœurs du temps. (I, 12.)

JETER EN SABLE, avaler sans perdre haleine :

Un Tigillin qui souffle ou qui *jette en sable* un verre d'eau-de-vie. (II, 144; voyez *ibidem*, note 2.)

JETON :

Ayant.... calculé avec des *jetons* une certaine somme. (I, 62; voy. I, 79, *l.* 1.)

JEU, au propre et au figuré ; JEU D'ESPRIT :
Laissez-les jouer un *jeu* ruineux. (II, 153.)
Il n'y a rien qui mette plus subitement un homme à la mode.... que le grand *jeu*. (II, 144.)
Voyez I, 188, *n*. 52 ; I, 267, *n*. 71 ; I, 268, *n*. 72 et 73 ; I, 270, *n*. 75 ; II, 46, *l*. 19 ; II, 47, *n*. 101 ; II, 101, *l*. 1.
Avoir, s'il se peut, un office lucratif, qui rende la vie aimable...; écrire alors par *jeu*, par oisiveté. (II, 88.)
Un autre (la Fontaine) plus égal que Marot et plus poëte que Voiture, a le *jeu*, le tour, et la naïveté de tous les deux. (II, 461.)
Il y a des ouvrages qui commencent par A et finissent par Z.... On les appelle des *jeux d'esprit*. De même il y a un *jeu* dans la conduite : on a commencé, il faut finir. (II, 47.)
Le stoïcisme est un *jeu d'esprit*. (II, 3.)

JEUNESSE, sens collectif :
La *jeunesse* de la cour. (I, 239.)

JOINDRE quelque chose ; JOINDRE quelqu'un ; SE JOINDRE :
Il leur coûte moins (aux hommes) de *joindre* les extrémités que d'avoir une conduite dont une partie naisse de l'autre. (II, 69.)
Il vous quitte brusquement pour *joindre* un seigneur. (I, 358 ; voyez II, 9, *l*. 11.)
Cet autre que l'on feint de ne pas connoître, et dont l'on veut encore moins se laisser *joindre*. (II, 63 ; voyez I, 222, *l*. 3.)
Ils ne lui sourioient plus, ils commençoient à ne le plus *joindre*. (I, 319.)
On *se joint* ensemble pour se rassurer. (I, 276.)

JOLI, IE :
Il a.... le plus *joli* maintien. (II, 149.)
Il ne donne point à un homme agréable la matière d'un *joli* conte. (I, 356.)
Un homme.... se donne.... un *joli* spectacle.... (I, 321.)
Combien de *jolies* phrases lui faudra-t-il essuyer ! (I, 219.)
Un tissu de *jolis* sentiments. (I, 138.)

JOUER, au propre et au figuré ; JOUER DE ; SE JOUER ; SE JOUER À, DE :
Il jette le verre d'eau dans le tric-trac, et inonde celui contre qui il *joue*. (II, 10.)
L'amorce est déjà conduite, et la mine prête à *jouer*. (I, 313.)
Tous les chats.... se sont jetés avec fureur les uns sur les autres, et *ont joué* ensemble *de* la dent et *de* la griffe. (II, 129.)
Il faut convenir que nous *jouons* d'un grand bonheur. (I, 371.)
La fortune.... ne leur rit plus ; elle *se joue* ailleurs. (I, 272.)
Onuphre n'est pas dévot, mais il veut être cru tel... : aussi ne *se joue*-t-il pas *à* la ligne directe... ; il en veut à la ligne collatérale. (II, 158.)
Où la religion a échoué quand elle a voulu l'entreprendre, l'intérêt *s'en joue* et le fait sans peine. (I, 327.)
Celui qui a fait les cieux, les astres..., et qui *se joue de* les faire mouvoir. (II, 269.)

JOUIR DE :
Ses voisins en manquent (de pain) aussi bien que de couteaux et de fourchettes, *dont* il ne les laisse pas *jouir* longtemps. (II, 12.)

JOUISSANCE, plaisir, volupté :
Une épigramme sur une belle gorge,... un madrigal sur une *jouissance*. (II, 446.) — Voyez *les Précieuses ridicules* de Molière, scène IX, p. 80.

JOUR, au propre et au figuré; UN JOUR, LE JOUR; DE JOUR À AUTRE; UN BEAU JOUR; SE FAIRE JOUR :

Vous avez eu, lui dit-il, de beaux *jours* à Fontainebleau. (II, 11.)

Tout ce qu'ils exposent au grand *jour* de l'impression. (II, 443.)

L'antithèse est une opposition de deux vérités qui se donnent du *jour* l'une à l'autre. (I, 144.)

Certaines couleurs changeantes, et qui sont diverses selon les divers *jours* dont on les regarde. (I, 298.)

Je n'ai pas espéré que cette compagnie pût être une autre fois.... prise dans un *jour* plus favorable. (II, 440.)

Ne montrer que les vertus, et les mettre dans leur *jour*. (I, 350.)

S'il trouve une barrière de front..., il.... va à droit ou à gauche, selon qu'il y voit de *jour* et d'apparence. (I, 258.)

Si Onuphre ne trouve pas *jour* à les en frustrer à fond (d'une succession), il leur en donne du moins une bonne partie. (II, 158.)

Je le déclare nettement, afin que l'on s'y prépare et que personne *un jour* n'en soit surpris. (II, 169.)

S'il l'a *un jour* envoyée chez le teinturier (sa robe)..., comme il n'en a pas une seconde pour sortir, il est obligé de garder la chambre. (I, 76.)

Il lui échappe de l'appeler son fils dix fois *le jour*. (II, 14.)

Foule de.... courtisans, dont la maison d'un ministre se dégorge plusieurs fois *le jour*. (I, 359.)

La distance qu'il y a de l'honnête homme à l'habile homme s'affoiblit *de jour à autre*, et est sur le point de disparoître. (II, 99.)

Ils voient *de jour à autre* un nouveau culte. (II, 238.)

Celui qui *un beau jour* sait renoncer.... ou à un grand nom.... ou à une grande fortune, se délivre en un moment de bien des peines. (I, 336.)

Quelle.... peine à un homme qui est sans prôneurs.... de *se faire jour* à travers l'obscurité! (I, 152.)

JOUVENCEAU, JOUVENCEL. (II, 215, *l.* 5 et 6.)

JOVIAL :

Il est gai, *jovial*, familier. (II, 58; voyez II, 208, *l.* 5.)

JUDICIAIRE :

D'autres encore, qui prêtent leurs soins.... aux affaires publiques, après les avoir employés aux *judiciaires*.... (II, 464.)

JUGEMENT :

C'est une grande misère que de n'avoir pas assez d'esprit pour bien parler, ni assez de *jugement* pour se taire. (I, 223.)

Voyez *ibidem*, n. 17; II, 33, *l.* 1; II, 74, *l.* 1; II, 96, n. 42; II, 114, n. 91.

JUGER DE :

Juger des hommes par les fautes qui leur échappent (contre les usages),... avant qu'ils soient assez instruits, c'est *en juger* par leurs ongles ou par la pointe de leurs cheveux. (II, 95; voyez II, 94, *l.* 7.)

La plupart des femmes *jugent du* mérite et *de* la bonne mine d'un homme par l'impression qu'ils font sur elles. (I, 190.)

Il ne *juge de* la bonté de sa pièce que par l'argent qui lui en revient. (II, 101.)

JUPITER, au figuré :

Ils ne sont pas les satellites de *Jupiter*, je veux dire ceux qui pressent et qui entourent le Prince. (I, 304.)

JURER, prêter serment. (I, 62, *l.* 9.)

JURIDICTION :
La coutume.... d'interrompre les avocats au milieu de leur action....
va faire du Parlement une muette *juridiction*. (II, 185.)

JUSQUE ; JUSQU'À ; JUSQU'À CE QUE :
Il ne l'abandonne point qu'il ne l'ait remis *jusque* dans sa maison. (I, 49.)
Gens pécunieux, que l'excès d'argent.... mène *jusqu'à* une froide insolence. (II, 448.)
Les deux lignes qui partiroient de leurs yeux pour aboutir *jusqu'à* cet astre. (II, 263.)
Pendant une grande cherté de vivres, il a distribué aux pauvres citoyens d'Athènes *jusqu'à* la somme de cinq talents. (I, 78 ; voyez I, 79, *l.* 15.)
Ces interprétations, que quelque connoissance que j'ai des hommes m'avoit fait prévoir, *jusqu'à* hésiter quelque temps si je devois rendre mon livre public.... (II, 449.)
Où il a prêché, les paroissiens ont déserté, *jusqu'aux* marguilliers ont disparu. (II, 222.)
Il y a des hommes nés inaccessibles.... Ils.... tonnent et foudroient : on n'en approche pas, *jusqu'à ce que* venant à s'éteindre, ils tombent. (I, 349.)

JUSQUES À :
C'est par Théophraste que sont venus *jusques à* nous les ouvrages de ce grand homme (d'Aristote).... Il put compter bientôt dans l'école qu'il lui avoit laissée *jusques à* deux mille disciples. (I, 17.)
Voyez I, 21, *l. dernière*; I, 30, *l.* 10; I, 45, *l.* 7; I, 50, *l.* 7; I, 67, *l.* 16; I, 80, *l. pénult.*; I, 82, *l.* 10; I, 115, *n.* 9; I, 119, *n.* 21; I, 126, *n.* 33; I, 131, *l.* 13; I, 133, *l.* 12; I, 148, *l.* 5; I, 160, *l.* 14; I, 170, *n.* 3; I, 175, *n.* 17; I, 190, *l.* 1; I, 254, *l. dernière*; I, 255, *l.* 11; I, 260, *n.* 44; I, 270, *l.* 5; I, 276, *l.* 25; I, 287, *l.* 3; I, 339, *l.* 9; I, 368, *l.* 16; I, 375, *l.* 17; I, 377, *l.* 2; I, 389, *l.* 15; II, 30, *n.* 63; II, 40, *l.* 11 et 12; II, 68, *l.* 9; II, 128, *l.* 5; II, 160, *l.* 5; II, 186, *l.* 3; II, 220, *l.* 14; II, 238, *l.* 13; II, 246, *l.* 6; II, 251, *l.* 6; II, 253, *l.* 5; II, 472, *l.* 2; II, 493, *l.* 6; II, 496, *l.* 7; II, 503, *l.* 16.

JUSQUES ALORS :
Certaines gens que le hasard seul a placés, et de qui *jusques alors* on n'avoit pas attendu de fort grandes choses. (I, 151.)

JUSQUES OÙ :
Qui dit le peuple dit plus d'une chose : c'est une vaste expression, et l'on s'étonneroit de voir ce qu'elle embrasse et *jusques où* elle s'étend. (I, 361.)
[Le] prince.... instruit *jusques où* le courtisan veut lui plaire..., le ménage avec prudence. (II, 160.)
Voyez I, 391, *l. dernière*; II, 57, *l. dernière*; II, 70, *n.* 152; II, 246, *n.* 24.

JUSTE, adjectif :
Les esprits *justes*, doux, modérés. (I, 148.)
L'on comprend à peine.... qu'avec des mesures *justes* l'on doive si aisément parvenir à la fin que l'on se propose. (II, 19.)
Ses pièces (les pièces de Racine).... sont *justes*, régulières, prises dans le bon sens et dans la nature. (I, 141.)

JUSTE, adverbialement :
Il faut chercher seulement à penser et à parler *juste*, sans vouloir amener les autres à notre goût. (I, 113 ; voyez I, 224, *n.* 23 ; II, 139, *l.* 2.)
Se meuble-t-il, s'anoblit-il à force de penser et d'écrire *juste*? (II, 87.)
Cléon parle peu obligeamment ou peu *juste*. (I, 224.)
Ah ! j'oubliois une chose ! oui, c'est cela même, et je voulois voir si vous tomberiez *juste* dans tout ce que j'en ai appris. (I, 48.)

« Chaloureux ».... se passe, bien.... qu'il se dise fort *juste* où « chaud » ne s'emploie qu'improprement. (II, 208.)
Voyez I, 128, *l.* 13; II, 216, *l.* 7; II, 262, *l.* 23.

JUSTESSE d'esprit. (I, 119, *n.* 18.)

JUSTICE :
Quelqu'un vient d'être condamné en *justice* de payer.... (I, 59.)
La *justice* que l'on doit aux autres. (II, 112.)

JUSTIFIER :
Justifier les mauvais succès par les bonnes intentions. (I, 350.)

L

LA. Voyez LE.

LÀ :
J'ai eu avec Son Altesse quatre longs entretiens sur l'histoire de Louis XII, qui s'achemine par *là* vers sa fin. (II, 492.)
Quand une jeune personne jette de *là* sa vue sur tout ce qui l'entoure (en sortant de la lecture d'un roman ou de la vue d'une comédie).... (I, 139.)

LÂCHER, LÂCHER PRISE, au figuré :
Ils *lâchèrent* sur moi deux auteurs associés à une même gazette. (II, 442.)
Tels n'approuvent la satire, que lorsque commençant à *lâcher prise* et à s'éloigner de leurs personnes, elle va mordre quelque autre. (I, 11.)

LACONISME :
Essuyer sa gravité, son ris amer et son *laconisme*. (I, 360.)

LAID, LAIDE :
Si une *laide* se fait aimer, ce ne peut être qu'éperdument. (I, 204.)
Voyez I, 247, *n.* 9; II, 94, *n.* 33.

LAIDEUR :
S'il a de la *laideur*, elle ne fait pas son impression. (II, 94.)

LAISSE :
Son chien.... est attaché avec une *laisse* d'or et de soie. (I, 386.)

LAISSER ; NE PAS LAISSER DE ; LAISSER-COURRE, terme de chasse :
Un grand.... s'enivre de meilleur vin que l'homme du peuple : seule différence que la crapule *laisse*.... entre le seigneur et l'estafier. (I, 348.)
Il a *laissé* à douter en quoi il excelloit davantage, ou dans les belles-lettres, ou dans les affaires. (II, 467.)
Il *laisse* en mourant un monde qui ne se sent pas de sa perte. (I, 151.)
[Théophraste] put compter bientôt dans l'école qu'il (Aristote) lui avoit *laissée* jusques à deux mille disciples. (I, 17.)
Il y a des endroits dans l'opéra qui *laissent* en desirer d'autres ; il échappe quelquefois de souhaiter la fin de tout le spectacle. (I, 133.)
Ses premières comédies (de Corneille) sont sèches.... et ne *laissoient* pas espérer qu'il dût ensuite aller si loin. (I, 139 ; voyez I, 242, *l.* 1.)
L'on *ne laisse pas de* lire quelquefois, dans ce traité des Caractères, de certaines mœurs qu'on ne peut excuser.... (I, 27 et 28.)
Vous le verrez quelquefois tout couvert de lèpre.... *ne pas laisser de* se mêler parmi le monde. (I, 70.)

Ce qu'on appelle un fâcheux est celui qui, sans faire à quelqu'un un fort grand tort, *ne laisse pas de* l'embarrasser beaucoup. (I, 72.)

Voyez I,-82, *l.* 11 ; I, 225, *n.* 25 ; I, 239, *n.* 71 ; I, 319, *n.* 56 ; I, 328, *l.* 24 ; I, 339, *n.* 5 ; II, 10, *l.* 25 et 26 ; II, 13, *l.* 7 ; II, 14, *l.* 17 et 18 ; II, 113, *n.* 85 ; II, 119, *n.* 100 ; II, 159, *l.* 20 ; II, 161, *n.* 29 ; II, 256, *n.* 40 ; II, 258, *l.* 17 ; II, 445, *l.* 6 ; II, 485, *l.* 14 et 15 ; II, 508, *l.* 8 et 9.

Il sait un rendez-vous de chasse, il s'y trouve ; il est au *laisser-courre* ; il entre dans le fort, se mêle avec les piqueurs. (I, 282.)

LAIT (LA VOIE DE), la voie lactée :
Celles (les étoiles).... qui composent *la voie de lait.* (II, 264.)

LAMBEL, terme de blason :
Ceux-là portent les armes pleines, ceux-ci brisent d'un *lambel.* (I, 281.)

LANGAGE :
Les vieillards.... affectent quelques mots du premier *langage* qu'ils ont parlé. (II, 53.)

LANGUE :
Ce que quelques-uns appellent babil est proprement une intempérance de *langue* qui ne permet pas à un homme de se taire. (I, 48.)
Les morts mêmes dans le tombeau ne trouvent pas un asile contre sa mauvaise *langue.* (I, 88.)
Ils frappent sur tout ce qui se trouve sous leur *langue.* (I, 226.)
Les *langues* sont la clef ou l'entrée des sciences. (II, 85.)
Voyez *ibidem, l.* 8 et 11 ; II, 202, *l.* 4.

LANGUIR :
On *languit*, on sèche de les voir danser et de ne danser point. (II, 247.)

LANSQUENET, sorte de jeu. (I, 268, *l. dernière.*)

LANTERNE, tribune :
Qui voit-on dans les *lanternes* des chambres? (II, 191 ; voy. *ibid.*, note 3.)

LARCIN :
Il est sujet au *larcin*, et à se voir traîner.... dans une prison. (I, 46.)

LARGE, substantivement et adverbialement :
Je suis riche..., me voilà au *large*, et je commence à respirer. (II, 159.)
Bustes rares,... dont la vente les mettroit au *large.* (II, 141.)
Des gens rustiques.... chaussés *large* et grossièrement. (I, 41.)

LARGEMENT :
C'est modestie à eux de ne promettre pas encore plus *largement.* (I, 340.

LARGESSE, LARGESSES :
Faire une grande *largesse.* (II, 157 ; voyez I, 79, *l.* 2.)
Ils ignorent la nature,... ses dons et ses *largesses.* (I, 295.)

LARMES. (I, 137, *l. dernière.*)

LARMOYER. (II, 210, *l. dernière.*)

LASSER (SE); SE LASSER DE :
Le fleuriste a un jardin.... vous le voyez planté et qui a pris racine au milieu de ses tulipes et devant.... la Solitaire, où il se fixe, où il *se lasse*, où il s'assit, où il oublie de dîner. II, 136.)
Comme les hommes ne se dégoûtent point du vice, il ne faut pas aussi *se lasser de* leur reprocher. (I, 105.)

LATINISME, manière latine, imitation du latin :
L'on a.... secoué le joug du *latinisme*. (I, 147.)

LAVER (SE) DE, au figuré :
Ils doivent répondre, pour *se laver de* ce soupçon.... (II, 455.)

LE, LA, LES, article :

1° Emplois divers :
La foule.... de clients.... dont la maison d'un ministre se dégorge plusieurs fois *le* jour. (I, 359.)

Si par *la* révérence des lois on se l'approprie (le fidéicommis), il ne faut plus passer pour homme de bien ; si par *le* respect d'un ami mort l'on suit ses intentions..., on blesse la loi. (II, 194.)

Un homme.... qui a un long manteau..., une ceinture..., *le* soulier de maroquin, *la* calotte de même..., un collet bien fait.... (I, 160 et 161.)

Il ne lui manque plus.... que de beaux traits et *la* taille belle. (I, 178.)

Le maître, honteux de s'y loger.... se retire *au* galetas. (II, 140.)

Un homme qui n'a point d'autre ministère que de siffler des serins *au* flageolet. (II, 141.)

Le Parlement.... fit *le* procès à cet officier. (II, 189.)

Ces.... princes.... si formalistes sur leurs rangs,... et qui consument pour les régler *les* mois entiers dans une diète. (II, 133.)

Ménalque est surpris de se voir à genoux sur les jambes d'un fort petit homme..., *les* deux bras passés sur ses épaules, et ses deux mains jointes et étendues qui lui prennent le nez. (II, 9.)

2° Article, là où le sens veut ou admet un pronom possessif :
Ne nous emportons point contre les hommes en voyant leur dureté, leur ingratitude..., *l*'amour d'eux-mêmes, et *l*'oubli des autres. (II, 3.)

Des fables, nous en sommes au huitième livre, et il les retient avec *la* facilité ordinaire. (II, 478 ; voyez II, 498, l. 3.)

Je suis content de l'attention de Son Altesse ; *la* distraction diminue de jour à autre. (II, 483.)

Mille honnêtes gens de qui il détourne ses yeux, de peur de tomber dans l'inconvénient de leur rendre *le* salut ou de leur sourire. (I, 351.)

3° Article, devant un nom propre de personne :
Les Pamphiles sont.... toujours comme sur un théâtre. (I, 358.)
Un mot *du* Tekehli et du siége de Bude. (II, 482.)

4° Article, là où nous l'omettons d'ordinaire aujourd'hui :
D'autres livres sont sous *la* clef. (II, 155.)

Ses dernières soumissions (de la république de Gênes) à Versailles, dont nous avons été *les* témoins. (II, 493.)

Elles se retirent, pour laisser à leurs filles toute *la* liberté d'être aimables. (I, 290.)

Il n'y a rien qui mette plus subitement un homme à la mode.... que le grand jeu : cela va *du* pair avec la crapule. (II, 144.)

Ayez les choses de *la* première main ; maniez, remaniez le texte. (II, 230.)

Le bel et *le* judicieux usage que celui qui, etc. (I, 293.)

Les huit ou *les* dix mille hommes sont au souverain comme une monnoie dont il achète une place ou une victoire. (I, 384.)

Ne pas faire *la* différence de l'odeur forte du thym ou de la marjolaine d'avec les parfums les plus délicieux. (I, 41.)

5° Article, omis où nous l'employons d'ordinaire aujourd'hui :
Celui qui a pénétré la cour connoît ce que c'est que vertu et ce que c'est que dévotion. (II, 151.)

Le, la, les, pronom. Voyez Il.

LEÇON :
Exceller dans une certaine matière et en faire des *leçons*.... (II, 105.)
C'est une *leçon* assez inutile que de lui dire : « Soyez effronté, et vous réussirez. » (I, 313; voyez I, 153, *l.* 14.)
La *leçon* qu'ils leur font de s'acquitter et de s'enrichir. (I, 381.)
La plupart des hommes.... profitent rarement de cette *leçon* si importante, que les hommes devroient employer les premières années de leur vie à, etc. (I, 153.)
Un homme de talent et de réputation, s'il est.... d'un bon commerce, leur est (aux jeunes gens) une *leçon* utile. (II, 94.)

LÉGER, ère :
Tous les espaces du monde entier ne sont qu'un point, qu'un *léger* atome. (II, 272.)
Une [femme] *légère* [est] celle qui déjà en aime un autre. (I, 176.)

LÉGÈREMENT :
Elle (la lune) vole quatre-vingts fois plus *légèrement* que le son. (II, 259.)

LÉGÈRETÉ :
Il y a.... une fausse gloire qui est *légèreté*. (I, 186.)

LÉGION :
Retirez-le des *légions* et de la milice. (I, 156; voyez I, 163, *l.* 4 et 5.)

LÉGISTES. (II, 77, *l.* 15.)

LÉGITIME, substantivement, terme de droit :
Un testament où il réduit son fils à la *légitime*. (I, 211.)

LÉGUME, au féminin :
Il croît dans son jardin de bonnes *légumes*. (I, 72.)

Ce féminin, auquel invite la désinence du mot, et qu'on entend parfois encore dans le langage populaire, est-il, quoique commun à toutes les éditions du temps, une faute d'impression, ou un *lapsus* de notre auteur ?

LENTEMENT :
D'autres.... marchent *lentement*, mais constamment. (II, 64, *n.* 137; voyez II, 122, *n.* 108.)

LÉOPARD, nom d'un coquillage. (II, 142, *l.* 11.)

LEQUEL, laquelle :
L'éloquence [est] un don de l'âme, *lequel* nous rend maîtres du cœur des autres...., qui fait que nous leur inspirons.... tout ce qui nous plaît. (I, 143.)
Disputer avec son valet, *lequel* des deux donnera mieux dans un blanc. (I, 86.)
S'il doit son être.... à une nature universelle qui a toujours été et qui sera toujours, *laquelle* il reconnoisse comme sa cause. (II, 253.)
Il n'y a que deux sortes de richesses, et *auxquelles* les autres se réduisent, l'argent et les terres. (II, 275.)

LÉSER :
S'il *est lésé* dans quelques chefs qui ont enfin été réglés, il crie haut. (I, 376.)

LETTRE (À la), exactement :
L'on dit d'un grand.... qu'il meurt de faim, pour exprimer qu'il n'est

pas riche... : c'est une figure ; on le diroit plus *à la lettre* de ses créanciers. (II, 113.)

LETTRES (HOMME DE) :
L'*homme de lettres*.... est trivial comme une borne, etc. (I, 249.)

LEUR, pronom. Voyez IL.

LEUR, adjectif possessif. Voyez SON et SIEN.

LEVER :
Lever l'étendard d'aumônier. (II, 248 et 249.)

LE LEVER, substantivement, le lever du Roi :
Mille gens à peine connus font la foule *au lever* pour être vus du prince. (I, 327 ; voyez I, 309, *n.* 30.)

LIASSE :
Toujours accablés de procès..., ils n'oublient jamais de porter leur boîte dans leur sein et une *liasse* de papiers entre leurs mains. (I, 47.)

LIBELLE, satire :
Ils ne méritent quelquefois ni *libelles* ni discours funèbres. (I, 362.)

LIBÉRAL, généreux :
Personne n'avance de soi qu'il est brave ou *libéral*. (II, 39.)

LIBÉRALITÉ :
La *libéralité* consiste moins à donner beaucoup qu'à donner à propos. (I, 207.)

LIBERTÉ ; LIBERTÉS :
La *liberté* n'est pas oisiveté ; c'est un usage libre du temps, c'est le choix du travail et de l'exercice. (II, 121.)
Voyez *ibidem*, *l.* 1, 4 et 9 ; II, 120, *n.* 104.
Le poëme tragique vous serre le cœur dès son commencement, vous laisse à peine dans tout son progrès la *liberté* de respirer. (I, 138.)
Il attend à tous moments qu'elle (une dame qui lui fait visite) se lève et le laisse en *liberté*. (II, 8.)
Faire le familier, prendre des *libertés*. (I, 212.)

LIBERTIN, irréligieux :
Il y a des hommes qui attendent à être dévots.... que tout le monde se déclare impie et *libertin*. (II, 239.)
Il y a deux espèces de *libertins* : les *libertins*, ceux du moins qui croient l'être, et les hypocrites ou faux dévots, c'est-à-dire ceux qui ne veulent pas être crus *libertins*. (II, 247.)
Voyez I, 273, *l.* 18 ; II, 50, *n.* 107 ; II, 69, *n.* 147 ; II, 150, *n.* 16 ; II, 151, *n.* 19 ; II, 240, *n.* 7 ; II, 247, *l.* 5 ; II, 249, *l.* 9 ; II, 446, *l.* 13.

LIBERTINAGE, irréligion :
Ils prennent de la cour ce qu'elle a de pire : ils s'approprient la vanité, la mollesse, l'intempérance, le *libertinage*, comme si tous ces vices leur étoient dus. (II, 280.)
Ces gens.... esclaves des grands, dont ils ont épousé le *libertinage*. (II, 240.)

LIBRE :
La liberté.... est un usage *libre* du temps.... Être *libre*.... n'est pas ne rien faire. (II, 121.)
Ceux qui d'un vol *libre*.... se sont élevés à quelque gloire par leurs écrits. (II, 443.)

Gens aventuriers et hardis, d'un caractère *libre* et familier. (I, 301.)

Un homme est fidèle à de certaines pratiques de religion... : personne ne le loue.... Tel autre y revient après les avoir négligées dix années entières : on se récrie, on l'exalte ; cela est *libre* : moi je le blâme. (II, 114.)

LIBRE, qui n'est pas marié, qui a le cœur libre :
Un homme *libre*, et qui n'a point de femme, s'il a quelque esprit, peut s'élever au-dessus de sa fortune.... Cela est moins facile à celui qui est engagé. (I, 159.)
Les hommes souvent veulent aimer, et ne sauroient y réussir... : ils sont contraints de demeurer *libres*. (I, 201.)
Le plus pressant intérêt d'une femme qui n'est plus *libre*.... est moins de persuader qu'elle aime, que de s'assurer si elle est aimée. (I, 191.)
L'on doute que ce soit pécher que d'avoir un commerce avec une personne *libre*. (II, 239 ; voyez note 3.)

LICENCE :
Il est facile, pour fournir aux autres les occasions de lui demander, et se donner la même *licence*. (I, 373.)

LIER, au propre et au figuré :
Atomes.... *liés* et enchaînés ensemble par la figure et la conformation de leurs parties. (II, 267.)
Le besoin rapproche mutuellement les hommes, les *lie*, les réconcilie. (II, 276.)
Il n'y a personne au monde si bien *liée* avec nous de société et de bienveillance qui, etc. (I, 265.)
Cet ouvrage.... leur apprendra à faire le discernement de ceux avec qui ils doivent *lier* quelque commerce. (I, 34.)
Il a comme assassiné de son babil chacun de ceux qui ont voulu *lier* avec lui quelque entretien. (I, 48.)

LIEU ; IL Y A LIEU DE :
Une grande statue de bois qui étoit dans le *lieu* des exercices pour apprendre à darder. (I, 86, note 2.)
Il y a des *lieux* que l'on admire ; il y en a d'autres qui touchent.... Il me semble que l'on dépend des *lieux* pour l'esprit, l'humeur. (I, 214.)
Il n'occupe point de *lieu*, il ne tient point de place. (I, 274.)
Il s'en trouve.... qui.... veulent être Flamands ou Italiens, comme si la roture n'étoit pas de tout pays..., et croient que venir de bon *lieu* c'est venir de loin. (II, 167.)
Il y a souvent moins *lieu de* craindre de pleurer au théâtre que de s'y morfondre. (I, 138.)

LIEU COMMUN. Voyez COMMUN.

LIGNE :
Onuphre n'est pas dévot, mais il veut être cru tel... : aussi ne se joue-t-il pas à la *ligne* directe.... Il en veut à la *ligne* collatérale. (II, 158.)

LIGUER (SE). (I, 383, *l.* 3.)

LIMITER :
Gens aussi *limités* que ce qu'ils appellent leurs possessions. (II, 238.)

LIMON, une des branches du brancard d'une voiture :
Il se trouve.... devant un *limon* de charrette. (II, 7.)

LINGE :
[Il] ne sort pas d'étonnement de voir répandu sur son *linge* et sur ses habits le potage qu'il vient d'avaler. (II, 12.)

LIQUEUR :
Ragoûts, *liqueurs*, entrées, entremets. (II, 195.)

LIRE :
L'on ne laisse pas de *lire* quelquefois, dans ce traité des Caractères, de certaines mœurs qu'on ne peut excuser.... (I, 28.)
Les quatre-vingt-dix-neuf ans que cet auteur (Théophraste) se donne dans cette préface se *lisent* également dans quatre manuscrits de la bibliothèque Palatine. (I, 14.)

LIT :
Il lui prescrit de n'être au *lit* que pendant la nuit. (II, 23.)

LITRE, bande noire tendue aux obsèques. (I, 281; voyez *ibidem*, note 3.)

LITTÉRALEMENT, selon le sens propre et exact des mots :
Le monde entier.... est *littéralement* la moindre chose que Dieu ait fait (*sic*) pour l'homme. (II, 270; voyez II, 444, *l. dernière*.)

LITTÉRATURE, connaissance des choses littéraires :
Admire-t-on une vaste et profonde *littérature* qui aille fouiller dans les archives de l'antiquité? (II, 464.)

LIVRÉE, au propre; LIVRÉES, au propre et au figuré :
Un homme de *livrée* court après lui. (II, 9; voyez I, 349, *n.* 33.)
Sosie de la *livrée* a passé, par une petite recette, à une sous-ferme. (I, 249.)
Ses laquais en *livrées*. (II, 15.)
Son père a pu déroger ou par la charrue.... ou par les *livrées*. (II, 164.)
Il est au guet et à la découverte sur tout ce qui paroît de nouveau avec les *livrées* de la faveur. (I, 322.)

LIVRER :
Je ne haïrois pas d'*être livré* par la confiance à une personne raisonnable, et d'en être gouverné en toutes choses. (I, 212.)
L'oignon de sa tulipe, qu'il ne *livreroit* pas pour mille écus. (II, 136.)

LOGIQUE, substantif. (I, 143, *l.* 8.)

LOISIR :
Quel moyen de pouvoir tenir contre des gens (des causeurs) qui ne savent pas discerner ni votre *loisir* ni le temps de vos affaires? (I, 41.)
Son ouvrage est lu dans le *loisir* de la campagne. (II, 233.)
L'on m'a engagé.... à lire mes ouvrages à Zoïle : je l'ai fait. Ils l'ont saisi d'abord et avant qu'il ait eu le *loisir* de les trouver mauvais. (I, 119.)
Il lui est arrivé.... de.... n'avoir que le *loisir* de se coller à un mur. (II, 7.)
[L'avocat] n'est pas seulement chargé, comme le prédicateur, d'un certain nombre d'oraisons composées avec *loisir*. (II, 232.)
Il (le public) peut regarder avec *loisir* ce portrait que j'ai fait de lui d'après nature. (I, 105; voyez II, 222, *l.* 28.)

LONGUEUR :
Les *longueurs*, les crieries.... des avocats. (I, 85.)

LORS (Pour) :
Corneille ne peut être égalé dans les endroits où il excelle : il a *pour lors* un caractère original et inimitable. (I, 139.)
Quel autre parti pour un auteur, que d'oser *pour lors* être de l'avis de ceux qui l'approuvent? (I, 124.)

LORSQUE :
Que ferez-vous, *lorsque* le meilleur en ce genre vous est enlevé? (I, 180.)

LOS. Voyez Loz.

LOUABLE :
Des choses *louables*. (I, 229.)

LOUAGE :
L'architecte qui avoit bâti l'amphithéâtre, et à qui la République donnoit le *louage* des places en payement. (I, 57, note 6.)

LOUER, donner à louage; SE LOUER À :
Je ne *me suis* point *loué au* public pour faire des portraits qui ne fussent que vrais. (II, 450.)

LOUER (SE) DE, témoigner qu'on est satisfait de :
« *Se louer d*'un grand, » phrase délicate dans son origine, et qui signifie.... se louer soi-même. (I, 351.)

LOURD :
Les mêmes défauts qui dans les autres sont *lourds* et insupportables, sont chez nous comme dans leur centre;... on ne les sent pas. (II, 109.)

LOURDEMENT :
Suis-je mieux nourri et plus *lourdement* vêtu? (II, 86.)

LOYAL :
« Loi » [maintient] « *loyal* ». (II, 210.)

LOZ :
L'usage a préféré « louanges » à « *loz* ». (II, 214; voyez *ibidem*, note 1.)

LUCRATIF :
A voir, s'il se peut, un office *lucratif*, qui rende la vie aimable. (II, 88.)

LUI. Voyez IL.

LUI-MÊME. Voyez MÊME.

LUMIÈRE, au figuré :
Une âme du premier ordre, pleine de ressources et de *lumières*. (I, 163.)
Ces gens..., esclaves des grands, dont ils ont épousé le libertinage..., contre leurs propres *lumières* et contre leur conscience. (II, 240.)

LUMIÈRE DE GLOIRE. Voyez GLOIRE.

LUSTRALE (EAU). (I, 65, *l.* 18 et 19.)

LUSTRE, au figuré :
C'est un homme qui.... perd le peu de *lustre* qu'un peu de mémoire lui donnoit, et montre la corde. (I, 167.)

LUTTEUR. (I, 86, *l.* 12.)

LUXE :
Le *luxe* et la gourmandise. (II, 195.)

M

MÂCHECOULIS, terme de fortification :
Un ancien château à tourelles, à créneaux et à *mâchecoulis*. (I, 305.)

MACHINE, au propre et au figuré :
L'Opéra.... n'est pas.... un spectacle, depuis que les *machines* ont disparu.... C'est prendre le change.... que de dire.... que la *machine* n'est qu'un amusement d'enfants. (I, 133.)

Je ne sais point si le chien choisit,... s'il pense.... L'on me dit que toutes ces choses.... sont en lui.... l'effet naturel et nécessaire de la disposition de sa *machine*. (II, 256.)

La raison.... est refroidie et ralentie par les années..., déconcertée ensuite par le désordre de la *machine* qui est dans son déclin. (II, 26.)

Il croit voir un prié-Dieu (*sic*), il se jette lourdement dessus : la *machine* plie, s'enfonce. (II, 9.)

La *machine* de l'État et du gouvernement. (I, 366.)

Cet homme si sage.... fera-t-il de lui-même cette démarche si raisonnable? Y entraînera-t-il sa femme? Ne faudra-t-il point pour les remuer tous deux la *machine* du directeur? (II, 178.)

Les *machines* qui l'avoient guindé si haut par.... les éloges sont encore toutes dressées pour le faire tomber dans le dernier mépris. (I, 310.)

On fait sa brigue pour parvenir à un grand poste; on prépare toutes ses *machines*. (I, 313.)

MAÇON. (I, 180, *n*. 34.)

MADAME :
Monsieur paye le rôtisseur.... et c'est toujours chez *Madame* qu'on a soupé. (I, 194.)

MAGASIN, au propre et au figuré :
Ils ressemblent à ceux qui entrent dans les *magasins*. (II, 239.)

Il y a un certain nombre de phrases toutes faites, que l'on prend comme dans un *magasin*. (I, 331.)

Esprits.... qui ne semblent faits que pour être le recueil, le registre, ou le *magasin* de toutes les productions des autres génies. (I, 148.)

MAGIE, au propre :
Que penser de la *magie* et du sortilége? (II, 201.)

MAGISTRALEMENT :
Quelques lecteurs croient.... le payer avec usure, s'ils disent *magistralement* qu'ils ont lu son livre. (I, 127.)

MAGISTRAT :
[Le] praticien veut être officier : le simple officier se fait *magistrat*, et le *magistrat* veut présider. (I, 269 ; voyez *ibidem*, note 3.)

Le rebut de la cour est reçu à la ville dans une ruelle, où il défait le *magistrat*, même en cravate et en habit gris. (I, 177.)

MAGISTRATURE :
Il remplit avec un grand faste tout le temps de sa *magistrature*. (I, 74.)

MAGNIFICENCE :
Je la veux tenir (ma place) de votre seule *magnificence*. (II, 472.)

MAGNIFIQUE :
Il n'y a rien de plus bas que de parler en des termes *magnifiques* de ceux mêmes dont l'on pensoit très-modestement avant leur élévation. (II, 74.)

MAGNIFIQUEMENT :
Une plus belle ressource pour le favori disgracié que de se perdre dans la solitude et ne faire plus parler de soi, c'est d'en faire parler *magnifiquement*. (I, 379.)

MAIN, emplois divers, au propre et au figuré; locutions diverses :
La houlette d'or en ses *mains*. (I, 386.)
Je me trouverois sous l'œil et sous la *main* du Prince, pour recevoir de lui la grâce que j'aurois recherchée avec le plus d'emportement. (I, 314.)
Les femmes.... sont avides de celles (avides des choses) qui se passent à leurs yeux, et qui sont comme sous leur *main*. (I, 10.)
Qu'ils trouvent.... sous leur *main* autant de dupes..., c'est ce qui me passe. (I, 269.)
Pour gouverner quelqu'un..., il faut avoir la *main* légère. (I, 211.)
S'il conte une nouvelle..., elle devient un roman entre ses *mains*. (I, 219.)
Un honnête homme se paye par ses *mains* de l'application qu'il a à son devoir, par le plaisir qu'il sent à le faire. (I, 155.)
Un mari n'a guère un rival qui ne soit de sa *main*, et comme un présent qu'il a autrefois fait à sa femme. (I, 193.)
Après que vous y aurez mis.... la dernière *main*.... (I, 271.)
L'un vous dit : « J'y donne les *mains*, pourvu qu'un tel y condescende; » et ce tel y condescend. (I, 333.)
Une troupe de masques entre dans un bal : ont-ils la *main*..., ils dansent toujours; ils ne rendent la *main* à personne de l'assemblée. (II, 247.)

« Avoir la main » se dit, dans certaines danses, pour conduire la danse; et « rendre la main, » pour cesser de conduire la danse. (*Dictionnaire de M. Littré.*)

PARTIR DE LA MAIN. Voyez PARTIR.

MAINT :
Maint est un mot qu'on ne devoit jamais abandonner, et par la facilité qu'il y avoit à le couler dans le style, et par son origine, qui est françoise. (II, 206.)

Pour *maint*, « les étymologistes hésitent, nous dit M. Littré, entre deux dérivations, » l'une celtique et l'autre germanique.

MAINTENIR :
« Valeur » devoit.... nous conserver « valeureux... » : comme « part » *maintient* « partial ». (II, 210.)
Moins appliqués à dissiper ou à grossir leur patrimoine qu'à le *maintenir*.... (I, 297.)

MAIS :
Il semble qu'il y ait plus de ressemblance dans ceux (dans les poëmes) de Racine (moins de variété que chez Corneille)..., *mais* il est égal, soutenu, etc. (I, 141.)
L'on se donne à Paris, sans se parler, comme un rendez-vous public, *mais* fort exact, tous les soirs au cours. (I, 275.)
Il fait de fausses offres, *mais* extraordinaires. (I, 375.)
Même sans être ivre, *mais* de sang-froid, il se distingue dans la danse la plus obscène par les postures les plus indécentes. (I, 46.)

MAISON, demeure; MAISON, famille noble :

Il va de *maisons* en *maisons* faire espérer aux mères qu'il épousera. (I, 290; voyez II, 441, *l*. 11.)

Sa *maison* (est) de toutes les *maisons* la plus ancienne : il doit tenir aux princes lorrains, aux Rohans. (I, 305.)

MAÎTRE, sens et emplois divers :

L'unique soin des enfants est de trouver l'endroit foible de leurs *maîtres*. (II, 28; voyez II, 29, *n*. 58.)

Le plénipotentiaire.... ne parle que d'intérêt public; et, en effet, il ne songe qu'aux siens, c'est-à-dire à ceux de son *maître* ou de sa république. (I, 375; voyez I, 376, *l*. 9; I, 381, *l*. 5.)

Il n'a nul discernement des personnes, ni du *maître*, ni des conviés. (I, 220.)

Le rebut de la cour.... les écarte (le magistrat et le bourgeois) et devient *maître* de la place. (I, 178.)

Un homme est *maître* de son geste, de ses yeux et de son visage. (I, 298.)

Il lui suffit de penser qu'il n'a point fait l'apprentissage d'un certain métier, pour se consoler de n'y être point *maître*. (II, 41.)

Tous deux, *maîtres* dans l'éloquence de la chaire. (II, 230.)

Il est.... un grand *maître* pour le ressort et pour la mécanique. (II, 197.)

Des pièces d'éloquence.... faites de main de *maîtres*. (II, 452.)

PETIT-MAÎTRE :

De jeunes magistrats que les grands biens et les plaisirs ont associés à quelques-uns de ceux qu'on nomme à la cour de *petits-maîtres*. (I, 280.)

MAÎTRESSE, femme ou fille aimée ou courtisée :

Tout lui est suspect, jusques aux caresses que lui fait sa *maîtresse*. (I, 67; voyez I, 59, *l*. 13.)

MAÎTRISE :

Nul artisan n'a ses lettres de *maîtrise* sans faire son chef-d'œuvre. (II, 452.)

MAÎTRISER :

Je connois la force de la coutume, et jusqu'où elle *maîtrise* les esprits. (II, 181.)

MAL, substantif; MAL, adverbialement :

La santé et les richesses, ôtant aux hommes l'expérience du *mal*, leur inspirent la dureté pour leurs semblables. (II, 38.)

Pensant *mal* de tout le monde, il n'en dit de personne. (I, 323; voyez I, 87, *l*. 3; II, 93, *n*. 30; II, 94, *n*. 35.)

On est *mal* content d'eux, et on les loue (I, 352.)

MALADROIT :

L'on dit de soi qu'on est *maladroit*, et qu'on ne peut rien faire de ses mains. (II, 33.)

MALHEUREUX, substantivement :

S'il est vrai que la pitié.... soit un retour vers nous-mêmes, qui nous met en la place des *malheureux*.... (I, 207.)

MALICE :

Les nouveaux Caractères.... découvrent le principe de leur *malice* (de la malice des hommes) et de leurs foiblesses. (I, 30; voyez II, 190, *l*. 28; II, 276, *l*. 20.)

MALICIEUX :
« Mal » [maintient] « *malicieux* ». (II, 210.)

MALIGNITÉ :
Il faut être bien dénué d'esprit, si l'amour, la *malignité*, la nécessité n'en font pas trouver. (I, 214.)

MALIN, MALIGNE :
Ici (chez les grands) se cache une séve *maligne* et corrompue, sous l'écorce de la politesse. (I, 347.)
L'on n'exige pas des âmes *malignes* qu'elles aient de la douceur et de la souplesse. (II, 16.)
Je crois pouvoir protester contre tout chagrin, toute plainte, toute *maligne* interprétation. (I, 107.)

MALLE, panier de mercier de campagne :
Son père a pu déroger ou par la charrue ou par la houe, ou par la *malle*. (II, 164.)

MALOTRU, terme d'injure :
Si le financier manque son coup, les courtisans disent de lui : « C'est un bourgeois, un homme de rien, un *malotru*. » (I, 247.)

MALPROPRETÉ :
L'on ne rougit point de sa *malpropreté*, qui n'est qu'une négligence pour les petites choses. (II, 33 ; voyez I, 70, *l.* 11.)
Il ne leur épargne aucune de ces *malpropretés* dégoûtantes. (II, 55.)

MALTÔTIER, percepteur d'impôts, avec idée de mépris :
L'homme docte est un savantasse, le magistrat un bourgeois ou un praticien, le financier un *maltôtier*, et le gentilhomme un gentillâtre. (II, 117.)

MANÉGE, au propre et au figuré :
Un cheval de *manége*. (I, 187.)
Il y a quelques rencontres dans la vie où la vérité et la simplicité sont le meilleur *manége* du monde. (I, 334 ; voyez *ibidem*, n. 90 ; I, 342, *l.* 23.)

MANGER ; LE MANGER, substantivement :
Il *mange* haut et avec grand bruit. (II, 55.)
Le vol, le chant, et *le manger* des oiseaux. (I, 82, note 2.)
Perdre le boire et *le manger*. (I, 278 ; voyez II, 54, *n.* 120.)

MANIE :
C'est à leurs parents.... à les renfermer, de peur que leur folie ne devienne fureur.... Théodote a une plus douce *manie* : il aime la faveur éperdument, mais sa passion a moins d'éclat. (I, 322.)

MANIEMENT :
Le *maniement* des armes. (I, 86.)

MANIER, au propre et au figuré :
Il ne se sert à table que de ses mains ; il *manie* les viandes, les remanie, démembre, déchire. (II, 55.)
Il est aussi capable de *manier* de l'argent que de porter les armes. (I, 153.)
Bernin n'a pas *manié* le marbre ni traité toutes ses figures d'une égale force. (II, 445.)
S'il monte un cheval que l'on lui a prêté, il le presse de l'éperon, veut le *manier*, et lui faisant faire des voltes ou des caracoles, il tombe lourdement et se casse la tête. (I, 86.)

Maniez, remaniez le texte. (II, 203.)

Celui-ci..., semble.... se rendre propre tout ce qu'il *manie*. (II, 461.)

Une satire fine et ingénieuse, ouvrage.... facile à *manier*. (II, 443.)

Ce qu'il y a de plus beau, de plus noble et de plus impérieux dans la raison, *est manié* par le premier (par Corneille). (I, 142.)

Un prédicateur devroit faire choix dans chaque discours d'une vérité unique..., la *manier* à fond et l'épuiser. (II, 235.)

La véritable grandeur.... se laisse toucher et *manier*. (I, 168.)

Il faudroit vous développer, vous *manier*, vous confronter avec vos pareils, pour porter de vous un jugement sain et raisonnable. (I, 344.)

MANIÈRE :

Du CONTRE-TEMPS. Cette ignorance du temps et de l'occasion est une *manière* d'aborder les gens ou d'agir avec eux, toujours incommode et embarrassante. (I, 59.)

La brutalité est une certaine dureté, et j'ose dire une férocité, qui se rencontre dans nos *manières* d'agir. (I, 64.)

L'usage a préféré.... « façons de faire » à « *manières* de faire », et « *manières* d'agir » à « façons d'agir ». (II, 213.)

Il se fait, quelque part où il se trouve, une *manière* d'établissement, et ne souffre pas d'être plus pressé au sermon ou au théâtre que dans sa chambre. (II, 55.)

Les *manières* d'un homme empressé sont de prendre sur soi l'événement d'une affaire qui est au-dessus de ses forces. (I, 61.)

Vous avez le plus beau génie du monde...; mais pour les mœurs et les *manières*, vous êtes un enfant. (II, 515.) — Il parle à Santeul.

Les *manières*, que l'on néglige comme de petites choses, sont souvent ce qui fait que les hommes décident de vous en bien ou en mal. (I, 228; voyez I, 229, *l.* 11.)

Pour badiner avec grâce.... il faut trop de *manières*, trop de politesse, et même trop de fécondité. (I, 215.)

Elles (les petites choses) ne se soutiennent que par l'expression, le ton et la *manière*. (I, 243.)

À LA MANIÈRE DE, DE MANIÈRE À, D'UNE MANIÈRE À, DE MANIÈRE QUE :

J'aurois péché contre l'usage des maximes, qui veut qu'*à la manière des* oracles elles soient courtes et concises. (I, 111.)

Son attention est toujours *de manière à* devoir vous écrire.... que j'en suis content. (II, 490.)

Entrer dans une querelle où il se trouve présent, *d'une manière à* l'échauffer davantage. (I, 61.)

Il y avoit à gagner de dire « si que » pour « de sorte que » ou « *de manière que* ». (II, 212.)

Il.... en use.... *de manière qu*'il faut que les conviés.... mangent ses restes. (II, 55; voyez I, 244, *l.* 15; II, 484, *l.* 16 et 17.)

Les hommes parlent *de manière*, sur ce qui les regarde, *qu*'ils n'avouent d'eux-mêmes que de petits défauts. (II, 32.)

MANIEUR :

Le *manieur* d'argent, l'homme d'affaires. (I, 249.)

MANIFESTER (SE) :

Je définis ainsi la médisance : une pente secrète de l'âme à penser mal de tous les hommes, laquelle *se manifeste* par les paroles. (I, 87.)

MANQUE :

Le *manque* de parole, les mauvais offices, la fourberie. (II, 21.)

MANQUER, activement; MANQUER À, sens divers ; MANQUER DE :
Alcippe.... se jette hors d'une portière de peur de me *manquer*....
N'est-ce point pour être vu lui-même dans un même fond avec un grand?
(II, 36.)
Ronsard et les auteurs ses contemporains ont plus nui au style qu'ils ne
lui ont servi : ils l'ont retardé dans le chemin de la perfection; ils l'ont
exposé à la *manquer* pour toujours et à n'y plus revenir. (I, 130.)
J'écris leurs noms en lettres capitales, afin qu'on les voie de loin, et
que le lecteur ne coure pas risque de les *manquer*. (II, 451.)
Il passe tout le jour à *manquer* des grives ou des perdrix. (I, 282.)
Telle.... femme, à qui le désordre *manque* pour mortifier son mari, y
revient par sa noblesse et ses alliances. (I, 194.)
Il vaut mieux s'exposer à l'ingratitude que de *manquer aux* misérables.
(I, 207.)
Tel a assez d'esprit pour exceller dans une certaine matière.... qui *en
manque* pour voir qu'il doit se taire sur quelque autre dont il n'a qu'une
foible connoissance. (II, 105.)
Un homme en place doit aimer... les gens d'esprit ; il les doit adopter,
il doit s'en fournir et n'*en* jamais *manquer*. (I, 350.)
Il s'en est trouvé qui.... ont *manqué de* dîner. (I, 52.)

MANTE, grand voile noir. (II, 150, *l.* 13.)

MANTEAU (SOUS LE), clandestinement :
Un ouvrage satirique ou qui contient des faits, qui est donné en feuilles
sous le manteau aux conditions d'être rendu de même. (I, 114.)

MANTEL. (II, 215, *l.* 3.)

MANUSCRIT, substantivement. (I, 119, *n.* 21.)

MARAIS :
Il est battu et poursuivi, mais il se sauve par les *marais*, et ne veut
écouter ni paix ni trêve. (II, 132 ; voyez *ibidem*, note 1.)

MARÂTRE :
Ce qu'une *marâtre* aime le moins.... ce sont les enfants de son mari :
plus elle est folle de son mari, plus elle est *marâtre*. (I, 232.)

MARCHANDISE :
Le marchand fait des montres pour donner de sa *marchandise* ce qu'il y
a de pire. (I, 260.)

MARCHE, au figuré :
Sans retarder le cours de notre histoire ordinaire et qui fait la *marche*
de nos études. (II, 494.)

MARCHÉ (BON) :
Tout lui fait envie ; il veut profiter des *bons marchés*. (I, 53.)

MARCHER, au propre et au figuré :
S'il *marche* par la ville.... (II, 155.)
S'il *marche* dans les places.... (II, 6.)
Il dira toujours qu'il *marche* après la maison régnante. (I, 305.)
L'on *marche* sur les mauvais plaisants, et il pleut par tout pays de cette
sorte d'insectes. (I, 215.)
L'on *marche* également, dans toutes ces différentes études. (II, 478.)
Nous lûmes hier les principes de M. Descartes, où nous *marchons* lentement. (II, 483.)

Toutes les études commencent à *marcher* comme à l'ordinaire. (II, 488.)

MARÉCAGE. (II, 166, n. 6.)

MARGUILLIER :

Où il a prêché les paroissiens ont déserté, jusqu'aux *marguilliers* ont disparu. (II, 222; voyez I, 250, *l.* 5; II, 224, *l.* 11.)

MARI :

L'on étoit pendant toute sa vie le *mari* de sa femme. (II, 180.)

MARIAGE :

Quelques maisons de femmes qui sont entrées par *mariages* dans votre branche. (II, 481.)

MARIER :

Il *marie*.... l'aînée de ses deux filles de ce qu'il a pu sauver des mains d'un Ambreville. (II, 179.)

MARIN, adjectivement :

Oignon *marin*. (I, 67, note 3.)

MARIONNETTES :

La machine (à l'Opéra) n'est qu'un amusement d'enfants, et qui ne convient qu'aux *Marionnettes*. (I, 134; voyez II, 87, *l.* 6.)

MARJOLAINE. (I, 41, *l.* 10.)

MARMOUSET :

Feignez un homme de la taille du mont Athos... : si cet homme avoit la vue assez subtile pour vous découvrir.... avec vos armes..., que croyez-vous qu'il penseroit de petits *marmousets* ainsi équipés? (II, 131.)

MARNER une terre. (II, 59, *l.* 4.)

MAROQUIN :

Le soulier de *maroquin*, la calotte de même, d'un beau grain. (I, 161.)

MARQUE :

Il (le marchand) a des *marques* fausses et mystérieuses. (I, 260.)

MARQUER ; MARQUÉ :

Ces deux-ci (ces deux rondeaux), qu'une tradition nous a conservés, sans nous en *marquer* le temps ni l'auteur. (II, 216.)

Faire le familier (avec un grand), prendre des libertés, *marquent* mieux un fat qu'un favori. (I, 212.)

Les hommes n'ont point changé selon le cœur et selon les passions; ils sont encore tels.... qu'ils *sont marqués* dans Théophraste. (I, 26; voyez I, 34, *l.* 2.)

Leurs yeux, leur démarche, leur ton de voix et leur accès *marquent* longtemps en eux l'admiration où ils sont d'eux-mêmes. (II, 44.)

D'où vient que l'on rit si librement au théâtre, et que l'on a honte d'y pleurer?... Est-ce une peine que l'on sent à se laisser voir que l'on est tendre, et à *marquer* quelque foiblesse? (I, 137.)

Une vaine affectation de *marquer* aux autres de la bienveillance par ses paroles et par toute sa conduite. (I, 61.)

Je vous fais.... mes remerciements très-humbles.... des bontés que Votre Altesse daigne me *marquer* sur cette perte (la perte de ma mère) dans sa dernière lettre. (II, 491.)

On loue les grands pour *marquer* qu'on les voit de près. (I, 352.)

Souvent.... ils (les vieillards) confondent leurs différents âges; ils n'y voient rien qui *marque* assez pour mesurer le temps qu'ils ont vécu. (II, 26.)

Je voudrois.... pouvoir louer chacun de ceux qui composent cette Académie par des endroits encore plus *marqués*. (II, 463.)

Un grand.... meurt; un autre grand périt insensiblement.... Des circonstances si *marquées*.... ne se relèvent point et ne touchent personne. (II, 243.)

MARTYR, au figuré :
Tyran de la société et *martyr* de son ambition. (I, 323.)

MASCARADE :
Le travestissement et la *mascarade*. (I, 171 ; voyez II, 148, *n.* 12.)

MASQUE, faux visage ; personne masquée :
Un homme de ce caractère (un coquin) entre sans *masque* dans une danse comique. (I, 46.)
Une troupe de *masques* entre dans un bal. (II, 247.)

MASQUER, neutralement :
Jouez-vous ? *masquez*-vous ? (II, 120.)
Ménophile *masque* toute l'année, quoique à visage découvert. (I, 316.)

MASSE, espèce de bâton à tête d'or, etc., qu'on porte en certaines cérémonies :
Ses parchemins et.... ses titres, qu'il ne changeroit pas contre les *masses* d'un chancelier. (II, 62.)

MAT, au jeu d'échecs :
On est échet (*sic*), quelquefois *mat*. (I, 325.)

MATAMORE :
Des attitudes forcées ou immodestes.... qui font un capitan d'un jeune abbé et un *matamore* d'un homme de robe. (II, 149.)

MATIÈRE, sens divers ; ENTRER EN MATIÈRE :
Qui a créé cet atome ? Est-il *matière* ? Est-il intelligence ? (II, 267 ; voyez II, 253-256, *n.* 36-39.)
Je rends au public ce qu'il m'a prêté ; j'ai emprunté de lui la *matière* de cet ouvrage.... (I, 105.)
La vie des héros a enrichi l'histoire, et l'histoire a embelli les actions des héros : ainsi je ne sais qui sont plus redevables, ou ceux qui ont écrit l'histoire à ceux qui leur en ont fourni une si noble *matière*, ou ces grands hommes à leurs historiens. (I, 116.)
[Il] s'arrête dans l'endroit du Pirée.... où se trouve un plus grand nombre d'étrangers ; il *entre en matière* avec eux, il leur dit, etc. (I, 77.)

MATINES. (II, 176, *l.* 1.)

MATURITÉ, au figuré :
Un testament fait avec loisir, avec *maturité*. (II, 191.)

MAURE. Voyez MORE.

MAUVAIS, AISE :
Rien ne ressemble plus à la vive persuasion que le *mauvais* entêtement. (II, 74.)
Ces manières d'agir ne partent point d'une âme simple et droite, mais d'une *mauvaise* volonté, ou d'un homme qui veut nuire. (I, 36.)
Les *mauvais* caractères dont le monde est plein. (I, 230.)

MAUVAISTIÉ :
L'usage a préféré.... « méchanceté » à « *mauvaistié* ». (II, 214.)

MAXIME :
Il (un vieillard de grand sens) est plein de faits et de *maximes*;... l'on y apprend des règles pour la conduite et pour les mœurs. (II, 54.)
De *maximes*, ils ne s'en chargent pas, de principes, encore moins. (I, 359.)
Les grands ont pour *maxime* de laisser parler et de continuer d'agir. (I, 351 ; voyez I, 208, *n*. 55 ; II, 70, *n*. 149 ; II, 76, *n*. 10.)

MÉCANIQUE, adjectif, au propre et au figuré :
Il n'y a point d'art si *mécanique* ni de si vile condition où les avantages ne soient plus sûrs (que dans la carrière des sciences et des lettres). (II, 80.)
Une âme vile et *mécanique*, à qui ni ce qui est beau ni ce qui est esprit ne sauroient s'appliquer sérieusement. (II, 85.)

MÉCHANT, qui ne vaut rien :
Ils les imitent (les petits-maîtres).... Ils deviennent.... des copies fidèles de très-*méchants* originaux. (I, 280.)

MECONNOÎTRE, ne pas reconnoître :
Ils demandent qui est cet homme ; ce n'est ni Rousseau, ni un Fabry, ni la Couture : ils ne pourroient le *méconnoître*. (I, 312.)

MECREDI :
Il verra lundi, mardi et *mecredi* prochain, les États du duc de Savoie. (II, 486 et note 2.)

MÉDAILLE :
Six-vingt mille livres de revenu, dont il n'est payé qu'en *médailles* d'or. (I, 254.) — Louis d'or. (Note de la Bruyère.)
Pensez-vous qu'il cherche à s'instruire par les *médailles*? (II, 137.)

MÉDECINE, art de guérir. (II, 198, *n*. 67.)

MÉDECINE, purgation :
Ayant pris *médecine*.... il est allé par haut et par bas. (I, 72.)
L'on voit.... des gens rustiques et sans réflexion sortir un jour de *médecine*. (I, 41 ; voyez *ibidem*, note 1.)

MÉDIATEUR. (II, 501, *l*. 23 et 24.)

MÉDIATION :
Refuser.... ses offices et sa *médiation* à qui en a besoin. (I, 309.)
Un ouvrage qui a eu quelque succès par sa singularité.... a été toute la *médiation* que j'ai employée, et que vous avez reçue. (II, 472.)
Il veille sur tout ce qui peut servir de pâture à son esprit d'intrigue, de *médiation* et de manége. (I, 342 ; voyez II, 501, *l*. 16.)

MÉDIOCRE, adjectif et substantivement :
Il y a un goût dans la pure amitié où ne peuvent atteindre ceux qui sont nés *médiocres*. (I, 199.)
Louer avec exagération des hommes assez *médiocres*. (II, 104.)
Il se fait longtemps prier, presser.... sur une chose *médiocre*. (I, 375.)
Il n'est pas si aisé de se faire un nom par un ouvrage parfait que d'en faire valoir un *médiocre* par le nom qu'on s'est déjà acquis. (I, 114.)
Voyez *ibidem*, *n*. 5 ; I, 115, *n*. 7 ; II, 232, *l*. 12.
Personne n'a tiré d'une destinée plus qu'il a fait ; l'extrême et le *médiocre* lui sont connus. (I, 335-336.)

Certains hommes, sujets à se récrier sur le *médiocre*.... (II, 234.)

MÉDIOCRITÉ :
Je ne veux être, si je le puis, ni malheureux ni heureux ; je me jette et me réfugie dans la *médiocrité*. (I, 261.)
Un homme qui n'a de l'esprit que dans une certaine *médiocrité* est sérieux et tout d'une pièce. (II, 42.)
Il y a de certaines choses dont la *médiocrité* est insupportable : la poésie, la musique, la peinture, le discours public. (I, 114.)

MÉDITER :
Je *médite*.... sur ce qui pourroit me faire connoître. (II, 23.)
Après *avoir médité* profondément ce que c'est que de ne voir nulle fin à la pauvreté.... (II, 250.)

MEILLEUR, EURE :
Avec une bonne conduite, elle a de *meilleures* intentions. (II, 92.)
L'homme du *meilleur* esprit est inégal : il souffre des accroissements et des diminutions ; il entre en verve, mais il en sort. (II, 66 ; voyez I, 276, l. 27.)
Dans le temps qu'il est le plus appliqué et d'un *meilleur* commerce. (II, 14.)

MÉLANCOLIQUE :
La vie de la cour est un jeu sérieux, *mélancolique*, qui applique. (I, 325.)

MÊLER, au propre et au figuré ; SE MÊLER ; SE MÊLER DE :
Une bile noire et recuite *étoit mêlée* dans ses déjections. (I, 72.)
Des compartiments *mêlés* d'eaux plates et d'eaux jaillissantes. (II, 257.)
Si quelquefois il vend du vin, il le fait *mêler*. (I, 57 ; voy. *ibid.*, note 5.)
Caractère équivoque, *mêlé*, enveloppé. (I, 336.)
[Il] peut s'élever au-dessus de sa fortune, *se mêler* dans le monde. (I, 159.)
Se mêler dans la multitude. (I, 354 ; voyez II, 45, *n.* 97.)
Il entre dans le fort, *se mêle* avec les piqueurs. (I, 282.)
Vous le verrez quelquefois tout couvert de lèpre, ne pas laisser de *se mêler* parmi le monde. (I, 70.)
Elles (des armées) *se mêlent*. (I, 368.)
Le flatteur.... *se mêle* des choses les plus viles. (I, 38 ; voyez I, 45, l. dernière.)
Elles *se mêloient* d'infâmes commerces. (I, 87, note 4.)
Dès qu'il voit apporter au camp quelqu'un tout sanglant d'une blessure qu'il a reçue, il accourt vers lui..., ne lui refuse aucun secours, et *se mêle de* tout, excepté *de* combattre. (I, 83.)
Tous ceux qui *se mêlent* d'écrire ne devroient être capables que d'émulation. (II, 40.)

MÊME, adjectif ; LE MÊME, LA MÊME, LES MÊMES :
C'est déjà trop d'avoir avec le peuple une *même* religion et un *même* Dieu. (I, 345.)
On porte ce raffinement jusque dans les actions les plus vertueuses, dans celles *mêmes* où il entre de la religion. (II, 48.)
Les morts *mêmes* dans le tombeau ne trouvent pas un asile contre sa mauvaise langue. (I, 88.) — *Même* dans les éditions 1-8.
Il n'y a rien de plus bas.... que de parler en des termes magnifiques de ceux *mêmes* dont l'on pensoit très-modestement avant leur élévation. (II, 74.) — *Même* dans les éditions 1-3.
Il s'avance déjà sur le théâtre d'autres hommes, qui vont jouer dans une *même* pièce *les mêmes* rôles. (I, 337.)

Une femme qui n'a jamais les yeux que sur une *même* personne, ou qui les en détourne toujours, fait penser d'elle *la même* chose. (I, 190.)

Il (le courtisan) revient souvent *au même* point d'où il est parti. (I, 325.)

L'on voit des hommes tomber d'une haute fortune par *les mêmes* défauts qui les y avoient fait monter. (I, 311.)

Les hommes s'ennuient enfin *des mêmes* choses qui les ont charmés dans leurs commencements. (II, 68; voyez II, 40, *l*. 4.)

Un homme de mérite se donne.... un joli spectacle, lorsque *la même* place à une assemblée, ou à un spectacle, dont il est refusé, il la voit accorder à un homme qui n'a point d'yeux pour voir. (I, 321.)

Il suit d'une voix désagréable *le même* air qu'ils jouent. (I, 71.)

Tout cet amas d'idées qui reviennent à *la même*. (II, 223.)

Vouloir tirer de la vertu tout autre avantage que *la même* vertu. (II, 31.)

Ainsi dans les dernières éditions ; dans les quatre premières : « la vertu *même*. »

Lui-même, eux-mêmes :

L'on ne peut être plus content de personne qu'il l'est de *lui-même*. (II, 149.)

Lui-même écrit une longue lettre. (II, 10.)

Lui-même se marie le matin. (II, 8.)

Ils ont *eux-mêmes* des habits où brillent l'invention et la richesse. (I, 303.)

Qui peut concevoir.... qu'*eux-mêmes* (certains abbés) soient.... les pères et les chefs de saints moines? (II, 170.)

Les hommes.... n'avouent d'*eux-mêmes* que de petits défauts. (II, 32.)

Personne presque ne s'avise de *lui-même* du mérite d'un autre. (II, 152.)

Ni ces roues ni cette boule n'ont pu se donner le mouvement d'*eux-mêmes*. (II, 267 ; voyez *ibidem*, *l*. 2.) — D'*eux-mêmes*, par mégarde, pour *d'elles-mêmes*.

MÊME, adverbe :

Il y a *même* des stupides.... qui se placent en de beaux postes. (I, 259.)

Cet ouvrage (de Théophraste) n'est peut-être *même* qu'un simple fragment, mais cependant un reste précieux de l'antiquité. (I, 14.)

Ils estimoient impraticable à un homme *même* qui est dans l'habitude de penser, et d'écrire ce qu'il pense, l'art de lier ses pensées. (II, 442.)

Poussé par le jeu jusques à une déroute universelle, il faut *même* que l'on se passe d'habits et de nourriture. (I, 270.)

Si.... l'on peint la cour..., la ville ne tire pas de cette ébauche de quoi remplir sa curiosité, et se faire une juste idée d'un pays où il faut *même* avoir vécu pour le connoître. (I, 11.)

Qu'est-ce que cette pièce de terre ainsi disposée..., si *même* toute la terre n'est qu'un atome ? (II, 258.)

J'ai dû.... ne me pas contenter de peindre les Grecs en général, mais *même* toucher ce qui est personnel. (I, 34.)

MÉMOIRES historiques :

Si ceux qui viendront après nous, rebutés par des mœurs si étranges..., se dégoûtent par là de nos *mémoires*, de nos poésies, etc. (I, 24.)

MENACER de :

Les temps sont changés, et il (ce prélat) *est menacé* sous ce règne *d'*un titre plus éminent. (II, 90.)

MÉNAGE, gouvernement, administration :

Les machines ont disparu par le bon *ménage* d'Amphion et de sa race. (I, 133; voyez *ibidem*, note 4.)

MÉNAGER ; se ménager :
Cette espèce d'avarice est dans les hommes une passion de vouloir *ménager* les plus petites choses sans aucune fin honnête. (I, 54.)
S'il est capitaine de galère, voulant *ménager* son lit, il se contente de coucher indifféremment avec les autres sur de la natte. (I, 76.)
Je *ménage* avec soin tout le temps qui m'est accordé, sans en rien perdre. (II, 486.)
Hommes.... dévoués aux femmes, dont ils *ménagent* les plaisirs. (I, 302.)
Celles (les femmes) qui ne nous *ménagent* sur rien, et ne nous épargnent nulles occasions de jalousie.... (I, 203.)
On le revoit paroître, avec un visage exténué et d'un homme qui ne *se ménage* point. (II, 157.)

MENDIER, au figuré :
Les sept voix qui ont été pour moi, je ne les *ai* pas *mendiées*. (II, 513.)

MENER, au propre et au figuré :
Il *mène* avec lui des témoins quand il va demander ses arrérages. (I, 69.)
Le savoir-faire et l'habileté ne *mènent* pas jusques aux énormes richesses. (I, 260.)
Ce n'est point.... mon intérêt qui me *mène*, mais celui de la prébende. (II, 176.)
J'*ai mené* un vrai deuil d'avoir échappé au plaisir d'entendre une si belle pièce (l'oraison funèbre de la princesse Palatine). (II, 491.)

MENSONGE :
La perfidie.... est un *mensonge* de toute la personne. (I, 176.)
« Est une menterie », dans les éditions 5-8.

MENSONGER :
« Mensonge » [devoit nous conserver] « *mensonger* ». (II, 209.)

MENTERIE (voyez Mensonge) :
C'est chercher à imposer aux yeux...; c'est une espèce de *menterie*. (I, 172.)
Menterie innocente, et qui ne trompe personne. (I, 313.)

MENTION (Faire) de :
Je voudrois qu'on ne *fit mention de*.... la somptuosité des généraux qu'après n'avoir plus rien à dire sur leur sujet. (II, 195.)

MENTIR (Sans) :
Vous devez en guerre être habillés de fer, ce qui est *sans mentir* une jolie parure. (II, 130.)

MENU, ue :
Le *menu* peuple. (I, 53, note 1.)
Une herbe *menue*. (I, 385.)

MENUISERIE :
Un long ais de *menuiserie* que porte un ouvrier sur ses épaules. (II, 7.)

MÉPRENDRE (Se) :
Quelques hommes, dans le cours de leur vie, sont si différents d'eux-mêmes par le cœur et par l'esprit, qu'on est sûr de *se méprendre* si l'on en juge seulement par ce qui a paru d'eux dans leur première jeunesse. (II, 46.)

MÉPRIS :
L'incivilité.... est l'effet de plusieurs vices : de la sotte vanité..., de la distraction, du *mépris* des autres, de la jalousie. (II, 15.)

MÉPRISER, méprisant :

On ne sauroit en diminuer la réputation ; et si on le fait, qui m'empêchera de le *mépriser*? (II, 108.)

Il s'agit de décrire quelques inconvénients où tombent ceux qui *ayant méprisé* dans leur jeunesse les sciences et les exercices, veulent réparer cette négligence dans un âge avancé par un travail souvent inutile. (I, 85.)

Appliqué à.... *mépriser* ouvertement le peu que l'on consent de lui donner. (I, 375.)

Il ne faut presque rien pour être cru fier..., *méprisant*. (I, 228.)

MERCI (Grand) :

Goûtez bien cela..., il ne me coûte qu'un *grand merci*. (I, 194.)

MERCREDI. Voyez Mecredi.

MERCURE, Dieu de la fable :

Mercure est commun. (I, 58.)

Proverbe grec, qui revient à notre : *je retiens part*. (Note de la Bruyère.)

MERCURE, substance métallique :

Mobiles comme le *mercure*, ils pirouettent, ils gesticulent. (I, 349.)

MÈRE, au figuré :

Si la pauvreté est la *mère* des crimes, le défaut d'esprit en est le père. (II, 17.)

MÉRITE :

L'on trouve en elle (en cette femme) tout le *mérite* des deux sexes. (I, 174.)

Sentir le *mérite*, et quand il est une fois connu, le bien traiter. (I, 351.)

L'on a eu de grands évêchés par un *mérite* de chaire qui présentement ne vaudroit pas à son homme une simple prébende. (II, 227.)

C'est un homme sage et qui a de l'esprit, autrement un homme de *mérite*. (II, 86, note 1 ; voyez I, 155, *n*. 13 et 14 ; II, 104, *l*. 6.)

« Moult », quoique latin, étoit dans son temps d'un autre *mérite*, et je ne vois pas par où « beaucoup » l'emporte sur lui. (II, 207.)

MÉRITER ; mériter de ; mériter que :

Érophile, à qui le manque de parole, les mauvais offices.... ont *mérité* des grâces et des bienfaits. (II, 21.)

J'ai emprunté de lui (du public) la matière de cet ouvrage : il est juste que l'ayant achevé avec toute l'attention pour la vérité dont je suis capable, et qu'il *mérite de* moi, je lui en fasse la restitution. (I, 105.)

Ils épargnent aux autres.... la peine de semer, de labourer pour vivre, et *méritent* ainsi *de* ne pas manquer de ce pain qu'ils ont semé. (II, 61.)

Une affaire de rien, et qui ne *mérite* pas *qu'*on s'en remue. (I, 322.)

MERVEILLE :

La *merveille* du Labyrinthe. (I, 135 et 136.)

MERVEILLEUSEMENT :

Il s'étend *merveilleusement* sur la fameuse bataille qui, etc. (I, 49.)

MERVEILLEUX, euse ; merveilleux, substantivement :

Un ouvrage satirique.... qui est donné en feuilles sous le manteau..., s'il est médiocre passe pour *merveilleux* ; l'impression est l'écueil. (I, 114.)

En faisant des libations, il lui échappera des mains une coupe ou quelque autre vase ; et il rira ensuite de cette aventure, comme s'il avoit fait quelque chose de *merveilleux*. (I, 71.)

La question est une invention *merveilleuse* et tout à fait sûre pour perdre un innocent. (II, 188.)

Des fonctions bien sublimes et d'une *merveilleuse* utilité. (I, 352.)
Une belle ressource pour celui qui est tombé dans la disgrâce..., c'est la retraite.... Il conserve.... le *merveilleux* de sa vie dans la solitude. (I, 379.)

MÉSALLIER (Se). (II, 14, *l*. 19 et 20.)

MESSE :
Il va tous les jours.... à la belle *messe* aux Feuillants ou aux Minimes. (I, 284; voyez I, 309, *n*. 30.)

MESSIRE :
Veut-on.... qu'il fasse de son père un Noble homme, et peut-être un Honorable homme, lui qui est *Messire*? (I, 252; voyez *ibidem*, note 4.)

MESURE, au propre et au figuré ; à mesure que :
Un extérieur simple est l'habit des hommes vulgaires; il est taillé pour eux et sur leur *mesure*. (I, 156.)
L'on comprend à peine.... qu'avec des *mesures* justes l'on doive si aisément parvenir à la fin que l'on se propose. (II, 19.)
Par les traitements que l'on reçoit de ceux avec qui l'on vit ou de qui l'on dépend, l'on est bientôt jeté hors de ses *mesures*, et même de son naturel. (II, 17.)
Il faut..., *à mesure que* l'on acquiert d'ouverture dans une nouvelle métaphysique, perdre un peu de sa religion. (II, 246.)
Ce qu'on appelle une oraison funèbre n'est aujourd'hui bien reçue du plus grand nombre des auditeurs qu'*à mesure qu*'elle s'éloigne davantage du discours chrétien. (I, 228; voyez I, 115, *l*. 9.)

MESURER ; mesurer sur :
Il (le plénipotentiaire) a son fait digéré par la cour, toutes ses démarches *sont mesurées*. (I, 376.)
Leur dépense étoit proportionnée à leur recette; leurs livrées,... leur table..., tout *étoit mesuré sur* leurs rentes et *sur* leur condition. (I, 297.)

MÉTAL, terme de blason :
Ils ont avec les Bourbons, sur une même couleur, un même *métal*. (I, 281.) — *Métail*, dans la 8ᵉ édition.

MÉTAPHORE :
La *métaphore* ou la comparaison emprunte d'une chose étrangère une image sensible et naturelle d'une vérité. (I, 144 et 145.)

MÉTAPHYSIQUE, adjectif :
Quelques distinctions *métaphysiques*. (I, 161.)
Métaphysique, substantivement. (I, 29, *l*. 7; II, 246, *l*. 19 et 20.)

MÉTAYER :
S'ils voyoient.... leurs terres.... possédées par des gens dont les pères étoient peut-être leurs *métayers*, quelle opinion pourroient-ils avoir de notre siècle? (I, 253.)

MÉTEIL :
On distingue à peine.... le blé froment d'avec.... le *méteil*. (I, 295.)

MÉTHODIQUE :
Il est moins profond que *méthodique*. (I, 123.)

MÉTIER :

Il n'y a aucun *métier* qui n'ait son apprentissage. (II, 186.)

Vous avez Dracon, le joueur de flûte : nul autre de son *métier* n'enfle plus décemment ses joues. (I, 179.)

C'est un *métier* que de faire un livre, comme de faire une pendule : il faut plus que de l'esprit pour être auteur. (I, 113.)

La critique souvent n'est pas une science; c'est un *métier*, où il faut plus de santé que d'esprit. (I, 148.)

Le *métier* de la parole ressemble en une chose à celui de la guerre. (II, 227.)

Il n'y a point au monde un si pénible *métier* que celui de se faire un grand nom. (I, 152.)

Vous dites : « C'est un bel esprit. » Vous dites aussi de celui qui travaille une poutre : « Il est charpentier.... » Je vous demande quel est l'atelier où travaille cet homme de *métier*, ce bel esprit ? (II, 85.)

Le devoir des juges est de rendre la justice; leur *métier*, de la différer. (II, 185 ; voyez I, 156, *l.* 2 ; I, 247, *n.* 8.)

METS, au figuré :

Où il (Rabelais) est bon, il va jusques à l'exquis et à l'excellent, il peut être le *mets* des plus délicats. (I, 131.)

METTRE ; SE METTRE ; METTRE EN ŒUVRE :

Les femmes se faisoient servir par des femmes ; on *mettoit* celles-ci jusqu'à la cuisine. (I, 297.)

Un homme fort riche peut.... *mettre* un duc dans sa famille, et faire de son fils un grand seigneur : cela est juste et de son ressort. (I, 246.)

L'orateur fait de si belles images de certains désordres,... *met* tant d'esprit, de tour et de raffinement dans celui qui pèche..., que, etc. (II, 225.)

Les belles choses le sont moins hors de leur place; les bienséances *mettent* la perfection, et la raison *met* les bienséances. (II, 171.)

Folie, simplicité, imbécillité,... de *mettre* l'enseigne d'auteur ou de philosophe. (II, 88.)

De tous les moyens de faire sa fortune,... le meilleur est de *mettre* les gens à voir clairement leurs intérêts à vous faire du bien. (I, 260.)

Vous me peignez un fat, qui *met* l'esprit en roture. (II, 85.)

S'il est vrai que la pitié.... soit un retour vers nous-mêmes qui nous *met* en la place des malheureux.... (I, 207.)

Ayant envie d'un esclave, il prie instamment celui à qui il appartient d'y *mettre* le prix. (I, 68.)

Le prince n'a point assez de toute sa fortune pour payer une basse complaisance, si l'on en juge par tout ce que celui qu'il veut récompenser y *a mis* du sien. (I, 352 ; voyez I, 209, *n.* 60.)

Qui, d'un homme ou d'une femme, *met* davantage du sien dans cette rupture.... (I, 201.)

N'envions point à une sorte de gens leurs grandes richesses... : ils *ont mis*.... leur santé, leur honneur et leur conscience pour les avoir. (I, 249.)

Elles ne *mettent* plus leurs sens à aucun usage. (I, 184 ; voyez I, 152, *n.* 7.)

Ils (ces termes).... semblent être faits seulement pour l'usage où elles les *mettent*. (I, 128.)

Qui oseroit soupçonner d'Artémon qu'il ait pensé à *se mettre* dans une si belle place? (I, 313.)

Le flatteur *se met* à tout sans hésiter, se mêle des choses les plus viles. (I, 38.)

Il faut des fripons à la cour...; mais l'usage en est délicat, et il faut savoir les *mettre en œuvre*. (I, 318.)

Suivez le règne de Louis le Juste : c'est la vie du cardinal de Richelieu ; c'est son éloge et celui du prince qui l'*a mis en œuvre*. (II, 457.)

L'esprit dans cette belle personne étoit un diamant bien *mis en œuvre*. (II, 91.)

MEUBLE, au figuré :
Vieil *meuble* de ruelle, où il parle procès et dit des nouvelles. (II, 60.)

MEUBLER :
Meubler une orangerie. (I, 339.)

MEUGLER :
C'est tout au plus le bœuf qui *meugle*, ou le merle qui siffle. (II, 66.)

MEUTE :
Il leur raconte comme il n'a point perdu le cerf de *meute*. (I, 283.)

MIAULER. (II, 129, *l.* 17.)

MICROSCOPE. (II, 268, *l.* 11 ; II, 269, *l.* 2.)

MIEN :
Je l'ai dit comme *mien*. (I, 150.)

MIGNARDISE :
La *mignardise* et l'affectation l'accompagnent dans la douleur et dans la fièvre. (I, 173.)

Une autre qui par *mignardise* pâlit à la vue d'une souris. (II, 68.)

MIGNATURE :
Ceux qui peignent en grand ou en *mignature*. (II, 222 et note 1.)

MIGRAINE. (I, 216, *l.* 4.)

MILICE. (I, 156, *l.* 28.)

MILIEU ; AU MILIEU DE :
Le *milieu* (entre l'avarice et la prodigalité) est justice pour soi et pour les autres. (I, 266.)

Il n'y a point d'ouvrage si accompli qui ne fondît tout entier *au milieu de* la critique, si son auteur vouloit en croire tous les censeurs qui ôtent chacun l'endroit qui leur plaît le moins. (I, 123.)

MILLE :
Il vous démêle.... entre *mille* honnêtes gens. (I, 351 ; voyez I, 316, *l.* 12.)

MINE ; BONNE MINE :
Le discours chrétien est devenu un spectacle. Cette tristesse évangélique qui en est l'âme ne s'y remarque plus : elle est suppléée par les avantages de la *mine*, par les inflexions de la voix. (II, 220.)

La *mine* désigne les biens de fortune : le plus ou le moins de mille livres de rente se trouve écrit sur les visages. (I, 262.)

Ils payent de *mines*. (I, 331.)

La plupart des femmes jugent du mérite et de la *bonne mine* d'un homme par l'impression qu'ils font sur elles. (I, 190.)

MINE, terme de fortification, au figuré :
On fait sa brigue pour parvenir à un grand poste... ; l'amorce est déjà conduite et la *mine* prête à jouer. (I, 313.)

MINE, monnaie athénienne. (I, 59, *l.* 1 et note 1.)

MINÉRAL, ale :

Des terres incultes et *minérales*. (II, 275.)

MINIATURE. Voyez Mignature.

MINISTÈRE :

[Il] n'a point d'autre *ministère* que de siffler des serins au flageolet. (II, 141.)

Le *ministère* des âmes. (I, 182.)

Le *ministère* de la parole sainte. (II, 235, *n*. 30; voyez II, 233, *l*. 3.)

Il a su tout le fond et tout le mystère du gouvernement ; il a connu le beau et le sublime du *ministère*. (II, 458 ; voyez II, 467, *l*. 14.)

L'envie.... qu'excitent dans notre âme les conditions fort élevées au-dessus de la nôtre, les grandes fortunes, la faveur, le *ministère*. (II, 41.)

MINISTRE :

Que d'amis, que de parents naissent en une nuit au nouveau *ministre* ! (I, 320.)

MINUTE d'un testament :

Un dépit.... les fait tester ; ils s'apaisent et déchirent leur *minute*. (II, 190.)

MINUTIE :

Rigides et sévères dans les *minuties*. (II, 190 ; voyez I, 376, *l. dernière* ; II, 165, *l*. 11.)

MIRACLE :

Je n'ai pas tout dit.... sur le *miracle* de ce monde visible, ou, comme vous parlez quelquefois, sur les merveilles du hasard. (II, 262.)

MIRACULEUX, euse :

Dire d'une chose modestement ou qu'elle est bonne ou qu'elle est mauvaise, et les raisons pourquoi elle est telle, demande du bon sens et de l'expression.... Il est plus court de prononcer d'un ton décisif.... ou qu'elle est exécrable, ou qu'elle est *miraculeuse*. (I, 224.)

MISANTHROPE, substantivement :

Timon, ou le *Misanthrope*, peut avoir l'âme.... farouche. (II, 71.)

MISE (Être de) :

C'est un homme qui *est de mise* un quart d'heure de suite, qui le moment d'après baisse, dégénère, perd le peu de lustre qu'un peu de mémoire lui donnoit, et montre la corde. (I, 167.)

MISÉRABLE, malheureux, adjectif et substantivement :

Un grand donne plus à la fortune lorsqu'il hasarde une vie destinée à couler dans les ris.... qu'un particulier qui ne risque que des jours qui sont *misérables*. (I, 352.)

Parler de son bonheur devant des *misérables*. (I, 225.)

Il vaut mieux s'exposer à l'ingratitude que de manquer aux *misérables*. (I, 207.)

MISÈRE, au propre et au figuré :

Il y a des *misères* sur la terre qui saisissent le cœur. (I, 261 ; voyez II, 38, *n*. 79 et 82.)

Foibles images, et qui n'expriment qu'imparfaitement la *misère* de la prévention. (II, 96.)

C'est une grande *misère* que de n'avoir pas assez d'esprit pour bien parler, ni assez de jugement pour se taire. (I, 223.)

C'est une extrême *misère* que de donner, à ses dépens, à ceux que l'on laisse (en mourant) le plaisir d'un bon mot. (II, 240.)

MISSION, au sens religieux. (II, 229, *l.* 6 ; II, 248, *l.* 22.)

MISSIONNAIRE. (II, 231, *l.* 21 et 22 ; II, 249, *l.* 7.)

MODE; À LA MODE :

Il y a de légères et frivoles circonstances du temps..., que j'appelle des *modes*, la grandeur, la faveur. (II, 161.)

Ces mêmes *modes* que les hommes suivent si volontiers pour leurs personnes. (II, 149; voyez II, 76, *l. dernière;* II, 135, *n.* 1 et *passim.*)

Un homme *à la mode* dure peu. (II, 143 ; voyez II, 144, *n.* 8.)

Il n'y a rien qui mette plus subitement un homme *à la mode*.... que le grand jeu. (II, 144; voyez II, 162, *l.* 3 et 4.)

MODÈLE :

Il ne sait pas parler ni raconter ce qu'il vient de voir : s'il se met à écrire, c'est le *modèle* des bons contes. (II, 101.)

MODÉRÉ :

Des millions de personnes les plus sages, les plus *modérés* (sic) qui fussent alors sur la terre. (II, 251.)

MODÉRÉMENT :

Aller prendre au milieu du repas, pour danser, un homme qui est de sang-froid et qui n'a bu que *modérément*. (I, 61.)

MODERNE :

Nous qui sommes si *modernes*, serons anciens dans quelques siècles. (I, 22.)

MODESTE :

Un homme *modeste* ne parle point de soi. (II, 31.)

Voyez II, 35, *n.* 71 et 72 ; II, 64, *n.* 134.

MODESTEMENT :

Dire d'une chose *modestement* ou qu'elle est bonne ou qu'elle est mauvaise.... demande du bon sens et de l'expression. (I, 223.)

Il n'y a rien de plus bas.... que de parler en des termes magnifiques de ceux.... dont l'on pensoit très-*modestement* avant leur élévation. (II, 74.)

L'on m'a engagé.... à lire mes ouvrages à Zoïle : je l'ai fait.... Avant qu'il ait eu le loisir de les trouver mauvais, il les a loués *modestement* en ma présence, et il ne les a pas loués depuis devant personne. (I, 119.)

MODESTIE :

Plus riches par leur économie et par leur *modestie* que de leurs revenus et de leurs domaines. (I, 297.)

Voyez I, 156, *n.* 17; I, 186, *l.* 13 ; II, 32, *l.* 1; II, 34, *n.* 69 ; II, 39, *n.* 84.

C'est *modestie* à eux (aux grands) de ne promettre pas encore plus largement. (I, 340.)

MOELLEUX, EUSE :

[Onuphre] est habillé d'une étoffe fort légère en été, et d'une autre fort *moelleuse* pendant l'hiver. (II, 154.)

MŒURS :

Cette science qui décrit les *mœurs*, qui examine les hommes, et qui développe leurs caractères. (I, 9.)

Ce sont les caractères ou les *mœurs* de ce siècle que je décris. (I, 106.)

Il (Théophraste) a écrit.... des caractères des *mœurs*. (I, 21.)

J'ai moins pensé à lui faire lire (au public) rien de nouveau, qu'à laisser peut-être un ouvrage de *mœurs* plus complet, plus fini et plus régulier à la postérité. (I, 111.)

Aristote.... estimoit en celui-ci (en Théophraste).... un caractère de douceur qui régnoit également dans ses *mœurs* et dans son style. (I, 16.)

Vous avez le plus beau génie du monde...; mais pour les *mœurs* et les manières, vous êtes un enfant. (II, 515.) — Il parle à Santeul.

Pour ce qui concerne le médisant, voici ses *mœurs*. (I, 87.)

C'est le plus petit inconvénient du monde que de demeurer court dans un sermon ou dans une harangue : il laisse à l'orateur ce qu'il a d'esprit, de bon sens, d'imagination, de *mœurs* et de doctrine. (II, 119.)

Les jeunes gens.... [sont] durs, féroces, sans *mœurs* ni politesse. (I, 327.)

Ironie forte,... très-propre à mettre vos *mœurs* en sûreté. (I, 338.)

Ce n'est point assez que les *mœurs* du théâtre ne soient point mauvaises, il faut encore qu'elles soient décentes et instructives. (I, 138.)

Voyez I, 10, *l.* 5; I, 11, *l.* pénult.; I, 12, *l.* 4; I, 22, *l.* 4; I, 24, *l.* 11; I, 25, *l.* 2; I, 26, *l.* 1; I, 27, *l.* 8; I, 28, *l.* 2; I, 85, *l.* 15; I, 106, *l.* 8; I, 109, *l.* 7; I, 140, *l.* 4; I, 178, *n.* 31; I, 182, *l.* 18; I, 236, *l.* 19; I, 262, *n.* 53; I, 316, *n.* 48; II, 27, *l.* 6; II, 54, *n.* 118; II, 67, *n.* 144; II, 72, *l.* 7; II, 108, *l.* 5; II, 231, *l.* 2; II, 443, *l.* 19; II, 444, *l.* 15; II, 447, *l.* 4; II, 448, *l.* 21; II, 449, *l.* 21; II, 450, *l.* 12; II, 466, *l.* 7.

MOI, employé comme sujet, sans addition de *je* :

Peut-être que *moi* qui existe n'existe ainsi que par la force d'une nature universelle. (II, 253.)

MOINDRE :

Le *moindre* petit chien. (I, 74, note 2.)

MOINE. (I, 178, *n.* 32.)

MOINS ; LE MOINS ; À MOINS ; DU MOINS :

Adraste étoit si corrompu.... qu'il lui a été *moins* difficile de.... se faire dévot. (II, 69.)

Le succès.... que l'on doit *moins* se promettre. (I, 105.)

Pensez-vous qu'il cherche à s'instruire par les médailles...? rien *moins*. Vous croyez peut-être que toute la peine qu'il se donne pour recouvrer une tête vient du plaisir qu'il se fait de ne voir pas une suite d'empereurs interrompue ? C'est encore *moins*. (II, 137.)

Préférer.... les sacrements donnés de sa main (de la main de son directeur) à ceux qui ont *moins* de cette circonstance. (II, 152.)

Le plus ou *le moins* de mille livres de rente se trouve écrit sur les visages. (I, 262.)

Les hommes composent ensemble une même famille : il n'y a que le plus ou *le moins* dans le degré de parenté. (I, 356.)

Quand je vois de certaines gens.... attendre.... que je les salue, et en être avec moi sur le plus ou sur *le moins*.... (I, 263.)

L'homme auroit pu se passer *à moins* pour sa conservation...; Dieu ne pouvoit moins faire pour étaler son pouvoir. (II, 270.)

Il n'y a point eu.... de procédures longues et embrouillées où il n'ait *du moins* intervenu. (II, 60.)

Il y a peu de femmes si parfaites, qu'elles empêchent un mari de se repentir *du moins* une fois le jour d'avoir une femme. (I, 195.)

MOISIR :
Ces avares ont des cassettes où leur argent est en dépôt, qu'ils n'ouvrent jamais, et qu'ils laissent *moisir* dans un coin de leur cabinet. (I, 56.)

MOISISSURE :
Une tache de *moisissure*. (II, 269.)

MOISSON, au propre. (I, 296, *l*. 3.)

MOISSONNEUR :
Un.... troupeau, qui.... broute dans une prairie une herbe menue et tendre qui a échappé à la faux des *moissonneurs*. (I, 385.)

MOLLEMENT :
Les empereurs n'ont jamais triomphé à Rome si *mollement*, si commodément, ni si sûrement même, contre le vent, la pluie,... et le soleil, que le bourgeois sait à Paris se faire mener par toute la ville. (I, 296.)

MOLLESSE :
La *mollesse* ou l'indulgence pour soi et la dureté pour les autres, n'est qu'un seul et même vice. (I, 207 ; voyez II, 51, *n.* 110.)

MOMENT :
Il y a des gens qui parlent un *moment* avant que d'avoir pensé. (I, 222.)
Si le *moment* ou la malice ou l'autorité manque à celui qui a intérêt de le supprimer (un testament), il faut qu'il en essuie les clauses. (II, 190.)
Quel dangereux poste que celui qui expose, *à tous moments*, un homme à nuire à un million d'hommes ! (I, 386 ; voyez I, 270, *n.* 76.)

MON, MES, adjectif possessif :
Je viserai toujours à ce qu'il emporte de toutes *mes* études ce qu'il y a de moins épineux et qui convient davantage à un grand prince. (II, 480.)

MONARCHIE :
Un homme un peu heureux dans une condition privée devroit-il y renoncer pour une *monarchie* ? (I, 388 ; voyez I, 384, *n.* 26.)

MONDAIN :
Un clerc *mondain*. (II, 230.)

MONDE, sens divers :
Si le *monde* dure seulement cent millions d'années, il est encore dans toute sa fraîcheur. (II, 122.)
Il y a deux *mondes* : l'un où l'on séjourne peu, et dont l'on doit sortir pour n'y plus rentrer ; l'autre où l'on doit bientôt entrer pour n'en jamais sortir. (II, 249.)
Quelques savants ne goûtent que les apophthegmes des anciens... ; l'histoire du *monde* présent leur est insipide. (I, 10.)
Le *monde* est pour ceux qui suivent les cours ou qui peuplent les villes ; la nature n'est que pour ceux qui habitent la campagne. (II, 123 ; voyez I, 295, *l*. 23.)
Aux enfants tout paroît grand... ; aux hommes les choses du *monde* paroissent ainsi,... parce qu'ils sont petits. (II, 29.)
Le théâtre du *monde*. (I, 256 ; voyez I, 336, *n.* 29.)
Ce vice est.... celui qui convenoit le moins à leur état, et qui pouvoit leur donner dans le *monde* plus de ridicule. (II, 45 ; voyez I, 119, *l. dern.*)
S'il (un livre de mœurs) est tel que le *monde* en parle.... (II, 443 ; voyez II, 462, *l*. 5.)
C'est à leurs parents.... à les renfermer, de peur que leur folie ne de-

vienne fureur, et que le *monde* n'en souffre. (I, 322 ; voyez I, 302, *l.* 5.)

Pour les femmes du *monde*, un jardinier est un jardinier. (I, 180.)

N*** arrive avec grand bruit ; il écarte le *monde*. (I, 300.)

Marche-t-il dans les salles, il se tourne à droit, où il y a un grand *monde*, et à gauche, où il n'y a personne. (I, 356.)

Vous le verrez quelquefois tout couvert de lèpre..., ne pas laisser de se mêler parmi le *monde*. (I, 70 ; voyez I, 41, *l.* 9.)

Il y a deux manières de ce que l'on appelle congédier son *monde*. (I, 311.)

L'on ouvre et l'on étale tous les matins pour tromper son *monde*. (I, 259.)

Il a un ami qui n'a point d'autre fonction sur la terre que de le promettre longtemps à un certain *monde*. (I, 242.)

Tout l'esprit qui est au *monde* est inutile à celui qui n'en a point. (II, 42.)

Je ne sais s'il y a rien au *monde* qui coûte davantage à approuver.... que ce qui est plus digne d'approbation. (II, 75 ; voyez I, 265, *l.* 4.)

C'est le plus petit inconvénient du *monde* que de, etc. (II, 119.)

MONDORI, par antonomase :

Vrais personnages de comédie, des Floridors, des *Mondoris*. (I, 358.)

MONNOIE :

S'il fait un payement, il affecte que ce soit dans une *monnoie* toute neuve, et qui ne vienne que d'être frappée. (I, 74 ; voyez I, 88, note 1.)

MONOSYLLABE, substantivement. (II, 205, *l. dernière.*)

MONSEIGNEUR, employé en parlant à un duc et pair. (II, 10.)

MONSIEUR :

Monsieur paye le rôtisseur et le cuisinier, et c'est toujours chez Madame qu'on a soupé. (I, 194.)

Tous demandent à voir la maison, et personne à voir *Monsieur*. (II, 141.)

MONSTIER, monastère. (II, 214, *l.* 2.)

MONSTRE :

C'est une grande question s'il s'en trouve de tels (des athées) ; et quand il seroit ainsi, cela prouve seulement qu'il y a des *monstres*. (II, 242.)

Son choix est fait : c'est un petit *monstre* qui manque d'esprit. (I, 177.)

MONSTRUEUX, euse :

C'est une chose *monstrueuse* que le goût et la facilité qui est en nous de railler.... les autres ; et tout ensemble la colère que nous ressentons contre ceux qui nous raillent. (II, 38.)

MONTER, au propre et au figuré ; se monter :

Un homme est prêt de partir et de *monter* dans son vaisseau. (I, 72.)

[Le couvreur] est.... vain d'*avoir monté* sur de hauts combles. (I, 156.)

C'est beaucoup tirer de notre ami, si *ayant monté* à une grande faveur, il est encore un homme de notre connoissance. (I, 307 ; voyez I, 311, *l.* 2.)

Ou la gravité n'est point, ou elle est naturelle ; et il est moins difficile d'en descendre que d'y *monter*. (II, 93.)

Le nombre de ceux à qui il a fait ces largesses.... *monte* à plus de six cents personnes. (I, 79.)

Un homme stupide, ayant.... calculé avec des jetons une certaine somme, demande à ceux qui le regardent faire à quoi elle *se monte*. (I, 62.)

MONTRE, sens divers ; faire montre de :

Rien ne paroît d'une *montre* que son aiguille. (I, 325.)

Ces figures de carton qui servent de *montre* à une fête publique. (I, 349.)

Le marchand fait des *montres* pour donner de sa marchandise ce qu'il y a de pire. (I, 260 ; voyez *ibidem*, note 1 ; I, 299, *n*. 12.)

Le nom de ce panégyriste semble gémir sous le poids des titres dont il est accablé.... Quand, sur une si belle *montre*, l'on a seulement essayé du personnage, et qu'on l'a un peu écouté, l'on reconnoît qu'il manque au dénombrement de ses qualités celle de mauvais prédicateur. (II, 228.)

Faire montre de son esprit. (II, 235 et 236; voyez I, 77, *l*. 14.)

MONUMENT, objet propre à transmettre un souvenir :

Il.... lui coupe les cheveux (à son fils), et les dépose dans le temple comme un *monument* d'un vœu solennel qu'il a accompli. (I, 73.)

MOQUER (Se); se moquer de :

Toute autre (espèce de pruniers) que vous lui nommez le fait sourire et *se moquer*. (II, 137.)

[Ils] se moulent sur les princes et se ruinent à *se faire moquer de* soi. (I, 283.)

Elle *se moque de* se piquer de jeunesse, et *de* vouloir user d'ajustements qui ne conviennent plus à une femme de quarante ans. (I, 173.)

MOQUERIE :

La *moquerie* est souvent indigence d'esprit. (I, 235 ; voyez II, 37, *n*. 78; II, 38, *n*. 81.)

MORAL :

Il a fait imprimer un ouvrage *moral*, qui est rare par le ridicule. (I, 114.)
Un auteur *moral* (c'est-à-dire, d'un ouvrage de morale). (II, 450.)
Corneille est plus *moral*, Racine plus naturel. (I, 142.)

MORALE :

Il est naturel aux hommes de ne point convenir de la beauté ou de la délicatesse d'un trait de *morale* qui les peint. (I, 11.)

Voyez I, 114, *n*. 6 ; II, 225, *n*. 8 ; II, 226, *n*. 12 ; II, 231, *l*. 9.

MORDRE, au figuré :

Tels n'approuvent la satire que lorsque commençant à lâcher prise et à s'éloigner de leurs personnes, elle va *mordre* quelque autre. (I, 11.)

MORE :

Il aime à se faire suivre par un *More*. (I, 73 ; voyez *ibidem*, note 2.)

MORFONDRE (Se), s'ennuyer par l'attente, la perte du temps :

N***...., avec un vestibule et une antichambre, pour peu qu'il y fasse languir quelqu'un et *se morfondre*, fera sentir de lui-même quelque chose qui approche de la considération. (I, 247 ; voyez I, 138, *l*. 3.)

MORGUE :

Maxime.... pernicieuse pour les grands, qui diminueroit leur cour...., qui feroit tomber leur *morgue*. (I, 153.)

MORT (À LA), excessivement :

Une grande vilaine harangue.... qui m'a ennuyé *à la mort*. (II, 441.)

MORTIER, toque de velours des présidents du Parlement :

Le noble de province.... traite les fourrures et les *mortiers* de bourgeoisie. (II, 62 ; voyez *ibidem*, note 2 ; I, 290, *l*. 8 ; II, 195, *l*. 5.)

MORTIFICATION :

Un homme partial est exposé à de petites *mortifications*. (II, 95.)

MORTIFIER :
Une mutuelle bonté, qui avec l'avantage de n'être jamais *mortifiés*, nous procureroit un aussi grand bien que celui de ne *mortifier* personne. (II, 63 ; voyez I, 195, *l.* 1.)

MOT ; MOT POUR MOT :
[D'une] petite pièce de monnoie.... ramassée dans les rues, il ne manque point de retenir sa part avec ce *mot* : Mercure est commun. (I, 58.)
Ce qui suit..., c'est.... un *mot* du Tekehli et du siége de Bude, mais moins en détail que ce que vous en avez lu dans les gazettes. (II, 482.)
Autant de petites républiques, qui ont.... leurs usages, leur jargon, et leurs *mots* pour rire. (I, 276.)
Diseurs de bons *mots*, mauvais caractère. (I, 330 ; voyez II, 106, *n.* 65.)
Un terme grec, traduit en françois *mot pour mot*. (I, 30.)

MOTET. (II, 161, *l.* 1.)

MOTIF :
Le *motif* seul fait le mérite des actions des hommes. (I, 168.)

MOU, MOLLE :
Il a une démarche *molle*. (II, 149.)

MOUCHE, mise sur le visage :
C'est le propre d'un efféminé.... de se mettre des *mouches*. (I, 139 ; voyez I, 173, *l.* 22 et 24 ; II, 170, *l.* 13.)

MOULER (SE) SUR, au figuré :
Certains particuliers.... *se moulent sur* les princes pour leur garde-robe et pour leur équipage. (I, 283 ; voyez II, 166, *n.* 8.)

MOULT, beaucoup. (II, 206, *l.* 7.)

MOURIR, au figuré :
L'on dit d'un grand qui tient table deux fois le jour.... qu'il *meurt* de faim, pour exprimer qu'il n'est pas riche. (II, 113.)
Les amours *meurent* par le dégoût, et l'oubli les enterre. (I, 204.)

MOUVANT, ANTE :
.... S'ils se font d'eux-mêmes (les mouvements d'une pendule) ou par la force *mouvante* d'un poids qui les emporte. (II, 267.)

MOUVEMENT :
Vous vous agitez, vous vous donnez un grand *mouvement*. (II, 117.)
Cour orageuse, pleine de *mouvements* et d'intrigues. (I, 154.)
Se livrer.... à son génie et au *mouvement* qu'un grand sujet peut inspirer. (II, 235.)

MOYEN :
La ville est un lieu où il n'y a plus *moyen* de vivre. (I, 85.)
Quel *moyen* encore de s'appeler Pierre, Jean, Jacques, comme le marchand ou le laboureur? (I, 345.)
[Il] se plaint encore de celui qui a écrit ou parlé pour lui, de ce qu'il n'a pas touché les meilleurs *moyens* de sa cause. (I, 68.)

MUER, comme les oiseaux :
Il est oiseau..., il rêve la nuit qu'il *mue* ou qu'il couve. (II, 142.)

MULE, sorte de chaussure sans quartier :
Elle paroît ordinairement avec une coiffure plate et négligée, en simple déshabillé, sans corps et avec des *mules*. (I, 192.)

MULTIPLIER (Se) :
[Ces courtisans] semblent *se multiplier* en mille endroits. (I, 303.)

MULTITUDE :
Evitons d'avoir rien de commun avec la *multitude*. (I, 345.)

MUSICIEN. (I, 136, *n.* 49; II, 100, *n.* 56.)

MUSIQUE :
Tel à un sermon, à une *musique*..., a entendu, à sa droite et à sa gauche,... des sentiments précisément opposés. (II, 78.)
Chacun.... admire un certain poëme ou une certaine *musique*, et siffle tout autre. (I, 136.)

Musique, sorte de coquillage. (II, 142, *l.* 11.)

MUTIN, substantivement :
Une dernière scène où les *mutins* n'entendent aucune raison. (I, 138.)

MUTINERIE :
Il aime peu à apprendre par cœur. Il me faut pour le réduire (le prince, mon élève) une *mutinerie* qui ne se comprend pas sans l'avoir vue. (II, 504.)

MUTUELLEMENT :
Si vous établissez que les uns soient riches et les autres pauvres..., vous faites alors que le besoin rapproche *mutuellement* les hommes. (II, 276.)

MYSTÈRE; mystères :
Une attention importune qu'on a au moindre mot qui échappe, pour.... y trouver un *mystère* que les autres n'y voient pas. (I, 219.)
Ils parlent jargon et *mystère* sur de certaines femmes. (I, 282.)
Il est fort exact à visiter, sur la fin de chaque mois, les prêtres d'Orphée, pour se faire initier dans ses *mystères*. (I, 66.)
L'on ne trouve rien de bien dit ou de bien fait que ce qui part des siens... : cela va jusques au mépris pour les gens qui ne sont pas initiés dans leurs *mystères*. (I, 276.)
L'on fait assaut d'éloquence jusqu'au pied de l'autel et en la présence des *mystères*. (II, 220.)

MYSTÉRIEUX :
Le *mystérieux* jargon de la médecine ? (II, 77; voyez I, 260, *l.* 5.)
Que m'apprenez-vous de rare et de *mystérieux*? (II, 24.)
Il est fin, cauteleux, doucereux, *mystérieux*. (I, 321.)

N

NAGER, au figuré :
Elles *nagent* dans la prospérité. (I, 272.)
Le commun.... *nage* entre ces deux extrémités. (II, 42.)

NAÏF, ïve, adjectif et substantivement :
Le troupeau est-il fait pour le berger, ou le berger pour le troupeau? Image *naïve* des peuples et du prince qui les gouverne. (I, 385.)
La manière *naïve* dont tous les caractères y sont exprimés (dans le livre de Théophraste). (I, 14.)
Le *naïf* et le délicat ne sont-ils pas le sublime des ouvrages dont ils font la perfection? (I, 144, *variante*.) — *Le naturel*, à partir de la 7ᵉ édition.

NAISSANCE :

Ceux..., que la *naissance* démêle d'avec le peuple. (I, 353.)
Avoir de la *naissance*. (I, 157; voyez I, 160, *l.* 17.)
Depuis la *naissance* de l'Académie françoise. (II, 438.)

NAÎTRE :

Cette sorte de gloire qui devroit *naître* de la vertu toute pure et toute simple. (I, 169.)
Il *naît* de là qu'il lui arrive souvent de perdre contenance. (II, 95.)
Un auteur *né* copiste. (I, 149.)
C'est un homme *né* pour les allées et venues. (I, 166.)

NAÏVETÉ :

Quelle *naïveté*! (I, 129.) — Il s'agit de Molière.

NARRER :

(Le) double talent de savoir.... les choses anciennes, et de *narrer* celles qui sont nouvelles. (II, 464.)

NATION :

Des hommes de ma *nation*. (I, 107.)

NATTE :

Il se contente de coucher.... avec les autres sur de la *natte*. (I, 76.)

NATURE :

La *nature* n'est que pour ceux qui habitent la campagne. (II, 123.)
J'ai peint.... d'après *nature*. (II, 450.)
Combien d'art pour rentrer dans la *nature*! (II, 94.)
Ils connoissent le monde, et encore par ce qu'il a de moins beau et de moins spécieux; ils ignorent la *nature*,... ses dons et ses largesses. (I, 295.)
Quelques jeunes personnes ne connoissent pas assez les avantages d'une heureuse *nature*, et combien il leur seroit utile de s'y abandonner. (I, 170.)

NATUREL, adjectif et substantivement :

Aussi élégant dans les langues étrangères que si elles lui étoient *naturelles*. (II, 460.) — Il s'agit de l'abbé Regnier des Marais.
Elles.... regardent dans un miroir si elles s'éloignent assez de leur *naturel*. (I, 171; voyez I, 214, *n.* 79.)
Marot et Rabelais.... avoient assez de génie et de *naturel* pour pouvoir s'en passer (se passer de l'ordure). (I, 131; voyez I, 132, *l.* 5.)
Le *naturel* et le délicat ne sont-ils pas le sublime des ouvrages dont ils font la perfection? (I, 144.) — Voyez NAÏF, 3ᵉ exemple.
Peut-il briller autre chose dans l'églogue qu'un beau *naturel*? (I, 144; voyez II, 101, *l.* 14.)

NAUTONIER. (I, 82, *l.* 12.)

NAVIGER, naviguer :

Il s'informe avec soin si tous ceux qui *navigent* avec lui sont initiés. (I, 81; voyez I, 82, note 1.)

NE :

Ni l'un ni l'autre ne cherchent à exposer leur vie, ni *ne* sont détournés par le péril. (I, 156.)
Ronsard et les auteurs ses contemporains ont plus nui au style qu'ils *ne* lui ont servi. (I, 130.)

L'avare dépense plus mort en un seul jour, qu'il *ne* faisoit vivant en dix années. (I, 266.)

Ils se feroient alors une plus grande affaire de leur établissement qu'ils *ne* s'en font dans l'état où sont les choses. (II, 23.)

Ils sont plus tôt des hommes parfaits que le commun des hommes *ne* sort de l'enfance. (I, 164.)

On en jouit moins (de ces biens) que l'on *n*'aspire encore à de plus grands. (II, 22, *variante*.) — *Que l'on aspire*, à partir de la 5e édition.

Il n'y a personne qui doute que ce *ne* soit un héros. (I, 177.)

Qui doute que la chasse sur l'eau,... la merveille du Labyrinthe *ne* soient encore de leur invention? (I, 136.)

Je ne doute pas.... que cet excès de familiarité *ne* les rebute davantage (les Orientaux) que nous *ne* sommes blessés de.... leurs.... prosternations. (I, 268.)

Il doit appréhender qu'elle (cette conjecture) *ne* lui échappe. (I, 349.)

On ne peut pas.... les restreindre (les mœurs que je décris) à une seule cour.... sans que mon livre *ne* perde beaucoup de son étendue. (I, 107.)

NE, pour *ne pas* :

Il est.... incapable d'affaires; je *ne* lui confierois l'état de ma garde-robe. (II, 84.)

Ne manquez, sitôt la présente reçue, de m'envoyer, etc. (II, 10.)

Quelques-uns.... par *ne* pouvoir se résoudre à renoncer à aucune sorte de connoissance, les embrassent toutes. (II, 139.)

NE.... QUE :

Les femmes..., les gens de la cour, et tous ceux qui *n*'ont *que* beaucoup d'esprit sans érudition. (I, 10.)

Tout lui fait envie : il veut profiter des bons marchés, et demande hardiment au premier venu une chose qu'il *ne* vient *que* d'acheter. (I, 53.)

S'il fait un payement, il affecte que ce soit dans une monnoie toute neuve, et qui *ne* vienne *que* d'être frappée. (I, 74.)

Ma mère.... vient de se coucher et *ne* commence *qu'*à s'endormir. (I, 61.)

NE omis, où d'ordinaire nous l'employons (voyez NUL) :

Personne.... ne m'en a parlé avec plus d'éloge *qu'ils ont fait*. (II, 491.)

Personne n'a tiré d'une destinée plus *qu'il a fait*. (I, 335.)

L'on n'est pas plus maître de toujours aimer *qu'on l'a été* de ne pas aimer. (I, 203; voyez II, 274, *l.* 2.)

On les traite plus sérieusement *que l'on a fait* dans ce chapitre. (II, 252, *variante*.) — *Que l'on n'a fait*, dans la 9e édition.

Il est incapable de s'imaginer que les grands.... pensent autrement de sa personne *qu'il fait* lui-même. (I, 155.)

Je ne sais si l'on pourra jamais mettre dans des lettres plus d'esprit.... *que l'on en voit* dans celles de Balzac. (I, 128.) — *Que l'on n'en voit*, éditions 4-6.

On en jouit moins (de ces biens) *que l'on aspire* encore à de plus grands. (II, 22.) — Voyez ci-dessus le 6e exemple de l'article NE.

Ce n'est pas *qu'il faut* quelquefois pardonner à celui, etc. (I, 160.) — Au sens où nous dirions : *qu'il ne faille*.

NÉANMOINS :

Le prédicateur n'est point soutenu, comme l'avocat, par des faits toujours nouveaux; il ne fait point valoir les violentes conjectures et les présomptions, toutes choses *néanmoins* qui élèvent le génie. (II, 231.)

On ne doit parler, on ne doit écrire que pour l'instruction; et s'il arrive que l'on plaise, il ne faut pas *néanmoins* s'en repentir, si cela sert à insinuer et à faire recevoir les vérités qui doivent instruire. (I, 106.)

NÉCESSAIRE à :
Les maisons de Saxe, d'Holstein, de Stuart.... sont celles.... qui lui sont encore *nécessaires à* savoir. (II, 488.)

NÉCESSITÉ :
Il faut être bien dénué d'esprit, si l'amour, la malignité, la *nécessité* n'en font pas trouver. (I, 214.)
On ne se promène pas avec une compagne par la *nécessité* de la conversation ; on se joint ensemble pour se rassurer.... (I, 276.)
L'éloquence profane,... bannie (du barreau) par la *nécessité* de l'expédition. (II, 452.)
Céder à l'importunité ou à la *nécessité* de ceux qui nous demandent. (I, 205.)

NECTAR :
Ils déserteroient la table des Dieux, et le *nectar* avec le temps leur devient insipide. (II, 68.)

NEF, navire. (II, 214, *l*. 2.)

NÉGLIGENCE :
Il s'agit de décrire quelques inconvénients où tombent ceux qui ayant méprisé dans leur jeunesse les sciences et les exercices, veulent réparer cette *négligence* dans un âge avancé par un travail souvent inutile. (I, 85.)

NÉGLIGER ; SE NÉGLIGER :
Quelques pensées sensibles, familières, instructives, accommodées au simple peuple, qu'il n'est pas permis de *négliger*. (I, 106.)
Celui qui a eu l'expérience d'un grand amour *néglige* l'amitié. (I, 200.)
Si vous *négligez* l'estime des hommes, vous vous épargnez à vous-mêmes de grands travaux. (I, 19.)
Hermippe est l'esclave de ce qu'il appelle ses petites commodités ;... il ne *néglige* aucune de celles qui sont praticables. (II, 196.)
Il ne permet pas à ses enfants d'aller à l'amphithéâtre..., lorsque l'on paye pour être placé, mais seulement sur la fin du spectacle et quand l'architecte *néglige* les places et les donne pour rien. (I, 57.)
La vanité.... ne se recherche que dans les événements où il y a de quoi faire parler le monde,... mais.... *se néglige* sur tout le reste. (II, 70.)

NÉGOCE, commerce :
Certains particuliers,... riches du *négoce* de leurs pères. (I, 283.)

NÉGOCIATION, diplomatie :
Tel a été à la mode, ou pour le commandement des armées et la *négociation* ou pour l'éloquence de la chaire..., qui n'y est plus. (II, 143.)
Cette âme sérieuse (Richelieu).... plongée dans la *négociation*..., a trouvé le loisir d'être savante. (II, 458.)

NÉPHRÉTIQUE :
Colique *néphrétique*. (II, 59.)

NERF :
Nerf optique. (II, 268.)

NET, NETTE :
C'est dans les femmes une violente preuve d'une réputation bien *nette* et bien établie, qu'elle ne soit pas même effleurée par, etc. (I, 185.)

NETTEMENT :
Écrire *nettement*. (I, 145.)

NETTETÉ :
L'on a mis.... dans le discours tout l'ordre et toute la *netteté* dont il est capable. (I, 147.)

NETTOYER :
Ne pensez pas que ce soit un autre que lui qui balie (*sic*) le matin sa chambre, qui fasse son lit et le *nettoie*. (I, 77.)

NEUTRALITÉ :
La *neutralité* entre des femmes qui nous sont également amies.... est un point difficile. (I, 188.)

NI :
Il ne sait pas parler, *ni* raconter ce qu'il vient de voir. (II, 101.)
Il ne sait pas la réciter (sa pièce), *ni* lire son écriture. (II, 101.)
Il ne faut rien exagérer, *ni* dire des cours le mal qui n'y est point. (I, 308.)
Il ne leur arrive pas.... de rien admirer, *ni* de paroître surpris des choses les plus extraordinaires. (I, 41.)
Sans attendre qu'on l'interroge, *ni* sans sentir qu'il interrompt, il parle. (I, 165.)
Ceux qui sont éloignés des mines ne les fouilleront pas, *ni* ceux qui habitent des terres incultes.... ne pourront pas en tirer des fruits. (II, 275.)
Ne faire sa cour à personne, *ni* attendre de quelqu'un qu'il vous fasse la sienne, douce situation, âge d'or. (II, 122.)

NI.... NI :
Cette liaison n'est *ni* passion *ni* amitié pure. (I, 199.)
Quel moyen de pouvoir tenir contre des gens qui ne savent pas discerner *ni* votre loisir, *ni* le temps de vos affaires? (I, 41.)
Ni ces roues, *ni* cette boule n'ont pu se donner le mouvement d'eux-mêmes. (II, 267.) — Voyez ci-dessus l'*Introduction grammaticale*, xv, SYLLEPSE.
Ceux qui, *ni* guerriers *ni* courtisans, vont à la guerre et suivent la cour. (II, 118.)
Racine,... à qui le grand et le merveilleux n'ont pas même manqué, ainsi qu'à Corneille *ni* le touchant *ni* le pathétique. (I, 141.)
Il peut y avoir un ridicule si bas..., qu'il n'est *ni* permis au poëte d'y faire attention, *ni* possible aux spectateurs de s'en divertir. (I, 138.)
La raison et la justice dénuées de tous leurs ornements *ni* ne persuadent, *ni* n'intimident. (II, 71.)
Un homme sage *ni* ne se laisse gouverner, *ni* ne cherche à gouverner les autres. (I, 212.)
La plus brillante fortune ne mérite point *ni* le tourment que je me donne, *ni* les petitesses où je me surprends, *ni* les humiliations, *ni* les hontes que j'essuie. (I, 326.)
Ni l'un *ni* l'autre (l'homme de cœur et le couvreur) ne cherchent à exposer leur vie, *ni* ne sont détournés par le péril. (I, 155 et 156.)

NIER :
Nier Dieu. (II, 251; voyez II, 252, *l.* 3.)

NIVEAU, au figuré :
Quelle horrible peine à un homme qui est sans prôneurs et sans cabale..., de venir au *niveau* d'un fat qui est en crédit! (I, 152.)

NOBLE :
Quelques femmes de la ville ont la délicatesse de ne pas.... oser dire le nom.... de quelques endroits publics qu'elles ne croient pas assez *nobles* pour être connus. (I, 238.)
Son fils, qui étoit jeune..., et qui avoit une taille fort *noble*. (I, 197.)
Veut-on.... qu'il fasse de son père un *Noble* homme, et peut-être un Honorable homme, lui qui est Messire? (I, 252 ; voyez *ibidem*, note 4.)

NOBLESSE, qualité ; NOBLESSE, corps des nobles :
Lettres de *noblesse*. (II, 164.)
La *noblesse* expose sa vie pour le salut de l'État. (I, 352.)

NOCES :
Présents de *noces*. (I, 292 ; voyez *ibidem*, n. 18.)

NOIRCEUR, au figuré :
Sans s'arrêter à un auteur moral qui, etc., ils passeront jusqu'aux interprètes, dont la *noirceur* est inexcusable. (II, 450.)

NOM, renom :
Il n'est pas si aisé de se faire un *nom* par un ouvrage parfait, que d'en faire valoir un médiocre par le *nom* qu'on s'est déjà acquis. (I, 114.)
La plupart des livres de ce temps.... sont lus avec goût,... donnent du *nom* et de la vanité à leurs auteurs. (II, 244.)
L'oisiveté des femmes, et l'habitude qu'ont les hommes de les courir,... donnent du *nom* à de froids orateurs. (II, 228.)
Chercher dans les sujets.... frivoles du *nom* et de la distinction. (I, 73.)
Plusieurs personnes de *nom* et de distinction. (I, 183 ; voyez II, 92, *l.* 20.)

NOMBRE, en parlant du discours :
L'on a presque retrouvé le *nombre* que Malherbe et Balzac avoient les premiers rencontré. (I, 147.)

NOMBRER, compter :
Si vous allez derrière un théâtre, et si vous *nombrez* les poids, les roues, les cordages, qui font les vols et les machines.... (I, 254.)

NOMBREUX, EUSE, en parlant du discours :
La versification qui est correcte..., *nombreuse*, harmonieuse. (I, 141.)

NOMMER :
Comme.... l'on vint à tomber sur celui que l'on devoit estimer le plus homme de bien..., tous d'une commune voix vous *nommèrent*. (I, 36.)
Qui peut *nommer* de certaines couleurs changeantes...? de même qui peut définir la cour? (I, 298.)

NON ; NON PLUS QUE :
Dire.... le oui et le *non* sur une même chose. (II, 95 ; voyez I, 306, *l.* 25.)
Si de tous les hommes les uns mouroient, les autres *non*, ce seroit une désolante affliction que de mourir. (II, 25.)
Un chien.... n'a pas, *non plus que* le sot, de quoi rougir. (I, 166.)
Il ne se plaint *non plus* toute sorte de parure *qu'*un jeune homme qui a épousé une riche vieille. (I, 160.)
On ne s'entend *non plus* parler.... que dans ces chambres où, etc. (II, 141.)

NOURRICE :
Il y fait conduire ses enfants par une *nourrice*. (I, 66.)
Il a mordu le sein de sa *nourrice*. (II, 132.) — Proverbialement, au figuré.

NOURRIR, au propre et au figuré; SE NOURRIR, au figuré :
Ils avoient chacun une fille...; elles ont été *nourries* ensemble. (I, 24.)
L'un des plus grands magistrats que la France *ait nourri* (sic). (II, 467.)
Les Grecs *nourris* et élevés de la même manière. (I, 33.)
Gens *nourris* dans le faux, et qui ne haïssent rien tant que d'être naturels. (I, 358.)
Un style *nourri* des saintes Écritures. (II, 221.)
On *se nourrit* des anciens et des habiles modernes. (I, 117.)
Se nourrir de.... fausses préventions. (I, 343.)

NOURRITURES :
L'on peut compter sûrement sur la dot, le douaire et les conventions, mais foiblement sur les *nourritures*. (I, 232; voyez *ibidem*, note 1.)

NOUS, employé concurremment avec *on*. Voyez ON.

NOUVEAU, ELLE :
Un ancien galant.... cède à un *nouveau* mari; et celui-ci dure si peu, qu'un *nouveau* galant qui survient lui rend le change. (I, 175.)
Quelque désagrément qu'on ait à se trouver chargé d'un indigent, l'on goûte à peine les *nouveaux* avantages qui le tirent enfin de notre sujétion. (I, 207.)
Chrysippe, homme *nouveau*, et le premier noble de sa race. (I, 254.)
Dans la distribution des grâces, de *nouvelles* sont accordées à celui-là, pendant que l'auteur grave se tient heureux d'avoir ses restes. (II, 234.)

NOUVEAUTÉ :
Deux choses toutes contraires nous préviennent également, l'habitude et la *nouveauté*. (II, 74.)
Livres froids et ennuyeux,... écrits avec précipitation, et lus de même, seulement par leur *nouveauté*. (I, 109.)

NOUVELLISTE :
Un *nouvelliste* ou un conteur de fables est un homme qui arrange, selon son caprice, des discours et des faits remplis de fausseté. (I, 50.)
Le devoir du *nouvelliste* est de dire : « Il y a un tel livre qui court.... » Le sublime du *nouvelliste* est le raisonnement creux sur la politique. Le *nouvelliste* se couche.... sur une nouvelle qui se corrompt la nuit. (I, 126 et 127; voyez I, 166, *l.* 17 et 18; I, 355 et 356.)

NOYER (SE), au figuré :
Il *s'est noyé* de dettes. (I, 271.)

NU :
A table, au lit, *nu*, habillé. (I, 249; voyez I, 69 et note 4.)
« L'arrivée de Monseigneur tout *nu* en robe de chambre.... imposa à tous deux. » (*Mémoires de Saint-Simon*, édition de 1873, tome II, p. 95.)

NUANCE, au figuré :
C'est.... comme une *nuance* de raison et d'agrément qui occupe les yeux et le cœur de ceux qui lui parlent. (II, 91.)

NUANCÉ :
Aussi est-elle *nuancée*, bordée. (II, 136.) — Il s'agit d'une tulipe.

NUDITE :
Les saletés des Dieux, la Vénus...., et les autres *nudités* du Carrache (II, 170.)

NUIRE :
Ces manières d'agir ne partent point d'une âme simple et droite, mais d'une mauvaise volonté ou d'un homme qui veut *nuire*. (I, 36.)

NUIT (De) :
Il revient *de nuit*, mouillé et recru. (I, 282.)

NUL, nulle; nuls, nulles :
Un auteur moral qui n'a eu *nulle* intention de les offenser. (II, 450.)
Ils n'ont *nulle* affaire. (I, 304.)
Il n'a *nul* discernement.... ni du maître, ni des conviés. (I, 220.)
Celui.... qui loue la vertu pour la vertu.... agit simplement, naturellement, sans aucun tour, sans *nulle* singularité. (I, 355.)
« Traitez de toutes les vertus.... dans un ouvrage.... méthodique, qui n'ait point de fin; » ils devroient ajouter : « et *nul* cours. » (II, 86.)
Nul autre de son métier n'enfle plus décemment ses joues en soufflant dans le hautbois. (I, 179.)
Un homme vain, indiscret,... de *nul* jugement. (I, 178.)
La politique qui ne consiste qu'à répandre le sang est fort bornée et de *nul* raffinement. (I, 363.)
Afin.... que *nul* du moins lui soit contraire. (I, 323.)
Il n'y a *nuls* vices extérieurs et *nuls* défauts du corps qui ne soient aperçus par les enfants. (II, 28.)
Celles qui ne.... nous épargnent *nulles* occasions de jalousie. (I, 203.)
Voyez I, 109, *l.* 6; I, 131, *n.* 44; I, 315, *l.* 4; I, 332, *l.* 9; I, 341, *n.* 12; II, 239, *l.* 12.

O

OBLIGATION :
Me voilà lavé.... sans avoir *obligation* à personne. (I, 54.)

Obligation, acte public :
Billets et *obligations*. (II, 181, note 2.)

OBLIGEAMMENT :
Parlons de lui *obligeamment* : il (le faux dévot) ne croit pas en Dieu. (II, 248.)

OBLIGER ; obliger à, obliger de; s'obliger :
Il semble que l'on n'entre dans un emploi que pour pouvoir *obliger* et n'en rien faire. (II, 16.)
Ils ne *sont* point *obligés à* faire dire d'eux qu'ils jouent.... et qu'ils badinent comme les autres hommes. (II, 90.)
Je me trouve toujours *obligé à* repasser par tous les endroits de la carte qu'il a déjà vus. (II, 497.)
J'ai.... une sensible affliction, et qui m'*obligera de* renoncer aux estampes. (II, 138; voyez I, 47, *l.* 7; I, 57, *l.* 5.) — Éditions 6-8 : *à renoncer*.
Quelqu'un vient d'être condamné en justice de payer pour un autre pour qui il *s'est obligé*. (I, 59.)

OBLIQUEMENT :
Arfure.... entendoit de loin le sermon d'un carme ou d'un docteur qu'elle ne voyoit qu'*obliquement*. (I, 250.)

OBMETTRE. Voyez Omettre.

OBOLE :
Vous les voyez dominer parmi de vils praticiens, à qui ils prêtent à usure, retirant chaque jour une *obole* et demie de chaque dragme. (I, 47.)
Il ne veut pas recevoir une *obole* sans donner un billet. (II, 157.)

OBSCÈNE. (I, 46, *l.* 3.)

OBSCUR :
O Fagon Esculape !... chassez des corps.... les maladies les plus *obscures*. (II, 201.)

OBSERVATION :
Il est.... indifférent sur les *observations* que l'on fait sur la cour. (I, 323.)

OBSERVER, absolument; OBSERVER, activement :
Si la place d'un Cassini devenoit vacante, et que le suisse.... du favori s'avisât de la demander..., il le trouveroit capable d'*observer* et de calculer. (I, 322.)
Je lui fais revoir le détail des provinces de France..., et j'*observe* la même conduite sur toutes les autres études. (II, 505 ; voyez II, 507, *l.* 10.)
Quelle majesté n'*observent*-ils pas à l'égard de ces hommes chétifs (à l'égard des savants)! (I, 263.)

OBSTACLE :
On l'a regardé comme un homme incapable.... de plier sous le nombre ou sous les *obstacles*. (I, 163.)

OBTENIR :
Ils.... vont trouver les foulons pour *obtenir* d'eux de ne pas épargner la craie dans la laine qu'ils leur ont donnée à préparer. (I, 56.)

OCCASION :
La finesse est l'*occasion* prochaine de la fourberie. (I, 333 ; voyez I, 261, *n.* 49.)
J'attends avec impatience l'*occasion* de mon retour à Paris, pour aller chez vous, Monsieur, vous continuer mes très-humbles respects. (II, 512.)
Une puissance.... absolue, qui ne laisse point d'*occasion* aux brigues. (I, 391.)
Si les grands ont les *occasions* de nous faire du bien, ils en ont rarement la volonté. (I, 360.)
L'on blâme les gens qui font une grande fortune pendant qu'ils en ont les *occasions*. (I, 307.)
Ils ont une fierté naturelle, qu'ils retrouvent dans les *occasions*. (I, 354.)

OCCIDENT :
Fuir à l'orient quand le fat est à l'*occident*. (I, 227.)

OCCUPER :
Il n'*occupe* point de lieu, il ne tient point de place. (I, 274.)
C'est.... comme une nuance de raison et d'agrément qui *occupe* les yeux et le cœur de ceux qui lui parlent. (II, 91.)
L'on *est* plus *occupé* aux pièces de Corneille ; l'on est plus ébranlé et plus attendri à celles de Racine. (I, 142.)
Ils *sont occupés* pendant la nuit d'une charrue, d'un sac, d'une faux, d'une corbeille, et ils rêvent à qui ils ont prêté ces ustensiles. (I, 42.)

OCTROYER, accorder :
Dans le dessein de se faire un droit.... de refuser.... ce qu'il sait bien qu'il lui sera demandé et qu'il ne veut pas *octroyer*. (I, 375.)

OEIL, yeux :

Mille vertus..., qui échappent, et qui se montrent à ceux qui ont des *yeux*. (I, 170.)

Il pleure d'un *œil*, et il rit de l'autre. (I, 324.)

Je me trouverois sous l'*œil* et sous la main du Prince, pour recevoir de lui la grâce que j'aurois recherchée. (I, 314.)

On en sait d'autres qui ont des filles devant leurs *yeux*, à qui ils ne peuvent pas donner une dot. (II, 141.)

Il lui répond sans le regarder, n'ayant des *yeux* que pour un seul. (I, 38.)

Si je commence à le regarder avec d'autres *yeux*.... (I, 247.)

Il est.... insatiable de louanges, prêt de se jeter aux *yeux* de ses critiques, et dans le fond assez docile pour profiter de leur censure. (II, 103.)

Vient-on de placer quelqu'un dans un nouveau poste, c'est un débordement de louanges en sa faveur.... On en a au-dessus des *yeux*, on n'y tient pas. (I, 310.)

OEUVRE, œuvres ; mettre en oeuvre :

Simples gens qui n'avoient que la foi et les *œuvres*. (II, 160.)

L'esprit dans cette belle personne étoit un diamant bien *mis en œuvre*. (II, 91.)

Suivez le règne de Louis le Juste : c'est la vie du cardinal de Richelieu, c'est son éloge et celui du prince qui l'a *mis en œuvre*. (II, 457.)

Il faut des fripons à la cour...; mais l'usage en est délicat, et il faut savoir les *mettre en œuvre*. (I, 318.)

La perfidie.... est.... l'art.... de *mettre en œuvre* des serments et des promesses. (I, 176 ; voyez II, 43, *n*. 93.)

OEuvre, banc d'œuvre, à l'église :

Un pasteur.... a sa place dans l'*œuvre* auprès les pourpres et les fourrures (*sic*). (II, 174.)

OFFENSER :

L'on n'y blesse point (à la cour) la pureté de la langue ; l'on n'y *offense* que les hommes ou que leur réputation. (I, 361.)

Parler et *offenser*, pour de certaines gens, est précisément la même chose. (I, 226.)

OFFENSIF, ve :

Armes *offensives*. (II, 205.)

OFFICE, sens divers ; d'office :

Les mauvais *offices*, la fourberie. (II, 21 ; voyez I, 154, *l*. 7.)

Avoir, s'il se peut, un *office* lucratif, qui rende la vie aimable. (II, 88.)

C'est un homme né.... pour écouter des propositions et les rapporter, pour en faire *d'office*. (I, 166.)

OFFICIER, substantif, pourvu d'un office :

Celui qui n'a de partage avec ses frères que pour vivre à l'aise bon praticien, veut être *officier* ; le simple *officier* se fait magistrat, et le magistrat veut présider. (I, 265 ; voyez *ibidem*, note 3 ; I, 154, *l*. 19 ; II, 189, *l*. dernière ; II, 192, *l*. 12.)

OFFICIEUX :

Il (Théophraste) étoit.... *officieux*, affable, bienfaisant. (I, 18 ; voyez I, 245, *l*. 21 ; I, 351, *n*. 37.)

OFFUSQUER, au figuré :

Il a du bon et du louable, qu'il *offusque* par l'affectation. (II, 66.)

OISIVETÉ. (I, 154, *l. dernière;* II, 121, *l.* 5.)

OLOGRAPHE (Testament). (II, 190.)

OMBRE; ombres :
Les femmes.... qui fleurissent.... à l'*ombre* de la dévotion. (II, 157.)
Toute la nature repose...., ensevelie dans les *ombres.* (II, 471.)

OMETTRE :
Il y a un certain nombre de phrases toutes faites,... dont l'on se sert pour se féliciter les uns les autres.... Bien qu'elles se disent souvent sans affection..., il n'est pas permis avec cela de les *omettre.* (I, 331.)
Un acte où le praticien n'a rien *obmis* de son jargon. (II, 191; voyez *ibidem,* note 5.)

ON, l'on, emplois divers :
Si, content du sien, *on* eût pu s'abstenir du bien de ses voisins, *on* avoit pour toujours la paix et la liberté. (I, 368.)
A force.... de sentir son argent grossir dans ses coffres, *on* se croit enfin une bonne tête. (I, 258; voyez I, 117, *n.* 15.)
On s'élève contre eux..., semblable à ces enfants.... (I, 117.) — *Semblables,* dans la 4e édition.
Pourvu que *l'on* ne soit ni ses enfants, ni sa femme. (I, 270.)
Il ne perd rien auprès d'elle : *on* lui tient compte.... des ressorts (de son carrosse) qui le font rouler plus mollement;... elle l'en aime mieux. (I, 292.)
On est si touchée de la mort de son mari, qu'*on* n'en oublie pas la moindre circonstance. (I, 195.)
Se chercher.... les unes les autres...; s'apprendre réciproquement des choses dont *on* est également instruite. (I, 295.)
Quand.... *l'on* a seulement essayé du personnage, et qu'*on* l'a un peu écouté, *l'on* reconnoît qu'il manque au dénombrement de ses qualités celle de mauvais prédicateur. (II, 228.)
L'on mange ailleurs des fruits précoces; *l'on* force la terre et les saisons pour fournir à sa délicatesse. (I, 261; voyez I, 118, *n.* 16; I, 119, *n.* 19; I, 133, *n.* 47; I, 204, *n.* 35.)
Je ne sais si ceux qui osent nier Dieu méritent.... qu'*on* les traite plus sérieusement que *l'on* a fait dans ce chapitre. (II, 252.)
L'on marche également dans toutes ces différentes études. (II, 478.)
Voilà ce qui nous reste de ses écrits (des écrits de Théophraste), entre lesquels ce dernier seul (celui des Caractères), dont *on* donne la traduction, peut répondre.... de la beauté de ceux que *l'on* vient de déduire. (I, 21; voyez I, 28, *l.* 9 et 10 et *l. avant-dernière;* I, 29, *l.* 1; I, 30, *l.* 4, *l.* 6 et *l.* 20; I, 31, *l.* 22 et *l.* 29; I, 32, *l.* 2, *l.* 5 et *l.* 7.)
Un cheval que *l'on* lui a prêté. (I, 86; voyez I, 45, *l.* 22; I, 63, *l.* 1; I, 87, *l.* 6; II, 228, *l.* 4.)
Ces gens, épineux dans les payements que *l'on* leur fait. (I, 42, *variante.*) — *Qu'on leur fait,* à partir de la 6e édition.
La moitié d'une obole qui manquoit au dernier payement que *l'on* leur a fait. (I, 54, *variante.*) — *Qu'on leur a fait,* à partir de la 6e édition.

Voyez I, 203, et note 1; I, 298, *l.* 3, et note 1; I, 360, et note 2.

On, l'on, employés concurremment avec *nous* (voyez Vous) :
Il est triste d'aimer sans une grande fortune, et qui *nous* donne les moyens de combler ce que *l'on* aime. (I, 401.)
La joie que *l'on* reçoit de l'élévation de son ami est un peu balancée

par la petite peine qu'*on* a de le voir au-dessus de *nous* ou s'égaler à *nous*. (I, 207; voyez *ibidem*, *l*. 15-17.)

Il y a des vices.... que *nous* apportons en naissant...; il y en a d'autres que *l'on* contracte et qui *nous* sont étrangers. *L'on* est né quelquefois avec des mœurs faciles...; mais, etc. (II, 17.)

L'on comprend à peine, ou que ce qui coûte si peu puisse *nous* être fort avantageux, ou qu'avec des mesures justes *l'on* doive si aisément parvenir à la fin que *l'on* se propose. (II, 19 et 20.)

L'on aime à être vu, à être montré, à être salué, même des inconnus; ils sont fiers s'ils l'oublient; *l'on* veut qu'ils *nous* devinent. (II, 36.)

ONCE, au figuré :

Un grain d'esprit et une *once* d'affaires plus qu'il n'en entre dans la composition du suffisant font l'important. (II, 99.)

ONYX :

La garde de son épée est un *onyx*. (I, 159.)

Agate. (*Note de la Bruyère*.) — Une *onix*, dans la 5ᵉ édition.

ONZE :

Plus d'*onze* cent quarante ans. (II, 262; voyez I, 329, *l*. 1.)

OPÉRA :

L'*Opéra* est l'ébauche d'un grand spectacle. (I, 133; voyez *ibidem*, *l*. 5, *l*. 8 et *l*. 12; I, 134, *l*. 6.)

OPÉRATION :

Toute philosophie ne parle pas dignement de Dieu, de sa puissance, des principes de ses *opérations* et de ses mystères. (II, 246.)

OPÉRER :

Épouser une veuve, en bon françois, signifie faire sa fortune; il n'*opère* pas toujours ce qu'il signifie. (I, 265.)

Vous avez.... une pièce d'or; ce n'est pas assez, c'est le nombre qui *opère*. (II, 183.)

OPINIÂTRÉ :

Les haines sont si longues et si *opiniâtrées*, que le plus grand signe de mort dans un homme malade, c'est la réconciliation. (II, 50.)

OPINIÂTRETÉ :

Je.... tâche de réparer ses inapplications par mon *opiniâtreté*. (II, 507; voyez II, 72, *n*. 157.)

OPINION :

Ils n'ont point d'*opinion* qui soit à eux. (I, 359.)

Il y a en vous une chose de trop, qui est l'*opinion* d'en avoir (de l'esprit) plus que les autres. (I, 217.)

Est-ce une excessive *opinion* de soi-même? (I, 342.)

On veut quelquefois cacher ses foibles, ou en diminuer l'*opinion*, par l'aveu libre que l'on en fait. (II, 34.)

OPPOSÉ À :

Il y a le peuple qui est *opposé aux* grands : c'est la populace et la multitude; il y a le peuple qui est *opposé aux* sages, *aux* habiles et *aux* vertueux : ce sont les grands comme les petits. (I, 361.)

OPPOSITION :

Son entreprise (de François I) sur le Milanez, le passage des Alpes, l'*opposition* des Suisses. (II, 499.)

OPTER :
C'est trop contre un mari d'être coquette et dévote; une femme devroit *opter*. (I, 182.)

OPTIQUE, adjectif :
Nerf *optique*. (II, 268.)

OPULENT, substantivement :
L'*opulent* n'est guère éloigné de la friponnerie. (I, 260.)

OR :
Le faste et le luxe dans un souverain, c'est le berger habillé d'*or*..., la houlette d'*or* en ses mains; son chien a un collier d'*or*, il est attaché avec une laisse d'*or* et de soie. Que sert tant d'*or* à son troupeau? (I, 386.)

ORAISON, discours, harangue, assemblage de mots :
Homère a fait l'Iliade, Virgile l'Énéide, Tite-Live ses Décades, et l'Orateur romain ses *Oraisons*. (I, 116; voyez *ibidem*, note 1.)
L'avocat.... n'est pas seulement chargé, comme le prédicateur, d'un certain nombre d'*oraisons* composées avec loisir. (II, 232.)
Les caractères, ou du moins les images des choses et des personnes, sont inévitables dans l'*oraison*. (II, 437; voyez II, 212, *l.* 7.)
Vous avez des écrivains habiles en l'une et en l'autre *oraison*. (II, 465.)
— Dans les deux langues, le français et le latin.

ORAISON FUNÈBRE. (II, 228, *n.* 20.)

ORAISON, prière :
Il entend tout d'un coup le pilier (l'aveugle qu'il a pris pour un pilier) qui parle, et qui lui offre des *oraisons*. (II, 8.)

ORATEUR :
L'*orateur* cherche par ses discours un évêché; l'apôtre fait des conversions. (II, 228; voyez II, 225, *n.* 9.)

ORATOIRE :
Un discours étudié et *oratoire*. (II, 463; voyez II, 231, *l.* 9; II, 451, *l.* 18.)
Un beau sermon est un discours *oratoire*. (II, 225.)

ORDINAIRE, adjectif et substantivement :
.... Si, par la facilité du commerce, il m'étoit moins *ordinaire* de m'habiller de bonnes étoffes, et de me nourrir de viandes saines. (I, 384.)
Sa coutume.... est de charger son valet de fardeaux..., et de lui retrancher cependant de son *ordinaire*. (I, 58.)
Paris, pour l'*ordinaire* le singe de la cour.... (I, 291.)
La fable va grand train à l'*ordinaire*. (II, 488; voyez II, 506, *l.* 15.)
Soyez badine et folâtre à votre *ordinaire*. (II, 159.)

ORDONNANCE, disposition, arrangement :
Toutes les pièces qui entrent dans l'*ordonnance* de son tableau. (I, 186.)

ORDONNER, régler; ORDONNER DE, disposer de :
Les enfants.... ne se gâtent pas moins par des peines mal *ordonnées* que par l'impunité. (II, 29.)
Il s'ingère de les.... meubler, et il *ordonne de* leur équipage. (I, 185.)

ORDRE, sens divers :
Les uns cherchent des définitions.... Les autres, contents que l'on réduise les mœurs aux passions..., quittent un auteur de tout le reste. Il s'en trouve d'un troisième *ordre*, qui.... se plaisent infiniment dans la lec-

ture des livres qui.... corrigent les hommes les uns par les autres. (I, 12.)

Une âme du premier *ordre*. (I, 163.)

Un homme libre..., s'il a quelque esprit, peut s'élever au-dessus de sa fortune.... Cela est moins facile à celui qui est engagé : il semble que le mariage met tout le monde dans son *ordre*. (I, 159.)

Glycère.... se fait celer.... pour ses amis, dont le nombre est petit, à qui elle est sévère, qu'elle resserre dans leur *ordre*, sans leur permettre rien de ce qui passe l'amitié. (I, 191.)

Il dit : « Mon *ordre*, mon cordon bleu. » (I, 357.)

ORDURE, au propre et au figuré :

Il y en a d'autres (d'autres maux) cachés et enfoncés comme des *ordures* dans un cloaque. (I, 366.)

Il y a des âmes sales, pétries de boue et d'*ordure*, éprises du gain et de l'intérêt, comme les belles âmes le sont de la gloire et de la vertu. (I, 264.)

Marot et Rabelais sont inexcusables d'avoir semé l'*ordure* dans leurs écrits. (I, 131.)

L'avarice,... la mollesse, l'*ordure* et l'hypocrisie. (II, 444.)

OREILLE :

On prête l'*oreille* aux rhéteurs, aux déclamateurs. (II, 222.)

Quel bonheur surprenant a accompagné ce favori pendant tout le cours de sa vie !... les premiers postes, l'*oreille* du Prince, etc. (II, 111.)

Vous diriez qu'il ait l'*oreille* du Prince ou le secret du ministre. (I, 370 ; voyez I, 301, *l. dernière*; I, 303, *l.* 15.)

ORGANE, en parlant des sens :

L'âme voit la couleur par l'*organe* de l'œil, et entend les sons par l'*organe* de l'oreille.... Comment peut-elle cesser d'être telle (d'être ce qui pense) ? Ce n'est point par le défaut d'*organe*. (II, 257.)

ORGUEIL :

Il faut définir l'*orgueil* une passion qui fait que de tout ce qui est au monde l'on n'estime que soi. (I, 80 ; voyez I, 264, *n.* 57.)

ORIENT :

Fuir à l'*orient* quand le fat est à l'occident. (I, 227.)

ORIENTALE (L'), nom de tulipe. (II, 136, *l.* 1.)

ORIENTER (S') :

On parle à la table d'un grand d'une cour du Nord : il prend la parole... ; il s'*oriente* dans cette région lointaine. (I, 218.)

ORIGINAIRE :

Cette source *originaire* de tout esprit. (II, 255 ; voyez I, 218, *l.* 20.)

ORIGINAIREMENT :

Se faire réhabiliter suppose qu'un homme devenu riche, *originairement* est noble. (II, 164.)

Qui peut concevoir que certains abbés.... soient *originairement* et dans l'étymologie de leur nom, les pères et les chefs de saints moines ? (II, 170.)

ORIGINAL ; D'ORIGINAL :

Corneille.... a pour lors un caractère *original* et inimitable. (I, 139.)

Conciliez un auteur *original*, ajustez ses principes. (II, 203.)

Si vous demandiez s'il est auteur ou plagiaire, *original* ou copiste.... (I, 323.)

Je ne raconte rien que je ne sache d'*original*. (I, 219.)

ORNÉ :
Qui a vu la cour a vu du monde ce qui est le plus beau, le plus spécieux et le plus *orné*. (I, 337.)

OSER :
Il sort en querellant son valet de ce qu'il *ose* le suivre sans porter de l'or sur lui pour les besoins où l'on se trouve. (I, 79.)
Tout est en proie à une haine implacable, qu'ils ont conçue contre ce qui *ose* paroître dans quelque perfection. (II, 443.)
La brutalité est une certaine dureté, et j'*ose* dire une férocité, qui se rencontre dans nos manières d'agir. (I, 64.)

OST, armée. (II, 214, *l.* 2.)

OSTENTATION :
L'*ostentation*.... est dans l'homme une passion de faire montre d'un bien ou des avantages qu'il n'a pas. (I, 77 ; voyez I, 74, *l.* 17 et 18.)
L'on peut s'enrichir.... dans quelque commerce que ce soit, par l'*ostentation* d'une certaine probité. (I, 260.)

ÔTER :
Il.... accuse le mort,... lui *ôte* jusqu'à la science des détails que la voix publique lui accorde, ne lui passe point une mémoire heureuse. (I, 321.)
Ils *ôtent* de l'histoire de Socrate qu'il ait dansé. (I, 164.)
Il ne lui coûte rien.... de prendre dans une assemblée une dernière place, afin que tous l'y voient et s'empressent de l'en *ôter*. (I, 354.)
Une puissance très-absolue,... qui *ôte* cette distance infinie qui est quelquefois entre les grands et les petits. (I, 391.)

OU, conjonction ; ou.... ou :
Le dégoût *ou* l'antipathie.... ne sauroient nuire. (II, 145.) — *Sauroit*, au singulier, dans les éditions 6-8.
Il n'y a guère qu'une naissance honnête *ou* qu'une bonne éducation, qui rendent les hommes capables de secret. (I, 244.) — *Rende*, édit. 1-8.
Ni ces roues, ni cette boule n'ont pu se donner le mouvement d'eux-mêmes, *ou* ne l'ont point par leur nature. (II, 267.) — Voyez ci-dessus l'*Introduction grammaticale*, XV, Syllepse.
Que sert tant d'or à son troupeau *ou* contre les loups ? (I, 386.)
Il y a pour arriver aux dignités ce qu'on appelle *ou* la grande voie *ou* le chemin battu ; il y a le chemin détourné *ou* de traverse. (I, 317.)
Son père dont l'on cite *ou* le greffe *ou* la boutique. (II, 163, *variante*.)
Il a laissé à douter en quoi il excelloit davantage, *ou* dans les belles-lettres, *ou* dans les affaires. (II, 467 ; voyez II, 7, *l.* 3 ; II, 202, *l.* 7 et *l.* 10 et 11 ; II, 238, *l.* 14.)
Ou la gravité n'est point, *ou* elle est naturelle. (II, 93.)
La cour *ou* ne connoît pas la ville, *ou*, par le mépris qu'elle a pour elle, néglige d'en relever le ridicule. (I, 11.)
L'esprit foible, *ou* n'en admet aucune (aucune religion), *ou* en admet une fausse. Or l'esprit fort *ou* n'a point de religion, *ou* se fait une religion. (II, 237 et 238.)
Son père a pu déroger *ou* par la charrue, *ou* par la houe, *ou* par la malle, *ou* par les livrées. (II, 164.)

OÙ, adverbe relatif et interrogatif.
Où, au lieu d'un pronom relatif précédé d'une préposition :
Un engagement *où* il n'est pas propre. (I, 157.)
L'un d'eux.... endosse un habit de toile, passe un cordon *où* pend le fourniment. (I, 282.)

Il.... passe sous un lustre *où* sa perruque s'accroche et demeure suspendue. (II, 7.)

Tout écrivain.... doit.... examiner son propre ouvrage comme quelque chose qui lui est nouveau..., *où* il n'a nulle part. (I, 145.)

Ils.... pénètrent en des endroits et à des heures *où* les grands n'osent se faire voir. (I, 303.)

Le Récollet quitte sa cellule et son désert, *où* il est lié par ses vœux et par la bienséance. (II, 174.)

Ce genre d'écrire *où* je me suis appliqué. (II, 437.)

Le dédain.... attire.... le contraire de ce *où* l'on vise. (I, 235, *variante*.)

Les dignités *où* il aspire. (II, 236; voyez I, 225, *l.* 13; II, 94, *n.* 32.)

Les mets.... *où* son appétit le porte. (II, 197.)

Une prison, sa demeure ordinaire, et *où* il passe une partie de sa vie. (I, 46.)

Il n'y a point.... de si vile condition *où* les avantages ne soient plus sûrs. (II, 80.)

La plus brillante fortune ne mérite point.... les petitesses *où* je me surprends. (I, 326.)

Cette pièce de terre.... *où* tout l'art d'un ouvrier habile a été employé pour l'embellir. (II, 258.)

Chassez des corps *où* rien ne vous est caché de leur économie, les maladies les plus obscures. (II, 201.)

La jalousie.... va même jusques à nier la vertu dans les sujets *où* elle existe. (II, 40.)

Une affaire *où* il a su que vous preniez intérêt. (I, 351.)

Je le suis assez (assez content) de son application, surtout à l'histoire, *où* il me semble qu'il prend quelque goût et s'intéresse plus que jamais aux événements. (II, 484.)

D'horribles malheurs *où* l'on n'ose penser. (II, 22.)

Les crimes les plus cachés et *où* la précaution des coupables pour les dérober aux yeux des hommes a été plus grande.... (II, 274.)

Nous lûmes hier les Principes de M. Descartes, *où* nous marchons lentement. (II, 483.)

D'autres ont la clef des sciences, *où* ils n'entrent jamais. (II, 139.)

Il n'y a point de sale commerce *où* il ne soit capable d'entrer. (I, 46.)

Une si belle pièce (l'oraison funèbre de la princesse Palatine), faite.... sur un sujet *où* j'entre si fort et par devoir et par inclination. (II, 491.)

Les choses *où* il vient de jeter les yeux. (I, 35.)

Entrer dans une querelle *où* il se trouve présent, d'une manière à l'échauffer davantage. (I, 61.)

Ce n'est pas le besoin d'argent *où* les vieillards peuvent appréhender de tomber un jour qui les rend avares. (II, 51.)

Il y a un goût dans la pure amitié *où* ne peuvent atteindre ceux qui sont nés médiocres. (I, 199.)

Un essaim de gens de livrées, *où* ils ont fourni chacun leur part. (I, 280.)

Il.... va dans la rue se soulager, *où* il est mordu d'un chien du voisinage. (I, 63.)

Il peut haïr les hommes en général, *où* il y a si peu de vertu. (II, 22.)

S'il aperçoit quelque part le portrait du maître, *où* il soit extrêmement flatté, il est touché de voir combien il lui ressemble. (I, 39.)

Qui sait parler aux rois, c'est peut-être *où* se termine.... toute la souplesse du courtisan. (I, 329.)

L'on voit des hommes que le vent de la faveur pousse d'abord à pleines voiles.... Il y a un rocher immobile qui s'élève sur une côte...: c'est le public, *où* ces gens échouent. (II, 104.)

Voilà, Monsieur, tout le mystère, *où* je vous prie surtout de convenir que.... le μαινόμενος reste toujours un peu équivoque. (II, 511.)

Que deviennent les lois...? *Où* se réduisent même ceux qui doivent tout leur relief et toute leur enflure à l'autorité *où* ils sont établis de faire valoir ces mêmes lois? (II, 77.)

Il entendra toujours sans peine tout ce qui est de pure pratique, ou du moins ce *où* il y a plus de pratique que de spéculation. (II, 483.)

Vous le voyez planté.... au milieu de ses tulipes et devant.... la Solitaire, *où* il se fixe, *où* il se lasse, *où* il s'assit, *où* il oublie de dîner. (II, 136.)

D'où, par où :

[Il] a gagné un procès *d'où* on lui a compté une grosse somme. (I, 269.)

Leur coutume est de peindre leurs lèvres,... leurs épaules, qu'elles étalent..., comme si elles craignoient de cacher l'endroit *par où* elles pourroient plaire. (I, 328.)

Je voudrois de tout mon cœur avoir mille endroits *par où* marquer avec quel zèle.... je suis, etc. (II, 489 ; voyez I, 328, *l.* 6.)

Où, sans antécédent exprimé :

Quel moyen de demeurer immobile *où* tout marche, *où* tout se remue, et de ne pas courir *où* les autres courent? (I, 306.)

Ils parlent *où* tous les autres se taisent. (I, 303.)

« Chaloureux » .... se passe, bien.... qu'il se dise fort juste *où* « chaud » ne s'emploie qu'improprement. (II, 208.)

Elle oublie les traits *où* il faut des raisons; elle a déjà compris que la simplicité est éloquente. (II, 92.)

Blâmons le peuple *où* il seroit ridicule de vouloir l'excuser. (I, 345.)

Il y a de certaines familles qui.... doivent être irréconciliables. Les voilà réunies; et *où* la religion a échoué quand elle a voulu l'entreprendre, l'intérêt s'en joue et le fait sans peine. (I, 327.)

Où il (Rabelais) est mauvais, il passe bien loin au delà du pire...; *où* il est bon, il va jusques à l'exquis. (I, 131.)

Où il a prêché, les paroissiens ont déserté. (II, 222.)

Souvent *où* le riche parle, et parle de doctrine, c'est aux doctes à se taire. (II, 80.)

Nous sentons à tous moments.... *où* le bien que nous avons perdu nous manque. (I, 270.)

Il.... ne trouve pas *où* placer un seul mot. (I, 277.)

Ce n'est pas une honte.... à un jeune homme que d'épouser une femme avancée en âge.... L'infamie est de se jouer de sa bienfactrice (*sic*).... Si la fiction est excusable, c'est *où* il faut feindre de l'amitié. (II, 181.)

Où ils voient l'agréable, ils en excluent le solide; *où* ils croient découvrir les grâces du corps..., ils ne veulent plus y admettre les dons de l'âme. (I, 164.)

Où, employé où nous mettrions la conjonction *que* :

C'est là encore *où* gît la gloire. (II, 130.)

C'est là (à la cour) *où* l'on sait parfaitement ne faire rien.... pour ceux que l'on estime beaucoup. (I, 308.)

Dans quelque prévention *où* l'on puisse être sur ce qui doit suivre la mort, c'est une chose bien sérieuse que de mourir. (II, 240.)

L'autre (ouvrage de morale, les Réflexions de la Rochefoucauld),... observant que l'amour-propre est dans l'homme la cause de tous ses foibles, l'attaque sans relâche, quelque part *où* il le trouve. (I, 29.)

Quelque part *où* il soit, il mange. (II, 58; voyez II, 55, *l.* 20.)

Jusques où. Voyez ci-dessus, p. 205, fin de l'article Jusques.

OUAILLES, paroissiens :

Un pasteur.... a sa place dans l'œuvre.... Le Récollet quitte sa cellule.... pour venir le prêcher, lui et ses *ouailles*. (II, 174; voyez II, 222, *l.* 3.)

OUBLI :

Ce vice (l'avarice) est dans l'homme un *oubli* de l'honneur et de la gloire, quand il s'agit d'éviter la moindre dépense. (I, 75.)

L'*oubli* où ils sont des autres. (II, 3, *var.*; voyez II, 46, *l. avant-dern.*)

OUBLIER :

Elle *oublie* les traits où il faut des raisons ; elle a déjà compris que la simplicité est éloquente. (II, 92.)

OUI ; OUI-DA !

Dire en moins d'une heure le *oui* et le non sur une même chose. (II, 95.)

Un nombre infini de courtisans vieillissent sur le *oui* et sur le non. (I, 306.)

Oui vraiment.... *Oui-da !* Je pense qu'*oui*. (II, 14.)

OUTIL :

Il y a plus d'*outils* que d'ouvriers. (I, 152 ; voyez II, 85, *n.* 20.)

OUTRE QUE :

Outre qu'il parle tout seul, il est sujet à de certaines grimaces. (II, 14.)

L'effet naturel du grand tragique seroit de pleurer tous franchement.... et sans autre embarras que d'essuyer ses larmes, *outre qu*'après être convenu de s'y abandonner, on éprouveroit encore, etc. (I, 137.)

L'orateur et l'écrivain.... devroient rougir d'eux-mêmes s'ils n'avoient cherché par leurs discours ou par leurs écrits que des éloges, *outre que* l'approbation la plus sûre et la moins équivoque est le changement de mœurs et la réformation de ceux qui les lisent ou qui les écoutent. (I, 106.)

OUTRER ; OUTRÉ :

Ils (les hommes) *outrent* toutes choses. (II, 69.)

Un comique *outre* sur la scène ses personnages. (I, 186.)

Elles *outrent* l'austérité et la retraite. (I, 184.)

L'impertinent est un fat *outré*. (II, 97.)

L'impudence est.... une profession ouverte d'une plaisanterie *outrée*. (I, 56.)

OUVERT, ERTE. Voyez OUVRIR.

OUVERTURE, au figuré :

Il faut.... à mesure que l'on acquiert d'*ouverture* dans une nouvelle métaphysique, perdre un peu de sa religion. (II, 246.)

Il est vif et grand parleur.... pour se défendre d'une *ouverture* qui lui est échappée. (I, 374.)

OUVRAGE :

Ces petits animaux.... se multiplient par voie de génération, comme les éléphants et les baleines.... Qui a su travailler à des *ouvrages* si délicats, si fins ? (II, 269.)

Quels sont ses outils ? est-ce le coin ? sont-ce le marteau ou l'enclume ? où fend-il, où cogne-t-il son *ouvrage* ? (II, 85.)

On lui fait voir un cloître orné d'*ouvrages*, tous de la main d'un excellent peintre. (II, 12.)

Deux écrivains dans leurs *ouvrages* ont blâmé Montagne. (I, 131.)

Leur avez-vous lu un seul endroit de l'*ouvrage*, c'est assez, ils sont dans le fait et entendent l'*ouvrage*. (I, 124.)

Un bel *ouvrage* tombe entre leurs mains; c'est un premier *ouvrage*, l'auteur ne s'est pas encore fait un grand nom. (I, 120; voyez I, 119, *l.* 6 et *l.* 18; I, 121, *l.* 1 et *l.* 8; I, 123, *l.* 6, *l.* 9 et *l.* 21; I, 125, *n.* 30; I, 126, *l.* 1; I, 127, *n.* 36; I, 130, *n.* 42.)

OUVRER, travailler. (II, 213, *l.* 3.)

OUVRIER :

Tout est grand et admirable dans la nature ; il ne s'y voit rien qui ne soit marqué au coin de l'*ouvrier*. (II, 271.)

Bernin n'a pas traité toutes ses figures d'une égale force; mais.... de certains traits.... découvrent aisément l'excellence de l'*ouvrier*. (II, 445.)

Quand une lecture vous élève l'esprit, et qu'elle vous inspire des sentiments nobles et courageux, ne cherchez pas une autre règle pour juger de l'ouvrage ; il est bon, et fait de main d'*ouvrier*. (I, 126.)

Un *ouvrier* se pique d'être *ouvrier* : Eurypyle se pique-t-il d'être bel esprit? (II, 85; voyez II, 258, *l.* 10.)

OUVRIR, au propre et au figuré; OUVERT; S'OUVRIR :

L'on *ouvre* et l'on étale tous les matins pour tromper son monde; et l'on ferme le soir après avoir trompé tout le jour. (I, 259.)

Le magistrat coquet ou galant.... est *ouvert* par mille foibles,... et l'on y arrive par toutes les femmes à qui il veut plaire. (II, 186.)

Ils.... ont.... la bouche *ouverte* à la calomnie. (I, 47.)

L'impudence est facile à définir : il suffit de dire que c'est une profession *ouverte* d'une plaisanterie outrée.... (I, 56.)

La mer *s'ouvroit*.... après que les Dionysiaques.... étoient commencées. (II, 509.)

Il y a cent ans qu'on ne parloit point de ces familles... : le ciel tout d'un coup *s'ouvre* en leur faveur. (I, 272.)

Il *s'ouvre* et parle le premier. (I, 374.)

P

PACTE :

Est-il besoin de *pacte* ou de serments pour former cette collusion? (II, 194.)

PAGODE, temple des Siamois. (II, 248, *l.* 12.)

PAIN, au figuré :

La parole divine et le *pain* de l'Évangile. (II, 174.)

PAIR (ALLER DE), ALLER DU PAIR :

L'homme coquet et la femme galante *vont* assez *de pair*. (I, 175.)

Il s'en faut peu que la religion et la justice n'*aillent de pair* dans la république. (II, 186.)

Un homme libre....., s'il a quelque esprit, peut.... *aller de pair* avec les plus honnêtes gens. (I, 159.)

Il n'y a rien qui mette plus subitement un homme à la mode.... que le grand jeu : cela *va du pair* avec la crapule. (II, 144.)

PAIRIE. (II, 195, *l.* 5.)

PAÎTRIR (voyez PÉTRIR) :

Ils *sont* comme *paîtris* de phrases et de petits tours d'expression, concertés dans leur geste et dans tout leur maintien. (I, 223 et note 1.)

PALADIN. (I, 345, *n*. 23.)

PALAIS (Le), le palais de justice. (II, 7, *l. avant-dernière*.)

PALLIER :
La sagesse.... *pallie* les défauts du corps. (I, 186.)
Circonstancier à confesse les défauts d'autrui, y *pallier* les siens. (II, 152.)
Palliant d'une politique zélée le chagrin de ne se sentir pas à leur gré si bien loués.... que chacun des autres académiciens.... (II, 448.)

PANCARTE :
Comment pourra-t-il soutenir ces odieuses *pancartes* qui déchiffrent les conditions, et qui souvent font rougir la veuve et les héritiers? (I, 252.)
Billets d'enterrements. (*Note de la Bruyère*.)

PANÉGYRIQUE :
Pourquoi n'est-il pas établi de faire publiquement le *panégyrique* d'un homme qui a excellé pendant sa vie dans la bonté? (II, 228.)

PANÉGYRISTE :
Ils ont entré en société avec les auteurs; et devenus comme eux *panégyristes*, ils ont enchéri sur les épîtres dédicatoires. (II, 226; voy. II, 228, *l.* 1.)

PANNEAU, au figuré :
Le *panneau* le plus délié et le plus spécieux qui dans tous les temps ait été tendu aux grands par leurs gens d'affaires.... (I, 381.)

PAPILLON. (II, 142, *l.* 17.)

PAR, sens local, à travers, parmi, dans :
Il marche *par* la ville. (I, 37.)
Voyez I, 42, *l.* 18; I, 45, *l.* 9; I, 46, *l.* 15; I, 50, *l.* 20; I, 57, *l.* 10; I, 66, *l. dern.*; II, 155, *l.* 6.
De vastes affiches.... que l'on lit *par* les rues. (II, 228.)
L'on voit certains animaux.... répandus *par* la campagne. (II, 61.)
Quelques troupes.... ont passé *par* le fil de l'épée. (I, 369.)
Il est hérissé de poil sous les aisselles et *par* tout le corps. (I, 71.)

PAR, par le fait, l'effet, le moyen de, à cause de, par suite de :
Il ne songe qu'à instruire son peuple *par* la parole et à l'édifier *par* son exemple; il consume.... son corps *par* la pénitence. (II, 90.)
L'amitié.... se forme peu à peu.... *par* la pratique, *par* un long commerce. (I, 199.)
J'ai..., commencé, et je continue d'être *par* quelque chose qui est hors de moi. (II, 252.)
Quelques-uns n'estiment les autres que *par* de beau linge ou *par* une riche étoffe. (II, 35.)
On ne verra jamais.... une petite ville.... où la querelle des rangs ne se réveille pas à tous moments *par* l'offrande, l'encens et le pain bénit, *par* les processions et *par* les obsèques. (I, 234.)
Tite, *par* vingt années de service dans une seconde place, n'est pas encore digne de la première. (II, 175.)
Sosie de la livrée a passé *par* une petite recette à une sous-ferme. (I, 249.)
Tous les hommes, *par* les postes différents, *par* les titres et *par* les successions, se regardent comme héritiers les uns des autres, et cultivent *par* cet intérêt,... un desir secret,.... de la mort d'autrui. (I, 267.)

Celui qui est riche *par* son savoir-faire.... (II, 108.)

La fausse gloire.... nous conduit à vouloir être estimés *par* des choses qui à la vérité se trouvent en nous, mais qui sont frivoles. (II, 32.)

On peut la louer d'avance de toute la sagesse qu'elle aura un jour, et de tout le mérite qu'elle se prépare *par* les années. (II, 92.)

N'aimer de la parole de Dieu que ce qui s'en prêche chez soi ou *par* son directeur. (II, 152.)

Une vaste capacité, qui s'étende.... au reculement des frontières *par* la conquête de nouvelles provinces, et à leur sûreté *par* un grand nombre de forteresses inaccessibles. (I, 390.)

Le plénipotentiaire.... sait intéresser ceux avec qui il traite ;... il leur fait sentir.... les biens et les honneurs qu'ils peuvent espérer *par* une certaine facilité, qui ne choque point leur commission. (I, 376.)

Atomes....liés....ensemble *par*....la conformation de leurs parties.(II,267.)

Avoir, s'il se peut, un office lucratif...; écrire alors *par* jeu, *par* oisiveté. (II, 88.)

Se marier *par* amourette. (II, 180.)

Ceux qui étant entrés *par* billets, croient ne devoir rien payer. (I, 46.)

Il y a dans les meilleurs conseils de quoi déplaire. Ils viennent d'ailleurs que de notre esprit : c'est assez pour être rejetés d'abord *par* la présomption et *par* humeur, et suivis seulement *par* nécessité ou *par* réflexion. (II, 111.)

Je voudrois.... pouvoir louer chacun de ceux qui composent cette Académie *par* des endroits encore plus marqués et *par* de plus vives expressions. (II, 463.)

L'ouvrage qui est joint à la traduction des Caractères.... ne tend qu'à rendre l'homme raisonnable..., en l'examinant indifféremment..., selon que les divers chapitres y conduisent, *par* les âges, les sexes et les conditions, et *par* les vices, les foibles et le ridicule qui y sont attachés. (I, 30.)

L'on ne mouroit plus depuis longtemps *par* Théotime ; ses tendres exhortations ne sauvoient plus que le peuple. (II, 135.)

Il y a des hommes superbes que l'élévation de leurs rivaux humilie...; ils en viennent, *par* cette disgrâce, jusqu'à rendre le salut. (I, 343.)

Il va.... jusques à oublier ses intérêts les plus chers.... *par* l'amour qu'il a pour le changement, et *par* le goût de la nouveauté. (I, 368.)

Si quelques-uns se refroidissoient pour cet ouvrage moral *par* les choses qu'ils y voient, qui sont du temps auquel il a été écrit, etc. (I, 22.)

Que celui qui n'est pas encore assez parfait pour s'oublier soi-même.... ne se décourage point *par* les règles austères qu'on lui prescrit. (II, 235.)

Ce n'est point.... *par* les progrès qu'ils font, ni *par* la crainte de ceux qu'ils peuvent faire, que la voix du peuple éclate à leur mort. (II, 125.)

L'opiniâtreté du général, qui s'anime *par* la difficulté de l'entreprise. (II, 118.)

Que leurs dernières espérances soient tombées *par* le raffermissement d'une santé qui, etc. (I, 383.)

Il y mène sa femme (chez les prêtres d'Orphée) ; ou si elle s'en excuse *par* d'autres soins, il y fait conduire ses enfants. (I, 66.)

Livres froids et ennuyeux,... écrits avec précipitation, et lus de même, seulement *par* leur nouveauté. (I, 109 ; voyez II, 145, note 2.)

Il lui arrive souvent de perdre contenance dans le public, ou *par* le mauvais succès de ses amis, ou *par* une nouvelle gloire qu'acquièrent ceux qu'il n'aime point. (II, 95.)

Ne se sont-elles pas.... établies elles-mêmes (les femmes) dans cet usage de ne rien savoir, ou *par* la foiblesse de leur complexion, ou *par* la paresse de leur esprit, ou *par* le soin de leur beauté, ou *par* une certaine légèreté qui les empêche de suivre une longue étude, ou *par* le talent et le génie qu'elles ont seulement pour les ouvrages de la main, ou *par* le distractions que donnent les détails d'un domestique, ou *par* un éloignement naturel des choses pénibles..., ou *par* une curiosité toute différente de celle qui contente l'esprit, ou *par* un tout autre goût, etc.? (I, 187.)

Jusques où les hommes ne se portent-ils point *par* l'intérêt de la religion? (II, 246.)

L'un des malheurs du Prince est d'être souvent trop plein de son secret, *par* le péril qu'il y a à le répandre. (I, 378.)

Je suis forcé.... d'excuser un curé sur cette conduite *par* un usage reçu. (II, 174.)

Il faisoit dix pas pour aller de son lit dans sa garde-robe, il n'en fait plus que neuf *par* la manière dont il a su tourner sa chambre. (II, 197.)

On ne se promène pas avec une compagne *par* la nécessité de la conversation ; on se joint ensemble pour se rassurer. (I, 276.)

Un grand nombre les recherche (les grands) *par* des vues d'ambition..., un plus grand nombre *par* une ridicule vanité, etc. (I, 327.)

Le destin du vigneron, du soldat.... m'empêche de m'estimer malheureux *par* la fortune des princes ou des ministres qui me manque. (II, 64.)

« Maint » est un mot qu'on ne devoit jamais abandonner, et *par* la facilité qu'il y avoit à le couler dans le style, et *par* son origine. (II, 206.)

Il y avoit à gagner.... de dire : « je sais que c'est qu'un mal »..., soit *par* l'analogie latine, soit *par* l'avantage qu'il y a souvent à avoir un mot de moins à placer dans l'oraison. (II, 212.)

Ils auront, *par* la déférence qu'ils vous doivent, exercé toutes les vertus que vous chérissez. (I, 338.)

Si l'on jette quelque profondeur dans certains écrits..., ce n'est que *par* la bonne opinion qu'on a de ses lecteurs. (I, 146.)

La cour où ne connoît pas la ville, ou *par* le mépris qu'elle a pour elle néglige d'en relever le ridicule. (I, 11.)

Une troupe d'excommuniés (les comédiens) qui ne le sont que *par* le plaisir qu'ils leur donnent (aux chrétiens). (II, 173.)

Comment.... pourrois-je croire qu'on doive présumer *par* des faits récents.... qu'une connivence si pernicieuse dure encore? (II, 150.)

L'on n'en peut plus douter *par* les clameurs que l'on entend. (I, 82.)

....Si, *par* la facilité du commerce, il m'étoit moins ordinaire de m'habiller de bonnes étoffes... ; si, enfin, *par* les soins du Prince, je n'étois pas aussi content de ma fortune, qu'il doit lui-même *par* ses vertus l'être de la sienne. (I, 384.)

Voir les princes.... commander de vieux.... capitaines, moins *par* leur rang et leur naissance que *par* leur génie et leur sagesse. (I, 383.)

Par, devant un infinitif :

Je me rachèterai toujours fort volontiers d'être fourbe *par* être stupide et passer pour tel. (II, 21.)

Voulez-vous être rare ? Rendez service à ceux qui dépendent de vous : vous le serez davantage par cette conduite que *par* ne vous pas laisser voir. (I, 248.)

Quelques-uns par une intempérance de savoir, et *par* ne pouvoir se résoudre à renoncer à aucune sorte de connoissance, les embrassent toutes et n'en possèdent aucune. (II, 139.)

Par haut, par bas :

Ayant pris médecine depuis deux jours, il est allé *par haut et par bas*. (I, 72.)

PARADOXE :

La jalousie.... ne suppose pas toujours une grande passion. C'est cependant un *paradoxe* qu'un violent amour sans délicatesse. (I, 203.)

PARAFER. (I, 248, *l.* 13; II, 192, *l.* 2.)

PARALLAXE, terme d'astronomie. (I, 323, *l.* 1; II, 263, *l.* 1 et 2.)

PARASITE :
S'il se trouve bien d'un homme opulent, à qui il a su imposer, dont il est le *parasite*..., il ne cajole point sa femme. (II, 156; voyez I, 72, note 5.)

PARCE.... QUE :
Parce donc *que* j'ai cru, etc. (II, 440.)

PARCHEMIN :
Il y a des âmes.... enfoncées et comme abîmées dans les contrats, les titres et les *parchemins*. (I, 264; voyez II, 21, *n.* 27.)

PARCOURIR, au figuré :
Il (mon élève) a.... aujourd'hui rendu compte de la géographie, et *parcouru* tout le Rhin depuis sa source jusques à la mer. (II, 503.)
Quand l'on *parcourt*.... toutes les formes de gouvernement, l'on ne sait à laquelle se tenir. (I, 363.)

PAREIL :
Celui qui a la mémoire fidèle.... est hors de péril de censurer dans les autres ce qu'il a peut-être fait lui-même, ou de condamner une action dans un *pareil* cas. (II, 110.)
Il fait de *pareils* discours aux étrangers qui arrivent dans la ville, comme à ceux avec qui il sympathise de mœurs et de sentiments. (I, 85.)

PARÉLIE, terme d'astronomie. (I, 323, *l.* 1.)

PARENTHÈSE :
Il tombe.... en des *parenthèses* qui peuvent passer pour épisodes, mais qui font oublier le gros de l'histoire. (I, 219 et 220.)

PARER, orner; PARÉ DE, SE PARER DE :
Ils se trouvent *parés*.... *de* leur dignité et *de* leur modestie. (I, 314.)
Il reste encore aux meilleurs bourgeois une certaine pudeur qui les empêche de *se parer* d'une couronne de marquis. (II, 165.)

PARER, empêcher, détourner :
Il faut.... avoir un dessein,... *parer* celui de son adversaire. (I, 325.)

PARESSE :
Une certaine *paresse* qu'on a de parler. (I, 219; voyez I, 211, *l.* 2 et 4.)
La *paresse*.... dans les femmes vives est le présage de l'amour. (I, 191.)

PARFAIT, adjectif et substantivement :
Se faire un nom par un ouvrage *parfait*. (I, 114.)
On ne sauroit en écrivant rencontrer *le parfait*. (I, 117.)

PARFUMEUR. (I, 57, *l.* 18.)

PARIEUR, celui qui parie. (II, 220, *l.* 9.)

PARLANT, ANTE :
Il les regarde (les médailles) comme des preuves *parlantes* de certains faits. (II, 137.) — *Parlant*, dans la 6ᵉ édition, la première où ceci a paru.

PARLEMENTER, au figuré :
Est-on sûr d'avoir, on temporise, on *parlemente*, on capitule. (II, 19.)

PARLER ; PARLER, activement :
Hérille, soit qu'il *parle*..., ou qu'il écrive, veut citer. (II, 105.)

Parler et offenser, pour de certaines gens, est.... la même chose. (I, 226.)
Ceux qui se payent de mines et de façons de *parler*. (I, 324.)
Une petite ville où l'on voit *parler* ensemble le bailli et le président.(I, 234.)
Ne *parler* aux jeunes princes que du soin de leur rang est un excès de précaution. (I, 354.)
Je n'ai pas tout dit, ô Lucile, sur le miracle de ce monde visible, ou comme vous *parlez* quelquefois, sur les merveilles du hasard. (II, 262.)
Il étoit défendu chez les Athéniens de *parler* mal des morts. (I, 88, note 4.)
Les mourants qui *parlent* dans leurs testaments. (II, 190.)
C'est une chose infinie que le nombre des instruments (de musique) qu'il fait *parler*. (I, 179.)
Il faut laisser Aronce *parler* proverbe, et Mélinde *parler* de soi. (I, 216.)
Entendre du matin au soir plaider et *parler* procès. (I, 230.)
Ils *parlent* jargon et mystère sur de certaines femmes. (I, 282.)
Je rirois d'un homme qui voudroit sérieusement *parler* mon ton de voix, ou me ressembler de visage. (I, 149.)

PARLEUR :
Du grand *parleur*. (I, 48, titre.)

PARMI :
Vous le verrez quelquefois tout couvert de lèpre.... ne pas laisser de se mêler *parmi* le monde. (I, 70.)
Son père.... s'appeloit Sosie, que l'on a connu dans le service et *parmi* les troupes sous le nom de Sosistrate. (I, 87.)

PAROISSIENS. (II, 175, n. 25.)

PAROÎTRE ; IL PAROÎT :
.... Vices de l'âme.... qui avec tout le rapport qui *paroît* entre eux, ne se supposent pas toujours l'un l'autre dans un même sujet. (II, 5.)
Elle *paroît* ordinairement avec une coiffure plate et négligée. (I, 192.)
Les grands forment un vaste cercle au pied de cet autel, et *paroissent* debout,... et les faces élevées vers leur roi. (I, 328.)
Perçant la foule pour *paroître* à l'audience. (I, 62.)
Le peuple ne *paroissoit* dans la ville que pour y passer avec précipitation : nul entretien, nulle familiarité. (I, 23.)
Combien de ces mots aventuriers qui *paroissent* subitement, durent un temps, et que bientôt on ne revoit plus ! (I, 219.)
Tant et de si grands événements qui *ont paru* sous son administration (sous l'administration de Richelieu). (II, 458.)
Quelque rapport qu'il *paroisse* de la jalousie à l'émulation.... (II, 40.)
Il me *paroît* qu'on devroit.... admirer l'inconstance.... des hommes. (II, 148 ; voyez II, 195, l. 6.)
Il me *paroît*.... que je me suis disculpé. (II, 452.)

PARQUET, au Parlement. (II, 191, l. 10.)

PART ; À PART ; FAIRE PART DE :
« Mercure est commun, » proverbe grec, qui revient à notre « je retiens *part* ». (I, 58, note 2.)
Le tempérament a beaucoup de *part* à la jalousie. (I, 203.)
Les grands.... se forment.... sur de plus grands, qui, de leur *part*, pour n'avoir rien de commun avec leurs inférieurs, renoncent.... à toutes les rubriques d'honneurs et de distinctions. (II, 166.)
[Cléante et sa femme,] chacun, de sa *part*, fait tout le plaisir.... des sociétés où il se trouve. (I, 231.)

Cette liaison n'est ni passion ni amitié pure ; elle fait une classe *à part*. (I, 199.)

Il lui *fait part*.... *de* ses quolibets et *de* ses historiettes. (II, 58.)

PARTAGE :
Celui qui n'a de *partage* avec ses frères que pour vivre à l'aise bon praticien, veut être officier; le simple officier se fait magistrat. (I, 265.)

PARTAGER :
Toutes les sortes de talents que l'on voit répandus parmi les hommes se trouvent *partagés* entre vous. (II, 463.)
[Les titres] qui *partagent* le dernier (de ces ouvrages). (I, 30.) — Les titres de ses divers chapitres.
Je n'aurai plus d'autre ambition que celle de rendre.... mes ouvrages tels qu'ils puissent toujours *partager* les Théobaldes et le public. (II, 456.)

PARTERRE :
J'ai cru autrefois.... que ces endroits étoient clairs et intelligibles pour les acteurs, pour le *parterre* et l'amphithéâtre. (I, 115.)

PARTI, sens divers; PRENDRE PARTI ; METTRE EN PARTI :
Un *parti* des nôtres a été attiré dans une embuscade. (I, 369.)
Dans la lecture des livres faits par des gens de *parti* et de cabale,... l'on ne voit pas toujours la vérité. (I, 146.)
Quel autre *parti* pour un auteur, que d'oser.... être de l'avis de ceux qui l'approuvent ? (I, 124.)
Ironie.... très-propre.... à renverser tous leurs projets, et à les jeter dans le *parti* de continuer d'être ce qu'ils sont. (I, 338.)
Il y a un *parti* à *prendre* dans les entretiens entre une certaine paresse.... et une attention importune. (I, 219.)
Il y a un temps où les filles les plus riches doivent *prendre parti*. (I, 189.) — Se marier, accepter une proposition de mariage.
Il trafiqueroit des arts et des sciences, et *mettroit en parti* jusques à l'harmonie. (I, 255; voyez *ibidem*, note 3.)

PARTIAL. (II, 210, *l.* 1.)

PARTIALITÉ :
Partout des humeurs, des colères, des *partialités*, des rapports. (I, 360.)

PARTICULIER, ÈRE ; PARTICULIER, substantivement :
De ce qu'une nature universelle qui pense exclut de soi généralement tout ce qui est matière, il suit nécessairement qu'un être *particulier* qui pense ne peut pas aussi admettre en soi la moindre matière. (II, 255.)
Quelles mœurs étranges et *particulières* ne décrit-il point ! (II, 107.)
Étant assez *particulière*, sans pourtant être farouche. (II, 92 ; voyez *ibidem*, note 3.)
Je suis.... disposé à croire.... que mes peintures expriment bien l'homme en général, puisqu'elles ressemblent à tant de *particuliers*. (II, 450.)
L'argent des *particuliers* y coule sans fin. (II, 182; voyez I, 283, *l.* 7.)
Ce qui est dans les grands splendeur, somptuosité, magnificence, est dissipation, folie, ineptie dans le *particulier*. (I, 297.)
Combien de gens vous étouffent de caresses dans le *particulier* ! (I, 309.)
Il.... se dédommage dans le *particulier* d'une si grande servitude par le ris et la moquerie. (I, 380.)

PARTIE, sens divers; PARTIE CARRÉE :
Atomes.... liés.... ensemble par la conformation de leurs *parties*. (II, 267.)

La science des détails.... est une *partie* essentielle au bon gouvernement. (II, 382.)

La principale *partie* de l'orateur, c'est la probité. (II, 187.)

Il ne se donne pas la peine de régler lui-même des *parties*; mais il dit négligemment à un valet de les calculer. (I, 81 ; voyez *ibidem*, note 3.)

Madame la Duchesse a remis la *partie* à dimanche prochain. (II, 500.)

L'on voit Glycère en *partie carrée* au bal, au théâtre. (I, 192.)

PARTIR DE :

Si cet homme.... a la patience de l'écouter, il ne *partira* pas d'auprès de lui. (I, 40.)

L'on ne trouve rien de bien dit ou de bien fait que ce qui *part des* siens. (I, 276.)

Peuvent-elles (ces clefs) *partir de* moi et être distribuées de ma main? (II, 449.)

Les extrémités sont vicieuses et *partent de* l'homme : toute compensation est juste et vient de Dieu. (II, 277.)

Ces manières d'agir ne *partent* point d'une âme simple et droite, mais d'une mauvaise volonté ou d'un homme qui veut nuire. (I, 36.)

Les vices *partent* d'une dépravation du cœur. (II, 97.)

Ces démonstrations.... *partent du* cœur. (I, 67.)

PARTIR DE LA MAIN, terme de manége, se mettre au galop, figurément :

Celui.... qui dit : « Plancus me demandoit ; je disois à Plancus, » celui-là même apprend dans ce moment que son héros vient d'être enlevé par une mort extraordinaire. Il *part de la main*, il rassemble le peuple..., accuse le mort, décrie sa conduite. (I, 320 et 321.)

PARTISAN, financier; collecteur d'impôts :

L'histoire du nôtre (de notre siècle) fera goûter à la postérité la vénalité des charges..., la splendeur des *partisans*. (I, 22.)

Tantôt il tient une taverne, tantôt il est suppôt de quelque lieu infâme, une autre fois *partisan*. (I, 46 ; voyez II, 183, *l*. 4.)

PARTITION, division d'un discours :

Ils (les prédicateurs) ont toujours.... trois sujets admirables de vos attentions.... Il semble, à les voir s'opiniâtrer à cet usage, que la grâce de la conversion soit attachée à ces énormes *partitions*. (II, 223.)

PARURE, au propre et au figuré :

Il ne se plaint non plus toute sorte de *parure* qu'un jeune homme qui a épousé une riche vieille. (I, 160.)

Un siècle s'est écoulé, qui a mis toutes ces *parures* au rang des choses passées. (II, 150.)

Une *parure* arbitraire, une draperie indifférente. (II, 149.)

Vous devez en guerre être habillés de fer, ce qui est sans mentir une jolie *parure*. (II, 130.)

Une grande *parure* pour le favori disgracié, c'est la retraite. (I, 379, *var*.)

PAS, substantif, au propre et au figuré :

Vous le voyez.... repousser.... ceux qui se trouvent sur ses *pas*. (I, 85.)

Quelques *pas* que quelques-uns fassent par vertu vers.... la sagesse, un premier mobile d'ambition les emmène avec les plus avares. (I, 306.)

C'est avoir fait un grand *pas* dans la finesse, que de faire penser de soi que l'on n'est que médiocrement fin. (I, 332.)

La finesse est l'occasion prochaine de la fourberie; de l'un à l'autre le *pas* est glissant; le mensonge seul en fait la différence. (I, 333.)

Le mortier et la pairie se disputent le *pas*. (II, 195.)

PAS, POINT, au sens négatif, employés où nous les omettrions :
Vous êtes blanchi depuis deux jours que je ne vous ai *pas* vu. (I, 37.)
Vous ne me jugez *pas* digne d'aucune réponse. (II, 245.)
Des gens qui ne savent *pas* discerner ni votre loisir ni le temps de vos affaires. (I, 41 ; voyez I, 326, *l.* 2 ; II, 275, *l.* 5 et 6.)
Ni notre faste ni notre magnificence ne nous préviendront *pas* davantage contre la vie simple des Athéniens que contre celle des premiers hommes. (I, 25.)

Voyez ci-dessus, p. 239, NE, pour *ne.... pas*; et ci-après, p. 269, PERSONNE, fin.

PASSABLEMENT. (II, 199, *l. dernière.*)

PASSER, activement, sens divers :
N** est moins affoibli par l'âge que par la maladie, car il ne *passe* point soixante-huit ans. (II, 59 ; voyez II, 34, *n.* 68.)
Celui-ci *passe* Juvénal, atteint Horace. (II, 461.)
Glycère.... se fait celer.... pour ses amis,... à qui elle est sévère,... sans leur permettre rien de ce qui *passe* l'amitié. (I, 191.)
Voilà une chose merveilleuse et qui *passe* toute créance. (I, 36.)
Il n'a besoin que d'une noble simplicité, mais il faut l'atteindre, talent rare, et qui *passe* les forces du commun des hommes. (II, 232.)
Des gens qui les égalent par le cœur et par l'esprit, et qui les *passent* quelquefois. (I, 339.)
Qu'ils trouvent.... sous leur main autant de dupes qu'il en faut pour leur subsistance, c'est ce qui me *passe*. (I, 269.)
Où trouverez-vous.... un jeune homme qui s'élève si haut en dansant, et qui *passe* mieux la capriole ! (I, 179.)

C'est-à-dire, se tire mieux de ce pas de ballet, le franchisse mieux. Rapprochez « passer carrière, passer le pas. » On lit *passe* dans presque toutes les éditions, notamment dans toutes celles qui ont paru du vivant de la Bruyère, et nous ne voyons pas de raison décisive de corriger en *fasse* ; la locution ne nous paraît pas inexplicable.

Supposons.... qu'elle (une meule tombant du soleil) parcoure.... neuf cents toises en une minute; *passons*-lui mille toises en une minute, pour une plus grande facilité. (II, 261.)
Il.... accuse le mort,... lui ôte jusqu'à la science des détails que la voix publique lui accorde, ne lui *passe* point une mémoire heureuse. (I, 321.)
J'entends corner sans cesse à mes oreilles : « l'homme est un animal raisonnable. » Qui vous *a passé* cette définition ? (II, 128.)
Ces quatre puces.... que montroit.... un charlatan... : il leur avoit mis à chacune une salade en tête, leur *avoit passé* un corps de cuirasse. (II, 130.)
Commencez par lui livrer quelques sacs de mille francs, *passez*-lui un contrat de constitution. (II, 199.) — Constituez-lui une rente.
Il ne se donne pas la peine de régler lui-même des parties; mais il dit.... à un valet de les calculer,... et les *passer* à compte. (I, 81.)
Ils parlent jargon et mystère sur de certaines femmes ;... ils se *passent* les uns aux autres qu'ils sont gens à belles aventures. (I, 282.)

PASSER (SE), sens divers; SE PASSER DE :
« Chaloureux ».... *se passe*, bien que ce fût une richesse pour la langue. (II, 208.)
Il faudroit.... que cette terre.... fût le seul endroit de la scène où *se doivent passer* la punition et les récompenses. (II, 273.)
L'homme auroit pu *se passer* à moins pour sa conservation ;... Dieu ne pouvoit moins faire pour étaler son pouvoir. (II, 270.)
Un jeu effroyable...., est-ce une chose qui soit permise ou *dont* l'on doive *se passer*? Ne faut-il pas quelquefois se faire une plus grande vio-

lence, lorsque poussé par le jeu jusques à une déroute universelle, il faut même que l'on *se passe* d'habits et *de* nourriture, et *de* les fournir à sa famille? (I, 270.)

Passer, neutralement; passer pour:

Deux années.... ne *passent* point sur une même coterie. (I, 277.)

Celles (les coutumes) qui *ont passé.* (I, 24.)

Cette manière basse de plaisanter *a passé* du peuple.... jusque dans une grande partie de la jeunesse de la cour. (I, 239.)

Phidippe, déjà vieux..., *passe* aux petites délicatesses. (II, 54.)

La brutalité est une certaine dureté.... qui se rencontre dans nos manières d'agir, et qui *passe* même jusqu'à nos paroles. (I, 64.)

Il faut la devoir (la fortune) à l'agonie de nos proches. Celui qui s'empêche de souhaiter que son père y *passe* bientôt est homme de bien. (I, 267.)

Ils soutiennent que le hasard, de tout temps, *a passé* en coutume. (II, 274.)

Quelques troupes.... se sont rendues aux ennemis à discrétion, et *ont passé* par le fil de l'épée. (I, 369.)

Le sot est embarrassé de sa personne; le fat a l'air libre et assuré; l'impertinent *passe* à l'effronterie: le mérite a de la pudeur. (II, 98.)

Il *passe*.... au delà du pire. (I, 131.)

.... Une extrême malpropreté, et une négligence pour sa personne qui *passe* dans l'excès et qui blesse ceux qui s'en aperçoivent. (I, 70.)

Il a commencé par dire de soi-même: « un homme de ma sorte; » il *passe* à dire: « un homme de ma qualité. » (I, 251.)

Phérécide *passe pour* être guéri des femmes. (II, 153.)

Drance veut *passer pour* gouverner son maître. (I, 212.)

Passer en revue, neutralement. Voyez Revue.

PASSION, passions:

Ces *passions*.... que les tragiques aimoient à exciter sur les théâtres, et qu'on nomme la terreur et la pitié.... (I, 141.)

Ils se trouvent affranchis de la *passion* des femmes dans un âge où l'on commence ailleurs à la sentir. (I, 327.)

.... Cette affectation que quelques-uns ont de plaire à tout le monde.... Celui qui a cette *passion*, d'aussi loin qu'il aperçoit un homme dans la place, le salue.... (I, 43.)

La sotte vanité semble être une *passion* inquiète de se faire valoir par les plus petites choses. (I, 73.)

L'ostentation.... est dans l'homme une *passion* de faire montre d'un bien ou des avantages qu'il n'a pas. (I, 77.)

Cette espèce d'avarice est dans les hommes une *passion* de vouloir ménager les plus petites choses sans aucune fin honnête. (I, 54.)

La plus grande *passion* de ceux qui ont les premières places dans un État populaire n'est pas le desir du gain ou de l'accroissement de leurs revenus, mais une impatience de s'agrandir.... (I, 84.)

[Je n'ai] point à cette heure de *passion* en la tête plus violente que celle de vous contenter. (II, 490.)

PASTEUR, curé. (II, 173, *l.* 13 *et dernière*; II, 222, *l.* 2.)

PATIENCE:

Si vous vous donnez la *patience* de m'écouter, je vous apprendrai tout. (I, 48.)

PATRON, protecteur:

Il vise également à se faire des *patrons* et des créatures. (I, 324.)

PÂTURE, au figuré :
Tout ce qui peut servir de *pâture* à son esprit d'intrigue. (I, 342.)

PAUVRE DE :
Tel, avec deux millions de rente, peut être *pauvre* chaque année *de* cinq cent mille livres. (I, 261.)

PAUVRETÉ, au figuré :
Les Grecs ont quelquefois deux ou trois termes assez différents pour exprimer des choses qui le sont aussi et que nous ne saurions guère rendre que par un seul mot : cette *pauvreté* embarrasse. (I, 31.)

PAYER, au figuré; PAYER DE, SE PAYER DE :
Quelques lecteurs croient.... le *payer* avec usure, s'ils disent magistralement qu'ils ont lu son livre. (I, 127.)
De si grands travaux et de si heureuses missions ne *seroient* pas à leur gré *payées d'*une abbaye. (II, 229.)
Un souverain *est*-il *payé de* ses peines par le plaisir que semble donner une puissance absolue ? (I, 387.)
Une femme prude *paye de* maintien et *de* paroles; une femme sage *paye de* conduite. (I, 186.)
Ils *payent de* mines, *d'*une inflexion de voix, *d'*un geste. (I, 331.)
Un honnête homme *se paye*.... *de* l'application qu'il a à son devoir par le plaisir qu'il sent à le faire. (I, 155.)
Ceux qui *se payent de* mines et *de* façons de parler.... (I, 324.)

PAYS, au figuré :
Si.... l'on peint la cour..., la ville ne tire pas de cette ébauche de quoi remplir sa curiosité, et se faire une juste idée d'un *pays* où il faut même avoir vécu pour le connoître. (I, 11.)

PÉAGE :
Les *péages* de vos rivières. (I, 271.)

PÉCHER :
J'aurois *péché* contre l'usage des maximes, qui veut qu'à la manière des oracles elles soient courtes et concises. (I, 111.)
La loi.... cadre donc bien mal avec l'opinion des hommes ? — Cela peut être ; et il ne me convient pas de dire ici : « La loi *pèche*, » ni : « Les hommes se trompent. » (II, 195.)

PÊCHER, dans une phrase proverbiale :
Il vient de *pêcher* en eau trouble une île toute entière. (II, 131.)

PÉCUNIEUX :
Gens *pécunieux*, que l'excès d'argent.... mène jusqu'à une froide insolence. (II, 448.)
On devroit proscrire de tels personnages si heureux, si *pécunieux*, d'une ville bien policée. (I, 291.)

PÉDANT, substantivement :
Les *pédants* ne l'admettent (l'éloquence).... que dans le discours oratoire. (I, 143.)

PÉDANTISME :
Ne vouloir être ni conseillé ni corrigé sur son ouvrage est un *pédantisme*. (I, 118; voyez I, 148, *l*. 27 ; II, 203, *l. dernière*.)

PEINDRE, au figuré :
On court ceux (les prédicateurs) qui *peignent* en grand ou en miniature. (II, 222.)

PEINE; être en peine de; à peine :

D'où vient.... que l'on a honte d'y pleurer (au théâtre)?... Est-ce une *peine* que l'on sent à laisser voir que l'on est tendre ? (I, 137.)

Les scoliastes eux-mêmes demeurent court, si fertiles d'ailleurs..., dans les endroits clairs, et qui ne font de *peine* ni à eux ni aux autres. (II, 203.)

Un homme qui *seroit en peine de* connoître s'il change.... (I, 190.)

Les hommes ne se goûtent qu'*à peine* les uns les autres. (II, 75.)

Les grands.... n'admettent qu'*à peine* dans les autres hommes la droiture d'esprit, l'habileté, la délicatesse. (I, 343; voyez I, 189, *n*. 57.)

Il lui est arrivé.... de se trouver tête pour tête à la rencontre d'un prince..., se reconnoître *à peine*, et n'avoir que le loisir de se coller à un mur. (II, 7.)

Je dirai *à peine* avec toute la France : « Vauban est infaillible, on n'en appelle point. » Qui me garantiroit que.... on n'insinuera point que, etc.? » (II, 116.)

PEINEUX. (II, 208, *l.* 4.)

PEINTURE, au propre et au figuré :

Cet homme dont vous regardez la *peinture*.... (I, 381.)

Il est si prodigieusement flatté dans toutes les *peintures* que l'on fait de lui, qu'il paroît difforme près de ses portraits. (I, 310.)

L'homme timide est celui dont je vais faire la *peinture*. (I, 81.)

Il faut que mes *peintures* expriment bien l'homme en général, puisqu'elles ressemblent à tant de particuliers. (II, 450; voyez *ibidem*, *l.* 19.)

Si j'avois voulu mettre des noms véritables aux *peintures*.... (II, 451.)

Digérez cet ouvrage : c'est la *peinture* de son esprit; son âme toute entière s'y développe. (II, 458; voyez II, 437, *l.* 22; II, 448, *l.* 27.)

PENCHANT, au figuré :

L'État.... est.... sur le *penchant* de sa ruine. (I, 368 et 369.)

PENDANT que :

Les méchants prospèrent *pendant qu*'ils vivent. (II, 272.)

Pendant que vous vivrez. (I, 108.)

Irréconciliables ennemis *pendant que* la séance dure.... (I, 268.)

Pendant qu'on ne fait que rire de l'important, il n'a pas un autre nom; dès qu'on s'en plaint, c'est l'arrogant. (II, 99.)

PENDRE :

Il consacre un anneau à Esculape, qu'il use à force d'y *pendre* des couronnes de fleurs. (I, 74.)

PENDULE :

C'est un métier que de faire un livre, comme de faire une *pendule*. (I, 113.)

PÉNÉTRANT, au figuré :

Esprit.... *pénétrant*. (I, 367.)

PÉNÉTRER, au figuré; pénétrer que; pénétré de :

L'on écarte tout cet attirail, qui t'est étranger, pour *pénétrer* jusques à toi, qui n'es qu'un fat. (I, 160.)

Je vais entrer en matière : c'est à vous de *pénétrer* dans mon sens. (I, 34.)

Celui qui *a pénétré* la cour connoît ce que c'est que vertu. (II, 151.)

Les hommes ne veulent pas que l'on découvre les vues qu'ils ont sur leur fortune, ni que l'on *pénètre qu*'ils pensent à une telle dignité. (I, 314.)

Lisez dans ses yeux.... combien il *est* content et *pénétré de* soi-même. (I, 317.)

PÉNITENCIER, chanoine ayant le pouvoir d'absoudre les cas réservés. (II, 176, *l.* 7.)

PENSÉE :
Il s'est glissé dans un livre quelques *pensées* ou quelques réflexions qui n'ont ni le feu, ni le tour, ni la vivacité des autres. (I, 106.)

PENSER, absolument et activement; penser à, de :
L'un ne *pensoit* pas assez pour goûter un auteur qui *pense* beaucoup ; l'autre *pense* trop subtilement pour, etc. (I, 131.)
[Il] craint moins qu'on ne *pense* une doctrine sévère. (II, 226.)
Les hommes ne veulent pas que l'on découvre les vues qu'ils ont sur leur fortune, ni que l'on pénètre qu'ils *pensent à* une telle dignité. (I, 314.)
Pensant à la contrariété des esprits, etc. (II, 18.)
Ceux qui reçoivent pour les choses saintes ne croient point les vendre, comme ceux qui donnent ne *pensent* point *à* les acheter. (II, 173.)
Parler en des termes magnifiques de ceux mêmes *dont* l'on *pensoit* très-modestement avant leur élévation. (II, 74.)
Pensant mal *de* tout le monde, il n'en dit de personne. (I, 323.)
Voyez I, 87, *l.* 3 ; II, 93, *n.* 30 ; II, 94, *n.* 35.

Penser, substantivement :
L'usage a préféré.... pensées à *pensers*, un si beau mot, et dont le vers se trouvoit si bien ! (II, 213 ; voyez *ibidem*, note 8.)

PENSION :
C'est un chef-d'œuvre de l'esprit; l'humanité ne va pas plus loin...; phrases outrées,...qui sentent la *pension* ou l'abbaye. (I, 120; voy. *ib.*, note 2.)

PENTE à, au figuré :
Une *pente* secrète de l'âme *à* penser mal de tous les hommes. (I, 87.)
.... Leur malignité, leur extrême *pente à* rire aux dépens d'autrui. (I, 347.)
Les hommes.... n'ont qu'une foible *pente à* s'approuver réciproquement. (II, 75 ; voyez II, 225, *n.* 9.)

PÉNULTIÈME, avant-dernier :
Décider.... entre le dernier sermon et le *pénultième*. (II, 223.)

PÉPINIÈRE, au figuré :
Cette *pépinière* intarissable de directeurs. (I, 183.)

PERÇANT, au figuré :
Un génie qui est droit et *perçant* conduit enfin à.... la vertu. (II, 17.)

PERCER, au propre et au figuré, activement et neutralement :
Un homme qui court le sanglier..., qui l'atteint et qui le *perce*. (II, 129.)
Il.... *perce* la foule. (II, 155 ; voyez I, 301, *l.* 9.)
Faire fortune est une.... belle phrase... : elle *a percé* les cloîtres et franchi les murs des abbayes. (I, 257.)
O pâtres !... si vous n'avez point le cœur *percé* par la malice des hommes.... (II, 128.)
Les étoiles..., par leur extraordinaire élévation, ne pouvant *percer* jusqu'à nos yeux pour être vues chacune en particulier.... (II, 265.)

PERCHER, absolument :
Il est oiseau, il est huppé, il gazouille, il *perche*. (II, 142.)

PERDRE, emplois divers; SE PERDRE; S'Y PERDRE :

Ils disent l'argent qu'ils *ont perdu* au jeu, et ils plaignent fort haut celui qu'ils n'ont pas songé à *perdre*. (I, 282.)

Il leur raconte comme il n'a point *perdu* le cerf de meute. (I, 282.)

C'est *perdre* toute confiance dans l'esprit des enfants..., que de les punir de fautes qu'ils n'ont point faites. (II, 29.)

C'est souvent hasarder un bon mot et vouloir le *perdre* que de le donner pour sien : il n'est pas relevé, il tombe. (II, 106.)

Il n'y a qu'à *perdre* pour ceux qui en viendroient à une seconde charge : il n'est trompé qu'une fois. (I, 165.)

Si quelquefois il (le plénipotentiaire) est lésé dans quelques chefs..., il crie haut; si c'est le contraire, il crie plus haut, et jette ceux qui *perdent* sur la justification et la défensive. (I, 376.)

Un coquin.... *est perdu* de réputation. (I, 45.)

Le fonds *perdu*, autrefois si sûr, si religieux et si inviolable, est devenu avec le temps.... un bien *perdu*. (II, 182 et 183 ; voyez p. 183, note 1.)

Ne faire qu'apparoir dans sa maison, s'évanouir et *se perdre* comme un fantôme dans le sombre de son cabinet. (I, 278.)

L'on a presque retrouvé le nombre que Malherbe et Balzac avoient.... rencontré, et que tant d'auteurs depuis eux ont laissé *perdre*. (I, 147.)

Une mère.... qui la fait religieuse (sa fille), se charge d'une âme avec la sienne.... Afin qu'une telle mère ne *se perde* pas, il faut que sa fille se sauve. (II, 179 ; voyez II, 178, *n*. 27 ; II, 241, *l*. 3.)

Je *m'y perds*..., et je n'y comprends rien. (I, 333.)

PÈRE, au figuré :

Si la pauvreté est la mère des crimes, le défaut d'esprit en est le *père*. (II, 17.)

PÉRIL :

Celui qui a la mémoire fidèle.... est hors du *péril* de censurer dans les autres ce qu'il a peut-être fait lui-même. (II, 110.)

PÉRILLEUX :

Il est *périlleux* de tremper dans une affaire suspecte. (I, 352.)

PERIR :

[Le mot] « ains » *a péri* : la voyelle qui le commence, et si propre pour l'élision, n'a pu le sauver. (II, 205.)

Chaque heure.... est unique : est-elle écoulée une fois, elle *a péri* entièrement. (II, 161.)

Une union fragile de la belle-mère et de la bru, et qui *périt* souvent dans l'année du mariage. (I, 232.)

Faire *périr* le texte sous le poids des commentaires. (II, 204.)

PERMETTRE :

Bien que les magistrats lui *aient permis* tels transports de bois qu'il lui plairoit,... il n'a point voulu user de ce privilége. (I, 78.)

Cet homme (ce ministre).... lui *a permis* (à son maître) d'être bon et bienfaisant. (I, 381.)

Ce que quelques-uns appellent babil est proprement une intempérance de langue qui ne *permet* pas à un homme de se taire. (I, 48.)

Quelques réflexions.... accommodées au simple peuple, qu'il *n'est* pas *permis* de négliger. (I, 106.)

PERSÉCUTER :

Cet homme..., prié, sollicité, *persécuté* de consentir à l'impression de sa harangue..., leur résista. (II, 455.)

PERSÉVÉRER :

Les hommes.... souffrent beaucoup à être toujours les mêmes, à *persévérer* dans la règle ou dans le désordre. (II, 69.)

PERSONNAGE :

Quel fond à faire sur un *personnage* de comédie ? (I, 337.)

Cela ne s'appelle pas être grave, mais en jouer le *personnage*. (II, 93.)

Un bon plaisant est une pièce rare ; à un homme qui est né tel, il est encore fort délicat d'en soutenir longtemps le *personnage*. (I, 215.)

Il a dessein d'élever auprès de soi un fils naturel sous le nom et le *personnage* d'un valet. (II, 14.)

Quand un courtisan sera humble..., alors je dirai de ce *personnage* : « Il est dévot. » (II, 154.)

Ce *personnage* (Bossuet).... qui accable par le grand nombre et par l'éminence de ses talents. (II, 462.)

PERSONNE, un homme ou une femme ; PERSONNE, avec le masculin :

Il n'est propre qu'à commettre de nouveau deux *personnes* qui veulent s'accommoder, s'*ils* l'ont fait arbitre de leur différend. (I, 60 ; voyez I, 236, n. 65.)

Les *personnes* d'esprit ont en *eux* les semences de toutes les vérités... ; *ils* admirent peu. (I, 127 et 128.)

Deux *personnes* qui ont eu ensemble une violente querelle, dont l'*un* a raison et l'autre ne l'a pas. (I, 226.)

Ces mêmes *personnes*.... se trouvant tous *portés* devant la boutique d'Archias, achètent *eux*-mêmes des viandes salées. (I, 43.)

Des millions de *personnes* les plus sages, les plus *modérés* qui fussent alors sur la terre. (II, 251.)

Une *personne* humble, qui est *enseveli* dans le cabinet. (I, 161, *variante*.) *Ensevelie*, à partir de la 6ᵉ édition.

La gloire.... aime le remue-ménage, et elle est *personne* d'un grand fracas. (II, 130.)

PERSONNE, AVEC NE, NE.... PAS ; PERSONNE, négatif sans *ne* :

Il n'y a *personne* au monde si bien liée avec nous de société et de bienveillance.... (I, 265.)

Ils dansent toujours ; ils ne rendent la main à *personne* de l'assemblée, quelque digne qu'elle soit de leur attention. (II, 247.)

Non content de n'être pas sincère, il ne souffre pas que *personne* le soit. (I, 323.)

Il n'y a *personne* de ceux qui se payent de mines.... qui ne sorte d'avec lui fort satisfait. (I, 324.)

Nous ne sommes point mieux flattés..., plus caressés de *personne*..., que de celui qui croit gagner à notre mort. (I, 267.)

Il ne les a pas loués depuis (mes ouvrages) devant *personne*. (I, 119 ; voyez I, 81, *l.* 2.)

Il ne daigne pas attendre *personne*. (I, 65.)

Personne presque ne s'avise de lui-même du mérite d'un autre. (I, 152.)

Tous demandent à voir la chambre, et *personne* à voir Monsieur. (II, 141.)

PERSONNEL :

J'ai dû.... ne me pas contenter de peindre les Grecs en général, mais même toucher ce qui est *personnel*. (I, 34.)

Voyez II, 437, *l.* 17 ; II, 443, *l.* 4 et 5.

PERSUADER ; SE PERSUADER DE OU QUE :

Ils.... en dirent tant de mal (de cette harangue), et le *persuadèrent* si fortement à qui ne l'avoit pas entendue, que, etc. (II, 442.)

Arrias a tout lu, a tout vu, il veut le *persuader* ainsi. (I, 218.)

Il (la Fontaine).... *persuade* aux hommes la vertu par l'organe des bêtes. (II, 461.)

Il échappe à une jeune personne de petites choses qui *persuadent* beaucoup, et qui flattent sensiblement celui pour qui elles sont faites. Il n'échappe presque rien aux hommes ; leurs caresses sont volontaires ; ils parlent, ils agissent, ils sont empressés, et *persuadent* moins. (I, 174.)

Ils se croient nés pour un emploi si relevé.... et.... *se persuadent* de ne faire en cela qu'exercer leurs talents naturels. (I, 182.)

Ils *se persuadent* d'être quittes par là en leur endroit de tous les devoirs de l'amitié. (I, 309.)

Onuphre.... ne *se persuade* point *que* celui ou celle qui a beaucoup de bien puisse avoir tort. (II, 156.)

PERTE :

Implacables à l'égard d'un valet qui aura.... cassé par malheur quelque vase d'argile, ils lui déduisent cette *perte* sur sa nourriture. (I, 55.)

Un tissu d'énigmes leur seroit une lecture divertissante ; et c'est une *perte* pour eux que ce style estropié qui les enlève soit rare. (I, 124.)

PESANTEUR, au figuré :

La stupidité est en nous une *pesanteur* d'esprit qui, etc. (I, 62.)

PESER, au figuré ; PESER À :

Le héros.... et.... le grand homme.... mis ensemble ne *pèsent* pas un homme de bien. (I, 161.)

Les mêmes défauts qui dans les autres sont lourds et insupportables, sont chez nous comme dans leur centre ; ils ne *pèsent* plus, on ne les sent pas. (II, 109.)

Il croit *peser à* ceux à qui il parle. (I, 273.)

Plus capable d'inquiétude que de fierté ou de mépris pour les autres, il ne *pèse* qu'*à* soi-même. (I, 155.)

PETILLER DE, au figuré :

Une femme de ville entend-elle le bruissement d'un carrosse..., elle *petille de* goût et *de* complaisance pour quiconque est dedans. (I, 291.)

PETIT, adjectif et substantivement :

La joie que l'on reçoit de l'élévation de son ami est un peu balancée par la *petite* peine qu'on a de le voir au-dessus de nous. (I, 207.)

Les *petits* sont.... chargés de mille vertus inutiles ; ils n'ont pas de quoi les mettre en œuvre. (II, 43.)

PETIT-MAÎTRE. Voyez MAÎTRE.

PETITESSE :

La plus brillante fortune ne mérite point.... ni les *petitesses* où je me surprends, ni les humiliations, ni les hontes que j'essuie. (I, 326.)

PÉTITOIRE, terme de droit. (II, 77, *l.* 5 ; voyez *ibidem*, note 1.)

PÉTRI DE, au figuré :

Il y a des âmes sales, *pétries de* boue et *d'*ordure. (I, 264 ; voy. PAÎTRIR.)

PEU, PEU DE ; LE PEU ; QUELQUE PEU ; POUR PEU QUE :

Si, par la facilité du commerce, il m'étoit moins ordinaire de m'habiller de bonnes étoffes.... et de les acheter *peu*.... (I, 384.)

Vous voilà donc un bel esprit, ou s'il s'en faut *peu* que vous ne preniez ce nom pour une injure, continuez, j'y consens, de le donner à Eurypyle. (II, 86.)

J'ai remis l'histoire à dimanche prochain, dans le dessein.... de lui faire voir *peu* de choses nouvelles d'ici à la première répétition. (II, 503.)

Voilà ensuite ce qu'il a fait, lui et *peu* d'autres qui ont cru devoir entrer dans les mêmes intérêts. (II, 441.)

Celles (les généalogies) des maisons de Saxe, Lorraine..., et *peu* d'autres qui sont entrées dans votre branche de Bourbon. (II, 478.)

Quelques-uns achèvent de se corrompre par de longs voyages, et perdent le *peu* de religion qui leur restoit. (II, 238.)

L'on voit des gens qui..., dans le *peu* de commerce que l'on a avec eux, vous dégoûtent par leurs ridicules expressions. (I, 216.)

Également appliqué.... à grossir dans l'idée des autres le *peu* qu'il offre, et à mépriser ouvertement le *peu* que l'on consent de lui donner.... (I, 375.)

Il laisse voir en lui quelque *peu* de sensibilité pour sa fortune. (I, 376.)

N**..., avec un vestibule et une antichambre, pour *peu* qu'il y fasse languir quelqu'un.... (I, 247.)

PEUPLE, PEUPLES :

Le *peuple* ne paroissoit dans la ville que pour y passer avec précipitation : nul entretien, nulle familiarité. (I, 23.)

Il s'endort à un spectacle, et il ne se réveille que longtemps après qu'il est fini et que le *peuple* s'est retiré. (I, 63.)

Pour éviter.... l'envie du *peuple*, il n'a point voulu user de ce privilége. (I, 78.)

La plus grande passion de ceux qui ont les premières places dans un État populaire est.... une impatience de s'agrandir et de se fonder, s'il se pouvoit, une souveraine puissance sur celle du *peuple*. (I, 84.)

Certains poëtes sont sujets, dans le dramatique, à de longues suites de vers pompeux.... Le *peuple* écoute avidement, les yeux élevés. (I, 115.)

Tels arrêts.... nous renvoient absous, qui sont infirmés par la voix du *peuple*. (II, 114 ; voyez I, 126, *l.* 5.)

Un visage qui remplisse la curiosité des *peuples* empressés de voir le Prince. (I, 388.)

Dans le temps que l'on montrera les ruines de vos châteaux, et peut-être la seule place où ils étoient construits, l'idée de vos louables actions sera encore fraîche dans l'esprit des *peuples*. (I, 381.)

Voyez I, 366, *n.* 8 ; I, 381, *n.* 23 ; I, 382, *n.* 24 ; II, 226, *n.* 13.

Qui dit le *peuple* dit plus d'une chose.... Il y a le *peuple* qui est opposé aux grands : c'est la populace et la multitude ; il y a le *peuple* qui est opposé aux sages, aux habiles et aux vertueux : ce sont les grands comme les petits. (I, 361.)

S'ils ont invité à dîner quelques-uns de leurs amis, et qui ne sont que des personnes du *peuple*, ils ne feignent point de leur faire servir un simple hachis. (I, 55.)

Si je compare.... les grands avec le *peuple*, ce dernier me paroît content du nécessaire, et les autres sont.... pauvres avec le superflu. Un homme du *peuple* ne sauroit faire aucun mal ; un grand ne veut faire aucun bien.... Le *peuple* n'a guère d'esprit, et les grands n'ont point d'âme.... Faut-il opter? Je ne balance pas : je veux être *peuple*. (I, 347 ; voyez I, 353, *l.* 7.)

Celui.... qui se jette dans le *peuple* ou dans la province y fait bientôt.... d'étranges découvertes. (II, 72.)

L'on ne mouroit plus depuis longtemps par Théotime ; ses tendres exhortations ne sauvoient plus que le *peuple*. (II, 135.)

Les courtisans.... ont, chose incroyable! abandonné la chapelle du Roi, pour venir entendre avec le *peuple* la parole de Dieu annoncée par cet homme apostolique. (II, 221.)

Voyez I, 74, 106, 125, 133, 239, 252, 256, 277, 286, 338, 343, 345, 348, 361,

364, 365, 368, 381, 389; II, 30, 45, 74, 145, 167, 168, 172, 190, 221, 225, 230, 239, 244, 471.

PEUPLER :
Pourquoi me faire froid, et vous plaindre de ce qui m'est échappé sur quelques jeunes gens qui *peuplent* les cours ? (II, 123 ; voyez *ibidem, n.* 110.)
Cette indolence *avoit* rempli les boutiques et *peuplé* le monde.... de livres froids et ennuyeux. (I, 109.)

PEUT-ÊTRE, PEUT-ÊTRE QUE :
De telles gens ne sont ni parents, ni amis, ni citoyens, ni chrétiens, ni *peut-être* des hommes. (I, 264.)
Peut-être qu'Alexandre n'étoit qu'un héros. (I, 162.)
Peut-être qu'on pourroit parler ainsi. (I, 142.)
Peut-être que les affligés ont tort. (II, 20 et 21.)

PHÉNIX, au figuré :
Le *phénix* de la poésie chantante (Quinault) renaît de ses cendres. (II, 78.)

PHILOSOPHE (voyez PHILOSOPHER et PHILOSOPHIE) :
Venez dans la solitude de mon cabinet : le *philosophe* est accessible. (I, 248 ; voyez I, 154, *l.* 20.)

PHILOSOPHER :
Quelle vision, quel délire au grand, au sage, au judicieux Antonin, de dire qu'alors les peuples seroient heureux, si l'empereur *philosophoit*, ou si le philosophe.... venoit à l'empire ! (II, 85.)

PHILOSOPHIE :
Bien loin de s'effrayer.... du nom de philosophe, il n'y a personne au monde qui ne dût avoir une forte teinture de *philosophie*. (II, 63.)
Les femmes (à la cour).... se délassent volontiers avec la *philosophie* ou la vertu. (I, 291.)

PHŒBUS, style obscur et ampoulé :
Vous voulez, Acis, me dire qu'il fait froid ; que ne disiez-vous : « Il fait froid ? » .... Une chose vous manque, Acis, à vous et à vos semblables les discurs de *phœbus*... : une chose vous manque, c'est l'esprit. (I, 217.)

PHRASE, expression, périphrase :
L'on a.... réduit le style à la *phrase* purement françoise. (I, 147.)
« Se louer de quelqu'un »..., *phrase* délicate dans son origine. (I, 351.)
Elles usent de tours et de *phrases* plutôt que de prononcer de certains noms. (I, 238.)

PHYSIONOMIE :
Qu'il est insupportable par sa *physionomie*! (I, 87.)
Une *physionomie*.... confuse, embarrassée dans une épaisseur de cheveux étrangers. (I, 328.)

PIÈCE, au propre et au figuré, sens divers :
Si un rat lui a rongé un sac de farine, il court au devin, qui ne manque pas de lui enjoindre d'y faire mettre une *pièce*. (I, 66.)
Aussi est-elle nuancée (une tulipe),... à *pièces* emportées. (II, 136.)
Un homme.... est sérieux et tout d'une *pièce* : il ne rit point. (II, 42.)
Il est habillé des plus belles étoffes. — Le sont-elles moins toutes déployées dans les boutiques et à la *pièce* ? (I, 159.)
Il est difficile à la cour que de toutes les *pièces* que l'on emploie à l'édifice de sa fortune, il n'y en ait quelqu'une qui porte à faux. (I, 308.)

Une belle arme.... est une *pièce* de cabinet..., qui n'est pas d'usage. (I, 187.)
Un bon plaisant est une *pièce* rare. (I, 215.)
L'Académie françoise, à qui j'avois appelé comme au juge souverain de ces sortes de *pièces* (il s'agit de son discours à l'Académie).... (II, 453.)
J'ai mené un vrai deuil d'avoir échappé au plaisir d'entendre une si belle *pièce* (l'oraison funèbre de la princesse Palatine). (II, 491.)
Ce ne sont pas des fleurs de lis, mais ils s'en consolent : peut-être dans leur cœur trouvent-ils leurs *pièces* (de l'écu) aussi honorables. (I, 281.)
Il ramasse, pour ainsi dire, toutes ses *pièces*, s'en enveloppe pour se faire valoir ; il dit : « Mon ordre, mon cordon bleu. » (I, 357.)

PIED (Au), AU PIED DE ; À PIED, DE SON PIED ; SUR CE PIED :
Il y a un rocher immobile qui s'élève sur une côte ; les flots se brisent *au pied*. (II, 104.)
L'on fait assaut d'éloquence jusqu'*au pied* de l'autel et en la présence des mystères. (II, 220.)
Il y avoit.... plusieurs magistrats qui alloient *à pied* à la chambre ou aux enquêtes, d'aussi bonne grâce qu'Auguste autrefois alloit *de son pied* au Capitole. (I, 296 et 297.)
Il (le codicille) renvoie Titius dans son faubourg, sans rentes..., et le met *à pied*. (II, 192.)
Je vous trouve digne de l'estime de tout le monde, et c'est aussi *sur ce pied*-là que je suis votre ami sincère. (II, 514.)

PIÉGE :
Le *piége* est tout dressé à ceux à qui sa charge, sa terre, ou ce qu'il possède feront envie. (I, 255.)

PILLER :
Être pillé ou massacré dans d'épaisses forêts. (I, 383.)

PILOTE. (I, 76, *l.* 12.)

PINCEAU, au figuré :
Quels bizarres portraits...! quelles couleurs! quel *pinceau*! (II, 107.)

PIONS, au jeu de dames. (I, 325, *l.* 10.)

PIQUANT, ANTE, au figuré :
Un grand éloignement pour la raillerie *piquante*. (I, 388.)
Une beauté négligée, mais plus *piquante*. (I, 156.)

PIQUE, brouillerie, aigreur :
L'esprit de *pique* et de jalousie. (II, 127.)

PIQUER (SE) DE, au figuré :
[Elles] *se piquent* la plupart d'une ancienne noblesse. (I, 87.)
Elle se moque de *se piquer* de jeunesse, et de vouloir user d'ajustements qui ne conviennent plus à une femme de quarante ans. (I, 173.)
Les.... talents *dont* il *se pique*. (II, 40.)
Un ouvrier *se pique* d'être ouvrier : Eurypyle *se pique*-t-il d'être bel esprit?... S'il est vrai qu'il ne *se pique de* rien,... c'est un homme sage. (II, 85.)
Se piquer d'avoir un ancien château à tourelles, à créneaux et à mâchecoulis. (I, 305 ; voyez I, 339, *l.* 3.)

PIQUEUR. (I, 282, *l.* 18.)

PIRE, adjectif et substantivement :
Petits hommes,... c'est déjà une chose plaisante que vous donniez aux animaux, vos confrères, ce qu'il y a de *pire*. (II, 128.)

Il n'y a rien de *pire* pour sa fortune que d'être entièrement ignoré. (II, 227; voyez I, 292, *n.* 16.)

Où il est mauvais, il passe bien au delà du *pire*. (I, 131.)

PIROUETTER. (II, 266, *l.* 25.)

PISTE, au figuré :

Les grands.... renoncent volontiers à toutes les rubriques d'honneurs.... Ceux qui suivent leur *piste* observent déjà par émulation cette simplicité. (II, 167.)

PITEUX :

« Pitié » [devoit nous conserver] « *piteux* ». (II, 208.)

PITOYABLE, digne de pitié, substantivement :

Est-il moins dans la nature de s'attendrir sur le *pitoyable* que d'éclater sur le ridicule? (I, 137.)

PIVOT, au figuré :

La morale.... de la chaire.... roule sur les mêmes *pivots*.... que la satire. (II, 231.)

La sage conduite roule sur deux *pivots*, le passé et l'avenir. (II, 110.)

PLACE, emplois divers; place publique ; fonctions :

Cette pratique si sévère.... qui bannit l'éloquence du seul endroit où elle est en sa *place*. (II, 185.)

Toute plaisanterie dans un homme mourant est hors de sa *place*. (II, 240.)

Le rebut de la cour est reçu.... dans une ruelle, où il défait le magistrat.... ainsi que le bourgeois..., les écarte et devient maître de la *place*. (I, 178.)

Le peuple.... souffre impatiemment.... que le combat ne soit pas sanglant et qu'il y ait moins de dix mille hommes sur la *place*. (I, 368.)

Si un flatteur se promène avec quelqu'un dans la *place* : « Remarquez-vous, lui dit-il, comme tout le monde a les yeux sur vous? » (I, 36.)

Il sait éviter dans la *place* la rencontre d'un ami pauvre. (I, 76.)

Voyez I, 80, *l.* 7 ; I, 84, *l. dernière ;* I, 263, *n.* 56.

Bérylle tombe en syncope à la vue d'un chat, et moi à la vue d'un livre. Suis-je mieux nourri..., après vingt ans entiers qu'on me débite dans la *place*? (II, 86.)

Il n'y avoit aucun de vos illustres prédécesseurs, qu'on ne s'empressât de voir, qu'on ne montrât dans les *places*. (II, 460.)

Ceux qui ont les premières *places* dans un État populaire. (I, 84.)

Un homme en *place* doit aimer son prince. (I, 350.)

N'est-ce pas beaucoup, pour celui qui se trouve en *place* par un droit héréditaire, de supporter d'être né roi? (I, 388.)

PLACER :

[Ils] *placent* heureusement et avec succès, dans les négociations les plus délicates, les talents qu'ils ont de bien parler et de bien écrire. (II, 464.)

Oui, Théodote..., vous *serez placé*. (I, 323.)

Un homme qui vient d'*être placé* ne se sert plus de sa raison.... pour régler sa conduite.... à l'égard des autres. (I, 317.)

Un homme *placé* et qui est en faveur. (I, 324.)

PLAIE :

Les grands..., avec de longs services, bien des *plaies* sur le corps, de beaux emplois..., ne montrent pas un visage si assuré. (I, 303.)

PLAINDRE ; SE PLAINDRE DE, SE PLAINDRE QUE :

Jeune Soyecour! je regrette ta vertu... : je *plains* cette mort prématurée qui te joint à ton intrépide frère. (I, 367.)

Ils *plaignent* fort haut celui (l'argent) qu'ils n'ont pas songé à perdre. (I, 282.)

Il ne se *plaint* non plus toute sorte de parure qu'un jeune homme qui a épousé une riche vieille. (I, 160.)

Après une grande sécheresse...., comme il ne peut *se plaindre de* la pluie, il s'en prend au ciel de ce qu'elle n'a pas commencé plus tôt. (I, 67.)

Elle *se plaint qu'*elle est lasse et recrue de fatigue. (II, 23.)

PLAINTE :

Je.... crois.... être disculpé, à l'égard de Votre Altesse, des *plaintes* que l'on me dit qu'elle fait sur cela. (II, 488.)

PLAIRE :

On ne doit écrire que pour l'instruction; et s'il arrive que l'on *plaise*, il ne faut pas néanmoins s'en repentir. (I, 106.)

Ménalque.... prend sa cassette, en tire ce qu'il lui *plaît*. (II, 9.)

Bien que les magistrats lui aient permis tels transports de bois qu'il lui *plairoit* sans payer de tribut,... il n'a point voulu, etc. (I, 78.)

L'éloquence [est] un don de l'âme,... qui fait.... que nous leur persuadons (aux autres) tout ce qui nous *plaît*. (I, 143.)

PLAISANT, adjectif et substantivement :

Il est bon homme, il est *plaisant* homme. (II, 103.)

L'on marche sur les mauvais *plaisants*.... Un bon *plaisant* est une pièce rare. (I, 215.)

PLAISANTERIE :

L'impudence est une profession ouverte d'une *plaisanterie* outrée. (I, 56.)

PLAISIR ; FAIRE PLAISIR :

Le *plaisir* le plus délicat est de faire celui d'autrui. (I, 223.)

Ne point manquer les occasions de *faire plaisir*. (II, 16.)

PLANCHER. (II, 130, *l.* 19.)

PLANES (FIGURES). (II, 483, *l.* 12.)

PLANTER :

Vous le voyez *planté*, et qui a pris racine au milieu de ses tulipes. (II, 135.)

PLAT, ATE, adjectif :

Des compartiments mêlés d'eaux *plates* et d'eaux jaillissantes. (II, 257.)

PLAUSIBLE :

[Elle] cache des foibles sous de *plausibles* dehors. (I, 186.)

PLEIN, EINE ; PLEIN DE :

Suivre d'abord le grand chemin, et s'il est *plein* et embarrassé, prendre la terre, et aller à travers champs. (I, 258.)

Malherbe..., d'un style *plein* et uniforme, montre.... ce qu'elle (la nature) a de plus beau. (I, 129.)

Ceux-là portent les armes *pleines*, ceux-ci brisent d'un lambel. (I, 281.)

L'un des malheurs du Prince est d'être souvent trop *plein de* son secret, par le péril qu'il y a à le répandre. (I, 378.)

Un homme si *plein de* ses intérêts et si ennemi des vôtres. (I, 256.)

Tout *plein d'*un sang qui n'est pas le sien, mais qui a rejailli sur lui de la plaie du blessé. (I, 83.)

PLEURÉSIE. (II, 198, *n.* 68.)

PLEUVOIR, au figuré :
L'on marche sur les mauvais plaisants, et il *pleut* par tout pays de cette sorte d'insectes. (I, 215.)

PLIANT, au figuré :
L'on desireroit de ceux qui ont un bon cœur qu'ils fussent toujours *pliants*, faciles, complaisants. (II, 16.)

PLIER, actif; SE PLIER; PLIER, neutre :
Il n'y a ni poste, ni crédit, ni richesses.... qui aient pu vous *plier* à faire ce choix. (II, 472.)
Un homme d'esprit.... sauroit se tourner et *se plier* en mille manières agréables. (I, 348.)
Il *plie* sous le poids de son bonheur. (I, 317.)
On l'a regardé comme un homme incapable de céder à l'ennemi, de *plier* sous le nombre ou sous les obstacles. (I, 162.)
Dans la société, c'est la raison qui *plie* la première. (I, 231.)

PLOMBÉ :
Si les femmes.... [avoient] le visage.... aussi *plombé* qu'elles se le font par le rouge..., elles seroient inconsolables. (I, 173.)

PLOMB :
[Il] n'a pas encore payé les *plombs* d'une maison qui est achevée depuis dix années. (II, 112.)

PLUME, pour écrire :
Ceux qui d'un vol libre et d'une *plume* légère, se sont élevés à quelque gloire par leurs écrits. (II, 443.)

PLUME, nom d'un coquillage. (II, 142 et note 1.)

PLUPART (LA) :
[Elles] se piquent *la plupart* d'une ancienne noblesse. (I, 87.)

PLUS; LE PLUS; PLUS, au sens de *le plus*; NON PLUS; PLUS.... PLUS :
Un autre, *plus* égal que Marot et *plus* poëte que Voiture.... (II, 461.)
On ne leur demande point qu'ils soient *plus* éclairés et *plus* incorruptibles, qu'ils soient *plus* amis de l'ordre et de la discipline, *plus* fidèles à leurs devoirs, *plus* zélés pour le bien public, *plus* graves : on veut seulement qu'ils ne soient point amoureux. (II, 45.)
Je trouve *plus* mon compte à me confirmer dans cette pensée. (I, 341.)
Cette fatuité de quelques femmes de la ville.... est quelque chose de pire que la grossièreté des femmes du peuple, et que la rusticité des villageoises : elle a sur toutes deux l'affectation de *plus*. (I, 292.)
Il ne vous sauroit rendre de *plus* d'un mois les stances qu'il vous a promises. (I, 241.)
Les hommes composent ensemble une même famille : il n'y a que le *plus* ou le moins dans le degré de parenté. (I, 356.)
Le *plus* ou le moins de mille livres de rente se trouve écrit sur les visages. (I, 262.)
Quand je vois de certaines gens.... en être avec moi sur le *plus* ou sur le moins.... (I, 263.)
La vie est un sommeil : les vieillards sont ceux dont le sommeil a été *plus* long. (II, 25.)
Une belle femme qui a les qualités d'un honnête homme, est ce qu'il y a au monde d'un commerce *plus* délicieux. (I, 174.)
Je ne sais s'il y a rien au monde qui coûte davantage à approuver,.... que ce qui est *plus* digne d'approbation. (II, 75.)

Ce sont les éminentes dignités et les grands titres dont les hommes tirent *plus* de distinction et *plus* d'éclat. (I, 159.)

Le plus heureux.... est celui qui a *plus* de choses à perdre par sa mort. (I, 267.)

Ce vice est souvent celui qui convenoit le moins à leur état, et qui pouvoit leur donner dans le monde *plus* de ridicule. (II, 45.)

C'est le talent qu'il possède à un *plus* haut point de perfection. (II,159.)

Je ne sais qui est *plus* à plaindre, ou d'une femme avancée en âge qui a besoin d'un cavalier, ou d'un cavalier qui a besoin d'une vieille. (I, 177; voyez *ibidem*, note 1.)

Je.... fais choix des choses dont il a *plus* besoin d'être instruit. (II, 5o5.)

Il est d'une nécessité *plus* que morale qu'il (un homme devenu riche) le soit (soit noble). (II, 164.)

Un grain d'esprit et une once d'affaires *plus* qu'il n'en entre dans la composition du suffisant, font l'important. (II, 99.)

Que faites-vous.... dans cet endroit le *plus* reculé de votre appartement ? (I, 248.)

Ils tirent.... de leur folie tous les fruits d'une sagesse la *plus* consommée. (II, 44.)

Il ne se plaint *non plus* toute sorte de parure qu'un jeune homme qui a épousé une riche vieille. (I, 160; voyez II, 110, *n*. 74.)

Plus longtemps vous le ferez durer (ce rôle), un acte, deux actes, *plus* il sera naturel et conforme à son original ; mais *plus* aussi il sera froid et insipide. (I, 139.)

PLUSIEURS (voyez Quelqu'un, quelques-uns) :
Il n'approuve point la domination de *plusieurs*. (I, 84.)
Cet homme.... a fait la fortune de *plusieurs*. (I, 256.)
Il fait un voyage avec *plusieurs*. (II, 55.)
Il préfère.... sa propre satisfaction à l'utilité de *plusieurs*. (I, 108.)

PLUTÔT. Voyez Tôt.

POÉSIE :
Voilà.... leur unique ton, celui qu'ils emploient contre les ouvrages des mœurs qui réussissent :... ils les lisent comme une histoire, ils n'y entendent ni la *poésie* ni la figure. (II, 445.)

POIDS, au figuré :
Il plie sous le *poids* de son bonheur. (I, 317.)

POIL :
Il est hérissé de *poil* sous les aisselles et par tout le corps. (I, 71.)

POINDRE :
L'usage a préféré.... « piquer » à « *poindre* ». (II, 213.)

POINT, substantif, au figuré :
[Le guerrier et le politique, comme le joueur,] savent.... profiter.... d'un tel ou d'un tel hasard, ou de plusieurs tout à la fois. Si ce *point* arrive, ils gagnent ; si c'est cet autre, ils gagnent encore ; un même *point* souvent les fait gagner de plusieurs manières. (II, 110.)

La neutralité entre des femmes qui nous sont également amies.... est un *point* difficile. (I, 188.)

Il y a dans l'art un *point* de perfection, comme de bonté ou de maturité dans la nature. (I, 116.)

C'est le talent qu'il possède à un plus haut degré de perfection ; il se fait même un *point* de conduite de ne le pas laisser inutile. (II, 159.)

Point de vue :

La province est l'endroit d'où la cour, comme dans son *point de vue*, paroît une chose admirable. (I, 299.)

Point (Au) de ; à un certain point ; sur le point que :

Ils en sont émus..., *au point de* résoudre dans leur cœur, sur ce sermon de Théodore, qu'il est encore plus beau que le dernier. (II, 226.)

Il faut avoir de l'esprit pour être homme de cabale ; l'on peut cependant en avoir *à un certain point*, que l'on est au-dessus de l'intrigue..., et que l'on ne sauroit s'y assujettir. (I, 334.)

Se trouvant sur le bord de la mer, *sur le point qu'*un homme est prêt de partir et de monter dans son vaisseau, [il] l'arrête sans nul besoin. (I, 72.)

Point de Venise. (II, 174, *l.* 1.)

POINT, négation. Voyez Pas.

POINTE, au propre et au figuré :
La *pointe* de leurs cheveux. (II, 95.)
La première source de tout le comique : je dis de celui qui est épuré des *pointes*, des obscénités, des équivoques, etc. (I, 15.)

POINTILLEUX :
Un homme.... *pointilleux*. (II, 16 ; voyez II, 210, *l.* 2 ; II, 133, *l.* 11.)

POINTU. (II, 210, *l.* 1.)

POIREAU, excroissance qui vient sur la peau :
On lui voit aux mains des *poireaux*. (I, 70.) — 1re édition, *porreaux*.

POITRINE :
C'est moins une véritable éloquence que la ferme *poitrine* du missionnaire qui nous ébranle. (II, 231.)

POLAIRE :
Que doit-on penser de l'éloignement de deux étoiles..., et à plus forte raison des deux *polaires*? Quelle est donc l'immensité de la ligne qui passe d'une *polaire* à l'autre? (II, 264.)

POLI, au propre et au figuré :
La cour est comme un édifice bâti de marbre : je veux dire qu'elle est composée d'hommes fort durs, mais fort *polis*. (I, 299.)
L'on parle d'une région où les vieillards sont.... *polis* et civils. (I, 327.)
Toute campagne n'est pas agreste et toute ville n'est pas *polie*. (II, 89.)
Il ne s'agit point si les langues sont.... mortes ou vivantes, mais si elles sont grossières ou *polies*. (II, 85.)

POLICE :
Sophocle..., sous prétexte d'une exacte *police*, fit une loi qui défendoit.... à aucun philosophe d'enseigner dans les écoles. (I, 18.)
Une vaste capacité,... qui donne aux villes plus de sûreté et plus de commodités par le renouvellement d'une exacte *police*. (I, 390.)

POLICE :
On devroit proscrire de tels personnages si heureux, si pécunieux, d'une ville bien *policée*. (I, 291.)

POLISSURE :
Une belle arme.... ciselée artistement, d'une *polissure* admirable. (I, 187.)

POLITESSE :

Il faut avoir de bien éminentes qualités pour se soutenir sans la *politesse*. (I, 229.)

Pour badiner avec grâce, et rencontrer heureusement sur les plus petits sujets, il faut trop de manières, trop de *politesse*. (I, 215.)

Il faut très-peu de fonds pour la *politesse* dans les manières. (II, 84.)

L'agrément et.... la *politesse* de son langage. (II, 232.)

Ils voyoient dans leurs ouvrages plus de tour et de délicatesse, plus de *politesse* et d'esprit.... (II, 244.)

Voy. I, 128, *n*. 38; I, 228, *n*. 32; I, 239, *n*. 71; I, 299, *n*. 9; I, 347, *n*. 25; II, 90, *n*. 26.

POLITIQUE, adjectif et substantivement :

Il (Corneille) est *politique*, il est philosophe. (II, 101.)

[Ils] étudient le gouvernement, deviennent fins et *politiques*. (I, 346.)

Il est.... *politique*, mystérieux sur les affaires du temps. (I, 273.)

Il est savant, dit un *politique*, il est donc incapable d'affaires. (II, 84.)

POLITIQUE, substantif féminin :

Faire servir Dieu et la religion à la *politique*, c'est-à-dire à l'ordre et à la décoration de ce monde. (II, 238.)

Palliant d'une *politique* zélée le chagrin de ne se sentir pas à leur gré si bien loués.... que chacun des autres académiciens, ils ont osé, etc. (II, 448.)

Une compagnie.... qui avoit bien d'autres délicatesses de *politique* sur la vertu des grands hommes que n'en sauroit avoir l'Académie françoise. (II, 440.)

POLTRON :

Cet usage (le duel) n'a pas laissé au *poltron* la liberté de vivre. (II, 142.)

POMPEUSEMENT :

Quel supplice que celui d'entendre déclamer *pompeusement* un froid discours ! (I, 115.)

POMPEUX :

De longues suites de vers *pompeux*. (I, 115.)

PONCTUALITÉ :

Il est d'une *ponctualité* religieuse sur les visites. (I, 285.)

POPULACE :

Il y a le peuple qui est opposé aux grands : c'est la *populace* et la multitude. (I, 361 ; voyez I, 371, *l*. 18.)

POPULAIRE, sens divers :

L'ordre, la décoration, les effets de la nature sont *populaires* ; les causes, les principes ne le sont point. (II, 272.)

S'il (le prédicateur) s'écarte de ces lieux communs, il n'est plus *populaire*, il est abstrait ou déclamateur. (II, 232.)

Il y a des hommes.... naturellement odieux, et dont l'aversion devient *populaire*. (II, 125.)

L'ancienne question de l'état *populaire* et du despotique. (II, 180 ; voyez I, 84, *l*. 3 ; II, 29, *n*. 57.)

Un visage trivial et *populaire*. (II, 59.)

POPULAIREMENT :

A parler *populairement*, on peut dire d'une seule nation.... qu'elle n'a qu'une seule religion ; mais à parler exactement, il est vrai.... que chacun presque y a la sienne. (II, 246.)

PORTEE, sens physique et sens moral :

Vous êtes déjà hors de *portée* (de la vue). (I, 168.)

Une *portée* d'esprit fort médiocre. (I, 300.)

Les ramener à leurs devoirs par des choses qui soient de leur goût et de leur *portée*. (I, 10 ; voyez II, 65, *l. avant-dernière*.)

Comme il connoît leur *portée* (la portée des hommes), il n'exige point d'eux.... qu'ils volent dans l'air, qu'ils aient de l'équité. (II, 22.)

PORTER, au propre et au figuré, emplois divers ; se porter :

Ces gens.... qui ne font ni mémoires ni relations, qui ne *portent* point de tablettes. (II, 138 ; voyez I, 47, *l.* 8 ; I, 79, *l.* 16.)

La plante qui *porte* le chanvre. (I, 295.)

Cette île *portoit* de petits chiens fort estimés. (I, 74, note 4.)

Qu'est devenue la distinction des casques et des heaumes?... Il ne s'agit plus de les *porter* de front ou de côté, ouverts ou fermés, et ceux-ci de tant ou de tant de grilles. (II, 165.)

Ceux-là *portent* les armes pleines, ceux-ci brisent d'un lambel. (I, 281.)

Le valet de chambre, l'homme de livrée, s'ils n'ont plus d'esprit que ne *porte* leur condition.... (I, 349.)

L'homme du monde d'un meilleur esprit, que le hasard *a porté* au milieu d'eux, leur est étranger. (I, 276.)

Ils ne hasardent point leurs suffrages, et ils veulent *être portés* par la foule et entraînés par la multitude. (I, 120.)

Ce sont ces mêmes personnes.... qui se trouvant tous *portés* devant la boutique d'Archias, achètent eux-mêmes des viandes salées. (I, 43.)

Le voilà tout *porté*, avec ses alliés jaloux de la religion et de la puissance de César, pour fondre sur lui, pour lui enlever l'aigle. (II, 133.)

Cette splendeur où vous desirez de le *porter* (votre palais) avant de l'habiter. (I, 271 ; voyez *ibidem*, *l. dernière*.)

Il est difficile à la cour que de toutes les pièces que l'on emploie à l'édifice de sa fortune, il n'y en ait quelqu'une qui *porte* à faux. (I, 308.)

Jusques où les hommes ne *se portent*-ils point par l'interêt de la religion ! (II, 246.)

Porter au vent, gouverner dans le sens du vent, au figuré :

Ils *portent au vent*, attelés tous deux au char de la Fortune, et tous deux fort éloignés de s'y voir assis. (I, 304.)

PORTIÈRE :

Ménalque se jette hors de la *portière* (du carrosse). (II, 8.)

PORTION :

La *portion* des prémices des viandes que l'on envoie sur l'autel de Diane. (I, 54.)

Avoir tous les pauvres d'une ville assemblés à sa porte, qui y reçoivent leurs *portions*. (II, 249.)

Un être souverainement parfait,... dont notre âme est l'image, et si j'ose dire, une *portion*, comme esprit et comme immortelle. (II, 237.)

PORTRAIT, au figuré :

Il est si prodigieusement flatté dans toutes les peintures que l'on fait de lui, qu'il paroît difforme près de ses *portraits*. (I, 310.)

Il (le public) peut regarder avec loisir ce *portrait* que j'ai fait de lui d'après nature. (I, 105.)

POSER :

Je demande à mes censeurs qu'ils me *posent*.... la différence qu'il y a des éloges personnels aux caractères qui louent. (II, 437.)

POSSÉDER :
[Ils] embrassent toutes (les connoissances), et n'en *possèdent* aucune. (II, 139.)

POSSESSION; être en possession de :
Surchargez-le de terres, de titres et de *possessions*. (I, 156.)
Il y a vingt années que je *suis en possession de* dormir les nuits. (II, 176.)

POSSESSOIRE, terme de droit. (II, 77, *l.* 5 et 6; voy. *ibid.*, note 1.)

POSTE, emploi, fonction :
Le sage.... tend à de si grandes choses, qu'il ne peut se borner à ce qu'on appelle des trésors, des *postes*, la fortune et la faveur. (I, 169.)
C'est avoir une très-mauvaise opinion des hommes.... que de croire dans un grand *poste* leur imposer par des caresses étudiées. (I, 357; voyez II, 159, *n.* 25.)

POSTER (Se) :
Il se trouve sur leur passage, *se poste* devant leurs yeux. (I, 155.)

POSTULER :
L'on *postule* une place dans l'Académie. (I, 314; voyez II, 451, *l.* 23.)

POSTURE :
Il imite les *postures* d'un lutteur. (I, 86; voyez I, 46, *l.* 4.)

POT de terre. (I, 54, *l. avant-dernière.*)

POTAGE (voyez II, 56, note 2) :
Le *potage* est sur la table. (I, 72.)
Il dit combien il y a eu de *potages*, et quels *potages*. (II, 56.)

POUCES d'eau. (I, 339, *n.* 4.)

POUDRE, poussière; poudre qu'on met sur l'écriture :
Le vent, la pluie, la *poudre* et le soleil. (I, 296.)
[Il] écrit une longue lettre, met de la *poudre* dessus à plusieurs reprises, et jette toujours la *poudre* dans l'encrier. (II, 10.)

POUMONS. (II, 174, *l.* 14.)

POUR, préposition :

1° Pour, à cause de, en raison de, par :
La neutralité entre des femmes..., quoiqu'elles aient rompu *pour* des intérêts où nous n'avons nulle part, est un point difficile. (I, 188.)
Il se lève la nuit *pour* une indigestion. (I, 63.)
[La maison] est trop petite *pour* le grand nombre d'étrangers qu'il retire chez lui. (I, 80.)
Personnages illustres *pour* toutes sortes de talents. (II, 440.) — 8ᵉ édit., *par.*

2° Pour, comme :
C'est un homme donné à son siècle *pour* le modèle d'une vertu sincère et pour le discernement de l'hypocrite. (II, 154.)
N'estimer que soi..., avoir *pour* suspecte la vertu même. (II, 152.)

3° Pour, devant l'infinitif, *afin de*, *afin que* avec le subjonctif :
Les courtisans n'emploient pas ce qu'ils ont d'esprit..., *pour* trouver les expédients d'obliger ceux de leurs amis qui implorent leur secours, mais seulement *pour* leur trouver des raisons apparentes. (I, 308 et 309.)
Nous sommes.... fort avant dans la vie de François premier.... J'apporte tout le soin dont je suis capable *pour* l'en rendre instruit. (II, 506.)
Il fait saler (ces viandes) *pour* lui servir dans plusieurs repas. (I, 52.)

4° Pour, devant l'infinitif, *parce que*, *quoique*, avec l'indicatif :
Les phrases proverbiales usées depuis si longtemps, *pour* avoir servi à un nombre infini de pareils discours. (II, 438.)
Un homme d'esprit, et qui est né fier, ne perd rien de sa fierté et de sa roideur *pour* se trouver pauvre. (I, 230.)
Pour ne se répandre que sur les dehors, elle (l'incivilité) n'en est que plus haïssable. (II, 15.)

5° Pour, devant l'infinitif, *par*, *en* avec le participe présent :
Tout couvert de lèpre..., ne pas laisser de se mêler parmi le monde, et croire en être quitte *pour* dire que c'est une maladie de famille. (I, 70.)

6° Pour, emplois divers :
Il y avoit à gagner de dire.... « de moi » au lieu de « *pour* moi » ou de « quant à moi ». (II, 212.)
Il a une profusion.... de louanges *pour* ce qu'a fait ou ce qu'a dit un homme placé..., et *pour* tout autre une sécheresse de pulmonique ; il a des formules de compliments différents *pour* l'entrée et *pour* la sortie à l'égard de ceux qu'il visite ou dont il est visité... ; il a une ferveur de novice *pour* toutes les petites pratiques de cour. (I, 324.)
L'on compte sur lui.... *pour* un tiers ou *pour* un cinquième à l'hombre ou au reversi. (I, 284.)
Les hommes, ne pouvant guère compter les uns sur les autres *pour* la réalité, semblent être convenus entre eux de se contenter des apparences. (I, 331.)
Quelle comparaison de la lune au soleil *pour* la grandeur, *pour* l'éloignement, *pour* la course ? (II, 260.)
Supposons.... qu'elle parcoure.... neuf cents toises en une minute ; passons-lui mille toises en une minute, *pour* une plus grande facilité. (II, 261.)
Pour peu de prévention qu'ils aient en faveur de celui qui parle, ils l'admirent. (II, 233.)
Se trouver tête *pour* tête à la rencontre d'un prince. (II, 7.)
Voilà toutes les femmes en campagne *pour* l'avoir *pour* galant, et toutes les filles *pour* épouseur. (I, 290.)
Quelle facilité est la nôtre *pour* perdre.... le sentiment et la mémoire des choses dont nous nous sommes vus le plus fortement imprimés ! (II, 468.)
Il y a toujours, dès la première année, des semences de division *pour* rompre dans celle qui doit suivre. (I, 277.)
Il.... parle le premier, *pour*, en découvrant les oppositions..., prendre ses mesures et avoir la réplique. (I, 374.)

POURFIL :
L'usage a.... fait.... « profil » de « *pourfil* ». (II, 214.)

POURMENADE, POURMENER :
L'usage a.... fait.... « promener » de « *pourmener* », et promenade de « *pourmenade* ». (II, 214.)

POURPOINT :
Un *pourpoint* à ailerons. (II, 146 ; voyez II, 150, *n.* 16.)

POURPRE, robe de pourpre, personnage vêtu de pourpre :
L'essai et l'apprentissage d'un jeune adolescent qui passe de la férule à la *pourpre*, et dont la consignation a fait un juge, est de décider souverainement des vies et des fortunes des hommes. (II, 187.)
[Il] a sa place dans l'œuvre auprès les (sic) *pourpres* et les fourrures. (II, 174.)

POURQUOI :
Les raisons *pourquoi* elle est telle. (I, 223.)

POURVEOIR :
L'usage a.... fait.... « provision » de « *pourveoir* ». (II, 214.)
POURVOIR À :
[La] mode.... semble *avoir pourvu à* ce que les femmes changent leur physionomie douce et modeste en une autre qui soit fière. (II, 147.)
[Il] veut.... *pourvoir à* lui seul, grossir sa fortune, et regorger de bien. (I, 257.)
POURVU QUE :
« Le bruit court que Pison est mort : c'est une grande perte;... il étoit sûr, généreux, fidèle. » Ajoutez : « *pourvu qu*'il soit mort. » (II, 112.)
POUSSER :
Il *avoit poussé* sa vie au delà de cent ans. (I, 13.)
Il prie..., il médite, il *pousse* des élans et des soupirs. (II, 155.)
POUVOIR, verbe :
Il faut savoir lire, et ensuite se taire, ou *pouvoir* rapporter ce qu'on a lu... ; et si on le *peut* quelquefois, ce n'est pas assez, il faut encore le vouloir faire. (I, 107 et 108.)
Que manque-t-il de nos jours à la jeunesse ? Elle *peut* et elle sait ; ou du moins, quand elle sauroit autant qu'elle *peut*, elle ne seroit pas plus décisive. (I, 329.)
Ne *pouvoir* supporter tous les mauvais caractères.... n'est pas un fort bon caractère. (I, 230.)
POUVOIR, substantif ; EN POUVOIR DE :
Il entreprend au-dessus de son *pouvoir*. (II, 65.)
Par les concussions, la violence, et l'abus qu'il a fait de ses *pouvoirs*, il s'est enfin.... élevé à quelque grade. (I, 250.)
La véritable grandeur.... se relâche de ses avantages, toujours *en pouvoir de* les reprendre et *de* les faire valoir. (I, 169.)
PRATIC (pour *pratique*), orthographe des éditions 1-8 :
Il étoit homme délié et *pratic* dans les affaires. (I, 114, *variante*.)
PRATICABLE :
Hermippe est l'esclave de ce qu'il appelle ses petites commodités;... il ne néglige aucune de celles qui sont *praticables*. (II, 196.)
PRATICIEN, homme de loi, avocat, procureur :
De vils *praticiens*, à qui ils prêtent à usure. (I, 47.)
Celui qui n'a de partage avec ses frères que pour vivre à l'aise bon *praticien*, veut être officier. (I, 265 ; voyez *ibidem*, note 3.)
L'homme docte est un savantasse, le magistrat un bourgeois ou un *praticien*, le financier un maltôtier, et le gentilhomme un gentillâtre. (II, 117.)
Voyez I, 295, *l*. 28; I, 297, *l*. 18 ; II, 86, *l*. dern. ; II, 188, *l*. 2 ; II, 191, *l*. dern.
PRATIQUE, adjectif. Voyez PRATIC.
PRATIQUE, substantif, emplois divers :
La différence des esprits des hommes.... fait goûter aux uns les choses de spéculation et aux autres celles de *pratique*. (I, 9 ; voyez II, 483, *l*. 9.)
L'amitié.... se forme peu à peu..., par la *pratique*, par un long commerce. (I, 199.)
L'on applaudit à la coutume.... d'interrompre les avocats au milieu de leur action, de les empêcher d'être éloquents..., et cette *pratique* si sévère..., on l'autorise par une raison solide. (II, 184.)
Ces diseurs de nouvelles me donnent de l'admiration ;... je ne vois pas qu'ils puissent recueillir le moindre fruit de cette *pratique*. (I, 52.)

L'utile et la louable *pratique*, de perdre en frais de noces le tiers de la dot qu'une femme apporte! (I, 292.)

Je.... commencerai à lui faire lire les mémoires à François I, pour suivre cette *pratique* dans les [règnes] suivants jusqu'à celui-ci. (II, 495.)

Ils blanchissent auprès d'eux (auprès des grands) dans la *pratique* des bons mots. (II, 44.)

PRÉBENDE, canonicat. (II, 176, *l.* 5 ; II, 227, *n.* 17.)

PRÉCAUTION :

Les crimes les plus cachés, et où la *précaution* des coupables pour les dérober aux yeux des hommes a été plus grande.... (II, 274.)

PRÉCAUTIONNER (Se) ; précautionné :

Il *se précautionne* et s'endurcit contre les lenteurs et les remises. (I, 377 ; voyez I, 333, *n*, 88.)

Cette confiance le rend moins *précautionné*. (I, 165.)

PRÉCÉDER :

Indifférents pour toutes les choses qui les *ont précédés*, [ils] sont avides de celles qui se passent à leurs yeux. (I, 10.)

PRÊCHER, se prêcher :

Un pasteur.... a sa place dans l'œuvre... ; le Récollet quitte sa cellule.... pour venir le *prêcher*, lui et ses ouailles. (II, 174.)

Si quelquefois on pleure..., après avoir fait attention au génie et au caractère de ceux qui font pleurer, peut-être conviendra-t-on que c'est la matière qui *se prêche* elle-même. (II, 231.)

N'aimer de la parole de Dieu que ce qui *s'en prêche* chez soi ou par son directeur. (II, 152.)

PRÉCIEUX, euse, substantivement :

C'est.... un composé du pédant et du *précieux*. (I, 243.)

Il a.... toutes les petites [manières], et celles même qui ne conviennent guère qu'à une jeune *précieuse*. (I, 321.)

PRÉCIPITATION :

Un homme innocent, à qui la *précipitation* et la procédure ont trouvé un crime. (II, 189.)

PRÉCIPITER ; précipité ; se précipiter :

Les femmes.... *précipitent* le déclin de leur beauté par des artifices qu'elles croient servir à les rendre belles. (I, 328.)

Gens.... entreprenants, légers et *précipités*. (I, 304.)

[Des] orateurs, qui n'ont eu le temps que de louer Dieu dans un sermon *précipité*. (II, 227.)

Seroit-on reçu à dire qu'on ne peut se passer de voler, d'assassiner, de *se précipiter*? (I, 269.) — Probablement au figuré : dans les excès du vice.

PRÉCISÉMENT :

Sachez *précisément* ce que vous pouvez attendre des hommes en général, et de chacun d'eux en particulier. (II, 16.)

Tel.... a entendu..., sur une chose *précisément* la même, des sentiments *précisément* opposés. (II, 78.)

Ironie.... chez Théophraste, c'est quelque chose entre la fourberie et la dissimulation, qui n'est pourtant ni l'un ni l'autre, mais *précisément* ce qui est décrit dans le premier chapitre. (I, 31.)

Tel homme au fond et en lui-même ne se peut définir :... il n'est point *précisément* ce qu'il est ou ce qu'il paroît être. (II, 18.)

N'entrer dans une chambre *précisément* que pour en sortir. (I, 295.)

PRÉE, prairie :
L'usage a préféré.... « prairies » à « *prées* ». (II, 214.)

PRÉFÉRER ; préférer de :
Le bel.... usage que celui qui *préférant* une sorte d'effronterie.... à la pudeur, expose une femme d'une seule nuit sur un lit comme sur un théâtre. (I, 293.)
Je *préférerois*.... *de* prononcer le discours funèbre de celui à qui je succède, plutôt que de me borner à un simple éloge de son esprit. (II, 466.)

PRÉLATURE :
Ils dotent leurs filles, placent leurs fils aux parlements et dans la *prélature*. (II, 198 ; voyez II, 234, *l.* 1.)

PRÉMICES :
Ce sont eux encore dont la portion des *prémices* des viandes que l'on envoie sur l'autel de Diane est toujours la plus petite. (I, 54.)

PREMIER, ère ; la première fois ; de la première main :
Celui qui voit loin derrière soi un homme de son temps..., avec qui il est venu à la cour *la première fois*.... (I, 307.)
Certaines charges qui semblent n'avoir été imaginées *la première fois* que pour enrichir un seul. (II, 182 ; voyez Fois.)
Ayez les choses *de la première main* ; puisez à la source. (II, 203.)

PRENDRE ; prendre sur soi ; s'en prendre à :
Celui-là peut *prendre*, qui goûte un plaisir aussi délicat à recevoir que son ami en sent à lui donner. (I, 205.)
Le fond des caractères qui y sont décrits (dans le traité de Théophraste) *est pris* de la même source. (I, 12.)
Si vous êtes.... d'une naissance à donner des exemples plutôt qu'à les *prendre* d'autrui. (I, 338.)
L'histoire, où il me semble qu'il *prend* quelque goût. (II, 484.)
Semblable à cette femme qui *prenoit* le temps de demander son masque lorsqu'elle l'avoit sur son visage.... (II, 7.)
Les manières d'un homme empressé sont de *prendre sur soi* l'événement d'une affaire qui est au-dessus de ses forces. (I, 61.)
Comme il ne peut se plaindre de la pluie, il *s'en prend* au ciel de ce qu'elle n'a pas commencé plus tôt. (I, 67 et 68.)

PRÉPARER, se préparer :
Je ne sais point si le chien choisit,... s'il pense... : l'on me dit que toutes ces choses.... sont en lui.... l'effet naturel et nécessaire de la disposition de sa machine, *préparée* par le divers arrangement des parties de la matière. (II, 256.)
Tout le mérite qu'elle se *prépare* par les années. (II, 92.)
Les femmes se *préparent* pour leurs amants, si elles les attendent. (I, 173.)

PRÈS ; près de :
Il la rase (la mesure) avec le rouleau le plus *près* qu'il peut. (I, 58.)
Il est si prodigieusement flatté dans toutes les peintures que l'on fait de lui, qu'il paroît difforme *près de* ses portraits. (I, 310.)

PRESCRIRE :
S'il est obligé de paroître dans un jour *prescrit* devant ses juges.... (I, 62.)

PRÉSÉANCES. (I, 373, *l.* 6 ; II, 133, *l.* 12.)

PRESENCE (EN LA) DE :
L'on détourne son visage pour rire comme pour pleurer *en la présence des* grands. (I, 137.)
L'on fait assaut d'éloquence jusqu'au pied de l'autel et *en la présence des* mystères. (II, 220.)

PRÉSENT, adjectif :
Quelques savants ne goûtent que les apophthegmes des anciens...; l'histoire du monde *présent* leur est insipide. (I, 10.)
Nous continuerons demain l'histoire avec la fable, où je suis d'avis de le faire beaucoup avancer parce que l'usage en est toujours *présent* et ordinaire. (II, 490.)
Il n'est ni *présent* ni attentif dans une compagnie à ce qui fait le sujet de la conversation. (II, 14; voyez I, 106, *l.* 17.)

PRÉSENTEMENT ; PRÉSENTEMENT QUE :
Il a *présentement* assez d'application. (II, 494.)
Voudroient-ils, *présentement qu*'ils ont reconnu que cette harangue a moins mal réussi dans le public qu'ils ne l'avoient espéré,... désavouer leur goût? (II, 454.)

PRÉSIDER :
Le hasard seul, aveugle et farouche divinité, *préside* au cercle, et y décide souverainement. (I, 268; voyez I, 106, *l.* 13.)

PRÉSOMPTION, jugement fondé sur des indices; opinion trop avantageuse de soi-même :
Il n'y a que de l'avantage pour celui qui parle peu : la *présomption* est qu'il a de l'esprit. (II, 113.)
Le prédicateur n'est point soutenu, comme l'avocat, par des faits toujours nouveaux...; il ne fait point valoir les violentes conjectures et les *présomptions*. (II, 231.)
Les meilleurs conseils.... viennent d'ailleurs que de notre esprit : c'est assez pour être rejetés d'abord par *présomption* et par humeur, et suivis seulement par nécessité ou par réflexion. (II, 111.)

PRESQUE :
A force de.... sentir son argent grossir dans ses coffres, on se croit enfin.... *presque* capable de gouverner. (I, 258.)
Ils ont laissé à l'homme tous les défauts qu'ils lui ont trouvés, et n'ont *presque* relevé aucun de ses foibles. (II, 4.)
Personne *presque* ne s'avise de lui-même du mérite d'un autre. (I, 152; voyez I, 154, *n.* 12.)

PRESSE, foule de gens qui se pressent :
Il fend la *presse* et se retire. (I, 76.)
Pour Bathylle, dites-vous, la *presse* y est trop grande, et il refuse plus de femmes qu'il n'en agrée. (I, 179.)

PRESSER, activement et absolument :
Pressez-les, tordez-les, ils dégouttent l'orgueil. (I, 322.)
On se nourrit des anciens et des habiles modernes, on les *presse*, on en tire le plus que l'on peut, on en renfle ses ouvrages. (I, 117.)
Ils ne sont pas les satellites de Jupiter, je veux dire ceux qui *pressent* et qui entourent le Prince. (I, 304.)
L'heure *presse*. (I, 283.)

PRESTIGE :

Qui annoncera un concert, un beau salut, un *prestige* de la foire? (I, 289.)

C'est lui qui, dans ces lieux où l'on voit des *prestiges,* s'ingère de recueillir l'argent de chacun des spectateurs. (I, 46.)

Choses fort extraordinaires, telles qu'on en voit dans nos foires. (*Note de la Bruyère.*)

PRÉSUMER QUE, PRÉSUMER DE :

Comment.... pourrois-je croire qu'on doive *présumer* par des faits récents.... *qu*'une connivence si pernicieuse dure encore? (II, 190.)

Comment voulez-vous qu'Érophile.... ne *présume* pas infiniment *de* soi et *de* son industrie? (II, 21.)

Télèphe a de l'esprit, mais dix fois moins, de compte fait, qu'il ne *présume d*'en avoir. (II, 65.)

PRÊT; PRÊT À; PRÊT DE, au sens de *près de* :

Les mêmes hommes qui ont un flegme tout *prêt* pour recevoir indifféremment les plus grands désastres, s'échappent.... sur les plus petits inconvénients. (II, 69.)

Je le rendrai *prêt* aussi sur les généalogies. (II, 481.)

L'amorce est déjà conduite, et la mine *prête à* jouer. (I, 313.)

Se trouvant sur le bord de la mer, sur le point qu'un homme est *prêt de* partir, [il] l'arrête sans nul besoin. (I, 72.)

Le monde qu'ils viennent de tromper est encore *prêt d'*être trompé par d'autres. (I, 302.)

Il est *prêt de* retourner d'où il arrive avec des mulets et des fourgons. (II, 87 ; voyez I, 376, *l.* 30; II, 103, *l.* 2.)

PRÉTENDRE :

Je n'estime pas que l'homme soit capable de former.... un projet plus vain..., que de *prétendre*.... échapper à toute sorte de critique. (I, 9.)

PRÊTER À; PRÊTER L'OREILLE À :

Je rends au public ce qu'il *m'a prêté*. (I, 105.)

[Ils] *prêtent* leurs soins et leur vigilance *aux* affaires publiques. (II, 464.)

On *prête l'oreille aux* rhéteurs, *aux* déclamateurs. (II, 222.)

PRÉTEXTER :

S'il se familiarise.... jusques à inviter ses amis à un repas, il *prétexte* des raisons pour ne pas se mettre à table et manger avec eux. (I, 80.)

PRÊTRISE. (II, 186, *n.* 47.)

PREUVE :

Le seizième.... chapitre, où.... les *preuves* de Dieu.... sont apportées. (II, 446.)

PREUVER :

L'usage a.... fait.... « prouver » de « *preuver.* » (II, 214.)

PRÉVALOIR À :

L'esprit de pique et de jalousie *prévaut* chez eux *à* l'intérêt de l'honneur, de la religion et de leur État. (II, 127.)

PRÉVENIR, sens divers :

S'il fait un voyage avec plusieurs, il les *prévient* dans les hôtelleries, et il sait toujours se conserver le meilleur lit. (II, 55.)

Deux choses toutes contraires nous *préviennent* également, l'habitude et la nouveauté. (II, 74.)

Il *prévient*, il s'offre, il se fait de fête, il faut l'admettre. (I, 342.)

S'il se laisse *prévenir* contre une personne.... (I, 84.)
Les hommes.... sont *prévenus*, charmés, enlevés par la réussite. (II, 123.)
Il croit avoir une raison solide d'être *prévenu* de son propre mérite. (I, 307.)
Chagrin contre le siècle, médiocrement *prévenu* des (en faveur des) ministres et du ministère. (I, 274; voyez Prévention, 5ᵉ *exemple*.)

PRÉVENTION; prévention de, en faveur de, pour, contre :
Il n'oublie pas de tirer avantage de l'aveuglement de son ami, et de la *prévention* où il l'a jeté en sa faveur. (II, 157; voyez II, 233, *l.* 9.)
En croirai-je la *prévention* et la flatterie, qui publient hardiment votre mérite ? (I, 343; voyez *ibidem*, *n.* 19.)
J'ai cru que.... l'Académie françoise.... n'a jamais.... rassemblé un si grand nombre de personnages illustres.... Dans cette *prévention* où je suis, je n'ai pas espéré que cette Compagnie pût être une autre fois plus belle à peindre. (II, 440.)
Dans quelque *prévention* où l'on puisse être sur ce qui doit suivre la mort, c'est une chose bien sérieuse que de mourir. (II, 240.)
Un homme sujet à se laisser prévenir, s'il ose remplir une dignité..., est un aveugle qui veut peindre, un muet qui s'est chargé d'une harangue... : foibles images, et qui n'expriment qu'imparfaitement la misère de la *prévention*.... (II, 96.)
Quand l'on parcourt, sans la *prévention de* son pays, toutes les formes de gouvernement, l'on ne sait à laquelle se tenir. (I, 363 ; voy. II, 88, *n.* 22.)
La *prévention* du peuple *en faveur des* grands est si aveugle..., que s'ils s'avisoient d'être bons, cela iroit à l'idolâtrie. (I, 338.)
Cette *prévention pour* leurs coutumes et leurs manières. (I, 22.)
L'on trouve chez eux une *prévention* toute établie *contre* les savants. (II, 81.)

PRÉVOIR :
Comme s'ils sentoient ou qu'ils *prévissent* l'indécence.... où elles (les modes) peuvent tomber.... (II, 149.)

PRÉVÔT d'un chapitre de chanoines. (II, 176, *l.* 9.)

PRIÉ-DIEU, prie-Dieu :
Il croit voir un *prié-Dieu*, il se jette lourdement dessus. (II, 9.)

PRIER de :
S'il *est prié* d'un repas, il demande en entrant, etc. (I, 44.)
Cet homme..., *prié*, sollicité, persécuté *de* consentir à l'impression de sa harangue..., leur résista. (II, 454 et 455.)

PRIEURÉ. (II, 234, *l.* 19.)

PRIMATIE, dignité de primat :
Quelques-uns, pour étendre leur renommée, entassent sur leurs personnes des pairies, des colliers d'ordre, des *primaties*, la pourpre. (I, 159.)

PRIME :
Il ne joue ni à grande ni à petite *prime*. (II, 90 ; voyez *ibidem*, note 1.)

PRIMER :
Il *prime*, il domine dans une salle. (I, 221, *variante*.)
Un homme.... qui *prime*, qui règne sur la scène. (II, 462.)
S'ils pouvoient connoître leurs subalternes et se connoître eux-mêmes, ils auroient honte de *primer*. (I, 344; voyez I, 184, *l.* 8.)
On ne *prime* point avec les grands, ils se défendent par leur grandeur, ni avec les petits, ils vous repoussent par le qui vive. (I, 234.)

PRINCE (Le), le souverain. (I, 377, *n.* 14.)

PRINCIPAUTÉ, rang, dignité de prince :
Un grand seigneur affecte la *principauté*. (II, 166.)

PRINCIPE :
Voilà le *principe* de toute impertinence. (I, 223 ; voyez I, 12, *l.* 9 ; I, 30, *l.* 13.)
L'ordre..., les effets de la nature sont populaires ; les causes, les *principes* ne le sont point. (II, 272.)
Si vous allez derrière un théâtre, et si vous nombrez les poids, les roues.... qui font les vols..., vous direz : « Sont-ce là les *principes* et les ressorts de ce spectacle si beau ? » (I, 254.)
Les matières (d'un sermon) sont grandes... ; les *principes* sûrs, mais dont les auditeurs pénètrent les conclusions d'une seule vue. (II, 231.)
Voilà.... vos *principes* et votre règle. (II, 460.)

PRISE (Lâcher), être aux prises avec, hors de prise, au figuré :
Tels n'approuvent la satire, que lorsque commençant à *lâcher prise* et à s'éloigner de leurs personnes, elle va mordre quelque autre. (I, 11.)
Être continuellement *aux prises avec* soi-même pour ne la pas craindre (la mort). (II, 25.)
Tel abandonne son père..., pour se retrancher sur son aïeul, qui, mort depuis longtemps, *est* inconnu et *hors de prise*. (II, 163 et 164.)

PRIVILÉGE :
Bien que les magistrats lui aient permis tels transports de bois qu'il lui plairoit,... il n'a point voulu user de ce *privilége*. (I, 78.)

PRIVILÉGIÉ :
L'on marche également dans toutes ces différentes études, et nulle n'est *privilégiée*, si ce n'est peut-être l'histoire. (II, 478.)

PRIX ; mettre le prix à ; mettre à prix :
Il y avoit au-dessous de cette monnoie (l'obole) d'autres encore de moindre *prix*. (I, 88, note 1.)
Ayant envie d'un esclave, il prie instamment celui à qui il appartient d'*y mettre le prix*. (I, 68.)
J'*ai mis* votre choix *à* tel *prix*, que je n'ai pas osé en blesser.... la liberté, par une importune sollicitation. (II, 471.)

PROCÉDÉ :
C'est une vengeance douce à celui qui aime beaucoup, de faire, par tout son *procédé*, d'une personne ingrate une très-ingrate. (I, 201.)

PROCÉDER :
De là *procède* la longueur ou la brièveté de mes réflexions. (I, 111.)

PROCÉDURE :
Procédures longues et embrouillées. (II, 60 ; voyez II, 189, *n.* 52.)

PROCÈS (Faire le) à :
Le Parlement.... *fit le procès à* cet officier. (II, 189.)

PROCHAIN, aine, adjectif :
Si certains hommes.... désapprouvent un ouvrage que vous aurez écrit..., humiliez-vous : on ne peut guère être exposé à une tentation d'orgueil plus délicate et plus *prochaine*. (II, 235.)
La finesse est l'occasion *prochaine* de la fourberie. (I, 333.)

PROCHE ; PROCHE DE :

Des dispositions très-*proches* à rompre avec nous. (I, 265, *l.* 8.)
Assis à table le plus *proche de* celui qui fait le repas. (I, 38.)
Le caprice est dans les femmes tout *proche de* la beauté. (I, 174.)
J'essaye, dans mon livre..., de rendre l'homme raisonnable et plus *proche de* devenir chrétien. (II, 447.)
Il est.... *proche de* se persuader qu'il les importune. (I, 155.)
Les enfants des Héros sont plus *proches de* l'être que les autres hommes. (II, 122.)
Voyez I, 30, *l.* 25; I, 39, *l.* 10; I, 42, *l.* 8; I, 44, *l.* 18; I, 73, *l.* 8; I, 212, *l.* 19; I, 260, *n.* 44; II, 59, *l. dernière;* II, 445, *l.* 8 ; II, 465, *l.* 17.

PROCURER :

Il a.... le plus joli maintien qu'il est capable de se *procurer.* (II, 149.)

PRODIGE :

Est-ce.... un *prodige* qu'un sot, riche et accrédité? (I, 258.)

PRODIGIEUX, EUSE :

La différence des esprits des hommes, aussi *prodigieuse* en eux que celle de leurs visages. (I, 9.)

PROFESSER :

[Leur] esprit est aussi vaste que l'art et la science qu'ils *professent.* (I, 147.)

PROFESSION :

Un chicaneur de *profession.* (I, 45.)
Leur *profession* est d'être vus et revus. (I, 304 ; voyez II, 452, *l.* 18.)
L'impudence est.... une *profession* ouverte d'une plaisanterie outrée. (I, 56.)

PROFIL. Voyez POURFIL.

PROFIT. Voyez PROUFIT.

PROFITER DE :

Il ne pense point à *profiter de* toute sa succession. (II, 157.)

PROFOND, au figuré :

Un homme qui sait la cour.... est *profond*, impénétrable. (I, 298.)

PROFONDEUR, au figuré :

Si l'on jette quelque *profondeur* dans certains écrits. (I, 146.)

PROGRÈS :

Le poëme tragique vous serre le cœur dès son commencement, vous laisse à peine dans tout son *progrès* la liberté de respirer. (I, 138.)
Il en raconte le *progrès* (de la guerre des géants) et les moindres détails. (I, 240.)
Je pris soin de lui désigner (au public) cette.... augmentation par une marque.... qui servît à lui montrer le *progrès* de mes Caractères...; et comme il pouvoit craindre que ce *progrès* n'allât à l'infini, etc. (I, 110.)
Tékéli fait de grands *progrès* contre l'Empereur. (I, 372.)

PROJET :

Les hommes.... goûtent aisément un *projet* d'ambition que quelques grands ont médité. (II, 124.)
L'on a cru pouvoir se dispenser de suivre le *projet* de ce philosophe (de Théophraste). (I, 28.)
M. le duc de Bourbon a toujours un peu de peine à s'appliquer, et.... cela retarde le *projet* de ses études. (II, 507.)

PROLIXE, substantivement :
L'autre.... fait des romans qui ont une fin, en bannit le *prolixe* et l'incroyable, pour y substituer le vraisemblable et le naturel. (II, 461.)

PROMENADE. Voyez POURMENADE.

PROMENER, SE PROMENER (voyez POURMENADE, POURMENER) :
Vous *promenâtes* vos yeux sur tous ceux qui s'offroient. (II, 468.)
Ils suivent sans peine l'orateur dans toutes les énumérations où il *se promène*, comme dans toutes les élévations où il se jette. (II, 225.)

PROMENOIR :
Une capitale.... où il n'y avoit ni places publiques,... ni *promenoirs*. (I, 22.)

PROMESSE, terme de droit. (II, 21, *n.* 27.)

PROMETTRE :
C'est.... le succès .... que l'on doit moins se *promettre*. (I, 105.)

PROMOTION :
Après un tel, qui sera chancelier?... Chacun.... fait sa *promotion*, qui est souvent de gens plus vieux.... que celui qui est en place. (II, 114.)

PRÔNEUR :
Quelle horrible peine à un homme qui est sans *prôneurs* et sans cabale,... de venir au niveau d'un fat qui est en crédit! (I, 152.)

PRONONCER ; PRONONCER QUE :
Quel supplice que celui d'entendre.... *prononcer* de médiocres vers avec toute l'emphase d'un mauvais poëte! (I, 115.)
Quelques habiles *prononcent* en faveur des anciens contre les modernes. (I, 118.)
Il faudroit ou fermer les théâtres ou *prononcer* moins sévèrement sur l'état des comédiens. (II, 173.)
Je *prononcerois* plus hardiment sur son étoile. (I, 323.)
Prononcer sur le vin ou sur les viandes qui sont servies. (I, 221.)
Il *prononce* d'un mets *qu*'il est friand. (I, 221.)
Je voudrois voir un homme.... équitable *prononcer qu*'il n'y a point de Dieu. (II, 241.)
J'ai recueilli les voix, et je leur *prononce* (aux femmes), de la part de tous les hommes..., *que* le blanc et le rouge les rend affreuses. (I, 172.)
Voyez I, 224, *n.* 19; I, 329, *n.* 78; II, 23, *n.* 35; II, 78, *n.* 13; II, 442, *l.* 9.

PRONONCIATION :
Le lendemain de la *prononciation* de ma harangue (à l'Académie). (II, 441.)

PROPHÈTE :
Tel autre..., *prophète* dans son pays, jouit d'une vogue qu'il a parmi les siens. (II, 103.)

PROPORTION AVEC ; À PROPORTION QUE :
Quelle *proportion* y a-t-il de tel ou de tel arrangement des parties de la matière.... *avec* ce qui pense? (II, 256.)
Quelle *proportion*, à la vérité, de ce qui se mesure, quelque grand qu'il puisse être, *avec* ce qui ne se mesure pas? (II, 262; voyez II, 270, *l.* 3.)
On ne jugera à l'avenir du goût de quelqu'un qu'*à proportion qu*'il en aura pour cette pièce. (I, 120.)

PROPOSER :
C'est l'unique fin que l'on doit se *proposer* en écrivant. (I, 105; voyez I, 51, *l.* 22.)

PROPRE, sens divers; propre à, pour; propre, substantivement :

Ce morceau de terre, plus *propre* et plus orné que les autres terres qui lui sont contiguës. (II, 257.)

Un importun est celui qui choisit le moment que son ami est accablé de ses *propres* affaires, pour lui parler des siennes. (I, 59.)

Un homme d'un génie élevé.... ne fait pas assez de cas de cette espèce de talent pour faire son capital de l'étudier et *se* le rendre *propre*. (I, 300.)

Je me trouve toujours obligé à repasser par tous les endroits de la carte qu'il a déjà vus... : je ne vois point d'autre moyen de *lui* rendre tout cela *propre* et familier. (II, 498.)

Vous le verrez aujourd'hui crieur public, demain cuisinier ou brelandier : tout *lui* est *propre*. (I, 46; voyez I, 307, *n*. 26; II, 56, *l*. 3; II, 58, *n*. 123.)

Un engagement *où* il n'est pas *propre*. (I, 157.)

« Ains » a péri : la voyelle qui le commence, et si *propre pour* l'élision, n'a pu le sauver. (II, 205.)

Le temps *propre pour* se mettre en mer. (II, 509.)

Les moyens les plus *propres*.... *pour* parvenir à ses fins. (II, 125.)

Il n'est *propre qu'à* commettre de nouveau deux personnes qui veulent s'accommoder, s'ils l'ont fait arbitre de leur différend. (I, 60.)

Ironie forte, mais utile, très-*propre à* mettre vos mœurs en sûreté. (I, 338.)

Une (estampe).... moins *propre à* être gardée dans un cabinet qu'à tapisser.... la rue Neuve. (II, 138.)

Cet homme, *propre à* parer les avenues d'une foire et *à* être montré en chambre pour de l'argent. (II, 144.)

Le cœur ouvert..., et ainsi très-*propre à* se faire des amis. (I, 389.)

Il se rend maître du plat, et fait son *propre* de chaque service. (II, 55.)

PROPREMENT, sens divers :

Ce que quelques-uns appellent babil est *proprement* une intempérance de langue qui ne permet pas à un homme de se taire. (I, 48.)

Ils parlent *proprement* et ennuyeusement. (I, 223.)

PROPRETÉ :

La richesse et la *propreté* des meubles. (I, 245.)

Si vous regardez par quelles mains elles (les viandes) passent.... avant.... d'arriver à cette *propreté* et à cette élégance, etc. (I, 253.)

Phidippe.... raffine sur la *propreté* et sur la mollesse. (II, 54.)

Je voudrois qu'on ne fît mention.... de la *propreté* et de la somptuosité des généraux, qu'après n'avoir plus rien à dire sur leur sujet. (II, 196.)

PROSCRIPTION :

Qui pourroit rendre raison de la fortune de certains mots et de la *proscription* de quelques autres? (II, 205.)

PROSCRIRE :

Le lecteur peut les condamner (ces pensées), et l'auteur les doit *proscrire*. (I, 106.)

PROSPÉRER :

Les méchants *prospèrent* pendant qu'ils vivent. (II, 272.)

Les femmes....· qui fleurissent et qui *prospèrent* à l'ombre de la dévotion. (II, 157; voyez II, 273, *l*. 7.)

« Issue » *prospère*, et vient d' « issir », qui est aboli. (II, 210.)

PROSTERNATION :

Toutes les *prosternations* des courtisans. (I, 387; voyez I, 268, *l*. 4.)

PROTECTEUR :
Tel est, Messieurs (de l'Académie), le *protecteur* que vous vous êtes procuré, celui de ses peuples. (II, 471.)

PROTÉE, au figuré :
Le ministre.... est un caméléon, est un *Protée*. (I, 373.)

PROTESTER ; PROTESTER QUE :
Les hommes.... *protestent* sérieusement contre tout l'artifice dont elles (les femmes) usent pour se rendre laides. (I, 172.)
J'avois pris la précaution de *protester* dans une préface contre toutes ces interprétations. (II, 449.)
Il y a dans les cours des apparitions de gens.... qui.... *protestent qu'*ils ont dans leur art toute l'habileté qui manque aux autres. (I, 301.)
Protesterai-je avec d'horribles serments *que* je ne suis ni auteur ni complice de ces clefs ? (II, 449.)

PROUESSE :
L'usage a préféré.... « grandes actions » à « *prouesses* ». (II, 213.)

PROUFIT :
L'usage a.... fait.... « profit » de « *proufit* ». (II, 214.)

PROUVER (voyez PREUVER) :
Je ne sais si ceux qui osent nier Dieu méritent qu'on s'efforce de le leur *prouver*. (II, 252.)

PROVERBE :
Leur amitié passoit en *proverbe*. (I, 196.)
Il faut laisser Aronce parler *proverbe*. (I, 216.)

PROVIN :
Ne parlez à un grand nombre de bourgeois ni de guérets, ni de baliveaux, ni de *provins*, ni de regains, si vous voulez être entendu. (I, 295.

PROVINCE :
Une femme de *province*. (I, 178.)

PROVISION. Voyez POURVEOIR.

PRUDENCE :
Si ses fins sont mauvaises, la *prudence* n'y a aucune part ; et où manque la *prudence*, trouvez la grandeur, si vous le pouvez. (II, 125 ; voy. I, 18, *l*. 17.

PUBERTÉ :
L'âge de *puberté*. (I, 73.)

PUBLIC, adjectif et substantivement :
Il y a de certaines choses dont la médiocrité est insupportable : la poésie, la musique, la peinture, le discours *public*. (I, 114.)
Un testament.... signé du testateur et des témoins *publics*. (II, 192.)
Ce qu'on appelle des hommes *publics*, et exposés par leur condition à la vue des autres. (I, 180.)
Étant envoyé.... en ambassade, il laisse chez soi la somme que *le public* lui a donnée pour faire les frais de son voyage. (I, 58.)
Afin que *le public*.... trouvât sous ses yeux ce qu'il avoit.... envie de lire. (I, 109.)
Un discours qu'il a fait dans *le public*. (I, 49 ; voyez I, 389, *l*. 5.)

PUBLICAIN, fermier des deniers publics :
Les receveurs de droits, les *publicains* ne sont plus. (I, 263.)

PUBLIER, vanter :
Est-ce là toute cette science que les hommes *publient*? (II, 24.)

PUDEUR :
L'impertinent passe à l'effronterie : le mérite a de la *pudeur*. (II, 98.)
En parlant ou en agissant pour soi-même, on a l'embarras et la *pudeur* de celui qui demande grâce. (I, 333.)
Pour ménager leur *pudeur*..., je me suis abstenu de toucher à leurs personnes, pour ne parler que de leurs ouvrages. (II, 438.)
Jeune Soyecour! je regrette ta vertu, ta *pudeur*. (I, 367.)

PUÉRIL :
Si l'on faisoit une sérieuse attention à tout ce qui se dit.... de *puéril* dans les entretiens ordinaires, l'on auroit honte de parler ou d'écouter. (I, 215.)
Il faut éviter le style vain et *puéril*. (I, 149.)

PUIS.... QUE :
Puis donc, mon cher Polyclès, *qu'*à l'âge.... où je me trouve, etc. (I, 33.)

PUISER, au propre et au figuré :
C'est une goutte d'eau que vous *puisez* du Tibre. (I, 157.)
Un esprit sain *puise* à la cour le goût de la solitude. (I, 337.)
Tel est le traité des Caractères des mœurs que nous a laissé Théophraste. Il l'*a puisé* dans les Éthiques.... d'Aristote. (I, 12.)
Les hommes veulent être esclaves quelque part, et *puiser* là de quoi dominer ailleurs. (I, 299.)
Je ne sais d'où la robe et l'épée ont *puisé* de quoi se mépriser réciproquement. (I, 352.)

PUISSAMMENT :
Le Grand Seigneur arme *puissamment*. (I, 372.)

PUISSANCE, homme puissant :
Vous êtes connu du ministre, vous êtes bien avec les *puissances*. (I, 351.)

PULMONIQUE, substantivement :
Il a une profusion.... de louanges pour ce qu'a fait ou ce qu'a dit un homme placé..., et pour tout autre une sécheresse de *pulmonique*. (I, 324.)

PUR, pure :
Cette sorte de gloire qui devroit naître de la vertu toute *pure* et toute simple. (I, 169.)
Il y a un goût dans la *pure* amitié où ne peuvent atteindre ceux qui sont nés médiocres. (I, 199.)

PURIFIER (Se) :
Un homme superstitieux, après avoir lavé ses mains et *s'être purifié* avec de l'eau lustrale, sort du temple. (I, 65.)

PURISTE :
Ils sont *puristes*, et ne hasardent pas le moindre mot. (I, 223.)
« Gens qui affectent une grande pureté de langage. » (*Note de la Bruyère.*)

PYRAMIDE, au figuré :
L'extravagance des repas, qui.... dégénèrent.... en *pyramides* de viandes et en banquets somptueux. (I, 277; voyez I, 58, *l.* 18.)

Q

QUALIFIÉ, considérable :
Ils s'approchent quelquefois de l'oreille du plus *qualifié* de l'assemblée, pour le gratifier d'une circonstance que personne ne sait. (I, 218.)

QUALITÉ, noblesse, condition distinguée :
Il a commencé par dire de soi-même : « Un homme de ma sorte ; » il passe à dire : « Un homme de ma *qualité*. » (I, 252.)
Il n'est pas homme de *qualité*. (I, 305.)
Si vous êtes d'une certaine *qualité*, et que vous ne vous sentiez point d'autre talent que celui de faire de froids discours, prêchez, faites de froids discours. (II, 227.)

QUAND ; QUAND MÊME :
C'est un extrême bonheur pour les peuples *quand* le Prince.... choisit pour le ministère ceux mêmes qu'ils auroient voulu lui donner. (I, 381.)
Je demande.... *quand* il n'a pas été raisonnable que le crime soit puni. (II, 274.)
Moïse, *quand même* on ne le considère que comme un homme qui a écrit.... (I, 116 et note 2.)

QUANT À :
Il y avoit à gagner de dire.... « de moi », au lieu de « pour moi », ou de « *quant à* moi ». (II, 212.)

QUANTIÈME :
Le *quantième* du mois. (I, 40.)

QUARTE (FIÈVRE). (II, 198, *n*. 68.)

QUARTIER, emplois divers ; DEMANDER QUARTIER, FAIRE QUARTIER :
Un morceau de viande, qu'il met sur un *quartier* de pain.... (I, 53.)
Le besoin d'argent a réconcilié la noblesse avec la roture, et a fait évanouir la preuve des quatre *quartiers*. (II, 168.)
N'imprimez plus : le public vous *demande quartier*. (I, 323.)
Je.... fais choix des choses dont il (mon élève) a plus besoin d'être instruit, sur lesquelles j'insiste fort et ne lui *fais* point de *quartier*. (II, 505.)

QUE, relatif ou interrogatif. Voyez QUI, QUE, QUOI, ci-après, p. 300.

QUE, conjonction.

1° QUE, liant un nom à une proposition complémentaire :
Ils profitent rarement de cette leçon si importante, *que* les hommes devroient employer les premières années de leur vie, etc. (I, 153.)
L'orateur plaît aux uns, déplaît aux autres, et convient avec tous en une chose, *que* comme il ne cherche point à les rendre meilleurs, ils ne pensent pas aussi à le devenir. (II, 221.)
Il n'y a pas de raison *qu*'il doive périr. (II, 256 ; voyez II, 114, *n*. 92.)
C'est un métier *que* de faire un livre. (I, 113.)
.... Ce seroit une désolante affliction *que* de mourir. (II, 25.)

2° QUE, avec changement de tournure :
Il se parle souvent à soi-même, et il ne s'en cache pas ; ceux qui passent le voient, et *qu*'il semble toujours prendre un parti. (I, 167.)
Je veux en convenir, et *que* j'ai pris soin de m'écarter des lieux communs. (II, 438.)

Il se récrie sur la ressemblance qu'ils ont avec leur père, et *que* deux figues ne se ressemblent pas mieux. (I, 44.)

[Il] choisit le temps du repas, et *que* le potage est sur la table, pour dire qu'ayant pris médecine..., il est allé par haut et par bas. (I, 72.)

Ce n'est qu'après en avoir joui longtemps, et *qu'*elle ne peut plus les retenir. (II, 182.)

Dire d'une chose.... *qu'*elle est bonne..., et les raisons pourquoi elle est telle. (I, 223.)

Théophraste mourant se plaignit de la nature, de ce qu'elle avoit accordé aux cerfs et aux corneilles une vie si longue...; *que* si l'âge des hommes eût pu s'étendre à un plus grand nombre d'années, il seroit arrivé que leur vie auroit été cultivée par une doctrine universelle. (I, 20.)

3° QUE, après des noms, le plus souvent des noms de temps, après lesquels on emploie d'ordinaire aujourd'hui *où, dont*, ou un relatif précédé d'une préposition :

Il donnoit à manger le jour *qu'*il est mort. (II, 58.)

Le jour même *qu'*il aura sacrifié aux Dieux. (I, 52; voyez *ibidem, l.* 9.)

Nicandre s'entretient avec Élise de la manière douce.... dont il a vécu avec sa femme, depuis le jour *qu'*il en fit le choix. (I, 244.)

Quelqu'un de ces gens chez qui un Nautre va tracer et prendre des alignements dès le jour même *qu'*ils sont en place. (II, 258.)

Voudroient-ils désavouer.... le jugement qu'ils en ont porté (de cette harangue) dans les premiers jours *qu'*elle fut prononcée? (II, 454.)

Au moment *qu'*il parle. (I, 245.)

Tout ce que vous pouvez tirer de lui, et encore dans le temps *qu'*il est le plus appliqué et d'un meilleur commerce.... (II, 14.)

Dans le temps *que* l'on partira de Fontainebleau. (II, 497; voyez I, 380, *l. avant-dernière.*)

Dans le temps *que* l'on n'y pensoit pas. (I, 313.)

Un importun est celui qui choisit le moment *que* son ami est accablé de ses propres affaires pour lui parler des siennes; qui va souper chez sa maîtresse le soir même *qu'*elle a la fièvre. (I, 59.)

Il n'y a point d'année *que* les folies des hommes ne puissent vous fournir un volume. (I, 108.)

Je vois les temps, le public me permettra de le dire, où ce ne sera pas assez de l'approbation qu'il aura donnée à un ouvrage pour en faire la réputation, et *que* pour y mettre le dernier sceau, il sera nécessaire que de certaines gens le désapprouvent. (II, 454.)

Voyez un heureux, contemplez-le dans le jour même où il a été nommé à un nouveau poste, et *qu'*il en reçoit les compliments. (I, 317.)

Se trouvant sur le bord de la mer, sur le point *qu'*un homme est prêt de partir et de monter dans son vaisseau, [il] l'arrête. (I, 72.)

Il faut avoir de l'esprit pour être homme de cabale : l'on peut cependant en avoir à un certain point, *que* l'on est au-dessus de l'intrigue et de la cabale, et *que* l'on ne sauroit s'y assujettir. (I, 334.)

Depuis la veille de sa fièvre, *qu'*il se portoit bien. (II, 13.)

Guérissez de la manière seule *qu'*il convient à chacun d'être guéri. (II, 201.)

Ils doivent à eux-mêmes leur fortune, et ils la soutiennent avec la même adresse *qu'*ils l'ont élevée. (I, 303.)

Les femmes ne se plaisent point les unes aux autres par les mêmes agréments *qu'*elles plaisent aux hommes. (I, 170.)

4° QUE, après un comparatif; QUE, après *tel, si* :

La distance de la terre à Saturne.... ne peut être moindre *que* de trois cents millions de lieues. (II, 261.)

On ne voit point mieux le ridicule de la vanité, et combien elle est un vice honteux, *qu*'en ce qu'elle n'ose se montrer. (II, 31.)

La jalousie.... vice honteux, et qui.... ne persuade pas tant à celui qui en est blessé qu'il a plus d'esprit et de mérite que les autres *qu*'il lui fait croire qu'il a lui seul de l'esprit et du mérite. (II, 40.)

Il y a des gens qui n'ont pas le moyen d'être nobles. Il y en a de tels *que* s'ils eussent obtenu six mois de délai de leurs créanciers, ils étoient nobles. (II, 163.)

Les empereurs n'ont jamais triomphé à Rome si mollement, si commodément, ni si sûrement même, contre le vent, la pluie, la poudre et le soleil, *que* le bourgeois sait à Paris se faire mener par toute la ville. (I, 296.)

Il n'y a guère d'homme si accompli.... *qu*'il n'ait de quoi se faire moins regretter. (I, 165.)

5° Que, dans le sens de *si ce n'est, autrement que, avant que :*

Que manque-t-il à une telle coutume, pour être entièrement bizarre..., *que* d'être lue dans quelque relation de la Mingrélie? (I, 294.)

Vous voyez des gens qui entrent sans saluer *que* légèrement. (I, 302.)

Sans parler *que* des gains licites, on paye au tuilier sa tuile, etc. (II, 87.)

Fénelon en étoit-il indigne (d'un évêché)? auroit-il pu échapper au choix du Prince *que* par un autre choix? (II, 236.)

S'il s'avise un jour de faire exercer ses enfants à la lutte..., il ne leur permet pas de se retirer *qu*'ils ne soient tout en sueur. (I, 63.)

Si quelqu'un se hasarde de lui emprunter quelques vases,... il ne les laisse pas enlever *qu*'ils ne soient pesés. (I, 69.)

Il ne continue pas de marcher *que* quelqu'un n'ait passé avant lui. (I, 66.)

Vos esclaves me disent que vous.... ne pouvez m'écouter *que* d'une heure entière. (I, 248.)

6° Que, emplois et tours divers :

Poussé par un tout autre intérêt *que* par celui du public.... (I, 136.)

Je leur demanderois volontiers *qu*'au milieu de leur course impétueuse, ils voulussent plusieurs fois reprendre haleine. (II, 223.)

La nuit arrive *qu*'il est à peine détrompé. (II, 8.)

La vie s'achève *que* l'on a à peine ébauché son ouvrage. (I, 152.)

N'est-ce pas quelque chose de plus que de sonder les abîmes, *que* de vouloir imaginer la solidité du globe, etc.? (II, 264.)

On sait que les pauvres sont chagrins de ce que tout leur manque, et *que* personne ne les soulage; mais s'il est vrai que les riches soient colères, c'est de ce que la moindre chose puisse leur manquer, ou *que* quelqu'un veuille leur résister. (I, 261.)

Il y en a une autre (une autre règle), et que j'ai intérêt *que* l'on veuille suivre. (I, 106.)

Ce n'est pas *qu*'il faut quelquefois pardonner à celui qui, avec un grand cortége..., s'en croit plus de naissance et plus d'esprit. (I, 160.)

Quelque chose *qu*'il arrive. (I, 206; éditions 4 et 5, qui arrive.)

Il n'y a point de vice qui n'ait une fausse ressemblance avec quelque vertu, et *qu*'il ne s'en aide. (I, 213; voyez *ibidem*, note 1.)

Il y avoit à gagner.... de dire : « Je sais que c'est *qu*'un mal », plutôt que : « Je sais ce que c'est *qu*'un mal ». (II, 212.)

Peut-être *qu*'on pourroit parler ainsi. (I, 142.)

Faire que, informer que. Voyez Faire, Informer.

Avant que, avant que de, à cause que, davantage que, de manière que. Voyez Avant, Cause, Davantage, Manière.

7° Que, omis; que, superflu :

Qu'est-ce l'ordre ? qu'est-ce que la règle? (II, 266.)

Il ne manque.... à l'oisiveté du sage qu'un meilleur nom, et *que* méditer.... s'appelât travailler. (I, 155.) — Et que ceci, que méditer, etc.

Qui peut concevoir en effet *que* certains abbés,... qui entrent auprès des femmes en concurrence avec le marquis et le financier,... qu'eux-mêmes soient originairement.... les pères et les chefs de saints moines..., et qu'ils en devroient être l'exemple? (II, 170.)

QUEL, quelle :

Quelle peut être toute sa superficie ! *quelle* sa solidité ! (II, 260.)

Quelle plus grande foiblesse que d'être incertains *quel* est le principe de son être ? (II, 237.)

Si.... l'on lui demande *quel* est cet homme, il, etc. (I, 87.)

Il s'insinue dans un cercle de personnes respectables, et qui ne savent *quel* il est. (I, 165 ; voyez II, 448, *l.* 22.)

Elle lui demande pourquoi elle devient pesante, et *quel* remède. (II, 23.)

QUELQUE :

Si.... il est permis de faire entre eux *quelque* comparaison.... (I, 142.)

Il sera entré depuis *quelques* mois dans *quelque* affaire. (I, 263.)

Tels n'approuvent la satire, que lorsque commençant à lâcher prise et à s'éloigner de leurs personnes, elle va mordre *quelque* autre. (I, 11.)

Il vous trouve *quelque* autre fois sur son chemin. (II, 11.)

Il laisse voir en lui *quelque* peu de sensibilité. (I, 376.)

Quelque.... que, quelque.... où :

Quelques affreux périls *qu'*il commence à prévoir dans la suite de son entreprise, il faut qu'il l'entame. (II, 124.)

Quelques importants services *qu'*elle nous rende. (I, 202.)

L'autre [ouvrage de morale, les Réflexions de la Rochefoucauld].... observant que l'amour-propre est dans l'homme la cause de tous ses foibles, l'attaque sans relâche, *quelque* part *où* il le trouve. (I, 29.)

Quelques, quelques.... que, dans des façons de parler où nous employons *quelque*, sans accord :

Ce peuple.... est à *quelques* quarante-huit degrés d'élévation du pôle. (I, 328; voyez *ibidem*, note 5.)

Une bataille où il soit demeuré sur la place *quelques* neuf à dix mille hommes. (I, 370.)

Le talent attique valoit *quelques* six cents écus de notre monnoie. (I, 78 et 79, note 8.)

Quelques profonds *que* soient les grands de la cour..., ils ne peuvent cacher leur malignité. (I, 347, *variante.*) — *Quelques* dans les éditions 1-7.

On ne sait pas.... la distance d'une étoile d'avec une autre étoile, *quelques* voisines *qu'*elles nous paroissent. (II, 264; voyez *ibidem*, note 1.)

Quelqu'un, quelqu'une ; quelques-uns.... quelques autres (voyez Plusieurs) :

Quelqu'un de ces pâtres.... achètera.... cette royale maison. (I, 271.)

Il seroit difficile qu'entre un si grand nombre de citoyens.... il ne s'en trouvât *quelqu'un* qui diroit de lui, etc. (I, 283.)

Dès qu'il voit apporter au camp *quelqu'un* tout sanglant d'une blessure qu'il a reçue, il accourt vers lui. (I, 83.)

Il est difficile.... que de toutes les pièces que l'on emploie à l'édifice de sa fortune, il n'y en ait *quelqu'une* qui porte à faux. (I, 308.)

Quelques-uns se défendent d'aimer et de faire des vers, comme de deux foibles qu'ils n'osent avouer. (I, 214.)

La manière dont on se récrie sur *quelques-uns* qui se distinguent par.... la probité n'est pas tant leur éloge que le décréditement du genre humain. (II, 112 ; voyez I, 108, *l.* 12 ; I, 244, *l.* 16 ; II, 438, *l.* 10.)

C'est dans les femmes une violente preuve d'une réputation bien nette et bien établie, qu'elle ne soit pas même effleurée par la familiarité de *quelques-unes* qui ne leur ressemblent point. (I, 185.)

Quelques-uns ne souffrent pas que Corneille.... lui soit préféré ; *quelques autres*, qu'il lui soit égalé. (II, 462.)

Tantôt il réunit *quelques-uns* qui étoient contraires les uns aux autres, et tantôt il divise *quelques autres* qui étoient unis. (I, 375.)

QUELQUE CHOSE, au sens neutre, avec un participe masculin :
Quelque chose que nous voyions qu'il (Dieu) ait fait, il pouvoit faire infiniment davantage. (II, 270 ; voyez *ibidem*, trois lignes plus bas.)

QUELQUEFOIS :
L'on commence par le mépris... ; on les envie ensuite (les partisans), on les hait,... on les estime *quelquefois*, et on les respecte. (I, 249.)

Je consens.... que l'on dise de moi que je n'ai pas *quelquefois* bien remarqué, pourvu que l'on remarque mieux. (I, 112.)

Je ne me suis point loué au public pour faire des portraits qui ne fussent que vrais..., de peur que *quelquefois* ils ne fussent pas croyables. (II, 450.)

Il est *quelquefois* obligé de jurer devant des juges qui exigent son serment. (I, 62.)

Que voulez-vous *quelquefois* que l'on fasse d'un homme de bien ? (I, 318.)

Ils ne méritent *quelquefois* ni libelles ni discours funèbres ; *quelquefois* aussi ils sont dignes de tous les deux. (I, 362.)

Quand vous voyez *quelquefois* un nombreux troupeau, qui, etc. (I, 385.)

Si vous le saluez *quelquefois*, c'est le jeter dans l'embarras de savoir s'il doit rendre le salut ou non. (I, 167 ; voyez I, 376, *l.* 15.)

Si *quelquefois* il vend du vin, il le fait mêler, pour ses amis comme pour les autres sans distinction. (I, 57.)

Voyez I, 62, *l.* 9 ; I, 64, *l.* 11 ; I, 69, *l.* 2 ; I, 231, *n.* 41 ; I, 277, *l.* 9 ; I, 357, *n.* 50.

QUERELLE :
C'est lui.... qui fait *querelle* à ceux qui étant entrés par billets, croient ne devoir rien payer. (I, 46.)

QUERELLER :
Il sort en *querellant* son valet de ce qu'il ose le suivre, etc. (I, 79.)

QUERELLEUX :
Un homme colère, inégal, *querelleux*, chagrin. (II, 15.)
Ils sont *querelleux* et difficiles. (I, 47 ; voyez I, 26, *l.* 16.)
Don Fernand.... est.... *querelleux*. (II, 61.)
Je n'étois pas digne, dit cet esprit *querelleux*, de, etc. (I, 67.)

QUERIR :
Il court les *querir* (ses armes) dans sa tente. (I, 82.)
Elle m'envoie *querir* dès qu'elle a le moindre intervalle qu'elle peut donner à ses études. (II, 492.)
Madame la Duchesse envoya *querir* M. le duc de Bourbon. (II, 499.)

QUESTION, interrogation ; QUESTION, torture :
C'est une grande *question* s'il s'en trouve de tels (de tels esprits). (II, 242.)

La *question* est une invention.... sûre pour perdre un innocent. (II, 188.)

QUESTIONNAIRE, bourreau. (I, 180, *l.* 5.)

QUI, QUE, QUOI, pronoms relatifs et interrogatifs. (Voyez l'Introduction grammaticale.)

I. Qui, que, quoi, relatif.

1° Qui, que, séparé de son antécédent :

Il y a des misères sur la terre *qui* saisissent le cœur. (I, 261.)

Il y a un cercle d'hommes et de femmes dans sa ruelle *qui* l'entretiennent. (II, 12.)

Le valet arrive, à *qui* il demande fièrement d'où il vient. (II, 13.)

Ce temps arrive, *qui* nous surprend encore dans les desirs. (II, 19.)

Ces avares.... ont.... des cassettes où leur argent est en dépôt, *qu'*ils n'ouvrent jamais, et *qu'*ils laissent moisir. (I, 56.)

Le Cid n'a eu qu'une voix pour lui à sa naissance, *qui* a été celle de l'admiration. (I, 125.)

On veut à la cour que bien des gens manquent d'esprit *qui* en ont beaucoup. (I, 189.)

Bien des gens vont jusques à sentir le mérite d'un manuscrit qu'on leur lit, *qui* ne peuvent se déclarer en sa faveur jusques à ce que, etc. (I, 119.)

Deux marchands étoient voisins et faisoient le même commerce, *qui* ont eu dans la suite une fortune toute différente. (I, 246.)

Celui-là est riche, *qui* reçoit plus qu'il ne consume. (I, 261; voyez I, 56, *l.* 19 et 20; II, 115, *l.* 4.)

Tel a vécu.... laborieux, intéressé, *qui* étoit né.... paresseux, magnifique. (II, 18; voyez II, 114, *l.* 2 et 3.)

Telle femme évite d'être coquette..., *qui* passe pour folle. (I, 175.)

Avoir tous les pauvres d'une ville assemblés à sa porte, *qui* y reçoivent leurs portions. (II, 249.)

Cet éloge même est devenu vulgaire, *qui* pourtant ne met cet homme qu'au-dessus du chien ou du cheval. (II, 120.)

Il a.... une application dont je suis content, *qui* va encore s'accroître. (II, 496.)

Le philosophe.... demande des hommes un plus grand et un plus rare succès que les louanges, et même que les récompenses, *qui* est de les rendre meilleurs. (I, 127.)

Tel homme au fond et en lui-même ne se peut définir : trop de choses sont hors de lui *qui* l'altèrent. (II, 18, *variante*.)

La cadette est sur le point de faire ses vœux, *qui* n'a point d'autre vocation que le jeu de son père. (II, 179.)

Il consacre un anneau à Esculape, *qu'*il use à force d'y pendre des couronnes de fleurs. (I, 74.)

Son père.... s'appeloit Sosie, *que* l'on a connu dans le service et parmi les troupes sous le nom de Sosistrate. (I, 87.)

2° Qui, que, emplois divers, constructions diverses :

Un corps à *qui* vous faites tant d'honneur. (II, 513.)

Nous leur persuadons tout ce *qui* nous plaît. (I, 143.)

Quelles préparations pour un discours de trois quarts d'heure *qui* leur reste à faire! (II, 223.)

L'on s'est contenté de mettre de petites notes à côté de certains endroits *que* l'on a cru les mériter. (I, 32.)

Une personne de mérite.... est une fleur qu'on ne désigne pas par sa couleur...; l'une des grâces de la nature...; *qui* est de tous les temps...; *que* nos pères ont estimée... : un lis, une rose. (II, 145.)

Il semble qu'il y ait plus de ressemblance dans ceux (dans les poëmes) de Racine...; mais il est égal... : exact imitateur des anciens...; à *qui* le grand et le merveilleux n'ont pas même manqué. (I, 141.)

Il cherche ce qu'on vient de lui donner, et *qu*'il a mis lui-même dans quelque endroit. (I, 63.)

Je viserai toujours à ce qu'il emporte de toutes mes études ce qu'il y a de moins épineux et *qui* convient davantage à un grand prince. (II, 480.)

Un homme que l'avarice rend effronté ose emprunter une somme d'argent à celui à *qui* il en doit déjà, et *qu*'il lui retient avec injustice. (I, 52.)

La jalousie et l'émulation s'exercent sur le même objet... : avec cette différence, que celle-ci est un sentiment volontaire...; et que celle-là au contraire est un mouvement violent...; qu'elle va même jusques à nier la vertu dans les sujets où elle existe, ou *qui* forcée de la reconnoître, lui refuse les éloges. (II, 40.)

Qui sait parler aux rois, c'est peut-être où se termine toute la prudence.... du courtisan. (I, 329.)

Dans la phrase suivante, la Bruyère a multiplié les relatifs, à partir de sa 7º édition :

Glycère.... se fait celer.... pour ses amis, *dont* le nombre est petit, à *qui* elle est sévère, *qu*'elle resserre dans leur ordre, sans leur permettre rien de ce *qui* passe l'amitié. (I, 191.)

Dans les éditions 1-6 : « .... est petit; leur est sévère, et ne leur permet.... » — Voyez encore pour l'accumulation des *qui* et *que*, ci-dessus p. 297, 2ᵈ exemple.

3° QUI, QUE, continuant une qualification commencée par un adjectif, un participe ou un nom :

Un homme placé et *qui* est en faveur. (I, 324.)

Un ouvrage satirique ou *qui* contient des faits, qui est donné en feuilles sous le manteau..., passe pour merveilleux. (I, 114.)

Ils.... ont une voix étourdissante, et *qu*'ils font retentir dans les marchés. (I, 47.)

Le cardinal de Richelieu..., esprit solide, éminent, capable dans ce qu'il faisoit des motifs les plus relevés et *qui* tendoient au bien public. (II, 459.)

Il a le visage décharné, le teint verdâtre, et *qui* menace ruine. (II, 59.)

L'application.... de Théodote pour une affaire de rien, et *qui* ne mérite pas qu'on s'en remue. (I, 322.)

« Ains » a péri... : il a cédé à un autre monosyllabe, et *qui* n'est au plus que son anagramme. (II, 205.)

Il y en a une autre (une autre règle), et *que* j'ai intérêt que l'on veuille suivre. (I, 106.)

Il est triste d'aimer sans une grande fortune, et *qui* nous donne les moyens de combler ce que l'on aime. (I, 201.)

Combien d'âmes foibles..., sans de grands défauts, et *qui* puissent fournir à la satire! (II, 72.)

Vous m'achetez toujours.... une mauvaise huile, et *qu*'on ne peut supporter. (I, 58.)

Une union fragile de la belle-mère et de la bru, et *qui* périt souvent dans l'année du mariage. (I, 232.)

Le débit des beaux sentiments, et *qui* reviennent toujours les mêmes. (I, 216.)

Que penser de la magie et du sortilège? La théorie en est obscure, les principes vagues, incertains, et *qui* approchent du visionnaire. (II, 201.)

Comme le choix des pensées est invention, ils l'ont mauvais, peu juste, et *qui* les détermine plutôt à rapporter beaucoup de choses, que d'excellentes choses. (I, 148.)

Un bon auteur, et *qui* écrit avec soin. (I, 118.)

Il avance d'un bon vent et *qui* a toutes les apparences de devoir durer. (II, 145.)

.... Sans retarder le cours de notre histoire ordinaire et *qui* fait la marche de nos études. (II, 494.)

Il.... se fait déployer une riche robe et *qui* vaut jusqu'à deux talents. (I, 79.)

Une continuelle affectation et *qui* ne s'est jamais démentie. (I, 185.)

Que leur sert le mystérieux jargon de la médecine, et *qui* est une mine d'or pour ceux qui s'avisent de le parler? (II, 77.)

Voulez-vous un autre système, et *qui* ne diminue rien du merveilleux? (II, 265.)

Né inquiet et *qui* s'ennuie de tout, il (l'homme) ne s'ennuie point de vivre. (II, 249.)

Je leur fais, à la vérité, à tous une vive apostrophe, mais *qu'*il n'est pas permis de détourner de dessus eux. (II, 448.)

Le fleuriste a un jardin....Vous le voyez planté, et *qui* a pris racine au milieu de ses tulipes et devant la Solitaire. (II, 135.)

S'il habite une maison dont il paye le loyer, il dit hardiment à quelqu'un qui l'ignore que c'est une maison de famille et *qu'*il a héritée de son père. (I, 79.)

Ces dehors agréables.... que quelques courtisans.... ont.... pour un homme de mérite, et *qui* n'a même que du mérite. (I, 291.)

J'ai des collègues, et *qui* font mieux que moi et avec autant de zèle. (II, 480.)

S'ils ont invité à dîner quelques-uns de leurs amis, et *qui* ne sont que des personnes du peuple, ils feignent, etc. (I, 55.)

La machine n'est qu'un amusement d'enfants, et *qui* ne convient qu'aux Marionnettes. (I, 134.)

La manière.... du poëte Ménandre, disciple de Théophraste, et *qui* servit ensuite de modèle à Térence. (I, 15; voyez I, 17, *l. dernière*.)

Des princes de l'Église, et *qui* se disent successeurs des Apôtres. (II, 170.)

Que dites-vous du livre d'Hermodore? — Qu'il est mauvais...., que ce n'est pas un livre, ou *qui* mérite du moins que le monde en parle. (I, 122.)

Tout est dit, et l'on vient trop tard depuis plus de sept mille ans qu'il y a des hommes, et *qui* pensent. (I, 113; voyez Lequel, dernier exemple.)

4° Qui, que, se rapportant à un nom indéterminé, ou à l'idée plutôt qu'à un mot en particulier :

La vie de Louis XI nous a menés au delà de ce que je pensois,... faute de temps, *que* je partage avec bien des maîtres. (II, 477.)

Ne reviendroit-il pas au même de renoncer à toute hauteur et à toute fierté, *qui* convient si peu aux foibles hommes? (II, 63.)

Petits hommes..., qui vous donnez sans pudeur de la hautesse..., *qui* est tout ce que l'on pourroit accorder à ces montagnes.... (II, 128.)

Théodule a moins réussi que quelques-uns de ses auditeurs ne l'appréhendoient...; il a mieux fait à leur gré que de charmer l'esprit et les oreilles, *qui* est de flatter leur jalousie. (II, 227.)

Cliton n'a jamais eu toute sa vie que deux affaires, *qui* est de dîner le matin et de souper le soir. (II, 56.)

5° Qui, pour *celui qui*, *ceux qui*; qui que, pour *quel que soit celui que* :

Il est.... assez ordinaire de mépriser *qui* nous méprise. (II, 63.)

[Ils].... en dirent tant de mal (de cette harangue), et le persuadèrent si fortement à *qui* ne l'avoit pas entendue.... (II, 442.)

Il faudroit chercher.... s'il n'y a point.... un principe qui les fait mouvoir (les corps célestes) ; *qui* que vous trouviez, je l'appelle Dieu. (II, 267.)

6° Que.... qui, employés ensemble, l'un comme régime d'un premier verbe, et l'autre comme sujet d'un second :
Il s'est fait valoir par des vertus *qu'*il assuroit fort sérieusement *qui* étoient en lui. (I, 336.)

7° Qui, substitué à *qu'il*, dans l'écriture, comme il l'était souvent dans la prononciation :
Ce *qui* lui faut. (II, 481, lettre autographe.)
Il est impunément dans sa province tout ce *qui* lui plaît d'être. (II, 195; voyez *ibidem*, note 1.)
Vous avez.... la plus fertile imagination *qui* soit possible de concevoir. (II, 515, lettre; voyez *ibidem*, note 2.)
Il semble qu'il y ait plus de ressemblance dans ceux (dans les poëmes) de Racine, et *qui* tendent un peu plus à une même chose. (I, 140.)
Est-ce une faute d'impression, commune à toutes les éditions du temps?

8° Quoi; de quoi, avoir de quoi, il y a de quoi :
Les choses sur *quoi* il est permis de faire fond. (I, 374.)
La distraction diminue de jour à autre.... C'est sur *quoi* je m'opiniâtre et ne me rends point. (II, 483.)
Les princes.... sont nés et élevés au milieu.... des meilleures choses, à *quoi* ils rapportent.... ce qu'ils voient et ce qu'ils entendent. (I, 353.)
Je ne sais d'où la robe et l'épée ont puisé *de quoi* se mépriser réciproquement. (I, 352.)
Rien n'est bien d'un homme disgracié : .... on en plaisante; il n'*a* plus *de quoi* être un héros. (II, 115.)
Un chien.... n'a pas, non plus que le sot, *de quoi* rougir. (I, 166.)
Il.... ne trouve pas où placer un seul mot, et n'a pas même *de quoi* écouter. (I, 277.)
Il y a dans les meilleurs conseils *de quoi* déplaire. (II, 111.)

II. Qui, que, interrogatif; que.... ne, exclamatif :
Si vous observez.... *qui* sont les gens qui ne peuvent louer...,vous reconnoîtrez que ce sont ceux mêmes dont personne n'est content. (I, 235.)
Il (le peuple) s'est assemblé pour délibérer à *qui* des citoyens il donnera la commission d'aider de ses soins le premier magistrat dans la conduite d'une fête ou d'un spectacle.... (I, 84.)
Je ne sais *qui* sont plus redevables, ou ceux qui ont écrit l'histoire à ceux qui leur en ont fourni une si noble matière, ou ces grands hommes à leurs historiens. (I, 116.)
Si le confesseur et le directeur ne conviennent point sur une règle de conduite, *qui* sera le tiers qu'une femme prendra pour sur-arbitre? (I, 181.)
Ils supportent.... nos prêtres; ils les écoutent quelquefois.... *Qui* fait cela en eux et en nous? Ne seroit-ce point la force de la vérité? (II, 248.)
Que leur sert le mystérieux jargon de la médecine? (II, 77.)
Que parlez-vous.... de la lune? (II, 271.)
Que son père, si vieux et si caduc, *n*'est-il mort il y a vingt ans! (I,152.)

Qui vive, substantivement :
On ne prime point avec les grands, ils se défendent par leur grandeur; ni avec les petits, ils vous repoussent par le *qui vive*. (I, 234.)

QUINQUINA. (II, 200, *l*. 3 et 4.)

QUINTESSENCIÉ :
Ses pensées *quintessenciées* et ses raisonnements sophistiqués. (I, 242.)

QUITTE :
Ils se persuadent d'être *quittes* par là.... de tous les devoirs de l'amitié. (I, 309.)
Vous le verrez quelquefois tout couvert de lèpre.... ne pas laisser de se mêler parmi le monde, et croire en être *quitte* pour dire que c'est une maladie de famille. (I, 70.)

QUITTER :
[Il] change tous les jours d'habits, et les *quitte* presque tous neufs. (I, 44.)
Un homme éclate contre une femme qui ne l'aime plus...; une femme fait moins de bruit quand elle *est quittée*. (I, 191.)
Il n'a rien à lui dire, il lui *quitte* la main. (II, 11.)

QUITTER DE :
Contents que l'on réduise les mœurs aux passions,... [ils] *quittent* un auteur *de* tout le reste. (I, 12.)
Montrez-leur un feu grégeois qui les surprenne, ou un éclair qui les éblouisse, ils vous *quittent du* bon et *du* beau. (I, 125.)
Envoyez-moi cet habit et ces bijoux de Philémon ; je vous *quitte de* la personne. (I, 160.)

QUOI. Voyez ci-dessus, p. 300, QUI, QUE, QUOI.

QUOIQUE :
Il masque toute l'année, *quoique* à visage découvert. (I, 316.)
Pièce de cabinet..., qui ne sert ni à la guerre ni à la chasse, non plus qu'un cheval de manége, *quoique* le mieux instruit du monde. (I, 187.)

QUOLIBET :
Il lui fait part.... de ses *quolibets* et de ses historiettes. (II, 58.)

R

RABAIS :
Il y a des âmes sales,... toujours inquiètes sur le *rabais* ou sur le décri des monnoies. (I, 264.)

RABATTRE :
Basilide met tout d'un coup sur pied une armée de trois cent mille hommes ; il n'en *rabattroit* pas une seule brigade. (I, 370.)

RABOT, RABOTER :
Que pensez-vous de celui qui veut scier avec un *rabot*, et qui prend sa scie pour *raboter* ? (I, 152.)

RACHETER, SE RACHETER DE :
Il.... ne pleure point la mort des autres, n'appréhende que la sienne, qu'il *rachèteroit* volontiers de l'extinction du genre humain. (II, 56.)
Je *me rachèterai* toujours fort volontiers *d*'être fourbe par être stupide et passer pour tel. (II, 21.)

RACONTER :
Les livres de voyages.... *racontent* une religion, une police, une manière de se nourrir, de s'habiller..., des mœurs que l'on ignoroit. (I, 25.)

RAFFINEMENT :
La politique qui ne consiste qu'à répandre le sang est fort bornée et de nul *raffinement*. (I, 363 ; voyez I, 377, *l*. 22.)

Ce grand *raffinement* n'est qu'un vice, que l'on appelle fausseté. (I, 298.)
RAFFINER sur :
Phidippe.... *raffine sur* la propreté et *sur* la mollesse. (II, 54.)
Ils.... *raffinent sur* le luxe et *sur* la dépense. (I, 302.)
RAFRAÎCHIR :
Il n'y a rien qui *rafraîchisse* le sang, comme d'avoir su éviter de faire une sottise. (II, 30.)
RAGOÛT, sorte de mets. (II, 55, *l.* 15; II, 57, *l.* 6; II, 195, *n.* 63.)
RAILLERIE :
Être guéri de la vanité.... et de la mauvaise *raillerie*. (II, 172.)
Une *raillerie* innocente. (I, 323.)
RAISON, argument, motif ; RENDRE RAISON DE :
Elle oublie les traits, où il faut des *raisons* ; elle a déjà compris que la simplicité est éloquente. (II, 92.)
Son Altesse a paru entrer dans ces *raisons*. (II, 490.)
Une dernière scène où les mutins n'entendent aucune *raison*. (I, 138.)
Qui pourroit rendre *raison* de la fortune de certains mots et de la proscription de quelques autres? (II, 205.)
Quelque haute et généreuse entreprise, qui.... rende *raison* de son ancienne faveur. (I, 380.)
RAISONNABLE :
Quelque affaire où il aura.... fait un gain *raisonnable*. (I, 263.)
RAISONNEMENT :
Je sens qu'il y a un Dieu...; cela me suffit, tout le *raisonnement* du monde m'est inutile. (II, 242.)
RAMAGES :
Ne doit-on pas craindre de voir un jour un jeune abbé en velours gris et à *ramages* comme une éminence? (II, 170.)
RAMASSER, RAMASSÉ :
Il *ramasse*, pour ainsi dire, toutes ses pièces, s'en enveloppe pour se faire valoir ; il dit : « Mon ordre, mon cordon bleu. » (I, 357.)
C'est un jeune homme qui a les épaules larges et la taille *ramassée*. (I, 180.)
RAMENTEVOIR :
L'usage a préféré.... « faire ressouvenir » à « *ramentevoir* ». (II, 213.)
RANG :
Sa fortune.... lui donne du *rang*, du crédit, de l'autorité. (I, 251.)
RANGER (SE) à :
Comme l'ignorance est un état paisible..., l'on *s'y range* en foule. (II, 81.)
RAPPEL, appel :
Si les pensées, les livres et leurs auteurs dépendoient des riches..., quelle proscription ! Il n'y auroit plus de *rappel*. (I, 263; voy. *ibid.*, note 1.)
RAPPELER :
On a entièrement abandonné l'ordre gothique...; on *a rappelé* le dorique. (I, 117.)
Il *rappelle* à soi toute l'autorité de la table. (I, 220.)

RAPPORT, sens divers :
Quelque *rapport* qu'il paroisse de la jalousie à l'émulation, il y a entre elles le même éloignement que celui qui se trouve entre le vice et la vertu. (II, 40.)
Partout des humeurs, des colères, des partialités, des *rapports*. (I, 360.)
Les planchers de *rapport* (de marqueterie). (II, 140.)

RAPPORTER :
Il faut savoir lire, et.... se taire, ou pouvoir *rapporter* ce qu'on a lu. (I, 107.)

RARE :
Cette démarche.... elle est *rare*, puisque dans ses circonstances elle est unique. (II, 472.)
Ce n'est pas un événement fort *rare* à un titulaire d'enterrer son successeur. (II, 115.)
Que m'apprenez-vous de *rare* et de mystérieux? Et ne savois-je pas tous ces remèdes? (II, 24.)
Voulez-vous être *rare*? Rendez service à ceux qui dépendent de vous. (I, 248.)
Un ouvrage moral, qui est *rare* par le ridicule. (I, 114.)
Le joli,... le *rare*, le merveilleux.... ont été employés à son éloge. (I, 336.)

RASER :
Quand elle (la mesure) est pleine, il la *rase* lui-même avec le rouleau le plus près qu'il peut. (I, 58.)

RASSEMBLER, réunir :
Les Crispins se cotisent et *rassemblent* dans leur famille jusques à six chevaux pour allonger un équipage. (I, 280.)

RÂTELIER :
La table est pour lui un *râtelier*. (II, 55.)

RAVALER, RAVALÉ :
Le joli, l'aimable, le rare, le merveilleux, l'héroïque ont été employés à son éloge; et tout le contraire a servi depuis pour le *ravaler*. (I, 336.)
Les conditions les plus *ravalées*. (I, 361.)

RAVELIN, terme de fortification. (II, 119, *l.* 8.)

RAVIR, au propre :
Ces femmes qui épient sur les grands chemins les jeunes gens au passage, et qui.... les enlèvent et les *ravissent*. (I, 87.)

RAVOIR :
Une parole échappe, et elle tombe de l'oreille du Prince bien avant dans sa mémoire... : il est impossible de la *ravoir*. (I, 330.)

REBATTRE, REBATTU, au figuré :
J'ai *rebattu* les généalogies que je lui ai déjà enseignées. (II, 477.)
Les principes physiques et moraux *rebattus* par les anciens. (I, 12.)
Reprendre un fait dès ses commencements, et en instruire à fond ceux qui en ont les oreilles *rebattues*. (I, 60.)

REBUT :
Il ramasse sur la table des morceaux de *rebut*. (I, 53.)
Le *rebut* de la cour est reçu à la ville dans une ruelle, où il défait le magistrat. (I, 177.)

REBUTER, rejeter, décourager, choquer :
Ces gens, épineux dans les payements qu'on leur fait, *rebutent* un grand nombre de pièces qu'ils croient légères. (I, 42.)

Les grandes choses étonnent, et les petites *rebutent*. (II, 74.)

C'est.... ce qu'il y a d'humble et de simple (dans la religion) qui les *rebute* (les esprits forts). (II, 244.)

Si.... *rebutés* par des mœurs si étranges..., [ils] se dégoûtent par là de nos poésies, de notre comique, etc. (I, 24; voyez I, 25, *l.* 31; I, 268, *l.* 2.)

RÉCAPITULATION. (II, 507, *l.* 8 et 9.)

RECEVOIR, absolument et activement, emplois divers :

Quelque désintéressement qu'on ait à l'égard de ceux qu'on aime, il faut quelquefois.... avoir la générosité de *recevoir*. Celui-là peut prendre, qui goûte un plaisir aussi délicat à *recevoir* que son ami en sent à lui donner. (I, 205.)

Mille gens à la cour y traînent leur vie à embrasser.... ceux qui *reçoivent*. (I, 316; voyez *ibidem*, *l.* 10.)

Ceux qui *reçoivent* pour les choses saintes ne croient point les vendre, comme ceux qui donnent ne pensent point à les acheter. (II, 173.)

Celui-là est riche, qui *reçoit* plus qu'il ne consume. (I, 261.)

Vous le perdîtes, il y a quelques années, ce grand protecteur (de l'Académie française). Vous.... promenâtes vos yeux sur tous ceux qui s'offroient et qui se trouvoient honorés de vous *recevoir*. (II, 468.)

Dans l'esprit de contenter ceux qui *reçoivent* froidement tout ce qui appartient aux étrangers..., et qui n'estiment que leurs mœurs, etc. (I, 28.)

C'est.... le faire valoir (un bon mot) que de le rapporter comme d'un autre.... il *est.... reçu* avec moins de jalousie. (II, 107.)

La distance des lieux nous fait *recevoir* tout ce que.... les livres de voyages nous apprennent des pays lointains. (I, 25; voyez II, 246, *l.* 16.)

Le rebut de la cour est *reçu* à la ville dans une ruelle, où il défait le magistrat. (I, 177.)

Ce qu'on appelle une oraison funèbre n'*est* aujourd'hui bien *reçue* du plus grand nombre des auditeurs, qu'à mesure qu'elle s'éloigne davantage du discours chrétien. (II, 228.)

Les mêmes hommes qui ont un flegme tout prêt pour *recevoir* indifféremment les plus grands désastres, s'échappent, et ont une bile intarissable sur les plus petits inconvénients. (II, 69; voyez II, 33, *l.* 1.)

Cela sert à insinuer et à faire *recevoir* les vérités qui doivent instruire. (I, 106.)

Un ouvrage qui a eu quelque succès par sa singularité.... a été toute la médiation que j'ai employée, et que vous *avez reçue*. (II, 472.)

Tout genre d'écrire *reçoit*-il le sublime, ou s'il n'y a que les grands sujets qui en soient capables? (I, 144.)

Recevez-moi parmi vous à manger votre pain noir. (II, 128.)

On *seroit* toujours *reçu* à demander qui a fait ces corps. (II, 267.)

Seroit-on *reçu* à dire qu'on ne peut se passer de voler, d'assassiner, de se précipiter? (I, 269.)

RECHERCHE :

La *recherche* que font les hommes des plaisirs, du jeu.... (II, 47.)

Il.... va.... visiter lui-même tous les endroits de sa maison, et ce n'est qu'avec beaucoup de peine qu'il s'endort après cette *recherche*. (I, 69.)

Il semble que le trop grand empressement est une *recherche* importune, ou une vaine affectation de marquer aux autres de la bienveillance par ses paroles et par toute sa conduite. (I, 61.)

RECHERCHER; RECHERCHÉ; SE RECHERCHER :

La grâce que j'*aurois recherchée* avec le plus d'emportement. (I, 314.)

Une belle arme.... d'un travail fort *recherché*. (I, 187.)

La vanité.... ne se réveille et ne *se recherche* que dans les événements où il y a de quoi faire parler le monde. (II, 70.)

Elles se composent, elles *se recherchent*, regardent dans un miroir si elles s'éloignent assez de leur naturel. (I, 171.)

RÉCIPROQUE :

L'amour de la société eût dû les assujettir à une liaison *réciproque*. (I, 233.)

Les raisons *réciproques* ne.... sont point rapportées dans toute leur force. (I, 146.)

RÉCIPROQUEMENT :

Il vous conduit à la terreur par la pitié, ou *réciproquement* à la pitié par le terrible. (I, 138.)

Les hommes..., qui tous savent le fort et le foible les uns des autres, agissent aussi *réciproquement* comme ils croient le devoir faire. (II, 62.)

RÉCITER, raconter; déclamer :

Il *récite* des historiettes qui y sont arrivées (dans ce pays). (I, 218.)

Un homme dissimulé.... *récite* froidement les plus horribles choses que l'on lui aura dites contre sa réputation. (I, 35.)

Un fait qu'il *récite*. (II, 245.)

Les douleurs muettes et stupides sont hors d'usage : on pleure, on *récite*, on répète. (I, 195.)

Il ne veut ni chanter à son tour, ni *réciter* dans un repas. (I, 65.)

RÉCLAMER :

S'il se trouve dix personnes qui effacent d'un livre une expression ou un sentiment, l'on en fournit aisément un pareil nombre qui les *réclame*. (I, 123.)

RECOIN :

Si leurs femmes ont perdu seulement un denier, il faut.... chercher dans les *recoins* les plus cachés. (I, 55.)

RECOMMANDABLE :

[Il] n'est *recommandable* que par de certaines livrées. (I, 321.)

RECOMPENSE :

Les charges.... que j'ai exercées à mes frais et sans *récompense*. (I, 79.)

RÉCONCILIER; réconcilier à :

Le besoin rapproche mutuellement les hommes, les lie, les *réconcilie*. (II, 276.)

Une incivilité qui vient de ceux qui sont au-dessus de nous, nous les fait haïr; mais un salut ou un sourire *nous* les *réconcilie*. (I, 343.)

RECONNOÎTRE (Se) :

Il lui est arrivé.... de se trouver tête pour tête à la rencontre d'un prince et sur son passage, *se reconnoître* à peine. (II, 7.)

Il y a des gens à qui la faveur arrive comme un accident : ils en sont.... surpris et consternés. Ils *se reconnoissent* enfin, et se trouvent dignes de leur étoile. (I, 332.)

RECOUVRER :

Pensez-vous qu'il cherche à s'instruire par les médailles...? rien moins. Vous croyez peut-être que toute la peine qu'il se donne pour *recouvrer* une tête vient du plaisir qu'il se fait de, etc. (II, 137; voyez II, 138, *l*. 18.)

RÉCRIER (Se); se récrier sur :
Vous vous récrierez : « .... Quelle violence! » (I, 254; voyez II, 258, l. 1.)
On se récrie, on l'exalte. (II, 114.)
La manière dont on se récrie sur quelques-uns qui se distinguent par la bonne foi..., n'est pas tant leur éloge que, etc. (II, 112.)
Si certains hommes, sujets à se récrier sur le médiocre, désapprouvent un ouvrage que vous aurez écrit.... (II, 234.)
Ce palais, ces meubles.... vous enchantent et vous font récrier d'une première vue sur une maison si délicieuse. (I, 271.)

RECRU, ue, harassé; recru de :
Il revient de nuit, mouillé et recru. (I, 282.)
Elle se plaint qu'elle est lasse et recrue de fatigue. (II, 23.)

RECUEIL :
Il y a des esprits.... qui ne semblent faits que pour être le recueil, le registre, ou le magasin de toutes les productions des autres génies. (I, 148.)

RECUEILLIR :
[Il] s'ingère de recueillir l'argent de chacun des spectateurs. (I, 46.)
Il fait recueillir par ceux de ses domestiques qui ont soin de la table le reste des viandes qui ont été servies. (I, 59.)
Ces diseurs de nouvelles me donnent de l'admiration;... je ne vois pas qu'ils puissent recueillir le moindre fruit de cette pratique. (I, 52.)

RECUIT, ite :
Une bile noire et recuite étoit mêlée dans ses déjections. (I, 72.)

RECULEMENT :
Le reculement des frontières par la conquête. (I, 390.)

RECULER :
Tite, par vingt années de service..., n'est pas encore digne de la première (place), qui est vacante.... Tite est reculé ou congédié. (II, 175.)

REDAN, terme de fortification. (II, 119, l. 7 et 8.)

REDEVABLE de.... à :
Ce qu'il y a eu en lui (en Corneille) de plus éminent, c'est l'esprit, qu'il avoit sublime, auquel il a été redevable de certains vers, les plus heureux qu'on ait jamais lus ailleurs. (I, 140; voyez I, 367, l. 1.)

RÉDUIRE; réduire à, se réduire à :
Il (mon élève) aime peu à apprendre par cœur. Il me faut pour le réduire une mutinerie qui ne se comprend pas sans l'avoir vue. (II, 504.)
La maladie, la douleur, le cadavre le dégoûtent (l'homme) de la connoissance d'un autre monde. Il faut tout le sérieux de la religion pour le réduire. (II, 250.)
Qui n'a pas quelquefois sous sa main un libertin à réduire? (II, 249.)
Si vous entrez dans les cuisines, où l'on voit réduit en art et en méthode le secret de flatter votre goût.... (I, 253; voyez II, 160, l. 5 et 6.)
La règle de voir de plus grands que soi doit avoir ses restrictions. Il faut quelquefois d'étranges talents pour la réduire en pratique. (I, 342.)
Quelles histoires ne réduisent-ils pas à la fable et à la fiction? (I, 350; voyez I, 11, l. avant-dernière.)
L'on a.... réduit le style à la phrase purement françoise. (I, 147.)
Harangues froides, et qui réduisent à l'impossible. (I, 236.)
Cette égalité de possessions.... réduit les hommes à se servir eux-mêmes, et à ne pouvoir être secourus les uns des autres. (II, 275.)

Réduisez-le, si vous pouvez, *à* dire simplement, etc. (I, 372.)

Tel. connu dans le monde par de grands talents..., est petit.... aux yeux de ses proches, qu'il n'a pu *réduire à* l'estimer. (II, 103.)

Simples gens qui n'avoient que la foi et les œuvres, et qui *se réduisoient à* croire et *à* bien vivre. (II, 160.)

Cela diminue un peu le temps destiné aux études... : je *me réduis à* employer utilement.... les heures que cet exercice nous laisse. (II, 505.)

Parler haut et ne pouvoir *se réduire à* un ton de voix modéré. (I, 41.)

Il n'y a que deux sortes de richesses, et *auxquelles* les autres *se réduisent*, l'argent et les terres. (II, 275.)

Que deviennent les lois...? Où *se réduisent* même ceux qui doivent tout leur relief et toute leur enflure à l'autorité où ils sont établis de faire valoir ces mêmes lois? (II, 77.)

RÉFLÉCHI, au sens physique :

La boule ne va plus droit, mais obliquement...; son mouvement n'est plus direct, mais *réfléchi*. (II, 266.)

RÉFLEXION, sévérité de conduite :

La *réflexion* qu'il fait sur les vices de l'humanité.... (II, 21.)

Un esprit de règle, de *réflexion*. (II, 46.)

Ils mangent délicatement et avec *réflexion*. (I, 303.)

Il s'est glissé dans un livre quelques pensées ou quelques *réflexions* qui n'ont ni le feu, ni le tour, ni la vivacité des autres. (I, 106.)

RÉFORMATION, amélioration de la conduite :

L'orateur et l'écrivain ne sauroient vaincre la joie qu'ils ont d'être applaudis ;... l'approbation la plus sûre.... est le changement de mœurs et la *réformation* de ceux qui les lisent ou qui les écoutent. (I, 106.)

RÉFORME :

Un homme de talent..., s'il est chagrin et austère, effarouche les jeunes gens, les fait penser mal de la vertu, et la leur rend suspecte d'une trop grande *réforme* et d'une pratique trop ennuyeuse. (II, 93.)

RÉFORMÉ, austère :

Un air *réformé*, une modestie outrée, la singularité de l'habit.... n'ajoutent rien à la probité. (II, 93.)

REFROIDIR (Se) pour, sur :

Ceux qui écrivent par humeur.... *se refroidissent* bientôt *pour* les expressions et les termes qu'ils ont le plus aimés. (I, 118 ; voyez I, 22, *l.* 1.)

Elle.... n'imaginoit pas par quel autre sentiment elle pourroit jamais *se refroidir sur* celui de l'estime et de la confiance. (I, 196.)

REFUSER ; être refusé de :

Mes plus familiers amis savent que je les leur ai toutes *refusées* (ces clefs des Caractères). (II, 449.)

Il y a des endroits où il faut se faire voir : un galon d'or plus large ou plus étroit vous fait entrer ou *refuser*. (II, 35.)

Quelle plus grande honte y a-t-il d'*être refusé d*'un poste que l'on mérite, ou d'y être placé sans le mériter ? (I, 314.)

Un homme de mérite se donne.... un joli spectacle, lorsque la même place, à une assemblée, ou à un spectacle, *dont il est refusé*, il la voit accorder à un homme qui n'a point d'yeux pour voir. (I, 321.)

REGAIN, au propre. (I, 295, *l.* 18 et 19.)

RÉGAL :

Des *régals* qu'il fait à Xanthe..., et des fêtes qu'il donne à Élamire. (I, 283.)

RÉGALER, au propre; RÉGALER DE, au figuré :
S'il se familiarise quelquefois jusques à inviter ses amis à un repas,... il charge ses principaux domestiques du soin de les *régaler*. (I, 81.)
Je vais vous *régaler de* grandes nouveautés. (I, 50.)

REGARDER, au propre et au figuré :
Un homme stupide, ayant.... calculé avec des jetons une certaine somme, demande à ceux qui le *regardent* faire à quoi elle se monte. (I, 62.)
Il ne faut *regarder* dans ses amis que la seule vertu qui nous attache à eux. (I, 157.)
Le plaisir de la société entre les amis se cultive par une ressemblance de goût sur ce qui *regarde* les mœurs. (I, 236.)
[Ils] s'appliquent à découvrir.... quels de leurs amis ou de leurs ennemis ces traits peuvent *regarder*. (II, 448.)

RÉGENTER, absolument :
Il *régente*, il domine dans une salle. (I, 221.)

RÉGIME (de vie) :
Les petites règles qu'il s'est prescrites..., il les observe avec scrupule, et ne les romproit pas pour une maîtresse, si le *régime* lui avoit permis d'en retenir. (II, 54; voyez II, 51, *n.* 112; II, 204, *n.* 73.)

REGISTRE :
Il y a des esprits.... qui ne semblent faits que pour être le recueil, le *registre*, ou le magasin de toutes les productions des autres génies. (I, 148.)

RÈGLE :
Les hommes.... souffrent beaucoup à être toujours les mêmes, à persévérer dans la *règle* ou dans le désordre. (II, 69.)
Vos principes et votre *règle*, dont je ne suis qu'une exception. (II, 460.)
Livres froids et ennuyeux, d'un mauvais style et de nulle ressource, sans *règles* et sans la moindre justesse. (I, 109.)
La physionomie n'est pas une *règle* qui nous soit donnée pour juger des hommes : elle nous peut servir de conjecture. (II, 94.)
Le lecteur peut les condamner (ces pensées), et l'auteur les doit proscrire : voilà la *règle*. (I, 106.)
Il emprunte sa *règle* de son poste et de son état. (I, 318.)
La *règle* de voir de plus grands que soi doit avoir ses restrictions. (I, 341.)
Une.... sagesse.... qui donne des *règles* à une vaste ambition. (I, 391.)
Un beau sermon est un discours oratoire qui est dans toutes ses *règles*. (II, 225.)
Je ne suis pas riche... : il doit, dans les *règles*, ne me pas voir. (II, 36.)

RÈGLEMENT DE JUGES, terme de procédure :
Orante plaide depuis dix ans entiers en *règlement de juges*. (II, 183.)

RÉGLER; SE RÉGLER SUR :
Je cherche, par la connoissance de la vérité, à *régler* mon esprit. (I, 248.)
La superstition semble n'être autre chose qu'une crainte mal *réglée* de la divinité. (I, 65.)
Le peuple est obligé de s'assembler pour *régler* une contribution capable de subvenir aux besoins de la République. (I, 75.)
Nous *nous sommes réglés sur* l'abrégé de M. de Mézeray pour la vie du roi Henri second. (II, 507.)

RÉGNER, au figuré :
« Fin » subsiste sans conséquence pour « finer », qui vient de lui, pendant que « cesse » et « cesser » *règnent* également. (II, 210.)

Un monde.... où il voit *régner* également le vice et la politesse. (I, 299.)
Il *règne* ici un bon goût et beaucoup d'intelligence. (II, 258.)
Un homme.... qui prime, qui *règne* sur la scène. (II, 462.)
Faire fortune est une.... belle phrase...; elle plaît aux étrangers et aux barbares, elle *règne* à la cour et à la ville. (I, 257.)
Aristote.... estimoit en celui-ci (en Théophraste).... un caractère de douceur qui *régnoit* également dans ses mœurs et dans son style. (I, 16.)
Sa demeure est superbe; un dorique *règne* dans tous ses dehors. (I, 252.)

REGORGER de :
Un homme.... qui veut.... grossir sa fortune, et *regorger de* bien. (I, 257.)
Elles *regorgent de* train, *de* splendeur et *de* dignités. (I, 291.)

REGRET :
Il n'aura point *regret* de mourir. (I, 288; voyez *ibidem*, note 2.)

RÉGULIER :
La lecture de si beaux ouvrages..., si *réguliers*. (I, 24; voyez I, 111, *l.* 2.)

RÉHABILITATION, RÉHABILITER. (Voyez II, 164, *l.* 4, 6 et 7.)

RÉITÉRÉ :
Des figures *réitérées*, des traits brillants. (II, 225.)

REJETER ; REJETER SUR :
S'il voit un homme frappé d'épilepsie, saisi d'horreur, il crache dans son propre sein, comme pour *rejeter* le malheur de cette rencontre. (I, 67.)
Quelque haute et généreuse entreprise,... qui fasse qu'on le plaigne dans sa chute et qu'on en *rejette* une partie *sur* son étoile. (I, 380.)

RÉJOUISSANT, ANTE :
Un homme d'esprit qui sauroit se tourner et se plier en mille manières agréables et *réjouissantes*. (I, 348.)

RELÂCHE :
Le poëme tragique.... vous laisse à peine dans tout son progrès la liberté de respirer.... ou s'il vous donne quelque *relâche*, c'est pour vous replonger dans de nouveaux abimes. (I, 138.)

RELÂCHEMENT :
Aussi incapable de s'élever aux grandes choses que de s'accommoder, même par *relâchement*, des plus petites. (II, 42.)
Les froideurs et les *relâchements* dans l'amitié ont leurs causes. (I, 203.)
Je travaille à cela, du matin au soir, sans nul *relâchement*. (II, 477.)

RELÂCHER (SE), au figuré; SE RELÂCHER SUR :
Il (le plénipotentiaire) a son fait digéré par la cour, toutes ses démarches sont mesurées..., et il agit néanmoins.... comme s'il *se relâchoit* de lui-même sur-le-champ. (I, 376; voyez I, 377, *l.* 14.)
Les grands seigneurs sont pleins d'égards pour les princes.... Les petits courtisans *se relâchent sur* ces devoirs. (I, 329.)

RELATION à, AVEC, rapport; RELATION, récit :
Des questions frivoles qui avoient *relation au* cœur et *à* ce qu'on appelle passion. (I, 238.)
Il n'est pas savant, il a *relation avec* des savants. (I, 166.)
Que manque-t-il à une telle coutume, pour être entièrement bizarre..., que d'être lue dans quelque *relation* de la Mingrélie? (I, 294.)

RELAYER (SE) :
Il croit.... que les hommes *se relayent* pour le contempler. (I, 168.)

RELEVER, sens divers; RELEVÉ :

Le bourbier de Vincennes *est* desséché et *relevé*; on n'y versera plus. (I, 289.)

Il se souvient.... de quels plats on *a relevé* le premier service. (II, 56.)

Quelque haute et généreuse entreprise, qui *relève* ou confirme du moins son caractère. (I, 380.)

C'est souvent hasarder un bon mot et vouloir le perdre que de le donner pour sien : il n'*est* pas *relevé*, il tombe. (II, 106.)

Vouloir être estimés par des choses qui, à la vérité, se trouvent en nous, mais qui sont frivoles et indignes qu'on les *relève*. (II, 32.)

Ils ont laissé à l'homme tous les défauts qu'ils lui ont trouvés, et n'*ont* presque *relevé* aucun de ses foibles. (II, 4.)

La cour ou ne connoît pas la ville, ou, par le mépris qu'elle a pour elle, néglige d'en *relever* le ridicule. (I, 11.)

Des circonstances si marquées.... ne se *relèvent* point et ne touchent personne. (II, 243.)

Ce grand ministre, né homme d'État, dévoué à l'État..., capable dans ce qu'il faisoit des motifs les plus *relevés*. (II, 459.)

RELIEF, au figuré :

La modestie est au mérite ce que les ombres sont aux figures dans un tableau : elle lui donne de la force et du *relief*. (I, 156.)

Tirer toute sa sainteté et tout son *relief* de la réputation de son directeur. (II, 152; voyez II, 77, *l.* 7.)

RELIGIEUSEMENT :

Au lieu de manger *religieusement* chez soi une partie des viandes consacrées, il les fait saler pour lui servir dans plusieurs repas. (I, 52.)

RELIGIEUX, EUSE :

Le fonds perdu, autrefois si sûr, si *religieux* et si inviolable, est devenu avec le temps.... un bien perdu. (II, 182.)

Il est d'une ponctualité *religieuse* sur les visites. (I, 285.)

RELIGION :

Les actions les plus vertueuses..., celles mêmes où il entre de la *religion*. (II, 48.)

[Il] étoit si touché de *religion*, si attaché à ses devoirs. (II, 466.)

Il y a eu quelquefois une espèce de *religion* à le pratiquer (le duel). (II, 143.)

REMANIER :

Il manie les viandes, les *remanie*, démembre, déchire. (II, 55.)

Maniez, *remaniez* le texte. (II, 203; voyez II, 235, *n.* 29.)

REMARQUER :

Quand on le met (le ciron) sur de l'ébène pour le mieux *remarquer*, si.... on lui présente le moindre fétu, il change de route. (II, 268.)

Ils vont tous les jours se promener sur leurs terres, en *remarquent* les bornes. (I, 55.)

Je consens.... que l'on dise de moi que je n'*ai* pas quelquefois bien *remarqué*, pourvu que l'on *remarque* mieux. (I, 112.)

REMÉDIER à :

On lui voit aux mains des poireaux...; s'il pense à y *remédier*, c'est lorsque le mal, aigri par le temps, est devenu incurable. (I, 70.)

REMENER :

Le cocher touche et croit *remener* son maître dans sa maison. (II, 8.)

REMETTRE, emplois divers ; SE REMETTRE :

Il ne l'abandonne point qu'il ne l'*ait remis* jusque dans sa maison. (I, 49.)

Vous m'*avez* heureusement *remis* dans le fait. (I, 48.)

Lui *remettre* l'esprit sur un endroit où il a couru risque de demeurer court. (II, 232.)

Il perd son fils unique... ; il *remet* sur d'autres le soin de le pleurer. (II, 58.)

C'est là (dans cette maison).... qu'il *remet* ses créanciers. (I, 221.)

Le poëme tragique.... vous laisse à peine dans tout son progrès la liberté de respirer et le temps de *vous remettre*. (I, 138.)

REMISE :

Il se précautionne et s'endurcit contre les lenteurs et les *remises*. (I, 377.)

REMPLACER :

Son Altesse.... me tient fidèlement la parole que j'ai eue d'elle à Chambord, qu'elle *remplaceroit* ici le temps perdu à la chasse. (II, 492.)

REMPLIR, REMPLIR DE, SE REMPLIR DE, emplois divers :

Ceux.... qui attendent d'un mariage à *remplir* le vide de leur consignation. (I, 291.)

Il *remplit* avec un grand faste tout le temps de sa magistrature. (I, 74.)

Si.... l'on peint la cour, comme c'est toujours avec les ménagements qui lui sont dus, la ville ne tire pas de cette ébauche de quoi *remplir* sa curiosité. (I, 11.)

Un visage qui *remplisse* la curiosité des peuples empressés de voir le Prince, et qui conserve le respect dans le courtisan. (I, 388.)

Quelle apparence de pouvoir *remplir* tous les goûts si différents des hommes par un seul ouvrage de morale? (I, 11.)

Il n'a eu dans ses premières années qu'à *remplir* des talents qui étoient naturels, et qu'à se livrer à son génie. (I, 162.)

Certains poëtes sont sujets, dans le dramatique, à de longues suites de vers pompeux qui semblent forts,... et *remplis de* grands sentiments. (I, 115.)

Un nouvelliste ou un conteur de fables est un homme qui arrange, selon son caprice, des discours et des faits *remplis de* fausseté. (I, 50.)

L'on *est* si *rempli de* soi-même, que tout s'y rapporte. (II, 36.)

Après *s'être rempli de* viandes le soir, il se lève la nuit pour une indigestion. (I, 63.)

Laisser le peuple s'endormir dans les fêtes,... le laisser *se remplir du* vide et savourer la bagatelle. (I, 364.)

Le visage du Prince fait toute la félicité du courtisan ;... il s'occupe et *se remplit* pendant toute sa vie *de* le voir et *d'*en être vu. (I, 329.)

REMUE-MÉNAGE :

La gloire.... aime le *remue-ménage*, et elle est personne d'un grand fracas. (II, 130; *remue-ménage* en italique dans les anciennes éditions.)

REMUER ; SE REMUER DE :

Fera-t-il de lui-même cette démarche...? y entraînera-t-il sa femme? ne faudra-t-il point pour les *remuer*.... la machine du directeur? (II, 178.)

J'admire deux choses : la tranquillité et le flegme de celui qui *a* tout *remué*, comme l'embarras et l'action de ceux qui n'ont rien fait. (I, 136.)

Une affaire de rien, et qui ne mérite pas qu'on *s'en remue*. (I, 322.)

RENCONTRE, féminin et masculin :

Se trouver tête pour tête à la *rencontre* d'un prince. (II, 7.)

L'autre (la femme sage) est dans les diverses *rencontres* précisément ce qu'il faut qu'elle soit. (I, 186.)

Dire en toute *rencontre* : « ma race,... mon nom. » (I, 305 ; voyez I, 332, *l.* 8.)

Dans une autre *rencontre* il parle le dernier. (I, 374.) — *Un autre*, édit. 5 et 6.

En ce *rencontre*. (II, 194 ; voyez *ibidem*, note 1.)

RENCONTRER, se rencontrer, sens et emplois divers :

Il est peut-être moins difficile aux rares génies de *rencontrer* le grand et le sublime que d'éviter toute sorte de fautes. (I, 125.)

On ne sauroit en écrivant *rencontrer* le parfait, et s'il se peut, surpasser les anciens que par leur imitation. (I, 117 ; voyez I, 147, *l.* 9.)

Les meilleures choses ne leur servent souvent (aux mauvais plaisants) qu'à leur faire *rencontrer* une sottise. (I, 124.)

Les hommes souvent veulent aimer, et ne sauroient y réussir ; ils cherchent leur défaite sans pouvoir la *rencontrer*. (I, 201.)

La vertu et le crime *rencontrent* si rarement ce qui leur est dû. (II, 273.)

De ces injures grossières,... si difficiles à *rencontrer*..., surtout à des gens à qui.... il reste encore quelque pudeur. (II, 443.)

Bernin n'a pas manié le marbre ni traité toutes ses figures d'une égale force ; mais on ne laisse pas de voir, dans ce qu'il *a* moins heureusement *rencontré*, de certains traits si achevés, etc. (II, 445.)

Pour badiner avec grâce, et *rencontrer* heureusement sur les plus petits sujets, il faut trop de manières, trop de politesse. (I, 215.)

Cela est dit le mieux du monde, rien *n'est* plus heureusement *rencontré*. (I, 37 ; voyez II, 246, *l.* 11.)

Il y a un terme.... dans votre ouvrage, qui *est rencontré* et qui peint la chose au naturel. (I, 123.)

Quelqu'un les a conduits à la source d'un fleuve, ou bien le hasard seul les y a fait *rencontrer*. (I, 259.)

La brutalité est une certaine dureté.... qui *se rencontre* dans nos manières d'agir, et qui passe même jusqu'à nos paroles. (I, 64.)

Il.... lui dit.... quels beaux vases.... il a rapportés de l'Asie, quels excellents ouvriers *s'y rencontrent*. (I, 78.)

Je n'ai pu entendre l'oraison funèbre..., à cause de l'enterrement de ma mère, qui *se rencontra* le jour même de cette cérémonie. (II, 490.)

RENDEZ-VOUS :

Il n'y a point de *rendez-vous* publics pour lui applaudir. (II, 233.)

RENDRE, se rendre, sens et emplois divers ; se rendre sur :

Ils en viennent.... jusqu'à *rendre* le salut. (I, 343.)

Ils.... lui demandent la bourse, et il la *rend*. (II, 15.)

Ce n'est point un personnage qu'il soit facile de *rendre* ni d'exprimer par de belles paroles ou par de riches figures. (II, 457.)

Qui pourroit *rendre* raison de la fortune de certains mots et de la proscription de quelques autres ? (II, 205.)

Il n'y a guère qu'une naissance honnête, ou qu'une bonne éducation, qui *rendent* les hommes capables de secret. (I, 244.)

La cour ne *rend* pas content ; elle empêche qu'on ne le soit ailleurs. (I, 299.)

J'apporte tout le soin dont je suis capable pour l'en *rendre* instruit (de la vie de François Ier). (II, 506.)

Une affaire qui *se rend* facile devient suspecte. (II, 19.)

Quel grand effet (ce discours) n'a-t-il pas dû faire sur l'esprit et dans l'âme de tous les auditeurs ! Les voilà *rendus* : ils en sont émus et touchés, etc. (II, 226.)

Lorsqu'on desire, on *se rend* à discrétion à celui de qui l'on espère. (II, 19.)

Il se trouve.... un corps considérable qui refuse d'être du second ordre, et à qui l'on conteste le premier : il ne *se rend* pas néanmoins. (I, 278.)
Il enivre toute une compagnie, et il *se rend* le dernier. (I, 179.)
L'on ne *se rend* point *sur* le desir de posséder et de s'agrandir. (I, 262.)
Une femme coquette ne *se rend* point *sur* la passion de plaire, et *sur* l'opinion qu'elle a de sa beauté. (I, 173.)
La distraction diminue de jour à autre... : c'est *sur* quoi je m'opiniâtre et ne *me rends* point. (II, 483.)

RENFERMER, au propre et au figuré :
C'est à leurs parents à en prendre soin et à les *renfermer* de peur que leur folie ne devienne fureur. (I, 322.)
Quelques troupes *renfermées* dans un château se sont rendues aux ennemis à discrétion. (I, 369.)
Bien que je les tire souvent (les mœurs que je décris) de la cour de France et des hommes de ma nation, on ne peut pas néanmoins les restreindre à une seule cour, ni les *renfermer* en un seul pays. (I, 107.)
Appellerai-je homme d'esprit celui qui, borné et *renfermé* dans quelque art..., ne montre hors de là ni jugement, ni mémoire? (II, 100.)
Bien qu'un être universel qui pense *renferme* dans son idée infiniment plus de grandeur.... qu'un être particulier qui pense, il ne *renferme* pas néanmoins une plus grande exclusion de matière. (II, 255.)

RENFLER, au figuré :
On se nourrit des anciens et des habiles modernes, on les presse, on en tire le plus que l'on peut, on en *renfle* ses ouvrages. (I, 117.)

RENGORGEMENT :
Le dédain et le *rengorgement* dans la société attire précisément le contraire de ce que l'on cherche, si c'est à se faire estimer. (I, 235.)

RENGORGER (Se) :
Vous voyez des gens qui entrent sans saluer que légèrement, qui marchent des épaules, et qui *se rengorgent* comme une femme. (I, 302.)

RENOUER, au propre :
[Il] endosse un habit de toile..., *renoue* ses cheveux, prend un fusil. (I, 282.)

RENTRER, au figuré :
Quand le peuple est en mouvement, on ne comprend pas par où le calme peut y *rentrer*. (I, 365.)
Le caractère de celui qui veut hériter de quelqu'un *rentre* dans celui du complaisant. (I, 267.)

RENOUVELER :
Ils n'habitent d'anciens palais qu'après les *avoir renouvelés* et embellis. (I, 303.)

RENOUVELLEMENT :
Une vaste capacité,... qui donne aux villes plus de sûreté et plus de commodités par le *renouvellement* d'une exacte police. (I, 390.)

RENVERSER :
Si leurs femmes ont perdu seulement un denier, il faut alors *renverser* toute une maison, déranger les lits, etc. (I, 55.)

RENVOYER à :
Il leur *renvoie* tous leurs éloges, qu'il n'a pas cherchés. (I, 127.)
Au lieu d'expédier sur-le-champ des marchands ou des ouvriers, il ne feint point de les *renvoyer au* lendemain matin. (I, 80.)

Ce sont ceux que.... les sages *renvoient au* pédantisme. (I, 148.)

REPAÎTRE (Se) de, au figuré :
Ne *se repaître* que *de* livres de spiritualité. (II, 152.)

RÉPANDRE, répandu ; se répandre :
S'il enlève un ragoût de dessus un plat, il le *répand* en chemin dans un autre plat et sur la nappe. (II, 55.)
Il y a quelques livres *répandus* dans sa chambre indifféremment. (II, 155.)
L'un des malheurs du Prince est d'être souvent trop plein de son secret, par le péril qu'il y a à le *répandre*. (I, 378.)
Quelques-uns n'ont pas même le triste avantage de *répandre* leurs folies plus loin que le quartier où ils habitent. (I, 283.)
Un nombreux troupeau.... *répandu* sur une colline. (I, 385.)
L'on voit certains animaux farouches, des mâles et des femelles, *répandus* par la campagne. (II, 61.)
Une chaumière *répandue* dans la campagne. (II, 166.)
Toutes les sortes de talents que l'on voit *répandus* parmi les hommes se trouvent partagés entre vous. (II, 463.)
La plupart des hommes.... *se répandent* en tant d'actions, etc. (II, 120.)
Marly, où la curiosité de l'entendre *s'étoit répandue*. (II, 453.)

RÉPARER (Se) ; réparé :
La mort de ces hommes uniques, et qui ne *se réparent* point. (I, 341.)
Il est étonnant.... que notre langue, à peine corrompue, se soit vue *réparée*. (I, 130.)

REPASSER, neutre et actif :
Je me trouve toujours obligé à *repasser* par tous les endroits de la carte qu'il a déjà vus. (II, 497.)
J'ai remis l'histoire à dimanche prochain, dans le dessein de *repasser*, les quatre derniers jours de cette semaine, sur ce qu'il a vu. (II, 503.)
Si (les vieillards) *repassent*.... sur tout le cours de leurs années.... (II, 25.)
Je songe aux pénibles.... chemins qu'il est quelquefois obligé de suivre... ; je *repasse* les moyens extrêmes.... dont il use souvent. (I, 387.)

REPENTIR (Se) de :
On ne doit parler, on ne doit écrire que pour l'instruction ; et s'il arrive que l'on plaise, il ne faut pas néanmoins *s'en repentir*. (I, 106.)

RÉPÉTER :
Je lui fais toujours *répéter* la Flandre, l'Allemagne, la France.... Il a pour tout cela une application..., qui va encore s'accroître par le desir qu'a Monsieur le Duc de lui faire *répéter* de temps en temps. (II, 496.)

RÉPÉTITION :
La vie de Louis XII, dont je lui fais une *répétition*. (II, 497 ; voyez II, 501, *l.* 5 ; II, 503, *l.* 14 ; II, 507, *l.* 21 et 22.)

RÉPLÉTION, abondance de sang et d'humeurs :
Il.... ne connoît de maux.... que sa *réplétion* et sa bile. (II, 56.)

RÉPONDRE pour ; répondre de :
Un importun est celui.... qui voyant que quelqu'un vient d'être condamné en justice de payer pour un autre pour qui il s'est obligé, le prie néanmoins de *répondre pour* lui. (I, 59.)
Voilà ce qui nous reste de ses écrits (des écrits de Théophraste).... Ce dernier seul (celui des Caractères), dont on donne la traduction, peut *répondre*.... *de* la beauté de ceux que l'on vient de déduire. (I, 21.)

REPOSER (Se) sur :
Ne *vous reposez* point *sur* vos descendants pour le soin de votre mémoire. (I, 380.)
Je sens de la peine à tromper ceux qui *se reposent sur* moi de quelques soins. (II, 479.)

REPRENDRE, sens divers :
Combien de siècles se sont écoulés avant que les hommes, dans les sciences et dans les arts, aient pu revenir au goût des anciens et *reprendre* enfin le simple et le naturel ! (I, 117.)
Reprendre un fait dès ses commencements. (I, 60.)
Il se trouva un certain jour à la tranchée...., sans être de garde ni commandé ; et.... il en *fut repris* de son général. (II, 33.)

REPRÉSENTER, jouer sur un théâtre :
Il suffisoit.... à Roscie et à Nérine de *représenter* dans les chœurs pour s'attirer une foule d'amants. (II, 80.)

REPROCHER :
Comme les hommes ne se dégoûtent point du vice, il ne faut pas aussi se lasser de leur *reprocher*. (I, 105.)
Si l'on a reçu de lui le moindre bienfait,... il le *reprochera*, en pleine rue, à la vue de tout le monde. (I, 80.)

RÉPUBLIQUE, État, cité :
Des grands d'une *République*. (I, 84, titre.)
Les incidents du jeu, l'extravagance des repas.... dérangent la *République*, et lui portent enfin le coup mortel. (I, 277 ; voyez I, 57, note 6 ; I, 75, *l. dernière*.)
La ville est partagée en diverses sociétés, qui sont comme autant de petites *républiques*. (I, 276.)

RÉPUGNER, absolument :
Dieu condamne et punit ceux qui l'offensent, seul juge en sa propre cause : ce qui *répugne*, s'il n'est lui-même la justice et la vérité. (II, 242.)

RÉPUTATION :
Il semble que la *réputation* des biens diminue en elles (dans les filles à marier) avec celle de leur beauté. (I, 189.)

RESCRIT, ordonnance :
Par quels *rescrits* leur a-t-on défendu d'ouvrir les yeux ? (I, 187.)

RÉSERVER :
Après qu'il a immolé un bœuf devant quelque autel, il se fait *réserver* la peau du front de cet animal. (I, 74.)
Athènes étoit libre ;... ses citoyens.... *réservoient* leurs esclaves pour les bains, pour les repas, pour le service intérieur des maisons. (I, 26.)

RÉSIDENCE :
L'on espère que la dévotion de la cour ne laissera pas d'inspirer la *résidence* (aux évêques). (II, 161.)

RÉSIGNER, se démettre de :
Laisser perdre charges et bénéfices plutôt que de vendre ou de *résigner*, même dans son extrême vieillesse.... (II, 50.)

RÉSOUDRE que ; se résoudre ; se résoudre sur, à, de :
Ils (les auditeurs).... sont émus et touchés au point de *résoudre* dans

leur cœur, sur ce sermon de Théodore, *qu*'il est encore plus beau que le dernier qu'il a prêché. (II, 226.)

Ils le consument (leur temps) à s'habiller, à manger, à dormir, à de sots discours, à *se résoudre sur* ce qu'ils doivent faire. (II, 119.)

On la sent (la mort) plus tôt qu'on n'a songé à *s'y résoudre*. (II, 200.)

Il faudroit.... *se résoudre de* vivre comme l'on veut mourir. (II, 240.)

RESPECTABLE :

Un homme de bien est *respectable* par lui-même, et indépendamment de tous les dehors dont il voudroit s'aider. (II, 93.)

RESPIRER, absolument et activement, au figuré :

C'est par de telles ou semblables interruptions qu'il ne donne pas le loisir à celui qui lui parle de *respirer*. (I, 48.)

Le poëme tragique vous serre le cœur dès son commencement, vous laisse à peine dans tout son progrès la liberté de *respirer*. (I, 138.)

Le peuple.... *respire* le feu et le sang, s'occupe de guerres. (I, 368.)

RESPONSABLE À.... DE :

On croit.... être *responsable à* soi-même *de* son élévation. (I, 306.)

Les grands sont odieux aux petits par le mal qu'ils leur font et par le bien qu'ils ne leur font pas : ils *leur* sont *responsables de* leur obscurité. (I, 345.)

Il n'est *responsable* de ses inconstances qu'*à* ce cercle d'amis. (I, 122.)

RESSEMBLANCE :

[Corneille est] admirable surtout par.... le peu de rapport qui se trouve pour le dessein entre un si grand nombre de poëmes qu'il a composés. Il semble qu'il y ait plus de *ressemblance* dans ceux de Racine. (I, 140.)

RESSENTIR :

Ne s'apercevant point.... de la dignité de l'âme, ils *ressentent* encore moins combien elle est difficile à assouvir. (II, 238.)

RESSERRER, tenir enfermé ; au figuré, contenir :

On la *resserre* (Émire), elle ne paroît plus. (I, 198, *variante*.)

Elle est sévère (à ses amis), qu'elle *resserre* dans leur ordre, sans leur permettre rien de ce qui passe l'amitié. (I, 191.)

RESSORT, au propre et au figuré :

Il est.... un grand maître pour le *ressort* et pour la mécanique. (II, 197.)

Sont-ce là les principes et les *ressorts* de ce spectacle si beau? (I, 254.)

RESSORT, étendue de juridiction, compétence :

Un homme fort riche peut.... mettre un duc dans sa famille, et faire de son fils un grand seigneur : cela est juste et de son *ressort*. (I, 246.)

RESSOURCE :

L'homme qui dit qu'il n'est pas né heureux pourroit du moins le devenir par le bonheur de ses amis ou de ses proches. L'envie lui ôte cette dernière *ressource*. (II, 20.)

Il s'attire.... des propositions qui lui découvrent les vues des autres..., leurs desseins les plus profonds et leur dernière *ressource*. (I, 376.)

Ils déshonorent sans *ressource* ceux qui ont quelque part au hasard de leur élévation. (I, 332.)

Maxime inestimable et d'une *ressource* infinie dans la pratique. (I, 153.)

Livres froids et ennuyeux, d'un mauvais style et de nulle *ressource*, sans règles et sans la moindre justesse. (I, 109.)

RESSOUVENIR, SE RESSOUVENIR, se souvenir :

L'usage a préféré.... « faire *ressouvenir* » à « ramentevoir ». (II, 213.)

Il lui fait *ressouvenir* qu'il lui a autrefois rendu service. (I, 53.)
Je ne sais point si le chien.... *se ressouvient*,... s'il pense. (II, 255.)
Nul ne *se ressouvient* d'un seul mot qu'il aura dit. (I, 49.)
Donnez-leur.... le temps de respirer et de *se ressouvenir* qu'ils n'ont nulle affaire. (I, 304; voyez I, 28, *l.* 19.)

RESTE, RESTES; DE RESTE :
Dans la distribution des grâces, de nouvelles sont accordées à celui-là, pendant que l'auteur grave se tient heureux d'avoir ses *restes*. (II, 234.)
Il a eu du temps *de reste* pour entamer un ouvrage, etc. (I, 381.)
Les princes ont de la joie *de reste* pour rire d'un nain. (I, 348.)

RESTER :
Le temps.... qui leur *reste* à vivre. (II, 25.)
Ceux qui meurent et.... ceux qui *restent*. (II, 25.)

RESTITUTION :
Je rends au public ce qu'il m'a prêté; j'ai emprunté de lui la matière de cet ouvrage : il est juste que l'ayant achevé avec toute l'attention pour la vérité dont je suis capable,... je lui en fasse la *restitution*. (I, 105.)

RESTREINDRE À :
Bien que je les tire souvent (ces caractères) de la cour de France et des hommes de ma nation, on ne peut pas néanmoins les *restreindre à* une seule cour, ni les renfermer en un seul pays. (I, 107.)

RESTRICTION :
La règle de voir de plus grands que soi doit avoir ses *restrictions*. (I, 342.)

RÉSULTER DE :
Après avoir supputé les sommes particulières qu'il a données à chacun d'eux, il se trouve qu'il *en résulte* le double de ce qu'il pensoit. (I, 79.)

RÉTABLIR :
Sophocle (ennemi de Théophraste).... fit une loi qui défendoit.... à aucun philosophe d'enseigner dans les écoles.... Le peuple d'Athènes abrogea cette loi odieuse,... *rétablit* Théophraste et le reste des philosophes. (I, 18.)

RETARDER :
Ronsard et les auteurs ses contemporains.... l'*ont retardé* (le style) dans le chemin de la perfection. (I, 130.)

RETENIR :
Il envie à ses propres valets.... la plus petite pièce de monnoie qu'ils auront ramassée dans les rues, et il ne manque point d'en *retenir* sa part avec ce mot : « Mercure est commun. » (I, 58.)
Si.... la propriété d'un tel bien est dévolue au fidéicommissaire, pourquoi perd-il sa réputation à le *retenir*? (II, 194; voyez I, 52, *l.* 21.)
Les petites règles qu'il s'est prescrites...., il.... ne les romproit pas pour une maîtresse, si le régime lui avoit permis d'en *retenir*. (II, 54.)

RÉTINE (de l'œil). (II, 268, *l.* 8.)

RETIRER; SE RETIRER; RETIRÉ :
Ils prêtent à usure, *retirant* chaque jour une obole et demie de chaque dragme. (I, 47.)
C'est une maison de famille...; il veut s'en défaire.... parce qu'elle est trop petite pour le grand nombre d'étrangers qu'il *retire* chez lui. (I, 80.)
À mesure que la faveur et les grands biens *se retirent* d'un homme, ils laissent voir en lui le ridicule qu'ils couvroient. (I, 246.)

S'il s'avise un jour de faire exercer ses enfants à la lutte ou à la course, il ne leur permet pas de *se retirer* qu'ils ne soient tout en sueur. (I, 63.)

Pour quelques autres (femmes) plus *retirées*, un maçon est un homme. (I, 180.)

RETOMBER dans :
Si, chargé de faire quelque autre harangue, je *retombe* encore *dans* des peintures, etc. (II, 437.)

RETOUCHER à :
[Ils] sont sujets à *retoucher à* leurs ouvrages. (I, 118.)

RETOUR :
Il y a un commerce ou un *retour* de devoirs du souverain à ses sujets, et de ceux-ci au souverain. (I, 384.)

RETOURNER ; retourné :
Ces gens.... qui sortent de leur patrie pour y *retourner*,... qui veulent un jour être revenus de loin.... (II, 138.)

Un prédicateur devroit.... abandonner toutes ces divisions si recherchées, si *retournées*, si remaniées et si différenciées. (II, 235.)

RETRAITE, départ :
Cette visite que vous rendez vient de suspendre une querelle domestique, qui n'attend que votre *retraite* pour recommencer. (I, 231.)

RETRANCHER ; se retrancher ; se retrancher sur :
Sa coutume.... est de charger son valet de fardeaux..., et de lui *retrancher* cependant de son ordinaire. (I, 58.)

Il lui oppose un caractère sérieux, dans lequel il *se retranche*. (I, 348.)

Tel abandonne son père, qui est connu et dont l'on cite le greffe ou la boutique, pour *se retrancher sur* son aïeul, qui est inconnu et hors de prise ;... pour être noble, il ne lui manque que des titres. (II, 163.)

RÉTRIBUTION :
Il y a plus de *rétribution* dans les paroisses pour un mariage que pour un baptême. (II, 173.)

Je suis bien fondé, dit le prévôt (du chapitre), à demander la *rétribution* sans me trouver à l'office. (II, 176.)

RÉUNIR, réuni :
Des hommes dont toute l'attention *est réunie* à scier du marbre. (II, 120.)

Il y a de certaines familles qui.... doivent être irréconciliables. Les voilà *réunies*. (I, 327.)

RÉVEILLER, au figuré :
Ils cherchent à *réveiller* leur goût déjà éteint par des eaux-de-vie. (I, 327.)

REVENIR ; revenir de, à :
Jusqu'à ce qu'il *revienne* un homme qui.... explique au peuple la parole divine uniment et familièrement,... les déclamateurs seront suivis. (II, 221.)

Le débit des beaux sentiments, et qui *reviennent* toujours les mêmes. (I, 216.)

Il ne *revient de* ce grand fracas que pour bredouiller des sottises. (I, 220.)

Ronsard et les auteurs ses contemporains ont plus nui au style qu'ils ne lui ont servi : ils l'ont retardé dans le chemin de la perfection ; ils l'ont exposé à la manquer pour toujours et à n'y plus *revenir*. (I, 130.)

Telle.... femme, à qui le désordre manque pour mortifier son mari, *y revient* par sa noblesse. (I, 195 ; voyez II, 187, *l. avant-dernière*.)

Proverbe grec, qui *revient* à notre : je retiens part. (I, 58, note 2.)
L'un *revient* à l'autre. (II, 23.) — C'est équivalent.
Tout cet amas d'idées qui *reviennent* à la même. (II, 223.)

RÊVER ; rêver à ; rêver, absolument :

Ils sont occupés pendant la nuit d'une charrue, d'un sac, d'une faux, d'une corbeille, et ils *rêvent* à qui ils ont prêté ces ustensiles. (I, 42.)

Il faut.... froncer le sourcil, et *rêver* à rien très-profondément. (I, 278.)

Je ne *rêve* du matin au soir qu'*aux* moyens de lui être utile, et à lui rendre ses études moins amères. (II, 483.)

Être avec des gens qu'on aime, cela suffit ; *rêver*, leur parler, ne leur parler point..., auprès d'eux, tout est égal. (I, 202.)

Vous moquez-vous de *rêver* en carrosse ? (I, 278.)

Il parle, il *rêve*, il reprend la parole. (II, 8.)

RÉVÉRENCE ; Votre Révérence, en parlant à un religieux :

Étrange embarras.... que le fidéicommis ! Si par la *révérence* des lois on se l'approprie, il ne faut plus passer pour homme de bien. (II, 194.)

Il dit « *Votre Révérence* » à un prince du sang, et « Votre Altesse » à un jésuite. (II, 15.)

RÊVERIE :

Après toutes ses *rêveries* et toutes ses mesures, on est échec, quelquefois mat. (I, 325.)

L'on reçoit le reproche de la distraction et de la *rêverie*, comme s'il nous accordoit le bel esprit. (II, 33.)

REVERSI, jeu. (I, 284, n. 12.)

REVÊTIR, revêtu, terme d'architecture ; revêtir de, au figuré :

Une Yvette ou un Lignon, qui couloit obscurément entre les saules et les peupliers, est devenu un canal qui est *revêtu*. (II, 257.)

L'on y trouve l'histoire du siècle *revêtue* de circonstances très-curieuses. (II, 54.)

Le sermonneur est plus tôt évêque que le plus solide écrivain n'est *revêtu* d'un prieuré simple. (II, 234.)

L'on remarque dans les cours des hommes avides qui *se revêtent* de toutes les conditions pour en avoir les avantages. (I, 316.)

RÊVEUR :

Il est abstrait, *rêveur*, et il a, avec de l'esprit, l'air d'un stupide. (I, 273.)

REVIVRE :

Il lui falloit.... ce nouveau poste.... pour faire *revivre* ses vertus à demi effacées de leur mémoire. (I, 319.)

REVOIR :

On le *revoit* paroître avec un visage exténué. (II, 157.)

RÉVOLUTION :

N'essayer des richesses, de la grandeur..., que pour les voir changer inviolablement et par la *révolution* des temps en leurs contraires. (II, 250.)

Une mode a à peine détruit une autre mode, qu'elle est abolie par une plus nouvelle.... Pendant ces *révolutions*, un siècle s'est écoulé. (II, 150.)

REVUE (Passer en), au sens neutre :

J'aurois l'impudence de me promener au Cours, et d'y *passer en revue* avec une personne qui seroit ma femme. (II, 181.)

L'on s'attend au passage réciproquement dans une promenade publique ; l'on y *passe en revue* l'un devant l'autre. (I, 275.)

RICHE, au propre et au figuré ; RICHE DE :

Il.... ne garde qu'une *riche* robe dont il est habillé, et qu'il traîne le reste du jour dans la place publique. (I, 74.)

Ægine..., avec une *riche* dot, apporte de *riches* dispositions à la consumer, et tout votre fonds avec sa dot. (II, 180.)

Les grands.... n'admettent qu'à peine dans les autres hommes la droiture d'esprit, l'habileté, la délicatesse, et s'emparent de ces *riches* talents comme de choses dues à leur naissance. (I, 343.)

La première (une femme prude) cache des foibles sous de plausibles dehors ; la seconde (une femme sage) couvre un *riche* fonds sous un air libre et naturel. (I, 186.)

Ce n'est point un personnage qu'il soit facile de rendre ni d'exprimer par de belles paroles ou par de *riches* figures. (II, 457.)

S'il est vrai que l'on soit *riche de* tout ce dont on n'a pas besoin, un homme fort *riche*, c'est un homme qui est sage. (I, 261.)

Ils (nos pères) en avoient moins que nous (moins d'argent), et en avoient assez, plus *riches* par leur économie que *de* leurs revenus. (I, 297.)

RIDICULE, substantivement :

Il peut y avoir un *ridicule* si bas..., qu'il n'est ni permis au poëte d'y faire attention, ni possible aux spectateurs de s'en divertir. (I, 138.)

Il ne faut point mettre un *ridicule* où il n'y en a point. (I, 150.)

Ils ne peuvent cacher leur malignité, leur extrême pente.... à jeter un *ridicule* souvent où il n'y en peut avoir. (I, 347.)

RIEN, avec NE ou NE.... PAS ; RIEN, sans NE :

Ce *n*'est *rien* au fond que cet usage. (II, 173.)

Il *ne* manque *rien* à un roi que les douceurs d'une vie privée. (I, 378.)

Je veux un homme qui soit bon, qui *ne* soit *rien* davantage. (I, 309.)

Il exige d'abord de petites choses, qu'il prétend ensuite lui devoir être comptées pour *rien*. (I, 374.)

Il *ne* faut *rien* exagérer, ni dire des cours le mal qui n'y est point : l'on *n*'y attente *rien* de pis contre le vrai mérite que de le laisser quelquefois sans récompense ;... on l'oublie, et c'est là où l'on sait parfaitement *ne* faire *rien*, ou faire très-peu de chose pour ceux que l'on estime beaucoup. (I, 308.)

Il *n*'y a *rien* à la cour de si méprisable et de si indigne qu'un homme qui *ne* peut contribuer en *rien* à notre fortune. (I, 306.)

Il *n*'y a *rien*.... que l'on puisse comparer à saint Augustin, que Platon et que Cicéron. (II, 244.)

Ni les troubles.... ni la guerre.... *ne* diminuent *rien* de votre magnificence. (I, 270.)

Il *ne* leur arrive *pas* en toute leur vie de *rien* admirer. (I, 41.)

Ils prononcèrent que je *n*'étois *pas* capable de faire *rien* de suivi. (II, 442.)

Une tenue d'états ou les chambres assemblées.... *n*'offrent *point* aux yeux *rien* de si grave.... qu'une table de gens qui jouent un grand jeu. (I, 268.)

J'ai moins pensé à lui faire lire (au public) *rien* de nouveau qu'à laisser peut-être un ouvrage de mœurs plus complet.... à la postérité. (I, 111.)

Obtenir d'eux d'être dispensés de *rien* recevoir. (I, 316.)

Les grands négligent de *rien* connoître.... aux affaires publiques. (I, 346 ; voyez I, 240, *l. dernière*.)

Je ne sais s'il y a *rien* au monde qui coûte davantage à approuver et à louer que ce qui est plus digne d'approbation et de louange. (II, 75.)

Quand vous les voyez de fort près, c'est moins que *rien*. (I, 151.)

Il faut paroître accablé d'affaires, froncer le sourcil, et rêver à *rien* très-profondément. (I, 278.)
C'est un bourgeois, un homme de *rien*, un malotru. (I, 247.)
Une affaire de *rien*, et qui ne mérite pas qu'on s'en remue. (I, 322.)
Ils ne suivent la mode et le train commun que dans les choses de *rien* et de nulle suite. (II, 239.)
[Le Mercure galant] est immédiatement au-dessous de *rien*. (I, 132.)
Au-dessous du rien, dans les huit premières éditions.
De l'impertinent ou du diseur de *rien*. (I, 39, titre.)
Ne se rencontrer que pour se dire des *riens*. (I, 295.)

RIRE à :
La fortune.... ne *leur rit* plus; elle se joue ailleurs. (I, 272.)
Tout *leur rit*, tout leur succède. (II, 104.)

RIS, rire :
Je doute.... que le *ris* excessif convienne aux hommes. (II, 24.)
Essuyer sa gravité, son *ris* amer et son laconisme. (I, 359.)
Il se dédommage dans le particulier.... par les *ris* et la moquerie. (I, 380.)
Un *ris* immodéré. (I, 137.)
Un *ris* forcé. (I, 324.)
Voyez I, 137, *l.* 15, *l.* 24 et *l.* 27; I, 350, *l.* 19; I, 352, *n.* 41; II, 210, *l.* 3.

RISQUE (voyez Courir) :
Le métier de la parole ressemble.... à celui de la guerre : il y a plus de *risque* qu'ailleurs, mais la fortune y est plus rapide. (II, 227.)

RIVAL, rivaux :
Il y a des hommes.... que l'élévation de leurs *rivaux* humilie. (I, 343.)

ROBE, au propre et au figuré :
Il.... ne garde qu'une riche *robe* dont il est habillé, et qu'il traîne le reste du jour dans la place publique. (I, 74.)
Il.... ne paroît guère dans une assemblée publique qu'avec une vieille *robe* et toute tachée. (I, 71; voyez I, 69, *l.* 17; I, 74, *l.* 10; I, 76, *l.* 15.)
Le don de la mémoire, la *robe*.... de celui qui prêche ne sont pas des choses qu'on ose ou qu'on veuille toujours s'approprier. (II, 234.)
Ils vivent de l'Eglise et de l'épée, et auront le secret d'y joindre la *robe*. (I, 316; voyez I, 352, *n.* 40.)
Il y a dans la ville la grande et la petite *robe*. (I, 277.)

ROI :
On s'est toujours plaint du petit nombre de personnes capables de conseiller les *rois*. (I, 344.)

ROIDEUR, au figuré :
Sans une grande *roideur* et une continuelle attention à toutes ses paroles, on est exposé à dire en moins d'une heure le oui et le non sur une même chose ou sur une même personne. (II, 95.)
Un homme d'esprit et qui est né fier, ne perd rien de sa fierté et de sa *roideur* pour se trouver pauvre. (I, 230.)

ROIDIR (Se), au figuré :
L'on *se roidit* contre son infortune. (II, 22; voyez I, 377, *l.* 14.)

ROMAN :
S'il conte une nouvelle..., elle devient un *roman* entre ses mains. (I, 219.)
Sa vie est un *roman*; non, il lui manque le vraisemblable. (I, 335.)
Théophile.... passe le vrai dans la nature : il en fait le *roman*. (I, 130.)

ROMPRE, actif et neutre :
Il vous répond durement : « Ne me *rompez* point la tête. » (I, 64.)
Les petites règles qu'il s'est prescrites..., il.... ne les *romproit* pas pour une maîtresse, si le régime lui avoit permis d'en retenir. (II, 54.)
Alexandre étoit bien jeune pour un dessein si sérieux (la conquête de l'univers) : il est étonnant que dans ce premier âge les femmes ou le vin n'*aient* plus tôt *rompu* son entreprise. (II, 121.)
Les poiriers *rompent* de fruit cette année. (II, 136.)
La neutralité entre des femmes..., quoiqu'elles *aient rompu* pour des intérêts où nous n'avons nulle part, est un point difficile. (I, 188.)
Il est.... difficile d'exprimer la bagatelle qui les a fait *rompre*. (I, 233.)

RONDEUR, au figuré :
J'ai balancé.... entre l'impatience de donner à mon livre plus de *rondeur*.... par de nouveaux caractères, et la crainte de faire dire à quelques-uns : « Ne finiront-ils point, ces Caractères ? » (I, 108.)
La *rondeur* des périodes. (I, 143.)

RONGER :
Il a les dents noires, *rongées*. (I, 71.)

RÔT :
Il place ensuite le *rôt* et les entremets. (II, 56.)

ROTURE, au propre et au figuré :
C'est une grande simplicité que d'apporter à la cour la moindre *roture*. (I, 306.)
Quelle est la *roture* un peu.... établie à qui il manque des armes ? (II, 165.)
Vous me peignez un fat, qui met l'esprit en *roture*, une âme vile et mécanique. (II, 85.)

ROUGE, vêtu de rouge :
Un homme *rouge* ou feuille-morte (un laquais) devient commis. (II, 87.)

Rouge, substantivement :
Se mettre du *rouge* ou se farder. (I, 171 ; voyez II, 170, *l.* 13.)

ROUGIR, au figuré :
Elle (l'âme d'un sot) *rougit* de son propre corps et des organes bruts.... auxquels elle s'est vue attachée si longtemps. (II, 67.)

ROULEAU :
Quand elle (la mesure) est pleine, il la rase lui-même avec le *rouleau* le plus près qu'il peut. (I, 58.)

ROULER, au propre et au figuré :
Il *roule* les yeux en mangeant. (II, 55.)
Un gouvernement absolu qui ne *roule* que sur le plaisir. (II, 29.)
Il y a peu de règles générales.... pour bien gouverner ;... cela *roule* sur la prudence et sur les vues de ceux qui règnent. (I, 387 ; voy. II, 459, *l.* 11 et 12.)
La sage conduite *roule* sur deux pivots, le passé et l'avenir. (II, 110 ; voyez II, 231, *l.* 11.)
Toute plaisanterie dans un homme mourant est hors de sa place : si elle *roule* sur de certains chapitres, elle est funeste. (II, 240 ; voyez I, 238, *l.* 8.)

ROUTE, au figuré :
Le vent de la faveur [les] pousse.... à pleines voiles ; ils perdent en un moment la terre de vue, et font leur *route*. (II, 104.)
Ce rigide censeur.... s'égare et il est hors de *route*. (II, 108.)
L'on ne suit aucune de ces *routes* dans [cet] ouvrage. (I, 29.)

ROYAL, ale :
Quelqu'un de ces pâtres....achètera un jour.... cette *royale* maison. (I, 271.)
Je ne sais pas comment l'Opéra, avec une musique si parfaite, une dépense toute *royale*, a pu réussir à m'ennuyer. (I, 133.)

RUBRIQUE, marque, titre :
Toutes les *rubriques* d'honneurs et de distinctions dont leur condition se trouve chargée. (II, 167.)

RUDE :
Un homme qui seroit en peine de connoître s'il change, s'il commence à vieillir, peut consulter les yeux d'une jeune femme qu'il aborde, et le ton dont elle lui parle : il apprendra ce qu'il craint de savoir ; *rude* école. (I, 190.)

RUELLE, chambre à coucher, où les dames recevaient :
Vieil meuble de *ruelle*, où il parle procès et dit des nouvelles. (II, 60.)
Le rebut de la cour est reçu à la ville dans une *ruelle*, où il défait le magistrat. (I, 177 ; voyez I, 289, *l.* 13 ; II, 12, *l.* 19.)

RUINE, au figuré :
Il a le visage décharné, le teint verdâtre, et qui menace *ruine*. (II, 59.)

RUINER, au figuré :
Il y.... a quinze (chapitres de cet ouvrage) qui.... ne tendent qu'à *ruiner* tous les obstacles qui affoiblissent.... la connoissance de Dieu. (II, 446.)

RUINEUX :
Un jeu *ruineux*. (II, 153.)

RURAL, ale :
Une indifférence grossière des choses *rurales* et champêtres. (I, 295.)

RUSTICITÉ :
La *rusticité* des villageoises. (I, 292.)
Il semble que la *rusticité* n'est autre chose qu'une ignorance grossière des bienséances. (I, 41.)
La *rusticité*, la brutalité peuvent être les vices d'un homme d'esprit. (II, 98.)
C'est *rusticité* que de donner de mauvaise grâce. (I, 315.)
Le bourgeois.... dont la *rusticité* est héréditaire. (II, 89.)

RUSTIQUE, grossier :
Des gens *rustiques*. (I, 41.)

S

SABBAT, au figuré :
Que si l'on vous disoit que tous les chats d'un grand pays..., après avoir miaulé tout leur soûl,... se sont jetés avec fureur les uns sur les autres..., ne diriez-vous pas : « Voilà le plus abominable *sabbat* dont on ait jamais ouï parler ? » (II, 129.)

SABLE (Jeter en) :
Un Tigillin qui souffle ou qui *jette en sable* un verre d'eau-de-vie. (II, 144 ; voyez *ibidem*, note 2.)

SACRE :
Rois, Monarques, Potentats, *sacrées* Majestés! (II, 272.)

SACRIFIER à, au figuré :
Hommes dévoués.... aux grands, *à* qui ils *ont sacrifié*, en qui ils ont placé leurs dernières espérances. (II, 44.)

SAGE, adjectif et substantivement :
Si vous êtes sot et inconsidéré..., ils rient de vous ; si vous êtes *sage*..., ils rient de même. (II, 37.)
On a dit de Socrate qu'il étoit en délire... ; mais ceux des Grecs qui parloient ainsi d'un homme si *sage* passoient pour fous. (II, 107.)
Ces hommes *sages* peuvent être loués de leur bonne fortune. (II, 111.)
C'est un homme *sage* et qui a de l'esprit, autrement un homme de mérite, que vous appelez un bel esprit. (II, 86, *var.* ; voy. II, 97, *l. avant-dern.*)
Si vous me dites qu'une femme *sage* ne songe guère à être savante, ou qu'une femme savante n'est guère *sage*, vous avez déjà oublié.... que les femmes ne sont détournées des sciences que par de certains défauts : concluez donc vous-mêmes que moins elles auroient de ces défauts, plus elles seroient *sages*, et qu'ainsi une femme *sage* n'en seroit que plus propre à devenir savante, ou qu'une femme savante n'étant telle que parce qu'elle auroit pu vaincre beaucoup de défauts, n'en est que plus *sage*. (I, 187-188.)
Les fautes des sots sont quelquefois.... si difficiles à prévoir, qu'elles mettent les *sages* en défaut. (II, 30.)

SAIN :
Démêler dans les hommes ce qu'il y a de vain, de foible et de ridicule, d'avec ce qu'ils peuvent avoir de bon, de *sain* et de louable. (I, 12.)
Un esprit *sain* puise à la cour le goût de la solitude. (I, 337.)

SAINEMENT :
Juger *sainement* de toutes choses. (I, 283.) — 5ᵉ édition, *sûrement*.

SAINT, substantivement :
Brontin.... s'enferme huit jours avec des *saints*. (I, 256.)

SAISIE, terme de procédure. (II, 21, *n*. 27 ; II, 61 *l*. 3.)

SAISIR, au figuré :
Il y a des misères sur la terre qui *saisissent* le cœur. (I, 261.)
L'on m'a engagé.... à lire mes ouvrages à Zoïle : je l'ai fait. Ils l'*ont saisi* d'abord et avant qu'il ait eu le loisir de les trouver mauvais. (I, 119.)

SAISISSEMENT :
Ses créanciers l'en ont chassé (de sa maison) : il a tourné la tête, et il l'a regardée de loin une dernière fois ; et il est mort de *saisissement*. (I, 272.)

SALADE, sorte de casque. (II, 130, *l. antépénultième.*)

SALE, au figuré :
Il y a des âmes *sales*, pétries de boue et d'ordure, éprises.... de l'intérêt, comme les belles âmes le sont de la gloire et de la vertu. (I, 264.)
Il n'y a point de *sale* commerce où il ne soit capable d'entrer ; vous le verrez aujourd'hui crieur public, demain cuisinier ou brelandier. (I, 46.)
C'est un *sale* et indigne métier.... que de tromper. (I, 269.)
C'est un noir attentat, c'est une *sale* et odieuse entreprise, que celle que le succès ne sauroit justifier. (II, 123.)

SALETÉS, au propre et au figuré :
Si vous voyez tout le repas ailleurs que sur une table bien servie, quelles *saletés*, quel dégoût ! (I, 254.)
On lui voit aux mains des poireaux et d'autres *saletés*. (I, 70.)

Les *saletés* des Dieux, la Vénus, le Ganymède et les autres nudités du Carrache. (II, 170.)

Un auteur sérieux n'est pas obligé de remplir son esprit de toutes les extravagances, de toutes les *saletés*, de tous les mauvais mots que l'on peut dire.... au sujet de quelques endroits de son ouvrage. (I, 124.)

SALLE. (I, 221, *l.* 25 ; I, 356, *n.* 48 ; I, 357, *n.* 50 ; II, 141, *l.* 14.)

SALUER. Voyez SALUT.

SALUT, action de saluer; SALUT, terme de liturgie :

Ces importants personnages qui méprisoient Homère..., qui ne lui rendoient pas le *salut*, ou qui le saluoient par son nom. (I, 263.)

Négliger vêpres..., garder sa place soi-même pour le *salut*.... (II, 151; voyez II, 171, *n.* 19.)

SANG :

Il n'y a rien qui rafraîchisse le *sang* comme d'avoir su éviter de faire une sottise. (II, 30.)

SANG-FROID :

Même sans être ivre, mais de *sang-froid*, il, etc. (I, 46 ; voyez I, 61, *l.* 1.)

SANS ; SANS QUE.... NE :

Les services qu'il en tire, même *sans* savoir. (I, 350, *variante*.) — A partir de la 5ᵉ édition, *sans le savoir*.

Vous voyez des gens qui entrent *sans* saluer que légèrement. (I, 302.)

Sans parler que des gains licites, on paye.... à l'ouvrier son temps et son ouvrage : paye-t-on à un auteur ce qu'il pense et ce qu'il écrit ? (II, 87.)

On ne peut pas.... les restreindre (ces mœurs) à une seule cour.... *sans que* mon livre *ne* perde beaucoup de son étendue. (I, 107.)

SAPER, au figuré :

On en a vu (des maux).... qui *ont sapé* par les fondements de grands empires, et qui les ont fait évanouir de dessus la terre. (I, 366.)

SAS :

Ceux qui font l'horoscope et qui tirent la figure, ceux qui connoissent le passé par le mouvement du *sas*. (II, 201; voyez *ibidem*, note 1.)

SATELLITE, au figuré :

Ils ne sont pas les *satellites* de Jupiter, je veux dire ceux qui pressent et qui entourent le Prince. (I, 304.)

SATIRIQUE, substantivement :

Ce *satirique* parle juste, et se fait écouter. (II, 139.)

SATISFAIRE À :

Ils s'en privent eux-mêmes (des commodités de la vie) volontairement pour *satisfaire* à leur avarice. (II, 52.)

Madame la Duchesse lui fit.... quelques questions, auxquelles il *satisfit* sans hésiter. (II, 499 ; voyez II, 501 et 502.)

SATYRE, espèce de singe. (I, 45, *l.* 3 et note 1.)

SAUVER À, épargner à ; SAUVER, SE SAUVER, au sens religieux; SE SAUVER, absolument, se tirer d'affaire, de péril :

Il y a une philosophie.... qui nous exempte de desirer, de demander..., et qui *nous sauve* même l'émotion et l'excessive joie d'être exaucés. (II, 109.)

Il *leur sauve* la peine d'amasser de l'argent. (I, 221.)

L'on ne mouroit plus depuis longtemps par Théotime ; ses tendres exhortations ne *sauvoient* plus que le peuple. (II, 135.)

Une mère.... qui la fait religieuse (sa fille) se charge d'une âme avec la sienne.... Afin qu'une telle mère ne se perde pas, il faut que sa fille *se sauve*. (II, 179; voyez II, 241, *l.* 1.)

On veut à la cour que bien des gens manquent d'esprit qui en ont beaucoup; et entre les personnes de ce dernier genre une belle femme ne *se sauve* qu'à peine avec d'autres femmes. (I, 189.)

SAVANTASSE :

Si vous en croyez des personnes aigries l'une contre l'autre..., l'homme docte est un *savantasse*,... le gentilhomme un gentillâtre. (II, 117.)

Ne dites-vous pas encore du *savantasse* : « Il est bel esprit » ? (II, 86.)

Furetière (1690) et l'Académie (1694) écrivent *savantas*.

SAVOIR, emplois divers :

Maxime usée et triviale, que tout le monde *sait*. (II, 70.)

Voilà un homme.... que j'ai vu quelque part : de *savoir* où, il est difficile. (I, 285.)

On en *sait* d'autres.... qui se refusent un tour de lit et du linge blanc. (II, 141.)

L'on *sait* des gens qui avoient coulé leurs jours dans une union étroite. (I, 230.)

Garder sa place soi-même pour le salut, *savoir* les êtres de la chapelle, connoître le flanc, *savoir* où l'on est vu et où l'on n'est pas vu. (II, 151.)

Il ne *sait* pas la cour. (I, 298, *n.* 1.) — Un homme qui *sait* la cour. (*Ibid.*, *n.* 2.)

Il *savoit* la guerre. (II, 125.)

Chanley *sait* les marches,... du Metz l'artillerie. (I, 287.)

Diognète *sait* d'une médaille le frust, le feloux, et la fleur de coin. (II, 137.)

Que manque-t-il de nos jours à la jeunesse? Elle peut et elle *sait*; ou du moins, quand elle *sauroit* autant qu'elle peut, elle ne seroit pas plus décisive. (I, 329.)

Et parce que M. le duc de Bourbon a toujours un peu de peine à s'appliquer..., je ne *sais* autre chose que lui inculquer fortement.... les endroits de l'histoire dont il est.... nécessaire qu'il soit instruit. (II, 507.)

Si tu es un habile homme, tu as tort de ne pas parler ; mais s'il n'est pas ainsi, tu en *sais* beaucoup. (I, 20.)

Une vaste capacité qui s'étende non-seulement aux affaires de dehors,... mais qui *sache* aussi se renfermer au dedans. (I, 390 ; voy. I, 107, *l. av.-dern.*)

Il *sait* éviter dans la place la rencontre d'un ami pauvre qui pourroit lui demander, comme aux autres, quelque secours. (I, 76 ; voy. I, 341, *l.* 2.)

Il s'est trouvé autrefois un prévôt,... qui.... étoit si initié dans tous ces affreux mystères (des voleurs) qu'il *sut* rendre à un homme de crédit un bijou qu'on lui avoit pris dans la foule. (II, 189.)

L'orateur et l'écrivain ne *sauroient* vaincre la joie qu'ils ont d'être applaudis. (I, 106.)

L'on ne s'étonne plus de voir que la dévotion *sache* encore mieux que la beauté.... rendre une femme fière et dédaigneuse. (II, 160.)

Il est étonnant que les ouvrages de Marot.... n'*aient su* faire de Ronsard.... un plus grand poëte que Ronsard et que Marot. (I, 130.)

Il ne lui *sauroit* peut-être manquer que les occasions. (II, 93.)

Savoir-faire :

Le *savoir-faire* et l'habileté ne mènent pas jusques aux énormes richesses. (I, 260.)

Riche par son *savoir-faire*. (II, 108.)

SAVOURER, au propre et au figuré :

Il voudroit pouvoir les *savourer* tous (les mets) tout à la fois. (II, 55.)

Goûter, *savourer* la prospérité et la faveur. (II, 152; voyez I, 364, *l.* 7.)

SAYE (La ou le); bas de saye, au figuré :

La *saye* ou l'habit romain. (II, 150.) — 6º édition, *le saye*, d'après le genre du latin *sagum*.

Le plaisir d'un roi qui mérite de l'être est de l'être moins quelquefois, de sortir du théâtre, de quitter le *bas de saye* et les brodequins, et de jouer avec une personne de confiance un rôle plus familier. (I, 378; voyez *ibidem*, note 3.)

SCEAU, au propre et au figuré; scel :

S'opposer au *sceau*. (II, 60; voyez *ibidem*, note 1.)

Ce ne sera pas assez de l'approbation qu'il (le public) aura donnée à un ouvrage pour en faire la réputation, et.... pour y mettre le dernier *sceau*, il sera nécessaire que de certaines gens le désapprouvent. (II, 454.)

De « *scel* » il (l'usage) a fait « sceau ». (II, 215.)

SCÈNE, au propre; scène, au figuré, sens divers :

Qu'attend-on d'une *scène* tragique? (I, 137.)

Il ne peut pas avoir paru sur la *scène* avec un si bel appareil pour se retirer sans rien dire. (II, 124; voyez I, 336, *l. dernière*.)

Il faudroit.... que cette terre.... fût le seul endroit de la *scène* où se doivent passer la punition et les récompenses. (II, 273.)

[Il] vous parle si haut que c'est une *scène* pour ceux qui passent. (I, 358.)

SCIE :

Que pensez-vous de celui qui.... prend sa *scie* pour raboter? (I, 152.)

SCIENCE, sciences :

Il ne faut ni art ni *science* pour exercer la tyrannie. (I, 363.)

Je me renferme.... dans cette *science* qui décrit les mœurs. (I, 9.)

Ils aiment mieux.... être foibles et superficiels dans diverses *sciences* que d'être sûrs et profonds dans une seule. (II, 139.)

SCOLASTIQUE (La). (II, 224, *n.* 7; II, 244, *n.* 21.)

SCOLIASTE, commentateur. (II, 203, *l.* 21; II, 509, *l.* 14.)

SCRUPULEUX, euse :

Quelque *scrupuleuse* exactitude que l'on ait dans sa manière d'écrire, la raillerie froide des mauvais plaisants est un mal inévitable. (I, 124.)

Un auteur exact et *scrupuleux*. (I, 108.)

Un style grave, sérieux, *scrupuleux*, va fort loin. (I, 132.)

SE, soi, soi-même :

Se chercher.... les unes les autres avec l'impatience de ne *se* point rencontrer; ne *se* rencontrer que pour *se* dire des riens, que pour *s'*apprendre réciproquement des choses dont on est également instruite.... (I, 294-295.)

N***, avec un vestibule et une antichambre, pour peu qu'il y fasse languir quelqu'un et *se* morfondre..., fera sentir de lui-même quelque chose qui approche de la considération. (I, 247.)

Tout ce que chacune a pu gagner.... a été de faire dire de *soi* : « On l'auroit prise pour une vestale. » (I, 185.)

Il laisse chez *soi* la somme que le public lui a donnée pour faire les frais de son voyage. (I, 58.)

Il renvoie chez *soi* par un valet tout son équipage. (I, 74.)

Arrivé chez *soi*, il raconte son aventure à ses amis. (II, 15.)

Tout lui est familier, rien ne lui est nouveau; il s'assit, il se repose, il est chez *soi*. (II, 8.)

Celui.... qui a bonne opinion de *soi*. (I, 155.)
Il faut laisser.... Mélinde parler de *soi*, de ses vapeurs. (I, 216.)
Un homme vain trouve son compte à dire du bien ou du mal de *soi*; un homme modeste ne parle point de *soi*. (II, 31.)
Certains particuliers.... se moulent sur les princes.... et se ruinent ainsi à se faire moquer de *soi*. (I, 283.)
Il a dessein d'élever auprès de *soi* un fils naturel. (II, 14.)
Il porte de l'argent sur *soi*. (I, 69.)
Une grande reconnoissance emporte avec *soi* beaucoup de goût et d'amitié pour la personne qui nous oblige. (I, 202.)
Gnathon ne vit que pour *soi*. (II, 55.)
Il ne pèse qu'à *soi-même*. (I, 155.)
Il.... se place où il se trouve, sans nulle attention aux autres, ni à *soi-même*. (I, 165.)
Il se parle souvent à *soi-même*. (I, 167.)
Un homme.... inexorable à *soi-même*,... indulgent aux autres. (I, 207.)
Tant que l'amour dure, il subsiste de *soi-même*. (I, 199.)
Un livre de mœurs assez mal digéré pour tomber de *soi-même*. (II, 443.)

Voyez I, 52, *l.* 22; I, 61, *l.* 8; I, 220, *l.* 22; I, 221, *l.* 3; I, 224, *l.* 18; I, 251, *l. avant-dernière;* I, 254, *l.* 11; I, 264, *l.* 5; I, 274, *l.* 19; I, 280, *l.* 14; I, 306, *l. dernière;* I, 307, *l.* 5; I, 317, *l.* 16; I, 335, *l.* 12; I, 336, *l.* 4; I, 342, *l.* 9; I, 379, *l.* 11 et *l. dernière;* II, 9, *l.* 19; II, 11, *l.* 3; II, 21, *l.* 13; II, 34, *l.* 23; II, 37, *l.* 20; II, 39, *l.* 17, *l.* 26 et *l.* 27; II, 42, *l.* 6; II, 47, *l.* 1 et *l.* 9; II, 58, *l.* 13; II, 70, *l.* 13; II, 113, *l.* 1; II, 131, *l.* 18; II, 136, *l.* 12; II, 142, *l. antépénultième;* II, 144, *l.* 20; II, 151, *n.* 21; II, 157, *l.* 6; II, 197, *l.* 6; II, 204, *l.* 2; II, 229, *l.* 9; II, 235, *l. antépénultième;* II, 243, *l.* 6; II, 245, *l.* 23; II, 255, *l.* 2, *l.* 18 et *l.* 20; II, 266, *l.* 28; II, 267, *l.* 24 et 25.

Voyez ci-dessus, p. 224, *l.* 25, un exemple de *lui*, où nous mettrions *soi*.

SEC, au figuré :
Une passion stérile.... qui le rend (qui rend l'homme) froid et *sec* sur les actions ou sur les ouvrages d'autrui. (II, 40.)
Un air de.... hauteur qui vous rend *sec* sur les louanges. (I, 344.)

SÈCHEMENT, au figuré. (II, 437, *l.* 4.)

SÉCHER DE, au figuré :
Sécher d'envie. (II, 153.)
On languit, on *sèche de* les voir danser et *de* ne danser point. (II, 247.)

SECOND :
Le roi Henri *second*. (II, 507.)

SECRET, ÈTE, adjectif, avec un nom soit de chose soit de personne :
Une pente *secrète* de l'âme à penser mal de tous les hommes. (I, 87.)
Être *secret*..., et impénétrable dans ses motifs et dans ses projets. (I, 389.)

SECRET, substantivement :
Il y a [des maux].... ensevelis.... sous le *secret* et dans l'obscurité. (I, 366.)
Il entre dans le *secret* des familles. (I, 342.)
Vous diriez qu'il ait l'oreille du Prince ou le *secret* du ministre. (I, 370.)
L'un des malheurs du Prince est d'être souvent trop plein de son *secret*. (I, 378.)
Hommes capables de *secret*. (I, 244.)
Il trouve le *secret* d'avoir sa part franche du spectacle. (I, 53.)
Ils vivent de l'Eglise et de l'épée, et auront le *secret* d'y joindre la robe. (I, 316.)
Le *secret* seroit d'avoir un grand sens et bien de l'esprit. (I, 239.)

SÉCULIER, ÈRE :
Une dignité ou *séculière* ou ecclésiastique. (II, 96.)

SEIGLE :
On distingue à peine.... le blé froment d'avec les *seigles*. (I, 295.)

SEIGNEUR :
Ce garçon.... est *seigneur* d'une abbaye et de dix autres bénéfices. (I, 254.)

SEIN, au propre :
Dans un transport amoureux, [il] se perça le *sein* à ses pieds. (I, 196.)
Vous [le] verrez.... porter hardiment [des herbes, etc.] dans son *sein* et sous sa robe. (I, 76 ; voyez I, 47, *l.* 9.)
S'il voit un homme frappé d'épilepsie, saisi d'horreur, il crache dans son propre *sein*, comme pour rejeter le malheur de cette rencontre. (I, 67.)

SEL, au figuré :
Une matière aride, infructueuse, qui est sans *sel*,...sans nouveauté. (I, 146.)

SELON, emplois divers ; SELON QUE :
Rien n'est moins *selon* Dieu et *selon* le monde que d'appuyer tout ce que l'on dit dans la conversation.... par de longs.... serments. (I, 224.)
Il a fallu suivre l'esprit de l'auteur, et traduire (les titres) *selon* le sens le plus proche de la diction grecque, et en même temps *selon* la plus exacte conformité avec leurs chapitres. (I, 30.)
Les choses.... qui ne sont point *selon* leurs mœurs. (I, 22.)
Se farder c'est vouloir paroître, *selon* l'extérieur, contre la vérité. (I, 172.)
Les hommes n'ont point changé *selon* le cœur et *selon* les passions ; ils sont encore tels qu'ils étoient alors. (I, 26.)
Les définitions.... sont courtes et concises dans Théophraste, *selon* la force du grec et le style d'Aristote. (I, 31.)
Ils périssent parce qu'ils ne laissent pas d'avoir des parties *selon* lesquelles ils peuvent être divisés. (II, 256 ; II, 254, *l.* 14.)
Je ménage le temps *selon que* je le dois. (II, 507.)

SEMBLABLE ; SEMBLABLE À :
C'est par de telles ou *semblables* interruptions qu'il ne donne pas le loisir à celui qui lui parle de respirer. (I, 48.)
On s'élève contre eux (contre les anciens),... *semblable à* ces enfants.... qui battent leur nourrice. (I, 117.) — Éditions 4-6, *semblables*.

SEMBLANT (FAIRE) DE :
Vous ne *faisiez* pas hier *semblant de* nous voir. (I, 358.)

SEMBLER ; IL SEMBLE QUE :
[Boileau] *semble* créer les pensées d'autrui et se rendre propre tout ce qu'il manie. (II, 461.)
La sotte vanité *semble* être une passion inquiète de se faire valoir par les plus petites choses. (I, 73 ; voyez I, 65, *l.* 17.)
Il semble que le trop grand empressement est une recherche importune, ou une vaine affectation de, etc. (I, 61.)
Corneille est plus moral, Racine plus naturel. *Il semble que* l'un imite Sophocle, et *que* l'autre doit plus à Euripide. (I, 142.)
Il semble que la logique est l'art de convaincre. (I, 143.)
Il semble qu'une passion vive et tendre est morne et silencieuse. (I, 191.)
Il semble que le héros est d'un seul métier, qui est celui de la guerre. (I, 161 ; voyez I, 159, *l.* 5.)
Puis.... que je me suis toujours attaché à étudier les hommes vertueux,

comme ceux qui n'étoient connus que par leurs vices, *il semble que* j'ai dû marquer les caractères des uns et des autres. (I, 34.)

La distinction entre le héros et le grand homme est délicate.... *Il semble* néanmoins *que* le premier soit jeune, d'une haute valeur, etc.; *que* l'autre excelle par un grand sens,... par une haute capacité, etc. (I, 161.)

SEMENCE, au figuré :
Les personnes d'esprit ont en eux les *semences* de toutes les vérités et de tous les sentiments. (I, 127.)

SEMER, au propre et au figuré :
Ils épargnent aux autres hommes la peine de *semer*, de labourer..., et méritent ainsi de ne pas manquer de ce pain qu'ils *ont semé*. (II, 61.)

Veut-on de diserts orateurs, qui *aient semé* dans la chaire toutes les fleurs de l'éloquence? (II, 463.)

Ne savent-ils pas.... *semer* en mille occasions des faits et des détails qui soient avantageux? (I, 350.)

Les divers traits qui *sont semés* dans un ouvrage. (II, 448.)

Marot et Rabelais sont inexcusables d'*avoir semé* l'ordure dans leurs écrits. (I, 131.)

Cela seul *a* fait imaginer le spécieux.... prétexte du soin des âmes, et *semé* dans le monde cette pépinière intarissable de directeurs. (I, 183.)

SENS, significations diverses :
Je vais entrer en matière : c'est à vous de pénétrer dans mon *sens*. (I, 34.)

Il évite uniquement de donner dans le *sens* des autres, et d'être de l'avis de quelqu'un. (I, 242.)

Ses pièces (les pièces de Racine).... sont justes, régulières, prises dans le bon *sens* et dans la nature. (I, 141.)

Les hommes en un *sens* ne sont point légers. (II, 3.)

Semblable en ce *sens* à une femme. (II, 71.)

[Il] sort de son *sens*, crie, se désespère. (II, 4.)

SENSIBILITÉ :
Il laisse voir en lui quelque peu de *sensibilité* pour sa fortune. (I, 376.)

SENSIBLE, qui se fait (vivement) sentir, (facilement) comprendre :
J'ai.... une *sensible* affliction. (II, 138.)

Je me fais un *sensible* plaisir de les avancer tous deux. (II, 500.)

Quand.... il s'est glissé dans un livre quelques pensées.... qui n'ont ni le feu, ni le tour, ni la vivacité des autres,... à moins que d'ailleurs elles ne soient *sensibles*, familières, instructives..., le lecteur peut les condamner. (I, 106.)

SENSIBLEMENT :
Des circonstances si marquées et si *sensiblement* opposées ne se relèvent point et ne touchent personne. (II, 243.)

SENTENCIEUX, euse :
Les mots graves ou *sentencieux*. (II, 467.)

Il n'use point de réponses graves et *sentencieuses*. (I, 355.)

SENTEUR :
Il a la main douce, et il l'entretient avec une pâte de *senteur*. (II, 149.)

Des huiles de *senteur*. (I, 81, note 2.)

SENTIMENT, sens et emplois divers :
Le *sentiment* de votre perte fut tel, que, etc. (II, 468.)

Il y a un *sentiment* de liberté à suivre ses caprices, et tout au contraire de servitude à courir pour son établissement. (I, 209.)

Les lettres.... de Balzac et de Voiture.... sont vides de *sentiments* qui n'ont régné que depuis leur temps, et qui doivent aux femmes leur naissance. (I, 128; voyez I, 127 et 128; et ci-après Sentir, 7° exemple.)

Les grands se gouvernent par *sentiment*. (I, 361.)

Amener les autres à notre goût et à nos *sentiments*. (I, 113.)

SENTIR, sens divers; se sentir de :

Ils se trouvent affranchis de la passion des femmes dans un âge où l'on commence ailleurs à la *sentir*. (I, 327.)

Quelque subalterne qu'il soit d'ailleurs, il fera *sentir* de lui-même quelque chose qui approche de la considération. (I, 247.)

Il y a dans l'art un point de perfection.... Celui qui le *sent* et qui l'aime a le goût parfait; celui qui ne le *sent* pas, et qui aime en deçà ou au delà, a le goût défectueux. (I, 116.)

Sentir le mérite, et quand il est une fois connu, le bien traiter. (I, 351; voyez I, 119, n. 21; II, 437, l. 20.)

Il sait intéresser ceux avec qui il traite;... il leur fait *sentir* leurs avantages particuliers. (I, 376.)

Je *sens* de la peine à tromper ceux qui se reposent sur moi de quelques soins. (II, 479.)

Il ne parle pas, il ne *sent* pas; il répète des sentiments et des discours. (I, 167.)

« C'est un chef-d'œuvre de l'esprit; l'humanité ne va pas plus loin... »; phrases outrées, dégoûtantes, qui *sentent* la pension ou l'abbaye. (I, 120.)

Il laisse en mourant un monde qui ne *se sent* pas de sa perte. (I, 151.)

SEOIR, sied, dans le sens du latin *decet* :

Le courtisan autrefois avoit ses cheveux.... Cela ne *sied* plus : il porte une perruque. (II, 150.)

SÉPARER :

La mollesse et la volupté naissent avec l'homme, et ne finissent qu'avec lui; ni les heureux ni les tristes événements ne l'en peuvent *séparer*. (II, 51.)

SÉRÉNITÉ, au figuré. (I, 154, l. 12.)

SERGE, sorte d'étoffe. (II, 154, l. 5.)

SÉRIEUX, euse; *sérieux*, substantivement :

[Des] personnes graves qui traitent ensemble de choses *sérieuses*. (I, 48.)

Un style grave, *sérieux*, scrupuleux, va fort loin. (I, 132.)

Il faut tout le *sérieux* de la religion pour le réduire. (II, 250.)

[Ils] s'élèvent par un continuel enjouement jusqu'au *sérieux* des dignités. (II, 45.)

Le caractère des François demande du *sérieux* dans le souverain. (I, 377.)

Du *sérieux* et de la gravité dans le public. (I, 389.)

SERMONNEUR :

Le *sermonneur* est plus tôt évêque que le plus solide écrivain n'est revêtu d'un prieuré simple. (II, 234.)

SERRER, au propre et au figuré :

Mille gens à la cour y traînent leur vie à embrasser, *serrer* et congratuler ceux qui reçoivent. (I, 316.)

L'habit *serré*, le bas uni. (II, 150.)

Toutes les conditions, où les hommes languissent *serrés* et indigents. (I, 266.)

Le poëme tragique vous *serre* le cœur dès son commencement. (I, 138.)

SERVANTE, domestique, esclave. (I, 42, *l*. 2; I, 77, *l*. 3.)

SERVICE, sens divers :

Les personnes de mérite et de *service* sont utiles aux grands, ceux-ci leur sont nécessaires. (II, 44.)

On convie, on invite, on offre sa maison, sa table, son bien et ses *services* : rien ne coûte qu'à tenir parole. (I, 207.)

Son père, dit-il, s'appeloit Sosie, que l'on a connu dans le *service* et parmi les troupes sous le nom de Sosistrate. (I, 87.)

Il se souvient.... de quels plats on a relevé le premier *service*. (II, 56.)

SERVIR, sens divers; SERVIR À; SE SERVIR DE :

Un ancien galant craint ou méprise un nouveau rival, selon le caractère de la personne qu'il *sert*. (I, 175.)

Il aime la faveur éperdument, mais sa passion a moins d'éclat; il lui fait des vœux en secret, il la cultive, il la *sert* mystérieusement. (I, 322.)

Érophile, à qui.... les mauvais offices.... ont mérité des grâces.... de ceux mêmes qu'il a ou manqué de *servir* ou désobligés. (II, 21.)

Il.... lui dit.... qu'il *a servi* sous Alexandre. (I, 78.)

Tous.... observent.... son visage avant de prononcer sur le vin ou sur les viandes qui *sont servies*. (I, 221.)

Que *sert* tant d'or à son troupeau ou contre les loups? (I, 386.)

L'un (de ces ouvrages).... fait *servir* la métaphysique *à* la religion. (I, 29.)

Les femmes du pays précipitent le déclin de leur beauté par des artifices qu'elles croient *servir à* les rendre belles. (I, 328.)

Servez-vous du temps; nous vivons dans un siècle où elles (les possessions) lui feront plus d'honneur que la vertu. (I, 156.)

SEUL, SEULE :

Le mérite qui est *seul* et dénué de grands établissements. (I, 309.)

Pourra-t-il suffire *seul* à tant d'héritières qui le recherchent? (I, 291, *var*.)

Il coûte moins à certains hommes de s'enrichir de mille vertus, que de se corriger d'un *seul* défaut. (II, 45.)

Par le nombre et la diversité des grâces dont il se trouve comblé, lui *seul* a fait plusieurs fortunes. (I, 307.)

La cause la plus immédiate de la ruine.... est que l'état *seul*, et non le bien, règle la dépense. (I, 272; voyez I, 264, *l*. 14; I, 377, *l*. 6.)

L'homme.... n'est point curieux sur ce *seul* article (la mort). (II, 249.)

L'on s'insinue auprès de tous les hommes, ou en les flattant dans les passions qui occupent leur âme, ou en compatissant aux infirmités qui affligent leur corps; en cela *seul* consistent les soins que l'on peut leur rendre. (II, 51.)

Cicéron a pu louer impunément Brutus, César, Pompée, Marcellus... : il les a loués plusieurs fois; il les a loués *seuls* dans le sénat. (II, 440.)

Dites que les poiriers rompent de fruit cette année... : c'est pour lui un idiome inconnu : il s'attache aux *seuls* pruniers. (II, 136.)

Guérissez de la manière *seule* qu'il convient à chacun d'être guéri. (II, 201.)

Les enfants.... recommencent eux-mêmes plusieurs fois une *seule* chose qu'ils ont manquée. (II, 29.)

A parler populairement, on peut dire d'une *seule* nation qu'elle vit sous un même culte, et qu'elle n'a qu'une *seule* religion; mais à parler exactement, il est vrai qu'elle en a plusieurs. (II, 246.)

Il y a.... des hommes saints, et dont le *seul* caractère est efficace pour la persuasion. (II, 230.)

Dans le temps que l'on montrera les ruines de vos châteaux, et peut-être la *seule* place où ils étoient construits, etc. (I, 380.)

SEULEMENT :
Les meilleurs conseils.... viennent d'ailleurs que de notre esprit : c'est assez pour être rejetés d'abord par présomption et par humeur, et suivis *seulement* par nécessité ou par réflexion. (II, 111.)
Il est ordinaire et comme naturel de juger du travail d'autrui *seulement* par rapport à celui qui nous occupe. (II, 105.)
Les petites parties où l'on étoit admis *seulement* avec de l'esprit. (II, 146.)
Les courtisans n'emploient pas ce qu'ils ont d'esprit.... pour.... obliger.... leurs amis,... mais *seulement* pour leur trouver.... ce qu'ils appellent une impossibilité de le pouvoir faire. (I, 309.)
Y chercher (dans le moindre mot) de la finesse et de la subtilité, *seulement* pour avoir occasion d'y placer la sienne. (I, 219.)
C'est une maison de famille et qu'il a héritée de son père; mais.... il veut s'en défaire, *seulement* parce qu'elle est trop petite. (I, 79 et 80.)
Il fait courir un bruit faux des choses *seulement* dont il est chargé. (I, 376.)
Afin que le public.... trouvât sous ses yeux ce qu'il avoit *seulement* envie de lire. (I, 109.)
Elle regarde le temps et les années comme quelque chose *seulement* qui ride et qui enlaidit les autres femmes. (I, 173.)
Si les hommes étoient sages..., il seroit établi qu'il y auroit de l'ignominie *seulement* à voir de tels spectacles. (I, 317.)

SÉVE, au figuré :
Ici (chez les grands) se cache une *séve* maligne et corrompue sous l'écorce de la politesse. (I, 347.)

SÉVÈRE ; sévère à :
Il.... lui refuse l'éloge d'un homme *sévère* et laborieux. (I, 321.)
Glycère.... se fait celer.... pour ses amis, dont le nombre est petit, *à* qui elle est *sévère*, qu'elle resserre dans leur ordre. (I, 191.)

SEXE ; le sexe :
La pratique (de la philosophie).... est utile à tous les âges, à tous les *sexes* et à toutes les conditions. (II, 63.)
Certains abbés, à qui il ne manque rien de l'ajustement, de la mollesse et de la vanité des *sexes* et des conditions.... (II, 170.)
On devroit proscrire de tels personnages..., ou condamner *le sexe*.... à ne les traiter pas mieux que s'ils n'avoient que du mérite. (I, 291.)

SI, conjonction conditionnelle :
Si j'épouse.... une femme avare, elle ne me ruinera point; *si* une joueuse, elle pourra s'enrichir; *si* une savante, elle saura m'instruire ; *si* une prude, elle ne sera point emportée; *si* une emportée, elle exercera ma patience; *si* une coquette, elle voudra me plaire; *si* une galante, elle le sera peut-être jusqu'à m'aimer; *si* une dévote, répondez..., que dois-je attendre de celle qui veut tromper Dieu? (I, 184.)
S'il habite une maison dont il paye le loyer, il dit hardiment.... que c'est une maison de famille et qu'il a héritée de son père. (I, 79.)
Il faut que le capital d'une affaire qui assemble..... les plénipotentiaires.... soit d'une longue et extraordinaire discussion, *si* elle leur coûte plus de temps.... que le simple règlement des rangs. (I, 373.)
O pâtres !... *si* les événements ne vont point jusqu'à vous..., recevez-moi parmi vous à manger votre pain noir. (II, 128.)

Quelle vision, quel délire au grand, au sage, au judicieux Antonin, de dire qu'alors les peuples seroient heureux, *si* l'Empereur philosophoit, ou *si* le philosophe.... venoit à l'Empire! (II, 85; voyez II, 251, *l*. 18 et 21.)

C'est beaucoup tirer de notre ami, *si* ayant monté à une grande faveur, il est encore un homme de notre connoissance. (I, 307.)

Il me sembloit.... qu'il n'y avoit rien.... qui pût rendre cette Compagnie (l'Académie) plus célèbre, que *si* au sujet des réceptions de nouveaux académiciens, elle savoit quelquefois attirer la cour et la ville à ses assemblées. (II, 452.)

Si, interrogatif :

Il ne s'agit point *si* les langues sont.... mortes ou vivantes, mais *si* elles sont grossières ou polies. (II, 85.)

C'est une grande question *s'*il s'en trouve de tels (de tels esprits). (II, 242.)

Si nos ancêtres ont mieux écrit que nous, ou *si* nous l'emportons sur eux..., c'est une question souvent agitée, toujours indécise. (II, 215.)

Je demande : la pitié, la libéralité, la magnificence, sont-ce les vertus d'un homme injuste? ou plutôt *si* la bizarrerie et la vanité ne sont pas les causes de l'injustice. (II, 112.)

Tout genre d'écrire reçoit-il le sublime, ou *s'*il n'y a que les grands sujets qui en soient capables? (I, 144.)

La loi a-t-elle introduit les fidéicommis, ou *si* même elle les tolère? (II, 193.)

Qui vous a passé cette définition? sont-ce les loups, les singes et les lions, ou *si* vous vous l'êtes accordée à vous-mêmes? (II, 128.)

Si, adverbe, aussi, tellement :

Je ne suis ni *si* forte ni *si* saine que j'ai été. (II, 24; voyez I, 114, *n*. 4.)

Que me serviroit.... que le Prince fût heureux..., si la sûreté, l'ordre et la propreté ne rendoient pas le séjour des villes *si* délicieux? (I, 383.)

Il n'y a point d'art *si* mécanique.... où les avantages ne soient plus sûrs. (II, 80.)

Si que :

Il y avoit à gagner de dire « *si que* » pour « de sorte que » ou « de manière que ». (II, 212.)

SIÈCLE, temps, époque, âge :

Ce sont les caractères ou les mœurs de ce *siècle* que je décris. (I, 106.)

Le *siècle* est dur, et.... on a bien de la peine à vivre. (I, 40.)

Chagrin contre le *siècle*. (I, 274; voyez I, 297, *l*. 23.)

SIÉGE :

Qui me garantiroit que, dans peu de temps, on n'insinuera pas que même sur le *siége*.... où il (Vauban) décide souverainement, il erre quelquefois? (II, 116.)

SIEN (Le), la sienne; le sien, les siens, substantivement :

Il ne parle que.... d'intérêt public; et en effet il ne songe qu'*aux siens*, c'est-à-dire à ceux de son maître ou de sa république. (I, 375.)

L'on expose sur une carte ou à la fortune du dé *la sienne* propre, celle de sa femme et de ses enfants. (I, 270.)

Y chercher (dans le moindre mot) de la finesse et de la subtilité, seulement pour avoir occasion d'y placer *la sienne*. (I, 219.)

Ne faire sa cour à personne, ni attendre de quelqu'un qu'il vous fasse *la sienne* : douce situation,... état de l'homme le plus naturel. (II, 122.)

Qui, d'un homme ou d'une femme, met davantage *du sien* dans cette rupture, il n'est pas aisé de décider. (I, 201.)

Si, content *du sien*, on eût pu s'abstenir du bien de ses voisins, on avoit pour toujours la paix. (I, 368 ; voyez ci-après, p. 341, LE LEUR.)
Le peuple paisible dans ses foyers, au milieu *des siens*. (I, 368.)

SIFFLER, absolument; SIFFLER, activement :
Ils viennent trouver cet homme (le roi Guillaume) dès qu'il *a sifflé*, ils se découvrent dès son antichambre. (II, 133.)
Un homme qui n'a point d'autre ministère que de *siffler* des serins au flageolet. (II, 141.)
Siffler les acteurs (au théâtre). (I, 57.)
Chacun admire un certain poëme.... et *siffle* tout autre. (I, 136.)

SIGNIFIER; SIGNIFIER QUE :
Parasite, mot grec qui *signifie* celui qui ne mange que chez autrui. (I, 72, note 5.)
Épouser une veuve, en bon françois, *signifie* faire sa fortune ; il n'opère pas toujours ce qu'il *signifie*. (I, 265.)
L'on fait l'aveu de sa paresse en des termes qui *signifient* toujours son désintéressement, et *que* l'on est guéri de l'ambition. (II, 33.)

SILENCE :
Son ouvrage est lu.... dans le *silence* du cabinet. (II, 233.)

SIMPLE, adjectif et substantivement :
Réflexions.... accommodées au *simple* peuple. (I, 106.)
Le sermonneur est plus tôt évêque que le plus solide écrivain n'est revêtu d'un prieuré *simple*. (II, 234.)
Ceux qui reçoivent pour les choses saintes ne croient point les vendre... : ce sont peut-être des apparences qu'on pourroit épargner aux *simples* et aux indévots. (II, 173.)
Elle (la souplesse) leur sert de piége pour surprendre les *simples*. (II, 16.)

SIMPLE, substantif, plante médicinale :
La science des *simples*. (II, 200.)

SINGE, au figuré :
Paris, pour l'ordinaire le *singe* de la cour. (I, 291 ; voyez I, 300, *l*. 4.)

SINGULARITE :
Combien.... de ridicules répandus parmi les hommes, mais qui par leur *singularité* ne tirent point à conséquence...! Ce sont des vices uniques.... qui sont moins de l'humanité que de la personne. (II, 73.)

SINGULIER, ÈRE, extraordinaire, rare :
S'ils osent.... citer les grands noms de Chartres, de Condé..., comme de princes qui ont su joindre.... aux plus hautes connoissances et l'atticisme des Grecs et l'urbanité des Romains, l'on ne feint point de leur dire que ce sont des exemples *singuliers*. (II, 83.)
Il (Théophraste) avoit une *singulière* prudence. (I, 18.)

SINISTRE, adjectif :
Il trouvoit l'État mal gouverné, et n'en prédisoit rien que de *sinistre*. (I, 318.)

SINUS, terme de mathématiques. (II, 263, *l*. 1.)

SITUÉ (ÊTRE) :
Si un homme *étoit situé* dans une étoile, notre soleil, notre terre, et les trente millions de lieues qui les séparent, lui paroîtroient un même point. (II, 263.)

SIX VINGT :
Six vingt mille livres.... *Six vingts* familles. (I, 254.)

SOCIABLE :
Ils tendent à être *sociables*, capables d'union et de commerce. (II, 16.) Voyez I, 367, *l.* 8; II, 157, *l.* 3.
Ils se sont aperçus à plus de quatre-vingts ans qu'ils devoient se quitter l'un l'autre et finir leur société.... Un moment plus tôt ils mouroient *sociables*. (I, 230.)

SOCIÉTÉ :
Que d'amis.... naissent.... au nouveau ministre! Les uns font valoir leurs anciennes liaisons, leur *société* d'études.... (I, 320; voyez SOCIABLE, fin.)
Ils (les prédicateurs) ont entré en *société* avec les auteurs. (II, 226.)
Il entre avec eux en *société* des mêmes amusements. (II, 68.)
Il n'y a personne au monde si bien liée avec nous de *société* et de bienveillance, etc. (I, 265.)
Dans la *société*, c'est la raison qui plie la première. Les plus sages sont souvent menés par le plus fou et le plus bizarre. (I, 231.)
Le conseil est quelquefois, dans la *société*, nuisible à qui le donne. (I, 236.)
Le plaisir de la *société* entre les amis se cultive par une ressemblance de goût. (I, 235.)
La fuite d'une entière solitude ou l'amour de la *société* eût dû les assujettir à une liaison réciproque. (I, 233.)

SOI, SOI-MÊME. Voyez SE.

SOIF, au figuré :
Cette *soif* d'empire et d'ascendant sur les esprits. (I, 342.)

SOIGNEUX DE :
Soigneux.... *d*'exagérer l'énormité de la demande. (I, 375.)

SOIN, SOINS, sens divers; AVOIR SOIN DE :
.... Si le premier et l'unique *soin* qu'on a après sa fortune faite n'étoit pas de songer à soi. (I, 308.)
Ne parler aux jeunes princes que du *soin* de leur rang est un excès de précaution. (I, 354.)
Il y mène sa femme, ou si elle s'en excuse par d'autres *soins*, il y fait conduire ses enfants par une nourrice. (I, 66.)
.... A qui des citoyens il (le peuple) donnera la commission d'aider de ses *soins* le premier magistrat dans la conduite d'une fête. (I, 84.)
Tant d'inquiétudes, de *soins* et de divers intérêts. (I, 325.)
Que ceux qui peuplent les globes célestes.... s'inquiètent pour eux-mêmes; ils ont leurs *soins*, et nous les nôtres. (II, 271.)
La dépendance, les *soins* et la misère. (II, 276.)
L'esprit et le cœur sont encore vides de passions, de *soins* et de desirs. (II, 202.)
Il agrée ses *soins*; il reçoit ses visites. (I, 193.)
Celles qui sont.... exposées aux *soins* et à la flatterie. (II, 92.)
Ceux de ses domestiques qui *ont soin de* la table. (I, 59.)

SOIT QUE :
Hérille, *soit qu*'il parle, *qu*'il harangue ou *qu*'il écrive, veut citer. (II, 105.

SOL, sou :
Parlez aux uns d'aunage, de tarif, ou de *sol* pour livre. (I, 295.)

SOLEIL :
Un bois épais qui défend de tous les *soleils*. (II, 257.)

SOLIDE, substantivement :
Il tend surtout par ses intrigues au *solide* et à l'essentiel. (I, 376.)

SOLIDITÉ :
Quelle peut être toute sa superficie (la superficie du soleil)! Quelle sa *solidité*! (II, 260 ; voyez II, 259, *l*. 5 ; II, 264, *l*. 18.)

SOLITAIRE, substantivement :
Les chefs de saints moines et d'humbles *solitaires*. (II, 170.)
Si elle (la religion) n'est qu'une vaine fiction, voilà.... soixante années perdues pour l'homme de bien, pour le chartreux ou le *solitaire*. (II, 251.)
Croyez-vous que ce soit pour la noblesse que des *solitaires* se sont faits nobles? (II, 168.)

SOLITAIRE (LA), nom d'une tulipe. (II, 135, *l*. 24 ; voyez II, 136, *l*. 3.)

SOLITUDE :
Venez dans la *solitude* de mon cabinet. (I, 248.)

SOLLICITER, absolument et activement ; SOLLICITÉ DE :
Il est doux de voir ses amis par goût et par estime ; il est pénible de les cultiver par intérêt : c'est *solliciter*. (I, 209.)
Il prend soin de leurs affaires, *sollicite* leurs procès. (I, 185.)
Prié, *sollicité*, persécuté *de* consentir à l'impression de sa harangue. (II, 455.)

SOMBRE, substantivement :
Se perdre comme un fantôme dans le *sombre* de son cabinet. (I, 279.)

SOMPTUOSITÉ :
Je voudrois qu'on ne fît mention de la délicatesse.... et de la *somptuosité* des généraux qu'après n'avoir plus rien à dire sur leur sujet. (II, 196.)

SON, SA, SES, LEUR, LEURS, adjectif pronominal possessif :
Il a couru un grand risque de *sa* vie. (I, 83.)
Tout ce qu'il trouve sous *sa* main lui est propre, hardes, etc. (II, 56.)
Qui n'a pas quelquefois sous *sa* main un libertin à réduire? (II, 249.)
Le faste et le luxe dans un souverain, c'est le berger habillé d'or et de pierreries, la houlette d'or en *ses* mains. (I, 386.)
Il vous démêle dans l'antichambre entre mille honnêtes gens de qui il détourne *ses* yeux. (I, 351.)
[Il] se promène.... avec une feuille de laurier dans *sa* bouche. (I, 66.)
Il est sévère et inexorable à qui n'a point encore fait *sa* fortune. (I, 358.)
[Ils] sont crus sur *leur* parole. (I, 301.)
.... Si le premier et l'unique soin qu'on a après *sa* fortune faite n'étoit pas de songer à soi. (I, 308.)
N** a pensé cela dans *sa* disgrâce et l'a oublié dans *sa* prospérité. (I, 326, *variante*.) — *Dans la prospérité*, à partir de la seconde édition.
Celle qu'il s'est choisie pour *sa* compagne inséparable. (II, 180.)
Il semble que la réputation des biens diminue en elles avec celle de *leur* beauté. (I, 189.) — Il s'agit des filles riches qui sont à marier.
C'est fait de l'Etat ; il est du moins sur le penchant de *sa* ruine. (I, 369.)
Les hommes s'ennuient.... des mêmes choses qui les ont charmés dans *leurs* commencements. (II, 68.)
Ménalque est surpris de se voir à genoux sur les jambes d'un fort petit homme..., les deux bras passés sur *ses* épaules, et *ses* deux mains jointes et étendues qui lui prennent le nez. (II, 9.)
Il prend.... l'intérêt d'un allié, s'il y trouve *son* utilité. (I, 375.)
L'on est étonné, avec tout *son* esprit, de se trouver la dupe de plus sots que soi. (I, 334.)

L'on fait l'aveu de sa paresse en des termes qui signifient toujours *son* désintéressement, et que l'on est guéri de l'ambition. (II, 33.)

Le récit de *ses* fautes est pénible ; on veut les couvrir. (II, 30.)

Le meilleur de tous les biens, s'il y a des biens, c'est le repos, la retraite, et un endroit qui soit *son* domaine. (I, 326.)

Le grand ou le beau monde sait *sa* religion et *ses* devoirs. (II, 235.)

L'on a eu de grands évêchés par un mérite de chaire qui présentement ne vaudroit pas à *son* homme une simple prébende. (II, 227.)

Voyez Chacun, dernier exemple ; Monde, 14ᵉ et 15ᵉ exemples.

Leur (Le), substantivement (voyez ci-dessus, p. 337, le Sien) :
Les gens fiers.... sont les plus défaits, car ils perdent plus *du leur*. (I, 300.)

SONDER :
La mer laisse *sonder* ses abimes profonds. (II, 276 ; voyez II, 264, *l.* 17.)

SONGER, activement ; songer à :
Douter si.... c'est une chose vraie ou qu'on ait *songée*. (II, 439.)
.... Si le premier et l'unique soin qu'on a après sa fortune faite n'étoit pas de *songer à* soi. (I, 308.)
Je *songe aux* pénibles.... et dangereux chemins qu'il (un souverain) est quelquefois obligé de suivre pour arriver à la tranquillité publique. (I, 387.)
Vous ne *songez* ni *à* plaire ni *à* déplaire aux favoris. (I, 313.)
Ils plaignent.... celui (l'argent) qu'ils n'*ont* pas *songé à* perdre. (I, 282.)

SONNER :
Appliqué à faire *sonner* haut.... le peu qu'il offre. (I, 375.)

SONNERIE :
Celle dont vous aviez déjà réglé les funérailles, à qui vous destiniez la grosse *sonnerie*. (II, 181.)

SONNEUR :
Si.... il entend la trompette qui sonne la charge : « Ah! dit-il avec imprécation, puisses-tu être pendu, maudit *sonneur*! » (I, 83.)

SONORE. (II, 210, *l.* 2.)

SOPHISTE :
Des *sophistes*. — Une sorte de philosophes vains et intéressés. (I, 45 et note 2.)

SOPHISTIQUÉ :
Ses pensées quintessenciées et ses raisonnements *sophistiqués*. (I, 242.)

SORDIDE, avare :
De l'épargne *sordide*. (I, 54, titre.)
Vous verrez une autre fois cet homme *sordide* acheter en plein marché des viandes cuites, toutes sortes d'herbes, etc. (I, 76.)

SORTE ; de sorte que :
Il a commencé par dire de soi-même : « Un homme de ma *sorte* ; » il passe à dire : « Un homme de ma qualité. » (I, 251.)
Vous verrez.... cet homme sordide acheter en plein marché.... toutes *sortes* d'herbes. (I, 76.) — *Toute sorte*, au singulier, dans la 1ʳᵉ édition.
Il y avoit à gagner de dire « si que » pour « *de sorte que* ». (II, 212.)

SORTILÉGE. (II, 201, *n.* 70.)

SORTIR DE; SORTIR D'AVEC; AU SORTIR DE :
Telle femme pieuse *sort de* l'autel, qui entend au prône qu'elle vient de faire un sacrilége. (II, 173.)
Ces gens.... ne *sortent* pas *du* Louvre ou *du* château. (I, 303.)
Il entre en verve, mais il *en sort*. (II, 66.)
Si le fat pouvoit craindre de mal parler, il *sortiroit de* son caractère. (II, 98.)
Le sot ne se tire jamais du ridicule, c'est son caractère; l'on y entre quelquefois avec de l'esprit, mais l'on *en sort*. (II, 97.)
[Ils] sont.... capables de *sortir* par effort *de* leur tempérament. (I, 353.)
[Il] *sort de* son sens, crie, se désespère. (II, 4.)
Quand on excelle dans son art, et qu'on lui donne toute la perfection dont il est capable, l'on *en sort* en quelque manière, et l'on s'égale à ce qu'il y a de plus noble et de plus relevé. (I, 158.)
Il y a des artisans.... dont l'esprit est aussi vaste que l'art.... qu'ils professent;... ils *sortent de* l'art pour l'ennoblir, s'écartent des règles si elles ne les conduisent pas au grand et au sublime. (I, 147.)
Quand il (le peuple) est paisible, on ne voit pas par où le calme peut *en sortir*. (I, 365.)
Un Pamphile.... ne *sort* point *de* l'idée de sa grandeur. (I, 357.)
Je ne *sors* pas *d*'admiration et *d*'étonnement à la vue de, etc. (I, 182.)
Il ne *sort* pas *d*'étonnement de voir, etc. (II, 12.)
Une affaire.... dont il ne sauroit *sortir* avec honneur. (I, 61.)
Il n'y a personne...., qui ne *sorte d'avec* lui fort satisfait. (I, 324.)
Au sortir d'un long dîner. (I, 251.)

SOT, SOTTE :
La *sotte* envie de discourir. (I, 39.)
La *sotte* vanité. (I, 73.)

SOTTISE :
Il n'y a rien qui rafraîchisse le sang comme d'avoir su éviter de faire une *sottise*. (II, 30; voyez I, 124, *l*. 12.)

SOUFFLER, absolument et activement :
Je leur demanderois volontiers (à ces prédicateurs) qu'au milieu de leur course impétueuse, ils voulussent.... reprendre haleine, *souffler* un peu, et laisser *souffler* leurs auditeurs. (II, 223; voyez I, 371, *l*. 13.)
Arrive-t-il vers lui un homme de bien et d'autorité qui le verra et qui peut l'entendre, non-seulement il prie, mais il médite, il pousse des élans et des soupirs; si l'homme de bien se retire, celui-ci, qui le voit partir, s'apaise et ne *souffle* pas. (II, 155.)
Ils leur *soufflent* à l'oreille des grossièretés. (I, 302.)

SOUFFLER, terme de débauche, avaler d'un souffle :
Un Tigillin qui *souffle*.... un verre d'eau-de-vie. (II, 144; voy. *ibid.*, note 2.)

SOUFFRIR, sens et emplois divers; SOUFFRIR DE, À, QUE :
Il a les dents noires, rongées et telles que son abord ne se peut *souffrir*. (I, 71.)
L'homme du meilleur esprit est inégal : il *souffre* des accroissements et des diminutions ; il entre en verve, mais il en sort. (II, 66.)
Les chanoines ne dédaignent pas les chapelains, et.... ceux-ci *souffrent* les chantres. (I, 234.)
Elles ne s'informent ni de ses contrats ni de ses ancêtres;... elles le *souffrent*, elles l'estiment. (I, 291.)
Il y a de certains maux dans la république qui y sont *soufferts*, parce qu'ils.... empêchent de plus grands maux. (I, 365; voyez II, 201, *l*. 10.)

Je ne suis pas toujours disposé à croire que les méchants *soient soufferts* par intérêt. (I, 341.)

Ils ont cela de commode pour les grands, qu'ils *en sont soufferts* (du Prince) sans conséquence, et congédiés de même. (I, 302.)

C'est.... le faire valoir (un bon mot) que de le rapporter comme d'un autre : ... il est dit avec plus d'insinuation et reçu avec moins de jalousie ; personne n'*en souffre*. (II, 107.)

Il.... ne *souffre* pas d'être plus pressé au sermon ou au théâtre que dans sa chambre. (II, 55.)

Cet autre.... augmente d'année à autre de réputation : les plus grands politiques *souffrent de* lui être comparés. (I, 381.)

Si l'on cherche des hommes habiles...., tous se trouvent au milieu de vous, et je *souffre à* ne les pas nommer. (II, 465.)

Quelques-uns ne *souffrent* pas *que* Corneille.... lui soit préféré ; quelques autres, *qu'*il lui soit égalé. (II, 462.)

Le peuple.... s'occupe de guerres..., *souffre* impatiemment *que* des armées qui tiennent la campagne ne viennent point à se rencontrer. (I, 368.)

Si vous le devenez (vicieux) par foiblesse pour ceux qui ont intérêt que vous le soyez..., *souffrez que* je vous méprise. (I, 338.)

SOÛL :
Que si l'on vous disoit que tous les chats d'un grand pays..., après avoir miaulé tout leur *soûl*,... se sont jetés, etc. (II, 129.)

SOULAGER ; SE SOULAGER :
Il se promène.... sur les bras d'un valet qui le *soulage*. (II, 59.)
Son Altesse a besoin que vous lui déclariez.... que vous voulez.... qu'il sache très-bien la géographie : cela peut-être me *soulagera*. (II, 504.)
Après s'être rempli de viandes le soir, il se lève la nuit pour une indigestion, va dans la rue *se soulager*.... (I, 63.)

SOULEVER, au propre et au figuré :
Montrant aux autres l'un des mets qu'il *soulève* du plat : « Cela s'appelle, dit-il, un morceau friand. » (I, 38.)
Il n'y a rien qui mette plus subitement un homme à la mode et qui le *soulève* davantage que le grand jeu. (II, 144.)

SOULOIR. (II, 213, *l*. 4.)

SOUMISSIONS, témoignages d'obéissance, de respect. (II, 493, *l*, 6.)

SOUPÇON :
S'il y a un *soupçon* injuste, bizarre et sans fondement, qu'on ait une fois appelé jalousie.... (I, 203.)

SOUPÇONNER, activement ; SOUPÇONNER QUE :
Il ne *soupçonne* point ce que ce peut être. (II, 7.)
L'on me dit tant de mal de cet homme, et j'y en vois si peu, que je commence à *soupçonner qu'*il n'ait un mérite importun, qui éteigne celui des autres. (I, 313.)
Qui oseroit *soupçonner* d'Artemon *qu'*il ait pensé à se mettre dans une si belle place? (I, 313.)

SOUPÉ, substantif, repas du soir. (I, 53, note 1.)

SOUPENTES d'un carrosse. (I, 292, *l*. 4.)

SOUPIRER POUR, regretter :
Nous *soupirons*.... *pour* la florissante jeunesse qui n'est plus. (II, 24.)

SOURCE, au figuré :

Sous un très-grand roi..., tout coule de *source*; l'autorité et le génie du Prince.... aplanissent les chemins. (I, 387.)

Rien ne coule de *source* et avec liberté : ils parlent proprement et ennuyeusement. (I, 223.)

Il n'a manqué à Molière que.... d'écrire purement : quel feu, quelle naïveté, quelle *source* de la bonne plaisanterie! (I, 129.)

Le soldat.... meurt obscur et dans la foule...; et c'est l'une des *sources* du défaut de courage dans les conditions basses. (I, 353.)

Ouvrez son Testament politique (de Richelieu); l'on y trouve la *source* et la vraisemblance de tant et de si grands événements qui ont paru sous son administration. (II, 458.)

SOURD :

Ce sont des injures dites à un *sourd*. (II, 17.)

SOURDEMENT, au figuré :

Il leur sacrifie *sourdement* mérite, alliance, amitié..., reconnoissance. (I, 322.)

SOUS :

Il suffit de n'être point né dans une ville, mais *sous* une chaumière répandue dans la campagne, ou *sous* une ruine..., pour être cru noble sur sa parole. (II, 166.)

Il embrasse un homme qu'il trouve *sous* sa main. (I, 356.)

Ils frappent sur tout ce qui se trouve *sous* leur langue. (I, 226.)

D'autres livres sont *sous* la clef. (II, 155.)

Tels ont été les Théobaldes, ou ceux du moins qui travaillent *sous* eux et dans leur atelier. (II, 448.)

Il a dessein d'élever auprès de soi un fils naturel *sous* le nom et le personnage d'un valet. (II, 14.)

SOUS-FERME :

Sosie de la livrée a passé.... à une *sous-ferme*. (I, 250.)

SOUTENIR, se soutenir, au figuré :

L'oisiveté des femmes, et l'habitude qu'ont les hommes de les courir partout où elles s'assemblent, donnent du nom à de froids orateurs, et *soutiennent* quelque temps ceux qui ont décliné. (II, 228.)

Le prédicateur n'*est* point *soutenu*, comme l'avocat, par des faits toujours nouveaux, par de différents événements, etc. (II, 231.)

Des millions de personnes.... que le sentiment d'une même vérité *soutient* dans l'exil, dans les fers, contre la vue de la mort. (II, 251.)

Ils la *soutiennent* (leur fortune) avec la même adresse qu'ils l'ont élevée. (I, 303.)

Un bon plaisant est une pièce rare; à un homme qui est né tel, il est encore fort délicat d'en *soutenir* longtemps le personnage. (I, 215.)

Il y a une sorte de hardiesse à *soutenir* devant certains esprits la honte de l'érudition. (II, 80.)

Comment pourra-t-il *soutenir* ces odieuses pancartes (billets d'enterrements).... qui souvent font rougir la veuve et les héritiers? (I, 252.)

Il est au-dessus de vouloir *se soutenir* ou continuer de plaire. (I, 222.)

Il faut avoir de bien éminentes qualités pour *se soutenir* sans la politesse. (I, 229.)

Tout *se soutient* dans cet homme; rien encore ne se dément dans cette grandeur qu'il a acquise. (I, 252.)

[Les petites choses] ne *se soutiennent* que par l'expression, le ton, etc. (I, 243.)

Il n'y a rien qui enlaidisse certains courtisans comme la présence du Prince.... Celui qui est honnête et modeste *s'y soutient* mieux. (I, 300.)

SOUVENIR, verbe :
Parchemins inventés pour faire *souvenir*.... les hommes de leur parole. (II, 21.)

SOUVENT :
Ils ne peuvent cacher leur malignité, leur extrême pente.... à jeter un ridicule *souvent* où il n'y en peut avoir. (I, 347.)
L'on ne sait *souvent* par où aller jusqu'à lui. (II, 186.)

SOUVERAINETÉ :
Un culte faux, suspect et ennemi de la *souveraineté*. (I, 390.)

SPÉCIEUX, euse, qui a belle ou bonne apparence; spécieux, substantivement :
Qui a vu la cour a vu du monde ce qui est le plus beau, le plus *spécieux* et le plus orné. (I, 337.)
Le panneau le plus délié et le plus *spécieux* qui dans tous les temps ait été tendu aux grands.... est, etc. (I, 381.)
Ils connoissent le monde, et encore par ce qu'il a de moins beau et de moins *spécieux*; ils ignorent la nature, ses commencements, ses progrès, ses dons et ses largesses. (I, 295.)
Il m'est plus doux de nier Dieu que de l'accorder avec une tromperie si *spécieuse* et si entière. (II, 251.)
Voyez I, 309, *l.* 3; I, 361, *l.* 4; II, 93, *l.* 13; II, 124, *l.* 2.
L'homme est né menteur. La vérité est simple et ingénue, et il veut du *spécieux* et de l'ornement. (II, 244.)

SPÉCIFIQUE, spécifique contre. (II, 198, *l.* 9 et 10 et *l.* 18.)

SPECTACLE :
Un homme de mérite se donne, je crois, un joli *spectacle*, lorsque la même place à une assemblée, ou à un *spectacle*, dont il est refusé, il la voit accorder à un homme qui n'a point d'yeux pour voir. (I, 321.)
Il y a des endroits dans l'opéra qui laissent en desirer d'autres; il échappe quelquefois de souhaiter la fin de tout le *spectacle*. (I, 133; voyez I, 53, *l.* 15.)
Le discours chrétien est devenu un *spectacle*. (II, 220.)

SPÉCULATION :
Il entendra toujours sans peine tout ce qui est de pure pratique, ou du moins ce où il y a plus de pratique que de *spéculation*. (II, 483; voyez I, 9, *l.* 8.)

SPHÈRE, au figuré :
Les esprits bornés et resserrés dans leur petite *sphère*. (I, 164.)
Ils demeurent tranquilles dans l'étendue de leur *sphère*. (I, 148.)
Il passe outre, il se jette hors de sa *sphère*. (II, 65.)

SPIRITUALITÉ, théologie mystique :
Ne se repaître que de livres de *spiritualité*. (II, 152.)

SPLENDEUR, au figuré :
La vénalité des charges..., la *splendeur* des partisans. (I, 22.)

SQUILLE, oignon marin. (I, 67, *l.* 5.)

STADE, mesure itinéraire grecque. (I, 69, *l.* 9.)

STÉRILE :
C'est avoir une très-mauvaise opinion des hommes...: que de croire.... leur imposer.... par de longs et *stériles* embrassements. (I, 357.)

STIPULER QUE :
Aviez-vous *stipulé qu*'elle mourût après avoir signé votre fortune? (II, 181.)

STOÏQUE, stoïcien, substantivement :
Les *stoïques* ont feint qu'on pouvoit rire dans la pauvreté. (II, 3.)

STRAPONTIN, siége mobile qui se plaçait aux portières des carrosses. (I, 285, *l.* 9.)

STUPIDE, adjectif, plongé dans la stupeur ; STUPIDE, substantivement, hébété :
Les douleurs muettes et *stupides* sont hors d'usage : on pleure, on récite, on répète. (I, 195.)
Le *stupide* est un sot qui ne parle point. (II, 98.)
Vous le prendriez.... pour un *stupide*, car il n'écoute point, et il parle encore moins. (II, 14.)
Il y a.... des *stupides*, et j'ose dire des imbéciles, qui se placent en de beaux postes. (I, 259 ; voyez I, 273, *l.* 24 ; II, 67, *l.* 7 ; II, 101, *l.* 10.)

STUPIDITÉ :
La *stupidité* est en nous une pesanteur d'esprit qui accompagne nos actions et nos discours. (I, 62.)
Comme si la *stupidité* et la fortune étoient deux choses incompatibles, ou qu'il fût impossible d'être heureux et sot tout à la fois.... (I, 332.)

STYLE :
Il paroît une nouvelle satire.... qui d'un vers fort et d'un *style* d'airain, enfonce ses traits contre l'avarice. (II, 444.)
Livres froids et ennuyeux, d'un mauvais *style*. (I, 109.)
Ronsard et les auteurs ses contemporains ont plus nui au *style* qu'ils ne lui ont servi. (I, 130.)
« Maint » est un mot qu'on ne devoit jamais abandonner, et par la facilité qu'il y avoit à le couler dans le *style*, et par, etc. (II, 206.)
Parler et offenser, pour de certaines gens, est précisément la même chose.... Leur *style* est mêlé de fiel et d'absinthe. (I, 226.)
La flatterie.... assure que l'un, avec toute la capacité et toutes les lumières de l'autre, dont il prend la place, n'en a point les défauts ; et ce *style* sert aux princes à se consoler du grand.... par le médiocre. (I, 341.)
Vieux *style*, menterie innocente, et qui ne trompe personne. (I, 313.)

SUBALTERNE, adjectif et substantivement :
Quelque *subalterne* qu'il soit d'ailleurs, il fera sentir de lui-même quelque chose qui approche de la considération. (I, 247.)
Il y a des esprits, si je l'ose dire, inférieurs et *subalternes*. (I, 148.)
Il y en a de tels, que s'ils pouvoient connoître leurs *subalternes* et se connoître eux-mêmes, ils auroient honte de primer. (I, 344.)

SUBLIME, adjectif et substantivement :
Ce qu'il y a eu en lui (en Corneille) de plus éminent, c'est l'esprit, qu'il avoit *sublime*. (I, 140 ; voyez I, 335, *l.* 1.)
La noblesse expose sa vie...; le magistrat décharge le Prince, etc. : voilà.... des fonctions bien *sublimes* et d'une merveilleuse utilité. (I, 352.)
Le beau et le *sublime* du ministère. (II, 458 ; voyez II, 491, *l.* 7.)
Le *sublime* du nouvelliste est le raisonnement creux sur la politique. (I, 126.)

SUBORDINATION :
Les grands.... paroissent debout, le dos tourné directement au prêtre et aux saints mystères, et les faces élevées vers leur roi.... On ne laisse pas de voir dans cet usage une espèce de *subordination;* car ce peuple paroît adorer le Prince, et le Prince adorer Dieu. (I, 328.)
Voyez II, 275, *l.* 17; II, 276, *n.* 49.

SUBSIDE, impôt :
Toujours occupé de la pensée.... de rendre les *subsides* légers. (I, 390.)

SUBSISTER :
L'amitié peut *subsister* entre des gens de différents sexes, exempte même de toute grossièreté. (I, 199.)
Tant que l'amour dure, il *subsiste* de soi-même. (I, 199.)

SUBTIL, ILE :
Si cet homme avoit la vue assez *subtile* pour vous découvrir quelque part sur la terre.... (II, 131.)
Un adroit manége..., de fins et de *subtils* détours. (I, 376.)
La *subtile* invention de faire de magnifiques présents de noces qui ne coûtent rien! (I, 292.)
Ces quatre puces.... que montroit.... un charlatan, *subtil* ouvrier. (II, 130.)

SUBVENIR À :
Contribution capable de *subvenir aux* besoins de la République. (I, 75.)

SUCCÉDER À, venir après ; SE SUCCÉDER :
Cassandre.... avoit *succédé à* Aridée..., au royaume de Macédoine. (I, 19.)
Ils ont des aïeuls, *à* qui.... vous ne faites que *succéder.* (I, 380.)
Un homme inégal.... se multiplie.... Il *se succède à* lui-même. (II, 6.)

SUCCÉDER, réussir :
Tout leur rit, tout leur *succède.* (II, 104.)

SUCCER. Voyez SUCER.

SUCCÈS :
C'est un noir attentat, c'est une sale et odieuse entreprise, que celle que le *succès* ne sauroit justifier. (II, 123; voyez II, 124, *l.* 6.)
[Ils] placent heureusement et avec *succès,* dans les négociations les plus délicates, les talents qu'ils ont de bien parler et de bien écrire. (II, 464.)
Ils ont fait le théâtre,... tout le spectacle.... J'en juge.... par l'air content dont ils s'applaudissent sur tout le *succès.* (I, 136.)
C'est l'unique fin que l'on doit se proposer en écrivant, et le *succès* aussi que l'on doit moins se promettre. (I, 105.)
Cassandre, leur ennemi, est tombé vif entre leurs mains.... « Que pensez-vous de ce *succès*?... Pauvre Cassandre ! ».... s'écrie-t-il. (I, 51.)
Il demande des hommes un plus grand et plus rare *succès* que les louanges. (I, 127; voyez II, 198, *l.* 12.)
L'on croit mériter les bons *succès,* mais n'y devoir compter que fort rarement. (II, 20.)
Elle (la philosophie) nous console.... des mauvais *succès.* (II, 63.)
Voyez I, 166, *l.* 15; I, 350, *l.* 11; II, 95, *n.* 40.

SUCCINCTEMENT (EXPLIQUER). (II, 494, *l.* 4.)

SUCER :
Ces enfants drus et forts d'un bon lait qu'ils *ont sucé.* (I 117.
Succé est l'orthographe de toutes les éditions anciennes.

SUFFIRE pour, à :
Un seul (homme) *a suffi pour* le projet et *pour* la dépense. (I, 136.)
Un peu d'esprit et beaucoup de temps à perdre lui *suffit pour* la conserver (son autorité). (I, 185.)
Combien de galants va-t-il mettre en déroute!... Pourra-t-il *suffire à* tant d'héritières qui le recherchent? (I, 291.)

SUFFISANT, orgueilleux, vain :
Des gens.... *suffisants*. (I, 225.) — En italique dans les éditions anciennes.

Suffisant (Le), substantivement :
Le suffisant est celui en qui la pratique de certains détails que l'on honore du nom d'affaires se trouve jointe à une très-grande médiocrité d'esprit. (II, 98; voyez II, 99, *l.* 2.)

SUFFRAGE :
Enlever les *suffrages* de tous ses lecteurs. (I, 9.)

SUISSE, portier; suisse d'église :
Un *suisse* de paroisse. (II, 59; voyez I, 247, *n.* 11.)

SUITE; de suite, adverbialement :
Le favori n'a point de *suite*.... Il peut être entouré de parents..., mais il n'y tient pas; il est détaché de tout. (I, 378.)
Certains poëtes sont sujets, dans le dramatique, à de longues *suites* de vers pompeux qui semblent.... remplis de grands sentiments. (I, 115.)
Comme par la *suite* du discours l'on vint à tomber sur celui que l'on devoit estimer le plus homme de bien de la ville, tous d'une commune voix vous nommèrent. (I, 36.)
Il voudra.... tourner son esprit.... aux grandes.... affaires, à celles surtout d'une *suite* la plus étendue pour les peuples. (II, 153.)
Ils ne suivent la mode et le train commun que dans les choses de rien et de nulle *suite*. (II, 239.)
Ces choses purement extérieures, qui n'ont point de *suite*, qui dépendent de l'usage, etc. (II, 76.) — *Suites*, dans les éditions 1-4.
Je lui fais redire *de suite* les choses qu'il a écrites et que je lui ai expliquées. (II, 484.)

SUIVRE, suivi, sens divers; suivre de :
Il se fait *suivre*, vous parle si haut que c'est une scène pour ceux qui passent. (I, 358.)
Un tel homme n'avoit qu'à se montrer pour *être suivi*, et qu'à parler pour être écouté. (II, 222.)
Quand on se sent capable de les *suivre* (ses amis) dans leur disgrâce, il faut les cultiver hardiment.... jusque dans leur plus grande prospérité. (I, 157.)
Il est vieux..., dit un grand; il s'est crevé à me *suivre* : qu'en faire? (I, 340.)
Ceux qui, ni guerriers ni courtisans, vont à la guerre et *suivent* la cour. (II, 118; voyez II, 123, *l.* 3.)
Jusqu'à ce qu'il revienne un homme qui avec un style nourri des saintes Écritures, explique au peuple la parole divine uniment et familièrement, les orateurs et les déclamateurs *seront suivis*. (II, 221.)
L'on a cru pouvoir se dispenser de *suivre* le projet de ce philosophe. (I, 28.)
On s'est trouvé excité par de si grands modèles à *suivre* selon ses forces une semblable manière d'écrire des mœurs. (I, 28.)
Il *suit* d'une voix désagréable le même air qu'ils jouent. (I, 71.)

Suivez le règne de Louis le Juste : c'est la vie du cardinal de Richelieu, c'est son éloge et celui du prince qui l'a mis en œuvre. (II, 457.)

Les hommes n'ont point de caractères, ou s'ils en ont, c'est celui de n'en avoir aucun qui *soit suivi*. (II, 69.)

Les caractères de ces personnes (dans Théophraste) semblent rentrer les uns dans les autres... ; ils ne *sont* pas aussi toujours *suivis* et parfaitement conformes. (I, 31.)

Élevé par son caractère au-dessus des jugements humains, il abandonne aux âmes communes le mérite d'une vie *suivie* et uniforme. (I, 122.)

Ces hommes.... relèvent l'importance de cette conquête,... exagèrent la nécessité qu'il y avoit de la faire, le péril et la honte qui *suivoient de* s'en désister. (II, 119.)

SUJET, adjectif ; sujet à :

Prose, vers, tout est *sujet à* leur censure. (II, 443.)

Les femmes, qui montrent leur gorge et leurs épaules, sont-elles d'une complexion moins délicate que les hommes, ou moins *sujettes* qu'eux *aux* bienséances ? (II, 204.)

Il seroit bien dur qu'un grand chanoine fût *sujet au* chœur, pendant que le trésorier, l'archidiacre.... s'en croient exempts. (II, 176.)

Il est *sujet à* une colique néphrétique. (II, 59.)

Il est *sujet au* larcin, et *à* se voir traîner par la ville dans une prison. (I, 46.)

Certains poëtes sont *sujets*, dans le dramatique, *à* de longues suites de vers pompeux qui semblent.... remplis de grands sentiments. (I, 115.)

Si certains hommes, *sujets à* se récrier sur le médiocre, désapprouvent un ouvrage que vous aurez écrit.... (II, 234.)

Ceux qui écrivent par humeur sont *sujets à* retoucher à leurs ouvrages. (I, 118.)

Les belles filles sont *sujettes à* venger ceux de leurs amants qu'elles ont maltraités. (I, 190.)

Sujet, substantif, sens divers :

D'où vient que l'on rit si librement au théâtre, et que l'on a honte d'y pleurer ?... Est-ce une peine que l'on sent à laisser voir que l'on est tendre, et à marquer quelque foiblesse, surtout en un *sujet* faux ? (I, 137.)

Ils (les prédicateurs) ont toujours, d'une nécessité indispensable et géométrique, trois *sujets* admirables de vos attentions. (II, 222.)

Une si belle pièce (l'oraison funèbre de la princesse Palatine), faite d'ailleurs sur un *sujet* où j'entre si fort. (II, 491.)

Si la science et la sagesse se trouvent unies en un même *sujet*, je ne m'informe plus du sexe, j'admire. (I, 187.)

Il est rare de les voir réunies (ces vertus) dans un même *sujet*. (I, 392 ; voyez I, 164, *l.* 9 ; II, 5, *l.* 5 ; II, 41, *l.* 8 ; II, 464, *l.* 15.)

La jalousie.... va même jusques à nier la vertu dans les *sujets* où elle existe. (II, 40.)

Ces derniers sont pour l'ordinaire de grands *sujets*, et sur qui l'on peut faire beaucoup de fond. (II, 46.)

Ces choses, mêlées ensemble..., et compensées l'une par l'autre en divers *sujets*, forment aussi les divers états et les différentes conditions. (II, 62.)

A quels hommes, à quels grands *sujets* m'associez-vous ! (II, 465.)

J'avois cru entrevoir.... que vos inclinations se tournoient.... sur un *sujet* digne, sur un homme rempli de vertus. (II, 471.)

SUJÉTION :

Quelque désagrément qu'on ait à se trouver chargé d'un indigent, l'on goûte à peine les.... avantages qui le tirent enfin de notre *sujétion*. (I, 207.)

SUPERBE, orgueilleux, magnifique :
Un homme fier et *superbe*. (I, 80 ; voyez I, 343, *l.* 3.)
Sa demeure est *superbe*. (I, 252.)

SUPERFICIE, au propre et au figuré :
L'éducation ne donne point à l'homme un autre cœur..., elle ne change rien dans son fond et ne touche qu'aux *superficies*. (II, 113.)
Pour *superficie* au sens propre, voyez II, 259, *l.* 4 ; II, 260, *l.* 9.

SUPERFICIEL, au figuré :
Gens *superficiels*. (II, 203.)

SUPERFLUITÉ :
.... Qu'Ergaste soit riche.... qu'il abonde en *superfluités*. (I, 366.)
La grandeur, la faveur, les richesses..., les joies, la *superfluité*. (II, 162.)

SUPÉRIEUR :
Un génie.... *supérieur* et puissant. (I, 392.)

SUPERSTITIEUX. (I, 65, *l.* 18 ; I, 273, *l. dernière*.)

SUPERSTITION :
La *superstition* semble n'être autre chose qu'une crainte mal réglée de la Divinité. (I, 65.)

SUPPLÉER à ; suppléer, verbe actif :
La cour n'est jamais dénuée d'un certain nombre de gens en qui.... la politesse ou la fortune tiennent lieu d'esprit et *suppléent au* mérite. (I, 330.)
Mille choses extérieures.... ont été depuis inventées, pour *suppléer* peut-être *à* cette véritable grandeur qui n'est plus. (I, 25.)
Pour ceux (les titres) qui partagent le dernier (ouvrage), s'ils ne plaisent point assez, l'on permet d'en *suppléer* d'autres. (I, 30.)
Il se lit.... dans ce traité des phrases qui ne sont pas achevées et qui forment un sens imparfait, auquel il a été facile de *suppléer* le véritable. (I, 31.)
Ce qui se lit entre les deux étoiles n'est pas dans le grec, où le sens est interrompu, mais il *est suppléé* par quelques interprètes. (I, 69, note 6.)
Il faut des fripons à la cour.... Il y a des temps et des occasions où ils ne peuvent *être suppléés* par d'autres. (I, 318.)
Le discours chrétien est devenu un spectacle. Cette tristesse évangélique qui en est l'âme ne s'y remarque plus : elle *est suppléée* par les avantages de la mine, par les inflexions de la voix. (II, 220 ; voyez II, 227, *l.* 5.)

SUPPLICE, au figuré :
Quel *supplice* que celui d'entendre déclamer pompeusement un froid discours ! (I, 115.)

SUPPORTER, supporter de :
Ne pouvoir *supporter* tous les mauvais caractères.... n'est pas un fort bon caractère. (I, 230.)
N'est-ce pas beaucoup, pour celui qui se trouve en place par un droit héréditaire, de *supporter d'*être né roi ? (I, 388.)

SUPPOSER ; se supposer ; supposer que :
En *supposant* Dieu, quelle est en effet la chose impossible ? (II, 271.)
Quand chacun de ces grands corps *seroit supposé* un amas fortuit d'atomes, etc. (II, 267.)
La première chose que la flatterie sait faire, après la mort de ces hommes, etc., est de leur *supposer* des endroits foibles. (I, 341.)
La jalousie.... ne *suppose* pas toujours une grande passion. (I, 203.)

D'un vilain homme. — Ce caractère *suppose* toujours dans un homme une extrême malpropreté. (I, 70.)

La pruderie contraint l'esprit, ne cache ni l'âge ni la laideur; souvent elle les *suppose*. (I, 186.)

.... Vices de l'âme.... qui, avec tout le rapport qui paroît entre eux, ne *se supposent* pas toujours l'un l'autre dans un même sujet. (II, 5.)

Se faire réhabiliter *suppose* qu'un homme devenu riche, originairement est noble. (II, 164.)

Argyre.... ne néglige pas de découvrir un petit soulier qui *suppose* qu'elle a le pied petit. (II, 39.)

SUPPOSITION. (II, 167, note 1.)

SUPPÔT :

Il est *suppôt* de quelque lieu infâme. (I, 46.)

Suppôt, terme de blason. (II, 165, *l.* 6.)

SUPPUTER, calculer. (I, 79, *l.* 4.)

SUR, préposition, sens et rapports divers, au propre et au figuré :

Quelqu'un monté *sur* une tribune, qui y parle familièrement. (II, 171.)

[Le] Roi, que l'on voit à genoux *sur* une tribune.... (I, 328.)

Votre fils est bègue : ne le faites pas monter *sur* la tribune. (I, 156.)

Un grand causeur..., s'il est *sur* les tribunaux, ne laisse pas la liberté de juger. (I, 49; voyez I, 85, *l.* 8.)

S'il se fait un carrousel, le voilà.... placé *sur* l'amphithéâtre. (I, 286.)

En vain le soleil se lève pour eux *sur* l'horizon. (II, 276.)

Il se promène.... *sur* le bras d'un valet qui le soulage. (II, 59.)

Que les Phidias et les Zeuxis de votre siècle déploient toute leur science *sur* vos plafonds et *sur* vos lambris. (I, 271.)

Tout ce qui se trouve *sur* leur passage est en péril. (I, 304.)

J'ouvre de fort grands yeux *sur* eux; je les contemple. (I, 182.)

Se fonder.... une souveraine puissance *sur* celle du peuple. (I, 84.)

Vos inclinations se tournoient ailleurs, *sur* un sujet digne, *sur* un homme rempli de vertus. (II, 471.)

Je.... fais choix des choses dont il a plus besoin d'être instruit, *sur* lesquelles j'insiste fort. (II, 505.)

Lui remettre l'esprit *sur* un endroit où il a couru risque de demeurer court, ou *sur* un scrupule.... (II, 232.)

Il n'est jamais pris *sur* le fait. (I, 357.)

Il se fait longtemps prier.... *sur* une chose médiocre, pour éteindre les espérances. (I, 375.)

Elle.... n'imaginoit pas par quel autre sentiment elle pourroit jamais se refroidir *sur* celui de l'estime et de la confiance. (I, 196.)

Tout ce qui se réjouit *sur* une grâce reçue, ou ce qui s'attriste et se désespère *sur* un refus, tous auront disparu de dessus la scène. (I, 336.)

Les grands seigneurs sont pleins d'égards pour les princes.... Les petits courtisans se relâchent *sur* ces devoirs. (I, 329.)

Il crie plus haut, et jette ceux qui perdent *sur* la justification et la défensive. (I, 376.)

Tel abandonne son père, qui est connu..., pour se retrancher *sur* son aïeul, qui mort depuis longtemps, est inconnu. (II, 163.)

Deux années.... ne passent point *sur* une même coterie. (I, 277.)

L'on ne tarissoit point *sur* vos louanges. (I, 36.)

Cette médiocrité répandue *sur* leurs ouvrages. (II, 443.)

Épuisez.... votre industrie *sur* cet ouvrage incomparable. (I, 271.)

Celui qui a eu l'expérience d'un grand amour néglige l'amitié ; et celui qui est épuisé *sur* l'amitié n'a encore rien fait pour l'amour. (I, 200.)

Le nouvelliste se couche le soir tranquillement *sur* une nouvelle qui se corrompt la nuit. (I, 127.)

Un nombre infini de courtisans vieillissent *sur* le oui et *sur* le non. (I, 306.)

Ménandre.... le vit hier *sur* un procès qui est en ses mains. (I, 282.)

Il frappe des mains, et il tressaille *sur* cet événement. (I, 372.)

Ils le consument (leur temps) à s'habiller, à manger, à dormir, à de sots discours, à se résoudre *sur* ce qu'ils doivent faire. (II, 119.)

S'il est dévot ou courtisan, qui pourroit le décider *sur* le portrait que j'en viens de faire ? Je prononcerois plus hardiment *sur* son étoile. (I, 323.)

Tel a assez d'esprit pour exceller dans une certaine matière et en faire des leçons, qui en manque pour voir qu'il doit se taire *sur* quelque autre dont il n'a qu'une foible connoissance. (II, 105.)

Ils en sont émus.... au point de résoudre..., *sur* ce sermon de Théodore, qu'il est encore plus beau que le dernier qu'il a prêché. (II, 226.)

Ce n'est.... ni vanité ni présomption à l'homme de se rendre *sur* ses avantages à la force de la vérité. (II, 270.)

Une femme coquette ne se rend point *sur* la passion de plaire, et *sur* l'opinion qu'elle a de sa beauté. (I, 173 ; voyez I, 262, *n*. 51.)

Il en est, *sur* Charles VIII, à ses guerres d'Italie. (II, 844.)

La jalousie de François I *sur* l'élévation de Charles V à l'Empire. (II, 501.)

Le plaisir de la société entre les amis se cultive par une ressemblance de goût *sur* ce qui regarde les mœurs. (I, 236.)

Qu'on me permette ici une vanité *sur* mon ouvrage. (II, 450.)

Philante a.... de l'exactitude *sur* son devoir. (I, 340.)

Les enfants.... ont des joies immodérées et des afflictions amères *sur* de très-petits sujets. (II, 27.)

D'où vient que les.... hommes.... s'échappent, et ont une bile intarissable *sur* les plus petits inconvénients ? (II, 69.)

Ceux qui.... suivent la cour.... ont bientôt épuisé leur curiosité *sur* une place de guerre..., *sur* la tranchée, *sur* l'effet des bombes. (II, 118.)

Il est au guet et à la découverte *sur* tout ce qui paroît de nouveau avec les livrées de la faveur. (I, 322.)

Il crée *sur* les modes *sur* les équipages et *sur* les habits. (I, 366.)

Il est d'une ponctualité religieuse *sur* les visites. (I, 285.)

Rempli de joie et de confiance *sur* une nouvelle si peu attendue.... (I, 318.)

On se promettoit.... les premières nouvelles qui viendroient *sur* un événement si lamentable. (II, 469.)

Gens.... éveillés et alertes *sur* tout ce qu'ils croient leur convenir. (I, 304.)

Il y a des âmes sales,... toujours inquiètes *sur* le rabais ou *sur* le décri des monnoies. (I, 264.)

Ils ressemblent à ceux qui entrent dans les magasins, indéterminés *sur* le choix des étoffes qu'ils veulent acheter. (II, 239.)

Le mépris.... les rend indifférents *sur* les flatteries. (I, 343.)

Leur indolence va jusqu'à les rendre froids.... *sur* la nature de leur âme, et *sur* les conséquences d'une vraie religion. (II, 242.)

Il est froid et indifférent *sur* les observations que l'on fait *sur* la cour et *sur* le courtisan. (I, 323 ; voyez II, 40, *l*. 16.)

Un air de capacité.... qui vous rend sec *sur* les louanges. (I, 344.)

L'avocat.... doit être prêt *sur* la réplique. (II, 232.)

Celui qui a cette passion (l'envie de plaire), d'aussi loin qu'il aperçoit un homme,... l'aborde, l'admire *sur* les moindres choses. (I, 43.)

Ils s'applaudissent *sur* tout le succès. (I, 136.)

[Il] le congratule *sur* une cause importante qu'il vient de perdre. (I, 57.)
Ne vouloir être ni conseillé ni corrigé *sur* son ouvrage est un pédantisme. (I, 118.)
Les hommes et les femmes conviennent rarement *sur* le mérite d'une femme. (I, 170.)
L'on se couche à la cour et l'on se lève *sur* l'intérêt. (I, 306.)
Il suffit de n'être point né dans une ville.... pour être cru noble *sur* sa parole. (II, 166.)
Descartes.... ne veut pas qu'on décide *sur* les moindres vérités avant qu'elles soient connues. (II, 96 ; voyez II, 83, *l.* 7.)
Un jeu effroyable..., où l'on est.... désespéré *sur* la perte. (I, 269.)
Excuser un curé *sur* cette conduite par un usage reçu. (II, 174.)
Leurs ouvrages sont faits *sur* le goût de l'antiquité. (I, 118.)
On [les] voit.... ne se pas fier à leurs amis *sur* les moindres affaires. (I, 41.)
Les deux tiers de ma vie sont écoulés ; pourquoi tant m'inquiéter *sur* ce qui m'en reste ? (I, 326.)
Je lui fais revoir le détail des provinces de France..., et j'observe la même conduite *sur* toutes les autres études. (II, 505.)
Sur ce que vous voulez apprendre d'eux, ils ignorent le fait et les personnes. (I, 218.)
Sur ce qui concerne la harangue..., je ne sais en effet pourquoi j'ai tenté, etc. (II, 451.)
Sur mon fait, je suis content de l'attention de Son Altesse. (II, 483.)
Si un grand a quelque degré de bonheur *sur* les autres hommes, je ne devine pas lequel. (I, 349.)
Cette fatuité de quelques femmes de la ville.... est quelque chose de pire que la grossièreté des femmes du peuple, et que la rusticité des villageoises : elle a *sur* toutes deux l'affectation de plus. (I, 292.)
Sur l'argent qu'il aura reçu de quelques étrangers pour leur louer des places au théâtre, il trouve le secret d'avoir sa part.... du spectacle. (I, 53.)
L'on diroit que ce soit un taux *sur* les sacrements. (II, 173.)
Visiter, *sur* la fin de chaque mois, les prêtres d'Orphée. (I, 66.)
Vous le voyez se promener.... *sur* le milieu du jour. (I, 84.)
Une loi qui défendoit, *sur* peine de la vie, à aucun philosophe d'enseigner dans les écoles. (I, 18.)

SÛR :

Ils sortent de l'art pour l'ennoblir..., toujours *sûrs* et confirmés par le succès des avantages que l'on tire quelquefois de l'irrégularité. (I, 147.)
Ils (un musicien, un maître de danse, etc.) ont un mérite fixe et des talents *sûrs* et connus qui amusent les grands. (II, 160.)

SUR-ARBITRE :

Si le confesseur et le directeur ne conviennent point sur une règle de conduite, qui sera le tiers qu'une femme prendra pour *sur-arbitre*? (I, 181.)

SURCHARGER :

Comblez-le de biens, *surchargez*-le de terres, de titres. (I, 156.)

SÛREMENT :

Les empereurs n'ont jamais triomphé à Rome si mollement, si commodément, ni si *sûrement* même, contre le vent, la pluie, la poudre et le soleil, que le bourgeois sait à Paris se faire mener par toute la ville. (I, 296.)

SÛRETÉ (En) :

Ironie forte..., très-propre à mettre vos mœurs *en sûreté*. (I, 338.)

SURFACE :
Il apparoît de temps en temps sur la *surface* de la terre des hommes rares. (I, 157.) — Éditions 5-8 : « sur la *face* de la terre ».

SURPRENDRE :
La plus brillante fortune ne mérite point.... ni les petitesses où je me *surprends*, ni les humiliations, ni les hontes que j'essuie. (I, 326.)

SURVENIR :
Un ancien galant.... cède à un nouveau mari ; et celui-ci dure si peu, qu'un nouveau galant qui *survient* lui rend le change. (I, 175.)

SURVIVANCE :
Pensions,... brevets et.... *survivances*. (I, 307.)

SUSCEPTIBLE DE :
Il y a des tempéraments qui ne sont *susceptibles* que *de* la politesse. (I, 229.)
Le docile et le foible sont *susceptibles d'*impressions. (II, 237.)

SUSPECT, ECTE ; SUSPECT DE :
Tout lui est *suspect*, jusques aux caresses que lui fait sa maîtresse. (I, 67.)
Il est périlleux de tremper dans une affaire *suspecte*. (I, 352.)
Il.... la leur rend *suspecte* (la vertu) *d'*une trop grande réforme et *d'*une pratique trop ennuyeuse. (II, 93.)

SUSPENDRE, laisser (pour un temps) de côté :
Dans la chaire, l'on se croit obligé souvent de *suspendre* l'Évangile pour les prendre par leur foible. (I, 10.)

SYMPATHISER DE.... AVEC :
Ceux *avec* qui il *sympathise de* mœurs et *de* sentiments. (I, 85.)

SYMPHONIE. (I, 71, *l.* 19 ; II, 38, *n.* 80.)

SYNCOPE. (II, 86, *l.* 20.)

SYNDIC. (II, 60, *l.* 12.)

SYNONYME, substantivement :
Les *synonymes* sont plusieurs dictions ou plusieurs phrases différentes qui signifient une même chose. (I, 144.)

T

TABLE :
Qui saura.... chanter à *table* tout un dialogue de l'Opéra, et les fureurs de Roland dans une ruelle ? (I, 289.)
Un grand qui tient *table* deux fois le jour. (II, 113 ; voyez I, 256, *n.* 33.)

TABLEAU, au figuré :
J'ai ajouté à ces *tableaux*, qui étoient de commande (dans son discours à l'Académie), les louanges de chacun des hommes illustres qui, etc. (II, 438.)

TABLETTE, sens divers :
De vrais livres arrangés sur des *tablettes*. (II, 139 ; voyez II, 137, *l.* 26.)
Ces gens qui.... ne font ni mémoires ni relations, qui ne portent point de *tablettes*. (II, 138.)

TACITURNITÉ :
C'est beaucoup qu'il sorte quelquefois de ses méditations et de sa *taciturnité* pour contredire. (I, 222.)

TAILLE, sens divers :
La paroisse où ses aïeuls payoient la *taille*. (I, 251.)
Une maison de pierre de *taille*. (II, 59.)
Son fils, qui étoit jeune, d'une physionomie agréable, et qui avoit une *taille* fort noble. (I, 197.)
Cet autre qui pour conserver une *taille* fine, s'abstient du vin.... (I, 168.)

TAILLER :
La campagne.... est couverte d'hommes qui *taillent* et qui coupent. (I, 271.)
Un extérieur simple est l'habit des hommes vulgaires, il *est taillé* pour eux et sur leur mesure. (I, 156.)

TAIRE (Se); TAIRE QUE :
Il *se tut* beaucoup en la présence de son père. (I, 197.)
Ils *taisent* seulement *qu'*ils ont eu peur. (II, 119.)

TALAPOIN, prêtre siamois. (II, 248, *n*. 29.)

TALENT, poids d'or ou d'argent. (I, 78, *l. avant-dernière.*)

TALENT, au figuré, capacité, mérite :
Les hommes comptent presque pour rien toutes les vertus du cœur, et idolâtrent les *talents* du corps et de l'esprit. (II, 39.)
Il n'a eu.... qu'à remplir des *talents* qui étoient naturels. (I, 162.)
Les grands.... n'admettent qu'à peine dans les autres hommes la droiture d'esprit, l'habileté, la délicatesse, et s'emparent de ces riches *talents* comme de choses dues à leur naissance. (I, 343.)
Une petite calomnie..., une légère médisance lui suffit..., et c'est le *talent* qu'il possède à un plus haut degré de perfection. (II, 158.)]

TANIÈRE :
Ils (les paysans, comparés à des animaux farouches) se retirent la nuit dans des *tanières*. (II, 61.)

TANNERIE :
[Je] ne veux.... voir sa *tannerie*, qu'il appelle bibliothèque. (II, 139.)

TANT :
Les deux lignes qui partiroient de leurs yeux (à Paris et au Japon) pour aboutir jusqu'à cet astre.... se confondroient en une seule.... ligne, *tant* la terre entière n'est pas espace par rapport à cet éloignement. (II, 263.)
La source.... de *tant* et de si grands événements. (II, 458.)
Il y a un tel livre qui court,... il se vend *tant*. (I, 126.)

TAPISSER :
Vous en rencontrez une (une estampe).... moins propre à être gardée dans un cabinet qu'à *tapisser*, un jour de fête, le Petit-Pont. (II, 138.)]

TARDIF :
Callisthène étoit lent à concevoir et avoit l'esprit *tardif*. (I, 16.)

TARIR, au figuré :
L'on ne *tarissoit* point sur vos louanges. (I, 36.)
On ne *tarit* point sur les Pamphiles. (I, 358.)

TÂTER DE, au figuré :
Il faut qu'un honnête homme *ait tâté de* la cour. (I, 299.)

TAUX :
L'on diroit que ce soit un *taux* sur les sacrements. (II, 173.)

TEINTURE, au figuré :
Avoir une forte *teinture* de philosophie. (II, 63.)

TEL, TELLE ; UN TEL, UNE TELLE ; TEL.... TEL ; TEL QUI ; TEL.... QUE :
C'est par de *telles* ou semblables interruptions qu'il ne donne pas le loisir à celui qui lui parle de respirer. (I, 48.)

On devroit proscrire de *tels* personnages, si heureux, si pécunieux. (I, 291.)

Il y a des esprits qui se défont de ces principes. — C'est une grande question s'il s'en trouve de *tels*. (II, 242.)

Il y a d'autres maux qui sont *tels* seulement par leur établissement. (I, 365.)

Un bon plaisant est une pièce rare ; à un homme qui est né *tel*, il est encore fort délicat d'en soutenir longtemps le personnage. (I, 215.)

Il passe à dire : « Un homme de ma qualité ; » il se donne pour *tel*. (I, 252.)

Son langage le plus ordinaire est *tel* : « Retirons-nous, etc. » (I, 84.)

Tels hommes passent une longue vie.... à nuire aux autres. (II, 60.)

Tels n'approuvent la satire que lorsque commençant à lâcher prise et à s'éloigner de leurs personnes, elle va mordre quelque autre. (I, 11.)

Tel.... dit... : « Je vais faire un livre. » (II, 229 ; voyez II, 163, *l*. 9.)

Il ajoute qu'*un tel* général a été tué. (I, 369 ; voyez I, 371, *l*. 16.)

Il y a *un tel* livre qui court, et qui est imprimé chez Cramoisy en *tel* caractère. (I, 126.)

Décider qu'*une telle* chose est sans réplique. (I, 167 ; voyez I, 314, *l*.6.)

Une mère qui la fait religieuse (sa fille) se charge d'une âme avec la sienne.... Afin qu'*une telle* mère ne se perde pas, il faut que sa fille se sauve. (II, 179.)

Si vous dites.... aux grands, qu'*un tel* a de la vertu, ils vous disent : « Qu'il la garde. » (II, 143.)

L'un vous dit: « J'y donne les mains, pourvu qu'*un tel* y condescende ; » et ce *tel* y condescend. (I, 333.)

Un mouvement circulaire d'*une telle* ou *telle* vitesse. (II, 266.)

Ils savent.... profiter.... d'*un tel* ou d'*un tel* hasard. (II, 110.)

Tel, connu dans le monde par de grands talents..., est petit dans son domestique et aux yeux de ses proches...; *tel* autre, au contraire, etc.(II, 103.)

Ce n'est pas le besoin d'argent où les vieillards peuvent appréhender de tomber un jour qui les rend avares, car il y en a de *tels qui* ont de si grands fonds qu'ils ne peuvent guère avoir cette inquiétude. (II, 52.)

Tel parle d'un autre et en fait un portrait affreux, *qui* ne voit pas qu'il se peint lui-même. (II, 109 ; voyez II, 105, *n*. 63 ; II, 112, *n*. 80.)

Tels arrêts.... nous renvoient absous, *qui* sont infirmés par la voix du peuple. (II, 114.)

Il a les dents noires..., et *telles que* son abord ne se peut souffrir. (I, 71.)

Il y en a de *tels*, *que* s'ils pouvoient connoître leurs subalternes et se connoître eux-mêmes, ils auroient honte de primer. (I, 344 ; voyez II, 163, *n*. 1.)

Il a présentement assez d'application, et *telle que* j'en suis content. (II, 494 ; voyez I, 109, *variante* 3.)

Bien que les magistrats lui aient permis *tels* transports de bois *qu'*il lui plairoit sans payer de tribut, etc. (I, 78.)

J'ai mis votre choix à *tel* prix, *que* je n'ai pas osé, etc. (II, 471.)

TEMPÉRAMENT, complexion, caractère ; milieu conciliant :

[Ils] sont même capables de sortir par effort de leur *tempérament*, s'il ne les portoit pas à la vertu. (I, 353.)

Le *tempérament* a beaucoup de part à la jalousie, et elle ne suppose pas toujours une grande passion. (I, 203 ; voyez I, 229, *l.* 4 ; I, 377, *l.* 20.)

L'amour naît brusquement..., par *tempérament* ou par foiblesse. (I, 199.)

Je pris.... quelque chose de ces deux avis si opposés, et je gardai un *tempérament* qui les rapprochoit. (I, 109 ; voyez I, 227, *l.* 1 et 2.)

TEMPÉRER :

L'eau le *tempère* (le vin). (II, 105.)

TEMPORISER :

S'il survient un grand événement,... il presse et il *temporise* selon que l'État, pour qui il travaille, en doit craindre ou espérer. (I, 377.)

TEMPS :

Les années s'enfoncent et se perdent sans retour dans l'abime des *temps*; le *temps* même sera détruit. (II, 161.)

Si par hasard il a appris ce qui aura été dit dans une assemblée de ville, il court dans le même *temps* le divulguer. (I, 49.)

Si, dans le *temps* qu'il marche..., on lui présente, etc. (II, 268.)

[Ils] ne savent.... discerner ni votre loisir ni le *temps* de vos affaires. (I, 41.)

Il le trouve heureux.... d'avoir passé dans ses terres tout le *temps* de Fontainebleau (le temps que la cour a séjourné à Fontainebleau). (II, 11.)

Cette femme qui prenoit le *temps* de demander son masque lorsqu'elle l'avoit sur son visage. (II, 7.)

Celui qui voit loin derrière soi un homme de son *temps* et de sa condition.... (I, 306.)

Le panneau le plus délié.... qui dans tous les *temps* ait été tendu aux grands.... (I, 381.)

Rien n'est plus opposé à nos mœurs que toutes ces choses ; mais l'éloignement des *temps* nous les fait goûter. (I, 25.)

Je vois les *temps*.... où ce ne sera pas.... assez de l'approbation qu'il (le public) aura donnée à un ouvrage pour en faire la réputation. (II, 454.)

Elle (la politesse) est attachée aux *temps*, aux lieux, etc. (I, 228.) — *Au temps*, éditions 1-5.

La plus grande partie s'est perdue par le malheur des *temps*. (I, 21.)

TENDRE, adjectif, sensible, délicat, émouvant :

D'où vient.... que l'on a honte d'y pleurer (au théâtre) ?... Est-ce une peine que l'on sent à laisser voir que l'on est *tendre* ? (I, 137.)

Ceux qui si *tendres* et si scrupuleux, ne peuvent même supporter que.... on se déclare contre le vice. (II, 445.)

Le souvenir de la jeunesse est *tendre* dans les vieillards. (II, 52.)

Je l'ai vue, cette réception (de Jacques II par Louis XIV), spectacle *tendre* s'il en fut jamais ! (II, 469.)

TENDRE À, verbe :

L'ouvrage qui est joint à la traduction des Caractères.... ne *tend* qu'à rendre l'homme raisonnable. (I, 29.)

Ils doivent.... paroître tels (bons)..., s'ils *tendent* à être sociables. (II, 16.)

TENIR, emplois divers ; TENIR À, POUR, CONTRE ; SE TENIR :

Il lui demande.... s'il *tient* toujours la haute mer. (I, 82.)

Il *tient* le fauteuil quatre heures de suite chez Aricie. (I, 284.)

Il *tient* une taverne. (I, 46.)

Sous un très-grand roi, ceux qui *tiennent* les premières places n'ont que des devoirs faciles. (I, 387.)

Un grand qui *tient* table deux fois le jour.... (II, 113.)

Je le plains, je le *tiens* échoué, cè rigide censeur; il s'égare.(II, 108.)

Une vague l'enfonce, on le *tient* perdu. (II, 145.)

Un ancien galant *tient à* si peu de chose, qu'il cède à un nouveau mari. (I, 175.)

Sa maison [est].... la plus ancienne; il doit *tenir aux* princes lorrains. (I, 305.)

L'on veut *tenir à* cet homme par quelque endroit, et l'on dit plusieurs fois le jour que l'on *y* tient. (I, 320.)

Le favori.... peut être entouré de.... créatures, mais il n'*y tient* pas; il est détaché de tout, et comme isolé. (I, 379.)

C'est un débordement de louanges...: on en a au-dessus des yeux, on n'*y tient* pas. (I, 310.)

Les vieillards.... *tiennent pour* l'ancienne manière de chanter. (II, 53.)

Ce qu'il devoit appréhender, c'étoit le ressentiment de plusieurs rois...; mais ils *tiennent pour* lui. (II, 126.)

Il *tient* ici *contre* le mortier; là il efface le cavalier. (I, 290.)

Quel moyen de pouvoir *tenir contre* des gens qui ne savent pas discerner ni votre loisir ni le temps de vos affaires? (I, 41.)

Il ne peut plus *tenir contre* l'horrible foule des plaideurs. (I, 85.)

On ne *tient* guère plus d'un moment *contre* une écharpe d'or. (I, 178.)

Tienne qui voudra *contre* de si grandes extrémités. (I, 261.)

De nouvelles (grâces) sont accordées à celui-là, pendant que l'auteur grave *se tient* heureux d'avoir ses restes. (II, 234.)

Il y a.... de jeunes magistrats que les grands biens et les plaisirs ont associés à quelques-uns de ceux qu'on nomme à la cour de petits-maîtres : il les imitent, ils *se tiennent* fort au-dessus de la gravité de la robe.(I, 280.)

Quand l'on parcourt, sans la prévention de son pays, toutes les formes de gouvernement, l'on ne sait à laquelle *se tenir*. (I, 363.)

TENTATION à :

Une violente *tentation à* la fraude, *au* mensonge. (I, 265.)

TERME, but, fin; TERME, mot, diction :

Regagner sa première route, la continuer, arriver à son *terme*. (I, 258.)

Tous les chemins vous mènent au *terme*. (I, 334.)

Termes durs et injurieux que se disent des hommes graves. (I, 146.)

TERMINER (Se) à :

La gent volatile.... s'effraye du voisinage du lion... : elle se réfugie auprès de la bête qui.... la prend sous sa protection, qui *se termine* enfin à les croquer tous l'un après l'autre. (II, 134.)

Qui sait parler aux rois, c'est peut-être *où se termine* toute la prudence.... du courtisan. (I, 329.)

TERRE :

Voyez.... ce morceau de *terre*, plus propre.... que les autres *terres* qui lui sont contiguës. (II, 257.)

Suivre d'abord le grand chemin, et s'il est plein et embarrassé, prendre la *terre* et aller à travers champs. (I, 258.)

Il naît de dessous *terre* un autre clerc pour la remplir (une place). (II, 175.)

TERREUR, appliqué à une personne :

Ce n'est pas seulement la *terreur* des maris, c'est l'épouvantail de tous ceux qui ont envie de l'être. (I, 291.)

TERRIBLE, substantivement :
Le poëme tragique.... vous conduit.... à la pitié par le *terrible*. (I, 138.)
TERROIR :
Il.... dit qu'ils (ces vins) ne démentoient point leur *terroir*. (I, 17.)
TESTAMENT :
Ouvrez son *Testament* politique (celui de Richelieu). (II, 458.)
TESTAMENTAIRE (Héritier)
Que voit-on...? des héritiers ab intestat? Non.... on y voit les *testamentaires* qui plaident. (II, 191.)
TESTATEUR. (II, 192, *l.* 1 et 2.)
TESTER, faire un testament :
Un dépit.... les fait *tester*. (II, 190.)
TÊTE :
Il tombe lourdement et se casse la *tête*. (I, 86.)
Se trouver *tête* pour *tête* à la rencontre d'un prince. (II, 7.)
Vous croyez peut-être que toute la peine qu'il se donne pour recouvrer une *tête* (une médaille) vient du plaisir que, etc. (II, 137.)
Géronte meurt... : dix *têtes* viennent.... partager sa succession. (II, 49.)
On se croit.... une bonne *tête*, et presque capable de gouverner. (I, 258.)
Elle (l'âme d'un sot) va d'égal avec les grandes âmes, avec celles qui font les bonnes *têtes* ou les hommes d'esprit. (II, 67; voyez II, 33, *l.* 17; II, 458, *l. dernière*.

TEXTE :
L'étude des *textes* ne peut jamais être assez recommandée...; maniez, remaniez le *texte*. (II, 203.)
Faire périr le *texte* sous le poids des commentaires. (II, 204.)

THÉÂTRE, au propre et au figuré :
Il lui demande combien de colonnes soutiennent le *théâtre* de la musique. (I, 40.)
Les applaudissements aux *théâtres* de Molière et d'Arlequin.... (I, 324.)
Il échappe quelquefois de souhaiter la fin de tout le spectacle : c'est faute de *théâtre*, d'action, etc. (I, 133; voyez *ibidem*, note 3.)
Dans cent ans le monde subsistera encore en son entier : ce sera le même *théâtre*..., ce ne seront plus les mêmes acteurs.... Il s'avance déjà sur le *théâtre* d'autres hommes. (I, 336.)
Dans ces lieux d'un concours général..., on se joint ensemble pour se rassurer sur le *théâtre*. (I, 276.)
Il ne lui sauroit peut-être manquer que les occasions, ou ce qu'on appelle un grand *théâtre*, pour y faire briller toutes ses vertus. (II, 93.)
Le plaisir d'un roi qui mérite de l'être est de l'être moins quelquefois, de sortir du *théâtre*, de quitter le bas de saye et les brodequins, et de jouer avec une personne de confiance un rôle plus familier. (I, 378.)

THÉSAURISER :
Quel autre secret de doubler mes revenus et de *thésauriser*? (II, 183.)

TIARE. (II, 150, *l.* 13; voyez *ibidem*, note 3.)

TIERCELET :
Un *tiercelet* de faucon. (II, 129; voyez *ibidem*, note 1.)

TIERS :
Si le confesseur et le directeur ne conviennent point sur une règle de

conduite, qui sera le *tiers* qu'une femme prendra pour sur-arbitre? (I, 181.)

TIRER, actif; TIRER DE, SE TIRER DE; TIRER, neutre; TIRER SUR :

Les mourants qui parlent dans leurs testaments..., chacun les *tire* de son côté et les interprète à sa manière. (II, 190.)

Il assure.... qu'elle (une estampe) n'*a* presque pas *été tirée*. (II, 138.)

Ceux qui font l'horoscope et qui *tirent* la figure, ceux qui connoissent le passé par le mouvement du sas.... (II, 201.)

Il *a tiré* cet homme *des* ennemis et l'a apporté dans sa tente. (I, 83.)

Quelque désagrément qu'on ait à se trouver chargé d'un indigent, l'on goûte à peine les.... avantages qui le *tirent* enfin *de* notre sujétion. (I, 207.)

On le *tire de* sa terre ou *de* son gouvernement pour l'y faire asseoir (le faire asseoir dans cette belle place). (I, 313.)

Quelques savants ne goûtent que les apophthegmes des anciens et les exemples *tirés des* Romains, *des* Grecs.... (I, 10.)

Ce sont.... les mœurs de ce siècle que je décris ;... je les *tire* souvent *de* la cour de France et *des* hommes de ma nation. (I, 106 et 107.)

C'est beaucoup *tirer de* notre ami, si ayant monté à une grande faveur, il est encore un homme de notre connoissance. (I, 307.)

Le sot ne *se tire* jamais *du* ridicule, c'est son caractère. (II, 97.)

Les enfants des Dieux, pour ainsi dire, *se tirent des* règles de la nature, et en sont comme l'exception. (I, 163.)

Ils *se tirent de* la conversation en ne s'y mêlant point. (I, 331.)

Cela *tire* en longueur. (II, 8.)

Un portier *tirant sur* le Suisse. (I, 247.)

TISSU, au propre et au figuré :

Une épaisseur de cheveux étrangers.... dont ils font un long *tissu* pour couvrir leur tête. (I, 328.)

Le poëme tragique.... n'est.... pas un *tissu* de jolis sentiments. (I, 138.)

Les prédicateurs.... ont changé la parole sainte en un *tissu* de louanges. (II, 226 ; voyez II, 457, l. 11.)

Un *tissu* d'énigmes leur seroit une lecture divertissante. (I, 124.)

TITRE, au figuré :

Il y a des gens à qui ne connoître point le nom et le visage d'un homme est un *titre* pour en rire. (I, 311.)

TITRÉ :

Si.... [ils] voyoient.... leurs terres les mieux *titrées*.... possédées par des gens dont les pères étoient peut-être leurs métayers, etc. (I, 253.)

TOMBER, emplois divers; TOMBER DE, SUR, DANS :

Je penserai qu'il (le favori) commence à *tomber*. (I, 335 ; voyez *ibidem*, l. 3.)

C'est souvent hasarder un bon mot et vouloir le perdre que de le donner pour sien : il n'est pas relevé, il *tombe*. (II, 106.)

L'on voit des hommes *tomber d*'une haute fortune par les mêmes défauts qui les y avoient fait monter. (I, 311.)

La vitesse.... [des] corps *tombants de* fort haut. (II, 261 et note 1.)

Un bienfait qui *tombe sur* un ingrat. (I, 206.)

Par la suite du discours l'on vint à *tomber sur* celui que l'on devoit estimer le plus homme de bien. (I, 36.)

Mille honnêtes gens de qui il détourne ses yeux, de peur de *tomber dans* l'inconvénient de leur rendre le salut ou de leur sourire. (I, 351.)

Je crois.... *tomber* moi-même *dans* le babil. (II, 509.)

Une science vaine, aride, dénuée d'agrément et d'utilité, qui ne *tombe* point *dans* la conversation, qui est hors de commerce. (I, 148.)
Quelles chimères ne *tombent* point *dans* l'esprit des hommes! (I, 326.)
Ah! j'oubliois une chose! oui, c'est cela même, et je voulois voir si vous *tomberiez* juste *dans* tout ce que j'en ai appris. (I, 48.)

TON, substantif :
Leur geste, leur visage, leur *ton* de voix et leurs manières.... (I, 338.)
L'on n'entend point.... dans un sermon des *tons* de théâtre. (II, 171.)
« C'est calomnie. » Voilà depuis quelque temps leur unique *ton*, celui qu'ils emploient contre les ouvrages des mœurs qui réussissent. (II, 444.)

TONNER, au figuré :
Ils jettent feu et flamme, *tonnent* et foudroient. (I, 349.)
Le curé *tonne* en chaire contre le moine. (II, 173.)

TORDRE, au figuré :
Pressez-les, *tordez*-les, ils dégouttent l'orgueil. (I, 322.)

TORRENT, au figuré :
Il a une profusion, le dirai-je? des *torrents* de louanges pour ce qu'a fait ou ce qu'a dit un homme placé. (I, 324.)

TORS, TORSE :
Des cannes *torses* que l'on fait à Sparte. (I, 45.)

TORT :
Il fait de fausses offres..., qui lui sont.... une occasion de faire des demandes exorbitantes, et mettent dans leur *tort* ceux qui les lui refusent. (I, 375.)
Ce qu'on appelle un fâcheux est celui qui, sans faire à quelqu'un un fort grand *tort*, ne laisse pas de l'embarrasser beaucoup. (I, 72.)

TÔT (Plus) que :
La mort surprend agréablement...; on la sent *plus tôt qu'*on n'a songé à s'y préparer et à s'y résoudre. (II, 200 ; voyez *ibidem*, note 1.)

TOUCHER, au propre et au figuré; être touché de; toucher à :
Ceux que vous faites chanter ou *toucher* un instrument. (I, 229.)
Le joueur de luth *touche* son luth. (I, 242.)
Trouvant.... un carrosse qu'il prend pour le sien, il se met dedans : le cocher *touche* et croit remener son maître dans sa maison. (II, 8.)
L'ouvrage qui est joint à la traduction des Caractères.... est tout différent des deux autres que je viens de *toucher*. (I, 29.)
Il (le public) peut..., s'il se connoît quelques-uns des défauts que je *touche*, s'en corriger. (I, 105 ; voyez I, 34, *l.* 4 et 5.)
Un homme chagrin.... se plaint encore de celui qui a écrit ou parlé pour lui, de ce qu'il n'a pas *touché* les meilleurs moyens de sa cause. (I, 68.)
Toucherai-je.... votre dernier choix (Fénelon), si digne de vous? (II, 463.)
Les mœurs.... qui approchent des nôtres nous *touchent*, celles qui s'en éloignent nous étonnent; mais toutes nous amusent. (I, 25.)
On ouvre un livre de dévotion, et il *touche*. (I, 213.)
Il est fort sûr qu'une femme qui écrit avec emportement est emportée; il est moins clair qu'elle *soit touchée*. (I, 191.)
On *est* si *touchée* de la mort de son mari, que, etc. (I, 195.)
S'il est ordinaire d'être vivement *touché des* choses rares.... (I, 157.)
Il est pénible aux hommes.... d'*être touchés* d'une amitié plus forte que leur intérêt. (II, 22.)
Un homme.... qui étoit si *touché de* religion. (II, 466.)

Si vous *êtes* si *touchés de* curiosité, exercez-la du moins en un sujet noble. (I, 317.)

Quelques savants ne goûtent que les apophthegmes des anciens...; ils ne *sont* point *touchés des* hommes qui les environnent. (I, 10.)

Il *est touché de* voir combien il lui ressemble. (I, 39.)

Je me suis abstenu de *toucher à* leurs personnes, pour ne parler que de leurs ouvrages. (II, 438.)

Il y a peu de familles dans le monde qui ne *touchent aux* plus grands princes par une extrémité, et par l'autre *au* simple peuple. (II, 168.)

TOUR, acceptions diverses, au propre et au figuré :

Tour de lit. (II, 141.) — Rideaux qui environnent le lit.

Celui qui protége ou qui loue la vertu pour la vertu,... agit simplement,... sans aucun *tour*. (I, 355.)

Ils sont comme pétris de phrases et de petits *tours* d'expression. (I, 223.)

Il sait.... user de *tours* ou de mots équivoques. (I, 374; voyez I, 238, *l.* 18.)

Ceux-ci s'écrient : ... « Cette pensée.... est belle, et le *tour* en est admirable; » et ceux-là affirment, au contraire,... qu'ils lui auroient donné un autre *tour*. (I, 123.)

S'il donne quelque *tour* à ses pensées.... (I, 127.)

Il s'est glissé dans un livre quelques pensées ou quelques réflexions qui n'ont ni le feu, ni le *tour*, ni la vivacité des autres. (I, 106.)

Quel étonnement.... s'ils voyoient dans leurs ouvrages (des Pères de l'Église) plus de *tour* et de délicatesse.... que l'on n'en remarque dans la plupart des livres de ce temps ! (II, 244.)

Voiture..., pour le *tour*, pour l'esprit et pour le naturel, n'est pas moderne. (I, 132.)

Un autre, plus égal que Marot et plus poëte que Voiture, a le jeu, le *tour*, et la naïveté de tous les deux. (II, 461.)

Si l'on affecte une finesse de *tour*, et quelquefois une trop grande délicatesse.... (I, 146.)

L'orateur (le prédicateur) met tant d'esprit, de *tour* et de raffinement dans celui qui pèche.... (II, 225.)

Je ne sais si l'on pourra jamais mettre dans des lettres plus d'esprit, plus de *tour*.... que l'on en voit dans celles de Balzac et de Voiture. (I, 128.)

Marot, par son *tour* et par son style, semble avoir écrit depuis Ronsard. (I, 130.)

TOURNER, SE TOURNER :

Il *tourne* tout à son usage. (II, 55.)

Il pourra.... *tourner* son esprit et ses soins aux grandes affaires. (II, 153.)

Ils.... suivent.... leur bizarre génie, que l'envie de toujours plaisanter.... *tourne*.... à un jargon qui leur est propre. (I, 216.)

Ne savent-ils pas.... *tourner* le ris et la moquerie contre ceux qui oseroient.... avancer des faits contraires? (I, 350.)

Il faisoit dix pas pour aller de son lit dans sa garde-robe, il n'en fait plus que neuf par la manière dont il a su *tourner* sa chambre. (II, 197.)

Un homme d'esprit.... sauroit *se tourner* et se plier en mille manières agréables. (I, 348.)

La vertu est aimable, le vice odieux;... l'un et l'autre *se tournent* en habitude. (II, 106.)

TOUT, TOUTE, TOUS, TOUTES; TOUT, TOUS, substantivement :

La pratique (de la philosophie).... est utile à *tous* les âges, à *tous* les sexes et à *toutes* les conditions. (II, 63.)

C'est une vengeance douce à celui qui aime beaucoup de faire, par *tout* son procédé, d'une personne ingrate une très-ingrate. (I, 201.)

[Ils] ont dans leur art *toute* l'habileté qui manque aux autres. (I, 301.)
L'on est étonné, avec *tout* son esprit, de se trouver la dupe de plus sots que soi. (I, 334.)
Qui saura comme lui chanter.... *tout* un dialogue de l'Opéra? (I, 289.)
Si je voulois donner le change à *tout* le public.... (I, 313.)
Quelle heureuse place que celle qui fournit dans *tous* les instants l'occasion à un homme de faire du bien à tant de milliers d'hommes! (I, 386.)
Si de *tous* les hommes les uns mouroient, les autres non, ce seroit une désolante affliction que de mourir. (II, 25.)
Je suppose qu'il n'y ait que deux hommes sur la terre, qui la possèdent seuls, et qui la partagent *toute* entre eux deux. (I, 233.)
Une.... conversation.... qui rouloit *toute* sur des questions frivoles. (I, 238.)
Quelle peut être *toute* sa superficie (la superficie du soleil)? (II, 260.)
Entre un si grand nombre de citoyens qui ne savent pas *tous* juger sainement de *toutes* choses.... (I, 283.)
L'effet.... du grand tragique seroit de pleurer *tous* franchement. (I, 137.)
Le panneau.... le plus délié qui dans *tous* les temps ait été tendu aux grands. (I, 381.)
Y a-t-il eu rien de semblable dans *tous* les temps? (II, 251.)
Il y a un rocher immobile qui s'élève sur une côte...; la puissance, les richesses.... la faveur, *tous* les vents ne l'ébranlent pas. (II, 104.)
Vous avez.... observé la lune... : *tous* les astronomes n'ont pas été plus loin. (I, 271.)
.... N'imaginant pas dans *tous* les hommes une autre fin de *toutes* leurs actions que celle qu'il s'est proposée lui-même *toute* sa vie. (II, 108.)
Certains abbés.... qui entrent auprès des femmes en concurrence avec le marquis et le financier, et qui l'emportent sur *tous* les deux. (II, 170.)
Ils ne méritent quelquefois ni libelles ni discours funèbres; quelquefois aussi ils sont dignes de *tous* les deux. (I, 362.)
Je me fais un devoir étroit.... de les avancer *tous* deux (le duc et la duchesse de Bourbon). (II, 500.)
Cette fatuité.... est quelque chose de pire que la grossièreté.... et que la rusticité... : elle a sur *toutes* deux l'affectation de plus. (I, 292.)
Tout le bas, *tout* le foible et *tout* l'indigne s'y trouvent (à la cour). (I, 361.)
Le joli, l'aimable, le rare.... ont été employés à son éloge; et *tout* le contraire a servi depuis pour le ravaler. (I, 336.)
Être avec des gens qu'on aime, cela suffit...; auprès d'eux, *tout* est égal. (I, 202.)
Tous n'ont pas assez de plaisir à me voir heureux pour contribuer.... à me rendre tel. (I, 308.)
Tout ce qui se réjouit sur une grâce reçue, ou ce qui s'attriste.... sur un refus, *tous* auront disparu de dessus la scène. (I, 336.)

Tout, devant un nom sans article :

Nous sentons à *tous* moments..., où le bien que nous avons perdu nous manque. (I, 270; voyez I, 386, *l.* 8.)
Une probité à *toutes* épreuves. (I, 335.)
Espérez.... *toutes* choses heureuses de cette déesse. (1, 75.)
Ceux-ci servent...; ceux-là.... gouvernent : *tout* ordre est rétabli, et Dieu se découvre. (II, 276.)
Toute jalousie n'est point exempte de quelque sorte d'envie. (II, 41.)
Je sais qu'il (un souverain) doit répondre à Dieu même de la félicité de ses peuples..., et que *toute* ignorance ne l'excuse pas. (I, 387.)
L'on marche sur les mauvais plaisants, et il pleut par *tout* pays de cette sorte d'insectes. (I, 215.)

L'usage a préféré.... « armée » à « ost », « monastère » à « monstier », « prairies » à « prées », *tous* mots qui pouvoient durer ensemble. (II, 214.)

Inquiétude d'esprit, inégalité d'humeur, inconstance du cœur, incertitude de conduite : *tous* vices de l'âme, mais différents. (II, 5.)

Si tout est matière..., qui a mis dans le monde *toute* autre idée que celles des choses matérielles? (II, 256.)

TOUT, tantôt variable, tantôt invariable, devant un adjectif ou un participe :

Une île *toute* entière. (II, 131 ; voyez I, 145, *l.* 5 ; II, 147, *l.* 2 et note 1 ; II, 269, *l. avant-dernière.*)

La vraisemblance.... y est *toute* entière. (II, 269.)

Me permettroient-ils de.... soupçonner une *toute* autre raison ? (II, 454.)

Il me semble qu'un prédicateur devroit.... toucher ses auditeurs d'une *toute* autre crainte que de celle de le voir demeurer court. (II, 235.)

Une prévention *toute* établie. (II, 81.)

[Une vie] *toute* occupée à vouloir affliger le peuple. (I, 256.)

[Il] les quitte (ses habits) presque *tous* neufs. (I, 44.)

Se trouvant *tous* portés devant la boutique d'Archias. (I, 43.) — *Tout portés*, éditions 9 et 10.

Deux personnages *tout* différents. (II, 103.)

Dangereux modèles et *tout* propres à, etc. (I, 149.)

[De] beaux vases et *tout* enrichis de pierreries. (I, 78.)

La légèreté des hommes, qui attachent successivement les agréments et la bienséance à des choses *tout* opposées.... (II, 148.)

TOUT, locutions diverses ; TOUT.... QUE :

Tout au contraire, les nouveaux Caractères déployant d'abord les pensées.... des hommes, découvrent le principe de leur malice. (I, 30.)

Il voudroit pouvoir les savourer tous *tout à la fois*. (II, 55.)

Un homme chagrin, après.... l'avoir emporté *tout d'une voix* sur son adversaire, se plaint encore.... (I, 68.)

Tout de bon ? (II, 14.)

Tout persuadé *que* je suis que, etc. (I, 151.) — *Je sois*, à partir de la 6ᵉ édition.

Une telle mode..., *toute* bizarre *qu'*elle est, etc. (II, 148.)

Tout simples et petits esprits *qu'*ils sont.... (I, 182.)

Elles placent (les termes) si juste, que *tous* connus *qu'*ils sont, ils ont le charme de la nouveauté. (I, 128, *variante.*) — *Tout connus*, à partir de la 6ᵉ édition.

TRACASSER, neutralement, aller et venir, s'agiter :

Il sort rarement de chez soi ; il aime la chambre,... où il *tracasse*. (II, 197.) — *Tracasse* est en italique dans les éditions données par la Bruyère.

TRAFIC :

Vous les voyez dominer parmi de vils praticiens, à qui ils prêtent à usure... ; fréquenter les tavernes..., et consumer ainsi en bonne chère tout le profit qu'ils tirent de cette espèce de *trafic*. (I, 47.)

TRAFIQUER DE :

Il *trafiqueroit des* arts et *des* sciences. (I, 255.)

TRAGIQUE, substantivement :

L'effet.... du grand *tragique* seroit de pleurer tous franchement. (I, 137.)

TRAHIR :

Le dépositaire qui *trahit* le dépôt. (II, 194.)

TRAIN, acceptions diverses :
Nous sommes.... depuis quelques jours dans le bon *train*, et fort avant dans la vie de François Ier. (II, 506.)
[Dans nos études] la fable va grand *train* à l'ordinaire. (II, 488.)
Ils ne suivent la mode et le *train* commun que dans les choses de rien et de nulle suite. (II, 239 ; voyez II, 241, *n*. 10.)
Elles regorgent de *train*, de splendeur et de dignités. (I, 291 ; voyez II, 171, *l*. 8.)

TRAÎNER, au propre et au figuré :
Il *traîne* [sa robe] le reste du jour dans la place publique. (I, 74.)
Il est sujet.... à se voir *traîner* par la ville dans une prison. (I, 46.)
Mille gens à la cour y *traînent* leur vie à embrasser, serrer et congratuler ceux qui reçoivent. (I, 316.)
Il lui est avantageux de disparoître, plutôt que de *traîner* dans le monde le débris d'une faveur qu'il a perdue. (I, 379.)

TRAIT, au propre et au figuré, sens divers :
Les *traits* (du visage) découvrent la complexion et les mœurs. (I, 262.)
Elle oublie les *traits*, où il faut des raisons ; elle a déjà compris que la simplicité est éloquente. (II, 92.)
C'est du même *trait* et du même mot que tous ces gens s'expliquent ainsi. (I, 123.)
Les divers *traits* qui sont semés dans un ouvrage. (II, 448.)
Il est naturel aux hommes de ne point convenir de la beauté ou de la délicatesse d'un *trait* de morale qui les peint. (I, 11.)
Certains particuliers.... excitent..., par un faste ridicule, les *traits* et la raillerie de toute une ville. (I, 283.)

TRAITABLE :
Ils tombent, et par leur chute deviennent *traitables*. (I, 349.)

TRAITE, au figuré :
Comme il lui falloit parler des leçons sur l'histoire de quinze jours entiers, et que la *traite* étant un peu longue, il étoit moins ferme qu'à l'ordinaire.... (II, 503.)

TRAITER, activement, emplois divers ; TRAITER DE :
Bernin n'*a* pas manié le marbre ni *traité* toutes ses figures d'une égale force. (II, 445 ; voyez I, 28, *l*. 18.)
L'un.... *traite* les grands.... motifs pour conduire à la vertu. (I, 29.)
Sentir le mérite, et.... le bien *traiter*. (I, 351.)
[Il] *traite* les fourrures et les mortiers de bourgeoisie. (II, 62.)
Traitez de toutes les vertus.... dans un ouvrage suivi. (II, 86.)
Personnes graves qui *traitent* ensemble *de* choses sérieuses. (I, 48.)

TRANQUILLE :
Combien de belles.... raisons.... pour essayer de le rendre *tranquille* (celui qui est dans une grande adversité) ! (I, 236.)

TRANSCENDANT :
L'on voit peu d'esprits.... qui soient sublimes et *transcendants*. (II, 42.)

TRANSMETTRE :
L'autre fait revivre Virgile parmi nous, *transmet* dans notre langue les grâces et les richesses de la latine. (II, 461.)

TRANSPORT, au propre :
Transports de bois. (I, 78 ; voyez *ibidem*, note 6.)

TRANSPORTER (Se), au propre; être transporté de, au figuré :
Aristarque *se transporte* dans la place. (I, 354.)
Un jeu..., où l'on *est transporté du* desir du gain. (I, 269.)

TRANSPOSER, au figuré :
L'éloquence profane *est transposée*, pour ainsi dire, du barreau,... où elle n'est plus d'usage, à la chaire, où elle ne doit pas être. (II, 220.)
Termes *transposés* et qui peignent vivement. (I, 149.)

TRANSPOSITION, au figuré :
Une *transposition* de mots qui est échappée à ma plume. (II, 485.)

TRAVAIL :
Si vous négligez l'estime des hommes, vous vous épargnez à vous-mêmes de grands *travaux*. (I, 19.)

TRAVAILLER, neutre et actif :
Ces petits animaux.... se multiplient.... comme les éléphants et les baleines.... Qui a su *travailler* à des ouvrages si délicats, si fins? (II, 269.)
L'État pour qui il (le plénipotentiaire) *travaille*. (I, 377.)
La lecture de si beaux ouvrages, si *travaillés*, si réguliers. (I, 24.)
[Il] *travaille* une poutre, il est charpentier. (II, 85.)
Un ouvrier qui *a travaillé* une bonne épée. (II, 41.)

TRAVERSE, sens divers :
Il y a pour arriver aux dignités.... le chemin détourné ou de *traverse*, qui est le plus court. (I, 317.)
Il semble que la première règle.... des gens en place.... est de donner à ceux qui dépendent d'eux pour le besoin de leurs affaires toutes les *traverses* qu'ils en peuvent craindre. (I, 349.)

TRAVERSER, susciter des obstacles à :
Maxime.... pernicieuse pour les grands..., qui les *traverseroit* dans le goût qu'ils ont quelquefois à mettre les sots en vue. (I, 154.)
Il y a là des droits trop forts... : on ne les *traverse* point sans faire de l'éclat. (II, 158.)

TRAVESTIR (Se) :
[Il] *se travestit*, et de Syrus devient Cyrus. (II, 167.)

TRÉBUCHET, balance pour peser des monnaies. (I, 260, *l*. 7.)

TREMPER dans, sens physique et sens moral :
Une ruine qui *trempe dans* un marécage. (II, 166.)
S'il est périlleux de *tremper dans* une affaire suspecte.... (I, 352.)
Je n'aime pas un homme que je ne puis.... saluer avant qu'il me salue,... sans *tremper dans* la bonne opinion qu'il a de lui-même. (I, 227.)

TRÈS :
Un mérite *très*-accompli. (I, 335.)
Vous voulez *très*-absolument qu'il sache *très*-bien la géographie. (II, 504.)

TRÉSORIER, dans un chapitre de chanoines. (II, 176, *l*. 7.)

TRESSAILLIR sur :
Il frappe des mains, et il *tressaille sur* cet événement. (I, 372.)

TRIBU, à Athènes. (I, 59, *l*. 3; voyez *ibidem*, note 3.)

TRIBUNAL :
Un grand causeur..., s'il est sur les *tribunaux*, ne laisse pas la liberté de juger. (I, 49; voyez I, 85, *l*. 9.)

TRIBUNE, emplois divers :
[Ils] paroissent debout, le dos tourné directement au prêtre..., et les faces élevées vers leur roi, que l'on voit à genoux sur une *tribune*. (I, 328.)
.... Ce qu'on appelle dans le monde un beau salut, la décoration souvent profane,... quelqu'un monté sur une *tribune* qui y parle familièrement. (II, 171.)
Votre fils est bègue : ne le faites pas monter sur la *tribune*. (I, 156.)

TRIBUT, impôt, au propre. (I, 78, *l.* 11 et note 6.)

TRICTRAC. (II, 10, *l.* 2.)

TRIOMPHE, au figuré :
Le duel est le *triomphe* de la mode. (II, 142.)

TRIOMPHER, au figuré :
Un équipage, qui.... les fait *triompher* au Cours. (I, 280.)

TRISTE :
Fais que je t'estime, afin que je sois *triste* d'être déchu de tes bonnes grâces. (I, 351.)
Souvenons-nous de ces jours *tristes* que nous avons passés dans l'agitation. (II, 468.)
Tyran de la société et martyr de son ambition, il a une *triste* circonspection dans sa conduite et dans ses discours. (I, 323.)

TRISTESSE :
Le discours chrétien est devenu un spectacle. Cette *tristesse* évangélique qui en est l'âme ne s'y remarque plus. (II, 220.)

TRIVIAL, connu de tous :
Antagoras a un visage *trivial* et populaire. (II, 59.)
Les choses les plus communes, les plus *triviales*. (II, 106.)
Maxime usée et *triviale*, que tout le monde sait. (II, 70; voyez I, 49, note 2; II, 231, *l.* 4.)
L'homme de lettres au contraire est *trivial* comme une borne au coin des places; il est vu de tous, et à toute heure. (I, 249.)

TROMPER, activement et absolument :
L'on étale tous les matins pour *tromper* son monde; et l'on ferme le soir après *avoir trompé* tout le jour. (I, 259.)

TROMPERIE :
Une *tromperie* si spécieuse et si entière. (II, 251.)

TROP :
Je ne sors presque point de l'Allemagne..., qu'il oublieroit dès que je passerois à d'autres connoissances et m'y arrêterois *trop* longtemps. (II, 507.)

TROUPES, collectivement, armée, état militaire :
Jetez-moi dans les *troupes* comme un simple soldat. (I, 353.)
Le mettra-t-on dans les finances, ou dans les *troupes*? (I, 153.)

TROUVER (ALLER); SE TROUVER; SE TROUVER BIEN DE :
Ils.... *vont trouver* les foulons pour obtenir d'eux de ne pas épargner la craie dans la laine qu'ils leur ont donnée à préparer. (I, 56.)
Quelle différence *se trouve* entre la valeur, la force et la magnanimité? (I, 11.)
A l'âge de quatre-vingt-dix-neuf ans où je *me trouve*. (I, 33.)

L'usage a préféré.... « pensées » à « pensers », un si beau mot, et *dont* le vers *se trouvoit* si *bien* ! (II, 213.)

S'il *se trouve bien* d'un homme opulent, à qui il a su imposer.... (II, 156.)

TRUCHEMENT :
Il a une langue qui peut servir de *truchement*. (I, 166.)

TUF, au figuré :
Si vous les enfoncez (ces gens), vous rencontrez le *tuf*. (I, 331.)

TUILIER, ouvrier qui fait des tuiles. (II, 87, *l.* 14.)

TYRAN, au figuré :
Cet ami si ancien, si nécessaire, meurt sans qu'on le pleure ; et dix femmes dont il étoit le *tyran*, héritent par sa mort de la liberté. (I, 185.)

Tyran de la société et martyr de son ambition. (I, 323.)

U

UN, une, article indéfini :
Il ne pouvoit.... approuver *une* distinction si odieuse qu'ils vouloient faire entre lui et moi. (II, 455.)

Ils payent de mines, d'*une* inflexion de voix, d'*un* geste et d'*un* sourire. (I, 331.)

On ne les voyoit point.... se chauffer à *un* petit feu. (I, 296.)

Le mariage.... devroit être à l'homme *une* source de tous les biens. (I, 265.)

Je ne m'étonne pas.... qu'il parte.... des émissaires pour savoir.... qui a descendu à terre avec *un* argent frais d'une nouvelle prise. (I, 269.)

Il y a eu de tout temps de ces gens d'*un* bel esprit et d'*une* agréable littérature.... (II, 240.)

Il avance d'*un* bon vent. (II, 145.)

Il n'y a qu'*un* petit nombre de courtisans qui.... par *une* confiance qu'ils ont d'eux-mêmes, osent honorer.... le mérite qui est seul. (I, 309.)

Elle (la philosophie) nous fait vivre sans *une* femme, ou nous fait supporter celle avec qui nous vivons. (II, 63.)

Il ne manque rien à un roi que les douceurs d'*une* vie privée. (I, 378.)

Elles comptoient.... une semaine par les jours de jeu..., de concert, de mascarade, ou d'*un* joli sermon. (I, 183.)

En pleine paix et dans *une* tranquillité publique. (I, 24.)

Il n'y a point au monde *un* si pénible métier que celui de se faire un grand nom. (I, 152.)

Leur.... pente.... à jeter *un* ridicule souvent où il n'y en peut avoir. (I, 347.)

Ne vouloir être.... conseillé.... sur son ouvrage est *un* pédantisme. (I, 118.)

Liberté, c'est choix, autrement *une* détermination volontaire au bien ou au mal. (II, 274.)

Il agit.... comme par *un* esprit d'accommodement. (I, 376.)

On se propose.... de taire une.... chose, et ensuite ou par passion, ou par *une* intempérance de langue..., c'est la première qui échappe. (II, 65.)

S'il donne quelque tour à ses pensées, c'est moins par *une* vanité d'auteur que pour, etc. (I, 127.)

Supposons.... qu'elle (une meule de moulin tombant du soleil sur la terre) parcoure.... neuf cents toises en une minute ; passons-lui mille toises en une minute, pour *une* plus grande facilité. (II, 261.)

Tous les fruits d'*une* sagesse la plus consommée. (II, 44.)

Une belle femme qui a les qualités d'un honnête homme, est ce qu'il y a au monde d'*un* commerce plus délicieux. (I, 174.)

Entrer dans une querelle où il se trouve présent, d'*une* manière à l'échauffer davantage. (I, 61.)

L'on peut.... en avoir (de l'esprit) à *un* certain point, que l'on est au-dessus de l'intrigue et de la cabale. (I, 334.)

Ce n'est ni Rousseau, ni *un* Fabry, ni la Couture : ils ne pourroient le méconnoître. (I, 312.)

Un Pamphile est plein de lui-même. (I, 357.)

L'un; l'un.... l'autre, l'un et l'autre; un tel, une telle :

Le religieux.... parle de saint Bruno, du chanoine et de son aventure, en fait une longue histoire, et la montre dans *l'un* de ses tableaux. (II, 12.) — « Dans *un* de ses tableaux », 7ᵉ édition.

Si la vie est misérable, elle est pénible à supporter; si elle est heureuse, il est horrible de la perdre. *L'un* revient à *l'autre*. (II, 23.)

On demande si.... on n'y remarqueroit pas (dans les conditions des hommes) un mélange.... de bien et de mal qui établiroit entre elles l'égalité, ou qui feroit du moins que *l'un* ne seroit guère plus desirable que *l'autre*. (I, 339.)

La finesse est l'occasion prochaine de la fourberie; de *l'un* à *l'autre* le pas est glissant. (I, 333.)

Prose, vers..., il réussit également en *l'un* et en *l'autre*. (I, 242.)

Il a laissé à douter en quoi il excelloit davantage, ou dans les belles-lettres, ou dans les affaires; il est vrai du moins.... qu'il surpassoit en *l'un* et en *l'autre* tous ceux de son temps. (II, 467.)

Entre deux personnes qui ont eu ensemble une violente querelle, dont *l'un* a raison et *l'autre* ne l'a pas.... (I, 226.)

Vous dépendez, dans une affaire..., du consentement de deux personnes. *L'un* vous dit : « J'y donne les mains pourvu qu'*un tel* y condescende; » et ce tel y condescend, et ne desire plus que d'être assuré des intentions de *l'autre*. (I, 333.)

Les hommes ne veulent pas que l'on découvre les vues qu'ils ont sur leur fortune, ni que l'on pénètre qu'ils pensent à *une telle* dignité. (I, 314.)

Il a exercé dans *l'une* et *l'autre* fortune le génie du courtisan. (I, 336.)

Vous avez des écrivains habiles en *l'une* et en *l'autre* oraison. (II, 465.)

UNI, au propre :

Le courtisan autrefois.... portoit de larges canons.... Cela ne sied plus : il porte.... le bas *uni*. (II, 150.)

UNIFORME :

Vêtements simples et *uniformes*. (I, 25.)

Élevé par son caractère au-dessus des jugements humains, il abandonne aux âmes communes le mérite d'une vie suivie et *uniforme*. (I, 122; voyez II, 26, *l*. 5 et note 1.)

UNIMENT, simplement :

Un homme qui avec un style nourri des saintes Écritures, explique au peuple la parole divine *uniment* et familièrement. (II, 221.)

Le capital pour une femme n'est pas d'avoir un directeur, mais de vivre si *uniment* qu'elle s'en puisse passer. (I, 181.)

UNION :

Ils doivent.... paroître tels (paroître bons), du moins s'ils tendent à être.... capables d'*union* et de commerce. (II, 16.)

UNIQUE :

Regardez, cette *unique* fois, de certains hommes que vous ne regardez jamais. (I, 380.)

Les esprits médiocres ne trouvent point l'*unique* expression, et usent de synonymes. (I, 145.)
Le caractère de l'enfance paroît *unique* ; les mœurs, dans cet âge, sont assez les mêmes. (II, 27.)
Après la mort de ces hommes *uniques*, et qui ne se réparent point. (I, 341.)

UNIQUEMENT :
Vous ne songez ni à plaire ni à déplaire aux favoris, *uniquement* attaché.... à votre devoir. (I, 313.)

UNIVERSALITÉ :
Cette *universalité* de talents que l'on remarque quelquefois dans un même sujet. (I, 164.)

UNIVERSEL, ELLE :
Arrias a tout lu, a tout vu...; c'est un homme *universel*, et il se donne pour tel. (I, 218.)
Une nature *universelle* qui pense exclut de soi généralement tout ce qui est matière. (II, 255.)

URBANITÉ :
Je ne sais quoi d'attique qui lui manquoit, et que les Romains ont depuis appelé *urbanité*. (I, 27.)
L'atticisme des Grecs et l'*urbanité* des Romains. (II, 83.)

USAGE, USAGES :
Il apprend de son propre fils.... quel est l'*usage* à la guerre de la lance et du bouclier. (I, 86.)
J'aurois péché contre l'*usage* des maximes, qui veut qu'à la manière des oracles elles soient courtes et concises. (I, 111.)
Une belle arme est une pièce de cabinet..., qui n'est pas d'*usage*. (I, 187.)
L'on souffre dans la république les chiromanciens... ; et ces gens sont en effet de quelque *usage*. (II, 201.)
Les hommes n'ont point d'*usages* ni de coutumes qui soient de tous les siècles. (I, 24.)

USER DE ; EN USER ; USER, activement :
Il n'a point voulu *user de* ce privilége. (I, 78.)
Il sait.... *user de* tours ou *de* mots équivoques. (I, 374.)
Il n'*use* point *de* réponses.... sentencieuses, encore moins *de* traits.... satiriques. (I, 355.)
Elle se moque de se piquer de jeunesse, et de vouloir *user d'*ajustements qui ne conviennent plus à une femme de quarante ans. (I, 173.)
Les hommes.... protestent sérieusement contre tout l'artifice *dont* elles (les femmes) *usent* pour se rendre laides. (I, 172.)
Celles qui n'ayant pas assez d'un confesseur pour leur conduite, n'*usent d'*aucun discernement dans le choix de leurs directeurs. (I, 182.)
Quelques-uns *en usent* autrement. (II, 16.)
[Il] n'*en use* pas ainsi par modestie. (I, 168.)
Le philosophe consume sa vie à observer les hommes, et il *use* ses esprits à en démêler les vices et le ridicule. (I, 127.)
Lucile aime mieux *user* sa vie à se faire supporter de quelques grands, que d'être réduit à vivre familièrement avec ses égaux. (I, 341.)
Le peu de temps que j'*use* auprès de M. le duc de Bourbon lui est fort utile. (II, 480.)
Les lieux communs et.... les phrases proverbiales *usées* depuis si longtemps, pour avoir servi à un nombre infini de pareils discours. (II, 438.)
L'éloquence de la chaire.... est.... d'une difficile exécution.... Les ma-

tières sont grandes, mais *usées* et triviales. (II, 231 ; voyez II, 70, *n.* 149.)
Il *est* vieux et *usé*;... il s'est crevé à me suivre. (I, 340.)

USTENSILE :
Ils sont occupés pendant la nuit d'une charrue, d'un sac, d'une faux, d'une corbeille, et ils rêvent à qui ils ont prêté ces *ustensiles*. (I, 42.)

USURPER :
Érèse fut accablée de tyrans qui *avoient usurpé* la domination. (I, 18.)

UTILITÉ :
Il prend.... l'intérêt d'un allié, s'il y trouve son *utilité*. (I, 375.)

V

VAIN, VAINE ; EN VAIN :
La pensée est trop foible pour les concevoir (ces maux), et les paroles trop *vaines* pour les exprimer. (II, 251.)
Il semble que le trop grand empressement est.... une *vaine* affectation de marquer aux autres de la bienveillance. (I, 61.)
Il faut éviter le style *vain* et puéril. (I, 149.)
Il parle le dernier, pour ne point parler *en vain*. (I, 374.)

VAINCRE, absolument et activement :
Il *vainc* sur mer, il *vainc* sur terre. (II, 131.)
L'orateur et l'écrivain ne sauroient *vaincre* la joie qu'ils ont d'être applaudis. (I, 106.)

VALET (voyez DOMESTIQUE) :
C'étoit chez les Grecs un nom de *valet* ou d'esclave. (I, 87, note 1.)
Il sort en querellant son *valet*. (I, 79.)
Voyez I, 38, *l.* 23; I, 41, *l.* 16; I, 52, *l.* dernière; I, 54, *l.* avant-dernière ; I, 58, *l.* 4 et *l.* 12; I, 63, *l.* 16; I, 74, *l.* 9; I, 79, *l.* 16; I, 81, *l.* 7; I, 83, *l.* 3; I, 86, *l.* 8 : exemples tirés de la traduction de Théophraste, où *valet* veut dire esclave.

VALÉTUDINAIRE :
Thetmosis, un roi d'Égypte, étoit *valétudinaire*. (I, 241.)

VALEUREUX :
« Valeur » devoit.... nous conserver « *valeureux* ». (II, 208.)

VALOIR ; VALOIR À ; FAIRE VALOIR :
De bien des gens il n'y a que le nom qui *vale* quelque chose. (I, 151.)
Quoi qu'on en ait dit (voyez *ibidem*, note 1), nous croyons que la Bruyère n'a pas employé ailleurs la forme *vale*, pour *vaille*.
L'on a eu de grands évêchés par un mérite de chaire qui présentement ne *vaudroit* pas *à* son homme une simple prébende. (II, 227.)
Il sait.... user de tours ou de mots équivoques, qu'il peut *faire valoir* ou diminuer dans les occasions. (I, 374 ; voyez II, 231, *l.* 27 et 28.)
Il n'est pas si aisé de se faire un nom par un ouvrage parfait, que d'en *faire valoir* un médiocre par le nom qu'on s'est déjà acquis. (I, 114.)
Ceux qui doivent tout leur relief et toute leur enflure à l'autorité où ils sont établis de *faire valoir* ces.... lois. (II, 77.)

VANITÉ, VANITÉS :
Laisser le peuple s'endormir.... dans les plaisirs, dans la *vanité*. (I, 364.

Les hommes.... se font un mérite, ou plutôt une *vanité* de s'empresser pour celles (pour les choses) qui leur sont étrangères. (II, 65.)

Qu'on me permette ici une *vanité* sur mon ouvrage. (II, 450.)

Bredouiller des *vanités* et des sottises. (I, 220.)

VANTARD :

« Vanterie » [devoit nous conserver] « *vantard* ». (II, 209.)

VAPEURS :

Il faut laisser.... Mélinde parler de soi, de ses *vapeurs*, de ses migraines et de ses insomnies. (I, 216 ; voyez II, 156, *l.* 12.)

VAQUER :

Il a les yeux ouverts sur tout ce qui *vaque*, poste, abbaye, pour les demander. (I, 307.)

VARIER :

On en a vu (des maux).... qui ont sapé par les fondements de grands empires.... pour *varier* et renouveler la face de l'univers. (I, 366.)

VASE, au propre et au figuré :

Si quelqu'un se hasarde de lui emprunter quelques *vases*, il les lui refuse souvent. (I, 69.) — D'or ou d'argent. (*Note de la Bruyère.*) — Voyez I, 54, *l.* dernière.

Elle (une tulipe) a un beau *vase* ou un beau calice. (II, 136.)

VASTE :

Qui dit le peuple dit plus d'une chose : c'est une *vaste* expression, et l'on s'étonneroit de voir.... jusques où elle s'étend. (I, 361.)

Il y a des artisans ou des habiles dont l'esprit est aussi vaste que l'art et la science qu'ils professent. (I, 147.)

Les esprits.... qu'une *vaste* imagination emporte hors des règles. (I, 145.)

L'autre excelle.... par une *vaste* prévoyance. (I, 162.)

VENIN, au figuré :

Ils répandirent tant de *venin* contre moi, etc. (II, 441.)

VENIR ; VENIR À, EN VENIR À, EN VENIR JUSQU'À ; NE VENIR QUE DE :

Tout est dit, et l'on *vient* trop tard depuis plus de sept mille ans qu'il y a des hommes, et qui pensent. (I, 113.)

Cet homme que je souhaitois impatiemment, et que je ne daignois pas espérer de notre siècle, *est* enfin *venu*. (II, 221.)

De cette source *vient*.... que l'on se fait honneur de l'un, et qu'on a honte de l'autre. (II, 62.)

Quelle horrible peine à un homme qui est sans prôneurs et sans cabale,... de *venir au* niveau d'un fat qui est en crédit ! (I, 152.)

Alors les peuples seroient heureux, si l'Empereur philosophoit, ou si le philosophe.... *venoit à* l'Empire. (II, 85.)

Il *vient à* ses fins sans.... ouvrir la bouche. (II, 159.)

Par la suite du discours l'on *vint à* tomber sur celui que, etc. (I, 36.)

On doit faire choix d'amis si sûrs...., que, *venant à* cesser de l'être, ils ne veuillent pas, etc. (I, 208 ; voyez I, 323, *l.* 19 ; I, 349, *l.* 21.)

Un homme d'esprit.... peut tomber dans quelque piége.... Il n'y a qu'à perdre pour ceux qui *en viendroient à* une seconde charge : il n'est trompé qu'une fois. (I, 165.)

Ils *en viennent*, par cette disgrâce, *jusqu'à* rendre le salut. (I, 343.)

Il demande.... au premier venu une chose qu'il *ne vient que d*'acheter. (I, 53.)

S'il fait un payement, il affecte que ce soit dans une monnoie toute neuve, et qui *ne vienne que d'*être frappée. (I, 74.)

VENT, au figuré; PORTER AU VENT :
L'on voit des hommes que le *vent* de la faveur pousse. (II, 104.)
Il se sert d'un bon *vent* qui souffle pour faire son chemin. (I, 307.)
Ils *portent au vent*, attelés tous deux au char de la Fortune. (I, 304.)

VENTRE :
C'est le *ventre* qui anoblit. (II, 168.)

VENUES (ALLÉES ET) :
C'est un homme né pour les *allées et venues*. (I, 166.)

VÊPRES. (II, 151, *n.* 21; II, 156, *l.* 6.)

VERBIAGE :
Faire ici un long *verbiage* ou tomber moi-même dans le babil. (II, 509.)

VERD. Voyez VERDOYER.

VERDOYER :
« Verd » ne fait plus « *verdoyer* ». (II, 210.)

VERITABLE :
Un sens imparfait, auquel il a été facile de suppléer le *véritable*. (I, 31.)

VERS, préposition :
Arrive-t-il *vers* lui un homme de bien et d'autorité.... (II, 155.)

VERSER :
En vain le ciel *verse* sur elle (sur la terre) ses influences. (II, 276.)

VERTU :
S'il (si leur tempérament) ne les portoit pas à la *vertu*. (I, 353.)
La *vertu* est égale et ne se dément point. (II, 69.)
Les occasions de vaincre qui se sont.... offertes, il les a embrassées; et celles qui n'étoient pas, sa *vertu* et son étoile les ont fait naître. (I, 162.)

VERTUEUX, substantivement :
Les sages et les *vertueux*. (I, 15.)
Les *vertueux* et les habiles. (I, 263.)

VERVE :
L'homme du meilleur esprit est inégal : il souffre des accroissements et des diminutions; il entre en *verve*, mais il en sort. (II, 66.)

VESTALE :
On l'auroit prise pour une *vestale*. (I, 185.)

VÉTÉRAN, officier anobli par son office. (II, 163, notes 2 et 3.)

VEUVE (LA), nom de tulipe. (II, 136, *l.* 1.)

VIANDE, VIANDES, nourriture, mets :
Il va lui-même choisir de la *viande*. (I, 57.)
L'extravagance des repas, qui modestes au commencement, dégénèrent bientôt en pyramides de *viandes* et en banquets somptueux. (I, 277.)
Après s'être rempli de *viandes* le soir, il se lève la nuit pour une indigestion. (I, 63; voyez I, 54, *l.* 16; I, 253, *n.* 25; I, 327, *n.* 74.)

VICAIRE (GRAND). (II, 176, *l.* 7 et 8; voyez *ibidem*, note 2.)

VICE :
Il coûte moins à certains hommes de s'enrichir de mille vertus, que de se corriger d'un seul défaut. Ils sont même si malheureux, que ce *vice* est souvent celui qui convenoit le moins à leur état. (II, 45.)

VICIEUX, euse :
Les extrémités sont *vicieuses*, et partent de l'homme : toute compensation est juste, et vient de Dieu. (II, 277.)

VIDE (voyez I, 128, note 2); vide de; le vide, substantivement :
L'esprit et le cœur sont encore *vides de* passions, *de* soins. (II, 202.)
Celles (les lettres) de Balzac et de Voiture.... sont *vides de* sentiments qui n'ont régné que depuis leur temps. (I, 128.)
.... Laisser le peuple.... se remplir *du vide* et savourer la bagatelle. (I, 364.)
[Ils] attendent d'un mariage à remplir *le vide* de leur consignation. (I, 291.)
Personne presque n'a assez de fond pour remplir *le vide* du temps. (I, 154.)

VIE :
Les naseaux (des chevaux du Bernin) soufflent le feu et la *vie*. (II, 445.)

VIEIL, vieux, vieille; une vieille, substantivement :
Vieil meuble. (II, 60.)
Les ruines de l'ancienne Rome et de la *vieille* Grèce. (I, 117.)
Parler de la meute et de la *vieille* meute. (I, 346.)
« On appelle, dit Furetière, chiens *de meute* les premiers chiens qu'on donne au laisser courre ; et *vieille meute*, les seconds chiens qu'on donne après les premiers. »
Je ne sais qui est plus à plaindre, ou d'une femme avancée en âge qui a besoin d'un cavalier, ou d'un cavalier qui a besoin d'*une vieille*. (I, 177.)

VIF, vive, au propre et au figuré :
Cassandre.... est tombé *vif* entre leurs mains. (I, 51.)
La paresse, l'indolence et l'oisiveté, vices si naturels aux enfants, disparoissent dans leurs jeux, où ils sont *vifs*. (II, 28.)
La première (partie de la vie des partisans), *vive* et agissante, est toute occupée à vouloir affliger le peuple. (I, 256.)
Il est *vif* et grand parleur, pour faire parler les autres. (I, 373.)
Celui qui dit.... de soi.... qu'il est bon..., n'ose dire qu'il est *vif*. (II, 39.)

VIL, vile :
Les plus *vils* artisans sont les plus sujets à la jalousie. (II, 40.)
Ses héritiers, personnes *viles* et qui se sont brouillées avec lui. (II, 59; voyez II, 86, *l. dernière*.)
Une âme *vile* et mécanique. (II, 85.)

VILAIN, aine :
D'un *vilain* homme. Ce caractère suppose toujours dans un homme une extrême malpropreté et une négligence pour sa personne qui passe dans l'excès et qui blesse ceux qui s'en aperçoivent. (I, 70.)
Je viens d'entendre.... une grande *vilaine* harangue. (II, 441.)

VILAINER :
L'usage a préféré.... « injurier » à « *vilainer* ». (II, 213.)

VILEMENT :
L'on rampe *vilement* devant ceux qui sont au-dessus de soi. (I, 264.)

VILLE :
Cet homme.... a parlé à son maître avec force et avec liberté...; il lui a permis.... de dire de ses *villes* : « Ma bonne *ville*. » (I, 381.)

L'on se présente encore pour les charges de *ville*. (I, 314.)
S'il a appris ce qui aura été dit dans une assemblée de *ville*, etc. (I, 49.)
Il parle des maisons qu'il a à la *ville*, et bientôt d'une terre qu'il a à la campagne. (I, 245.)
La *ville* n'a pas été de l'avis de la cour. (II, 221; voyez I, 11, *l.* 1 et *l.* 5; I, 177, *n.* 29; I, 238, *n.* 68 et *n.* 69.)
Un homme de la *ville* est pour une femme de province ce qu'est pour une femme de *ville* un homme de la cour. (I, 178.)
Un cavalier..., de sa seule présence, démonte la batterie de l'homme de *ville*. (I, 245.)
Des attitudes.... qui font.... une Diane d'une femme de *ville*. (II, 149.)

VIOLENT, ENTE :
Le prédicateur.... ne fait point valoir les *violentes* conjectures et les présomptions. (I, 231.)
.... N'ayant point à cette heure de passion en la tête plus *violente* que celle de vous contenter. (II, 490.)
C'est dans les femmes une *violente* preuve d'une réputation bien nette et bien établie, qu'elle ne soit pas même effleurée par la familiarité de quelques-unes qui ne leur ressemblent point. (I, 185.)

VISAGE :
A peine les puis-je reconnoître à leurs *visages*. (I, 300.)
L'on se donne.... comme un rendez-vous.... tous les soirs.... pour se regarder au *visage* et se désapprouver les uns les autres. (I, 275.)
Il masque toute l'année, quoique à *visage* découvert. (I, 316.)

VISER À :
Il *vise* également *à* se faire des patrons et des créatures. (I, 324.)
Je *viserai* toujours *à* ce qu'il emporte de toutes mes études ce qu'il y a de moins épineux et qui convient davantage à un grand prince. (II, 480.)
Il *vise* moins *à* les rendre savants qu'*à* les rendre sages. (I, 32.)
Le dédain.... dans la société attire.... le contraire de ce *où* l'on *vise*. (I, 235, *variante*.) — A partir de la 3ᵉ édition : « de ce que l'on cherche. »

VISION, songe, au propre et au figuré :
Lorsqu'il lui arrive d'avoir pendant son sommeil quelque *vision*, il va trouver les interprètes des songes. (I, 66; voyez I, 82, *l.* 7.)
Quelle *vision*, quel délire au grand, au sage.... Antonin, de dire qu'alors les peuples seroient heureux, si l'Empereur philosophoit ! (II, 85.)

VISIONNAIRE, substantivement :
Que penser de la magie et du sortilége ? La théorie en est obscure, les principes vagues, incertains, et qui approchent du *visionnaire*. (II, 201.)

VISITER :
Il est fort exact à *visiter*, sur la fin de chaque mois, les prêtres d'Orphée, pour se faire initier dans ses mystères. (I, 66.)

VISUEL (RAYON). (II, 263, *l.* 11 et 12.)

VITE :
Vous moquez-vous de rêver en carrosse...? *Vite*, prenez votre livre ou vos papiers. (I, 278.) — *Vite* est imprimé en italique dans les éditions anciennes.

VIVACITÉ :
Il y a beaucoup plus de *vivacité* que de goût parmi les hommes. (I, 116.)

VIVE (Qui), substantivement :
On ne prime point avec les grands, ils se défendent par leur grandeur ; ni avec les petits, ils vous repoussent par le *qui vive*. (I, 234.)

VIVEMENT :
Un scrupule qu'il a d'avoir plaidé moins *vivement* qu'à l'ordinaire. (II, 232.)

VIVRE ; VIVRE DE ; LE VIVRE, substantivement :
Une manière de *vivre* où l'on cherche beaucoup moins ce qui est vertueux et honnête que ce qui est agréable. (I, 43.)
Quelle mésintelligence entre l'esprit et le cœur! Le philosophe *vit* mal avec tous ses préceptes. (II, 43.)
Ils sont amphibies, ils *vivent de* l'Eglise et *de* l'épée. (I, 316.)
Le goût, *le vivre*, la santé et la conscience. (II, 135.)

VŒU :
Il aime la faveur éperdument, mais sa passion a moins d'éclat ; il lui fait des *vœux* en secret, il la cultive, il la sert mystérieusement. (I, 322.)

VOGUE :
Tel autre.... jouit d'une *vogue* qu'il a parmi les siens. (II, 103.)

VOIE :
La *voie* de lait, cette trace lumineuse qu'on remarque au ciel. (II, 264.)
Ces petits animaux.... se multiplient par *voie* de génération. (II, 269.)

VOILÀ.
C'est une grande misère que de n'avoir pas assez d'esprit pour bien parler, ni assez de jugement pour se taire. *Voilà* le principe de toute impertinence. (I, 223.)
L'un d'eux.... prend un fusil : le *voilà* chasseur, s'il tiroit bien. (I, 282.)
Me *voilà* donc sur la terre comme sur un grain de sable qui ne tient à rien. (II, 265.)

VOILÀ, pour *voici* :
Voilà ce qu'il a dit, et *voilà* ensuite ce qu'il a fait.... (II, 441.)

VOILE, masculin :
La mante, le *voile* et la tiare. (II, 150 ; voyez *ibidem*, note 3.)

VOIR, activement et absolument ; SE VOIR ; FAIRE VOIR :
Trois amants.... dont elle ne craignit pas de *voir* toute la passion. (I, 196.)
Je *vois* les temps.... où ce ne sera pas assez de l'approbation qu'il (le public) aura donnée à un ouvrage pour en faire la réputation. (II, 454.)
L'on ne mouroit plus depuis longtemps par Théotime ; ses tendres exhortations ne sauvoient plus que le peuple, et Théotime *a vu* son successeur. (II, 135.)
Ces diseurs de nouvelles me donnent de l'admiration ;... je ne *vois* pas qu'ils puissent recueillir le moindre fruit de cette pratique. (I, 52.)
Chanley sait les marches..., du Metz l'artillerie : celui-ci *voit*, il a vieilli sous le harnois en *voyant*, il est spectateur de profession. (I, 287.)
Une âme du premier ordre..., et qui *voyoit* encore où personne ne *voyoit* plus. (I, 163.)
C'est le propre d'un efféminé.... de *se voir* au miroir. (I, 139 ; voyez II, 149, *l*. 3.)

Si le hasard lui *fait voir* une bourse dans son chemin, il s'incline. (I, 68.)

VOISINAGE :
Les droits du *voisinage*. (I, 320.)

VOIX ; TOUT D'UNE VOIX :
Tels arrêts.... nous renvoient absous, qui sont infirmés par la *voix* du peuple. (II, 114; voyez II, 471, *l.* 1.)
S'ils ont recours à de solides raisons, elles sont foibles contre la *voix* de la multitude. (II, 83.)
Le Cid n'a eu qu'une *voix* pour lui à sa naissance, qui a été celle de l'admiration. (I, 125.)
Un homme chagrin, après avoir eu de ses juges ce qu'il demandoit, et l'avoir emporté *tout d'une voix* sur son adversaire, se plaint encore. (I, 68.)

VOL, dans les représentations scéniques :
Il ne faut point de *vols*, ni de chars, ni de changements, aux Bérénices et à Pénélope. (I, 134 ; voyez I, 254, *l.* 6.)

VOLAGE :
Une femme inconstante est celle qui n'aime plus ;... une *volage*, celle qui ne sait si elle aime et ce qu'elle aime. (I, 176.)

VOLATILE, adjectif :
La gent *volatile*. (II, 134.)

VOLER, au figuré :
On ne *vole* point des mêmes ailes pour sa fortune que l'on fait pour des choses frivoles et de fantaisie. (I, 209.)
[Ses] vers *volent* en tous lieux et passent en proverbe. (II, 462.)

VOLONTÉ :
Ces manières d'agir ne partent point d'une âme simple et droite, mais d'une mauvaise *volonté* ou d'un homme qui veut nuire. (I, 36.)

VOLTE :
S'il monte un cheval..., il le presse de l'éperon, veut le manier, et lui faisant faire des *voltes* ou des caracoles, etc. (I, 86.)

VOLUME, grosseur, étendue :
Celui qui copie.... donne à toutes les pièces qui entrent dans.... son tableau plus de *volume* que n'en ont celles de l'original. (I, 186.)

VOLUPTÉ :
Il y a des âmes.... capables d'une seule *volupté*, qui est celle d'acquérir. (I, 264 ; voyez II, 51, *n.* 110.)

VOULOIR ; EN VOULOIR À :
Il faut savoir lire, et ensuite se taire..., et si on le peut quelquefois, ce n'est pas assez, il faut encore le *vouloir* faire. (I, 108.)
J'aurois péché contre l'usage des maximes, qui *veut* qu'à la manière des oracles elles soient courtes et concises. (I, 111.)
Cette espèce d'avarice est dans les hommes une passion de *vouloir* ménager les plus petites choses sans aucune fin honnête. (I, 54.)
[Leur vie] est toute occupée à *vouloir* affliger le peuple. (I, 256.)
Les beaux esprits *veulent* trouver obscur ce qui ne l'est point. (I, 127.)
Je *veux* en convenir. (II, 438.)
Onuphre n'est pas dévot, mais il *veut* être cru tel... : aussi ne se joue-t-il pas à la ligne directe.... Il *en veut à* la ligne collatérale. (II, 15.)

VOUS, ayant même valeur que l'indéfini on :

Le poëme tragique *vous* serre le cœur dès son commencement, *vous* laisse à peine dans tout son progrès la liberté de respirer et le temps de *vous* remettre, ou s'il *vous* donne quelque relâche, c'est pour *vous* replonger dans de nouveaux abîmes et dans de nouvelles alarmes. (I, 138.)

VRAI :

Quelqu'un.... congratule Théodème sur un discours qu'il n'a point entendu ;... et il est *vrai* que Théodème est demeuré court. (I, 225.)

VRAISEMBLABLE, substantivement :

Sa vie est un roman : non, il lui manque le *vraisemblable*. (I, 335.)

VRAISEMBLANCE :

Ouvrez son Testament politique (de Richelieu) : ... l'on y trouve la source et la *vraisemblance* de tant et de si grands événements qui ont paru sous son administration. (II, 458.)

VUE, acceptions et locutions diverses :

Quand une jeune personne jette de là sa *vue* sur tout ce qui l'entoure.... (I, 139.)

Les *vues* courtes, je veux dire les esprits bornés. (I, 164.)

Les hommes ne veulent pas que l'on découvre les *vues* qu'ils ont sur leur fortune, ni que l'on pénètre qu'ils pensent à une telle dignité. (I, 314.)

Ce palais, ces meubles, ces jardins.... vous enchantent et vous font récrier d'une première *vue* sur une maison si délicieuse. (I, 271.)

Les matières sont grandes, mais usées et triviales ; les principes sûrs, mais dont les auditeurs pénètrent les conclusions d'une seule *vue*. (II, 231.)

Si l'on a reçu de lui le moindre bienfait,... il le reprochera en pleine rue, à la *vue* de tout le monde. (I, 80.)

Cette crainte est un mouvement de l'âme qui s'ébranle, ou qui cède en *vue* d'un péril vrai ou imaginaire. (I, 81.)

Je nomme nettement les personnes..., toujours dans la *vue* de louer leur vertu. (II, 451.)

C'est dans cette *vue* que, etc. (I, 43.)

Le goût qu'ils ont quelquefois à mettre les sots en *vue*. (I, 154.)

Y

Y, adverbe pronominal, équivalent à un pronom précédé d'une préposition et tenant la place d'un nom de chose, ou parfois se rapportant à l'idée plutôt qu'à un des mots précédents :

Il l'ouvre (son armoire)..., et il éclate de rire d'*y* voir son chien. (II, 10.)

Mon antichambre n'est pas faite pour s'*y* ennuyer en m'attendant. (I, 248.)

L'Académie françoise n'a jamais rassemblé un si grand nombre de personnages illustres.... qu'il est facile aujourd'hui d'*y* en remarquer. (II, 440.)

Il parle.... d'exécution et d'échafaud devant un homme dont le père *y* a monté. (II, 14.)

Un homme est fidèle à de certaines pratiques de religion.... Tel autre *y* revient. (II, 114.)

Entre deux personnes qui ont eu ensemble une violente querelle..., ce que la plupart de ceux qui *y* ont assisté ne manquent jamais de faire..., c'est de condamner tous les deux. (I, 226.)

Il n'*y* a point de patrie dans le despotique ; d'autres choses *y* suppléent. (I, 364.)

Demandez.... au plus honnête homme s'il.... ne lui échappe pas souvent d'ajouter à un fait qu'il récite une circonstance qui *y* manque. (II, 245.)

Fera-t-il.... cette démarche...? *y* entraînera-t-il sa femme? (II, 178.)

Comme l'ignorance est un état paisible..., l'on s'*y* range en foule. (II, 81.)

Il faut.... la devoir (la fortune) à l'agonie de nos proches. Celui qui s'empêche de souhaiter que son père *y* passe bientôt est homme de bien. (I, 267.)

Soigneux.... d'exagérer l'énormité de la demande, et de faire convenir, s'il se peut, des raisons qu'il a de n'*y* pas entendre. (I, 375.)

Si vous leur apprenez qu'il *y* a un Tigillin.... qui jette en sable un verre d'eau-de-vie, et.... qui *y* revient à plusieurs fois.... (II, 144.)

Après avoir supputé les sommes particulières qu'il a données à chacun d'eux, il se trouve qu'il en résulte le double de ce qu'il pensoit, et que dix talents *y* sont employés. (I, 79.)

Certains poëtes sont sujets, dans le dramatique, à de longues suites de vers pompeux.... Le peuple écoute avidement..., croit que cela lui plaît, et à mesure qu'il *y* comprend moins, l'admire davantage. (I, 115.)

Vous dépendez, dans une affaire..., du consentement de deux personnes. L'un vous dit : « J'*y* donne les mains pourvu qu'un tel *y* condescende; » et ce tel *y* condescend.... Cependant rien n'avance.... « Je m'*y* perds, dites-vous, et je n'*y* comprends rien ; il ne s'agit que de faire.... qu'ils se parlent. » Je vous dis, moi, que j'*y* vois clair, et que j'*y* comprends tout : ils se sont parlé. (I, 333.)

Y équivalent à un pronom précédé d'une préposition et tenant la place d'un nom de personne :

Les hommes sont-ils.... assez équitables, pour devoir *y* mettre toute notre confiance? (II, 243, *variante*.)

L'on veut tenir à cet homme par quelque endroit, et l'on dit plusieurs fois le jour que l'on *y* tient. (I, 320.)

L'on me dit tant de mal de cet homme, et j'*y* en vois si peu.... (I, 312.)

Le magistrat coquet ou galant.... est ouvert par mille foibles..., et l'on *y* arrive par toutes les femmes à qui il veut plaire. (II, 186.)

Ayant envie d'un esclave, il prie instamment celui à qui il appartient d'*y* mettre le prix. (I, 68.)

Pour Bathylle, dites-vous, la presse *y* est trop grande, et il refuse plus de femmes qu'il n'en agrée. (I, 179.)

Un vieillard.... est un trésor inestimable; il est plein de faits...; l'on *y* trouve l'histoire du siècle...; l'on *y* apprend des règles pour la conduite. (II, 54.)

Rendre l'homme raisonnable.... en l'examinant indifféremment, sans beaucoup de méthode et selon que les divers chapitres *y* conduisent,... par les vices, les foibles et le ridicule qui *y* sont attachés. (I, 30.)

Quand le peuple est en mouvement, on ne comprend pas par où le calme peut *y* rentrer; et quand il est paisible, on ne voit pas par où le calme peut en sortir. (I, 365.)

Il fait accroire à ceux qui reviennent du combat qu'il a couru un grand risque de sa vie pour sauver celle de son ami; il conduit vers lui ceux qui *y* prennent intérêt. (I, 83.)

L'on est si rempli de soi-même que tout s'*y* rapporte. (II, 36.)

Notre vanité et la trop grande estime que nous avons de nous-mêmes nous fait soupçonner dans les autres une fierté à notre égard qui *y* est quelquefois, et qui souvent n'*y* est pas. (II, 35.)

Démêler dans les hommes ce qu'il *y* a de vain, de foible et de ridicule, d'avec ce qu'ils peuvent avoir de bon, de sain et de louable. (I, 12.)

Y, employé par pléonasme :

Mille gens à la cour *y* traînent leur vie à embrasser, serrer et congratuler ceux qui reçoivent. (I, 316.)

Où ils voient l'agréable, ils en excluent le solide; où ils croient découvrir les grâces du corps..., ils ne veulent plus *y* admettre les dons de l'âme. (I, 164.)

Tout le monde connoît cette longue levée... : les hommes s'*y* baignent au pied pendant les chaleurs de la canicule. (I, 276.)

YEUX. Voyez ŒIL.

Z

ZÈLE :

Est-ce en lui *zèle* du prochain? (I, 342.)

Le *zèle* de la maison du Seigneur me consume. (II, 172.)

Quelqu'un monté sur une tribune, qui y parle.... sèchement, et sans autre *zèle* que de rassembler le peuple, l'amuser. (II, 172.)

ZÉLÉ :

Palliant d'une politique *zélée* le chagrin de ne se sentir pas à leur gré si bien loués.... que chacun des autres académiciens, ils ont osé, etc. (II, 448.)

ZOMBAYE, prosternation orientale. (I, 268 et note 1.)

TABLE DES MATIÈRES

CONTENUES DANS LA SECONDE PARTIE

DU TROISIÈME VOLUME.

LEXIQUE DE LA LANGUE DE LA BRUYERE.

Préface. De la langue de la Bruyère....................	i
Introduction grammaticale............................	xxxi
Orthographe.....................................	lxix
Lexique..	i

16982. — PARIS, TYPOGRAPHIE LAHURE
Rue de Fleurus, 9

www.ingramcontent.com/pod-product-compliance
Lightning Source LLC
Chambersburg PA
CBHW070533230426
43665CB00014B/1668